广东省地方志丛书

广东省志

（1979—2000）

6

经济体制改革卷
经济特区与开发区卷

《广东省志》编纂委员会　编

方志出版社
Publishing House of Local Records

图书在版编目（CIP）数据

广东省志：1979—2000. 6，经济体制改革卷、经济特区与开发区卷 /《广东省志》编纂委员会编． -- 北京：方志出版社，2014.8
ISBN 978-7-5144-1246-8

Ⅰ. ①广… Ⅱ. ①广… Ⅲ. ①广东省－地方志②经济体制改革－概况－广东省－1979—2000③经济特区－概况－广东省－1979—2000④经济开发区－概况－广东省－1979—2000 Ⅳ. ①K296.5

中国版本图书馆CIP数据核字（2014）第084616号

广东省志（1979—2000） 6 经济体制改革卷 经济特区与开发区卷

编　　者：《广东省志》编纂委员会
责任编辑：李志瑜

出 版 人：冀祥德
出 版 者：方志出版社
地址 北京市朝阳区潘家园东里9号（国家方志馆4层）
邮编 100021
网址 http://www.fzph.org
发　　行：方志出版社发行中心
电话 （010）67110500
经　　销：各地新华书店
印　　刷：深圳中华商务安全印务股份有限公司

开　　本：889×1194　1/16
印　　张：41.875
字　　数：1019千字
版　　次：2014年8月第1版　2014年8月第1次印刷
印　　数：0001～2000册

ISBN 978-7-5144-1246-8/K·1010　　定价：658.00元

ISBN 978-7-5144-1246-8

《广东省志》编纂委员会

蒋乐仪	方健宏	刘树祥	吴茂芹	黄功绵	罗坚生	罗伟其
廖兆龙	罗木生	郑人豪	蓝佛安	何锦胜	许荣东	黄德发
陈承旗	彭　平	黄庆良	潘嘉念	黄永智	黄　飞	张　枫
田新德	欧卫东	文　斌	曾维炳	吕伟雄	林迪夫	黄庆勇
梁桂全	谭云龙	侯月祥	邵智宝	向晋成	倪治安	匡国建
刘良法						

（以上委员任职时间为2005.12—2010.5）

刘少荣	顾作义	朱穗生	陈文学	黄功绵	吴　锋	文传道
廖兆龙	温卫平	骆招群	戴运龙	李长峰	邢建江	杜　挺
刘　敏	谢悦新	黄永智	黄　飞	江效东	谢昌晶	朱遂文
屈家树	梅其洁	林　琳	王世彤	陈圣河	李新家	谭云龙
马建和	王克光	匡国建	张宗武	向晋成	唐金华	

（以上委员任职时间为2010.5—　）

《广东省志》主编、执行主编、副主编

主　　编： 钟启权（2002.4—2003.12）
谢强华（2003.12—2008.9）
肖志恒（2008.9—2013.1）
徐少华（2013.1—　）

执行主编： 陈　强

副 主 编： 侯月祥　谭云龙　马建和

凡 例

一、本志以马克思列宁主义、毛泽东思想、邓小平理论、“三个代表”重要思想和科学发展观为指导，坚持辩证唯物主义和历史唯物主义的原则，全面、客观、系统地记述1979—2000年间广东省自然、政治、经济、文化、社会等方面的情况。

二、本志记述的地域范围为2000年的广东省行政区域；时间上限为1979年，下限为2000年。个别重大事物视记述完整的需要，适当上溯或下延。

三、本志为多卷综合体，设43卷，各卷名称为《广东省志（1979—2000）·××卷》（简称《××卷》）。其中，《专记卷》含珠江三角洲经济、海洋经济、粤港澳台经济文化交往和精神文明建设4篇。方言、风俗等内容，首轮《广东省志》已作详细记述，本志只在《总述卷》中作简要概括，不单独设卷记述。

四、本志以“存真求实，确保质量”为编纂原则，记述符合宪法、法律、法规和政策要求。行文严谨、朴实、简洁、流畅，寓观点于记述中，一般不作评论。

五、本志采用述、记、志、传、图、表、录等体裁，以志为主。各卷因事制宜设专记。各卷一般设章、节、目3个层次，个别卷根据实际需要设篇。

六、本志除《人物卷》外各卷坚持以事系人、人随事出的原则，不设人物录或人物简介，所涉人物直书其名，不冠褒贬词语。有关副厅级以上负责人（含副厅级以上党组成员）任职在各卷列表记述。

七、本志采用具有代表性、权威性的资料，资料力求真实、准确、全面、系统，主要来源于档案。有歧义的重要资料，采用多说并存。本志采用统计数据以省统计部门公布的法定数据为准，省统计部门未统计的，采用业务主管部门的统计数据。重要地理信息数据，采用测绘部门公布的法定数据。

八、本志述及组织、机构、法律法规、文件、会议等专有名称使用全称。使用简称的，在适当地方括注于全称之后。不同时期的国家、团体、机构、职务、地名等名称，均用当时名称。今地名使用各级政府审定的标准地名。各类译名以新华通讯社译名为准。生物、矿物名称，使用学名，首次出现时，括注本地俗名。

九、本志语言文字、标点符号、计量单位等规范执行国家相关规定。

十、本志所用地图均以省测绘部门和有关部门绘制或审定的为准。

十一、各卷需要特别说明的事项，在其“出版说明”中列出。

册序

第1册 《总述卷》
《大事记卷》

第2册 《资源·环境卷》

第3册 《人口卷》
《民族宗教卷》

第4册 《行政区划·地名卷》
《民政·残疾人事业卷》

第5册 《水利卷》
《城乡建设卷》
《人民生活卷》

第6册 《经济体制改革卷》
《经济特区与开发区卷》

第7册 《经济管理卷》

第8册 《财政税务卷》

第9册 《农业卷》

第10册 《工业卷》

第11册 《交通卷》

第12册 《信息产业卷》
《邮政·电信卷》

第13册 《银行·证券·保险卷》

第14册 《对外经济贸易卷》

第15册 《海关·检验检疫卷》

第16册 《国内贸易卷》
《专卖卷》

第17册 《旅游卷》

第18册 《教育卷》

第19册 《科学技术卷》

第20册 《社会科学卷》

第21册 《文化卷》

第22册 《新闻·传播卷》

第23册 《卫生·医药卷》

第24册 《体育卷》

第25册 《党派·群众团体卷》

第26册 《政权卷》

第27册 《纪检·监察卷》

第28册 《政法卷》

第29册 《军事卷》

第30册 《侨务卷》
《外事与港澳事务卷》

第31册 《劳动·社会保障卷》
《人事卷》

第32册 《人物卷》

第33册 《专记卷》

目 录

经济特区与开发区卷

经济体制改革卷

1984年1月，邓小平（前右）第一次视察深圳经济特区，同企业工人亲切握手

1992年1月，邓小平（前右二）在省委书记谢非（左一）陪同下，先后到深圳、珠海经济特区和顺德市等地考察，在广东掀起改革开放新高潮（选自广东年鉴社《广东改革开放十五年》）

1979年4月，省委第一书记习仲勋在中央工作会议上请求中央对广东放权，让广东在现代化建设中先走一步，得到中央支持。5月，中共中央副主席、全国人大常委会委员长叶剑英（中）在广州听取国务院副总理谷牧（前左二）、省委第一书记习仲勋（左一）、省委第二书记杨尚昆（右二）汇报广东试办出口特区情况

1980年2月，广东省领导向中共中央副主席、全国人大常委会委员长叶剑英（左四）汇报工作。省领导左至右：省委常委杨应彬，省委书记吴南生，省委书记李坚真，省委第二书记杨尚昆，省委书记、副省长刘田夫

●2000年2月，中共中央总书记、国家主席江泽民（中）视察广州上下九商业步行街，向群众挥手致意

●1984年12月，中共中央书记处书记、国务委员谷牧（左四）视察汕头经济特区企业。右一为省委第一书记任仲夷，左一为国务院特区办主任何椿霖

中共十一届三中全会后，省委领导思考如何发挥广东优势，在全国改革开放先走一步，省领导分头到各地调查研究。1979年1月，省委第一书记习仲勋（左二）在怀集县调研

1982年5月，省委第一书记任仲夷（左三）在海丰县调查研究，打击沿海走私贩私，保障改革开放顺利进行

1985年11月，省委、省政府作出“五年消灭荒山，十年绿化广东大地”的重大决策。图为1985年冬，省委书记林若（左）在从化县办造林绿化点并植树

1988年7月，国内第一个大规模蜂窝式移动通信系统在广东开通。7月23日，省长叶选平（左五）到广东省移动通信局机房视察

1998年5月召开的中共广东省第八次代表大会提出，要继续深化改革，扩大开放，增创新优势。图为大会主席台。前排左至右：省委副书记黄华华，省政协主席郭荣昌，省委副书记、省长卢瑞华，中共中央政治局委员、省委书记李长春，省人大常委会主任朱森林，省委副书记张帼英，省委副书记高祀仁

（选自《广东年鉴1999》）

1979年8月26日，第五届全国人大常委会第十五次会议批准在深圳、珠海、汕头设立经济特区。图为20世纪90年代深圳经济特区新貌

20世纪90年代珠海经济特区新貌

●20世纪90年代汕头经济特区新貌

●深圳经济特区基建创造三天建一层楼的“深圳速度”。图为20世纪80年代初招标建设的53层国际贸易中心大厦

●1984年建设中的汕头经济特区外景

●1984年5月，中共中央、国务院决定开放包括广州市、湛江市在内的14个沿海港口城市。图为20世纪80年代末广州经济技术开发区外景

●中国对外开放的14个沿海港口城市之一的湛江市外景（20世纪90年代）

南方日報
NANFANG RIBAO
南方日報社出版
16
星期三

深化改革　扩大开放　加快经济发展

国务院原则批准广东实施十项措施

省政府昨举行新闻发布会，公布了广东的请示和国务院的批复

●1988年2月，国务院批准省委、省政府《关于广东深化改革、扩大开放、加快经济发展的请示》，广东成为全国综合改革试验区。图为3月16日《南方日报》的专题报道

●1993年5月，国务院批准设立广州南沙经济技术开发区和惠州大亚湾经济技术开发区。图为南沙经济技术开发区外景

●全国最早的“三来一补”企业之一的东莞县太平手袋厂（1979年）

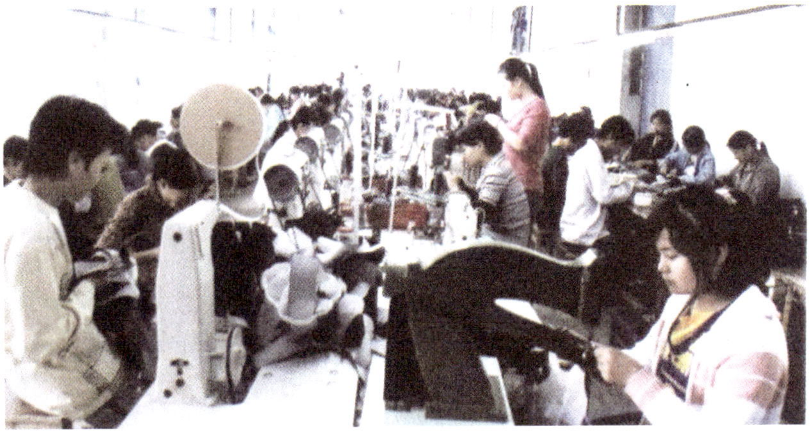

●全国最早的“三来一补”企业之一的顺德县大进制衣厂（1979年）

●1979年11月成立的广州白云小汽车出租公司，是全国第一家中外合作经营企业，首创“扬手即停，昼夜服务”

●1981年1月开业的香港粤海企业（集团）公司是省政府最早在香港设立的公司。图为公司外景

●1981年8月，广东省公路建设公司向澳门南联公司贷款建设广珠公路4座大桥。图为签字仪式

●20世纪90年代，广州开发区外商投资企业广州美特容器有限公司生产的易拉罐产量居全国首位，曾被评为全国十家最佳外资企业之一。图为企业外景（1995年）

●1983年2月开业的广州白天鹅宾馆是香港企业家霍英东与省旅游局合作兴建的中国第一家中外合作五星级酒店

●2000年10月28日，中国最大利用外资工业项目——中海壳牌南海石化项目合营合同在北京签字，紧接着该项目又与惠州市政府签订地方合同。图为地方合同签字仪式

（选自《广东年鉴2001》）

1986年春，第60届中国出口商品交易会在广州市举行

全国客流量最大的深圳罗湖口岸（20世纪90年代）

全国最大客货综合出入境公路口岸——深圳皇岗口岸夜景（20世纪90年代）

南方日报

NANFANG RIBAO

1980年12月 4 星期四

在长期困难地区放宽政策促进生产力发展

五华实行大包干粮油大增产

正确对待包产到户

●1980年12月4日，《南方日报》报道五华县实行大包干粮油大增产的消息，同时发表《正确对待包产到户》的评论员文章，提出包产（包干）到户也是一种生产责任制，应允许多种形式的生产责任制存在

●紫金县上义公社是全省最早实行包产（包干）到户的地方之一，1978年半数以上生产队搞了包产（包干）到户，获得增产。图为1979年春，上义公社农民在田头商量继续实行包产（包干）到户事情

●包产（包干）到户调动了农民生产积极性。图为20世纪80年代初番禺县蔗区农民精心管理承包的蔗田

●广东大力发展农村商品生产，农、林、牧、副、渔各业全面发展。图为梅州市农民采茶和收获柚子（20世纪90年代）

●顺德县陈村镇花卉世界利用大棚产业化生产花卉（20世纪90年代初）

●沿海地区大力发展海水养殖。图为汕尾市海边海产养殖场（20世纪90年代）

●茂名市是全国最大的水果生产基地。图为该市高州市的荔枝林（20世纪90年代）

●河源市和平县是广东猕猴桃生产基地。图为该县猕猴桃种植园（20世纪90年代）

●发展“三高”农业与发展旅游业有机结合。图为20世纪90年代中发展起来的梅州市雁南飞茶园及旅游设施

●阳江市岗尾镇腊鸭加工场（20世纪90年代）

●云浮市市郊的石材一条街（20世纪90年代）

●阳江市阳西县国家水稻良种示范基地（20世纪90年代）

●1991年3月12日，中共中央、国务院授予广东“全国荒山造林绿化第一省”称号

●乡镇企业异军突起迅猛发展，大批农民洗脚上田。图为江门市乡镇企业电机生产线（20世纪80年代）

●广东首家农民股份合作制企业、省农业龙头企业——新兴县温氏食品集团有限公司养殖场（20世纪90年代）

●乡镇企业发展集群经济。图为佛山市南海市西樵轻纺工业城（20世纪90年代）

●佛山市顺德市美的工业城西门（20世纪90年代）

●1992年，广东有14县（市）入选中国农村综合实力百强县，南海县是其中之一。图为南海新县城（桂城）

●20世纪80年代，广东成为中国农民洗脚上田外出打工的首选地之一，出现外来打工浪潮。图为东莞市打工人群（20世纪90年代）

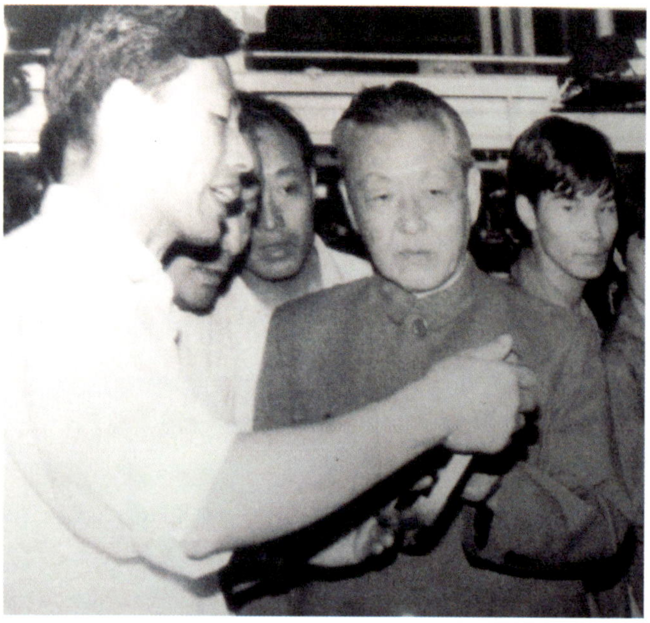

●1980年5月，省委第一书记习仲勋（前右）在清远县国营工业企业调查研究，总结推广扩大企业自主权的“清远经验”

●1984年，广州铁路局广深铁路股份有限公司经国务院批准组建，实行全面承包，以路建路，自主经营，自负盈亏的体制

●广东大力引进先进技术设备改造传统产业。图为佛山市国有老企业海天调味食品厂引进的自动包装生产线（20世纪80年代）

广州珠江钢琴工业有限公司引进先进设备进行技术改造，产品畅销海内外，并获多项国际大奖（20世纪90年代）

20世纪80年代中，广东启动企业股份制改革试点。图为经过股份制改革的深圳康佳电子股份有限公司（摄于20世纪90年代）

中山市金品水产进出口集团有限公司是第一家改造成股份制企业的国有外贸企业（20世纪90年代）

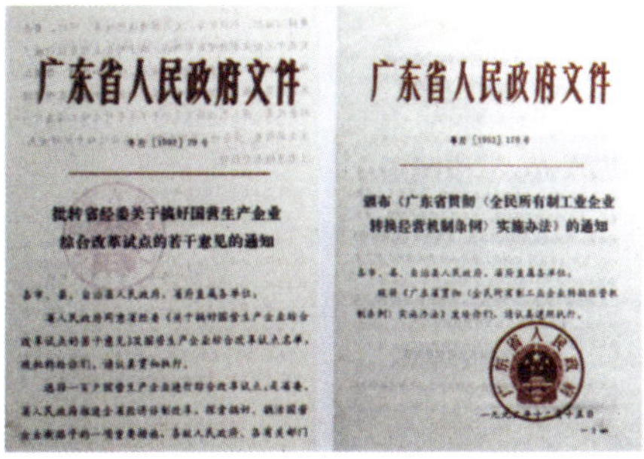
广东省人民政府文件

批转省经委关于搞好国营生产企业综合改革试点的若干意见的通知

广东省人民政府文件

颁布《广东省贯彻〈全民所有制工业企业转换经营机制条例〉实施办法》的通知

1992年，省政府批转省经委《关于搞好国营生产企业综合改革试点的若干意见》和颁布《广东省贯彻〈全民所有制工业企业转换经营机制条例〉实施办法》，大力推进国企改革。图为两份文件的影印件

1992年9月，省委、省政府确定顺德市为综合改革试点市。顺德市以产权制度改革为突破口推进公有企业转换机制。图为1993年顺德市市属企业转换经营机制签约仪式

1996年6月，省委、省政府作出对国有企业“抓大放小”的决策，重点发展一批大型企业集团。图为列入重点发展的韶关钢铁集团公司夜景

1998年5月，省长卢瑞华（前左三）在改革后展现生机的电子行业重点企业惠州市TCL电子集团公司考察

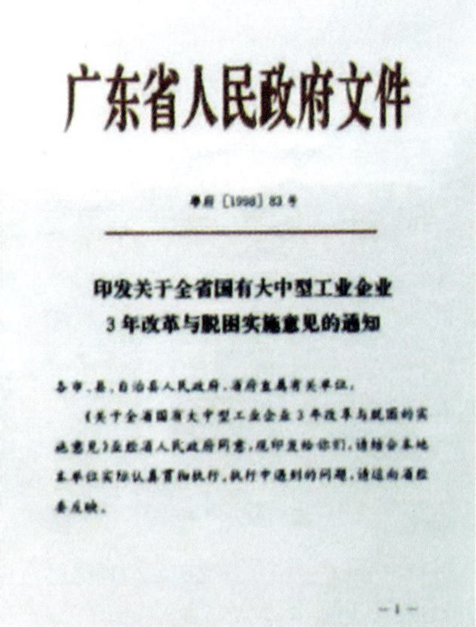

广东省人民政府文件

粤府〔1998〕83号

印发关于全省国有大中型工业企业3年改革与脱困实施意见的通知

各市、县、自治县人民政府，省府直属有关单位：

《关于全省国有大中型工业企业3年改革与脱困的实施意见》业经省人民政府同意，现印发给你们，请结合本地本单位实际认真贯彻执行，执行中遇到的问题，请迳向省经委反映。

—1—

1998年12月，省政府印发《关于全省国有大中型工业企业3年改革与脱困实施意见》的通知。图为文件影印件

国企改革与脱困攻坚使广州汽车工业获得新生。广州汽车集团重组后与日本本田汽车合作组建广州本田汽车有限公司。图为广州本田公司“雅阁”轿车生产线（2000年）

在国企改革与脱困攻坚中，已停产的广州乙烯项目进行资产优化重组。图为重组后恢复生产的广州乙烯项目（2000年）

广东改革国有资产经营管理体制。图为首家省属资产经营公司——广晟资产经营公司挂牌仪式（2000年）

●20世纪80年代，清平市场是广州地区规模大、交易活、辐射广的农副产品和中药材集散地

●20世纪80年代初，以经营成衣和日用工业品为主的广州市西湖路灯光夜市

●佛山市顺德县乐从镇塘鱼专业市场（20世纪80年代）

●改革开放初，粤东地区梅县农村农贸市场交易活跃（20世纪80年代）

●东莞市麻涌镇香蕉专业市场（20世纪90年代）

●粤西化州市连界镇牛圩是广东四大耕牛专业市场之一（20世纪90年代）

●20世纪80年代初，广东大力扩大日用工业品生产流通。图为1982年夏广州市日用工业品交流会场景

●中山市古镇灯饰专业市场（20世纪90年代）

●广州市文德路书画专卖一条街（20世纪90年代）

●广州天河城是现代化大型购物中心，中国内地最早出现的大卖场，于1996年8月正式营业

●1992年4月，广东在全国率先放开粮食价格，成为全国第一个取消粮票的省份。图为粮食放开后发展起来的华南粮食交易中心

●1987年12月，深圳市第一次以公开拍卖方式出让国有土地使用权。图为拍卖现场和拍卖槌

●1993年2月，深圳产权交易所（后改名为深圳市产权交易中心）成立，是全国第一家产权交易机构

●广州南方人才市场成立于1995年9月，是最早获人事部批准组建的区域性人才市场

●1997年，省物资集团公司开办的广物汽车贸易市场，是广东汽车连锁销售经营的龙头企业

●1992年8月，广东改革商业流通管理体制，省商业厅、省供销社、省粮食局的行政管理职能划归省财贸办公室，组建省商业、省供销社、省粮食3个企业集团。图为在原省商业厅基础上组建的省商业企业集团公司

●2000年7月，省委召开广东省依法治省工作经验交流会，提出依法规范市场经济秩序的重要任务

●广东率先改革投资体制，实行投资多元化。东莞县高埗大桥是全国第一座由社会集资建设、过桥收费偿还投资的大桥，于1984年1月通车

●1988年9月28日，以香港实业家霍英东捐资为主要建设资金来源，贯通广州市区与番禺县的洛溪大桥正式通车

●广（州）佛（山）高速公路是广东第一条“以路养路”方式建设的高速公路，1989年7月建成通车

●1985年7月，韶关发电厂20万千瓦发电机组建成投产。该机组由省内各地市集资建设，投产后以电偿还投资

大亚湾核电站是国内第一座中外合资大型核电站。采用法国核岛技术，安装2台180万千瓦发电机组。于1993年8月建成运行发电

沙角发电厂C厂是20世纪90年代广东特大型火力发电厂，1994年12月并网发电。由香港合和实业有限公司和广东省电力集团公司共同投资

1991年5月，全国首条由广东地方自筹资金兴建的三（水）茂（名）铁路举行通车典礼

1995年9月，由广东省和铁道部联合投资的广（州）梅（州）汕（头）铁路建成通车，粤东结束不通火车历史

虎门大桥是由中国设计和建设的国内第一座特大型悬索桥，1997年6月正式通车。由中外合资企业广东虎门大桥有限公司投资

京珠高速公路粤境段是由世界银行贷款建设的国家和省重点工程，于1998年建成通车

1983年7月，深圳市宝安县联合投资公司向社会发行中华人民共和国成立后第一张股票

●中国银行珠海分行于1985年发行广东第一张信用卡——中银卡

●广州市各商业银行在全国率先应用电子货币支付系统。图为顾客在广州东山百货大楼服装商场刷卡消费（1988年）

●1988年9月，广东省第一家股份制商业银行——广东发展银行开业

●中华人民共和国成立后第一家证券交易所——深圳证券交易所于1991年7月3日开业。图为深圳证券交易所外景

群众在深圳证券交易所买卖上市公司股票（20世纪90年代）

1992年8月9日，数十万群众在深圳市购买新股认购抽签表，由于供不应求，且发售出现舞弊，引发不满，发生游行示威。图为路边等待购新股认购抽签表的人龙

1992年10月，国内首家期货经纪公司——广东万通期货经纪公司在广州市开业。图为公司营业大厅

●改革开放后，广东重视引导、扶持非公经济发展。图为省委第一书记任仲夷（后排左二）在广州嘉美发廊与青年个体劳动者座谈（1981年11月）

●改革开放后汕头市出现第一家民资企业——民生塑胶总公司（1980年）

●1979年3月，广州上山下乡回城待业青年容志仁在西华路开办“容光小吃店”，特别推出一角钱有粉有粥学生餐，因而名噪一时

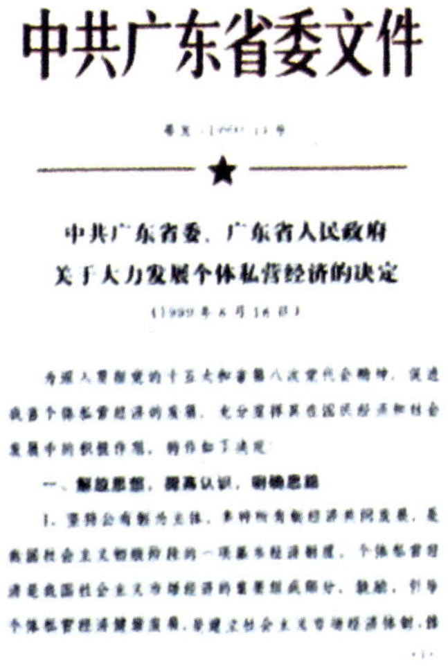

中共广东省委文件

★

中共广东省委、广东省人民政府
关于大力发展个体私营经济的决定
（1999年8月16日）

为深入贯彻党的十五大和省第八次党代会精神，促进我省个体私营经济的发展，充分发挥其在国民经济和社会发展中的积极作用，特作如下决定：

一、解放思想，提高认识，明确思路

1. 坚持公有制为主体，多种所有制经济共同发展，是我国社会主义初级阶段的一项基本经济制度。个体私营经济是我国社会主义市场经济的重要组成部分。鼓励、引导个体私营经济健康发展，是建立社会主义市场经济体制，推

1999年8月，省委、省政府作出《关于大力发展个体私营经济的决定》。图为文件影印件

全国十大民营饲料生产企业之一——广东恒兴集团公司（20世纪90年代）

顺德市格兰仕集团由改革开放之初7人创业的小作坊，发展成全国有名的民营家电制造企业、全球微波炉生产冠军。图为该公司的现代化生产车间（20世纪90年代）

●1999年10月11日，中共中央政治局委员、省委书记李长春（前左二）视察东莞电脑资讯产品博览会。要求贯彻落实好邓小平“科学技术是第一生产力”的重要论述，增创广东改革发展新优势

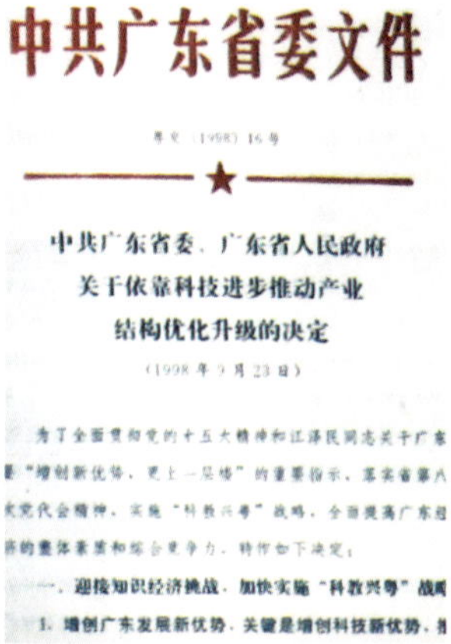

中共广东省委文件

粤发〔1998〕16号

中共广东省委、广东省人民政府
关于依靠科技进步推动产业
结构优化升级的决定

（1998年9月23日）

为了全面贯彻党的十五大精神和江泽民同志关于广东要“增创新优势，更上一层楼”的重要指示，落实省第八次党代会精神，实施“科教兴粤”战略，全面提高广东经济的整体素质和综合竞争力，特作如下决定：

一、迎接知识经济挑战，加快实施“科教兴粤”战略

1. 增创广东发展新优势，关键是增创科技新优势，

●1998年5月召开的中共广东省第八次代表大会提出，要实施外向带动、科教兴粤、可持续发展的3大发展战略，增创体制、产业、开放和科技新优势。9月，省委、省政府作出《关于依靠科技进步推动产业结构优化升级的决定》

●2000年10月12日，第二届中国国际高新技术成果交易会在深圳开幕，该交易会是中国科技第一展。图为开幕式

（选自《广东年鉴2001》）

●在原广州天河科技园基础上建立的国家级广州天河高新技术产业园软件产业基地外景（1999年8月）

●国家级深圳高新技术产业园外景（1996年9月）

●1991年3月国务院批准建立的国家级中山火炬高新技术产业开发区外景

●广东肇庆（大旺）省级高新技术产业园外景（1998年）

●电子信息和电器机械是广东两大支柱产业。图为1995年11月投产的联想集团惠州计算机生产基地外景

●建设中的珠海市科技创新海岸。由珠海市政府与科技部火炬中心于2000年8月签约创建

●广东不断深化科技体制改革，加强人才的引进和培养。图为深圳高新技术产业园的科技人员队伍（2000年）

《广东省志·经济体制改革卷》编纂委员会

主　　任：关则文

委　　员：魏建飞　莫　震　吴茂芹　张劲松　张锡洪　李德荣　陈文学　刘八一

主　　编：张锡洪

《广东省志·经济体制改革卷》编辑室

顾　　问：高冠南

主　　任：陈文学

编　　辑：刘敏清　谢健民　陈春华　庞晓玲

撰 稿 人：概　述　张锡洪

第一章　刘敏清

第二章　陈文学

第三章　张锡洪

第四章　庞晓玲

第五章　张锡洪

第六章　谢健民　陈春华

第七章　陈春华　庞晓玲

《广东省志·经济体制改革卷》审查验收人员

初审小组

组　　长：吴茂芹

成　　员：李　平　黄国贤　潘　泳　邓文海

复审小组

组　　长：侯月祥

成　　员：杨　波　陈雪琼　黄　挺

广东省地方志书审查委员会

主　　任：杨绍森

副 主 任：黄　卓　陈　强

委　　员（以姓氏笔画为序）**：**

孙志彦　李关水　杨芹溪　张　磊　张中华　林　魏　罗木生
钟淑冰　侯月祥　谭云龙　翟锦云

出版说明

一、《广东省志（1979—2000）·经济体制改革卷》是从整体上记述1979年到2000年广东经济体制改革历史的一部省志分卷。

二、本卷分广东经济体制改革大事记、概述及七项专题改革（即农村经济体制改革、国有企业体制改革、流通体制改革和市场建设、对外经济体制改革、所有制改革、经济管理体制改革、转变政府职能和经济法制建设）三大部分。概述的体例与其他省志分卷稍有不同，虽仍以述为主，但在记述1979年至2000年广东改革开放历程和取得成就的同时，还简要总结广东改革开放22年的基本经验。

三、本卷中凡简称的“党”均指中国共产党；凡称省委、市（地）委、县（市、区）委，均指中国共产党某地方委员会。

四、本卷所采用的照片，除少数专门注明出处的外，均选自2008年12月由中共广东省委宣传部、省委党史研究室、省档案馆主办的《广东改革开放30年成就展览》。

五、由于历史的原因，本卷记述的利用外资和外资企业，是指来自中华人民共和国内地关境以外的资金和投资，包括回归中国前的香港地区和澳门地区、回归后的中华人民共和国香港特别行政区和中华人民共和国澳门特别行政区、中国台湾地区、海外华侨及外国的资金和投资。

六、本卷记述的进出口贸易是指与中华人民共和国内地关境以外的国家和地区的贸易，包括回归中国前的香港地区和澳门地区、回归后的中华人民共和国香港特别行政区和中华人民共和国澳门特别行政区、中国台湾地区及外国。

概　述

从1979年至2000年，在中共中央和中共广东省委的领导下，广东人民充分利用中央赋予的特殊政策、灵活措施，发挥广东毗邻港澳、华侨众多、商品经济比较发达等区位优势和人文优势，在改革开放中先行一步，成功创办经济特区，发展外向型经济，坚持市场取向改革，初步建立起社会主义市场经济新体制的基本框架，迅速发展社会生产力，争创发展新优势，提高人民生活水平，为探索建立有中国特色社会主义道路做出开创性的贡献。

一

1978年12月，中共十一届三中全会胜利召开，全会关于思想，把工作重点转移到经济建设上来的重大决策，促使广东省委领导思考，如何按照实事求是的思想路线，从广东的实际出发，发挥优势，在全国改革开放中先走一步，把广东现代化建设搞得快一些。1979年年初，省委第一书记习仲勋、第二书记杨尚昆及省委其他领导经过认真讨论，确认根本出路还是希望中央给广东放权。在4月召开的中央工作会议上，习仲勋提出："这次来开会，希望中央给点权，让广东能够充分利用自己的有利条件在四个现代化中先走一步。"习仲勋的要求得到中央领导的赞同和支持。中共中央副主席邓小平说："在你们广东划一块地出来，办一个特区，过去陕甘宁就是特区嘛，中央没有钱，你们自己去搞，杀出一条血路来！"7月15日，中共中央、国务院批转广东省委、福建省委关于对外经济活动实行特殊政策和灵活措施的两个报告，确定对广东、福建两省对外经济活动实行特殊政策和灵活措施，给地方以更多的主动权，使之发挥优越条件，抓紧当前有利的国际形势，先走一步，把经济尽快搞上去。中央批准的新经济管理体制包括8个方面的内容：（1）计划体制以地方为主。实行"条块结合，以块为主"的办法，生产、基建、技改、财政、物资、外贸、商品流通、劳动工资、科技、文教卫生等各项计划，均以省为主制订。（2）扩大地方对外贸易的权限。在中央对外贸易方针政策和规划下，省有权安排和经营自己的对外贸易。（3）财政体制实行"划分收支，定额上交，五年不变"的包干办法。按照划分收支的范围，以1979年收支决算为基数，确定上缴任务，增收部分归省自行安排支出，不再向中央另外要钱。（4）金融体制方面，在国家统一政策、规定和计划安排下，给地方以适当的机动权。如给广东规定一个外汇贷款额度，由省审批，择优贷款。（5）物资管理，实行以省为主的管理体制。省管理的企业生产和建设需要的统配、部门管物资，由省平衡分配。（6）商业方面，在广州市的5个中央一级站和省的有关商业机构合并，下放省管。（7）劳动工资体制方面，允许地方有灵活性，在国家统一工资标准和调整幅度范围内，自行安排劳动力，具体办法由省自定。奖金的提成比例，可略高于全国水平。（8）物价政策方面，在执行国家物价总方针的前提下，适当扩大地方定价产品的范围。中央还批准在广东省的深圳、珠海、汕头和福建省的厦门各划出一定区域试办“出口特区”。1980年3月，中央根据广东的要求，同意将“出口特区”更名为“经济特区”。中央要求广东特别是经济特区在体制改革中发挥“试验田”作用，在对外开放中发挥“窗口”作用，在现代化建设中发挥“示范区”作用。从1980年年初到1981年上半年，中共中央、国务院先后四次召开专门会议并发文，帮助广东和福建解决实施特殊政策、灵活措施所遇到的困难和问题。

1980年11月，任仲夷担任省委第一书记后，认真贯彻实施中央对广东改革开放先行一步的决策，提出广东实施特殊政策和灵活措施要做到“对外更加开放，对内更加放宽，对下更加放权”。“对外更加开放”主要是抓“三个引进”（引进外资、引进技术、引进人才和智力）、“三个出口”（商品出口、劳务出口、风景及旅游业出口）和创办经济特区。深圳、珠海、汕头3个经济特区坚持市场调节为主，利用外资为主，展开建设，取得重大进展。特别是深圳经济特区，创造出“深圳速度”及“蛇口发展模式”等新鲜经验，提出“时间就是金钱，效率就是生命”的口号，对全省、全国更新观念，加快发展产生积极的影响。“对内更加放宽”主要是，在农村推行联产承包责任制，在工业、商业部门大力推进经济责任制；发挥市场调节的作用，在办好国营经济的同时，注意发展集体经济和个体经济，实行多种所有制形式一起上；大力推进物价和流通体制改革，展开从计划经济走向市场经济的价格闯关。“对下更加放权”主要是，在保证统一领导的前提下，把没有必要集中的权力，坚决放下去，省下放一定计划权、对外经济活动权、人财物的管理权，减少办事环节和审批手续。

中共中央、国务院批准广东和福建实行特殊政策、灵活措施，从1979年7月开始，定期5年。1985年3月，国务院批转关于广东、福建两省继续实行特殊政策、灵活措施的会议纪要，决定两省在今后5年内（即至1989年）继续实行特殊政策措施；同时根据形势发展的新情况和中共中央、国务院有关新部署，增添必要的新内容。

广东实行改革开放先走一步，一开始就面临很大的阻力和干扰。部分领导和群众对改革开放尤其是试办经济特区这一创举，疑虑很多，多有非议之词。有人把广东对外开放，说成广东正在大踏步向香港化迈进；担心经济特区会变成是旧中国上海的“租界”，“国际资本主义的‘飞地’”；说广东办特区使别的地方成了灾区等。在干部群众中，对农村和工商企业实行“包”的办法、取消工农产品统派购等做法到底对不对等，也出现争论。1980年上半年，在汕头、惠阳等沿海地区一度出现群体性的走私贩私活动浪潮。在中央领导干部中有人把沿海部分地方出现的走私贩私活动同广东改革开放先走一步，实行特殊政策灵活措施联系起来，对此表示担心，说是“资产阶级又一次向我们猖狂进攻”“广东这样发展下去，不出3个月就得垮台”。1982年春天，对广东，特别是三个经济特区更是“山雨欲来风满楼”，各种非议之辞铺天盖地而来，争论的核心是广东实行特殊政策、灵活措施，试办经济特区是姓“社”还是姓“资”，特区要不要办，该不该办。

1982年1月，中共中央发出坚决查处严重走私贩私等经济领域违法犯罪活动的《紧急通知》。1982年2月11日至13日，在中央书记处召开的广东、福建两省座谈会上，省委第一书记任仲夷汇报：1981年3月和8月，广东已按照国务院的部署，开展两次全省性的打击走私贩私行动高潮，在中央坚决查处走私贩私等经济领域违法犯罪活动《紧急通知》下发之前已及时迅速遏止走私贩私浪潮。任仲夷还汇报广东实行特殊政策和灵活措施以来取得的成绩和下步计划。他希望中央不要轻易收回给予广东的特殊政策。他说，中央在广东实行特殊政策的决策是正确的，如果坚持下去，再有几年，广东面貌就会有显著的变化。在座中央书记处领导明确表示，中央对广东、福建两省的政策，只有总结经验继续前进，不会改变。会后不久，任仲夷等人被召第二次进京“说明问题”，并就前段广东沿海一度出现走私贩私问题给中央写检讨。为保证广东实行特殊政策、灵活措施和试办经济特区取得成功，任仲夷提出“三个坚定不移”的方针：对外开放、对内搞活坚定不移，打击经济领域的违法犯罪活动坚定不移，执行让人民群众富裕起来的政策坚定不移。同时，重视保护广大干部、群众发展经济的积极性，并要求做到执法更严、纪律更严、管理更严，用“三严”保证对外更加开放、对内更加放宽、对下更加放权的“三放”。省委、省政府先后制定10个文件，加强对全省经济工作的领导和管理。

1984年1月24日至2月5日，中共中央政治局常委、中央顾问委员会主任邓小平先后视察深圳、珠海、中山、顺德等地。邓小平说：“兴办特区是我的倡议，中央的决定，现在来看看办得怎么样了。”他对经济特区的发展和广东改革开放给予很高的评价，分别为深圳、珠海经济特区题词：“深圳的发展和经验证明，我们建立经济特区的政策是正确的”，“珠海经济特区好”。回京后，经过深思熟虑，他又就经济特区和改革开放问题发表重要意见，提出：“我们建立经济特区，实行开放政策，有个指导思想要明确，就是不是收而是放，除现在的特区之外，可以考虑再开放几个港口城市。”根据邓小平的意见，中共中央、国务院在1984年5月作出决定，进一步开放包括广州、湛江两市在内的14个沿海城市和海南岛，试办经济技术开发区，实行一系列鼓励政策措施。

中央对广东实行特殊政策、灵活措施，使广东在市场化取向改革中起步较早。从20世纪70年代末到80年代初，广东在农村推行联产承包责任制，在城市扩大企业经营自主权。特别重要的是广东率先放开农产品统购、派购，开放流通领域及对企业和市、县实行适当放权。1980年9月，全省统购和派购的农产品由118种缩减至25种，3类农产品和完成交售任务后的一类、二类农产品实行计划价、浮动价和议购议销价3种形式；打破国有商业“一统天下”的局面，鼓励兴办集体和个体商业服务业；赋予农民一定程度的生产经营权、产品销售权和定价权，使农民可以按照市场的需求来安排农业生产。与此同时，大幅度缩减日用工业品的计划管理、计划调配、计划定价范围，扩大企业的生产计划权、财权和劳动管理权，企业完成计划任务后可按市场需求安排生产，按议购议销价或市场价自销计划外产品。广东允许个体私营经济发展，活跃了城乡经济。这期间，广东在扩大对外开放、创办经济特区、发展外商投资企业和扩大对外贸易等方面也积极进行改革探索，取得了显著成效。

二

1984年10月，中共十二届三中全会通过《中共中央关于经济体制改革的决定》，广东经济体制改革全面展开。在市场改革方面，省委、省政府进一步缩减农产品统派购品种，逐步放开工业品管理，继续大力发展商品流通。随后，改革开始延伸到发展要素市场和建立市场规则的深层次，同时推进财政、投资、金融及外经贸等方面的改革。

1986年起，在中央对广东实行财政包干制基础上，省政府相应对省内市县实行财政分包制。各地特别是珠江三角洲地区注重运用中央对广东改革开放先走一步的优惠政策，引进外资，大力发展外向型加工业和乡镇企业，促进地方工业大发展。针对能源、交通等“瓶颈”制约广东发展的实际，省政府制定一系列政策措施，鼓励支持发展电力、交通运输和邮电通信业，实行“以桥养桥”“以路养路”“以电养电”“以通信养通信”政策，促进基础设施建设。

金融体制改革主要是打破高度集中和僵化的单一银行体制。初步形成以中央银行（人民银行）为领导，以国有商业银行（工商银行、农业银行、中国银行、建设银行等）为主体，包括信托投资公司、财务公司、证券公司、城乡信用社等多种金融机构并存，分工协作的多层次、多形式金融体系；改革信贷资金管理体制，开始运用利率、汇率、存款准备金、特种存款等多种手段，进行金融调节；开拓金融业务，增加业务手段、方式和种类，开展多对象、多渠道、多方式的融资；改革单一的银行信用方式，发展票据、金融债券、特种债券、国库券、公债券、股票等金融商品，发展短期资金拆借、债券交易、外汇调剂等资金市场；开展国际金融业务，引进外资金融机构。

农村改革在全面实行家庭联产承包责任制和放开农产品统购派购的基础上，从1985年开始进入适应发展商品生产的系列改革。各级党委和政府农村工作指导思想和工作方式发生重大转变：从过去自然经济的束缚下解放出来，转变为敢于发展商品生产；从旧的经济模式条条框框下解放出来，转变为支持、鼓励农民发展生产；从“以粮为纲”单一经济，转为农、林、牧、副、渔五业全面发展，农工商综合经营，大力发展乡镇企业；农产品流通从国营商业、供销合作社独家经营包购包销，转为国家、集体、个人一齐上；政府从单纯的行政手段管理经济转变为注意运用经济手段进行经济管理。这期间，省委提出10年绿化广东大地的目标，各地调整作物布局，开发荒地、坡地、沿海滩涂、山塘水库，造林种果，发展畜牧业和水产养殖业，注重搞活流通和发展农产品加工，推进开发性农业生产和适度规模经营，广东农村实现历史性的发展。1985—1990年，全省农村社会总产值平均年递增17.4%，农业总产值年平均递增7.6%，是中华人民共和国成立后发展最快的时期。

进入20世纪80年代中期，世界经济发展日趋国际化。广东及时抓住这一机遇，确立以外向型经济为导向带动经济全面发展的战略思想，放手引进外资兴办外商投资企业，发展来料加工、来件装配业务，扩大对外贸易，发挥“三点一线”（即以香港为中转站，利用香港购销渠道多，信息灵通的优势，一头连着国内，一头连着国际市场）和海外华侨、华人众多的优势，建立国际间购销关系，推进外贸体制改革，继续办好经济特区和沿海开放城市经济技术开发区，同时扩大对外开放区域。1985年2月，中共中央、国务院决定将长江三角洲、珠江三角洲和闽南厦漳泉三角地区列为经济开放区。要求这些地区要逐步形成贸—工—农一体化的生产结构（即按出口贸易的需要发展加工工业，按加工的需要发展农业和其他原材料生产）。省政府批准，在珠江三角洲开放区建立重点工业卫星镇118个。1987年11月，国务院批复广东省为综合改革试验区，并扩大珠江三角洲经济开放区的范围，由原来的17个市县的“小三角”扩大为28个市县的“大三角”，土地面积4.43万平方公里，人口1576万人，分别占全省的24.9%和27%。工业卫星镇由118个扩大为242个，同时把沿海城市汕头、湛江、茂名、惠州的部分县市也列入经济开放区范围。至此，广东形成包括经济特区、沿海开放城市、扩大经济开放区在内共有57个市县，面积达8.37万平方公里的沿海经济开放地带。从1986年起，广东进出口总值一直居全国各省市区第一位。改革开放头10年，广东利用外资年平均递增44%。

1988年9月，中共十三届三中全会提出“治理经济环境、整顿经济秩序、全面深化改革”的方针，中央加强对基本建设、金融、外汇、计划、流通等领域的调控。这期间，广东按中央部署采取政治、经济、行政的一系列强有力措施，压缩固定资产投资规模，控制消费需求的过度膨胀和消费基金的过快增长，加强物价的调控和管理，清理各类公司，整顿经济秩序，同时把治理整顿同改革发展紧密结合起来，注意保护干部群众的积极性和改革开放所取得的成果，继续坚持行之有效的改革措施。1989年7月，省委郑重提出改革开放政策“八个不变”，即实行家庭联产承包责任制和双层经营体制不变；粮食合同订购，鼓励开发性农业生产的政策不变；企业承包责任制、厂长负责制的政策不变；以公有制为主体，发展多种经济成分政策不变；对个体经济和私营企业的政策不变；财政包干、外贸包干政策不变；工资与经济效益挂钩政策不变；发展乡镇企业的政策不变。同时继续实施一些新的改革举措，如取消油料、食油派购，率先放开粮食价格，扩大企业股份制试点范围，扩大利用外资项目审批权和下放外贸经营权等。由于前阶段改革开放已在广东形成增长极效应，使外资和国内资金、资源在治理整顿期间仍继续流入广东，形成当时广东经济与全国相比“全国下滑粤未下，全国未升粤先升”的优势。至1991年，广东完成治理整顿经济和深化改革阶段任务。

三

20世纪90年代初，随着苏联的解体，东欧国家剧变，国际社会主义运动进入低潮。面对复杂的形势，一部分干部群众的思想产生困惑。国内又出现了改革开放是姓“社”还是姓“资”的争论。在这一关键时刻，88岁高龄的邓小平于1992年1月亲临广东，先后视察深圳、珠海和顺德，沿途发表重要谈话。邓小平指出，要坚持党的“一个中心，两个基本点”的基本路线一百年不动摇；改革开放胆子要大一些，看准了的就要大胆地试，大胆地闯；中国要警惕“右”，主要是防止“左”。他特别要求广东要抓住时机，发展自己。带头闯，要上几个台阶，力争用20年的时间赶上亚洲“四小龙”（指韩国、新加坡及中国香港和台湾地区）。2月24日至27日，省委召开工作会议，传达贯彻邓小平视察南方谈话精神，研究广东进一步扩大开放、加快经济发展步伐问题。7月1日，省委、省政府向中共中央、国务院报送《关于加快广东发展步伐，力争20年赶上亚洲“四小龙”的请示》（简称《请示》）。《请示》将20年分为两个阶段，2000年前为第一阶段，广东经济发展争取总体上要达到“四小龙”1990年的水平，其中经济特区和珠江三角洲部分地区要达到或接近“四小龙”2000年的水平；2000年后的十年为第二阶段，全省经济发展总体上达到“四小龙”2010年的水平。1993年5月21日，中共中央政治局委员、省委书记谢非在中共广东省第七次代表大会上作《为广东二十年基本实现现代化而奋斗》的报告。大会正式确定把广东

20年赶上亚洲“四小龙”、基本实现社会主义现代化作为广东各级党组织的奋斗目标，带领全省人民奋勇前进。

1993年11月，中共十四届三中全会通过《中共中央关于建立社会主义市场经济体制若干问题的决定》，全国经济体制改革进入建立社会主义市场经济体制攻坚阶段。12月，省委七届二次全会作出《中共广东省委关于加快建立社会主义市场经济体制若干问题的实施意见》，决定力争用5年时间在全省建立起社会主义市场经济体制的基本框架。改革重点在10个方面展开。一是国企改革。全省扩大现代企业制度试点，大面积开展国有企业的改制，规范公司制的运作，推进国有资产管理体制和社会保障制度改革，加快要素市场建设。在“抓大”建立大企业集团的同时，注意放活小企业，抓好煤炭、纺织、制糖三个特困行业的解困工作。二是发展农村股份合作制。以此作为明晰产权，保障农民合法权益，促进农村资源的合理流动和优化组合的重要措施，在全省推广。用股份合作制明确农村社区合作经济组织的产权关系，把股份合作制引入乡镇企业；鼓励合伙及私营企业在自愿、互利原则下，实行股份合作制；发展为农业生产提供社会化服务的股份制经济实体。三是转变政府职能。政府以主要精力抓好社会主义市场经济体制各项改革，主要依靠经济、法律手段并辅以必要的行政手段，管理社会经济活动，包括搞好统筹规划、政策制定、信息引导、组织协调、基础建设、提供服务，依法检查监督等。同时，改革办事制度，规范办事程序，接受群众监督。加强对各类型地区分类指导，促进全省协调发展。四是金融体制改革。配合、协助人民银行强化对金融的调控和监管，支持各专业银行向国有商业银行转制；创造条件发展地方性金融机构，组建农村和城市信用合作机构，引进外资金融机构；扩大以债券、股票融资为主的资本市场，办好证券交易中心；加快实现金融技术现代化。五是投资体制改革。改变长期以来政府作为竞争性行业投资主体的状况，在国家产业政策的引导下，强化竞争性项目投融资活动的市场调节，把企业法人投资推向市场。对需要以政府投资为主的基础性项目，拓宽投融资渠道，以政府投资为主，同时吸引企业和社会各方共同投资。六是价格改革。加快生产要素价格市场化，对竞争性的商品和服务价格，扩大范围继续放开。管好具有垄断性、保护性、强制性、公共性等特征的价格，健全对价格的宏观调控管理体系，建立市场价格跟踪监测、预警制度。建立重要物资储备、周转制度，防止物价的非正常波动。七是财税体制改革。国家从1994年开始实行全国统一分税制。广东从1996年起，正式实行分税分成的财政管理体制。之前，各市、县抓紧调整、完善原来的财政包干制，使之与国家分税制相衔接。八是建立社会保障制度。在全省推进养老、失业、工伤、医疗等各项社会保障制度改革，着力建立稳定的社会保障基金，扩大保险覆盖面。建立省、市、县三级社会保障管理监督机构及社会化服务体系。九是扩大开放。以开拓多元化国际市场、引进高科技项目、吸引国际大财团投资作为重点，适应国家税制改革后的新情况，把吸引外资的优惠措施，由原来主要靠让税让利，逐步转变为适当让出企业股权和国内市场。开辟多种形式引进外资和走出去办实业。继续推进外贸体制改革和外贸企业的改制。十是加快市场经济立法。依法适时清理、修改、废止与市场经济不相适应的地方法规。加快经济立法进程，省人大常委会加强地方立法与法律监督，加快建立与市场经济相适应、与国家法律相配套的地方性经济法规体系。司法、行政执法部门做好公正司法和依法行政。发展各种形式的法律服务机构。

至1997年下半年，广东建立社会主义市场经济新体制的改革取得突破性进展，主要表现为：第一，建立起以公有制为主体，多种经济形式共同发展的所有制结构。全省国有工业资产随着产权制度改革和“抓大放小”重组，质量和效益提高，增强国有企业活力和对国民经济的主导作用。同时，广东的集体经济活跃，发展势头强劲。由私营、个体、外商投资企业及股份制企业等构成的其他经济形式发展迅速，在全省经济中占有重要地位。第二，市场机制作用逐渐增强，市场体系不断完善。通过价格改革、流通体制改革，初步建立起统一、开放、竞争、有序的市场体系。全省商品零售总额、农副产品收购总额和生产资料销售总额中市场定价比重分别达到95%、98%和90%，以市场形成价格的机制和既放得开又管得住的价格调控体系基本建立。全省初步建立起商品市场、资本市场、劳动力市场、房地产市场和技术市场。第三，新型社会保障体系初步建立。广东社会保障制度改革走在全国前列，建立起全省统一的社会统筹和个人账户相结合的职工社会养老保险制度。失业、工伤和女工生育保险制度覆盖范围不断扩大；城镇职工医疗保障制度改革试点工作取得进展；各市普遍建立城乡居民最低生活保障线制度；住房制度改革在全国率先推出按标准价（后改按成本价）出售公有住房，推动住房商品化和社会化进程。第四，初步实现政府职能转变。通过简政放权、精简机构，政府职能发生很大变化。综合经济管理部门强化规划与宏观调控、经济发展预测的职能，减少过去分钱分物、批项目、批指标的直接管理。专业经济管理部门实行政企分开，开始向行业管理和服务方面转变，着手进行国有和公有资产管理运营体制的改革。第五，农业作为国民经济基础，市场化和产业化的进程加快。1988年广东农产品基本取消统派购制度，1992年实现全部农产品价格放开。全省建成农产品专业批发市场200多个，年成交额1000亿元，形成多元化的市场流通网络，出现一批有一定经济实力的农业龙头企业。第六，经济法制建设取得进展。至1996年年底，全省共制定地方法规300多项，其中属经济类的法规占半数以上，主要包括培育市场主体、规范市场行为、强化经济管理和建立社会保障制度等方面的法规。

深圳市和顺德市（县级）在建立社会主义市场经济体制改革中，先走一步，大胆探索，为全省提供宝贵的经验。深圳市初步建立起社会主义市场经济新体制的多个重要体系：即以国有经济为主导，多种经济成分共同发展的多元化所有制结构体系；以资本为纽带的国有资产管理、监督和营运体系；以商品市场为基础，要素市场为支柱的市场体系；以间接调控为主的政府宏观调控体系；以按劳分配为主体、多种分配形式并存的分配体系；新型的多层次社会保障体系；与国际经济接轨的开放型国民经济体系；适应市场经济需要的法律法规体系。顺德市从1993年开始，在全省最早全面铺开对国有和集体企业进行产权转制改革，公有产权从竞争性行业退出，向企业经营者和职工转让，实行“靓女先嫁”。在全国上下引起很大震动，引发是否公有资产流失的争议。省委对顺德市改革大方向给予支持，要求其坚持改革，同时帮助其不断完善。在行政改革方面，顺德市“拆庙搬神”，改革政府管理职能，实现政企分开、政资分开，政府较好进入社会管理者的角色。

1997年10月10日，中共中央政治局委员、省委书记谢非在省委七届七次全会上指出，广东整体推进经济体制改革已取得重大进展，社会主义市场经济体制已经初具雏形。

四

从1998年5月中共广东省第八次代表大会召开至2000年，是广东寻找改革新的突破口，争创改革发展新优势，争取率先实现社会主义现代化，把改革开放和社会主义现代化建设事业全面推向新世纪的阶段。

1998年3月9日，中共中央总书记、国家主席江泽民在九届全国人大一次会议广东代表团全体会议上作重要讲话，要求广东"增创新优势，更上一层楼"，交出物质文明和精神文明建设两份好答卷，把广东的改革开放和经济社会发展推进到一个新阶段。为落实江泽民的指示，寻找改革开放新的突破口，4月，省委、省政府在全省开展以"增创广东发展新优势"为主题的十大专题调研活动。通过调研，为推进全省改革开放和发展提供很有参考价值的情况、思路、对策。大部分调研材料经过转化运用，成为省委、省政府深化改革，加快广东发展的相关决策和工作部署。同年5月召开的中共广东省第八次代表大会，通过中共中央政治局委员、省委书记李长春所作的《增创新优势 迈向新世纪 全面推进广东现代化建设》的报告。确定广东要突出抓好"外向带动""科教兴粤""可持续发展"三大发展战略，着力增创体制、产业、开放和科技四大新优势，实现各项建设事业更上一层楼。9月，省委、省政府颁布《关于依靠科技进步推动产业结构优化升级的决定》，以推进科技进步作为增创发展新优势的切入点和突破口。根据省党代会确定的任务，广东重点从以下6个方面继续深化改革开放：一是加快建立和完善社会主义市场经济体制，增创体制发展新优势；二是调整优化经济结构，增创产业发展新优势；三是实施外向带动战略，增创对外开放新优势；四是实施科教兴粤战略，增创科技新优势；五是推进行政管理体制改革，转变政府职能，改进政府管理社会经济的方式和手段；六是强化依法治省，努力建立市场经济新秩序和文明法治社会环境。

1999年3月7日，中共中央总书记、国家主席江泽民在九届全国人大二次会议广东代表团全体会议上讲话，要求广东率先基本实现社会主义现代化，为全国提供更多有益经验。省委、省政府决定，全省要鲜明地以率先基本实现现代化作为总目标、总任务统揽工作全局；经济特区和珠江三角洲要在全省率先基本实现社会主义现代化中先行一步；确定顺德市作为综合改革试点市，规定11项试点任务，同时，赋予顺德市必要的改革试验权。8月26日，省委、省政府召开经济特区和珠江三角洲改革开放工作座谈会进行部署。提出到2010年左右，经济特区和珠江三角洲要建设成为高新技术产业的重要基地，与港澳密切合作、与国际经济紧密联系的外贸出口基地，社会主义市场经济体制的先行区和可持续发展的示范区，基本达到经济繁荣、结构优化、设施完善、城乡一体、法制健全、社会文明，率先基本实现现代化，为全省起示范、带动作用。为确保率先实现社会主义现代化各项工作任务落到实处，省委、省政府加强分类指导，明确深圳市作为建设有中国特色社会主义和率先基本实现现代化的示范市继续先行探路；广州市进一步发挥省会和华南最大的中心城市的辐射带动作用，提供全面的示范和经验；顺德市作为全省县一级率先基本实现现代化的试点市，继续抓好试点。省还抓了一批农业、高新技术产业、可持续发展、精神文明建设、民主法制建设的示范典型，以点带面推动率先基本实现现代化进程。

20世纪的最后两年，广东的改革开放在比较复杂的国内外环境中进行，世界经济走低，亚洲金融危机对广东的影响持续蔓延，扩大出口和利用外资受到制约；国内需求不足，开拓市场和扩大需求难度较大；省内金融风险的隐患日益暴露，社会不稳定因素有所增加。在这种不利的环境下，广东各级党委、政府坚决贯彻中央的各项工作部署，落实省委增创发展新优势和争取率先基本实现现代化各项工作措施，坚持改革开放，开拓前进。全省突出抓好扩大内需，增加投资需求，启动消费需求；调整经济结构，促进产业优化升级；大力发展个体私营经济，加快发展第三产业；以中国即将加入世界贸易组织为契机，调整出口产品结构，更加积极有效利用外资，扩大粤港澳台经济合作；推动科技进步和创新，走科技与经济紧密结合的路子；加大国有经济布局调整和国有企业战略性重组力度，建立现代企业制度，推进各项配套改革；大力化解地方金融风险，重建金融秩序和信用。这期间，广东重典治乱，开展专项斗争，扭转少数地区治安混乱的被动局面，严厉打击粤东一些地方走私贩私、骗汇骗税、制假售假、经济欺诈等经济犯罪活动，维护市场经济秩序和社会稳定。到20世纪末，广东省开始摆脱亚洲金融危机引发的诸多困难和不利影响，国民经济呈现步入良性循环的转机和进入新一轮发展态势。随着新世纪的到来，广东改革发展进入新的阶段。

五

从1979年至2000年的22年，广东在改革开放中崛起，在改革开放中发展，南粤大地发生翻天覆地变化，成就辉煌。

（一）成为全国经济最发达的省份之一。广东作为中国一个边陲省份，改革开放前发展速度慢于全国平均水平。改革开放后迅速赶上并居全国前列。1978—2000年，广东国内生产总值由185.85亿元增加到9662.23亿元，增长51倍，年均增长13.6%；1989年开始，连续12年居全国之首，占全国10.8%；从1998年开始超过亚洲“四小龙”的新加坡。财政收入从1978年39.46亿元增加到2000年的910.56亿元，增长22倍，占全国的14%。固定资产投资从1978年27.23亿元增加到2000年的3233.7亿元，增长117倍。20世纪90年代后半叶开始，广东加快产业结构调整，向高级化和适度重型化方向发展，一大批重大产业项目建成投产，加快交通、能源、水利等基础设施建设，物流、会展、旅游等新服务业蓬勃发展，经济效益提高，自主创新能力和发展后劲增强。

（二）初步建立起社会主义市场经济新体制。广东在建立社会主义市场经济新体制方面进行积极的探索。在全国率先放开工农产品价格，促进城乡经济的活跃；调整所有制结构，坚持和完善公有制为主体、多种所有制经济共同发展的基本经济制度；深化国有企业改革，优化国有经济布局，增强国有经济活力、控制力、影响力；鼓励、支持、引导非公有制经济发展，促进各种所有制经济平等竞争、相互促进发展；建设统一开放竞争的现代市场体系，发展各类要素市场，规范发展市场中介组织，建立社会信用体系；推进投资、外贸、财税、金融等一系列改革。至1997年，社会主义市场经济体制初具雏形。社会主义市场经济体制的初步建立，使广东经济社会发展充满生机和活力。

（三）实现全方位对外开放。广东成功创办深圳、珠海、汕头三个经济特区，开放广州、湛江两个沿海港口城市。实施由珠江三角洲向粤东、粤西，再向山区腹地梯次推进的对外开放战略，形成多层次、全方位对外开放的格局，外向型经济迅速发展。2000年，全省进出口总额1701.6亿美元，占全国比重超过30%，连续16年居全国首位。截至2000年年底，全省外商直接投资项目签订协议83768个，实际吸收外资累计1252.47亿美元，工商登记注册外商投资企业49865万家，均居全国前列。进入20世纪90年代，发达国家和跨国公司到粤投资比重上升，投资重点开始向高新技术产业、重化工业和现代服务业发展，加快加工贸易转型升级。粤港澳开展全方位、多层次合作，领域不断拓展，水平不断提高。

（四）改善民生，人民生活总体达到小康。1978—2000年，全省城镇居民年人均可支配收入从412.13元增加到19761.57元，增长22.6倍；农村居民年人均纯收入从274.37元增加到3654.48元，增长12.3倍；城镇居民人均居住面积由5.47平方米增加到19.51平方米，农村居民人均住房面积由8.73平方米增加到22.42平方米；城乡居民储蓄存款从17.56亿元增加到8667.29亿元。人民生活总体上达到小康水平。社会保障体系加快向城乡居民覆盖，保障能力不断提升。大量外来务工人员在粤安居乐业，这是广东对全国的重要贡献。珠江三角洲地区在全省率先达到宽裕型小康。

（五）为全国改革开放和现代化建设做出重要贡献。一是广东在体制改革中发挥“试验田”的作用，为全国推进改革提供有益的经验；二是广东在对外开放中发挥重要的“窗口”作用，利用毗邻港澳的区位优势，成为中国对外开放、走向世界的重要窗口；三是广东在现代化建设中发挥“示范区”作用，广东干部群众敢想敢干、敢闯敢试、敢为人先的精神，鼓舞和激励全国人民，带动内地的经济发展；四是广东对香港、澳门的顺利回归并保持繁荣稳定发挥重要的促进作用，为“一国两制”的成功实践，做出积极的贡献。

改革开放22年，广东人民对建设有中国特色社会主义的理想信念坚定不移，向着在全国率先实现社会主义现代化的宏伟目标大步前进，创造出十个方面的成功经验：一是自始至终坚持以中国特色社会主义理论指导改革开放的实践；二是坚持解放思想、实事求是的思想路线，把中央的决策同广东实际相结合，创造性地开展工作；三是立足社会主义初级阶段的基本国情，坚持以经济建设为中心，一心一意谋发展；四是坚持市场取向改革，不断完善社会主义基本经济制度，建立现代市场体系；五是发挥区位和人文等地方独特优势，不断拓展对外开放的深度和广度，提高对外开放水平；六是坚持依靠科技进步，提高自主创新能力，走科学发展之路；七是坚持以人为本，注重民生，维护稳定，构建社会主义和谐社会；八是把大力加强社会主义文化建设作为中国特色社会主义事业的重要组成部分和推进改革开放的基本条件；九是把加强社会主义民主政治和法治建设，作为建设中国特色社会主义的政治和法制保证；十是注重加强全省各级共产党组织思想、作风和组织建设，提高执政能力，永葆党的先进性。

大事记

1979年

1月8日　中共广东省委在广州召开四届二次常委扩大会议，贯彻中共十一届三中全会精神，研究广东如何实现党的工作重点转移到社会主义现代化建设上来。

1月23日　为加强对边境地区的领导，建立出口基地，省委决定将宝安县改设为深圳市，珠海县改设为珠海市。2月14日，国务院原则同意广东关于宝安、珠海建立出口基地的设想。3月5日，国务院批复同意两县改设为市。

1月31日　中共中央副主席、国务院副总理李先念批示同意广东省革命委员会（简称省革委会）、交通部《关于我驻香港招商局在广东省宝安建立工业区的报告》。2月2日，国务院副总理谷牧召集会议研究落实在蛇口建立中国第一个出口加工区。7月8日，香港招商局在蛇口炸山填海动工兴建蛇口工业区。

4月5日至28日　在北京召开的中共中央工作会议上，省委第一书记习仲勋提出，希望中央给点权，让广东能够充分利用自己的有利条件在四个现代化建设中先走一步。4月下旬，习仲勋在中南海向中共中央副主席邓小平汇报，邓小平表示赞同和支持。

6月6日　省委向中共中央、国务院报送《关于发挥广东优越条件，扩大对外贸易，加快经济发展的报告》，正式向中央提出希望实行新的经济管理体制，扩大对外经济贸易，在深圳、珠海、汕头3市试办“出口特区”的请求。

7月15日　中共中央、国务院批转广东省委、福建省委关于对外经济活动实行特殊政策和灵活措施的两个报告，决定两省在对外经济活动中实行特殊政策和灵活措施，包括扩大对外经济贸易，吸引侨资、外资，引进先进技术和管理经验和在深圳、珠海、汕头、厦门设置“出口特区”。

8月11日　中共广东省委、广东省革命委员会在广州召开全省工业交通增产节约工作会议。省委第一书记习仲勋在会上提出，以这次会议为起点，把领导的主要精力集中到经济工作上来。会议提出，要把企业搞活，解决好扩大企业自主权的问题，开展扩大企业自主权的试点。

9月26日　省委决定设立广东省对外经济工作委员会，统一规划管理全省对外经济工作。设立特区筹备处，负责深圳、珠海、汕头3个特区各项筹备工作。

10月31日　省委在广州召开出口特区工作座谈会，讨论研究创办特区的方针、政策和做法，并建议中央将出口特区改称为“经济特区”。12月12日，省委形成《关于建立经济特区几个问题的汇报提纲》，向中共中央、国务院报告请示。

12月11日　省革委会批转省财贸办公室《关于开展农副产品议价购销情况和意见的报告》，允许开展农副产品议购议销业务，作为发挥市场调节作用，把经济搞活的手段。

12月17—26日　广东省第五届人民代表大会第二次会议决定设立广东省人民代表大会常务委员会和将广东省革命委员会改设为广东省人民政府。

1980年

1月10日　省政府印发《关于农副产品采购若干问题的规定》，调整农副产品分类管理范围，将实行统购、派购和计划收购的118种一类、二类产品重新划定为47种。统购、派购和计划收购以外的其他农副产品，生产者在完成交售任务后可自行处理。

3月24日　中共中央书记处书记、国务院副总理谷牧受中央委托在广州主持召开会议，研究提出广东、福建两省实行特殊政策灵活措施的一些重要政策，形成《广东、福建两省会议纪要》。5月16日，中共中央、国务院批转《广东、福建两省会议纪要》。

5月5日　省政府印发《关于财政体制试行收支挂钩增收分成实施办法》，除广州、深圳、珠海三市外，对市、县实行“定收定支，收支挂钩，增收分成，结余留用，两年不变”的办法。

5月12日　省委印发《关于当前农村工作几个问题的讨论纪要》，提出全省有20多个县发生分田单干和变相单干，切不可掉以轻心，放任自流，任其继续蔓延、扩散。强调对大田作物（水稻）着重宣传推广“五定一奖联产到组”责任制（即对作业组实行定劳力、定地段、定产量、定成本、定工分、超产奖励的责任制）。对穷困地区的“三靠队”（口粮靠返销、生产靠贷款、生活靠救济）可以允许实行包产（包干）到户，这是临时措施、权宜之计。

6月16日　省政府转发省物资局《关于改进物资工作若干问题的报告》，提出实行计划调节与市场调节相结合，以计划调节为主的原则，做好计划外物资的组织供应，物资部门逐步分批实现企业化。

7月29日　省委、省政府批转清远县委《清远县国营工业企业试行超计划利润提成奖和改革工业管理体制的情况报告》，在全省范围推广清远经验。确定100户国营工交企业进行扩大企业自主权试点。年底，扩权试点由100户扩大到179户，部分商业企业也加入试点行列。1982年5月8日，省政府批转省经济委员会（简称经委）《关于进一步学习推广清远经验的意见》，肯定经过三年实践，清远县改革工业管理体制经验是行之有效的，要继续推广。

8月26日　第五届全国人民代表大会常务委员会第十五次会议批准施行《广东省经济特区条例》。

9月2日　省政府印发《关于在国家计划指导下搞好市场调节的试行办法》，就搞活广东工业生产和城乡市场作出10项规定。

9月23日　中共中央总书记胡耀邦在北京主持中央书记处会议，听取广东省负责人的工作汇报，并就如何在广东实行特殊政策和灵活措施进行讨论。9月28日，形成《中央书记处会议纪要》。要求广东充分利用和发挥本地优势，尽快把经济搞活，闯出一条路。中央授权广东省，对中央各部门指令和要求采取灵活办法，适合的就执行，不适合的可以不执行或变通办理。

9月30日　省政府印发《关于疏通商品流通渠道，促进商品生产，搞活市场的十二项措施》，放宽对农副产品和日用工业品的管理，推进流通体制改革。其中农副产品统购、派购和计划收购减少为25种。

10月6日　省委在广州召开地市委书记座谈会，研究贯彻中共中央《关于进一步加强和完善农业生产责任制的几个问题》（即七十五号文）。中央文件对包产到户、包干到户等多种形式的生产责任制予以肯定，认为这是联系群众、发展生产、解决温饱问题的一种必要措施。10月18日，省委发出关于贯彻执行中央七十五号文件的通知，要求各地抓好完善生产责任制工作，允许多种形式的生产责任制同时存在。

10月14日　省政府印发《关于日用工业品购销问题的试行办法》，继续放宽日用工业品分类管理，搞活日用工业品生产和流通。

11月2日　省政府印发《关于农副产品议购议销若干问题的暂行规定》，提出要活跃商品流通，平抑农贸市场价格，满足人民生活。

11月8日　省政府印发《关于在国营企业中进行"自负盈亏"试点的通知》。决定在广州缝纫机工业公司、广州自行车工业公司、广州绢麻纺织厂、韶关齿轮厂、佛山棉纺二厂、佛山无线电一厂、江门塑料厂、江门南方仪器厂及高州县国营工业企业，即"八厂一县"，进行独立核算、国家征税、自负盈亏试点。

12月24日　中共中央总书记胡耀邦在北京主持召开广东、福建实行特殊政策，灵活措施座谈会。1981年1月21日，中共中央办公厅印发《广东、福建实行特殊政策、灵活措施座谈会纪要》。重申中央对广东实行特殊政策，灵活措施的方针是不动摇的，并提出给两省多项具体政策。

1981年

1月19日　省委在广州召开地、市、县委书记会议，研究完善农村生产责任制。省委第一书记任仲夷强调，已实行包产（包干）到户的地方，只要群众满意，又能增产，对国家贡献增多，就不要硬改过来。

2月14日　省政府决定从1981年起，除广州市、海南行政区、自治州、自治县、深圳、珠海另有规定外，省对各地、市、县实行"划分收支，分级包干"即"分灶吃饭"的财政体制，财政收支包干比例或定额补贴数，一定5年不变。

3月17日　省政府在广州召开全省海洋渔业工作会议。省长刘田夫强调发展海洋渔业要走多种作业、多种经营的道路，要完善各种经营形式和责任制，纠正追求"一大二公"和"吃大锅饭"的错误做法。

4月10日　省委在广州召开地、市委农业书记会议，研究部署在全省开展稳定山权林权，落实林业生产责任制工作。6月17日，省委、省政府印发《关于稳定山权林权和落实林业生产责任制的决定》。

5月20日　省委常委会议讨论研究广州市经济调整工作，强调把广州市作为全省工作重点，进一步放宽政策，把经济搞活。8月5日，省委印发《省委常委讨论广州市经济调整工作的会议纪要》。

5月27日　国务院在北京召开广东、福建两省和经济特区工作会议。讨论研究两省实行特殊政策、灵活措施和设置经济特区的体制、政策和管理等问题。提出10条重要政策和措施。7月19日，中共中央、国务院批转这次会议纪要。

6月25日　省委、省政府印发《关于加强对包干到户社、队领导若干问题的指示》，肯定包干到户是一种责任制，适应当地生产力水平和管理水平，是农村生产关系的一次重大调整，要求对出现的新问题及时研究解决。

7月1日　省政府在广州市召开全省地、市建委主任座谈会，提出改革基本建设管理体制，推行包干办法，扩大企业自主权，推广各种有效的工资奖励办法，推动多种形式联合。9月3日，省政府批转《关于全省地、市建委主任座谈会情况的报告》。

8月21日　省直工业系统的省冶金厅、机械厅、国防工业办，以及江门、韶关、茂名、佛山、惠州、梅州、潮州7个市和21个县的经委，分别与同级财政部门签订经济合同，试行按行业、按部门上缴利润包干和亏损包干的办法。

11月26日　五届全国人大常委会第二十一次会议通过决议，授权广东、福建两省人大制定所属经济特区的各项单行经济法规。

1982年

2月11日至13日　中共中央书记处在北京召开广东、福建两省座谈会，研究更坚决、更有效地贯彻执行中共中央1月11日发出的关于查处干部中走私贩私、贪污受贿等经济违法犯罪行为的《紧急通知》，端正经济工作的指导思想，更好实行特殊政策和灵活措施。2月22日，省委召开常委会议贯彻两省座谈会精神，决定加强对打击经济领域犯罪活动斗争的领导。2月26日，省委在广州召开省直局以上单位和地市县党员负责干部会议，省委第一书记任仲夷在会上指出，要严肃查处经济领域的犯罪活动和纠正自由化倾向，抓紧大要案的查处。对经济工作既要搞活，又要管严，做到活而不乱，管而不死。3月2日，省委常委听取各地市负责人关于贯彻中共中央《紧急通知》情况汇报。任仲夷要求各地要用执法更严、纪律更严、管理更严的“三严”，保证对外更加开放、对内更加放宽、对下更加放权的“三放”贯彻执行。

3月20日　省委在广州召开全省三级干部会议，进一步研究和部署开展打击经济领域违法犯罪活动的斗争。省委第一书记任仲夷在会上提出“三个坚定不移”的方针，即对外开放和对内搞活经济坚定不移，打击经济领域的违法犯罪活动坚定不移，执行让人民群众富裕起来的政策坚定不移。

6月10日　省委在广州召开地市委农业书记会议，研究实行农业责任制后的新情况新问题。省委第一书记任仲夷强调要坚持“三个稳定”（稳定政策、稳定生产责任制、稳定粮食面积），因势利导抓好“三新”（推广新技术、组织新联合、开辟新的生产领域）。

7月6日和9月14日　中共中央书记处书记、国务委员谷牧在北京两次主持会议，对广东省提出的财政、关税、积压进口商品处理、市场商品调拨和调整外贸出口换汇成本包干基数等问题进行研究，取得一致意见，形成《广东经济工作汇报会议纪要》。

10月22日　省委、省政府向中共中央、国务院报送《关于试办经济特区的初步总结》。10月30日，中共中央政治局常委陈云在这份总结上批示：“试办特区初步总结，很好。特区要办，必须不断总结经验，力求使特区办好。”

12月3日　中共中央、国务院批转《当前试办经济特区工作中若干问题的纪要》，再次肯定试办经济特区是中国新的历史时期贯彻对外开放政策的一项重要措施。总结创办经济特区3年来的主要工作，并提出需要解决的8个方面的问题。

12月17日　省委在广州召开地市委书记会议，贯彻全国农业书记会议精神，要求在全省农村坚持实行联产计酬责任制。省委第一书记任仲夷在会上指出，这是一场大变革，其意义不亚于三大改造。农村要继续放宽政策，完善承包，发展社会化服务，大力发展商品生产。

1983年

1月1日　按照国家统一部署，全省国营企业实行第一步利改税，由原来企业上缴利润改为向国家缴纳所得税。1984年10月，国营企业开始实行第二步利改税。由第一步利改税实行税利并存过渡到完全以税代利。

1月4日　省政府印发《广东省城镇个体商业户管理试行办法》，要求各地有关部门积极扶持个体工商户的发展。

2月4日　省委、省政府印发《广东省省级机关机构改革方案》，初步决定精简17个机构，主要是委办和经济口厅局。5月26日，省委、省政府根据中央指示精神，下发《关于进一步改革省级党政机关机构的通知》，决定对机构再作一次较大的裁并。

3月11日　省政府印发《关于进一步搞活城乡日用工业品市场的通知》，改革日用工业品流通市场城乡分割体制，建立开放式的日用工业品市场，允许工业企业有一定比例的产品自销权。

3月28日　省政府印发《关于放宽农副产品购销政策畅通商品流通渠道若干问题的通知》，决定将统购、派购一类、二类农副产品调整为21种，完成国家统购、交售任务后除个别品种外均可上市。

5月3日　省委、省政府向中共中央、国务院报送《关于请求改进广东省外贸包干办法的报告》。因广东省对中央实行换汇成本包干办法后，不适应港币大幅度贬值换汇成本发生重大变化新情况，1982年、1983年外贸严重亏损，故要求换汇成本不再包干。

5月25日　省政府批转《全省劳动工作会议纪要》，提出改革企业用工制度，对新招职工推行劳动合同制，逐步改革现行的工资制度，开展社会劳动保障制度改革。

6月15日　中共中央书记处书记、国务院副总理谷牧在北京接见广东省负责人，传达邓小平关于特区要坚决办下去，不存在抹掉不干的问题和经济特区的发展要以香港为依托的指示精神。6月19日，省委、省政府印发《关于加强对经济特区工作领导的通知》，成立省经济特区办公室。

8月1日　省委、省政府印发《关于政社分开，建立乡政权的通知》。改变人民公社政社合一的体制，在原人民公社设区公所，在原生产大队设乡。至1984年5月，这项工作基本完成。

11月22日　省委、省政府在佛山召开全省利用外资工作会议。提出利用外资要有一个新的突破，解决好外资企业各种费用负担过多过重问题，简化审批手续，提高工作效率。

12月22日　国务院批复广东实行市领导县的体制，同意撤销佛山、汕头、韶关、湛江4个地区，原所属各县分别划归广州、佛山、江门、珠海、汕头、潮州、湛江、茂名、韶关等市管辖；1988年，撤销梅县、惠阳、肇庆3个地区，设立惠州、肇庆、清远、河源、阳江、汕尾、梅州7个地级市，东莞、中山升格为地级市；1991年设立潮州、揭阳两个地级市；1994年设立云浮地级市。全省共有广州、深圳两个副省级城市，19个地级市。除东莞、中山不辖县外，其余各市均实行以市领导县的体制。

1984年

1月24日至2月5日　中共中央政治局常委、中央顾问委员会主任、中央军委主席邓小平视察广州、深圳、珠海、顺德，对广东改革开放成绩给予高度的评价。他为深圳、珠海经济特区题词："深圳的发展和经验证明，我们建立经济特区的政策是正确的"，"珠海经济特区好"。

1月27日　全国最早由社会集资建设的东莞高埗大桥建成通车，通车后实行车辆过桥收费，用于回收投资成本和桥梁养护。

2月22日　省委在广州召开地、市、县委书记会议，要求抓好农村从自然经济到商品经济，从旧的经济模式到多种承包责任制，从单一经济到全面发展三个重大转变，促进农村商品生产发展。

3月8日　省政府批转省林业厅《关于放宽林业政策有关问题的报告》，提出抓好林业政策的落实，扩大自留山；放宽承包荒山、荒滩开发性造林；引进资金技术，发展林业重点户；实行承包责任制等。3月28日，省政府批转《关于调整森工企业管理体制的意见》。

3月10日　省政府批准省水产局将在地、市、县的水产供销企业全部下放地方管理。同日，省委、省政府批转省商业厅《关于深入进行农村供销社体制改革的意见》，要求把供销社真正办成农民群众集体所有的合作商业。

5月4日　中共中央、国务院批转《沿海部分城市座谈会纪要》，决定进一步开放包括广州、湛江在内的14个沿海港口城市，实行经济特区的某些政策。11月和12月，国务院先后批复，同意在湛江、广州两个开放城市兴办经济技术开发区。

6月6日　省委、省政府印发《关于改革企业干部人事制度的若干暂行规定》，国营企业逐步实行厂长（经理）负责制。

7月8日　省委、省政府在广州召开全省乡镇企业工作会议。随后发文，提出开创乡镇企业工作新局面，并就乡镇企业结构、布局、供销、管理、利用外资、税收等问题作出12项规定。

7月11日　省政府决定在广州、湛江、佛山、江门市进行城市经济体制综合改革试点。

7月16日　省政府决定成立省对外经济工作领导小组。8月6日，省政府批转《关于进一步改革省对外经济贸易机构的意见》。将原省对外经济工作委员会与省对外贸易局（简称省外贸局）的行政管理部分合并组建新的省对外经济贸易委员会，解决外经、外贸工作分别由两个政府部门管理，而且省外贸局又是省外贸总公司双重身份，造成政企不分的问题。

1988年

1月7日　省政府向国务院报送《关于广东省深化改革、扩大开放、加快经济发展的请示》。提出关于金融、外经贸、计划、价格、劳动、人事、工资、财政、企业、农村等10项改革内容。2月10日，国务院原则批准广东的请示，要求广东作为综合改革试验区，改革开放继续先行一步。

2月25日　省政府在广州市召开全省对外经贸会议。提出外经贸企业改革的目标是：企业自负盈亏，工贸结合，推行代理制和实行承包经营。会后，省政府印发《广东省加快和深化对外贸易体制改革方案》。

3月16日　省政府决定，从4月1日起，全省放开食油价格，全面实行市场调节。4月22日，省政府决定，从1988年5月1日开始，对合同定购粮食实行生产资料价格补贴。

7月18日　广东发展银行在广州市成立，9月8日全面开业。这是广东省第一家实行股份制的区域性商业银行。

7月27日　省政府批转省劳动局《关于改革全民所有制企业单位劳动工资计划管理体制的意见》，决定从1988年开始，把国有企业高度集中统一的劳动工资计划管理体制改为实行工资总额与实现税利或上缴税利经济效益指标挂钩，实行分级管理、分层调控的间接管理体制。

10月7日　省委在广州市召开六届二次全体委员（扩大）会议，贯彻中央工作会议精神，决定把1989年和1990年两年改革和建设重点放到治理经济环境、整顿经济秩序上，推进配套改革。

10月15日　国务院批准深圳市实行计划单列。

11月9日　省政府在广州市召开全省经济工作会议，要求各级政府进一步压缩基建投资规模；采取果断措施稳定金融、稳定经济；加快清理整顿各类公司；强化物价管理，控制物价上升。正确处理治理整顿和实施沿海地区经济发展战略关系，做到治理整顿坚定不移，实施沿海地区经济发展战略坚定不移。

1989年

1月6日　省政府印发《关于加快电力建设若干措施的决定》，提出6条筹集电力建设资金的措施和深化电力体制改革意见。

2月4日　省委、省政府作出《关于夺取农业丰收若干问题的决定》，决定增加对农业的投入，建立农业发展基金制度，建立和发展商品生产基地，在治理整顿中稳步发展乡镇企业。

3月11日　省政府印发《广东省私营企业承接对外加工装配、补偿贸易业务暂行规定》，规定凡经核准领取营业执照的私营企业，均可承接对外加工装配、补偿贸易业务。

4月15日　省政府印发《关于改善外贸体制问题的通知》，在外贸企业承包方式、出口任务、外汇留成、补贴政策、出口收汇、配额和许可证、出口货源的收购价格等方面作出调整。

5月18日　省委、省政府在广州市召开全省农村工作会议，研究完善农村双层经营体制，重申联产承包责任制、发展多种经济成分等方面政策“八个稳定不变”。

5月30日　省政府就治理整顿经济中发展外向型经济问题发出通知，要求充分利用广东对外开放优势，抓紧产业结构调整，加速发展外向型经济。强调调整产业结构和扩大利用外资是当务之急。

6月27日　熊猫汽车城奠基仪式在惠州市大亚湾举行。该项目由美国熊猫汽车公司计划总投资10亿美元，预计年产30万辆普及型轿车。该项目的启动表明外商对中国改革开放和投资环境依然看好。后由于产品销售市场等多方面原因，这一项目搁浅。

9月9日　为贯彻中共中央、国务院关于进一步清理整顿公司的决定，省委、省政府调整省清理整顿公司领导小组，以切实加强对清理整顿工作的组织领导，调整后，领导小组组长由省长叶选平担任。

9月19日　省政府在广州市召开全省经济工作会议，要求各级领导振作精神，采取果断措施，坚决完成当年治理整顿经济任务。

12月19日　省政府决定，加强对基建的宏观管理，严格控制固定资产投资规模，除已确定的省重点项目外，其他新上项目一律不予审批。从1990年1月起，将各市、县向外举债的审批权收回，由省统一审批。

1990年

5月3日　省政府在广州市召开省长办公会议，听取有关全省外汇债务清理情况的汇报。1979年至1989年10年间，全省外债总量规模过大，结构不够合理，偿付不理想，以至还债压力相当重。会议要求建立健全责任制和监督制，控制外债的急剧增长。

5月16日　省政府印发《广东省农村社区合作经济组织暂行规定》。当年，全省乡村基本上完成社区合作经济组织的设置工作。

6月8日　省政府印发《广东省关于引导外商投资的若干规定》，提出重点鼓励投资项目目录，并对这些类型的外商投资项目继续给予优惠政策。

6月19日至27日　中共中央总书记江泽民视察汕头、惠州、深圳、东莞、珠海、中山、顺德、佛山、广州等地。勉励广东坚持改革开放，再接再厉，更坚决、更扎实地办好经济特区，率先建设有中国特色社会主义。

7月18日　省委、省政府印发《关于稳定发展乡镇企业若干问题的通知》。要求各级政府继续从政策上扶持乡镇企业，引导其稳定健康发展。重申有关扶持发展乡镇企业的政策，除中央、国务院有所规定外，都要继续执行，任何部门不得随意改变或违反。

8月27日　省政府印发《关于搞好全民所有制企业新一轮承包经营责任制的通知》，提出新一轮承包的有关具体政策措施。至年底，全省有78.6%的全民所有制企业实行第二轮承包。

9月5日　省政府批准成立广东省企业股份制试点联审小组，加强对企业股份制改革的指导和规范。

9月15日　省政府决定成立省社会保险制度改革领导小组，推进广东社会保险制度改革。

12月5日　省委、省政府作出《关于进一步支持山区和新建市发展经济的决定》，要求建立市与市、县与县、乡镇与乡镇的对口扶持责任制，建立长期稳定的挂钩扶持关系。市一级的对口扶持关系为：广州扶持清远，深圳扶持梅州，佛山扶持汕尾，江门扶持韶关，中山扶持阳江，东莞扶持河源，珠海扶持和平县。

1991年

3月4日　省政府批转省财贸办公室《关于开拓市场搞活商品流通的意见》。提出建立并扩大全国性的商品销售网络，把"广货"销出去。在发挥国营商业主渠道作用同时，重视发挥集体、个体商业积极作用。

3月6日　国务院决定，将中山火炬高科技产业开发区、广州天河高新技术产业开发区和深圳科技工业园列为国家高新技术产业开发区。

4月11日　经中国人民银行批准，深圳证券交易所成立，并于7月3日正式挂牌营业。

6月11日　省政府印发《关于进一步深化我省外贸体制改革的通知》。对外贸企业承包方式、考核指标、外汇分成、出口退税等作出新规定。

6月17日　省委召开工作会议，研究如何依靠科技进步推动经济发展。7月22日，省委、省政府印发《关于依靠科技进步推动经济发展的决定》。

7月30日　省政府转发国务院关于进一步增强国营大中型企业活力的通知。提出继续支持企业转变经营机制、扩大企业自主权等多项改革措施。

8月5日　国家科委批准广东建立珠江三角洲高科技产业带。范围包括深圳、东莞、广州、佛山、江门、中山、珠海、惠州8市和宝安、番禺、南海、顺德、新会、惠阳6个县（市、区）。

9月2日　省政府印发《广东农村管理区办事处暂行规定》。在乡镇政府下设管理区办事处，将人民公社期间的生产大队（后改成小乡和村）更名为管理区办事处，作为乡镇政府的派出机构。

9月5日　省委、省政府印发《关于进一步搞活农产品流通、确保农业持续稳定发展的通知》。要求以市场为导向安排农业生产，建立多层次、多渠道、多形式、少环节的流通服务体系。

9月23日　省政府批准在清远市郊区建立全国首创的清远扶贫经济开发试验区，帮助边远贫困县和乡镇异地在开发区兴办实业。1992年11月，国务院批准将该试验区列入全国农村改革试验区。

11月5日　省委常委扩大会议在广州市举行。会议贯彻中央工作会议精神，研究如何搞好国营大中型企业，要求在转换企业机制上下功夫。

11月7日　省政府在广州市召开全省转换企业经营机制工作会议，确定从1992年起，在100户国有工业企业、100户国有商业企业和18户国有农业企业进行转换经营机制改革试点。

12月16日　省政府印发《关于进一步搞活流通，提高国合商业企业经济效益问题的通知》，要求改革企业经营机制，强化内部管理，大力开拓市场，发展各类专业市场等。

1992年

1月19日至29日　原中央军委主席、中顾委主任邓小平视察深圳、珠海和顺德，沿途发表重要谈话。提出要坚持党的基本路线一百年不动摇；改革开放胆子要大一些，要大胆地试，大胆地闯；要警惕“右”，主要是防止“左”。他要求广东要抓住时机，发展自己，力争用20年时间赶上亚洲“四小龙”。广东掀起新一轮的改革发展热潮。

2月24日　省委在广州市召开工作会议，传达贯彻邓小平视察广东重要谈话精神。会议就广东扩大开放、加快经济发展等重大问题作出部署。3月12日，省委、省政府印发《关于进一步扩大对外开放若干问题的决定》。

3月4日　省政府在广州市召开全省经济体制改革工作会议。确定当前经济体制改革重点是：转换国营企业经营体制，加快金融体制改革，完善价格形成机制，深化流通体制改革，推进社会保障制度改革，加强宏观间接调控。

3月9日　省政府批转《关于企业股份制试点工作若干问题的意见》，提出企业进行股份制改革的操作规范。

3月14日　省政府办公厅批转省经委《关于深化企业内部改革完善承包经营责任制的意见》。要求抓住企业内部改革的关键环节，完善承包经营责任制。

3月26日　省政府对基层供销社改革作出部署，将原来基层供销社隶属条条管理的领导体制，改由块块管理的领导体制。实行所有权归所有者，管理权归乡镇，经营权归企业。

4月1日　省政府进一步改革粮食购销管理体制，从是日起，全省粮食收购实行指导性计划和指导价，城乡粮食销售价格放开。广东成为全国第一个取消粮票的省份。

5月13日　国务院批复同意设立广州保税区，面积1.4平方公里。

5月14日　省政府决定，从该年度榨季开始，全部放开糖蔗收购价格。

6月29日　省政府批转省财贸办公室、省体制改革委员会《关于国合商业企业综合改革试点意见》，推进全省国合商业企业改革进程。8月14日，省政府印发《关于省级国合商业体制改革问题的通知》，省级国营商业和供销社商业改组为5个企业集团和1个局，即省商业企业集团、粮食企业集团、供销社企业集团、石油企业集团、食品企业集团和粮食储备局。

7月1日　省委、省政府向中共中央、国务院报送《关于加快广东发展步伐，力争二十年赶上亚洲“四小龙”的请示》。该请示是根据年初邓小平视察广东时，提出广东要追赶亚洲“四小龙”的谈话精神拟定的。

7月25日　省政府印发《关于下放省管部分商品管理权限问题的通知》，减少省指令性计划管理的生产资料和其他商品种类，扩大指导性计划和市场调节范围。省管生产资料目录由32种调减为22种。

7月28日　省政府批转省工商行政管理局《关于进一步简政放权促进生产经营发展的意见》，放宽企业经营范围，下放公司审批权限，简化审批手续，放宽山区企业注册资金标准，支持企业发展外向型经济，支持发展集团公司和股份公司等。

8月9日至10日　深圳发生数十万群众争购股票认购抽签表引起的骚乱事件。此前，深圳市政府决定限量发行500万张股票认购抽签表，由于股票认购抽签表供不应求，加上有相关人员涉嫌舞弊，致使许多人希望落空，一些人情绪失控，起而闹事。

9月14日　省政府批转《广东省社会养老保险制度改革方案》。加快广东省社会保险制度改革进程。

9月17日　省政府确定顺德市为综合改革试点城市。改革目标是率先建立适应社会主义市场经济新的管理体制和经济运行机制。

9月26日　省政府举行新闻发布会，省长朱森林宣布：国务院已批准将韶关、河源、梅州3市列入沿海经济开放区，同时将大亚湾、南沙两地区开辟为经济技术开发区。广东形成由经济特区—沿海开放城市及其经济技术开发区—珠江三角洲经济开放区—粤北、粤东北部山区的多层次、多类型、多功能的对外开放格局。

11月1日　省委在广州市召开六届八次全会，部署加快广东改革开放和经济建设步伐，提出广东要率先建立社会主义市场经济体制基本框架的改革目标。重点抓五个方面改革：一是转换企业经营机制；二是加快市场体系培育；三是深化分配制度和社会保险制度改革；四是调整产业结构，优化资源配置；五是转变政府职能，改进和完善政府对经济的宏观调控。

11月7日　省政府在广州市召开全民所有制工业企业转换经营机制工作会议，强调除企业加快自身改革外，还要在市场物价、工商管理、财政税收、金融信贷、劳动人事、审计制度等方面进行配套改革。

12月3日　省政府印发《广东省城镇国有土地使用权出让和转让实施办法》。在这之前1990年5月，国务院令第55号发布《中华人民共和国城镇国有土地使用权出让和转让暂行条例》。

12月14日　省政府转发国务院关于发展高产优质高效农业的决定，并提出实施意见。指出发展高产优质高效农业是我国农村经济工作指导方针的重大转变，要作为一项重要经济工作来抓。

12月15日　省政府印发《广东省贯彻〈全民所有制工业企业转换经营机制条例〉实施办法》。提出全面落实企业经营自主权，转变政府职能，加强约束和检查监督。

12月25日　省政府印发《关于加快海岛开发有关政策的通知》，广东省沿海岛屿众多、资源丰富，但经济基础差，建设起步晚。提出海岛要在扩大对外开放利用外资、引进先进技术、加快基础设施建设等方面，放宽政策，加快发展。

1993年

1月11日　国务院批复同意汕头经济特区设立保税区，12月开始运作。

2月8日　深圳产权交易所挂牌成立，成为中国大陆第一家跨地区产权交易机构。

2月10日　省委、省政府在广州市召开全省农村工作会议，提出深化农村改革重点抓三件事：一是建立和完善社会化服务体系。二是逐步发展农村股份合作经济。三是扩大对外开放。3月，省委、省政府作出《关于进一步加快农村改革开放和农业现代化建设若干问题的决定》。

3月3日　国务院批准珠海高新技术开发区为国家级高新技术开发区，面积9.8平方公里。

4月16日　省政府批转省物价局《关于加快建立和完善我省市场价格机制的意见》。提出争取用两三年时间，理顺价格关系，建立起以市场形成价格为主的价格机制。

6月7日　省政府印发《广东省职工社会养老保险暂行规定》。在职工中实行由社会统筹和个人账户相结合的养老制度。

6月19日　中共中央政治局委员、省委书记谢非考察广州地区3家金融机构，指出培育发展金融市场是广东实现现代化的一项重要工程，要扶持广州成为区域金融中心。

8月27日　省政府印发《关于保护和稳定粮食生产问题的通知》，进一步加强农田保护，加快50个商品粮基地县建设，建立粮食生产支持保护制度。

9月21日　省政府在广州市召开全省经济工作会议，重点研究搞好金融体制、财政税收体制和外贸体制改革等问题。

10月14日　省委、省政府印发《关于加快发展乡镇企业若干问题的决定》。继续落实好现有乡镇企业政策，促进乡镇企业上效益、上档次、上规模、上水平。

12月11日　省委七届二次全会审议通过《中共广东省委关于加快建立社会主义市场经济体制若干问题的实施意见》，力争用5年时间在广东建立起社会主义市场经济体制的基本框架。

12月15日　国务院发出《关于实行分税制财政管理体制的决定》，从1994年1月起，改革财政包干体制，国家对各省、自治区、直辖市和计划单列市统一实行分税制财政体制。国家对省级实行分税制后，各省内原财政包干分配格局暂时不变，过渡一段时间再规范为分级分税制。

1994年

2月2日　省政府印发《广东省财政管理体制改革实施方案》，从1994年到1995年，在国家对省实行分税制时，作为过渡，省对市、县仍实行财政包干制。

2月15日　省政府转发国务院关于进一步深化对外贸易体制改革的决定，并提出广东要加快外贸企业的股份制改造，调整外贸企业内部的管理形式和承包经营方式。

4月18日　省委、省政府在南海市召开珠江三角洲地区农村股份合作制改革座谈会。会议认为，土地股份合作制是农村一项影响重大、意义深刻的改革，应积极进行改革探索。会后，印发《珠江三角洲地区农村股份合作制改革座谈会纪要》。

5月10日　省政府在广州市召开全省股份制企业试点工作交流会，总结股份制改革经验，研究《中华人民共和国公司法》实施后如何规范股份制企业运作的问题。

5月25日　省政府批转省经济体制改革委员会（简称省体改委）、省经委《关于加快建立现代企业制度的意见》。提出国有企业改革由主要靠放权让利调整为致力于明晰产权的制度创新。8月4日，省政府确定广州味精食品厂等250家企业作为率先建立现代企业制度试点。10月11日，省政府批准《广东省现代企业制度试点工作方案》。11月，广州味精食品厂、深圳华强电子工业总公司等5家企业被列为全国100家建立现代企业制度试点。

6月15日至22日　中共中央总书记、国家主席江泽民考察广州、佛山、中山、珠海、深圳、梅州市，重点考察经济特区。强调指出：中央对发展经济特区的决心不变，中央对经济特区的基本政策不变，经济特区在全国改革开放和现代化建设中的地位和作用不变。

7月4日　省委在广州市召开工作会议，传达贯彻中共中央总书记、国家主席江泽民在广东考察期间重要指示。会议提出要把珠江三角洲地区建设成为社会主义现代化的经济区。

7月21日　省政府批转省体改委、省农业委员会（简称省农委）《关于深化我省农村经济体制改革的意见》。要求完善以家庭承包为主的责任制和统分结合的双层经营体制，调整和优化产业结构，建立和完善农村市场体系和社会化服务体系，发展农村股份合作经济，发展乡镇企业等。

7月23日　省政府印发《广东省期货市场管理规定》。规范期货交易，加强对期货市场的协调和管理。

9月30日　省政府印发《关于企业全面实行劳动合同制的通知》。凡在广东省境内各类企业、经济组织所有现有职工和今后新增职工，均应按《中华人民共和国劳动法》的规定，在平等自愿、协商一致的基础上，以书面形式签订劳动合同，确立劳动关系。

11月20日　省委、省政府作出《关于加快发展"三高"农业的决定》。提出发展"三高"（高产、高质、高效）农业要坚持经济效益，社会效益的统一；以市场为导向，遵循价值规律；依靠科技进步，应用高新技术等6项指导意见。

1995年

2月27日　全省国有企业改革经验交流会在广州市召开。会议提出建立和完善现代企业制度，调整结构优化资源配置，完善内部管理等6项改革措施。

3月2日　省政府批转省国有资产管理局《关于进行国有资产授权经营试点实施意见的请示》。从1995年3月开始，先后有4批共10家省属企业开展国有资产授权经营试点。

7月20日　由省政府和铁道部共同投资修筑的广梅汕铁路经过4年零2个月的施工，当日全线铺通。全长480公里，总投资35亿元。9月27日投入营运。

8月28日　省政府转发国务院关于原有限责任公司和股份有限公司依照《中华人民共和国公司法》进行规范的通知，对全省股份有限公司和有限责任公司进行重新规范登记。

9月13日　由人事部、广东省人事厅和广州市人事局共同组建的中国南方人才市场在广州市开业。

9月13日　省政府在顺德市召开全省乡镇企业工作会议，研究部署加快乡镇企业改革和发展。会议推广肇庆市通过股份合作发展乡镇企业和顺德市对乡镇集体企业进行产权制度改革的经验。12月24日，省委、省政府印发这次会议纪要。

11月22日　省政府批转《关于加快我省小企业改革的意见》。提出小企业可采取合并兼并、股份合作制、租赁经营、出售转让、嫁接改造、易地改造、抵押承包、破产拍卖等8种改革形式。

12月18日　省政府印发《广东省分税制财政管理体制实施方案》。决定从1996年开始，全省正式实行省内分税分成的财政体制。在这之前的1994年和1995年两年，国家对省实行分税制，作为过渡，省对市、县则仍实行包干制。

1996年

3月7日　国务院决定从1996年起，将全国原定18个城市国有企业“优化资本结构”试点扩大到50个城市。广州市、深圳市列入扩大试点范围。这次企业优化资本结构试点是以国有大中型企业为重点，以“增资、改造、分流、破产”为主要内容，重点帮助国有企业多渠道增加资本金和生产经营资金，减轻企业债务负担，分流富余人员。5月，佛山市被国家列为比照试点城市。1997年年初，汕头、韶关、湛江三市也被列入试点范围。

3月11日　省委、省政府印发《关于进一步扶持山区加快经济发展的若干政策规定》，多方筹集资金扶持山区加强交通、通信建设，办好“造血型”项目，开发小水电。

4月22日　省政府印发《省属企业国有资产监管体制改革试行方案》。提出对省属国有资产实行分类管理和监管，并明确有关行政主管部门、投资主体和生产经营企业各自职责。

6月11日　省委、省政府在广州市召开全省特困县经济发展工作会议，决定对16个脱贫奔康难度较大的山区县作为特困县，给予重点扶持，力争1997年脱贫。

6月20日　省委、省政府在广州市召开全省农业产业化工作会议。提出推进农业产业化是继实行家庭承包责任制和发展乡镇企业之后方向性的变革。省准备用三年时间，每年拨出资金，扶持发展一批农业龙头企业。8月26日，省委、省政府作出《关于推进农业产业化若干问题的决定》。

6月26日　省政府印发《关于加快发展大型企业集团的通知》，决定重点发展一批能在全省国民经济中起龙头和支柱作用的大型企业集团。第一批选定的企业有70户。

8月22日　省委作出《关于进一步加强依法治省工作的决定》，依法管理全省经济和社会事务。10月16日，成立省依法治省工作领导小组，由省委书记任组长，省人大常委会主任、省长、省政协主席为副组长，办事机构设在省人大。

9月17日　省政府印发《关于调整我省企业职工最低工资标准的通知》。企业职工最低月工资标准由5个类别调整为7个类别，最高一类380元，最低七类220元。

12月12日　中国首条采用股份制建设的高速公路——佛山至开平高速公路通车。

1997年

1月8日　广东省依法治省工作领导小组在广州市召开第一次全体会议。省委书记谢非主持会议，强调依法治省是一项长期战略任务，各级党委要加强领导，摆上重要议事日程，确保各项措施的落实。

1月22日　省委、省政府决定：当年拿出4亿多元专项资金，集中力量解决60万名绝对贫困人口的温饱问题。到年底全省基本消除绝对贫困，提前3年实现中共中央、国务院既定到20世纪末基本消除绝对贫困的战略目标。

3月24日　省政府转发国务院关于进一步加快渔业发展的意见，广东进一步推广和完善“公司加渔（农）户”的经营体制，扶持渔工贸一体化，把远洋渔业作为优先发展重点产业。4月25日，省政府批转省海洋与水产厅关于加快淡水渔业发展的意见，大力推进渔业产业化经营。

5月14日　针对广东省一些地方乱集资、乱设金融机构、乱办金融业务，出现区域性金融风险的问题。省政府印发《关于防范和化解我省金融风险的通知》，要求建立各级防范化解金融风险责任制。

7月21日　省八届人大常委会第30次会审议并通过《广东省实施〈中华人民共和国台湾同胞投资保护法〉办法》。对台湾同胞在广东投资的待遇和享有优惠作出规定。

8月21日　省政府在东莞市召开全省村镇建设工作会议，研究推进村镇改革和建设措施。

10月13日　广州市国有土地使用权招标拍卖小组成立。决定改革用地制度，除国防建设、公用设施和安居工程用地外，取消行政划拨土地办法，新开发的土地将在房地产市场公开招标或者拍卖。

11月11日　省政府在广州市召开全省经济体制改革工作会议。会议分析全省改革形势，总结推广深圳市、顺德市等地改革的经验，部署推进全省建立社会主义市场经济体制改革的工作。

12月19日　省政府印发《关于加快放开公有小企业的通知》，要求通过多种产权制度改革措施，放开公有小企业。

1998年

1月13日　省政府印发《关于促进个体私营经济发展的通知》。明确除法律、法规禁止外，所有行业和商品都允许个体工商户、私营企业经营。经营方式全部放开，不得采取行政手段对个体工商户和私营企业搞“挤、卡、压”。

2月16日　中国最大的中外合资项目——惠州中海壳牌南海石化项目框架协议签字仪式在荷兰海牙举行。该项目总投资42亿美元，由荷兰皇家壳牌集团占50%的股份，中国海洋石油总公司占45%的股份，广东开发投资公司占5%的股份。规模为年产乙烯80万吨。

2月20日　省委、省政府办公厅印发广东贯彻《中共中央办公厅、国务院办公厅关于进一步稳定和完善农村土地承包关系的通知》的意见，明确第一轮土地承包期满后可再延长30年，同时探索建立和健全土地使用权流转制度。

3月3日　省政府印发《关于进一步加强村镇规划建设管理工作的通知》，针对村镇建设滞后，环境脏乱差等问题，要求加强对村镇规划建设管理工作领导，增加投入，加快基础和公用设施建设。

3月9日　中共中央总书记、国家主席江泽民出席九届全国人大一次会议广东代表团全体会议，他希望广东抓住机遇、深化改革、扩大开放、开拓进取、增创新优势，更上一层楼。

3月31日　省委、省政府决定在全省范围内，开展增创广东发展新优势大型调研活动。这次调研包括：广东面临的形势和挑战、加快高新技术产业发展、优化产业结构、推进产业升级、深化经济体制改革等10个专题，涵盖经济、政治、文化、改革、发展等各方面。在深入调研基础上，省委、省政府于9月23日作出《关于依靠科技进步推动产业结构优化升级的决定》，是这次调研的最大成果之一。

5月4日　省政府在广州市召开全省对外经济贸易工作会议，要求抓紧扩大出口，加快发展加工贸易，改革出口体制，吸引国外大公司、大财团到粤投资。6月9日，省政府印发《关于鼓励扩大外贸出口和利用外资的通知》。

5月22日　中共广东省第八次代表大会在广州市召开，提出广东要增创体制、产业、开放、科技4大发展新优势，实施外向带动、科教兴粤、可持续发展3大发展战略。

6月10日　省政府印发《广东省城镇国有土地使用权公开招标拍卖管理办法》。省内城市（含县城）规划区范围内新增的经营性房地产项目必须通过公开招标，拍卖方式出让。

6月16日　省委召开常委会议，分析经济形势，认为金融问题是直接影响广东经济运行和社会安定的核心问题，要采取有力措施防范和化解金融风险。6月和8月，广东先后开展清理整顿社团基金和证券经营机构的工作。

7月31日　省委、省政府在广州市召开现场办公会，研究帮助广州市搞好城市规划和建设管理，进一步发挥广州市作为省会城市的功能作用。

9月2日　省委、省政府印发《关于理顺我省农村基层管理体制的通知》。撤销1991年设立的乡镇管理区办事处，改设村民委员会，实行村民自治。

9月9日　省政府批转省体改委《关于发展完善我省股份有限公司意见》。要求所有股份有限公司都要按《中华人民共和国公司法》规定进行规范。

9月18日　省九届人大常委会第五次会议通过《广东省社会养老保险条例》和《广东省社会工伤保险条例》，于当年11月1日实施。用地方法规保障劳动者年老退休后的基本生活和因工伤残或职业病伤害后获得救治和经济补偿。

9月22日　省政府办公厅转发国务院办公厅下发的中国人民银行《关于整顿乱集资乱批设金融机构和乱办金融业务实施方案的通知》，要求全省各级高度重视，做好防范和化解金融风险，整顿金融“三乱”（乱集资、乱批设金融机构和乱办金融业务）工作。

10月6日　中国人民银行鉴于广东国际信托投资公司不能支付到期债务，发出予以关闭的公告。

11月5日　省政府印发《关于建立有形建筑市场的通知》，规范建设工程承包交易行为，建立公开、公平、公正的建筑市场秩序。

11月9日　省委八届二次全会审议通过《中共广东省委关于贯彻十五届三中全会〈决定〉，开创农业和农村工作新局面的意见》，提出稳定以家庭承包经营为基础、统分结合的双层经营体制，大力发展农业龙头企业，推进农业产业化经营，深化农产品流通体制改革。

11月12日　省政府印发《关于发展居民住宅的通知》。要求采取有效措施，推动住房商品化发展，规范市场行为，促进房地产交易。

12月初　为实现中共十五届一中全会提出，用3年左右时间，通过改革、改组、改造和加强管理，使大多数国有大中型企业摆脱困境的要求，省政府从12月开始，开展国有大中型企业3年改革与脱困攻坚。重点抓好煤炭、纺织、制糖3个特困行业的脱困。12月4日，省政府印发《关于全省国有大中型工业企业3年改革与脱困实施意见的通知》。

12月10日　省政府发布《广东省失业保险规定》，保障劳动者失业后的基本生活，促进再就业和社会安定。

12月17日　省委、省政府在广州市隆重举行纪念中共十一届三中全会20周年大会。中共中央政治局委员、省委书记李长春在讲话中，总结广东改革开放20年的实践经验，号召全省人民高举邓小平理论伟大旗帜，坚持中共十一届三中全会以来的路线、方针、政策不动摇，同心同德，增创新优势，更上一层楼，再创新辉煌。

12月29日　省委、省政府在湛江市召开现场办公会，以中央查处湛江市党政机关中发生的特大走私案为转机，发动干部群众，加快湛江市改革开放和经济发展，研究帮助湛江市解决当前发展中遇到的困难。

1999年

2月1日　省政府办公厅发函广州、深圳市政府，转发省体制改革委员会《关于加快广州、深圳发展和规范产权交易市场的建议》。函件提出，两市作为中心城市产权交易市场建设与广东省改革开放进程不相适应。建议两市加快规范发展，并且提出了具体的措施。

2月11日　省委、省政府印发《关于进一步扩大开放的若干意见》，提出广东要形成全方位、多层次、宽领域、高水平的开放格局，开拓国际市场，实行市场多元化，提高利用外资质量与水平，加强与跨国公司、大财团的技术经济合作。

2月13日　省政府办公厅印发省物价局《关于发挥价格杠杆作用，为增创广东发展新优势服务的调研报告》。报告针对由于亚洲金融危机影响广东省国民经济健康运行的情况，提出加大价格调控的对策措施。

3月5日　省政府办公厅印发《关于清理整顿我省农村合作基金会的通知》。7月30日，省委、省政府办公厅再次发出《关于清理整顿农村合作基金会的通知》。

3月7日　中共中央总书记、国家主席江泽民出席九届全国人大二次会议广东团全体会议，发表重要讲话。要求广东加快建立社会主义市场经济体制，优化产业结构和产品结构，在全国率先基本实现现代化。

3月29日　省政府办公厅转发中国人民银行广州分行《关于做好擅自设立的社团基金会解散工作意见》，对全省150家社团基金会进行清理，决定保留77家，撤销66家，合并7家。

4月2日　省政府印发《关于全省城镇职工基本医疗保险制度改革规划方案》。基本医疗保险制度改革实行“低水平、广覆盖”的原则，运作实行社会统筹和个人账户相结合。

4月17日　省政府办公厅印发《广东省发展50家农业龙头企业实施方案》。确定省重点扶持发展50家有实力、规模大、对农户辐射带动能力强的农业龙头企业，对龙头企业给予政策扶持。

4月29日　省政府办公厅转发国家证监会对原有投资基金进行清理规范方案，并提出广东的实施意见。

5月18日　省九届人大常委第十次会议通过《广东省实施〈中华人民共和国价格法〉办法》《广东省个体工商户和私营企业权利保护条例》《广东省农村集体经济审计条例》等3个地方法规。

6月14日　省政府办公厅印发《关于大力开拓农村市场搞活商品流通的意见》。针对农村市场存在信息不灵，流通体制不够完善，影响农村经济发展的问题。要求各级政府把开拓农村市场工作列入重要议事日程，健全农村市场体系，搞活工农业产品流通，发展农产品流通龙头企业和加工基地。

同日　省政府印发《关于加强专利工作的意见》，把专利工作放在依靠科技进步推动产业结构优化升级工作中的重要位置，加强专利管理，促进科技体制改革。

7月27日　省委、省政府决定顺德市为率先基本实现现代化试点市。9月1日，顺德市召开试点动员大会，省长卢瑞华出席并讲话。

同日　省政府办公厅印发《广东省珠江三角洲十大农业现代化示范区实施方案》。决定在珠江三角洲地区着手建立10个农业现代化示范区，每个示范区以一个主导产业为主，实行专业化生产、产业化经营、社会化服务，创一批品牌，辐射带动周边地区。

8月4日　省政府办公厅印发《广东省加快高新技术产业开发区及珠江三角洲高新技术产业带建设方案》。珠江三角洲高新技术产业带是科技部批准的全国三个产业带之一。任务是：大力发展高新技术及其产业；加快高新技术成果孵化，转化基地建设；强化科技创新能力，开发关键技术。

8月18日　省委、省政府作出《关于大力发展个体私营经济的决定》。提出鼓励、引导个体私营经济健康发展，是广东建立社会主义市场经济体制，实现现代化的一项重要任务。重申放宽个体户和私营企业经营范围和经营条件，并且给予多项政策扶持。

8月26日　省委、省政府在深圳市召开全省经济特区和珠江三角洲改革开放座谈会，确定经济特区、珠江三角洲地区在全省率先基本实现现代化。

8月27日　省政府办公厅发出《关于建立和完善有形土地市场的通知》。要求各市、县加快设立土地交易机构，建立土地公开交易制度，规范有形土地市场运作。

9月9日　省政府转发国务院批转的保险业整顿与改革方案。2000年2月17日，省政府印发《广东省保险业整顿与改革方案》。广东保险业整顿与改革主要内容：整顿保险市场秩序，规范市场行为；清理整顿社会保险部门办理商业保险、商业保险公司办理社会保险业务的行为。

9月29日　省委八届四次全会审议通过《中共广东省委关于贯彻〈中共中央关于国有企业改革和发展若干重大问题的决定〉的意见》。提出调整国有经济布局，加大企业改组力度；加快公司制改革，建立和规范法人治理结构；改革国有资产管理方式，实现政企分开；改革企业经营者收入分配制度，实行行之有效的激励机制；建立企业技术创新机制，使企业成为技术进步主体等重大改革措施。

10月15日　省委、省政府印发《关于加快建立社会主义市场经济体制 增创体制新优势的若干意见》。意见提出加快行政管理体制改革，调整所有制结构，完善市场体系，建立和完善社会保障体系，深化农村改革和科技体制改革，实施依法治省等改革措施。

10月22日　省委、省政府办公厅印发《关于深化国有企业领导人员管理体制改革的实施办法》，提出建立新型的企业领导人员管理体制，实现管人与管资产相结合；取消企业行政级别，按企业类型确定企业领导人员待遇；建立合理有效的激励机制，完善约束机制等。

同日　省委、省政府办公厅印发《广东省省属国有资产经营公司管理暂行办法》，提出省属国有资产经营公司组建的原则、职权、机构及运作方式。

11月24日　省政府召开全省处置地方中小金融机构及农金会金融风险工作会议。布置开展清理地方中小金融机构和农金会违规吸存资金导致地方金融风险问题。

2000年

1月12日　省政府印发《关于加快我省工业龙头企业发展的意见》。决定重点培育和发展50户工业龙头企业，并且提出扶持的政策措施。

2月3日　省政府办公厅转发省体改委《关于整顿规范我省中介机构的意见》。要求社会中介服务与政府社会管理职能分离，中介机构要与所挂靠的政府部门脱钩，成为自主经营、自我发展的经济实体。

2月17日　省委、省政府印发《广东省人民政府机构改革方案》。改革的原则是：转变职能，政企分开；划分事权，理顺关系；调整结构，简兵简政；规范行为，依法行政。省政府工作部门共设41个。

2月19日至25日　中共中央总书记、国家主席江泽民到广东视察和调查研究。25日，江泽民为广东题词："增创新优势，更上一层楼，率先基本实现社会主义现代化。"

3月2日　省政府办公厅印发《关于提高我省上市公司质量促进上市公司规范发展若干意见》。要求防范和化解上市公司所引发证券市场风险，优化上市公司股权结构，推进上市公司调整重组，完善上市公司治理结构和运行机制。

5月11日　省委办公厅、省政府办公厅印发《广东省省属国有企业资产重组总体方案》。省属国有企业资产重组基本原则是：政企分开、整体搞活、适度规模、依法组建、平稳过渡。

5月22日　省九届人大常委会第十八次会议审议通过《广东省技术市场条例》。

6月9日　省政府办公厅转发国务院《关于大力发展对外工程承包的意见》，并提出广东鼓励支持有实力企业"走出去"，发展对外工程承包，提高对外承包工程技术含量、质量和档次。

7月11日　省委办公厅、省政府办公厅发出《关于广东国际信托投资公司经营管理混乱导致破产的情况通报》。

7月12日　省委、省政府印发《关于加快城乡建设，推进城市化进程的若干意见》。提出建立布局合理、协调发展的城乡一体化格局，大力扶持小城镇发展，加快推进农村城镇化，加强生态环境保护和依法管理，建设文明城市。

7月13日　省政府发出《关于省人民政府审批制度改革及各部门审批核准事项清理有关问题的通知》。大幅度减少政府审批事项，规范审批程序，简化审批手续，公开办事制度，建立行政审批监督机制。

7月18日　省政府印发《积极发展境外加工贸易业务的若干意见》，扶持企业到境外投资办厂，开展加工贸易和合作开发资源。

8月28日　省委、省政府印发《关于推进小城镇健康发展的意见》。按集约发展的原则，加快一批中心镇建设，形成具有较强辐射和带动能力的农村区域性经济文化中心。

8月29日　省政府办公厅印发《关于进一步发展私营外经贸企业的通知》，要求为私营外经贸企业发展创造公平竞争环境，鼓励私营企业积极利用外资。

10月31日　省委、省政府在珠海市召开现场会，具体帮助珠海市深化改革，加快经济社会发展。

第一章 农村经济体制改革

第一节 调整农村生产关系

一、包产（包干）到户

1958年以后，农村人民公社实行以生产队为基础，公社、大队、生产队三级所有和政社合一的体制，严重阻碍了农村经济的发展。人民公社强调“一大二公”，管理上过分集中，统得过死，劳动力安排搞大排工，出勤大呼隆，分配搞平均主义，严重挫伤农民的积极性。1978年广东全省人民公社基本核算单位（生产队）农民人均分配只有77.4元，人均年分配50元以下的生产队有98899个，占生产队总数的32.5%。这些生产队大多是口粮靠返销，生产靠贷款，生活靠救济的“三靠”队。从1977年开始，部分生产长期落后、分配水平很低的生产队，首先冲破上级不许包产（包干）到户的规定，暗中实行包产（包干）到户，普遍增产增收，对周围社队影响很大。至1979年年初，自发搞包产（包干）到农户的生产队越来越多。这些生产队大多数取消工分分配形式，由农户与生产队商定，除上交一定数量的实物或现金作为集体提留，并完成向国家交售产品的任务外，取得的收入及剩余产品统归农户所有。这种做法一般称作“包干到户”。也有少数生产队实行由农户向生产队承包一定产量或收入指标，指标内由生产队统一分配，超指标部分归个人。这种做法一般称“包产到户”。最早搞包产（包干）到户的是湛江地区海康县、海南岛文昌县、惠阳地区的紫金县和广州市从化县的部分公社。至1979年10月，惠阳地区实行包产（包干）到户的农户占9%，海南岛达到28%。

1978年12月，中共十一届三中全会通过的两个关于发展农业的文件（《中共中央关于加快农业发展若干问题的决定（草案）》《农村人民公社工作条例（试行草案）》）对于纠正农村工作中长期存在的“左”倾错误，调动农民的生产积极性，促进农业生产，起到很大的作用。但由于历史的惯性和受时代局限性的影响，仍作出“两个不许”（即“不许包干到户”“不许分田单干”）的规定。基于这一原因，加上20世纪60年代初经济困难时期，一些社队实行包产到户，后来在“四清”运动和“文化大革命”中被说成是“复辟资本主义”而受到批判。因此，使人谈“包”色变，心有余悸。开始，不少领导干部对包干到户、包产到户持犹疑、观望，甚至反对压制态度。部分地区还开展包产到户究竟是姓“社”还是姓“资”的讨论，有人认为搞包产（包干）到户是“辛辛苦苦三十年，一朝回到解放前”。有些领导干部认为这样做，是把20多年农业合作化运动的成果一笔勾销了，是走“回头路”，是“右了、修了、偏了”，因此采取“堵”“压”“纠”的办法，想把农民拉回到原来的老路上去。一位地区领导甚至宣布“谁支持包产到户就开除谁的党籍”。

针对农村生产关系发生变化的情况，1980年4月底，省委召开会议，研究当前农村形势和人民公社经营管理等问题。会议认为，当前广东农村形势总的来说是好的，但也存在不少问题，全省有20多个县发生分田单干和变相单干，情况比较严重，个别县单干户占总户数的百分之三四十，集体经济遭受严重破坏。会议提出，一方面对分田单干和变相单干，必须引起高度重视，切不可放任自流，任其继续蔓延、扩散；另一方面，对于那些困难的“三靠队”，要求实行或者已经实行包产到户的，可以允许在生产队统一经营管理的前提下，实行包产到户。但这是临时措施，权宜之计。为统一思想认识，1980年5月14日至27日，省委召开全省农村工作会议。会上对包产（包干）到户问题展开了激烈的争论。会议决定允许“三靠队”搞包产（包干）到户。同时提出，广州、佛山、肇庆、韶关等地区，一般不搞包产（包干）到户，如有要求搞的需经地委审批。6月，省委从省直机关抽调230名干部，分赴16个包产（包干）到户较严重的县，帮助当地处理好包产到户问题。有关地、县委也派出干部下去。要求除特殊困难地区以外，搞了包产（包干）到户的都要重新组织起来。曾经同意农民搞包产到户的一些干部受到批评，但包产（包干）到户之风没有因此停止。

1980年5月，邓小平对安徽省农村实行包产（包干）到户所引起的农村积极变化，给予充分的肯定和赞扬。8月初，省委对包产（包干）到户采取较为灵活的态度，省委主要负责人强调，对一些生产队一时找不到克服困难的其他办法，搞了包产（包干）到户，我们应当允许，不要因此去指责基层干部和党员，不要去硬扭。9月，中共中央《关于进一步加强和完善农业生产责任制的几个问题》提出，边远山区和贫困落后地区可以包产到户，也可以包干到户。这是联系群众，发展生产，解决温饱问题的一种必要措施，不会脱离社会主义轨道，没有什么复辟资本主义的危险。10月6日，省委召开地市委书记座谈会，研究贯彻中央文件精神。10月18日，省委发出通知，要求抓好和完善生产责任制这一中心环节，允许多种形式生产责任制同时存在，由低到高逐步完善，不要一刀切。中央和省委文件下发后，许多过去搞包产到户、包干到户而不敢公开的生产队，纷纷化暗为明，过去想搞不敢搞的队也很快搞起来。短短的三四个月，实行包产到户、包干到户的生产队大幅度增加。至1981年1月，全省搞包产到户的生产队占总队数的10.7%，搞包干到户的生产队占30.2%。实行包产包干制后，都不同程度地调动群众的生产积极性，获得增产增收。

根据农村改革出现的新形势，省委于1981年1月召开全省地、市、县委书记会议，讨论农村形势和政策。会上，对包产、包干到户问题仍有分歧，有些地方的领导还想把包产（包干）到户扭过来。省委第一书记任仲夷发言，用搞包产（包干）到户的地方增产增收、经济发展、市场活跃的大量事实，说明农村形势主流是好的，党同农民的关系更密切。他强调，已实行包产（包干）到户的地方，只要群众满意，又能增产，对国家贡献增多，就不要硬扭过来。政策一定要稳定下来。但又不要不重视解决存在问题。要因地制宜，迅速落实生产责任制，对于已经包产、包干到户的可引导在包产、包干到户后，在专业分工的基础上，实行新的经济联合。6月，省委、省政府发出《关于加强对包干到户社、队领导若干问题》的指示，肯定包干到户是一种生产责任制。全省农村约有四成的生产队实行这种责任制。这种责任制形式适应当地生产力水平和干部、群众的管理水平，是农村生产关系的一项重大调整。要求各级党委、政府切实加强对土地包干到户的社、队领导，强调要维护基本生产资料公有制；坚持“三兼顾”的原则，正确处理国家、集体、个人三者的关系；健全大队、生产队领导班子；办好现有集体经营项目和处理好债权债务；鼓励社员实行新的联合等。根据省委、省政府的指示，全省各地组织干部下乡，帮助社队解决实行包产、包干到户遗留问题。促进包产、包干到户的健康发展。后来中央把包产、包干到户统称为家庭联产承包责任制。

此后，农村包产、包干到户，不仅在贫困地区，而且在一些生产水平较高，集体经济比较好的地区也开始推行；不仅粮食生产包产、包干到户，而且林业、畜牧业、渔业和国营农林场、乡镇企业也实行了各种形式的联产包干责任制。至1983年5月，全省包干到户的生产队已占全省生产队总队数的96%，包产到户的占2%，两项合计占98%。至此，包干和包产到户责任制已成为农村的主要经营形式。

二、家庭联产承包制

（一）对承包大户的争论

高要县沙浦公社沙一大队农民陈志雄在20世纪80年代初承包集体鱼塘，从0.83公顷扩大到23.67公顷，雇请5个定期一年帮工，另外还有部分零工。此事当时在社会上引起很大的争议。1981年5月29日，《人民日报》二版头条发表《一场关于承包鱼塘的争论》，鼓励大家展开讨论。一种意见认为，陈志雄承包的鱼塘面积大，在经营管理上超过他的力所能及，他要雇工，雇工必然有剥削，在我们社会里是不能允许雇工剥削的，这是一个大的原则问题。另一种意见认为，陈志雄承包的鱼塘是集体的，生产资料公有制没有改变。他请人帮他管理鱼塘，这同生产资料私有制下的雇工性质不同。陈志雄的总收入比雇请的工人高，这种差异是合理的。因为陈志雄是鱼塘承包者，他要付出成本，承担盈亏责任，除付出简单体力劳动，还要有养鱼技术。在讨论过程中，1982年1月，一位新华社记者写了《广东沙浦公社出现一批以雇佣劳动为基础的承包大户》一文，刊登在新华社《国内动态清样》上。中共中央书记处一位书记看到后，严厉批评承包鱼塘雇工是“离开了社会主义制度”，“需要做出明确的规定予以制止或纠正”。省委随即派人到高要县进行调查。4月22日，省委将调查材料《关于陈志雄承包经营情况的报告》送到国家农业委员会（简称国家农委）。报告认为，陈志雄“这种承包方法和经营方式，就其经济效益来说，比原来‘吃大锅饭’的集体经营要好”。随后，省委和省农委召开一次大型农村雇工问题研讨会，就农村当前雇工的利弊及产生的原因、两种社会制度下雇工的异同及对雇工政策等议题进行讨论。会上认为，当前农村出现雇工，根本原因在于中国社会主义仍处于初级阶段，生产力水平不高，地区间发展不平衡，实行家庭承包经营后，为扩大再生产，出现雇工现象是难以避免的。当前农村雇工利大于弊，应因势利导、兴利除弊，不应以行政手段强行制止。此次会议纪要及主要论文在北京报刊发表后，在全国产生积极影响。中央有关部门也没有再追问这件事情。广东发展个体、私营经济的大气候发生积极变化。

（二）解决遗留问题

全省许多地方实行包产、包干责任制是农民自己搞起来的，时间短，发展快，存在不少遗留问题。特别是在责任田分配、集体财产处理、承包合同的制订、债权债务处理和财产账目的建立，以及干部报酬等方面没有解决好。有些地方特别是经济欠发达地区只注意“分”，而该“统”的没有统起来，除了土地之外，集体财产被分光；一些地方把包干到户误认为分田单干、土地还家，不收承包款，集体经济受到削弱，经济组织变成“空壳社”；一些地方基层组织涣散，农田基本建设和农村公共福利事业无人管，对“五保户”和军烈属的生产和生活照顾不到。针对这一情况，从1982年起，省委、省政府采取措施，处理好前段改革遗留问题，健全和完善以包产、包干为主要形式的家庭联产承包责任制。主要做法是：建立统分结合的双层经营体制，注意发挥家庭和集体两个积极性，采取宜统则统、宜分则分的原则，对于那些适宜分散经营的项目，放手让农民承包经营，对于那些适宜统一经营的项目，由集体统一管理和经营。这样做，既不放任自流，又不搞过去“扎大堆”，较好地处理“统”与“分”的矛盾，有利于农村经济的发展。

1982年6月，省委在广州市召开地市委农业书记会议，研究实行农业生产责任制后出现的新情况、新问题，总结新经验，加快全省农业经济的发展。省委第一书记任仲夷在总结讲话中强调，要坚持“三个稳定”（稳定政策、稳定生产责任制、稳定粮食种植面积），同时要因势利导，抓好“三新”（推广新技术、组织新联合、开辟新的生产领域），继续把农村经济搞活。会议提出，要以完善家庭联产承包制为中心，整顿基层组织，推行合同制，处理好集体债权债务，发展各种形式的经济联合。

随后，全省各地抽调4.3万多名机关干部组成工作队，分期分批深入农村，抓好以完善责任制为中心的各项工作。在坚持集体所有制不变，兼顾国家、集体、个人三者利益的前提下，处理好集体和承包户的责、权、利关系，抓好社队财务整顿，处理好集体的债权债务，整顿好基层领导班子。至1982年年底，全省农村人民公社瘫痪和半瘫痪的大队领导班子，由原来占总数的10%下降为2%，生产队领导班子由原来占总数的30%下降为10%。1983年6月，省农委印发《关于完善联产承包责任制的意见》，提出稳定、完善、发展联产承包责任制，仍是当前农村工作的主要任务，要求全面检查、清理、兑现、完善各种经济合同。广泛开展产前、产中、产后服务，以县为单位，继续组织工作队帮助问题较多的社队。

（三）延长土地承包期

1984年秋，针对第一轮家庭联产承包存在承包土地时间短，地块普遍过于零散的问题，全省开展调整土地、延长承包期的工作。9月，省委批转省委农村工作部《关于延长土地承包期，完善联产承包责任制的意见》，重点抓三改：一是改原来3～5年承包期为15年。二是改土地零散承包为相对集中连片承包。三是有条件的改按人均分包为按能力承包或专业承包。一部分经济较发达，乡镇企业发展较快，农业劳动力较多转移到二、三产业的地方，允许农户多包、少包或不包土地，也可以转让承包和跨村跨地区承包。把每户承包土地适当调整连片，桑基鱼塘地区尽量以塘带基（地），塘基连片。在山区和丘陵区，有的采取“耕田和耕山相结合，治坑治坡相结合，发展林牧渔业相结合”的方法，把山坑田与周围的山林坡地集中由一户或几户连片承包经营，形成农林牧渔综合经营的小农场。有的山区县还采取“面积不变位置变，适当集中连成片”的方法把过于零散的责任山、自留山，调整为一两片，以利于开发经营。这项工作取得了较好的效果。

15年土地承包期大部分在1998年和1999年到期。在这轮土地承包到期之前，中央于1993年明确宣布，土地承包期再延长30年不变，营林造林和四荒地治理等开发性生产的承包期可以更长。中央还在多个文件中强调，集体土地实行家庭联产承包制度，是一项长期不变的政策。从1997年下半年开始，广东各地认真落实土地延包30年的政策。大体分三种形式进行：第一种是在第一轮土地承包期满后，保持农民原承包土地面积不变，直接延长30年承包期。第二种是由于人口和土地面积的变动，根据群众的意愿，按照“大稳定、小调整”的原则，适当对农民承包的土地作小范围、小面积的调整，然后延长土地承包期30年。第三种是实行土地股份合作制的地方，依据土地延包30年的政策，确认延长农民土地30年收益权。三种形式都由县级人民政府统一发给农民土地承包经营权证书。这项工作至2000年基本完成。

（四）完善集体经济组织

1985年9月，省委、省政府召开全省农村合作经济经营管理工作会议，着重研究解决社区合作经济组织的设置和发挥作用的问题，会后印发《关于改革和加强农村经营管理工作的意见》。提出把健全社区合作经济组织，完善家庭承包制作为农村工作一项基本功来抓。突出抓好土地、合同、财务和劳务四大管理。省政府还于1987年12月印发《广东省农村合作经济组织承包合同暂行规定》，1990年5月印发《广东省农村社区合作经济组织暂行规定》，在原人民公社生产队或自然村设置经济合作社，在原大队或管理区设置经济联合社，部分乡镇一级设置经济联合总社或农工商联合公司。1990年，全省多数乡村基本上完成社区合作经济组织的设置工作，形成分户承包经营和集体统一经营相结合的格局。全省农村以原生产队或自然村联队为基础设置的经济合作社有17万个，占应设置数的91%；以原生产大队为基础设置的经济联合社有2万多个，占应设置数的95%。部分经济联合体和合作社根据当地条件和农民意愿，因地制宜发展集体经济，向农户提供良种、技术、机耕、农田基建等方面服务，从而进一步完善统分结合的双层经营体制。

为进一步发挥农村集体经济组织作用，1990年7月，省委批转省委农村工作部《关于完善农村集体土地经营管理体制的意见》，提出：一要明确利用集体土地从事农、林、牧、渔业经营，应由土地所有单位进行发包；二要全面实行土地有偿承包制度，改进和完善承包方式，合理确定土地承包期，逐步实行土地达标承包，促进土地承包经营权的合理流转；三要健全农用土地的投入和建设机制；四要加强农村集体土地承包合同的管理工作。省人大常委会分别于1992年3月通过《广东省农村合作经济组织承包合同管理条例》、1996年1月通过《广东省农村集体资产管理条例》，各地依法依规加强对集体资产的管理。

三、林权制度和渔业体制

（一）林权制度改革

1981年6月，省委、省政府印发《关于稳定山权林权和落实林业生产责任制的决定》，在全省开展以稳定山权林权、划定自留山和确定林业生产责任制的林业“三定”工作。至1983年年底，林业“三定”工作基本结束。划定社员自留山面积122万公顷，占当年全省林业用地总面积的10.1%；建立各种形式生产责任制面积740万公顷，占全省当年林业用地面积的61.8%。1984年11月，省委、省政府印发《关于加速发展山区经济若干政策问题的规定》，进一步扩大自留山面积和落实生产责任制，扭转林地林权管理混乱的局面。1987年3月，根据国家森林法及其实施细则，省政府制定《广东省森林管理实施办法》，规定全民所有和集体所有的森林、林木和林地，个人所有的林木和使用的林地，由县级以上人民政府登记造册，核发证书，确认其所有权和使用权。至1998年，全省核发林权证面积810.52万公顷，占当年全省林业用地面积的74.8%。通过林权制度改革，处理一大批山林纠纷，明确和稳定了林木和林地权属，维护林区生产秩序。

（二）渔业体制改革

1. 海洋捕捞建立以渔船为独立生产经营单位的体制

第一步：1979—1982年，沿海地区掀起合股筹资或私人独资造船下海捕捞的热潮。新造一大批小帆船、小机船，从而解决沿海渔区剩余劳动力的生产生活出路，渔区群众逐步解决温饱问题。第二步：改革渔业大队“统一核算，统一分配”的经营体制。1979—1981年，推行“大包干”责任制，在渔船网具等生产资料仍属渔业大队集体所有的前提下，渔民捕鱼实行生产责任制，进行产量产值“大包干”。第三步：将属渔业大队集体所有的渔船网具折价卖归船上渔民所有，实行以渔船为独立生产经营单位的体制。1982—1985年，全省98%的渔船实行这一体制。实行渔船生产资料所有权、使用权和经营权的统一，从根本上解决生产上的诸多矛盾，调动渔民生产经营积极性。1985年后，通过专业协作和联合，健全管理机构，处理好渔船自主经营与加强管理监督、协调、服务的关系。

2. 淡水养殖推行家庭联产承包责任制

1980年年底开始，珠江三角洲塘鱼生产区开始实行家庭联产承包责任制。承包形式多种多样：由基塘分包到基塘统包，由本地承包到跨地区大面积承包，由家庭承包到多户联产承包等，承包期以有利于生产发展为原则，由群众议定（多为3～5年）。1985年，全省大部分淡水养殖实行承包期15年不变的家庭联产承包制。同时，水产品购销政策改革，取消派购，放开鱼价，养鱼效益稳步提高，调动了渔（农）民生产积极性，水产养殖业规模迅猛扩大。1990年开始，推进渔业产业化、现代化建设，进行连片鱼塘高标准整治，建设规范化、规模化商品基地，同时，提高水产行业科技质素，培育加工、流通龙头企业。

3. 水产品流通体制改革

（1）取消派购，放开鱼价。1979年将海洋捕捞水产品的“全部派购”（全部由水产部门收购）改为“收七留三”（即水产部门收购七成，三成留渔民自己处理），随后逐年降低收购比例。1980年起，淡水养殖产品（塘鱼）派购任务也逐年调低，至1984年，收购比例降至8%，1985年全部取消派购。海（淡）水水产品派购任务取消后，全面放开水产品价格。（2）建立多种经济成分、多渠道、多层次的水产品流通体制。1979年调整水产品流通政策，集体、个体流通企业得到生存发展空间，至1987年，从业人员达10万人。多种经济成分、多渠道、多层次的水产品流通体制逐步形成。（3）改革水产供销加工体制。把全省国营水产供销公司88个子（分）公司下放给市、县地方经营；改独家经营型向综合服务型转化，为渔（农）民提供产前、产中、产后服务；逐步形成国营、集体、民营、外资多种经济成分、多层次的水产品加工体制。（4）市场建设和规范管理。1995年后，根据水产品流通需要，各地兴建67座水产批发市场，建筑面积30万平方米。2000年全省水产品批发市场交易量达145万吨，交易额达158亿元，“南鱼北运”年销量30万吨。

四、政社分开和基层建设

实行家庭联产承包制，实际上瓦解了人民公社以队为基础的公社、大队、生产队三级所有和政社合一的体制。1983年6月，广东根据全国的部署，开展人民公社政社合一体制的改革，实行政权与经济组织分开。8月，省委、省政府发出《关于政社分开、建立乡政权的通知》。决定以原人民公社、大队、生产队为基础，分别设区公所、乡政府和村民委员会，区公所为县派出机构，乡为一级政权组织，村民委员会为村民自治组织。经济组织则单独另外设置。政社分设工作于1984年5月完成。但区公所不是一级基层政权组织，为与全国农村基层行政组织的设置相一致，1986年5月，省委、省政府又发出《关于撤区建乡（镇）完善农村基层政权建设的通知》，撤销在原人民公社基础上设立的区公所，改设为乡（镇）；原来在生产大队基础上改设立的小乡，则改设为村民委员会；原来在生产队基础上设立的村民委员会，则改设为村民小组。1991年9月，省政府又把村民委员会改为乡镇政府的派出机构管理区办事处，村民委员会则一般改设在自然村。1998年9月，广东再根据《中华人民共和国村民委员会组织法（试行）》的规定，撤销管理区办事处，在原管理区办事处重新设立村民委员会，在自然村恢复村民小组。在村级实行民主选举、民主决策、民主管理、民主监督和村民自我教育、自我管理、自我服务。

1998年7月，省委办公厅、省政府办公厅印发《关于在全省农村进一步推行村务公开，加强民主管理工作的通知》，明确推行村务公开的重点是财务和集体资产管理，要做到“八公开”：（1）财务公开；（2）集体土地、企业和财产承包、租赁公开；（3）集体基建项目投资和招标公开；（4）农民负担公开，村提留和镇（乡）统筹费收取使用公开；（5）申请宅基地建房公开；（6）安排生育指标、落实节育措施和计划外生育费征、管、用情况公开；（7）土地征用款公开；（8）管理区（村）干部年度工作目标执行情况公开。同时，村级还要建立健全村民代表会议或村民代表议事会制度，财务管理制度和民主理财制度，管理区（村）党支部、办事处（村委会）换届选举制度等。

第二节　发展农村商品经济

一、调整农业产业结构

进入20世纪80年代，广东根据地处热带亚热带和“七山一水两分田”的特点，突破农业“以粮为纲”的格局，注意处理好粮食生产同多种经营的关系，在“决不放松粮食生产，积极开展多种经营”的方针指导下，因地制宜，合理调整农业产业结构，改变农业内部比例失调的局面，将单一粮食的产业结构改变为粮食、经济作物、畜牧、水产、果蔬、林业全面发展的结构。

1980年3月，省委、省政府作出大力发展水产养殖业的决定。要求各地利用现有水面，并适当将一部分低产田挖塘养鱼，发展水产养殖业，以满足市场和出口的需要。1981年3月，全省海洋渔业工作会议提出，海洋渔业发展要走多种作业、多种经营的道路，改变以渔唯一、以捕唯一、单一经营、单一作业状况，把发展海水养殖摆到重要位置，大力发展水产品加工和综合利用。1983年11月，全省林业工作会议提出：林业是山区治穷致富的必由之路，发展林业要做到用材林与防护林、经济林、薪炭林结合；生长周期长的与中短期多品种结合；群众性的大面积造林与建立林业基地相结合；林工商结合。1984年，根据国务院负责人的意见，决定珠江三角洲地区农业结构调整走贸工农的道路，看国际市场需要什么，就生产种养什么，把珠江三角洲变成出口农副产品基地，集中力量抓水果、水产、蔬菜、肉类、其他副食品、热带作物、南药等7大类商品生产。同年11月，省委、省政府作出《关于加速发展山区经济若干政策问题的规定》，提出山区要贯彻以林为主，多种经营，全面发展的方针，因地制宜，调整生产布局，加快资源的开发利用，建立合理的经济结构，变单一经营为综合经营，变自然经济为商品经济，大力发展商品生产，开创山区经济建设新局面。各地把一些不适宜种植水稻的低产田退耕还林、还牧或改种其他经济作物。

从1980年开始的4年多时间里，全省调减粮食种植面积近66万公顷，林、牧、副、渔业在农业生产中的地位提升，农业内部结构趋于合理。肉类、水产品产量和林业、副业大幅度增长。各种农产品不仅满足省内需要，还扩大出口和内销，逐步形成南果北运、南菜北运和塘鱼北运的局面。农民生活水平明显提高，1985年农村人均年纯收入495.31元，比1978年增加302.06元。

1985年，省委、省政府在总结推广韶关山区开发、湛江沿海开发、东莞农业综合开发经验的基础上，先后作出关于造林绿化广东大地和实行农业综合开发，加快发展农村商品经济的一系列决策，全省进一步掀起持续5年多的农业开发热潮。农业开发在外延上，主要是利用自然资源，拓宽农业生产领域；在内涵上采用新技术、新品种、新经营管理办法，从深度和广度上提高农业生产水平；开发的重点是林业、种植业、水产业，包括开发荒山、荒坡、荒地，造林种果和种植南亚热带经济作物，开发滩涂、浅海和内陆水域，发展鱼、虾、贝、藻类等水产品养殖。此外，还把开发资源与引进资金、技术，开拓市场结合起来，形成有地方特色的农业商品生产。经过5年多的努力，全省造林绿化和开发农业取得显著成果。一是消灭荒山，改善了山区环境。全省300多万公顷的荒山披上绿装，改变森林生长出现赤字和水土流失、生态恶化的状况。1991年广东被国务院授予“全国荒山造林绿化第一省”的称号。占全省土地65%和人口40%的山区市县，生态环境和生产条件有了很大的改善，经济发展速度加快，95%的农民解决温饱问题，一部分乡村和农民走上开发致富的道路。二是引进资金、技术、良种，改造传统农业。全省农业共引进外资3亿多美元，引进大面积推广的动植物品种有200多个，在引进品种的同时，相应引进先进农艺、饲养方法、技术设备。三是建设一批商品生产基地。全省先后建设农业商品生产基地5000多个，项目包括速生丰产林、经济林、名优水果、土特产、北运瓜菜，以及各种水产品、畜禽产品等。如梅州1.5万公顷沙田柚、湛江1.5万公顷红江橙、茂名2万公顷早熟荔枝等。从粤东到粤西沿海水产品养殖扩展至近10万公顷，成为优质鱼、虾、贝、藻类商品生产基地。发展开发性农业促进农村经济的综合发展，1985—1990年，全省农村社会总产值平均每年递增17.4%，农业总产值平均每年递增7.6%，是改革开放以来发展速度最快的时期。

二、搞活农产品流通

改革开放前，农村商品流通，由国营商业和供销社一统天下，不允许社队和农民经商。随着农村各项经济政策的放宽，商品生产的发展，社队集体经济和农民急需冲破原来不能进入流通领域的限制。1980年9月，省政府印发《关于疏通商品流通渠道，促进商品生产，搞活市场的十二项措施》，规定完成统购、派购和计划收购任务后的一类、二类农副产品及三类农副产品，农民可以卖给国营商业部门，或委托商业部门代销，也可以自己直接运到县城、外县、外区及城市推销。允许各地开展农产品议购议销业务，发展信托贸易和货栈，办好大中城市、县城农副产品市场。农副产品市场出售的产品，实行产销直接见面，自由议价，不搞限价。1983年3月，省政府在《关于放宽农副产品购销政策畅通商品流通渠道若干问题的通知》中，重申生产者完成国家统购、派购交售任务后的一类、二类产品和三类农副产品，除木材不准上市、运销及毛竹、牛皮、桂皮（桂油）按原办法外，其他产品都可以由生产者自行处理，可以加工、运销；国营商业、供销社和个体商贩都可以议购议销。1984年8月，省政府发出通知，继续进一步放宽农副产品上市运销政策。提出该活的要坚决搞活，保护合法经营，不得乱卡乱罚；该管的必须管好，做到“活而不乱，管而不死”，以促进农村商品生产的发展。

这样，进入流通领域的农村集体经济组织和农民越来越多，长期以来由国营商业、供销社独家经营农副产品的单一渠道，改变为国有、集体、联户、个体、外商多种成分、多条渠道的流通经营体制。农民运销队伍成为农产品流通的重要力量。全省出现星罗棋布的各种农产品专业市场。广东对农产品市场建设，实行“谁投资，谁经营，谁收益”的政策，促进农产品市场的发展。至1990年年底，全省有集贸市场3287个，总面积923.9万平方米；1991年，全省城乡集市贸易成交额315.9亿元，占社会商品零售总额的36.8%。

三、对粮食的宏观调控

1991—1993年，广东粮食生产连续3年出现减产。原因之一是一些地区占用大片农田搞开发区建设和挖鱼塘，致使粮食种植面积锐减。1993年8月，省政府印发《关于保护和稳定粮食生产问题的通知》。省政府认为，广东省人多耕地少，是缺粮省份，粮食供需矛盾突出。粮食生产在很大程度上受到自然条件制约，效益较低，自然风险和市场风险大，在社会主义市场经济的新形势下，应加强政府的宏观调控和扶持力度，保护和稳定粮食生产。广东把稳定粮食生产，减少粮食的调进和进口，力争口粮基本自给作为粮食生产的立足点。严格控制占用农田挖鱼塘或改种多年生水果等木本作物及搞其他非农建设，严禁乱占滥用农田兴建开发区，搞房地产开发。工业用地、农村宅基地，尽可能不占或少占用农田。全省开展清理各类自发搞开发区和其他违法占用耕地行为，共清理撤并各类开发区191个，面积2.18万公顷，其中耕地1.26万公顷。省政府采取行政、经济、法律“三管”齐下的办法，先后出台一系列保护、支持、发展粮食生产的措施。行政措施有：实行“米袋子”首长负责制，各地建立粮食生产和收购责任考评制度。经济措施有：（1）增加对粮食生产的投入，省政府投入3亿元建设50个商品粮基地县，发展粮食生产适度规模经营；（2）实行粮食收购保护价，1994—1997年，粮食部门合同定购粮保护价早稻三级谷每50公斤为70元，1998年为60元；（3）建立粮食风险基金制度；（4）培育粮食市场，使粮食交易逐渐规范化。法律措施有：实施《广东省基本农田保护区管理条例》，把全省200万公顷基本农田面积分解到市县，并层层落实。1999年7月26日，省政府印发《关于进一步完善粮食流通体制改革政策措施切实做好粮食工作的通知》，决定从2000年起，早籼三级稻谷退出粮食保护价收购范围。由于省委、省政府重视，措施有力，1994—2000年，广东粮食生产连续获得增产，基本实现广东省户籍人口口粮可以自给的目标。

1980—2000年主要年份广东省农产品产量和产值表

表1-2-1

指标	1980年	1985年	1990年	1995年	2000年
一、总产量					
粮食（万吨）	1681.91	1604.37	1896.29	1803.33	1822.33
糖蔗（万吨）	834.73	1831.40	2093.46	1472.21	1137.59
花生（万吨）	50.00	57.07	57.95	69.98	77.68
水果（万吨）	29.10	116.28	328.58	414.51	643.52
水产品（万吨）	63.34	109.44	207.66	354.34	593.19
猪肉（万吨）	62.62	97.59	145.35	188.75	206.85
造林面积（万公顷）	37.06	61.20	31.19	2.06	1.79
二、总产值（绝对值·亿元）	126.25	245.21	600.71	1445.48	1701.18
种植业（亿元）	82.58	120.89	297.97	694.55	714.74
林业（亿元）	6.83	21.09	28.46	46.12	59.64
牧业（亿元）	17.75	54.68	143.00	347.16	448.01
渔业（亿元）	4.52	20.35	69.18	272.53	383.42

说明：资料来源于《广东统计年鉴2001》

第三节　乡镇企业发展和改革

一、扶持乡镇企业

改革开放后，省委、省政府把发展乡镇企业列入重要议程，相继实行一系列鼓励、扶持的政策。1979年1月，省委常委扩大会议提出，珠江三角洲社队企业要走农工副相结合发展的道路，要求社队企业要有一个大的发展。1980年3月，省政府打破原来不准生产队办企业的限制，提倡公社、大队、生产队三级办企业，实行“三匹马拉车”。1981年5月，省委召开全省农村工作会议提出，要利用中央批准对广东实行特殊政策，灵活措施的时机，按照一种、二养、三加工、四挖矿的要求，抓住重点，大办社队企业。有条件的地方可以搞来料加工，对外对内补偿贸易和劳动密集型的商品生产，兴办农工商联合经营企业，开展多种形式的经济联营。随后还把经营承包责任制引入社队企业，成为社队企业经营管理主要形式。

1984年7月，省委、省政府贯彻中共中央、国务院转发农牧渔业部《关于开创社队企业新局面的报告》，社队企业改称乡镇企业，号召“全党动员，发展乡镇企业”。同时突破单一的社、队集体所有制的固定模式，提出实行多成分、多层次、多形式发展乡镇企业。并就全省乡镇企业结构、布局、供销、经营管理、利用外资等问题作出12项规定。1986年2月，省委批转省委政策研究室《关于农村雇工问题的报告》，报告不否定雇工这种经济形式在现阶段的作用，提出要通过经济杠杆和行政措施，加强管理监督和必要的调节，取利弃弊，积极引导，使其更好为发展农村商品经济服务。省委、省政府还对表现突出的乡镇企业家进行表彰。全省乡镇企业进入高速发展的“黄金时期”。

20世纪80年代，广东总结出发展乡镇企业的6种模式，即以发展镇办骨干企业为主、集体企业为主、工业企业为主的“顺德模式”；实行镇、村、联户、个体“四个轮子一齐转”的“南海模式”；发挥地缘、人缘优势，发展“三来一补”和“三资”企业，带动乡镇企业发展的“东莞模式”；以发展石材为突破口，实行资源、流通、经营三放开，治穷致富的“云浮模式”；放手发展家庭、联户办加工企业的吴川模式；发挥侨乡优势，大办外向型工业的普宁“军埠模式”等。从20世纪80年代初到1988年，全省乡镇企业每年以35%～40%的速度发展，涌现成千上万各具特色的乡镇企业群，形成一大批星罗棋布的小城镇。1988年，全省乡镇企业数115.83万个，从业人员645万人，总收入565.56亿元，上缴税金17.58亿元，纯利润50.96亿元，创汇15.46亿美元。

1988年秋，全国开展治理整顿经济，乡镇企业被列为治理的重点，不仅遇到资金困难，还受到与国有企业争原材料、争市场的不公正的指责。在这种情况下，省委、省政府于1990年7月印发《关于稳定发展乡镇企业若干问题的通知》，重申广东省原来对乡镇企业实行的优惠政策不变，各级党委、政府和有关部门不得随意改变或违反，继续推动乡镇企业发展。从1989年到1991年三年治理整顿期间，全省乡镇企业总产值年均递增35.4%，依然保持快速发展势头。

1992年年初，邓小平在视察南方重要谈话中，指出乡镇企业是具有中国特色社会主义的三大优势之一。广东继续对乡镇企业的发展给予鼓励扶持。1993年10月，省委、省政府作出《关于加快发展乡镇企业若干问题的决定》，要求各级党政主要领导要亲自抓乡镇企业发展；落实好现有对乡镇企业的政策；促进全省乡镇企业上效益、上档次、上规模、上水平。

二、乡镇企业改革

为避免出现国有企业管理体制上的弊端，20世纪80年代广东乡镇企业在管理体制上进行过多个方面的改革，包括改全公社（后为乡镇）、全大队（后为管理区或村）统一核算、统负盈亏为企业独立核算；改固定工为合同工和辅之以临时工；改固定工资加奖励为计件工资；改单一按劳分配为以按劳分配为主的多种分配形式等，从而形成与仍在吃“大锅饭”的老国有和城镇大集体企业的较强竞争优势。但是，随着经济体制改革的深化，乡镇企业也存在着一个如何同市场经济相适应，如何在市场经济竞争中继续保持快速、持续、健康发展的问题。早期发展的乡镇企业由于产生于计划经济的大环境下，由公社（乡镇）、管理区（村）的基层政权组织直接管理，因而同样不同程度存在政企不分，吃“大锅饭”，以及企业不能自主经营、产权不清、社会负担过重等问题。进入20世纪90年代，深化乡镇企业体制改革的要求十分迫切。

1995年9月，省委、省政府在顺德市召开全省乡镇企业工作会议。推广肇庆市通过股份合作发展乡镇企业和顺德市对镇村集体企业实行产权制度改革的做法，认为这是乡镇企业改革的重要形式，并对全省乡镇企业深化改革作出部署。广东对镇、村集体企业的改革主要采取4种形式：第一种，对经济效益好，有一定实力的企业进行股份制和股份合作制改造。第二种，对具有较强经济实力、有一定规模和发展前途的企业，组建有限责任公司或企业集团。第三种，对一般企业继续推行和完善经营承包责任制，部分实行风险抵押承包。第四种，对规模小、微利或亏损的企业实行兼并、租赁、转让、嫁接、赎买和拍卖。各地从当地实际出发，区别不同企业类型展开镇村集体企业转制改革。至1997年年底，全省有七成以上镇村集体企业进行了转制，其中转为股份制和股份合作制企业的有5万多家。工作开展得较早的佛山市，镇村集体企业转制面达八成。至2000年，全省乡镇企业基本完成转制改革。

三、在调整中提高

从1996年开始，在推进乡镇企业体制改革的同时，广东省加大乡镇企业调整提高力度，从过去以速度型发展为主过渡到以质量效益型发展为主。引导乡镇企业根据市场、资源和国家产业政策，积极发展第一产业，优化提高第二产业，大力发展第三产业。在调整中，突出三个重点：一是依靠科技进步，加大技术改造和技术创新力度，发展高新技术产业和名、特、优、新产品，实现产业和产品结构的优化升级。二是围绕农业产业化经营，发展开发型农业和农产品加工流通业。三是配合小城镇建设和工业小区建设，发展商贸、旅游、交通运输和饮食服务业。通过调整，关闭一批生产落后的小企业和部分严重亏损企业，促进一、二、三产业协调发展。至20世纪90年代后期，全省乡镇企业户数和职工人数有所减少，但企业整体素质提高，经营规模扩大。出现一批乡镇企业比较发达的专业镇（也称“一镇一品”形式的专业镇），如南海西樵纺织、大沥铝型材、南庄陶瓷、罗村皮革，顺德北滘电器、乐从家具，中山古镇灯饰、沙溪服装等。

2000年，全省乡镇企业76.66万户，比1995年减少68万户，职工人数928.28万人，比1995年减少143.83万人，实现总收入8555.76亿元，比1995年增长85.09%；实现总产值（90年不变价）8606.44亿元，比1995年增长93.91%，占农村经济总量的80%；上缴国家税金196.44亿元，比1995年增长46.88%；实现利润427.77亿元，比1995年增长47.97%；工资总额734.18亿元，比1995年增长30.23%；年末固定资产原值3223.06亿元，比1995年增长89.07%。2000年，全省营业收入在1000万元以上的乡镇企业有6231家（其中超亿元的465家）；乡镇企业生产的服装、家用电器、家具、食品加工、建筑材料、玩具、陶瓷制品、工艺美术品等产品的市场占有率达到80%以上；全省外向型乡镇企业年出口交货值超过100万元的有14509家，拥有自营进出口权的企业有400多家。

乡镇企业成为广东农村经济的支柱。安排广东省及兄弟省近千万名农村劳动力就业。广东农民年人均从乡镇企业获取收入超千元，每年从乡镇企业收益中提取大量资金用于农业生产建设，支持农村教育和其他各项事业。同时，乡镇企业的发展，也为农业生产提供物资供应、产品运输、加工和销售服务。星罗棋布的乡镇企业形成一个个工业小区和小城镇，促进广东省城镇化的进程。

1980—2000年主要年份广东省乡镇企业发展情况表

表1-3-1

指 标	1980年	1985年	1990年	1995年	2000年
一、企业数（万个）	9.73	68.66	119.65	144.66	76.66
二、企业人数（万人）	204.88	401.45	658.33	1072.11	928.28
三、总收入（亿元）	43.24	192.26	785.39	4622.35	8555.76
四、实缴国家税金（亿元）	—	8.30	25.16	133.74	196.44
五、纯利润（亿元）	—	19.78	54.73	289.08	427.77
六、工资总额（亿元）	—	37.06	139.26	563.75	734.18
七、年末固定资产原值（亿元）	—	65.86	306.32	1704.65	3223.06

说明：2000年数据按新口径计算。资料来源于《广东统计年鉴2001》

第四节　推进农村城镇化

改革开放以后，广东农村小城镇发展很快，全省农村建制镇由1978年的120个增加到1999年的1556个。一批建制镇逐步发展成为基础设施比较配套的小城市，成为当地有一定凝聚力和辐射力的区域中心。“七五”期间，省政府印发了《广东省乡（镇）村规划建设管理规定》，要求乡（镇）村的规划建设要坚持贯彻“统一规划，合理布局，综合开发，配套建设，逐步完善”的方针。“八五”和“九五”期间，进一步加大镇村建设工作力度，省政府于1992年8月召开珠江三角洲村镇规划建设管理工作会议，加强对经济发达地区的镇村规划建设管理；1992—1995年，全省先后开展城镇规划建设管理达标竞赛活动；1994年，召开全省城乡规划建设管理工作会议；1997年，召开全省镇村建设工作会议，把镇村建设摆上各级政府重要议事日程。但是镇村建设仍存在不少问题，在村级主要是农民无序自发建设，土地资源浪费，基础设施、公共设施不配套以及环境污染等；在镇级主要是规划建设滞后，布局不够合理，中心城镇不突出，集聚和辐射力不强，产业雷同，规模小，未能成为当地经济社会发展的有力依托。此外，市政建设和社区组织不配套，使镇的带动功能未能很好发挥。

2000年5月，针对城镇化进程不适应经济发展和人民生活水平提高的需要，特别是农村小城镇建设滞后于农村发展的情况，省委、省政府组织力量就加快城乡建设问题进行专题调研。在调研基础上，7月召开全省城乡建设工作会议。会议明确提出要大力推进城镇化进程，把加快农村小城镇建设作为一项重大措施。会后，印发了省委、省政府《关于加快城乡建设，推进城市化进程的若干意见》和《关于推进小城镇健康发展的意见》两份文件，对推进城市化和加快小城镇建设作出部署。广东小城镇建设目标是：至2010年，全省基本形成功能协调、布局合理的城镇体系，重点建成300个左右的中心镇；小城镇基础设施基本配套，自来水普及率98%，用气普及率80%，人均居住面积20平方米，环境质量大大提高，污水处理率达40%以上，垃圾无害化处理率达50%以上，绿化覆盖率达35%以上，人均绿地面积8平方米以上。小城镇建设要高起点规划设计，加快产业发展，搞好基础设施配套建设，改善投资环境，加强社会服务，增强对资金、人才和农村人口的吸引力。

省政府对小城镇建设给予政策上扶持：一是优先发展中心镇。在经济管理权限、用地指标分配、基础设施项目安排等方面给予支持，使之先行一步，起示范作用，推动农村城镇化的发展。二是经济上扶持：（1）凡在小城镇规划区范围内收取的基础设施配套费全额返还乡镇，用于小城镇建设；（2）小城镇征收的城建维护税主要用于小城镇建设；（3）小城镇国有存量建设用地出让、租赁的政府净收入，大部分返还，用于小城镇基础设施建设投资。三是鼓励农民进入小城镇：（1）允许在城镇有固定住房、稳定生活来源的农民在小城镇落户；（2）把购房的信贷政策推向小城镇，通过抵押和分期还款付息等方式，支持进入小城镇的农民申请贷款购房及集中建公寓式住房；（3）对已在小城镇落户、有稳定住所和工作岗位的农民，逐步建立必要的社会保障制度。

第五节　农村股份合作经济

一、发展概况

20世纪80年代末、90年代初，广东省农村一些地方先后出现股份合作经济组织。主要有4种类型：一是运用股份合作方式改造乡镇集体企业，使其变为股份合作企业。二是把股份制引入私营或个体企业。三是社区型股份合作制，主要做法是以原集体经营资产为基础，折股量化到人，农民持股分红。深圳市龙岗区和广州市天河区早期出现的主要是这种类型。四是土地股份合作制，较早实行这种类型做法的地方主要有南海市、顺德市、中山市等珠江三角洲发达地区，其做法一般是农民自愿将承包的土地交给集体统一发包，农民原承包权转为股权，持股分红。愿意种田的农民，可多承包土地，实行专业化生产和适度规模经营。

省委、省政府对农村股份合作经济的出现采取鼓励探索和积极引导的态度。1993年3月，省委、省政府在《关于进一步加快农村改革开放和农业现代化建设若干问题的决定》中指出：随着改革开放的深入和商品经济的蓬勃发展，广东省农村许多地方出现了形式多样的股份合作经济组织，这是农村改革中出现的一种新生事物，是完善和发展社会主义公有制的一种新的形式。应采取大胆探索、鼓励扶持的态度，积极在农村推进股份合作经济的发展。

1993年12月，省委在《中共广东省委关于加快建立社会主义市场经济体制若干问题的实施意见》中，再次提出发展农村股份合作制，以此作为明晰产权，保障农民合法权益，促进农村资源合理流动和优化组合的重要措施，在全省推广。

1994年4月，省委、省政府在南海市召开珠江三角洲地区农村股份合作制改革座谈会，会议认为土地股份合作制是农村一项影响重大、意义深远的改革，应继续积极进行探索。

1994年7月，省政府批转省体改委、省农委《关于深化我省农村经济体制改革的意见》，要求珠江三角洲地区及二、三产业比较发达，劳动力转移有出路的地方，试行以土地使用权入股的形式，组建股份合作制企业，发展适度规模经营。经济欠发达和集体经济较薄弱的地方，应尊重当地群众的意愿，通过试点，以点带面，引导和推进农村股份合作经济的发展。省政府要求，发展股份合作制，必须注意政策，走群众路线，切忌一哄而起。注意解决好股份合作制企业及社区合作经济组织中存在的政企合一的问题，逐步做到政企分开、行政组织与经济组织分开。

由于省委、省政府支持鼓励，广东各地发展农村股份合作经济采取灵活多样的多种形式进行：第一种是集体与集体、集体与农户、农户与农户以及多种经济成分之间，以集资入股形式，或者采取多种生产经营要素（资金、技术、设备、土地、劳力、信息、销售）合股联办股份合作企业。对此类企业，不论在什么地方，也不论何种产业，只要具备条件，均可放手兴办。第二种是运用股份制改革原有乡镇、管理区（村）集体企业，即通过聚资扩股，使原来集体企业成为股份合作企业。这种企业，比较原有乡镇集体企业，具有产权明晰、利益直接、风险共担、机制灵活、农民乐于接受的特点。第三种是把股份制引入私营或个体经济，通过集体或个人参股，使之成为股份合作企业。一些地方用此办法改造私营挂靠在集体的企业，取得明显成效。各地在进行此项改革过程中，注意坚持私营企业主和个体工商户自愿为原则，并由参股各方协商，进行公证，签订协议，不搞强迫命令。第四种是稳步发展社区股份合作经济。主要是社区合作经济组织引进股份制的做法，把经济合作组织的全部或部分集体资产，有的还包括土地使用权等作价折股，其中部分留给集体控股，部分分给社员作为从集体获得收入分配的凭证。这种经济合作社引入股份制作为一种新的分配方式，把农民的切身利益同集体经济的发展密切地联系起来，有利于提高农民参与集体经济管理的积极性，有利于巩固和发展集体经济。各地对上述4种办法进行了试点探索，稳步推进。不论采取那种形式。都注意建立和完善股份合作企业的管理体制，建立股东大会（股东代表大会），选举产生董事会，实行董事会领导下的经理（厂长）负责制。

珠江三角洲地区的佛山、东莞、中山等市积极探索农村股份合作制改革，在实践中不断深化和完善，创新传统的农村集体经济制度和经营管理体制。

二、南海、顺德做法

（一）南海农村股份合作制

南海农村股份合作经济20世纪80年代中期开始发展。至20世纪90年代末，全市有规范的股份合作经济组织130个。其发展模式，主要是通过对土地、劳力、技术、资金等生产要素合理流动和优化组合，促进农业适度规模经营和农村经济的发展。罗村镇下柏村是率先进行土地股份合作制改革的村，全村53.33公顷耕地折股到村民名下，由村7名种养能手承包经营，95%以上的农民“洗脚上田”，从事二、三产业，村经济迅速发展，农民的收入大幅增加。盐步镇河东村由14个生产队（经济社）组成，队与队土地互相交错，由于利益驱动，要开发土地搞二、三产业很困难。实行土地股份合作制后，对全村土地折股到农户进行统一规划和经营，收益按4：1：5由村委会、经济社和股东（农户）进行分配，解决了土地开发难的问题，兴办各类企业近50家。2000年全村经济总收入5亿元，村社两级集体纯收入4500万元，农民年人均股份分配4500元。

南海农村股份合作制改革，在制度上，用明确的农民共同占有制代替原来模糊不清的集体所有制；在组织形式上，以股东代表大会制代替原来的领导干部家长制；在经营运作上，用市场调节生产代替原来的计划指令性生产；在组织管理上，以章程、合同、群众监督等制度规范股东的行为，代替原来仅以行政权力约束村民；在利益分配上，以按股分红、按资分配代替原来的平均分配，从而有利于与市场经济衔接。

南海农村股份合作制也存在一些问题，一是村民持股的福利色彩较浓。只要是本村内的农业人口都自然成为股东，个人不承担任何风险。二是封闭性较强。股东资格限定为本地农业人口，即本村村民，使股份合作经济组织在吸纳资金上受限制，不利于农村资本市场的发展。三是产权关系仍不清晰。股东的股权一般是集体无偿配送的，只作为分红的凭证，村民没有处置权，股权仍然属集体所有，不能继承、转让、买卖、赠送、抵押等。四是管理上行政化。董事长多数是由村行政主要负责人兼任，监事会、董事会成员也由村干部兼任，政企不分问题仍比较突出。

（二）顺德农村股份合作制

从 1993 年下半年开始，顺德市委、市政府在全市范围全面开展以改革农村基层建制、推行农村股份合作制、完善土地承包制为内容的改革：第一，取消以原人民公社生产队为单位设置的经济合作社，原则上以管理区（即后来的村）为单位设置股份合作社，个别规模较大或条件暂不具备的管理区，可以以自然村（片）为单位设立股份合作社，再逐步过渡到以管理区（村）为单位设立股份合作社。全市 215 个管理区（村）共组建 290 个股份社。第二，建立股份合作社的组织机构，制定章程，合理界定股权，明确股东的权利和义务，调整和完善农村内部各种经济关系，建立和健全股份合作社内部的运行机制、激励机制和监督机制。第三，完善土地承包，在以股权形式确认村民对股份合作社土地的承包权长期不变的基础上，将土地按“三区”（农田保护区、工业区、商住区）建设需求合理规划。在发包农用地中，改分散承包为连片承包，改分包为投包，并且由股份合作社根据市场的不断变化合理调整投包期限和投包款。有近三成的农村劳动力投包了全市所有的农用耕地。

顺德市农村股份合作制改革操作上注意坚持以下几点：一是不刮“共产风”。以管理区（村）为单位组建股份合作社时，对管理区（村）内各经济社（生产队）的资产不搞“一平二调”，在统一股权设置的前提下，一般取各经济社（生产队）量化到人的每股股本金的平均值作为管理区（村）股份社的每股股本金，高于平均值的经济社，超出部分可留用于该社群众性福利开支，低于平均值的经济社，可在以后股红分配中逐年补平，也允许村民拿现金一次性补平。二是土地原则上不作价。考虑到全市绝大部分管理区（村）内经济社与经济社之间人均占地面积差异不大，而土地价格难以确定，为避免增大改革难度，确定土地不折价。三是搞好股权设置。股份合作社的股权，划分为集体股和股东个人股，一般集体股占20%，个人股占80%。股东个人股份额的设置以农业人口为依据，原则上按未成年、成年、老年分别划分为1股、2股、3股三个档次；每年根据股东年龄的变化、户口迁入和迁出情况调整股东的股份额；股东的股权不能转让、继承和抵押。四是制定奖惩措施。五是农用地分包改投包的交接期限，允许有一年的过渡期，确保农业生产不受影响。

改革取得了成效：一是有利于合理利用农村土地资源，加快城乡一体化建设的步伐。二是壮大集体经济，增加股红分配，增强农村集体凝聚力。三是促进农业规模经营，加快“三高”农业的发展。

第六节　加快传统农业变革

一、发展“三高”农业

进入20世纪90年代，广东农业生产开始转变成为面向国内外市场的较大规模商品生产，即由注重数量的增长和满足温饱需求向高质、高产、高效并重发展转化，从主要生产初级产品向种养加、农工商相结合转化，从传统耕作方法向应用现代农业科学技术转化。1992年，国务院在广东召开全国发展高产高质高效农业（简称“三高农业”）经验交流会，随后国务院发文提出，中国农业要实现重大转折，须大力发展“三高”农业。1993年7月，省委召开农村工作会议，研究如何发展“三高”农业问题，中共中央政治局委员、省委书记谢非在会上指出，适应市场经济体制，推进“三高”农业发展，是农村工作继实行联产承包责任制和放开农产品价格、取消统购统销之后的第三个台阶；是提高农业效益，调动农民积极性，实现由温饱向小康、由求数量向求质量、由传统农业向现代化农业转变的新的历史性改革，一定要下功夫抓好，加快“三高”农业的发展。1994年11月，省委、省政府召开全省“三高”农业会议，作出《关于加快发展“三高”农业的决定》，提出发展“三高”农业的6项指导意见：（1）要始终把粮食生产摆在优先位置，发展“三高”农业决不放松粮食生产；（2）开发重点放在利用山地、坡地、水面、滩涂和海洋资源上，坚持经济效益、社会效益和生态效益的统一；（3）以市场为导向，遵循价值规律；（4）依靠科技进步，繁育、引进和推广良种，应用农业高新技术；（5）因地制宜，合理规划；（6）坚持种养加工协调发展，产供销形成体系。省委、省政府还就加强领导，发展多种形式生产经营体系，给予"三高"农业政策扶持等作出规定。与此同时，广东加快推进海洋经济的发展，1993—2000年，省委、省政府先后4次召开全省海洋工作会议，作出加快海洋渔业发展和综合开发的部署。

20世纪90年代下半叶，全省"三高"农业迅速发展。各地建立一批具有当地特色和优势的农业生产基地，并向规模化、专业化发展。全省建设50个商品粮基地县，成为广东粮食生产重点产区；珠江三角洲重点发展都市型、外向型农业，生产中高档蔬菜、水果、花卉、畜牧、水产品，供应大中城市和出口；粤西重点发展优质热带水果和冬种北运菜，建成6.7万公顷早熟荔枝、6.7万公顷优质龙眼、3.35万公顷香蕉、10万公顷北运菜基地及0.6万公顷剑麻产加销一体化基地；粤东发展沙田柚及青梅、蕉柑等生产基地；粤北发展烟草、白毛茶、药材、杂果及反季节蔬菜，形成0.23万公顷白毛茶、3.35万公顷烟草以及颇具规模的杂果基地。此外，粤西雷州半岛，以改水治旱为重点，建立起南亚热带作物示范区。

利用外资发展外向型"三高"农业，是广东农业发展的一大特色。从1992年起，广东逐步放宽外商投资农业和农业利用外资的政策，促进外向型农业发展。至2000年，全省农业累计实际利用外资16亿美元，兴办一大批三资农业企业和农产品出口生产基地，引进优良品种1000多个品系。

"三高"农业的发展带动农业生产结构的进一步调整与优化。至2000年，全省优质稻播种面积占水稻播种面积的60%；果、菜、花、茶等经济作物良种覆盖率达75%；畜牧业实现生猪和家禽品种结构优化，三元杂交瘦肉型猪占出栏猪的40%以上，肉鸡肉鸭良种覆盖率达80%以上；建立一批海水优质鱼类、对虾、珍珠、鲍鱼养殖基地；林业树种结构逐步优化，生态、经济、社会效益提高。2000年全省农业总产值1701.18亿元，比1985年增长5.93倍，其中种植业增长4.91倍，牧业增长7.19倍，渔业增长17.84倍，林业增长1.82倍。

二、推进农业产业化

随着"三高"农业的发展，农业综合生产能力提高，农产品产量大幅度增加，农产品供给逐步从卖方市场转向买方市场，农业发展由过去资源约束为主转为需求约束为主。在这种形势下，单家独户分散经营的小生产与千变万化的大市场之间的矛盾日益突出。20世纪90年代中期开始，一些地方开始探索走农业产业化经营的路子。主要做法是，在家庭经营的基础上，通过龙头企业、中介组织、专业市场等把分散的家庭经营与国内外市场连接起来，将农业的产前、产中、产后诸环节联结为产业经营体系，实行种养业产供销、贸工农一体化经营。新兴县温氏集团是这个时期涌现出来的典型。该集团的主要做法是，采取公司加基地加农户的形式，发展养鸡、养猪等畜牧业生产。由公司向农户提供种苗、饲料、防治病等多项服务，并负责产品销售，企业与农民结成利益共同体，产生良好的社会经济效益。对这一做法，省委、省政府及时给予鼓励和支持。1996年6月，省委、省政府在新兴县召开全省农业产业化工作会议，总结推广包括温氏集团在内等一批典型，并制定相应政策措施，加快全省农业产业化发展步伐。8月，省委、省政府作出《关于推进农业产业化若干问题的决定》。1998年11月，省委八届二次全会通过开创广东农业农村工作新局面的意见，指出发展农业产业化经营是实现农业现代化的必由之路。

广东农业产业化主要抓住5个环节：（1）立足优势资源。（2）确立主导产业。（3）创办龙头企业。（4）建立商品基地。（5）辐射带动农户。在稳定家庭经营的基础上，打破部门、地区和所有制限制，按照产供销、种养加（工）、贸工农、农科教一体化的原则，把农产品的生产、加工、销售等环节连成一体，解决千家万户进入市场，运用现代科技和扩大经营规模，提高农业的经济效益和市场化程度。办好农业龙头企业，省级重点扶持发展50家有实力、规模大、对农户辐射带动能力强的农业龙头企业，各市、县也扶持一批当地农业龙头企业。对兴办农业龙头企业给予优惠政策。各地开始出现主导产业突出，名优产品各具特色，产加（工）销一条龙、农工技贸一体化的农业产业化经营的格局。

至2000年年底，全省有各种形式的农业产业化经营组织1898个，其中龙头企业1449个（包括农业部和省认定龙头企业55个，地级以上市认定龙头企业234个，县认定龙头企业394个，以及其他类型的一批龙头企业）。龙头企业拥有各种类型的商品生产基地面积82.09万公顷（其中种植面积77.67万公顷，水产养殖面积4.42万公顷）；养畜量586.33万头，养禽量44633万只。当年农业龙头企业总产值390.81亿元，销售收入363.13亿元，利润61.54亿元，创汇29.26亿美元，上缴税金12.55亿元，带动农户236.07万户，户均增加收入1754元。在农业龙头企业的带动下，农业种植业、林业、牧业、渔业都得到新的发展。

三、建设农业现代化示范区

在发展“三高”农业和推进农业产业化的基础上，1999年，省政府着手在珠江三角洲地区建立10个农业现代化示范区，每个示范区以一个主导产业为主，实行专业化生产、产业化经营、社会化服务，形成粮食、蔬菜、水果、花卉、畜牧、水产、农业科技和农产品流通8大类型主导产业，创出一批示范区名牌产品，以辐射带动周边地区的农业现代化建设。10大示范区分布在珠江三角洲9个市15个县（市、区）的27个镇，生产基地面积9300公顷，投入资金17.46亿元，需要累计完成项目265个，建设高标准农田7600公顷，整治鱼塘2900公顷，修建永久性渠道241公里，机耕路669公里，建厂（库）房面积约20.7万平方米。

至2000年年底，10大农业现代化示范区经过两年的建设，取得初步的成效：（1）各个示范区实行山、水、田、林、路、村综合治理，实现农田标准化、鱼塘规格化，应用现代生物技术、信息技术、灌溉技术；（2）引进、培育、推广一大批农业优良新品种，推广应用面积大，效益好；（3）一批重点工程项目建成投产，经济效益和社会效益明显；（4）初步发挥示范带动和辐射功能，促进周边地区农业结构的调整优化，带动当地农民发展生产，增加收入。

广东农村改革发展在取得重大成就同时，仍存在农业结构调整步伐比预期的慢；农产品加工、流通滞后于生产发展；后期投入不足，农业效益下降；农民收入增长减慢和区域发展不平衡的矛盾。

第七节　促进区域协调发展

一、山区扶贫攻坚

广东区域发展不平衡的矛盾十分突出。全省121个县级行政单位，有50个是山区县（市、区），其面积和人口分别占全省的65%和42%。1985年，50个山区县（市、区）的人均国内生产总值、人均工农业总产值和人均工业总产值分别只及全省平均水平的38.1%、43.5%和26.1%；人均国民收入、人均城乡居民储蓄和人均农民纯收入分别为450元、93元和418元，分别比全省的人均水平低376元、181元和77.3元。农村人均纯收入在300元以下的贫困县有31个，未解决温饱问题的农民（年人均纯收入低于250元）有420万人，占当年全省总人口的7.1%。最为贫困的是粤北石灰岩地区。1985年，这一地区85万人口的年人均纯收入不到200元。

广东历届省委、省政府在指导经济特区、珠江三角洲、沿海等地区优先发展的同时，高度重视区域协调发展问题，始终关注着山区的改革发展。省委、省政府从实际出发，把全省划分为珠江三角洲、东西两翼和山区三大经济发展区域，实行分类指导。把加快山区改革发展作为一项重大综合系统工程来抓，于1985年年初成立广东贫困地区山区工作领导小组。1985—1995年，每年召开一次山区工作会议，制定一系列扶持政策措施，投入大量人力、物力、财力。

一是实施山区造林绿化工程，走治山致富道路。从1985年开始，广东全省共投入10多亿元，花4亿多个标准劳动日，完成造林绿化面积385万公顷，大规模种植经济林果，治理水土流失，培育资源，实现“5年消灭荒山，10年绿化广东”的目标。至1995年，全省的森林覆盖率由原来的26.7%提高到56.3%，改善气候，涵养水源，创造较好的生态环境，为山区经济的振兴打下基础。

二是加快基础设施建设和经济发展。从1991年开始，省重点扶持山区发展交通、通信、能源。“八五”时期，省和山区市、县共投入300多亿元，进行基础设施建设。至1996年，山区公路通车里程达到5600多公里，全部乡镇和96%的行政村通了公路、村村通电、大部分村通电话。这期间广东大力发展开发性农业和大办乡镇企业，积极引进内资和外资，建成各具特色的农业商品基地1800多个和大批资源型加工企业。

三是从机制和制度上落实扶贫措施：（1）机关挂钩扶贫。1987—1990年，省直200多个单位共向31个山区贫困县派出扶贫工作组2800多人次，筹集扶贫资金26亿元，兴办扶贫开发项目2100多个；各山区市、县也组织机关单位挂钩扶贫。（2）沿海城市对口扶持山区贫困县。1991年起，省组织沿海7个经济发达城市对口扶持山区6市及所属贫困县，1996年调整为8个沿海城市重点扶持16个特别困难的贫困县。累计投入资金16亿多元，兴办扶持项目近800个。（3）开展民间扶贫。发动社会各界和港澳台同胞、海外侨胞扶贫济困。（4）实行“异地开发、异地安置、异地就业”。“异地开发”就是在山区以外地方创办扶贫工业开发试验区，享受山区的优惠政策，实行体外“造血”；“异地安置”是指从1993

年开始，把粤北石灰岩地区和粤北少数民族地区缺乏生产生活基本条件的人口，异地安置到条件相对较好的地方，解决温饱脱贫问题，省投入专项资金2.45亿元，迁移安置人口22.5万人。“异地就业”是指组织劳务输出，安排山区贫困地区百万劳动力到沿海地区务工务农，增加收入。（5）扶“志”扶“智”。倡导艰苦奋斗、自力更生的精神，启动贫困地区脱贫的内力，发展开发性农业和资源加工业。同时，开展智力扶贫，进行多种形式的技术指导和人才培训，减免山区贫困户孩子上学的学杂费等。

广东扶贫开发取得显著成效。至1997年，50个山区县实现国内生产总值比1985年翻两番多；农村人均纯收入从418元提高到2860元。全省实现了国家提出的基本解决温饱问题的目标（注：全国规定，以户为单位计算，年人均纯收入按1990年不变价在500元以上，现行价1000元以上；以县为单位计算，绝对贫困发生率在1%以下），成为全国提前3年率先实现国家“八七”扶贫攻坚计划目标的首批省份。

二、贫困县脱贫奔康

实现解决温饱问题目标之后，1998年11月，广东召开全省贫困县脱贫奔康工作会议。12月，省委、省政府发出《关于加大扶贫开发力度，加快贫困县脱贫奔康步伐的意见》，要求从讲政治、讲大局高度把扶贫工作继续做好，加大山区贫困县改革发展的力度，5年内山区贫困县以县为单位基本实现脱贫奔康。1999年、2000年，广东采取一系列新的扶贫政策措施：一是重点扶持16个特别贫困县每个县创办扶贫农业龙头企业，走产业化开发扶贫的路子。二是对贫困县开展山、水、田、林、路综合治理，加快交通、供电、电信建设步伐，进一步改善农业生产和基础设施条件，组织扶贫“两大会战”，即“村级四通”（通机动车、通电话、通邮、通电）大会战和贫困户“四个一”，即贫困户人均半亩保命田，每户输出一个劳动力，每户挂上一个农业龙头企业，每户掌握一门致富技术。三是全力以赴解决尚存60万绝对贫困人口温饱问题。

至2000年年底，全省50个山区县（市）国内生产总值达1721.84亿元，比1985年增长13倍，年均增长18%；工农业总产值2438.73亿元，比1985年增长9.3倍，年均增长15.7%；外贸出口25.3亿美元，比1985年增长32.2倍，年均递增24.5%；本级财政收入40.66亿元，比1985年增长7.8倍，年均递增14.5%；农民年人均收入3289元，比1985年增长7.4倍，年均增长14.2%。全省未通公路的905个村、未通电话的816个村、未通邮的51个村和贫困户人均半亩“保命田”问题，都得到基本解决；60万绝对贫困人口有58万基本解决温饱问题；在16个贫困县培植48家农业龙头企业。

20世纪90年代主要年份广东省山区县主要经济发展指标表

表1-7-1

指标	单位	1992年	1995年	2000年
国内生产总值	亿元	449.19	1072.05	1721.84
第一产业	亿元	200.82	404.91	550.57
第二产业	亿元	141.45	375.46	633.38

续表1-7-1

指标	单位	1992年	1995年	2000年
第三产业	亿元	106.92	291.68	537.88
工农业总产值（1990年不变价）	亿元	650.23	1308.86	2438.73
工业总产值	亿元	373.71	969.50	1937.60
农业总产值	亿元	276.52	339.36	501.13
乡镇企业总收入	亿元	262.53	1043.93	2061.90
公路线路长度	千米	31977.00	46524.00	58965.00
全社会固定资产投资额	亿元	90.40	275.90	383.84
社会消费品零售总额	亿元	142.95	353.08	604.52
财政收入	亿元	21.27	41.24	40.66
财政支出	亿元	35.11	68.06	113.06
城乡居民储蓄存款年末余额	亿元	202.72	446.24	941.61
农民人均纯收入	元	1072.00	2360.00	3289.00
外贸出口	亿美元	—	—	25.32
实际利用外资	亿美元	—	—	10.53

说明：资料来源于《广东统计年鉴2001》

第二章　国有企业体制改革

改革开放前，由于实行高度集中的计划经济体制，国民经济发展靠统一的指令性计划去实现，工业产品实行统购统销制度，企业成为完成计划指令的生产单位和产品调拨机构，缺乏经营自主权和活力。改革开放后，广东围绕搞活国有企业进行一系列的改革探索。

第一节　放权让利

一、推广“清远经验”

1978年10月，清远县对县办17户国营工业企业实行“超计划利润提成奖”，在完成上交县财政利润计划的前提下，允许企业从其超计划利润中按15%至25%比例提取奖金，用于增加职工的收入。这个做法初步把职工的部分物质利益同企业的经营成果挂起钩来，调动了职工的积极性。1979年4月，该县又撤销工业局一级机构，由县经委统一对县财政承包上缴利润，企业则向县经委进行承包。当年8月召开的全省工业交通增产节约工作会议，肯定并推广清远做法。会议决定在全省工业交通系统，选择100家企业作为第一批扩大企业自主权试点，选择300家企业试行利润留成。试点改革的主要内容：调整国家与企业的分配关系，扩大企业财权，改革过去按工资总额提取企业基金的办法，允许经营有盈利的企业实行利润留成，允许企业用留成利润建立生产发展基金、集体福利基金和职工奖励基金；在增加盈利的基础上，逐步提高企业的固定资产折旧率和改进折旧费使用办法；对企业实行固定资产有偿占用制度和流动资金全额信贷制度；允许试点企业在保证完成国家计划的前提下，根据条件制订补充计划，产品可以自行销售，并给予来料加工、产品出口、外汇分成、劳动力管理、机构设置、任免中层干部等方面拥有一定的自主权。

1979年是清远17户县属国营工业企业实施改革头一年，当年实现利润425万元，比1978年增长2倍多，比历史最高的1966年增长1倍多，超额完成利润上缴任务，职工收入增长。其他试点企业扩大自主权后，不同程度发生积极的变化：企业有了扩大再生产和改善职工集体福利的一定经济条件，调动了职工积极性，企业产量、利润和劳动生产率提高，成本、物耗下降。

1980年6月，全省工业交通增产节约工作会议决定于7月1日起，再在广州市、佛山市、江门市和省直属企业中选择广州自行车工业公司、佛山陶瓷工业公司、凡口铅锌矿等79家企业作为第二批扩大企业自主权的试点。7月29日，省委、省政府批转清远县委《清远县国营工业企业试行超计划利润提成奖和改革工业管理体制的情况报告》，指出“清远经验”“是一种大胆的、可贵的尝试”，“实质上是对经济管理体制的改革，它冲击着束缚工业发展的许多旧框框”。决定在全省范围内推广“清远经验”，继续探索和创造扩大企业自主权、把经济进一步搞活的经验。《人民日报》对此深为关注，在8月1日详细报道清远的经验，在全国、全省引起很大的反响，省内外来参观考察将近两万人次。当年11月，省政府又进一步在广州缝纫机工业公司、广州自行车工业公司、广州绢麻纺织厂、韶关齿轮厂、佛山无线一厂、佛山棉纺二厂、江门塑料厂、江门南方仪器厂及高州县国营工业企业，即“八厂一县”进行企业独立核算、国家征税、自负盈亏试点。

推广“清远经验”取得一定的效果。韶关地区13个县实行县属企业超计划利润提成和县经委对财政盈亏包干，1981年这些县国营工业企业盈亏相抵后，利润总额比1980年增长1.3倍。惠阳地区10个县学习清远办法后，全区地方国营工业企业也扭转几年来连续亏损被动局面。到1981年年底，全省100个县中有63个县仿效清远办法，实行企业超计划利润提成，其中有48个县由经委对财政实行利润包干。也有一些地方和部门对“清远经验”认识不一致，改革行动迟缓。

1982年5月，省政府批转省经委《关于进一步学习推广清远经验的意见》，要求要以搞活生产，提高经济效益为目的，实事求是地研究解决推广“清远经验”过程中的问题，把本地行之有效的经验同“清远经验”结合起来，继续推行和完善盈亏包干、利润留成、以税代利、自负盈亏等各种行之有效的经济责任制，提倡由县经委归口对财政承包上缴利润。到1983年春，全省推行清远超计划利润提成奖做法的县达到78个，半数县由县经委向县政府承包利润。

“清远经验”是工业管理体制改革迈出的第一步，曾起过一定的作用。但它依然是计划经济模式范围内的改革，企业仍然是县政府和县经委的附属物，还没有做到政企完全分开，真正成为相对独立的经济实体。

二、推行多种经济责任制

1981年10月，国务院批转国家经委等单位《关于实行工业生产经济责任制若干问题的意见》，在工交企业内部推行指标分解、计分计奖、计件工资、超产奖、浮动工资等经营责任制。广东一些地方和行业借鉴农村实行家庭联产承包责任制的经验，发展多种形式的经济责任制。1981年在部分中小工业企业和运输、装卸企业中，试行计件工资；1982年在建筑企业中，实行百元产值工资含量包干；同年7月，对国营商业系统，以各级商业局为计算单位，盈亏相抵后，实行全额利润留成办法（利润留成比例平均为22%）；对供销社系统，分别以省、地、县供销联社为计算单位，盈亏相抵后，按全额利润43%留成；对粮食系统，按省下达的亏损计划，实行减亏分成等。

1982年，省委、省政府在总结前两年扩大企业自主权的基础上，推行多种效益包干责任制，具体做法：一是实行全行业利润大包干；二是对微利企业实行定额上交包干，超额留成，减收自负；三是对任务不足造成利润下降的企业实行计划利润分成；四是对一部分企业实行利润与福利金、奖金挂钩；五是对集体所有制企业实行从统负盈亏改变为自负盈亏；六是对县级企业推广清远经验，实行超计划利润提成奖。试行多种效益包干后，企业拥有一定的生产自主权、产品定价权、自销权和超计划利润的分配权，企业内部进行一系列适应市场经济的改革。

1983年，全省2700户预算内国营工业企业中，有1100户实行盈亏包干责任制，占40%。经济责任制的推行，对提高企业经济效益、调动职工积极性起了重大作用。韶关钢铁厂和广州钢铁厂原是亏损大户。1980年9月，实行“亏损定额补贴、递减包干、超亏不补、减亏留用”的财务包干政策，两年扭亏为盈。其中韶钢1983年盈利1000万元，由亏损大户变成盈利大户。

1983年1月，国务院决定在全国范围内对国有工业、商业、交通企业实行利改税改革。企业由过去全额上缴利润改为按比例税率征收国营企业所得税。国营大中型企业一般按55%的税率缴纳所得税，税后利润一部分以递增包干上缴、固定比例上缴、缴纳调节税、定额包干上缴等办法上缴国家，一部分按照国家核定的留利水平留给企业。营业性宾馆、饭店、招待所和饮食服务公司，缴纳15%的所得税，国家不再拨款。农村社队企业和县以上供销社企业按照7%～55%的八级超额累进税率缴纳所得税。5月4日，全省工交会议讨论和研究实施利改税等问题。省政府决定从6月份起，对国营企业开始实施第一步利改税改革，并在小型企业的划分标准、核定企业留利水平和人均留利额三方面比全国更放宽一些。

1984年10月起，全国推行第二步利改税，做法是将国营企业应当上缴国家的收入按照11个税种向国家缴税，由第一步利改税的“税利并存”过渡到“以税代利”，税后利润留给企业使用。广东从第四季度起，对国营企业启动利改税的第二步改革。具体做法是：合理调节产品税税率，增设资源税、增值税和几种地方税，在征收所得税后，区别不同情况征收调节税，税后利润归企业支配；县办地方国营工业，除少数大中型县办企业按利改税规定外，其余放开经营，实行全民所有、集体经营、国家收税、自负盈亏；国营小型企业和商办工业，实行集体或个人承包，按照集体企业的办法，实行放开经营；对微利企业，实行包干超收分成的办法；对亏损企业，继续实行亏损包干，亏损递减包干，超亏不补、减亏分成等办法。实行利改税，主要是解决国家和企业的分配关系。企业完税后的收益，可用于发展生产和改善职工生活福利。在省对中央、市县对省实行财政包干的情况下，各级政府对所属企业或是采取税收减免，或是以税还贷、税前还贷等办法给予扶持。因此，利改税改革在相当部分企业实际上难以真正推开。

三、扩大企业自主权

1984年8月，省政府印发《贯彻国务院〈关于进一步扩大国营工业企业自主权的暂行规定〉的意见》，主要内容是：把经营自主权还给企业；扩大企业留利比例；实行厂长、经理负责制，民主选举厂长、经理；允许企业用集资方式筹集资金；改革劳动用工制度；企业奖金在征收奖金税的条件下，实行上不封顶、下不保底；改革工资奖金分配制度；推行多种形式的承包经营责任制等，给企业以更大的自主权。同年12月，在总结推广广州市自行车工业公司等10家扩权企业试点经验的基础上，省政府选择广东玻璃厂等70家企业，按照国务院关于扩大企业自主权的“十条”规定和政企分开、所有权和经营权分开的原则进行扩权试点，赋予试点企业生产计划、产品购销、产品价格、资金使用、劳动工资管理、机构设置、干部任免、固定资产处理、技术改造和引进项目审批以及对外贸易等10项权力，力求把企业的责、权、利统一起来，使企业既有内在的动力和活力，又有压力，解决企业吃国家“大锅饭”的问题。

1985年9月，国务院批转国家经济委员会、国家体制改革委员会《关于增强大中型国营工业企业活力若干问题的暂行规定》（即“增强企业活力十四条”），全面铺开扩大企业自主权的改革。规定企业在生产经营计划、产品销售、产品价格、物资选购、资金使用、资产处理、机构设置、劳动人事管理、工资奖金、联合经营等方面，进一步扩大企业自主权。以上国家和省出台的改革措施，当时在一定程度上为企业“松绑”，调动了企业和职工的积极性，提高企业适应市场能力和竞争能力。

1987年年初，省工业管理部门对国有企业扩大自主权情况进行检查，认为活力有较大增强的企业占25%，自主权落实一般，活力有所增加的企业占 50%，自主权落实不好，生产经营困难的企业占25%。5月，省政府再次发出《关于深化改革增强企业活力若干问题的通知》，继续从企业内部和外部创造条件，力求进一步扩大企业的自主权。

四、启动股份制改革试点

广东从20世纪80年代初开始启动企业股份制改革试点。1983年发行股票的深圳宝安实业股份有限公司是中华人民共和国成立后广东第一家股份制企业。1985年10月，省经委、省财政厅、省体改办和省劳动局联合发出通知，选择广州绢麻纺织厂等6家企业进行股份制试点。1986年9月，省政府办公厅转发中国人民银行广东省分行制定的《广东省股票债券管理暂行办法》，对企业进行股份制改革中发行股票、债券作出初步规定。10月，深圳市政府印发《深圳经济特区国营企业股份化试点暂行规定》，这是由地方政府制定的关于国营企业股份化改革的第一个规范性文件。此后，广州、深圳、珠海、佛山等市也选择少数企业展开股份制改革试点。广东股份制改革试点主要采取法人持股、内部职工持股和社会公众持股3种形式。股份制改革得到中央的肯定。

但这一阶段企业股份制改革试点也存在不少问题：一是法规不健全。国家的有关法规，如公司法、证券法、证券交易法等尚未出台，改革是在法规不健全的情况下进行。二是政府管理不适应。原有的一套经济管理办法，包括财务、税务、审计、劳动、人事、工商、统计制度，都不适应股份制企业的需要。特别是会计制度不能全面准确地反映成本、利润和企业经营状况。三是操作不够规范。如资产评估不准确；将股票与债券混同，入股后允许退股；违反“股权平等、风险共担、同股同息”的原则，一些个人股只分享利润不承担风险；还出现同股不同利，股息不进成本等等问题。针对这些问题，从1989年开始，省政府采取措施不断对企业股份制改革进行引导、规范和完善。1990年9月，省政府批准成立“广东省企业股份制试点联审小组”，加强对股份制试点工作的指导。

五、推行承包经营责任制

1987年7月，省委、省政府在广州市召开全省深化企业改革会议，总结推广韶关、肇庆等地实行企业承包经营责任制的经验，部署在全省全面推行企业承包经营责任制。各地、各行业推行经济承包经营责任制的主要做法有：（1）“两包一挂”，即规定企业包上缴利润、包技术改造投入，工资和奖金与经济效益挂钩；（2）承包目标利润，超目标利润大部分返还企业用于发展生产；（3）上缴利润递增包干，超收部分全留（或分成），歉收自补；（4）上缴利润企业实行定额上缴，超收全留或不缴不补，自求平衡；（5）亏损企业实行亏损递减包干，超亏不补，减亏全留；（6）全行业投入产出包干。还有部分中小型企业，实行公开招标承包。一些地方对承包方的选择探索引入两种机制：一是引入竞争机制，实行招标承包，优选企业经营者。1987年，全省有近百家国营工业企业实行公开招标承包，538家企业实行厂内竞争招标，还有一批中小型商业企业和集体企业向社会公开招标承包。二是引入风险机制，实行抵押承包。由企业经营者和职工按各自责任大小，交纳数额不同的押金，作为风险基金，在企业歉收时抵补。外贸企业主要实行以包出口额、包换汇成本、包盈亏总额3项指标为主要内容的承包经营责任制。至1988年年底止，全省有1931户国营工业企业实行承包经营，占企业总数的94.4%。当年有90%的企业完成或超额完成承包任务。承包经营责任制的全面推行取得一定的成效：一是促进生产的发展。二是上交财政收入增长。三是增强企业的经济实力。四是改善职工收入和生活福利。

至20世纪80年代末，企业第一轮三年承包到期。各地对承包企业进行终结审计和兑现奖罚，同时开展签订第二轮企业承包合同的工作。1990年8月，省政府发出《关于搞好全民所有制企业新一轮承包经营责任制的通知》，提出新一轮企业承包的政策措施：（1）健全承包指标体系。新一轮企业承包合同，除规定承包利润指标外，还普遍增加产品质量、内部管理、资产增值、技术改造等多方面的经济技术指标。（2）引入风险机制。部分承包企业实行风险抵押承包办法，在企业结余工资总额中提取一定比例或由经营者、职工交纳现金，作为完不成承包任务时的抵补金。（3）健全职工民主评议制度。规定企业生产经营中的重大政策要经过职代会讨论、审议。（4）鼓励企业由个人承包转为实行党、政、工领导班子集体承包。至1990年年底，全省有78.6%的全民所有制企业实行第二轮承包。其中承包合同期签订为3年的占70%，有80%的上一轮承包经营者继续承包。1991年，全省预算内国营工业企业和国营商业企业签订新的承包合同工作基本完成。

六、改革企业管理体制

（一）企业领导体制

企业领导体制改革的重要举措是实行厂长（经理）负责制。1984年6月，省委、省政府印发《关于改革企业干部人事制度的若干暂行规定》，提出国营企业逐步实行厂长（经理）负责制，明确厂长（经理）是企业的法人代表，对企业负有全面责任，处于中心地位，起中心作用，在企业的生产经营、内部机构设置、职工奖惩等方面赋予厂长（经理）权力。还规定对厂长（经理）的奖罚办法，使企业经营者的责、权、利结合起来。1985年1月，省政府发出通知，在全省国营企业实行厂长（经理）任期制，大中型企业的厂长、经理，由上级任命的，每届任期4年，小型企业的厂长、经理，每届任期3年，可连任，但不能超过3届。

1986年8月，省政府在茂名市召开现场会议，总结推广该市实行厂长（经理）任期目标责任制的经验。9月，中共中央、国务院颁发《全民所有制工业企业厂长工作条例》《中国共产党全民所有制工业企业基层组织工作条例》《全民所有制工业企业职工代表大会条例》后，全省大力推行厂长（经理）负责制。至1988年年底，全省预算内国营工业企业实行厂长（经理）负责制的企业1919户，占94%。厂长（经理）责任制的实施，确立厂长（经理）在企业的中心地位和作用，承担对生产经营统一指挥和全面负责的责任，有利于解决企业中党政不分、政企不分的问题。

（二）人事和用工制度

改革企业人事制度。1984年开始，广东省国有企业在推行厂长（经理）负责制的基础上，实行厂长任免企业中层干部的做法。同时，还允许企业根据需要从工人中选拔干部，实行聘任制，任职期间享受干部待遇，不担任干部职务时不保留干部身份。这一改革，开始打破企业干部终身制，也在一定程度上破除干部与工人之间的身份界限。20世纪90年代，国有企业进一步打破干部和职工身份的界限，实行统一的企业职工制度。

改革固定工制度。1983年，广东最早提出在部分行业对新招职工试行劳动合同制，实行新人新办法（合同工制），老人老办法（固定工制）。1985年3月，省政府批转省劳动局《关于改革劳动工资管理体制的意见》，规定各行业新招收职工，除个别特殊工种外，一律实行劳动合同制。1994年9月，省政府发出《关于企业全面实行劳动合同制的通知》，规定广东省境内各类所有制企业的所有新老职工都要实行劳动合同制，在平等自愿、协商一致的基础上，以书面形式签订劳动合同，确立劳动关系。

扩大企业招工、用工自主权。1988年7月，省政府批转省劳动局《关于改革全民所有制企业单位劳动工资计划管理体制的意见》，在全民所有制企业实行工资总额与实现税利或上缴税利挂钩。由企业在规定的工资总额内，自定招工聘用人员。这样，企业能够从生产经营需要出发自主招聘人才。由于广东省在全国率先进行这项改革，使全国及海外一批又一批工程技术人才、管理人才、经营人才涌向广东创业，出现“孔雀东南飞”。同时，几百万民工南下广东打工，推动广东的改革发展。

（三）工资分配制度

从20世纪80年代初开始，广东努力探索解决工资分配中多年积累下来的问题，打破平均主义，激活企业内部分配，重点实行以下两项重要改革。

实行企业工资总额与经济效益挂钩。1984年9月，省劳动局、财政厅联合印发《广东省全民所有制企业实行工资总额与经济效益挂钩暂行办法》，对企业实行工效挂钩的范围、形式、考核指标、工资总额增长比例等做出了具体规定。1988年7月，省政府批转省劳动局《关于改革全民所有制企业单位劳动工资计划管理体制的意见》，进一步完善全民所有制企业实行工资总额与实现税利或上缴税利挂钩，分级管理，分层调控的办法。一般是经济效益增长1%，工资总额增长0.5%～0.8%。企业在工资总额同效益挂钩条件下，原则上实行增人不增工资，减人不减少工资总额。这样有利于提高企业劳动生产率和效率，相应增加职工的收入。这一改革，使广东比全国提前5年冲破计划经济下指令性的劳动工资计划体制。

实行岗位技能工资制。1992年1月，劳动部发布《岗位技能工资制试行方案》，随后，省劳动局印发《广东省国有企业参考工资标准》，指导企业推行技能工资制。新办法突破原有的八级工资限制，由企业根据各自生产经营的特点，实行灵活多样的具体分配形式，如计件工资、定额工资、浮动工资、提成工资、奖金、津贴等，把基本工资制度与其他分配形式结合起来，使职工获得的劳动报酬能反映职工的实际劳动贡献。同时调整职工的收入结构，使职工收入货币化、规范化。

七、转换企业经营机制

1992年7月，国务院颁布《全民所有制工业企业转换经营机制条例》。8月，省政府在上年年底选定的100户工业、100户国合商业和18户国有农业企业转换经营机制综合改革试点全部落实改革方案，开始进入实施阶段。试点工作主要在两方面进行突破：一是各级政府在企业技术进步、资金筹措、工效挂钩、留利使用和用工制度等方面进行放权。二是允许试点企业参照乡镇企业、“三资”企业的经营运行机制和国际惯例进行探索性改革试验。11月上旬，省政府在广州市召开全省转换企业经营机制工作会议。会议强调，转换企业经营机制是一项复杂的系统工程。除了抓好企业自身管理体制和运行机制的改革外，还必须抓好一系列的配套改革。要在市场物价、工商管理、财政税收、金融信贷、劳动人事、审计制度等方面进行改革，支持企业转换经营机制。各级政府按照“宏观管好，微观放开，政企分开，政事分开”的原则，转变职能。政府主要做好“规划、协调、监督、服务”等4个方面的工作。12月，省政府制定《全民所有制工业企业转换经营机制条例的实施办法》，实施办法共32条，赋予全民所有制工业企业14项自主权，包括经营自主权、财产占有、使用和处分权、自主定价权、自主立项权、劳动用工权、人事任免权、分配权等。实施办法既有广东特色，又反映广东企业改革动作大，具有超前性。

1993年，广东各级政府认真贯彻落实国务院《全民所有制工业企业转换经营机制条例》和省的实施办法。年初，省政府召开全省经济工作会议，部署转换企业机制工作。省长朱森林和主管副省长多次到企业检查企业改革情况，省派出检查组分赴全省21个地级以上市及省属企业，检查督促落实企业各项自主权，推动转换企业经营机制工作取得成效。

通过对国有企业实行放权让利，扩大企业自主权和推行经济责任制的系列改革，广东国有企业活力有所加强，效益有所提高。但企业的自主权仍未能真正落实，企业外部市场体系还没有建立和健全，企业在生产经营活动中许多方面仍依赖政府部门的支持和帮助。此外，企业承包制本身也存在缺陷，企业在一定程度上仍然是负盈不负亏。

第二节　建立现代企业制度

一、改革部署

1993年11月，中共十四届三中全会通过《中共中央关于建立社会主义市场经济体制若干问题的决定》，提出国有企业改革的思路由主要靠放权让利的政策调整转为致力于明晰产权关系的制度创新，由计划经济下的传统企业制度，转为建立适应市场经济要求，产权清晰、权责明确、政企分开、管理科学的现代企业制度。1994年5月，省政府批转省体改委、省经委《关于加快建立现代企业制度的意见》，决定建立全省现代企业制度试点工作协调会议制度，指导、推进建立现代企业制度工作。改革的基本要求：（1）理顺产权关系，建立企业法人财产制度。按照出资者所有权与企业法人财产权相分离的原则，建立企业法人财产制度。（2）确定国有资产投资主体，加强对国有资产的监管。按照政府社会经济管理职能和国有资产所有者职能分离的原则，于两年内，在全省建立起国家所有、分级管理、分工监督、企业经营的新型国有资产管理运营体系。（3）推行现代公司制，着重转换经营机制。按照建立现代企业制度要求，把企业改组为有限责任公司、股份有限公司和国有独资公司等不同形式的现代公司。有限责任公司是现代公司的主要形式，应作为企业进行公司制改造的重点。（4）加快企业内部改革，建立科学管理制度。改革和完善企业领导体制，坚持和完善厂长（经理）负责制，实行公司制的企业，建立和健全股东会、董事会、监事会和由董事会领导下的经理层所组成的公司管理结构。深化企业内部劳动、人事、分配3项制度改革，推进企业管理现代化。

省政府批转省体改委、省经委《关于加快建立现代企业制度的意见》还提出建立现代企业制度的配套措施：（1）推动企业产权的流动和重组，发展以公有产权为主体的混合型经济组织，通过产权的流动和重组，促进企业组织结构的调整，实现企业间的兼并、合并、联合，鼓励企业相互投资参股。（2）进一步转变政府职能，全面落实企业经营自主权，不折不扣地把法律、法规赋予企业的各项经营自主权落到实处，为企业转换经营机制创造条件。（3）减轻企业各种不合理负担，统筹解决企业的历史包袱，妥善处理历史挂账。（4）加快职工社会养老保险、医疗、失业和工伤保险制度的建立和实施，减轻企业办社会的负担。省政府要求，在试点的基础上，从1996年起，在全省范围推进建立现代企业制度改革。

二、开展试点

（一）试点做法

1994年8月，省政府确定广州味精食品厂等250家企业作为率先建立现代企业制度的试点企业（1996年3月调整为187家）。10月11日，省政府批转《广东省现代企业制度试点工作方案》，随后召开全省企业改革工作会议，部署试点工作。省体改委、省委组织部、省总工会、省财政厅、省国资办、省社保办分别提出《关于现代企业制度试点企业国有资产产权界定与管理的意见》《关于现代企业制度试点企业党组织工作意见》《关于现代企业制度试点企业工会和职工民主管理工作意见》《关于现代企业制度试点企业中国有企业历史债务的处理意见》《关于现代企业制度试点企业实施社会保险的意见》《关于公司董事会、监事会成员和经理的管理意见》等6个配套文件。各市相继建立试点工作领导机构，制订工作方案，并开展工作。试点工作大体上分3个阶段进行：从1994年10月至12月为试点准备和企业改制操作阶段；1995年1月至9月，为试点全面运作阶段，按照方案要求进行规范化管理和运作；1995年10月至12月，为总结完善和推广阶段。同年11月，广州味精食品厂、深圳华强电子工业总公司、广东省物资集团公司、深圳市物资总公司、广州海运（集团）公司等5家企业同时被列入全国100家现代企业制度试点企业名单。企业改革的方向与目标逐渐明确。

广东187家建立现代企业制度试点的主要做法：

第一，确立企业投资主体，完善国有资产管理和营运体制。核实企业占有的资本金，确定企业法人财产制度；确立企业投资主体，完善国有资产管理和营运体制；推动企业产权流动和重组。

第二，推行公司制。试点企业中原来已进行公司制改革的，对照公司法进行规范；尚未实行公司制的，按照现代企业制度的要求，实行产权多元化和公司制改制。至1997年年底，187家试点企业中有142家完成改制。主要采取4种改制形式：第一种，改制为有限责任公司（含中外合资企业）的41家，占 29%；第二种，改制为股份有限公司的46家，占32%；第三种，改制为国有独资公司的44家，占31%，国有大型企业主要采用这种形式；第四种，改制为股份合作制及其他形式的11家，占8%。在 142家改制企业中，除国有独资企业外，大多设立股东大会、董事会和监事会。在改革试点中注意加强中国共产党在企业的组织建设，发挥政治核心作用，健全工会组织，完善职工民主管理制度。

第三，构建以资本为纽带的母子公司体制。对试点企业中的大企业集团，强化母公司的功能和地位，确立母公司作为子公司出资者的权利，使集团公司成为决策中心、投资中心和资产运营中心。同时，通过对二级公司的改制和调整，使二级公司成为经营中心和成本管理中心。

第四，增资减债，调整企业负债结构。各地进行多种探索：（1）“拨改贷”转增企业资本金。1995—1997年，142家已改制企业将原来政府“拨改贷”资金转为增加企业资本金共11788万元。（2）政府注资和返还所得税。1996—1998年，深圳市每年从财政预算中安排2亿元，对该市试点企业注入国家资本金，并将企业所得税全部返还转增国家资本金。（3）股票上市及配股。如韶钢集团公司把9个生产厂改组为股份有限公司，向社会发行8000万股社会公众股，在深交所上市，成功募集5亿多元资金。（4）吸收外资改制。中山造纸厂以净资产与日、港三方合资，吸收外资2018万美元，使企业清还全部国内债务1亿多元，企业资产负债率从78%降为10%以下。（5）通过兼并，实现低成本扩张。广东美雅股份公司兼并湖南一个毛纺厂，使公司的净资产增加6000多万元。（6）开展资本营运。江门市工业资产管理公司运用国有资产收益，偿还下属企业债务，承担外债转内债200多万美元，为多个企业归还社会集资款500万元。（7）吸收本企业员工注资，实行员工持股。如肇庆气动元件总厂员工注资750万元，占企业资本金的12.8%。

第五，深化企业内部改革，建立科学管理制度。重大措施有：改革企业劳动人事制度，企业按经济指标评定等级，不再套用行政级别，逐步取消企业管理人员和专业技术人员国家干部身份；全面实行劳动合同制，打破干部与工人、不同所有制职工之间的身份界限；完善厂长（经理）聘任制；在坚持“两个低于”（即职工工资总额的增长率低于企业经济效益增长率，职工平均工资增长率低于本企业劳动生产率增长）的前提下，由企业自主决定分配标准和分配方式；企业分配打破平均主义，拉开分配档次，向专业技术人员、业务骨干和有突出贡献的员工倾斜，试行经营者年薪制，对企业董事长和总经理实行与净资产和利润增长双挂钩的年薪制；实行企业产权代表报告制度和财务总监制度，强化监事会职能，有104家试点企业成立监事会。

第六，分流富余人员，减轻企业办社会的负担，建立社会保障制度。187户试点企业在1996年、1997年共分流富余人员38069人，分离出企业办社会的单位65个。同时加快建立社会保险制度，有条件的企业在参加统一社会保险基础上，建立补充养老保险基金和补充失业保险基金。

（二）试点企业

1. 经委系统（102户）

广州味精食品厂、广州造纸厂、广东轻工业机械集团公司、广州柴油机厂、广东冷冻机厂、广州绢麻纺织厂、广州钢琴厂、广州化工厂、广州铝材厂、广州广播设备厂、广州敬修堂药业股份有限公司、广州光华药业股份有限公司、广州浪奇实业股份有限公司、万宝电器集团、广州摩托车集团公司、广州重型机器厂、广州钢铁集团、深圳市石油化学工业集团股份有限公司、深圳市纺织工业公司、中国宝安集团股份有限公司、珠海市格力集团公司、珠海市益力集团公司、珠海市糖果饼干总厂、珠海市科汇集团公司、珠海经济特区丽珠医药集团股份有限公司、汕头钟厂、汕头超声电子（集团）公司、澄海半导体器件厂、潮阳市绒布厂、韶关市康立通用电气集团公司、韶关铸锻总厂、广东明珠实业股份有限公司、韶关挖掘机制造厂、广东活力股份有限公司、河源水泥厂、紫金造纸厂、龙川水泥厂、梅州市钢铁厂、梅州市文福水泥厂、五华县汽车电器总厂、兴宁县龙北钢铁厂、惠州TCL通讯设备股份有限公司、惠东水泵厂、惠阳淡水工业发展总公司、惠阳机械厂、东糖实业集团公司、东莞市粤东工业公司、东莞轴承厂、东莞市电机厂、中山市包装印刷工业集团公司、中山造纸厂、中山威力洗衣机有限公司、江门甘蔗化工厂股份有限公司、江门维达斯股份有限公司、江门电机股份有限公司、鹤山美雅股份有限公司、恩平华宇建材股份有限公司、江门三机配件厂、佛山塑料集团公司、佛陶集团股份有限公司、佛山电器照明股份有限公司、佛山无线电一厂、顺德德力集团公司、顺德德润织染实业公司、南海九江酒厂、南海电力实业公司、阳江糖厂、阳江小刀总厂、阳春县农机一厂、广东三星企业集团股份有限公司、湛江油脂化工厂、湛化企业集团股份有限公司、湛机实业股份有限公司、茂名市永业股份有限公司、茂名水泥厂、信宜松香厂、高州橡胶厂、化州缫丝厂、肇庆蓝带集团股份有限公司、肇庆化学纤维厂、德庆林产化工股份有限公司、广东华能鹰山化工股份有限公司、高要食品厂、清远酒厂、清远电瓷厂、英德南山水泥厂、潮州宏兴股份有限公司、潮州名瑞（集团）股份有限公司、潮州三环股份有限公司、广东电焊机厂、广东威达医疗器械（集团）公司、汕尾市新城发电厂、深圳华强电子工业总公司、广东省机械厅供销公司、明华机械厂、大宝山矿、韶关钢铁厂、广东省三茂铁路总公司、广东省公路工程公司、广东驳运公司、新中国造船厂、珠海拱北汽车运输公司。

2. 财办系统（100户）

广东省商业企业集团、广东省供销社企业集团、广东省粮食集团公司、广东省石油企业集团、广东省天龙集团公司、广东省化工原料公司、广东省农业生产资料总公司、广东省果蔬副食品公司、广东省糖烟酒集团公司、广东省五金交电公司、广东省侨汇粮油食品公司、广东省饲料开发公司、广州市南方大厦集团股份有限公司、广州市友谊商店股份有限公司、广州市东山百货大楼股份有限公司、广州市东方宾馆集团股份有限公司、广州市流花宾馆股份有限公司、广州市南方面粉股份有限公司、广州百货大厦、广州新大新公司、广州市石油公司、广州市木器公司、广州市富民粮油食品贸易公司、广州宾馆、广州市维邦食品实业有限公司、广州市建筑材料公司、番禺市物资总公司、深圳市粮食总公司、深圳市物资总公司、珠海市百货集团有限公司、珠海市江海电子股份有限公司、珠海市商业企业集团有限公司、佛山市粮油企业集团、佛山市商业企业集团、佛山市供销企业集团、佛山市兴华集团股份有限公司、佛山市升平商业企业集团、佛山市生产资料企业集团、佛山市日用工业品企业集团、佛山市石油燃料企业集团、佛山金城饮食企业集团、佛山市食品企业集团、佛山市特种光源器材厂、南海市物资总公司、南海市食品企业集团、三水市华侨友谊集团公司、高明市烟草企业集团、肇庆南方商业集团公司、肇庆市百货公司、肇庆市端州大酒店集团、湛江市供销社企业集团股份有限公司、广东湛江八达八股份有限公司、湛江威力神实业股份有限公司、湛江市物资总公司、湛江市对外供应集团公司、湛江面粉实业股份有限公司、雷州市糖烟酒公司、韶关市物资总公司、韶关市面粉厂、韶关市西河宾馆、韶关市商业大厦、中山市商业企业集团、中山市粮食企业集团、中山市供销企业集团、潮州市农业生产资料公司、潮州市石油总公司、东莞市物资集团总公司、东莞市运河商场、东莞市百货纺织品公司、东莞市糖烟酒公司、江门市常安股份有限公司、江门市百货集团股份有限公司、江门市物资股份有限公司、江门市城区物资总公司、江门市粮食企业集团、台山市物资企业集团总公司、茂名市物资集团总公司、茂名市化工原料公司、高州市工业品家电集团公司、梅州市供销集团公司、梅州市金良实业集团公司、汕头市经济特区物资（集团）公司、汕头市粤东面粉工贸公司、汕头市物资回收发展总公司、汕头市中贸企业总公司、汕头市五金交电公司、揭阳市食品公司、普宁市供销社（集团）公司、惠州市烟草贸易中心、惠州市面粉厂、惠州市五金交电总公司、惠州市物资总公司、惠州市惠生股份有限公司、惠东县物资总公司、河源市五金交电公司、河源市面粉厂、清远市华侨商品供应公司、阳江市食品集团公司、陆丰县国营商业碣石总公司。

3. 农委系统（20户）

省农业发展公司、省种子公司、省鱼珠木材厂、雷州林业局龙门林场、西江林管局悦城林场、省水利水电机械施工公司、省水利水电机械厂、省珍珠企业总公司、省畜牧发展总公司、省生物药厂、顺德市桂州第一风扇厂、中山市沙溪剑龙集团公司、南海兴发铝型材集团公司、收获农场、葵潭农场、省燕塘企业总公司、省农垦物资总公司、湛江农垦第一机械厂、粤东农垦供销公司、广州白云山企业集团公司。

4. 建委系统（10户）

广东省第三建筑工程公司、广东省第六建筑工程公司、广东省建设发展公司、广州市穗华房地产开发公司、英德水泥厂、广州市建筑工程总公司、广东省第二建筑工程公司、广东省第八建筑工程公司、深圳市第五建筑工程公司、汕头市房管局房地产开发公司。

5. 外经贸委系统（10户）

省轻工进出口集团公司、省纺织品进出口集团公司、省机械进出口集团公司、省食品进出口集团公司、省化工进出口集团公司、省工艺进出口集团公司、中山纺织品进出口公司、江门土产进出口公司、东莞工艺进出口公司、汕头抽纱进出口公司。

6. 科委系统（6户）

京粤汉字电脑技术研究开发中心、中山火炬高新技术实业股份有限公司、珠海巨人高科技集团公司、广州新技术研究设计院、广东剑华集团、深圳华为技术有限公司。

7. 侨办系统（2户）

广东省中国旅行社、广东省华侨物资总公司。

三、深圳、顺德、肇庆经验

（一）深圳市企业制度改革

主要从以下方面进行：（1）全面推进公司制改组，完善企业法人治理结构。除了专营和垄断性行业的少数企业组建国有独资公司外，其余大量竞争性行业的国有企业都改组为有限责任公司或股份有限公司。（2）改革分配制度，建立激励机制。推行经营者年薪制，使经营者的收入与企业的经营状况紧密相连；政府不再控制企业的工资总额，由企业按贡献和效益自主确定员工的收入分配；先后选择140多家中小型国有企业进行内部员工持股试点，探索进行技术换股权、管理换股权等生产要素参与分配的新形式。（3）改革劳动人事制度，建立竞争机制。实行职工全员劳动合同制，在用人上引入竞争机制，打破"铁交椅""铁饭碗"，员工能进能出，管理者能上能下；建立"企业高级经理人才评价推荐中心"，培育经理人才专业市场。（4）强化对企业监督约束机制。包括向国企委派产权代表，实行产权报告制度；实行经营业绩考核制度，根据经营好坏奖惩；推行任期审计制度等。（5）改革企业领导管理体制。市委、市政府只管理3家市级资产经营公司的领导班子，其余的市属国有企业领导人员的管理权下放到资产经营公司。企业党委负责人与经营领导人可以交叉任职，党委负责人可进入董事会，担任董事长、总经理，企业经营领导人可进入党委，担任书记。

（二）顺德市企业制度改革

从1993年下半年开始，顺德市以产权制度改革为突破口，在市镇两级国有（公有）企业中全面开展以实现政资分离，政企分开，明晰产权以及调整资产分布结构，建立企业法人制度为主要内容的企业改革：（1）对市镇两级国有（公有）企业转让一批风险大、一般竞争性行业的企业，政府主要经营一批基础性产业（交通、能源），发展一批新兴行业（高新技术产业等）。（2）调整企业产权结构，发展股份制和股份合作制等混合所有制企业。（3）解决冗员和债务两大难点，使市镇两级政府逐步摆脱沉重负担。（4）实现政企分开和政资分开。1993年9月，顺德市委、市政府印发《关于转换机制，发展混合型经济的试行办法》，对企业改革提出28条操作意见。随后又制定《关于企业资产评估暂行办法》《社会养老保险暂行规定》《社会统筹住院医疗保险暂行规定》等配套文件。1995年3月，市委、市政府又进一步提出完善企业转制工作的40条规定，使企业转制改革逐步规范和完善。

经过3年的改革，至1996年，顺德市、镇两级1001户企业中，由政府独资经营94户，控股经营50户，参股经营21户，股份合作制235户，租赁经营331户，合伙经营249户，停产21户，国有（公有）股的比重由90%降为62.4%。市、镇两级国有（公有）资产重点转向基础产业和高新技术产业，资产的质量和创利能力提高。但顺德市的企业改革也存在一些不完善的地方：一是出让企业产权较多采用分期付款办法，收购产权者不用一次交足产权款，使转让产权的国有（公有）资产的价值不能马上兑现。二是部分企业转制后出现反复。三是少数企业资产评估不够严格，出现资产状况失实的现象。

（三）肇庆市企业制度改革

1994年，肇庆市提出推行注资经营责任制的改革思路，选择几家产品有市场、有一定规模、效益较好、负债率不高和班子素质较强的国有企业进行试点。其做法是由企业经营班子和职工注资企业，使国家、经营者和职工成为企业共同投资主体，企业改组成有限责任公司。通过注资，扩大企业资本额，降低负债率。注资经营责任制的操作分为：资产评估—组建经营责任班子—经营者和职工出资—组建有限责任公司—建立资产经营责任—制订经营者的浮动收入方案—建立和完善企业法人治理制度—按资分配—兑现经营班子收入等9个步骤。这种企业改制形式成为肇庆市国有中小企业改革的主要形式。

肇庆市推行注资经营责任制改革取得4方面效果：（1）注资后，国有股份与个人股份形成企业多元化投资主体，组成有限责任公司，使单一国有企业成为具有现代企业制度基本特征的新型企业法人。（2）盘活国有资产，实现保值增值。由于是在保持原来国有资产的基础上吸纳经营者、职工的资本，国有资产不但没有减少，反而由于经营者和职工资本的注入，企业总资本增加，这既搞活了存量资产，又扩大增量资产，壮大国有资产的调控实力。（3）有利于企业经营班子的优化与职工参与民主管理。（4）企业实现增资减债，有利于形成发展的良性循环。肇庆市的注资经营责任制改革取得一定的成效，但仍存在公司内部法人治理制度不够完善、国有资产管理体制尚未建立等问题。

四、扩大和规范股份制改革

（一）扩大改革试点

1991年7月，深圳证券交易所开业。1992年3月9日，省政府批转省企业股份制试点联审小组《关于企业股份制试点工作若干问题的意见》，明确新组建股份制企业的审批程序和股权设定办法，并对原有的股份制试点企业进行清理整顿，按审批程序重新报批确认。5月，国家体改委、国家计划委员会、财政部、中国人民银行、国务院生产办公室联合印发《股份制企业试点办法》，对股份制企业试点的原则、试点范围、组织形式、股权设置、内部职工持股以及政府对股份制企业的管理等作出具体规定，促进股份制改革规范化发展。

1992—1993年，广东继续推进企业股份制改革试点，积极慎重扩大试点面，新设立一批定向募集股份有限公司。1993年，全省共批准股份有限公司218家；批准多家原有的股份有限公司增资扩股；批准一批内部公司转为公众公司，向社会公开发行股票并上市交易。同时推荐一批股份有限公司法人股挂牌流通。1993年2月，中华人民共和国成立后第一家跨地区产权交易机构——深圳产权交易所挂牌成立。

（二）规范改革运作

初期的股份制改革不够规范，有些试点企业将内部职工股向社会扩散，有的将法人股分解给个人，有的私下转让股份，甚至出现炒买炒卖缴款收据、认股指标等现象。1992年8月，深圳发生数十万群众争购股票认购抽签表而引发骚乱事件。省政府加强对股份制改革的规范管理。同年11月，省政府批转省企业股份制试点联审小组《关于加强股份制试点企业内部职工持股管理的请示》，严格管理职工内部股。1994年5月，省政府召开全省股份制企业试点工作交流会，研究《中华人民共和国公司法》实施后如何规范股份制企业的运作。会后，各级体改部门组织力量分期分批对本地股份有限公司和有限责任公司进行跟踪指导，指导企业按照公司法要求，转换经营机制，健全法人治理结构，规范经营运作。同时，慎重处理前期股份制改造中的有关遗留问题。1995年8月，省政府转发国务院关于原有的有限责任公司和股份有限公司依照公司法进行规范的通知，全省股份有限公司及有限责任公司按照国务院、省政府的要求，对照公司法再次进行规范登记。

1998年9月，省政府批转省体改委《关于发展完善我省股份有限公司的意见》，全省进一步加强对股份有限公司的规范化工作：健全法人治理结构，规范董事、监事和经理的产生程序和办法；制定股东大会、董事会、监事会和经营班子的工作制度和议事规则；强化董事会的集体决策功能，防止个人专断造成决策失误；发挥监事会的监督作用，强化内部监督和约束机制；加强审计监督，维护公司和债权人的合法权益；按公司法规范政府对股份有限公司的管理。省政府对国有企业进行股份制改革给予八个方面政策扶持，包括企业改制为股份有限公司时，允许对非经营性资产给予剥离；股份有限公司所使用的土地由划拨转为出让时，出让收益经同级人民政府批准，可专项作为国家股配股资金；原离退休和下岗人员的养老保险、医疗费用、安置费用可从原企业资产变现收益或所形成的股权分红中解决。同时，进一步简化股份有限公司的审核审批手续。

2000年，全省有股份制工业企业1875户，工业总产值2199.23亿元（1990年不变价）；实收资本511.85亿元，其中，国有资本109.42亿元，集体资本25.58亿元；年末资产总计2493.47亿元。另有股份合作制企业299户，实收资本27.04亿元，其中，国有资本3.16亿元，集体资本6.23亿元，年末总资产119.04亿元。

第三节　抓大放小和脱困攻坚

一、抓大放小

（一）发展大型企业集团

1996年，广东国企改革进入对国有经济布局进行战略调整的阶段。省委、省政府作出“抓大放小搞活国有企业”等重大决策。6月，省政府印发《关于加快发展大型企业集团的通知》，决定重点发展一批到2000年年销售额达30亿元至100亿元，跨行业、跨地区、跨国，集工业、科技、贸易、金融于一体的综合性大型企业集团，使其在全省国民经济中发挥龙头和支柱作用。第一批选定的大企业集团有70户，各市也确定本地区重点扶持的企业。

列入省重点发展的企业集团应具备以下的条件：（1）集团公司是独立的经济实体，至少拥有5个由其控股的子公司（企业），具有较大的资产规模和集约经营规模，营运状况好，经济实力雄厚，年销售额在10亿元以上，净资产在2亿元以上。（2）企业综合经济实力强，是全省同行业的利税大户，在合理的资产负债率前提下，净资产利润率高于同期银行利率或全省同行业平均水平。（3）以公有制为主体，国有股（或公有股）在集团公司中处于控股地位。（4）属于国家和省产业政策确定的重点发展产业，产品相关度大，带动能力强，出口实绩显著，创汇能力强，出口潜力大。（5）主导产品或主营商品市场占有率高，发展前景好，拥有名牌产品或著名商誉商号，有较强的市场开拓能力和科技开发能力。（6）领导班子素质好，团结务实，有开拓精神，懂业务、善经营、会管理，并配备有较高素质的管理人员和技术人才。（7）产权清晰，机制灵活，市场应变能力较强；管理制度健全，有现代的生产、管理水平和手段；有科学的、操作性强的发展规划。

省政府对重点发展的大型企业集团采取10项扶持政策：（1）省有关部门在基本建设和技术改造总规模内，优先安排集团公司提出的建设项目，并选择有条件的集团公司作为重点建设项目的投资主体。（2）鼓励集团公司成立财务结算中心，通过合法的渠道和方式筹集发展资金，并进行运作，用有限的国有资本去控制和调动更多的社会资本，加强自我发展能力。（3）对大企业集团公司实行国有资产授权经营，企业对授权的资产享有占有、支配和处置权。（4）优先安排集团公司向国家申请自营进出口权和对外承包工程、对外招标、投资设厂、输出劳务，开展国际经济技术交流与合作；在进出口配额、许可证、出口调节资金、海关监管便利等方面对其实行倾斜。（5）支持集团公司通过兼并互补性强的企业加快发展。（6）对集团公司的信用等级进行评价，核定大企业集团公司合理流动资金占用量、技改项目贷款资金需要量，按信用等级优先供给。（7）在清产核资、明晰产权的基础上，按照国家和省的有关政策规定，优先帮助集团公司卸减历史包袱，调整企业资产负债结构。（8）允许集团公司通过按固定资产重估价值提足折旧等措施，实现企业自我补充生产经营资金，并在一定年限内由财政把所得税的15%列支返还给上缴的企业，作为国家资本金投入。（9）支持集团公司加大技术改造投资力度，企业的技术改造规划和新产品试制计划可优先安排纳入国家和省的计划。（10）集团公司可享受省建立现代企业制度试点企业和省百户技术改造跟踪企业的优惠政策。

1997年，发展大型企业集团的工作重点是依据公司法健全法人治理结构，规范母子公司体制，强化集团母公司的功能。在70户大企业集团中，有30户（或其子公司）已成为上市股份公司，有36户通过授权经营国有资产，初步理顺母子公司的产权关系，建立起较规范的管理体制。至1997年年底，70家企业集团的总资产为3743.87亿元，比上年增长14.6%；营业收入2163.97亿元，比上年增长13.8%。

1998年，工作重点是继续完善以资本为纽带的母子公司体制，健全法人治理结构；注重资本经营，使生产经营与资本经营有机地结合；通过资本运作，推行低成本扩张，实现资产的有效增值；引导大企业集团创造自己的名牌产品、专有技术和营销网络。省对大企业集团实行动态管理，优胜劣汰。年底，对第一批70户大型企业集团的业绩进行考核，淘汰连续两年被亮“黄牌”的4户企业。同时，第二批增补17户企业，共有83户作为省重点发展的大型企业集团。

1999年，按照有名牌产品、有主导产业、有技术开发中心、有自有知识产权、有营销网络、有融资渠道“六个有”的要求，进一步提高大企业集团的综合素质，增强国际竞争力。当年，83户大企业集团中66户工业类大企业集团工业总产值、销售收入、利润总额和税收分别比1998年同期增长22.13%、15.09%、0.27%和1.39%。

2000年，66户工业类大企业集团中有53户建立技术研究开发中心，有9个商标被认定为中国驰名商标，80个产品被认定为省级名牌产品。TCL、康佳、科龙、中集、华为、深能源、华强、韶钢、广州控股、广州药业、广州电梯、广钢、开平涤纶、佛山塑料、中山精细等大企业的改革发展取得重大进展。

1998年广东省政府重点发展的大型企业集团表

表2-3-1

序号	企业名称	序号	企业名称
1	广东美的集团股份有限公司	15	创维集团有限公司
2	深圳市华为技术有限公司	16	深圳建设投资控股公司
3	康佳集团股份有限公司	17	中山火炬高新技术实业股份有限公司
4	TCL集团有限公司	18	深圳石化集团有限公司
5	广东风华高新科技集团有限公司	19	广州钢铁集团
6	广东省电力集团公司	20	广州南华西企业集团
7	广东福地科技总公司	21	广东省韶关钢铁集团有限公司
8	惠州市德赛集团有限公司	22	广东开平涤纶企业集团公司
9	江门金羚企业集团有限公司	23	广东乐百氏集团有限公司
10	惠州市麦科特集团有限公司	24	深圳华强集团有限公司
11	深圳市能源集团有限公司	25	广州电梯企业集团公司
12	广州珠江钢琴集团	26	广州市珠江啤酒集团公司
13	珠海格力集团有限公司	27	广东健力宝集团有限公司
14	广东科龙（容声）集团有限公司	28	汕头超声电子（集团）公司

续表2-3-1

序号	企业名称	序号	企业名称
29	广州医药集团有限公司	57	广州房地产实业集团有限公司
30	广东南方通讯集团	58	广东纺织品进出口集团
31	国信华凌集团	59	广州副食品企业集团有限公司
32	广州发展实业控股集团	60	广州轻工集团有限公司
33	广东格兰仕企业集团有限公司	61	深圳奥康德石油贸易集团
34	广州无线电集团	62	广州建筑集团有限公司
35	广州汽车集团有限公司	63	广州百货企业集团
36	佛山电建集团公司	64	广州万宝冷机集团
37	广州摩托集团公司	65	广东蓝带集团股份有限公司
38	广东明珠企业集团	66	广东南方钢板集团有限公司
39	广东丝绸企业集团	67	广东金泰企业集团公司
40	广东源大水利水电企业集团	68	中山市精细化学工业（集团）公司
41	汕头海洋集团	69	深圳莱英达集团股份有限公司
42	广东德庆林产化工集团	70	中山威力集团有限公司
43	广东食品进出口集团公司	71	广东佛陶企业集团
44	广东建筑工程集团有限公司	72	广东航运企业集团
45	广东万家乐股份有限公司	73	深圳南油（集团）有限公司
46	广州造纸集团有限公司	74	佛山正通集团有限公司
47	广东机械进出口集团公司	75	丽珠医药集团股份有限公司
48	深圳市赛格集团有限公司	76	广东新会美达锦纶股份有限公司
49	茂名华粤企业集团公司	77	佛山纺织集团有限公司
50	惠州市华阳实业集团公司	78	广东轻工业机械集团有限公司
51	广州广重企业集团	79	广东美雅集团股份有限公司
52	深圳经济特区发展集团	80	广东南海三纶纺织集团
53	江门甘化集团有限公司	81	深圳市先科企业集团
54	佛山塑料集团股份有限公司	82	广东农垦集团公司
55	中国广澳开发集团公司	83	深圳建材集团有限公司
56	广东轻工业品进出口集团		

说明：资料来源于广东省经济委员会专题材料

（二）放开搞活公有小型企业

1997年12月，省政府印发《关于加快放开公有小企业的通知》，加快公有小企业改革步伐。对公有小企业的转制改革，区别不同条件，分别采取以下6种形式进行：

第一，注资经营责任制。由企业经营者和主要业务骨干组成经营责任班子，经营责任班子成员以个人名义、职工以工会集体名义向企业增注资本金，由公有资产出资人、经营责任班子、工会共同发起组建有限责任公司。同时，以契约的形式，落实经营责任制，经营责任班子的收入与企业利润和资产增值实行挂钩。

第二，股份合作制。主要由本企业职工个人出资组成企业法人，出资者以其出资额为限承担企业的债权债务责任，企业以全部资产承担民事责任。职工既取得劳动收入，又按股分红。

第三，产权转让。将企业的资产以协议或拍卖的方式出售给其他企业、集体或个人。可以实行部分产权转让，也可以实行整体产权转让。不管以何种形式转让产权，都要妥善安置企业人员，原有债务不得悬空。

第四，兼并。由优势企业兼并困难企业。兼并可采取承担债务式、购买式、吸收股份式、控股式等多种方式进行，由兼并企业承担被兼并企业的债务并负责人员安置。

第五，租赁。在保留企业法人地位的前提下，将企业资产整体或划出一部分出租给承租者。主要是一些已经停产、资不抵债，无法恢复生产，但设施、设备还可以利用的企业。承租者可以是其他企业、集体或个人。出租收入，一般用于安置下岗人员，解决离退休人员的补充养老经费，用于偿还企业的债务。

第六，破产。对因经营管理不善，造成严重亏损不能清偿到期债务的企业实行破产，将企业的全部财产拍卖后，按法定顺序和比例偿还给债权人。

不论采取哪一种改制形式，都禁止变相逃债，禁止悬空银行的债权债务。

省政府对推动小企业转制改革采取一系列政策措施，包括：合理进行资产评估和确定产权出售、转让价格，鼓励产权流动重组和职工入股；给予有关税费的优惠；妥善安置企业职工和离退休人员；抓好配套改革，制定保障措施，推进职工再就业，加快社会保障制度建设，以及在工商登记、解决企业办社会问题和信贷、供水、供电等方面为放开小企业提供宽松的环境。

至2000年年底，全省小企业改制面达70%左右，肇庆、广州、东莞、中山、韶关等市已超过90%，小企业的活力有所增强。2000年8月，全省国有及国有控股小型工业企业首次实现整体盈利。至年底，全省3551家国有及国有控股小型工业企业，实现产品销售收入635.69亿元，增长11.5%，占全部国有及国有控股工业企业的 17.93%；利润总额11.15亿元，比上年增加12.19亿元。

（三）优化资本结构

从1996年起，国务院决定将原本在全国18个城市国有企业进行的优化资本结构试点扩大到50个城市，广州、深圳两市列入扩大试点的范围。1996年4月，省政府印发《关于广州、深圳两市企业列为优化资本结构试点工作的通知》，明确这次企业优化资本结构试点是以国有大中型企业为重点，以“增资、改造、分流、破产”为主要内容，主要解决国有企业进入市场所面临的问题，重点帮助国有企业多渠道增加资本金和生产经营资金，减轻企业的债务负担，分流富余人员和企业办社会负担，对资不抵债、不能清偿到期债务的企业依法实行破产。随后，佛山市也被国家列为优化资本结构比照试点城市。1997年，汕头、韶关、湛江3个城市也被列入优化资本结构试点。

1996年上半年，广州、深圳、佛山3个市的试点工作首先展开。在“增资”方面，深圳市从1996年至1998年，每年预算安排2亿元，用于增加市属国有企业资本金；广州市对10户骨干企业扶持增加资本金1.2亿元，补充流动资金3000万元。三个市确定第一批被兼并企业

36家，涉及职工20096人，资产总额30.73亿元，贷款本息22.79亿元。

1997年，加上汕头、韶关、湛江在内的6个试点城市，在调查摸底的基础上，向国家上报《国有企业兼并破产和职工再就业工作计划》，获批准。内容包括：（1）实施破产企业42户，涉及在职职工1.35万人，离退休职工约8000人，资产总额16.8亿元，负债总额28亿元，冲销银行呆坏账准备金人民币17.25亿元、美元715万元。（2）被兼并的企业190户，涉及职工7.99万人，资产149亿元，负债总额142亿元。（3）拟减人增效企业17户。

1998年，6个试点城市又有59户企业经国家批准列入《全国企业兼并破产和职工再就业工作计划》，其中实施破产8户，兼并41户，减员增效10户，全年共核销银行呆坏账18.98亿元，安置职工53891人。

除6个试点城市外，省内其他城市也选择一批企业作为试点。至1998年年底，全省共有194家国有企业列入《全国企业兼并破产和职工再就业工作计划》，核销银行呆坏账49亿元，消灭一批亏损源，把66亿多元的国有银行债务从劣势企业转到偿债能力强的优势企业，处理累计亏损28亿元，113家优势企业兼并136家亏损企业。

二、脱困攻坚

为实现中共十五届一中全会提出的“用三年左右的时间，通过改革、改组、改造和加强管理，使大多数国有大中型亏损企业摆脱困境，力争到20世纪末使大多数国有大中型骨干企业初步建立起现代企业制度”的目标，从1998年12月开始，广东展开国有工业企业三年改革与脱困攻坚。

（一）三个特困行业脱困

煤炭、纺织、制糖3个行业的亏损额占全省国有大中型工业企业亏损总额的35%以上，是广东省大中型工业企业改革与脱困的重点。

一是煤炭行业脱困。对资源枯竭、安全条件恶劣和亏损严重的矿井实施停产调整；对资源和外部条件尚好，市场有需求、改制后扭亏有望的矿井，实施多种形式的改制；分流下岗职工3万人。

二是纺织行业脱困。走减量增值、调整结构、转换机制、减员增效的路子，重点进行压锭改造。1998—1999年，全省压缩落后纺锭18.76万锭，安置下岗职工1.2万人。

三是制糖行业脱困。以湛江市为重点，解决资源不足、生产能力过剩的问题，把年产量稳定在150万吨左右，日榨量从16.34万吨调减到10.7万吨。

（二）面上困难企业脱困

面上困难企业的脱困，主要采取以下几种办法：

一是资产重组。困难企业在不改变原有债权债务关系、确保国有银行债务不悬空的前提下，划出部分或全部有效资产开展多种形式的合资合作，组建新的企业。原企业的资产收益和新企业在当地的新增税收（地方留成部分），全部返还原企业，用于安置下岗职工和偿还银行债务；困难企业通过资产变现办法筹集解困资金，安置下岗职工和偿还银行债务。

二是改制解困。个别亏损严重、扭亏无望的国有大中型企业，按其隶属关系，经同级政府批准，通过注资经营责任制、股份合作制、产权转让、兼并、租赁、托管、承包经营等方式进行改制，并享受政府有关优惠政策。

三是兼并破产。优化资本结构试点工作向国有大中型亏损企业倾斜，试点城市将本市符合条件的大中型亏损企业，优先列入国家企业兼并破产和职工再就业工作计划。

四是资金扶持。省财政安排解困专项资金用于支持国有大中型企业实施扭亏技改项目和补充流动资金；安排帮困资金和再就业基金，解决职工再就业和困难职工生活问题。

五是土地资产盘活。对不具备兼并破产条件而又扭亏有望的大中型亏损企业，通过土地置换、作价引资、产权转让、开发房地产等方式盘活原有企业土地资产。

六是多渠道为企业补充资本金。主要是将国家和地方政府历年来对企业的拨改贷资金和部分地方税收转为国家资本金。同时加强对资金使用的监督。

此外，还注意做好下岗职工基本生活保障和再就业工作。办好职工再就业服务中心，按照“三三制”（即财政、社保和企业各承担三分之一）的办法，解决下岗职工基本生活保障金，安排好再就业基金。

广东企业脱困取得成效。1997年，列入国家脱困考核目标的490户企业，至2000年年底，已有355户脱困，脱困率达到72.45%，其中扭亏为盈的152户，采用兼并破产等其他形式脱困的203户，比国家下达脱困290户的目标超65户。14户年亏损5000万元以上的重点脱困户，2000年盈亏相抵后净盈利3.25亿元，其中9户扭亏为盈或大幅减亏。煤炭、制糖、纺织三个特困行业开始走出困境。

三、改革深化

1999年9月，省委八届四次全体会议通过《中共广东省委关于贯彻〈中共中央关于国有企业改革和发展若干重大问题的决定〉的意见》（简称《意见》），对进一步深化国有企业改革作出新的部署。省委《意见》认为，经过20年的改革，广东国有企业活力得到加强，但仍面临不少困难和问题，表现为：政企关系还没有理顺；国有经济布局还不够合理；相当部分国有企业内部经营机制不适应市场经济的要求；有的企业资产质量不高，经营效益下降，亏损严重，负债过重，富余人员过多，职工生活困难等。国有企业改革是经济体制改革的中心环节，也是广东省经济工作的重中之重。要下大气力解决国有企业深层次的矛盾和问题，加快建立社会主义市场经济体制，增创体制新优势。省委提出国有企业改革和发展的目标是：用3年左右的时间，使大多数国有大中型亏损企业摆脱困境，大多数国有大中型骨干企业初步建立现代企业制度。

从1999年第四季度开始，广东全面推进国有企业改革进程：一是调整国有经济布局，加大企业改组力度。推动国有资本向国民经济的关键领域和重要行业集中，继续实行“抓大放小”方针，抓好省50户工业龙头企业，加快国有大中型工业企业脱困工作的步伐。二是建立国有资产管理制度和国有资产管理经营机构。三是加快公司制改革，建立和规范法人治理结构，健全约束机制与监管体系。四是改革企业领导人员管理体制和收入分配制度，建立相应激励机制。五是建立企业技术创新机制，强化科学管理，使企业成为技术进步主体。六是继续改革劳动用工制度和人事管理制度，建立按劳动与按生产要素相结合的分配制度，允许和鼓励企业员工以资本、技术、管理等要素参与企业收益的分配，完善职工养老、工伤、失业保障制度。七是加大各项配套改革力度，加快政府职能转换，建立平等竞争和统一开放的市场秩序。

2000年1月，省政府印发《关于加快我省工业龙头企业发展的意见》，决定在电子信息、电器机械、石油化工三大新兴支柱产业，纺织服装、食品饮料和建筑材料三大传统支柱产业，汽车、医药和森工造纸等一批有发展潜力的产业，以及在生物技术、新材料、海洋技术、新能源及环保等领域，重点培育和发展50户工业龙头企业，并提出实施意见。

开展建立现代企业制度改革以来，促进企业明晰产权和资产流动重组，优化资本结构，实现制度创新，广东国有企业整体素质提高。2000年，全省国有及国有控股工业企业总产值3126.12亿元，实现销售收入、利润总额和税金分别占全省工业的30.22%、45.24%和46.36%；资产总额5743.3亿元，占全省工业的40.77%；净资产额2514.5亿元，占全省的43.41%。广东国有工业的主要经济指标居全国领先水平，其中工业企业销售收入占全国8.4%，居全国第一位；利润总额占全国9.9%，居全国第三位；税金总额占全国5.9%，居全国第六位。但是，困扰国有企业改革与发展的一些深层次问题还没有完全解决，主要是：国有资产布局分散，企业规模小；企业投资主体多元化和建立公司法人治理结构进展不快；亏损面和亏损额仍然偏高，2000年，全省国有工业企业亏损面仍达到28.79%。

2000年广东省50家工业龙头企业名录表

表2-3-2

序号	企业名称	行业	隶属	股权结构	主导产品
（一）电子信息产业（13户）					
1	康佳集团股份有限公司	日用 电子器具	中央	国有控股	彩色电视机
2	TCL集团有限公司	日用 电子器具	惠州市属	国有独资	彩色电视机 电话机
3	深圳华强集团有限公司	日用 电子器具	省属	国有独资	激光系列 视听产品 计算机通信系列
4	惠州市德赛集团公司	电子器件	惠州市属	国有控股	电路板 电池 精密部件
5	深圳赛格集团有限公司	电子器件	深圳市属	国有独资	彩色显像管 彩管玻壳
6	深圳市华为技术有限公司	通信设备	深圳市属	集体	程控交换机 电源 其他通信产品
7	广东福地彩色显像管股份有限公司	电子器件	东莞市属	国有控股	彩色显像管
8	惠州市华阳实业集团公司	电子器件	惠州市属	国有独资	汽车音响机芯DVD—ROM光头

续表2-3-2

序号	企业名称	行业	隶属	股权结构	主导产品
9	深圳开发科技股份有限公司	电子 计算机	中央	国有控股	计算机磁头
10	深圳市先科企业集团	日用 电子器具	深圳市属	国有独资	激光视盘机（VCD、DVD）
11	佛山电子集团有限公司	电子器件	佛山市属	国有独资	电子元器件 数码光盘 彩色电视机
12	广东风华高新科技集团有限公司	电子器件	肇庆市属	国有独资	片式陶瓷电容器 片式电阻 超小型铝电解电容器
13	深圳市中兴通讯股份有限公司	通信设备	中央	国有控股	程控交换机 接入网 会议电视
（二）电器机械产业（14户）					
14	广东科龙集团有限公司	日用电器	顺德市属	集体控股	电冰箱 空调器
15	惠州市麦科特集团公司	仪器仪表	惠州市属	国有控股	光学产品系列 精密部件
16	中国国际海运集装箱集团股份有限公司	机械	中央	国有控股	集装箱 机场地面设备
17	珠海格力集团有限公司	日用电器	珠海市属	集体控股	空调器 手表
18	广州摩托集团有限公司	机械	广州市属	国有控股	摩托车 自行车 缝纫机
19	广东美的集团股份有限公司	日用电器	顺德市属	集体控股	空调器 电风扇 微电机
20	广东万家乐股份有限公司	机械	顺德市属	国有控股	干式变压器 注塑机 燃气具
21	江门金羚集团有限公司	日用电器	江门市属	集体控股	洗衣机 空调器 电风扇
22	广东劲兆电器集团有限公司	电器	佛山市属	国有独资	温控器四通阀 电线、无氧铜电缆 电器设备元件、变压器
23	广州电梯企业集团公司	机械	广州市属	国有控股	电梯、扶梯
24	广东格兰仕企业集团有限公司	日用电器	顺德市属	集体控股	微波炉
25	中山威力集团有限公司	日用电器	中山市属	国有控股	洗衣机
26	广东轻工业机械集团有限公司	机械	广州市属	国有独资	饮料灌装生产线 计算机系统集成
27	汕头超声电子集团公司	仪器仪表	汕头市属	国有独资	印制电路板 液晶显示器 超声仪器

续表2-3-2

序号	企业名称	行业	隶属	股权结构	主导产品
（三）石油化工产业（3户）					
28	深圳石化集团股份有限公司	石化	深圳市属	国有控股	PVC硬片 丙纶纱 高温有机硅橡胶
29	汕头海洋集团公司	化工	汕头市属	国有独资	聚苯乙烯树脂
30	中山精细化学工业集团公司	化工	中山市属	国有独资	杀虫气雾剂 空气清新剂 气雾铝罐
（四）纺织服装产业（4户）					
31	广东开平涤纶集团股份有限公司	化纤	开平市属	国有控股	涤纶长丝 锦纶丝 聚酯切片
32	佛山纺织集团有限公司	纺织	佛山市属	国有独资	色织布 印染布 针织品
33	广东美雅集团股份有限公司	纺织	鹤山市属	国有控股	拉舍尔毛毯 腈纶毛条
34	广东新会美达锦纶股份有限公司	化纤	新会市属	国有控股	锦纶6切片 锦纶6长丝 化纤布
（五）食品饮料产业（3户）					
35	广东健力宝集团有限公司	饮料	三水市属	国有控股	健力宝系列饮料
36	广东今日集团有限公司	饮料	中山市属	集体控股	乳酸奶 牛奶 水
37	广州市珠江啤酒集团有限公司	饮料	广州市属	国有独资	珠江啤酒
（六）建筑材料产业（1户）					
38	广东佛陶集团股份有限公司	建材	佛山市属	国有控股	墙地砖 卫生陶瓷 陶瓷机械 特种陶瓷
（七）汽车行业（1户）					
39	广州汽车集团有限公司	汽车	广州市属	国有独资	轿车 轻型载货车 客车
（八）医药行业（3户）					
40	深圳南方制药厂	医药	中央	国有独资	三九胃泰冲剂 感冒灵 皮炎平软膏
41	广州医药集团有限公司	医药	广州市属	国有独资	中成药 化学药
42	丽珠医药集团股份有限公司	医药	珠海市属	国有控股	丽珠得乐 丽珠肠乐 丽珠赛乐

续表2-3-2

序号	企业名称	行业	隶属	股权结构	主导产品
（九）森工造纸行业（2户）					
43	江门甘化集团有限公司	造纸	江门市属	国有控股	制浆造纸 制糖 化工产品 生化医药
44	广州造纸集团有限公司	造纸	广州市属	国有独资	新闻纸
（十）新材料行业（1户）					
45	佛山塑料集团股份有限公司	新材料	佛山市属	国有控股	BOPP薄膜 BOPET薄膜 塑料纺织布
（十一）电力产业（3户）					
46	广东省电力集团公司	电力	省属	国有独资	电力
47	深圳市能源集团有限公司	电力	深圳市属	国有独资	电力
48	广州发展实业控股集团股份有限公司	电力	广州市属	国有控股	电力
（十二）冶金产业（2户）					
49	广州钢铁集团有限公司	冶金	广州市属	国有控股	线材
50	广东韶钢集团有限公司	冶金	省属	国有独资	中板、棒材、线材

说明：资料来源于2000年1月省政府《印发关于加快我省工业龙头企业发展意见的通知》

第三章　流通体制改革和市场建设

第一节　商品流通改革

一、取消农产品统派购

1980年以前，广东统购、派购和计划收购的农副产品有118种。1980年1月，省政府印发《关于农副产品采购若干问题的规定》，调整农副产品分类管理范围，对关系国计民生和比较重要的一类、二类产品重新划定为47种，一类为统购产品，二类为派购和计划收购产品。统购、派购和计划收购产品的购销计划、购留比例、购销价格和奖售政策，统一由省规定。生产者必须按省规定的政策、计划，按时按质按量完成交售任务。完成交售任务后的产品，可以自行处理。三类产品为统购、派购和计划收购以外的其他农副产品，这类产品生产单位和个人有权自行处理。

同年9月，省政府印发《关于疏通商品流通渠道，促进商品生产，搞活市场的十二项措施》，继续缩小农副产品统购、派购和计划收购范围，同时扩大三类产品。统购、派购和计划收购的主要是粮、油、糖、猪、松香、黄红麻、黄红烟、茶叶、蚕茧及基地塘鱼和部分海产品等25种，其余产品改为三类。调整后的统购、派购和计划收购一类、二类产品，国家规定合理购留比例，或实行交售任务包干，一定3年或5年不变。三类农副产品和完成交售任务后的一类、二类产品，价格管理采取计划价格、浮动价格和议购议销三种形式。有的给奖售物资，按牌价收购；有的由物价部门合理定价或规定调价幅度；有的由生产者与收购者议价收购。上述农产品国家需要部分，鼓励国营商业部门、供销社与生产者按照自愿互利的原则，采取订合同、办基地、搞联营和商品交换办法取得，以保证工业生产、城市供应和出口的需要。

1983年3月，省政府发出《关于放宽农副产品购销政策畅通商品流通渠道若干问题的通知》，进一步放宽农副产品购销政策，保留为一类统购的有粮食、食油、木材3种，保留为二类派购的有糖蔗、生猪、黄红麻、黄红烟、蚕茧、茶叶、毛竹等18种。蔬菜实行计划种植，计划收购。

1984年8月，省政府发出《关于进一步放宽农副产品购销政策的通知》，保留统购、派购的剩下有粮食、食油、木材、糖蔗、生猪、塘鱼（基地部分）、黄红麻、黄红烟、蚕茧、松脂、木柴、木炭、毛竹等13种。取消粮食在完成交售任务后才能开放市场和运销的规定。放活蔬菜的购销形式，从过去包购包销为主逐步改为产销见面，随行就市，按质论价，议价成交。蔗农的返销糖可以上市运销等。当年11月1日，广州市在全省率先打破蔬菜包购包销体制，实行产销见面，随行就市。改革显示出市场的力量：第一天全市上市蔬菜

111万公斤，供应充裕。过去，广州群众批评包购包销体制下上市蔬菜质量差，“西洋菜长成白须公，通菜好似一条龙，芥蓝多渣芋头爽，白菜烂头又多虫”。改革以后，广州市蔬菜供应状况焕然一新：上市蔬菜可食用率从五六成提高到八九成，上市品种增加到四五十个，上市时间提早一个多小时。郊区菜农收入也增加了近一倍。

1985年1月，中共中央、国务院提出，改革农产品统派购制度是继联产承包制之后农村第二次改革。2月，省委、省政府决定改粮食的统购为合同定购，取消集体林区木材统购，积极而又有计划地发展糖蔗生产。如农民把稻田改种经济作物，可由农民按合同收购价和市价的差价向国家缴纳现款。4月，省政府发通知，从1985年粮食年度起，广东省只对稻谷和主产区的小麦、玉米实行合同定购，其他粮食品种实行自由购销。合同定购内的粮食一律按照入库品种、等级以“倒三七”比例价（即三成按原统购价，七成按原超购价）收购，实际上提高粮食的收购价格。

1988年4月，省政府决定放开食油购销价格，全面实行市场调节。5月，率先对合同定购粮实行生产资料价格补贴，同时调整粮食销价。到当年年底，广东向农民定购的农产品只剩下粮食、糖蔗、烤烟和蚕茧4种，由市场调节的农产品占全社会农产品成交额的80%以上。

1992年4月，广东彻底放开粮食购销政策，解除农副产品流通的最后一道束缚。省政府在《关于改革粮食购销管理体制问题的通知》中明确：国家下达的粮食任务，除农业税（公粮）继续征收实物外，其余改为指导性计划；放开城乡粮食销售价格。广东成为全国第一个取消粮票的省份。

1980年广东省一类、二类农副产品分类表

表3-1-1

类别		产品
一类	统购	粮食（稻谷、大米、小麦、黄豆、青豆、黑豆）、食用油及油料（花生、花生油和重点产区的茶油、芝麻、芝麻油）
二类	派购	生猪、糖蔗、水海产品（基地塘鱼、国营捕捞公司、养殖场和流动渔民的海产品、社队集体纯渔业队的海珍品、海味品和优质鱼）
	计划收购	黄红麻、黄红烟、蚕茧、茶叶、松香、桂皮、桐油、香茅油、牛皮、重点产区的蒲草（蒲包、草席）、毛竹以及中药材的茯苓、泽泻、银花、藿香、砂仁、槟榔、巴戟、益智、陈皮

说明：资料来源于省政府印发《关于疏通商品流通渠道，促进商品生产，搞活市场的十二项措施》（1980年9月）

二、放开日用工业品购销

1979年9月，省革委会印发《进一步协调工商、工贸关系促进工业生产发展的若干规定》，提出工业产品的销售，根据不同情况，采取统购、包销、订购、选购和企业自销等不同的购销形式。凡国家下达的计划产品，商业部门要统购、包销；计划外产品、非列名产品和增产产品，由商业部门选购、订购和工业部门自销。商业、外贸部门不收购的产品，允许工业部门按照国家规定的物价政策自销。

1980年9月，省政府印发《关于在国家计划指导下搞好市场调节的试行办法》，明确除统购统销产品外，对其他产品，商业部门应积极收购，扩大销售。工业企业在完成国家计划任务后，超计划产品和自己组织原材料增产的产品，可以自销，也可以委托商业和物资部门代销或经销。商业、物资、外贸部门不收购的产品，工业部门可按照国家规定的物价政策，分别按出厂价、批发价、零售价自销（包括运销外省和出口等）。同月，省政府在《关于疏通商品流通渠道，促进商品生产，搞活市场的十二项措施》中，调整日用工业品购销政策，日用工业品分为三类，除关系国计民生较大的棉纱、棉布、肥皂、火柴、元钉、铁丝、自行车、缝纫机、食糖、卷烟等51种（之前为95种）主要工业品，作为一类、二类继续实行统购统销、计划收购外，其余工业品（包括省国营商业公司平衡商品在内）改为三类。二类计划收购和三类工业品中由省国营商业公司平衡的日用工业品，商业部门完成收购和订货合同后，工业部门可以自销，也可以接受来料加工或根据市场需要自行安排生产，自行销售。

1980年广东省日用工业品调整管理分类表

表3-1-2

管理种类	品种
一类	棉纱、棉布、棉花化纤混纺布（包括涤纶混纺布）、汗衫背心、卫生衫裤、棉毛衫裤、床褥单、民用煤油、民用食盐。
二类	呢绒、绸缎、絮棉、化纤纱、化纤布、线毯、毛巾被、毛巾、毛线、化纤（包括涤纶）、针织内外衣裤、香皂、肥皂、洗衣粉、手表、缝纫机、火柴、胶鞋、保温瓶、机制簿纸、铅笔、食糖、卷烟、镀锌铁丝、元钉、自行车、自行车内胎、自行车外胎、普通灯泡、半导体收音机、电子管收音机、电视机、松节油、机制纸、铁锅、日用陶瓷、陶瓷碗、钟（包括木挂钟）、电池、糖果、名酒、啤酒、民用煤炭。
省国营商业公司平衡	胶工作服雨衣、纱手套、纱口罩、木纱团、棉毯、线袜、锦纶袜、全塑料鞋、布伞、牙膏、电筒、搪瓷面盆、搪瓷口杯、铝锅、民用锁、高半筒靴、工矿轻便靴、缝衣针、布鞋、钢笔、胶卷、胶片、照相机、印相纸、机制板纸、绉金纸、糖精、饼干、奶粉、罐头、合页、木螺丝、锉刀、活扳手、钢丝钳、秋皮钉、插销、马铁零件、窗纱、暗门锁、花线、胶质线、日光灯管、电度表、录音机、打气筒、单车零件、补胎胶水、胶木电料、镇流器、黑胶布、明矾、油漆、染料、紫胶、主要钢（木）家具、葵扇、菜刀、台风扇、吊扇、排气扇、铁丝布、铁壳开关、胶盖闸刀开关、小苏打、圆珠笔、笔芯。

说明：资料来源于省政府印发《关于疏通商品流通渠道，促进商品生产，搞活市场的十二项措施》（1980年9月）

1984年10月，省政府发出《关于放宽日用工业品购销管理范围的通知》，进一步放宽日用工业品购销管理。对国计民生影响较大的日用工业品，仍实行计划管理的办法，其中食糖、民用食盐、民用煤油、民用煤炭、卷烟等5种商品，由计划部门分级下达收购、调拨计划；元钉、铁丝、名牌自行车、名牌缝纫机等4种商品，由主管厅、局（公司）分级下达收购、调拨计划，报省计划委员会（简称省计委）备案；棉布、涤棉布、中长纤维布、呢绒、火柴、洗衣粉、肥皂、胶鞋、名牌电视机、普通灯泡、铁锅、饭碗、名酒等13种商品，由省国营商业公司下达收购和分配调拨计划。除上述22商品外，其他日用工业品均作为非计划管理商品，可由商业部门向工业部门选购或由工业部门自行销售。

至1991年，除食盐、香烟和化肥、农药等特殊商品国家仍进行调控管理外，其余日用工业品已全部放开经营，由市场调节供求。1993年，全省社会商品零售总额中，计划管理部分只占2.2%，市场调节面达97%以上。

三、建立商品流通新体制

（一）打破旧流通体制

1980年9月，省政府在《关于在国家计划指导下搞好市场调节的试行办法》中，提出减少流通环节，扩大销售渠道的改革要求。明确国营商业采购批发供应站一级站不收购的产品，二级、三级站可以直接收购。允许批发站和基层商店跨地区与工厂企业直接挂钩，签订产销合同。工业部门可以设立产品自销门市部和小商品批发部。三类日用工业品，可实行厂店挂钩，产销见面。

同月，省政府在《关于疏通商品流通渠道，促进商品生产，搞活市场的十二项措施》中强调，要打破地区封锁，按经济区域组织商品流通。指出地区封锁、画地为牢是封建主义残余在商品流通中的反映，对影响地区之间、城乡之间物资交流的不合理规定，应予废止。在流通领域内，以国营商业为主体，允许多种经济成分、多种渠道、多种经营方式存在，允许竞争，保护竞争。省政府对搞活商品流通实施了一系列重大的改革措施：（1）精简商品流通环节。国营商业二级批发站凡有条件将商品直达县以下集镇的，不再经过县、市三级批发店中转；商业基层商店、基层供销社可以跨县、跨区直接到二级批发站进货，不受行政区划限制；农副产品进城，要逐步做到基层收购点与城市零售店直接挂钩调运，工业原料直接调运到工厂，直接结算，不再经过产地和销区中间批发环节；三类农副产品，社队可以与城市基层商店直接挂钩，实行产销见面，或委托代销，价格由基层商店和生产者协商议定；同一中等城市和县城只设一套批发机构，已设立两套以上的，合并为一套。（2）开展农工商联合经营，省内外协作，发挥各个经济单位优势，促进商品生产发展和流通。（3）办好集体商业和服务业，发挥个体小商小贩的补充作用。（4）开展议购议销，办好信托贸易和货栈，办好大中城市、县城农副产品市场。

1983年1月，省政府印发《广东省城镇个体商业户管理试行办法》，要求各地有关部门积极扶持个体工商户的发展。对个体工商户所需要的原材料和资源，属于计划供应部分，应根据统筹兼顾，一视同仁的原则，纳入计划，合理分配。在政策许可范围内，允许个体户到外地购进所需要的原材料和商品，并帮助他们提高经营、技术水平及筹集资金等。

同年3月，省政府发出《关于进一步搞活城乡日用工业品市场的通知》，指出改革开放以来，广东省城乡日用工业品市场开始改变过去统得过多，包得过宽、管得过死的状况，扩大商品流通，促进轻纺产品生产，方便群众购买。但是，某些方面仍存在地区封锁、城乡分割、流通不畅的现象。为此，省政府通知：一是建立多种经济成分、多种经营方式的日用工业品市场。在加强全民所有制国营商业的同时，放手发展合作商业，适当发展个体商业；鼓励各种经营方式，如农商联营、工商联营、商商联营、委托经营、租赁经营、承包经营、代购代销、代运代销等；在城乡建立多种经济形式、多种经营方式、多种流通渠道、减少流转环节的日用工业品市场。在开放式的日用工业品市场中，国营商业居主导地位，负责统一安排城乡市场，协调各种经济形式商业相互关系；在货源分配上，对于城乡都需要的工业品，优先供应农村，扩大工业品下乡；对集体商业和个体商业要统筹兼顾，一视同仁，并在货源供应和业务经营上给予支持和指导。二是改革日用工业品城乡分割的流通体制。商品流通实行城乡通开，打破地区封锁和城乡分割的局面。国营商业批发公司根据商品经济区域、合理流向和当前市场需要，在农村主要圩镇设立以批发为主、批零兼营的下伸机构，可以单独下伸，也可以同基层供销社联营。三是实行日用工业品的多种购销形式。1980年省政府制定的《关于日用工业品购销问题的试行办法》，继续实行。同时还需要增加商业为工业生产部门代购代销和工商联营两种形式，大力协助工业部门推销按政策规定允许自销的产品。允许工业企业有一定比例的产品自销权。四是开设日用工业品三类小商品市场。在各大城市以及较大的县城，统一开设小商品市场。参加小商品市场活动的成员，以个体手工业者、个体商贩和街道、社队等集体企业为主，国营工商企业也可以参加。工商行政管理部门加强对小商品市场的管理。

通过以上系列改革，广东打破旧“三固定”（固定供应对象、固定供应地点、固定作价方式）和“四级大流转”（一级站—二级站—三级站—零售商店）的流通模式，所有国营、集体、个体零售商业都可以直接向国内各地厂商订货、进货、代销或联营；允许下乡、进城、跨市、跨区推销；各地设立农副产品批发市场，实行产销见面，减少中间环节，搞活城乡及省内外的商品交流；冲破地区和部门束缚，发展不同层次的横向经济合作。此外，还打破批零界限，实行批零兼营；打破行业界限，实行本业为主，综合经营；打破生产与经营界限，搞商品销售也可办工业和农业；打破内外贸界限，向内外贸一体化方向发展。到20世纪80年代后期，全省逐步形成多种经济成分、多种流通渠道、多种经营方式并存，少环节，开放式的商品流通体制。

（二）开拓和发展商品市场

20世纪90年代，随着生产的发展，面临着产品如何开拓市场，扩大销售的问题。1991年3月，省政府转发省财贸办公室《关于开拓市场，搞活商品流通的意见》。提出建立并逐步扩大全国性的商品销售网络。鼓励各级商业部门在外省建立商品销售机构，沟通信息，把“广货”销出去。做到挤得进、站得住、推得开、赢得国内外消费者的信誉。同时，发挥供销社系统的优势，面向农村，完善农村销售网络，深购远销，促进农村市场购销两旺，为农业生产和农民生活服务。省政府重申，打破行业垄断，坚持多渠道经营。对已放开的商品，任何地区和部门不得借口“归口”经营，实行行业垄断；不得硬性规定只准购销或硬性搭配本地区、本行业的产品；不得将质次价高、不受用户欢迎的商品，强行向流通部门和消费者推销。在发挥国营商业主渠道作用的同时，重视发挥集体、个体商业的积极作用，保护其合法经营活动。

广东重视市场建设。省政府通过制定扶持政策和每年召开一次市场工作会议，推动市场的发展。各级政府在发展规划、资金调拨、土地安排等方面向市场建设倾斜。省政府通过主持召开国际性和地区性商品交易会，推进商品的流通。如每年两届的广州出口商品交易会；在华中、东北、西南举办开拓广货市场的商品交易会等。1997年8月，省政府出面组织在哈尔滨举办广东商品博览会，仅5天就成交165亿元，创下历届广货展销会的最高纪录。广东提倡“政府搭台、企业唱戏”，由各级政府出面帮助企业开拓国内外市场，在省外大城市开设广货销售中心，为广东商品进入当地实行总代理、总经销。省内集购物、餐饮、娱乐、休闲于一体的大型商厦、购物中心大量出现。贴近市民的货仓式商场、灯光夜市、步行街、旧货市场、便利店等也得到发展。城乡肉菜市场建设水平提高，先后实现入室经营，以路为市、以街为市的状况得到改变，方便群众购物。据省工商行政管理局资料，从1979年到1998年年底止，广东投入商品市场建设资金145.7亿元，建设面积2602.7万平方米，市场总面积是1978年的26倍；全省各类商品市场总数5534个，是1978年的3倍。2000年全省城乡集市贸易成交额1917.35亿元，是1978年的133倍，该项指标占全国比重由原来的5%上升到10%以上。

（三）搞活农村商品流通

1999年6月，针对当时农村市场发展滞后的问题，省政府办公厅批转省贸易委《关于大力开拓农村市场搞活商品流通的意见》。指出，随着农村改革的不断深入和社会主义市场经济的发展，农村市场得到发育，但制约农村市场发展的一些因素依然存在。主要是农村市场信息不灵，农业市场化、产业化步伐不快，不适应激烈的市场竞争；农村流通体系不够完善，农产品的加工、流通存在不少问题，影响农村经济的进一步发展。针对上述存在的问题，各地采取切实措施搞活农村商品流通。主要做法是：（1）各级政府把开拓农村市场工作列入重要的议事日程，把健全农村市场体系、搞活工农业产品流通作为推动农村经济发展和改善农民生活的长期战略，各有关部门积极扶持农产品流通网络建设，给予多方面政策优惠。（2）大力开拓农村市场，增加农民收入。各级商业、物资、粮食企业和供销社结合农村水利建设、小城镇建设、房屋改造等，加强信息服务，指导农民生产和销售农产品，搞好产前、产中、产后服务，提供仓储保鲜设施，建立农产品深加工基地，帮助农民打开农副产品销路，增加收入，提高购买力。（3）培育和完善流通网络，发挥流通在农村经济发展中指导生产、引导消费的导向作用。省决定在3年内发展50个具有龙头示范作用的批发市场、50家农产品流通龙头企业、50家农产品深加工基地，各市也相应建立1～3家。农产品批发市场按档次高、规模大、辐射面广、交易方式现代化的要求建设。重点培育和发展佛山南海农产品中心批发市场、深圳布吉农产品批发市场、深圳福田农产品批发市场、广州黄沙海鲜水产交易市场、广州越秀蔬菜批发市场等。农产品流通龙头企业，一般按照公司加基地加农户加网点的形式发展，农产品深加工基地按基地加大中城市配送中心联合体的形式组建。（4）规范农村市场秩序，改善农村消费环境。制定和完善农村农产品流通方面的法规、规章，切实保护农民的合法利益。规范农村流通秩序和改善市场交易环境，打击贩卖假种子、假化肥、假农药等假冒伪劣商品的违法行为，严禁坑农、害农、骗农，取缔乱涨价、乱摊派、乱收费现象，净化农村市场环境。

（四）利用外资和发展现代流通业

20世纪80年代初开始，国家允许在广州、深圳、珠海、汕头4市探索试办中外合资合作零售商业。涉及百货、超级市场、专卖店、便利店、仓储式商场等多种零售业。1984年10月，中国内地第一家中外合资超市——深圳百佳超市有限公司在深圳蛇口工业区开业。随后香港的惠康、华润、台湾的岛内价、美国的沃尔玛，荷兰的万客隆等知名零售企业先后进入广东商品流通市场。外资商业进入，带来先进经营理念、现代化营销方式和科学管理方法，对促进广东流通业发展，转变企业经营机制，提高服务质量，加快与国际商业接轨起到积极作用。2000年全省社会消费品零售总额中，外商和港澳台投资经济为185亿元，占4.6%。

1984年，广东在全国率先开始进行连锁经营的尝试。至20世纪90年代后期，全省各类连锁企业达270多家，店铺3500多间，年销售总额300亿元，占社会消费品零售总额的9.5%，初步形成业态、业种比较齐全的连锁经营网络。为实现规模采购，规模供货，降低流通成本，提高经济效益，广东物资流通企业率先在汽车销售、建材批发等领域实行总代理，百货、电器、日用品及食品业也先后实行。推动现代大商业、大流通的发展。1997年，省政府把广东省商业企业集团、广东省石油企业集团、广州百货企业集团、深圳工业品贸易集团和深圳物资集团作为发展大型企业集团的试点，各市也根据实际，组建一批商贸企业集团，成为广东流通业发展的龙头。

改革开放前，广东省消费品市场物资匮乏，商品供给短缺，城乡居民凭票证供应的商品达60多种。至80年代中后期，消费品市场已由改革开放前供给短缺的卖方市场，转向绝大部分商品供大于求的买方市场，消费品市场供给短缺时代结束。2000年广东社会消费品零售总额4071.95亿元，比改革开放前1978年的79.86亿元增长近50倍，年均增长19.6%。零售总额绝对值自1983年以来连续15年居全国各省市首位，增速也高于全国同期年均增长速度。2000年全省社会商品零售额中，国有商业占20.1%，集体占16.1%，个体私营占42.8%，联营和股份经济占4%，国外和中国港澳台投资经济占4.6%。

1980—2000年主要年份广东省国内贸易主要指标表

表3-1-3

指标	1980年	1990年	1995年	2000年
1. 社会消费品零售总额（亿元）	117.67	667.36	2304.15	4071.95
国有经济	59.14	259.05	609.65	820.22
集体经济	50.73	127.26	394.78	657.38
私营经济	—	—	92.99	301.43
个体经济	1.20	181.12	762.06	1442.54
联营经济	—	—	21.70	48.58
股份制经济	—	—	71.06	116.18
国外投资经济	—	—	18.02	71.87
港澳台投资经济	—	—	64.65	113.71
其他经济	6.60	99.93	269.24	500.04
2. 贸易商品销售总额（亿元）	—	—	5448.94	8268.88
3. 城乡集市贸易成交额（亿元）	22.72	256.69	1064.26	1917.36

说明：资料来源于《广东统计年鉴2001》

四、改革物资流通体制

改革开放以前，生产资料主要靠计划进行调拨，实行指令性计划管理。从20世纪80年代初开始，广东省着手对生产资料流通体制进行改革。

1980年9月，省政府印发《关于在国家计划指导下搞好市场调节的试行办法》，明确提出生产资料可以进入市场。物资供应实行商品化，除短线统配物资仍坚持计划分配外，长线材料和机电产品可组织调剂交流，敞开供应。计划内产品所需统配物资，物资部门按数量、品种、规格、保证供应，不留缺口，有条件的，实行直供到厂，减少中转环节。各级物资部门通过建立生产资料交易中心、商情中心、服务中心以及开设门市部等办法，为生产企业服务，把物资工作搞活。

1984年9月，省政府批转省物资总公司《关于改革物资流通体制的报告》，提出“大的方面管住管好，小的方面放开放活”的改革原则，改革物资分配管理办法，调整物资管理产品目录，搞好计划分配物资和市场调节物资的流通，多种形式增加物资来源，放开经营，搞活市场。主要改革措施有：（1）在坚持计划调节为主的前提下，扩大市场调节范围。除国家计划内调拨的物资及国家规定不准企业自销的产品外，其他物资产品全面放开，保本经营，取消省原定计划外保本经营21种产品的限制。（2）采取灵活方式，开拓物资来源。对国家允许自销的产品，各级物资经营部门，积极收购，供应生产建设需要；对产品以供应广东省为主，又有生产条件的兄弟省、市的企业，可采取物资补偿方式进行投资，也可采取支援部分资金，支持其发展生产，以扩大物资来源渠道；通过加强与外省经济技术协作，互通有无，采取协作或以物易物的方式，换取广东省需要的物资产品。（3）建立物资贸易中心，沟通产销衔接渠道。中等城市和有条件的县城（镇）可建立开放式的物资贸易中心，凡持有营业执照的企业，均可进场交易，产销直接见面。（4）加强物资市场管理。搞好社会物资供需平衡管理，加强各物资经营部门之间的余缺调度，计划分配的物资，保证用于计划内需要，不准挪作市场调节物资销售。计划外组织的物资，首先用于弥补计划内物资缺口，其余的再在市场上销售。

至20世纪90年代初，省管重要生产资料目录由几百种调减到只有32种。1992年7月，省政府印发《关于下放省管部分商品管理权限问题的通知》，进一步减少省指令性计划管理的重要生产资料和其他商品种类，扩大指导性计划和市场调节范围。主要改革措施：（1）省管重要生产资料管理目录由32种调减为22种。钢材、煤炭、燃料油（包括重油）除一部分实行指令性计划以外，其余实行指导性计划；生铁、铝、硫酸、烧碱、平板玻璃由指令性计划改为指导性计划；其他生产资料实行市场调节。国家下达的重要生产资料和其他商品计划仍按国家的分配计划执行。对锡、铜材、铝材、镍、镁、焦炭、木材、片基涤纶树脂、纸袋纸、拖拉机等10种物资放开经营。（2）具备条件的国营、集体企业不受行业和区域限制，经批准后可批发经营重要生产资料的批发业务；私营企业和个体工商户原则上不得经营重要生产资料批发业务。（3）省管的其他商品目录，除化肥、农药、农膜、烟叶、卷烟、棉花、食盐、名酒的经营按现行政策执行外，其余省管商品全部放开经营。（4）建立物资商品计划储备制度；加强大中型国营物资、商业企业经营网点建设，发挥国营物资、商业企业调节市场的作用；加快流通体制改革，培育物资市场。

广东生产资料市场从无到有，从分散到集中，从无形到有形。1992年，全省有固定场地的有形生产资料市场80多个。1993年，广东生产资料的市场调节比重达到95%。至20世纪90年代末，除煤炭、棉花、蚕茧等少数几个国家规定实行计划管理或专营的外，其他如钢材、汽车、建材、木材、电子配件等都建立有形集中交易市场，并发展到260多个，年成交额190亿元。

第二节　价格改革

一、改革做法

（一）农产品价格

广东价格改革先从改革农副产品价格开始。1980年4月，省物价局发出下放部分省管农产品价格管理权限的通知，将59种农副产品由二类商品改为三类商品，下放市、县自行管理。1981年第三季度，广东在全国率先再将110种二类农副产品价格放开由市场调节，把国家定价的产品缩小到32种。1984年再减少为9种。

1985年是广东农副产品价格改革关键一年：当年1月1日起，率先在全国放开生猪、蔬菜、塘鱼等价格；4月1日起，实行定购粮食“倒三七”（即粮食部门向农民收购、定购粮食，七成按市场价，三成按国家牌价）比例价和食油“倒四六”（向农民收购食油，六成按市场价，四成按国家牌价）比例价；5月1日起，放开食油购销价格，从而基本形成以市场调节为主的农产品价格体制。至1992年4月，广东在全国第一个结束长达40年的粮食统购派购的历史，放开粮食购销价格。至此，除烟叶等少数专控产品价格外，农副产品价格基本过渡到市场调节为主。

广东大刀阔斧进行农产品购销体制改革所冒风险很大，放开初期，农产品价格升幅较大，给一般群众生活带来压力。1984年11月1日，广州蔬菜全面放开经营，价格上涨30%，随后又遇上寒潮侵袭菜价继续上升，市民情绪波动，反应强烈。有人不满说“形势大好，白菜三毛”（原来白菜每斤5分钱）。还有人写信上告到中央，震动了中南海。中央领导人亲自打电话给省政府领导过问情况。11月25日，省委、省政府向国务院报送《关于广州市蔬菜全面放开的情况报告》。省委、省政府没有因此而退缩，继续坚持农产品购销体制改革不动摇，终于取得成功。不久后，全国十大城市蔬菜体制改革经验交流会在广州市举行，广州的经验很快传遍全国各地。

1992年广东放开粮价的时候，进展速度很快，放开后湖南、江西两省粮食涌进广东不少，当地农民认为把粮卖到广东要比在当地卖更赚钱。湘赣两省政府有点紧张，湖南还搞了一个粮食“壁垒”，防止粮食大量流入广东。后来，为了顾全大局，全国性的粮食放开延缓了两年。两年以后，各地粮价才彻底放开。

在放开价格的同时，广东建立农副产品的价格调控机制。1987年，省政府设立副食品价格调节基金，筹集10多亿元，作为农产品价格保护、储备专用。以后又建立粮食、化肥等重要商品价格调节基金制度。

（二）日用工业品价格

1982年11月，国家物价局通知放开160种工业小商品价格，由工商企业自行定价。考虑到小商品规格品种繁多，广东大胆突破列名管理的思路，决定除国家列名管理的113种外，其余小商品价格全部放开（其中主要是轻纺工业品），由工商企业协商定价。随后，又陆续放开部分列名商品价格及下放多种商品价格管理权限。至1992年11月，全省日用工业产品除食盐、农用薄膜、书报、部分工业原料和部分药品价格仍属国家管理定价外，其他已放开实行市场调节。

（三）生产资料价格

由于较长时期不承认生产资料是商品，使生产资料价格大多数低于价值。改革的首要任务是解决生产资料价格背离价值的问题。1981年，广东按国家统一部署，调高煤炭、钢材、农机等偏低的22种商品价格。1982年，继续提高冶金、机电等92个品种生产资料价格。以后，根据市场变化，采取"小步快走"办法，每年都对生产资料价格适当调整。同时，对部分生产资料价格实行双轨过渡，规定计划外燃料油、板块钢材、部分化工原材料、部分建筑材料、水泥、煤炭等价格允许保本经营，实行计划内执行国家定价，计划外实行双方议价，同一个品种国家定价与市场价并存。至20世纪90年代初，多数品种取消计划价格，放开市场调节，少数国家重要物资，牌市价合并，订出新的国家定价。广东依靠计划与市场"两只手"，解决省内由于经济迅速发展所需增加的物资需求，这部分物资80%通过省外或境外市场组织供应。

广东还下放生产资料价格管理权限。至1993年，省以上管理的生产资料价格只有煤炭、电力、石油、化肥、铁矿、小汽车等少数品种，其他基本转向市场调节。

（四）第三产业价格

调整交通、邮电等基础产业价格。交通运输价格和邮政资费水平被长期控制在最低限度，限制了这些产业的发展，一度成为广东国民经济发展的"瓶颈"。改革开放后，广东在管理权限内对部分偏低的交通运价及邮电资费进行调整提高。1985—1988年，广东较大幅度调高铁路短途客运价格和邮电报刊发行价格；调高公路、内河、沿海、远洋的客运价和城市公用交通、自来水、民用煤、燃气价格。从而加快这些国民经济薄弱部门的发展。

实行"以业养业"价格政策。20世纪80年代，公路渡口改渡为桥，实行收取过桥费归还建桥本息的政策；对电力工业实行"以电养电"、新电新价、随电收取附加费的政策；出台征收公路建设基金、车辆增容费等多项政策；收取长途电话附加费、电话初装费、工料费等。通过这些措施，为交通、电力、通信等基础产业筹集大量的建设资金，促进这些产业的发展。

服务价格管理。1990年起，省对服务收费下放管理权限，全省统一的收费项目大大减少。除垄断性、强制性、公共福利性的收费外，其他服务价格放开由市场调节。1993年

6月，经省政府同意，省物价局发出制定第三产业有关价格政策措施的通知，合理确定教育、医疗收费政策，进一步放开商业、旅游、服务业、文娱、体育价格，鼓励发展价格咨询、价格信息等中介服务。

（五）行政事业性收费

广东在国内最先将行政事业性收费纳入管理。1986年7月，省政府在全国最先制定《广东省行政事业性收费管理暂行条例》。1991年11月，省人大常委会通过并颁布新的《广东省行政事业性收费管理条例》，规定收费原则、审批权限等，广东行政事业性收费管理走上法制化轨道。

二、建立市场价格调控机制

20世纪90年代初，广东价格改革进入建立和完善市场价格机制阶段。1993年4月，省政府批转省物价局《关于加快建立和完善我省市场价格机制的意见》，文件认为改革开放14年间，广东价格改革坚持以市场为导向，遵循价值规律和国民经济发展的客观要求，采取“放调结合，以放为主，放中有管，分步推进”的方法，把大多数商品价格放开，由市场调节，价格不反映价值和供求状况，阻碍经济发展的局面正在改变。但价格改革的任务远未完成，关系还没有完全理顺，价格机制尚不完善。文件就深化价格改革的目标和做法提出了意见。

1993年12月，省委七届二次全会通过《中共广东省委关于加快建立社会主义市场经济体制若干问题的实施意见》，就继续推进价格改革进一步提出明确要求，就是要加快生产要素价格市场化，对竞争性的商品和服务价格，扩大范围继续放开；管好具有垄断性、保护性、强制性、公共性等特征的价格；健全对价格的宏观调控管理体系，建立市场价格跟踪监测、预警制度；建立重要物资储备、周转制度，防止物价的非正常波动。1997年，省物价局开始在全省全面推行价格听证制度，对关系群众切身利益的公用事业价格、公益性服务价格和自然垄断经营的商品和服务价格，进行价格听证。

20世纪90年代后期，由于亚洲金融危机等因素的影响，1997年开始，广东价格总水平连续2年在低位运行，1998年是负增长，对国民经济的快速、持续、健康增长不利。1999年2月，省政府办公厅印发省物价局《关于发挥价格杠杆作用为增创广东发展新优势服务调研报告》，提出发挥价格杠杆作用促进经济健康发展的一系列政策措施。一是采取价格措施促进扩大内需：（1）及时出台有利投资、促进消费和增加出口的价格政策，扩大总需求，拉动市场转旺；（2）改抑制消费为主的价格政策为促进消费为主的价格政策，大力开拓市场；（3）稳步推进收费改革，治乱减负，创造良好的投资环境，筹集内资利用外资，刺激投资增长。二是突出解决农村价格问题：（1）治理涉农乱收费、乱集资、乱摊派，提高农民的购买力；（2）改革农电管理体制，减少中间环节，降低农村电价；（3）实行农产品价格保护政策，运用各种经济手段，促使农产品价格稳中有升；（4）发挥市场价格信号的传递和引导功能，引导农业生产适应市场。三是加强商品住宅的价格规范和管理。加强住宅业开发、销售环节的收费管理，实行土地使用权出让价格结构性调整；增加中低收入家庭经济适用房用地供应，降低住宅价格水平；规范房地产市场价格秩序。四是利用价格机制扶持外向型经济发展。在收费政策上对“三资”企业给予“国民待遇”，取消部分收费项目，降低收费标准，整治向“三资”企业的乱收费。五是运用价格政策，促进交通等基础设施建设和公用服务事业发展。继续用好贷款集资建设桥路收费政策，但要优化成本，控制利润，规范管理；公路、内河客货运输价格，实行在省规定的价格浮动幅度内，由企业自行定价；地方铁路客货运价继续实行地方特殊运价。六是促进新的消费热点和新经济增长点形成。逐步实现城乡电话话费同价，减轻农民装、用电话的负担；运用价格政策，促进旅游业发展，使之成为新的消费热点；整改汽车购买、落籍、使用过程中的各种收费，减轻车主的负担，促进汽车产、供、销以及运输行业的发展。七是加强价格检查监督。加大对价格倾销、价格垄断、价格欺诈等不正当价格行为的监督查办力度；加强对行业价格自律的指导和对市场价格监管。

1999—2000年，广东按照上述思路，继续深化价格改革。至20世纪末，基本建立起市场形成价格，同时又在政府宏观调控下，既放得开又管得住的价格机制。表现为：一是对竞争性商品、服务和要素价格逐步放开，实行市场调节；对垄断保护性、强制性、公共福利性的商品、服务和要素价格，通过合理调整，实行政策定价。二是在实施中把放、调、管有机结合，并实行各级政府价格调控目标责任制，综合运用经济手段、法律手段、行政手段和舆论手段调控价格，规范市场。三是发挥价格杠杆对优化资源配置、调节生产、推动产业结构调整优化以及分配、流通和消费的基础性作用，调动各方发展生产力的积极性，扶持国民经济关键部门，促进国民经济的协调发展。四是市场价格的形成促进商品市场、要素市场的发育，并且为农村改革、企业改革、流通体制改革以及对外经济体制改革等提供支撑。

1978—2000年，广东商品零售价格指数（以1950年为100，下同），从108.0上升到450.0，提高3.1倍；城市居民消费价格指数从115.0上升到635.9，提高4.5倍；农产品收购价格指数从177.0上升到844.2，提高3.7倍；农村工业品零售价格指数从97.8上升到270.0，提高1.7倍；工农产品的比价指数从55.3下降到32.0。农产品收购价格指数高于农村工业品价格指数，农民从价格改革，特别是工农产品比价指数下降中得到实惠。

1978—2000年主要年份广东省物价总指数变化表

表3-2-1

年份	商品零售价格指数	城市居民消费价格指数	农产品收购价格指数	农村工业品零售价格指数	工农业商品综合比价指数
1978	108.0	115.0	177.0	97.8	55.3
1985	156.1	176.1	313.6	110.8	35.5
1990	275.2	319.9	567.9	185.2	32.6
1995	459.6	592.4	1018.2	268.6	26.4
2000	450.0	635.9	844.2	270.0	32.0

说明：以1950年为100。资料来源于《广东统计年鉴2001》

第三节　培育要素市场

一、金融市场

改革开放前，广东各银行只办理存贷业务，只允许银行信用，不允许其他信用形式。改革开放后，多种金融工具和多种信用形式得到发展，出现股票、债券、大额可转让定期存单、国债、特种金融债券等金融工具及商业汇票（包括银行承兑汇票和商业承兑汇票）、票据承兑贴现再贴现等使用形式。形成包括同业拆借市场、证券市场、外汇交易市场为主体具有一定规模的金融市场体系。

（一）同业拆借市场

广东金融市场发育是从建立金融同业拆借市场开始的。1985年，中国人民银行对广东实行“实贷实存”的信贷资金管理体制，为调剂行际间资金余缺，提高资金融通效率，开始试办同业拆借业务。1986年，各市县陆续建立起同业拆借市场，开始向形成跨系统、跨地区、多层次、大范围和纵横交错的融资网络发展。1988年，国家实行治理整顿经济后，融资拆借市场发展放慢。1993年年底，人民银行广东分行按照人民银行总行的部署，着手规范同业拆借业务，同业拆借重新得到发展。1993年12月试点，1994年3月全面恢复票据承兑、贴现与再贴现市场。1998年，全省商业银行共开出承兑汇票金额295.19亿元，收到承兑汇票金额398.85亿元，票据贴现累计金额321亿元，人民银行再贴现累计金额115.5亿元。至2000年年底，广东省（含深圳）金融机构银行承兑汇票余额524.82亿元，票据贴现余额222亿元，人民银行再贴现余额179.44亿元。

（二）证券市场

1991年7月，深圳证券交易所正式成立。1992年成立广东省证券委员会和广东省证券监督管理委员会，并开展工作。省政府明确证券工作的职责分工是：省计委根据省证券委的计划建议编制全省证券计划，省人民银行负责归口管理证券机构，省财政厅归口管理注册会计师和会计师事务所，省体改委负责组织协调股份制的有关试点工作。

1998年8月，按国务院有关通知精神，广东开展清理整顿证券经营机构工作。省政府办公厅发文，提出清理整顿证券经营机构和非法营业网点的具体实施办法。把握政策，处理好清理整顿与规范发展的关系，做好防范化解证券市场风险的工作。1999年4月，按照国务院办公厅有关通知，广东展开对原有投资基金的清理规范工作，省政府成立广东省清理规范原有投资基金协调小组，负责组织协调原有投资基金清理规范工作。省证监会划归中国证监会垂直管理后，同年6月，省政府办公厅发文，指示地方政府及有关部门加强与证管部门协调配合工作，加强管理化解证券市场风险。

2000年3月，省政府办公厅印发《关于提高我省上市公司质量促进上市公司规范发展若干意见》，提出力争用3年左右时间，通过对上市公司的股权结构、产业结构和资产结构的一系列调整，使全省上市公司整体素质有明显提高。还要求处理好上市公司与控股股东关系，实现高级管理人员任职、机构、财务“三分开”，上市公司应具备独立的供、产、销系统，做到资产完整，产权明晰，规范控股股东与上市公司的决策程序，保证上市公司独立经营决策。

至2000年年底，全省（不含深圳市，下同）境内上市公司共54家，上市股票58只（其中A股52只，B股6只）。主要分布在电子电器、能源交通、纺织服装、商业旅游等行业。全省上市公司总股本218.37亿股，其中A股流通股本68.34亿股，B股流通股本12.52亿股。上市公司股票市价总值A股2606.88亿元人民币，B股43.11亿港元，其中A股流通市值865.58亿元，B股流通市值43.11亿港元。上市公司总资产1179.85亿元，净资产总值607.96亿元，上市公司净利润总额33.69亿元，平均净利润6356.6万元，平均每股收益0.15元。全省通过发行、配股累计在证券市场筹集资金287.3亿元。

2000年，全省已开业的专业证券公司12家，其中1家经中国证监会批准正在筹建；证券分公司2家，证券营业部和服务部314家，其中证券交易服务部53家，机构数量占全国的比重超过10%。全省证券经营机构客户交易资金余额378亿元，占同期全国客户交易资金余额的12.45%；12家证券公司的资产总额约为410亿元，占全国101家证券公司资产总额的7.13%。全省证券经营机构托管股票总市值1058亿元，证券经营机构证券交易总额11525亿元。至年底，全省投资者开户数466.49万户，占全国开户总数的7.9%。

深圳证券交易所是国内两家证券交易所之一，在国内证券市场处于特殊地位。至2000年年底，在深圳上市的公司有514家，上市股票557只，其中A股499只，B股58只；上市公司总股本1581亿股（A股1492亿股，B股89亿股），流通股本584亿股（A股514亿股，B股70亿股）。

2000年，在深圳上市公司市价总值A股20859亿元，B股301亿元；上市公司总资产9077亿元，净资产4286亿元；利润总额395亿元，平均利润7685万元，加权平均每股收益0.18元。至2000年年底，深圳证券市场通过发行配股累计筹集资金2290亿元。

2000年，在深圳证交所开业专业证券公司326家，证券营业部和服务部1697家，证券经营机构托管股票总市值7756亿元，证券经营机构交易总额66288亿元。至2000年年底，深圳证券市场投资者开户总数为2843万户。

（三）外汇市场

1980年，广东开始试办外汇调剂业务。1985年11月，深圳成立全国第一家外汇调剂中心。随后，珠海、广州等市外汇调剂中心也相继成立。1988年4月，广东省外汇调剂中心正式开业。调剂对象开始限于国有、集体企业和事业单位，后逐步扩大到“三资”企业，调剂价格基本放开。1988—1993年，全省外汇调剂成交总额累计335.8亿美元，为全国之首。据人民银行广州分行1998年统计，当年广东的外汇市场（不含深圳）年成交总量96.90亿美元，其中国内外汇交易系统成交87.5亿美元，非联网地区外汇调剂交易9.38亿美元。广东外汇每年交易量约占全国三分之一强。2000年，广东省（不含深圳）银行间外汇市场交易额为50.86亿美元，其中买入34.09亿美元，卖出16.77亿美元。

2000年，深圳银行间外汇市场交易额为30.26亿美元，其中买入20.95亿美元，卖出9.31亿美元。

（四）保险市场

1999年5月，国务院批转保险业整顿与改革方案，开展对保险业的整顿与改革。2000年2月，省政府办公厅印发《广东省保险业整顿与改革方案》，这次整顿与改革的主要内容：（1）整顿保险市场秩序，规范市场行为。（2）清理整顿社会保险部门办理商业保险、商业保险公司办理社会保险业务行为。（3）停止地方政府委托保险公司代办保险业务。（4）一律停止民政系统原来开展的“农村社会养老保险”，已办的进行清理。（5）整顿工会系统兴办的互助合作保险业务。这次整顿与改革在当年7月底完成。

至2000年年底，广东保险市场（不含深圳）共有各类保险经营主体11家（其中中资保险分公司8家，中外合资保险公司1家，外资保险分公司2家），分支机构625家，兼业代理5990家，从业队伍近6万人。2000年，实现保费收入152.27亿元，占全国总保费收入9.54%，其中财产保险64.89亿元，赔款支出29.89亿元；人身保险87.38亿元，赔付支出18.76亿元。保险深度（保费总额/GDP）1.90%，保险密度人均保费209.63元（按常住人口计）。年底，全省保险业总资产249.47亿元，为各类财产提供价值2.23万亿元的风险保障，为1800多万人（次）提供1.88万亿元的人身保障，人均保障额超过10万元。保险企业上缴营业税5.68亿元。中国人民保险公司广东省分公司和中国人寿保险公司广东省分公司在广东保险市场处主导地位，两公司的财产保险保费收入和人身保险保费收入分别占全省两险种保费收入的七成以上。

2000年，深圳有保险机构12家，其中法人保险公司2家，分公司7家，外资保险公司3家，保险总金额（人身保险及财产保险）为10040亿元。其中，期末人身保险有效承保人次155.51万人次，保单187.63万件，人身险保费收入18.08亿元；当年财产险保费收入22.45亿元。2000年，保险公司资产总额64.87亿元。

（五）期货市场

1993年7月，省政府印发《广东省期货市场管理规定》，规范期货交易，加强对期货市场的协调和管理。1994年8月，为贯彻国务院办公厅关于坚决制止期货市场盲目发展的意见，省政府办公厅转发省期货领导小组《关于加强我省期货市场管理的意见》，要求清理和完善现有期货交易所；整顿期货经纪公司；打击查处各种非法期货交易行为及加强对期货市场的监管工作。1998年9月，省政府转发国务院关于进一步整顿和规范期货市场的通知，省及有关市成立省清理整顿期货交易工作领导小组，取缔非法期货经纪活动，未取得境外期货业务许可证的企业，一律不得以任何借口、任何方式从事境外期货交易。

至2000年年底，全省（不含深圳）有期货经纪公司24家，其中17家通过1999年年检。全年由于期货市场交易品种过少，投资者信心不足，市场交易量萎缩导致多数公司亏损。17家期货经纪公司客户保证金余额2.31亿元，代理交易额1031.12亿元，手续费总收入2712万元。17家期货经纪公司总计亏损838万元，亏损公司占全部期货经纪公司总数的八成。期货经纪公司从业人员472人，比上年减少28%。

二、劳务和人才市场

（一）劳务市场

20世纪80年代初，广东省城镇劳动管理引进市场机制，允许城乡劳动力流动，开始推行劳动合同制。1983年7月，规定在企业新招人员中推行劳动合同制，市场择业逐步成为劳动者就业的主导方式。1991年，全省非农业就业人数中，有85%不同程度通过劳务市场，成为合同制职工与临时工。据省劳动部门1992年年底的一项调查，当年1—9月，全省新就业人员31.89万人，其中由国家计划分配的占5.8%，通过市场就业的占94.2%。

劳动力市场中介组织相应出现并迅速发展，全省形成多级职业介绍网络。2000年，全省有劳动职业介绍机构1355个，其中劳动部门办1039个，非劳动部门办316个。全年共办理求职登记人数224.9万人次，介绍成功76.3万人次。为下岗、失业人员办理求职登记68万人次，介绍成功24.5万人次。各地定期与不定期举办劳动力供需见面会，城镇劳动力的市场调节面90%。2000年年底，全省实有外省劳动力534.6万人，年新增外省劳动力120.8万人；年底实有省内外来劳动力234.1万人，实有外出劳动力214.1万人。

（二）人才市场

广东最早的人才市场是20世纪80年代初以“星期六工程师”（国营企业职工周末到一些乡镇企业做兼职）的初级形式出现的，它对当时珠江三角洲乡镇企业的发展，起到积极作用。随着人才的流动，对原来的人才部门（单位）所有和统包统配的人事制度带来很大冲击。1983年，省人事部门率先成立全国首家人才流动服务机构，随后各市县人事部门人才流动服务机构也相继成立。据1998年调查，1983—1997年，全省通过人才市场选聘的专业技术人员和管理人员有98.5万人，其中通过人才市场从省外调入39.8万人，当中80%有大学本科以上学历，中级以上职称占51%。

至2000年年底，全省有地级以上市人事部门所办人才流动服务机构21个，县级人事部门人才流动服务机构127个，民办人才流动服务机构76个。2000年，全省举办人才培训601次，参加培训人数11.97万人；举办人才交流会598次，参加人才交流会应聘72.29万人次。

（三）劳务、人才市场管理

20世纪90年代，广东加强对劳务、人才市场的管理。1996年，省政府办公厅印发《关于加强劳务市场和人才市场管理的通知》，2000年，省人大颁布实施《广东省职业介绍管理条例》，依法依规管好劳务和人才市场。各级劳务、人才市场除举办人才招聘会之外，还根据用人单位和社会的需求，进行劳动力和人才信息收集、发布，建设劳务和人才信息网站及信息库，开展技术业务培训、推荐就业、网上求职与招聘，以及人才租赁、人事代理等多项服务。

1994—2000年部分年份广东劳务市场情况表

表3-3-1

年份 指标名称	1994	1995	1999	2000
职业介绍服务机构数（个）	1351.00	1489.00	1415.00	1355.00
劳动部门所属	1061.00	1065.00	1048.00	1039.00
非劳动部门所属	290.00	424.00	367.00	316.00
年末实有外省劳动力（万人）	343.64	359.79	464.00	534.60
年新增的外省劳动力（万人）	66.38	76.14	93.00	120.80
年末实有省内外来劳动力（万人）	301.53	255.68	225.00	234.10
年末实有外出劳动力（万人）	196.13	178.94	208.00	214.10

说明：资料来源于《广东统计年鉴2001》

三、技术市场

20世纪80年代初，广东开始出现技术市场的雏形。广州市一些科研单位与工厂签订使用科研成果收益分成合同。这做法得到广州市科技主管部门的肯定。1980年8月，广州市发文规定，“科研成果的应用，可由研制单位和使用单位采用协议书或合同的方式，规定双方应承担的技术经济责任和义务”。这是技术市场的开端。1985年1月，国务院颁布《关于技术转让的暂行规定》后，1986年7月，省六届人大常委会通过《广东省技术市场管理规定》，确立技术市场作为科技成果转化为现实生产力的媒介，保障技术贸易各方的合法权益，促进全省技术市场的发展。2000年5月，省九届人大常委会对《广东省技术市场管理规定》进行修订，形成层次更高的《广东省技术市场条例》，并于同年7月30日实施。

广东技术交易的形式主要有：技术使用收益分成、技术入股、科技成果转让交易等。1992年8月，深圳市举行我国首次科技成果拍卖会。至1998年，全省有技术贸易机构5600多家，从业人员14.6万人。经常性、全国性、国际性的技术交易会有深圳高新技术交易会、广州留学人员交流会、东莞电子博览会、惠州数码节等。技术交易会一般同时设有专门网站，开展网上技术交易。2000年，全省技术贸易买方买入技术5464项，金额48.21亿元，其中工业企业3739项，金额41.52亿元，分别占总数的68.4%和86.1%；科研机构买入186项，金额1.75亿元；个人及个人合伙1033项，金额2.44亿元；各级政府管理部门464项，金额2.38亿元；技术贸易机构买入42项，金额0.11亿元。

1994—2000年部分年份广东省技术市场交易情况表

表3-3-2

指标名称	1994年	1995年	1999年	2000年
技术买方项数（项）	5839	5098	5004	5464
金额（万元）	95884	125972	344528	482104
其中：工业企业项数（项）	3940	3347	3164	3739
金额（万元）	69488	94147	239760	415226

续表3-3-2

指标名称	1994年	1995年	1999年	2000年
科研机构项数（项）	193	177	129	186
金额（万元）	2221	1544	2905	17494
各级管理部门项数（项）	455	400	697	464
金额（万元）	9124	12719	92608	23864
技术贸易机构项数（项）	179	88	26	42
金额（万元）	3124	1175	696	1148
个人及个人合伙及其他项数（项）	1072	1086	988	1033
金额（万元）	11927	16387	8560	24372

说明：资料来源于《广东统计年鉴2001》

四、土地市场

（一）土地市场的形成

改革开放前，土地只作为简单的生产资源存在于各生产领域，按计划经济管理的要求进行行政配置，并实行无偿无限期不许流转的土地使用政策。这一政策对当时中国国民经济恢复及全面开展工业建设起到保障作用。但是，由于完全排斥市场，使国家作为土地所有权的代表在经济上没有得到体现，巨大的土地资源不能盘活。

20世纪80年代中，深圳经济特区政府从香港土地批租制度获得启示，于1987年9月、11月、12月，分别以协议、招标、拍卖方式出让国有土地使用权。其中12月1日在深圳会堂举行的拍卖活动，共有44家中外企业参加竞投，最后由深圳市房地产公司以525万元价格获得位于罗湖区布心路翠园新村西侧的8588平方米的土地使用权，用途为住宅，使用年限为50年，开创国内“有偿有限期允许流转”使用土地的先河。

深圳市有偿出让土地使用权引起国内外强烈反响，认为这是中国经济体制改革走出的十分关键的一步。1987年12月，省人大常委会审议通过《深圳经济特区土地管理条例》，明确规定深圳实行土地有偿使用。1988年3月，国家土地管理局在深圳召开深圳土地使用权有偿出让、转让研讨会，认为深圳做法在全国有普遍指导意义。当年4月，七届全国人大第一次会议通过《中华人民共和国宪法修正案》，规定土地使用权可以依照法律的规定转让。12月29日，《中华人民共和国土地管理法》通过修正，规定依法实行国有土地有偿使用制度。

1988年，土地使用制度改革在深圳、珠海、汕头3个经济特区和广州经济技术开发区推广试行。1990年5月，国务院先后下发《中华人民共和国城镇国有土地使用权出让和转让暂行条例》《外商投资开发经营成片土地暂行管理办法》。广东成立土地使用制度改革领导小组，选定惠州市、中山市和宝安区为试点，出台相关配套性文件，建立土地合同管理、价格管理、产权登记管理程序。土地市场建设由经济特区逐步向全省推开。至1992年年底，有18个地级以上市实行土地有偿使用制度，有偿出让土地面积11691公顷，土地收益131亿元。行政配置土地管理体制逐步引入市场配置机制。广东土地使用制度改革对全国起到示范作用，被称为“广东版的土地改革”。

1992年后，土地使用制度改革继续深化，由政府垄断的土地一级市场出现，带动房地产业兴起，土地转让、出租、抵押以及土地入股、联营等交易活动活跃，土地出让和转让的二级市场逐步形成。

（二）土地市场规范运作

为规范土地市场行为，1993年广东省开征土地增值费。同年，省国土厅、省物价局制定《广东省城镇国有土地基准地价暂行标准》，把全省各城镇国有土地分为1至10等，按不同用途规定土地基准地价标准，并建立定期调整制度。成立广东省地价评估事务所，专门负责政府交办的土地评估业务和土地市场的地价评估、咨询事务。1996年建立土地市场监督管理机制，土地使用权出让、转让必须向国土部门提出申请，经审核并缴纳税费后方能进入市场。同时，规范土地转让、抵押、出租合同文本，初步建立起地产市场信息网络框架。至1997年，全省有9个地级以上市、8个县级市公布基准地价，登记备案土地估价机构102家，获国家土地管理局土地评估师资格有374人，获省国土厅土地评估资格540人。

1997年5月，省政府印发《关于规范土地审批、出让，加强监督管理的通知》；1998年6月，《广东省城镇国有土地使用权公开招标拍卖管理办法》公布，自8月1日施行；同年10月，省政府发出《关于加强非农业建设闲置土地管理的通知》；1998年12月，《广东省地价管理规定》施行。以上这些措施，使广东土地使用制度改革不断向纵深发展。1994—2000年，全省国有土地出让土地使用权面积29855万平方米，土地收益近278.85亿元。

1994—2000年部分年份广东省国有土地使用权出让、划拨情况表

表3-3-3

指标名称	1994年	1995年	1999年	2000年
一、国有土地使用权出让	—	—	—	—
出让地块（宗）	10026	9701	6028	8305
出让面积（万平方米）	10667	8527	5119	5542
二、土地使用权出让总收入（亿元）	73.54	48.95	43.85	112.53
三、国有土地使用权划拨	—	—	—	—
划拨地块（宗）	11408	6476	938	982
划拨面积（万平方米）	4750	6090	1829	1315

说明：资料来源于《广东统计年鉴2001》

五、房地产市场

（一）市场的形成

1949—1955年，全省通过接收官僚房地产、处理外产、保护私人合法房产、打击房地产违法投机活动等项工作，初步形成由政府房地产管理部门对公有房产实行统一管理，同时允许少量私有房产合法经营的格局。1956—1966年，对城市私有房屋进行社会主义改造，实行国有独家经营城市房地产，这种情况下，房地产市场难以形成。“文化大革命”

期间，房地产业发展停滞。1987年9月，深圳经济特区率先实行土地使用权有偿出让，促进房地产市场的发育。

1992年，广东房地产投入首次突破百亿元，达到125.57亿元。1998年，全省房地产业增加值363.5亿元，占全省国内生产总值的比重为4.55%，占第三产业的比重为11.72%。根据省建设部门资料，1988—1998年，全省商品房销售面积累计9980万平方米，其中住宅为8680万平方米，占87%。个人购房比重约80%。2000年，全省房地产投资达到858.61亿元；房地产买卖成交面积4882万平方米，总成交金额1178.21亿元；全省房屋租赁面积3984万平方米，出租金额7.43亿元；向个人出售新建住宅1957万平方米，金额603.94亿元，向个人出售旧住宅744万平方米，金额53.83亿元。

（二）加强立法和管理

1993年12月，省人大常委会颁布《广东省房地产开发经营条例》，以后又陆续颁布《广东省城镇房地产转让条例》《广东省城镇房屋租赁条例》《广东省城镇房地产权登记条例》《广东省房地产评估条例》《广东省商品房预售管理条例》《广东省物业管理条例》等7部地方性法规。再加上深圳、珠海、汕头经济特区地方人大颁布的一批地方性法规，使全省房地产市场建设开始走上有法可依的轨道。各级政府和建设主管部门加大各项法规的执行力度，依法管理房地产市场。

至2000年，全省有一级房地产评估机构10家，二级评估机构20家，三级评估机构42家，临时资格评估机构67家。有1040人获得房地产估价师执业资格，有767人获得房地产估价员资格。全省有经工商登记注册的房地产经纪机构1000多家。

1994—2000年部分年份广东省城市房地产市场交易情况表

表3-3-4

指标名称	1994年	1995年	1999年	2000年
一、房产买卖	—	—	—	—
成交面积（万平方米）	946	1304	2994	4882
成交金额（亿元）	143.45	258.67	644.06	1178.22
二、房屋租赁	—	—	—	—
出租面积 （万平方米）	2953	2544	3240	3984
出租金额（亿元）	24.07	24.03	7.96	*7.44
三、向个人出售住宅	—	—	—	—
新建住宅面积（万平方米）	644	842	1387	1957
新建住宅回收资金（亿元）	34.90	237.30	282.33	603.94
旧住宅面积 （万平方米）	314	13	3240	744
旧住宅回收资金 （亿元）	4.64	0.21	11.85	*53.83

说明：带*号的数据未包括深圳市。资料来源于《广东统计年鉴2001》

第四节　国营商业和供销社改革

一、改革部署和举措

（一）改革部署

进入20世纪90年代，国营商业和供销社（简称国合商业）企业遇到不少困难，经营机制不适应，一批企业活力不足，效益下降，亏损增加。为改变这种状况，1991年12月，省政府根据国务院关于搞好国营大中型企业的精神，作出深化国合商业改革的部署。广东推进国合商品改革主要做法：

一是转变企业经营机制，增强企业活力。（1）落实企业自主权。对国合商业做到经营放开，价格放开，分配放开，用工放开。（2）国营大中型商业企业有计划、有步骤地组建控股型的股份制企业集团；紧密型的企业集团可实行统一承包，分级核算；经批准可以发行债券、股票进行集资。（3）国营零售小型门店，除继续实行改、转、租外，能够兼并、拍卖的，可进行兼并、拍卖。

二是强化企业内部管理。（1）围绕提高经济效益这个核心，抓好岗位责任制、经济核算、培训等管理基础工作。（2）合理拉开分配差距，奖勤罚懒，打破“大锅饭”“铁饭碗”。（3）加强购销管理、资金管理和费用管理。

三是开拓市场。（1）鼓励发展省内外企业之间的联营、联购、联销等多形式的横向经济联合和经济协作，组织和促进工贸、农贸和内外贸联合。（2）加强市场销售网络建设，发展、完善各类集贸市场和专业批发市场，在省内各大中城市，建立一批现代化的大中型商业网点、专业批发市场和集贸市场。

四是发挥国合商业企业的主渠道作用。（1）国合商业企业积极参与对市场的调控，国家计划管理的商品、重要的人民生活必需品、国家专营专卖商品以及重要生产资料的批发，要掌握或主要掌握在国合商业手中。（2）对关系国计民生的重要商品，如粮食、食糖、猪肉、食盐、化肥、农药、防疫药品、救灾物资等，建立重要商品储备制度。（3）提高企业自有流动资金比例，对国合商业企业历年的亏损挂账进行清理。

五是搞好多渠道流通。在发挥国合商业流通主渠道作用的同时，支持乡镇企业、私营企业和个体户等多种经济成分参与商品流通，使其在活跃经济、繁荣市场中发挥积极作用。

1992年6月，省政府选择100户国营商业企业作为改革试点。给予试点企业在商品经营、商品作价、利益分配、劳动用工、资金筹措和自有资金使用、财务开支、内部机构设置、固定资产处置、进出口经营、网点建设和技改等10个方面政策扶持，同时建立相应的约束机制。1993年7月，省政府决定在上年100户国合商业企业综合改革试点的基础上，再扩大100户综合改革试点，试点时间从1993年至1995年。

（二）改革试点

1. 1992年试点企业名单

省直企业（13户）

广东省石油公司、广东省糖烟酒集团公司、广东省食品集团公司、广东省商业制冷设备公司、广东省化工原料公司、广东省农业生产资料公司、广东省果菜副食品公司、广东省供销社贸易中心、广东省土产公司、广东省粮油贸易公司、广东省侨汇粮油食品公司、广东省粮油物资基建公司、广东省饲料开发公司。

市属企业（87户）

广州市（16户）：广州市南方大厦股份集团公司、广州市广州百货大厦、广州市东山百货大楼、广州市致美斋食品厂、广州市广州酒家集团公司、广州市东方宾馆、广州市流花宾馆、广州市果菜储运贸易公司、广州市物资回收公司、广州市果子食品厂、广州市木器公司、广州市厨具公司、广州供销联合经营公司、广州市南方面粉厂、广州市富民粮油食品贸易公司、广州白云米面制品厂。

深圳市（2户）：深圳市竹园宾馆、深圳市粮食总公司。

珠海市（3户）：珠海市百货集团公司、珠海市面粉企业公司、珠海市江海电子股份有限公司。

汕头市（6户）：汕头市冷冻厂、汕头市五金交电公司、汕头市干鲜果副食品公司、汕头市物资回收公司、汕头市粮油储运贸易总公司、汕头市面粉厂。

韶关市（4户）：韶关市商业大厦、韶关市韶关酒家、韶关市日用杂品公司、韶关市粮油食品厂。

肇庆市（4户）：肇庆市商业大厦、肇庆市南方糖果厂、肇庆市日用杂品公司、肇庆市粮油贸易公司。

湛江市（5户）：湛江市霞山区百货公司、湛江市对外供应集团公司、湛江市供销贸易公司、湛江市面粉厂、湛江市粮油储运公司。

茂名市（4户）：茂名市化工原料公司、茂名市百货公司、茂名市供销社工业品公司、茂名市粮食运输公司。

佛山市（10户）：佛山市商业企业集团、佛山市升平商业企业集团、佛山市兴华商业集团、佛山市金城饮食企业集团、佛山市石油燃料企业集团、佛山市食品企业集团、佛山市供销企业集团、佛山市日用工业品企业集团、佛山市生产资料企业集团、佛山市粮油企业集团。

江门市（5户）：江门市百货总公司、江门市常安百货公司、江门市纺织品公司、江门市果品副食总公司、江门市粮食企业集团。

惠州市（4户）：惠州市糖烟酒公司、惠州市五金交电公司、惠州市果菜副食品公司、惠州市烟草贸易中心。

梅州市（2户）：梅州市江南大厦、梅州市面粉厂。

清远市（1户）：清远市饮食服务公司。

阳江市（5户）：阳江市饮食服务公司、阳江市华侨商品供应公司、阳江市日用杂品公司、阳江市果菜副食品公司、阳江市粮食油料公司。

中山市（5户）：中山市百货总公司、中山市五金交电公司、中山市果菜副食品总公司、中山市香山酒店、中山市城区粮食公司。

东莞市（4户）：东莞市运河商场、东莞市百货公司、东莞市日用杂品公司、东莞市粮食总公司。

河源市（2户）：河源市五金交电公司、河源市面粉厂。

潮州市（2户）：广东省石油公司潮州市公司、潮州市农业生产资料公司。

汕尾市（2户）：广东省石油公司汕尾市支公司、汕尾市面粉厂。

揭阳市（1户）：揭阳市食品公司。

2. 1993年试点企业名单

中央驻广州企业（1户）

中国农贸公司广州公司。

省直企业（7户）

广东省商业企业集团、广东省供销社企业集团、广东省粮食企业集团、广东省商办工业开发公司、广东省饲料工业公司、省旅游局、广州白云宾馆。

市属企业（93户）

广州市（18户）：广州宾馆、广州市旅游公司、广州市泮溪饮食服务企业集团、广州市旅业公司、广州市化工原料公司、广州五金交电采购供应站、广州市钟表眼镜公司、广州市华侨商品供应公司、广州市友谊副食品公司、广州市二商烟草贸易公司、广州市外轮供应公司、广州市再生资源开发公司、广州市果品食杂公司、广州市农业生产资料公司、广州市土产茶叶公司、广州市富国粮油食品贸易公司、广州市利国粮油食品贸易公司、广州市利民粮油食品贸易公司。

珠海市（5户）：珠海市供销企业集团有限公司、珠海市石油化工企业集团有限公司、珠海市商业企业集团有限公司、珠海市副食品企业集团有限公司、珠海市粮油贸易总公司。

佛山市（14户）：佛山市食品水产贸易公司、佛山市城区饮食公司、佛山市特种光源器材厂、佛山市城区联合无线电厂、佛山市石湾商业企业集团公司、南海市供销企业集团、南海市石油企业集团、南海市食品企业集团、南海市粮油总公司、南海市商业集团公司、三水市华侨商品供应公司、高明县百货公司百货商场、高明县石油燃料企业集团、高明县烟草企业集团。

东莞市（4户）：东莞市食品公司、东莞市糖酒公司、东莞市副食品公司、东莞市生产资料公司。

湛江市（6户）：湛江市光华五交化公司、湛江供销社企业集团股份有限公司、赤坎区南华大酒店、坡头区商业总公司、徐闻县糖烟酒公司、海康县雷州饲料厂。

清远市（5户）：清远市烟草公司、清远市石油公司、清远市饲料厂、清远市粤新商业发展总公司、清远市华侨商品供应公司。

肇庆市（8户）：肇庆市供销水产品肉类加工厂、肇庆市第二食品公司、肇庆市端州大酒店、鼎湖区商业企业集团公司、鼎湖区粮食企业集团公司、怀集县糖烟酒公司、罗定商业大厦、广宁县糖烟酒公司。

江门市（5户）：江门市五金公司、江门市食品公司、新会市五金交电公司、鹤山县日用工业品公司、鹤山县杏花村酒家。

梅州市（4户）：梅州市供销企业集团、梅州市商业企业集团、梅州市粮食企业集团、梅州市金良实业集团。

惠州市（2户）：惠州市银华实业总公司、惠州市土产公司。

韶关市（5户）：韶关市农业生产资料公司、韶关市石油公司、韶关市纺织品公司、韶关市百货公司、韶关市华丰饲料厂。

汕头市（4户）：汕头市商业企业集团公司、汕头外轮供应公司、汕头市蔬菜公司、汕头市日用杂品公司。

揭阳市（3户）：揭阳市商业总公司、普宁供销社（集团）公司、揭阳市华侨商品供应公司（友谊公司）。

潮州市（2户）：潮州市五金交电公司、潮州市供销储运公司。

河源市（1户）：河源市源城区糖烟酒公司。

茂名市（3户）：茂名市五金交电公司、茂名市日杂公司、高州县工业品家电集团公司。

汕尾市（4户）：汕尾市商业企业集团公司、汕尾市供销社企业集团公司、汕尾市烟草公司、陆丰县碣石国营商业总公司。

二、省级商业机构改革

1992年8月，省政府对省级国合商业体制进行改革，把省级国合商业部门组建成5个集团和1个局，即广东商业企业集团、广东粮食企业集团、广东供销社企业集团、广东石油企业集团、广东食品企业集团和广东省粮食储备局。省商业、粮食和供销社企业集团公司为正厅级单位，省石油、食品企业集团公司为副厅级单位。省粮食储备局承担全省粮食储备任务，为副厅级单位。省供销社企业集团是集体合作经济性质，其他企业集团为国营企业。原省商业厅、省供销社、省粮食局的行政管理职能划归省人民政府财贸办公室。

省属5个商业集团公司具有企业法人地位。原各省属专业公司分别是企业集团的直属子公司，同时具有企业法人地位。企业集团设董事会，由集团公司和各直属子公司的经理组成。为便于上下联系，机构改革后，暂时保留省商业厅、省粮食局、省供销社的牌子。各单位保留少数编制组成办公室，负责上传下达、沟通信息、累总报表、管理离退休干部等工作。

三、基层供销社改革

随着农村改革的不断深入，市场调节不断扩大，基层供销社的管理体制和经营机制已不很适应农村的发展。1992年3月，省政府决定对基层供销社的体制进行改革。将基层供销社的管理体制由条条管理改为块块管理。在所有制性质不变、现有干部职工身份不变、企业法人地位不变、企业债权债务关系不变的前提下，实行所有权归所有者，管理权归乡镇，经营权归企业。主要做法：

第一，所有权归所有者。基层供销社是农民群众集体所有的合作商业组织。基层供销社的财产、资金、商品属农民群众集体所有，其占有、使用、收益和处置权属社员代表大会及其选出的理事会，任何单位和个人不得以任何形式侵占、转移和平调，只能等价交换，有偿使用。

第二，管理权归乡镇。乡镇政府对基层供销社的主要职责是：对基层供销社实行行政管理，协调解决经营中的重大问题，监督基层供销社执行各项政策法规、遵守社章、维护民主管理制度、保障社员权益，保护基层供销社的合法权益等。县供销联社对基层供销社实行行业指导，开展各种有偿服务，及时传递、交流市场信息；组织联营活动；帮助搞好专营和其他商品的经营；汇总基层供销社提供的各种报表。

第三，经营权归基层供销社。基层供销社实行自主经营、自负盈亏，同乡镇企业一样，在经营上享有充分的自主权：有权决定企业的经营，凡是农民生产、生活需要的商品都可以经营，不受经营范围的限制；对国家实行指导价和市场调节价的商品，有权自行定价；有权决定企业内部的分配办法、机构设置和用工制度，基层供销社的正副主任，由乡镇政府组织社员代表大会选举产生，其他干部职工，可实行聘用制，企业有权录用和辞退职工。基层供销社可通过吸收农民、职工和其他单位入股筹集资金或与其他单位联营。基层供销社的干部职工（包括离退休干部职工）继续参加社会劳动保险。

1999年3月，省政府转发国务院关于解决当前供销社几个突出问题的通知，并从广东实际出发，提出供销社改革要坚持合作经济方向，理顺市、县各级供销联社的组织管理体制，按照整顿金融秩序的精神，采取有效措施，防范化解社员股金可能发生的风险。采取多种形式加快市、县供销联社直属企业改革步伐。

四、粮食部门改革

1995年11月，省政府对粮食系统改革专门作出规定：

第一，实行政策性业务和商业性经营财务分开，单独核算。政策性业务是指国家定购粮、中央和地方储备粮的收购、进出口、储存、批发、调运和城镇居民基本口粮及农村需救助人口的粮食供应，军粮、救灾救济粮和水库移民口粮的供应，吞吐粮食平抑市场粮价。商业性经营是指政策性业务范围以外的其他经营活动。政策性业务由各级财政部门负责政策性业务费用补贴。粮食企业不承担政策性亏损，企业因经营管理不善而发生的亏损由企业自行消化；政策性业务所获得的盈利应主要用于弥补政策性业务发生的亏损。承担政策性业务的国有粮食企业，必须把政策性业务和商业性经营分开，财务分账，费用分摊，单独核算。

第二，扶持粮食企业转换经营机制。实行两条线运行改革后，国有粮食企业在努力完成政府交给的政策性业务的同时，坚持“本业为主，综合经营，多元发展”的原则，拓宽门路，大力开展多种经营，增强企业实力，发展连锁经营，减少环节，降低流通费用，提高经济效益。搞好“一库两场”（即粮库和批发市场、商场）建设，改善粮食储备、流通条件。改善企业的经营管理，深化劳动、人事、用工和分配制度等方面的改革，通过实行全员劳动合同制、聘任制等多种形式，尽快建立起激励机制和约束机制，调动企业和职工的积极性。粮食企业不得产生新的财务挂账。

第三，强化粮食宏观调控。落实粮油储备任务，储备粮油能够收得上、储得住、及时轮换，发挥其调控市场和救灾应急的作用。国有粮食企业坚持执行国家粮食价格政策，确保供应，稳定市场。政府制定粮油经营管理办法，规范粮油流通秩序。

第四章　对外经济体制改革

第一节　外贸体制

一、扩大广东外贸经营权

1979年7月，《中共中央、国务院批转广东省委、福建省委关于对外经济活动实行特殊政策和灵活措施的两个报告》（即中央50号文），从两方面扩大广东对外贸易权限：一是实行外贸大包干。出口和创汇以1978年实绩为基数，从1980年开始，一定5年，出口外汇增长部分上缴中央三成，其他各项外汇收入（包括加工装配、补偿贸易、合资经营及各种非贸易外汇）的增长部分，全部留给广东，由省内综合平衡，包干安排。从1985年开始增加上缴，为国家多做贡献。中央给予广东除原油（成品油）和钨砂两种商品外所有商品的经营自主权，广东则承担换汇成本的风险。二是扩大地方对外贸易自主权。在中央统一对外贸易方针政策和规划下，广东有权安排和经营自己的对外贸易，广东现有的外贸分公司，受省和总公司的双重领导。凡广东生产出口的商品，由广东口岸直接对外成交出口，不受现行口岸商品经营分工的限制。凡有出口配额的商品，由外贸部统一安排。广东地方外汇进口物资作价，由省决定，超过基数增加出口的亏损，按中央、地方外贸出口外汇分成比例分担。广东举办的加工装配、补偿贸易和合资经营等项目，凡不涉及国家综合平衡的，由省自行审批，并报国务院有关部委备案。为了适应地方发展外贸的需要，设立广东驻港澳外贸业务机构，调查研究市场行情，承办广东省的外贸业务。省有关单位来往港澳办理业务人员的出入境手续，由省审批。

1980年5月，中共中央在关于《广东、福建两省会议纪要》的批示中，对50号文中的一些职责分工作明确划分，并同意两省要求，推迟到1981年开始实行50号文确定的外贸体制和外贸外汇分成办法。广东省外贸换汇成本包干基数定为2.8元。

1979—1981年，广东对外贸易迅速发展，外贸收购和出口3年翻一番。出口收汇额平均每年增长29.3%，同期上缴中央外汇18.3亿美元，地方留成外汇10.6亿美元。但是随后由于国际国内各种因素，特别是中英开始谈判香港回归问题的影响，港币大幅度贬值，造成换汇成本迅速上升，以致当时80%收汇为港币的广东外贸亏损严重。1982年，全省外贸总换汇成本为3.2元，比上年增加0.36元。全年外贸亏损超过7亿元。1983年，亏损超过10亿元。1984年，省政府无奈把外贸大包干政策“送回中央”，重新恢复外贸全国集中经营、统负盈亏的做法。由此带来出口规模缩小、企业开工不足的问题。于是，广东在全国首推代理出口做法，由外贸公司代理厂家出口，出口收汇全部留给地方，由地方自负盈亏，从而一定程度上解决当年生产不足的问题。

中央50号文确定广东、福建实行特殊政策、灵活措施定期5年，至1984年年底期满。

1985年3月，国务院决定两省在今后5年内继续实行特殊政策、灵活措施，并且在以下两个方面作出新的规定：第一，进一步扩大两省外贸经营权限。出口计划以省为主制定，报外经贸部综合平衡后，纳入国家计划。使用地方自筹外汇和留成外汇的进口计划，由省自定，报外经贸部备案。出口货物需要的配额和许可证，由外经贸部按核定的省出口计划，切块下达给省，由省外经贸委按照各外贸企业（包括工贸、农贸、技贸企业）承担的创汇任务进行合理分配。两省在国家统一政策指导下，自主经营蔬菜、水果、塘鱼等鲜活商品（不含活猪、活牛）出口。对港澳地区出口鲜活商品逐步过渡到主要由两省供应。第二，提高外汇留成比例。一般商品出口全额留成比例由25%提高到30%，提高的5%部分，由省统筹安排使用；原油、成品油、机械产品和以进养出的商品出口外汇留成比例，按全国统一规定执行。“三来一补”项目的外汇收入，继续实行超基数全额留给两省的办法。广东省的基数调整为2000万美元。侨汇留成比例适当提高，赡家侨汇提高到50%，建筑侨汇提高到60%。其他非贸易外汇的留成办法不变。

得到中央扩大外贸权限后，广东为消除旧外贸体制高度集中、垄断经营、工贸脱节、产销脱节等弊端进行积极探索。从1981年开始，广东在全国最早放开进出口业务经营权，由过去只允许外贸专业公司经营，放开给有条件的生产企业经营；由只允许外经贸系统的企业经营，放开给有条件的非外经贸系统的企业经营；由只允许中央直属的外贸公司经营，放开给地方外贸公司经营。1982年，一批工业生产企业成立工业贸易公司。1984年，有48家大型工业企业获自营出口权。为鼓励地方发展对外经济贸易，省决定给予有经营条件和能力的各行各业和各市县拥有1家以上企业经营进出口业务。至1987年，全省经营进出口业务的企业由原来的10多家增至1000多家。如南海县在改革开放前没有地方进出口公司，作为珠江三角洲经济发达地方，对外贸易却十分落后，只能把货源供应外贸专业公司出口，年创汇只有几百万美元。地方企业可以经营进出口业务以后，该县的外贸迅猛发展，1987年出口创汇超1亿美元，成为全省的创汇大户。

在这期间，广东各地出口贸易经营策略进行4个方面的重要调整：一是调整出口商品结构。由以农副土特产品为主转到以轻纺工矿产品为主，由初级产品为主向深加工产品过渡，发展机电产品和其他高科技产品出口。二是调整出口生产布局。根据各地优势，大宗出口商品实行集中连片、定点定厂生产，改变产销脱节现象，变“生产什么就出口什么”的传统做法为“出口需要什么就生产什么”。1985年年底，省制定建设出口商品生产体系的规划，提出以珠江三角洲为主体，以汕头、湛江为两翼，围绕若干拳头产品，逐步建立起生产、保鲜、加工、贮藏、运输、销售、出口一条龙的生产经营体系。各地积极开展出口生产体系的建设，为出口贸易提供货源，兴办大批项目，形成“鞋城”“钟表城”“小五金城”“玩具城”等连片生产基地。1987年，广东玩具工业的总产值和产品出口居全国第1位，成为全国玩具出口三大基地之一。三是调整出口经营机制。以扩大出口、增加收汇为目标，以国际市场为导向，从生产企业开始，实行工、农、技、贸多种形式的横向联合，形成新的出口实体，并把出口经营权逐步落实到这些实体上。四是调整出口市场。在继续以港澳地区为主要出口市场的同时，开拓其他国际市场，在美国、日本、西欧、澳大利亚等国家和地区开设贸易机构，建立自己的国际销售网络。

加强外经贸机构建设，1984年以前，广东外经贸工作分由省外经委和省外贸局两个机构管理，其中省外贸局和省外贸总公司又是两个牌子，一套机构，存在政企不分的问题。8月，省政府决定，原省外经委与省外贸局的行政管理部分合并，组建新的省对外经济贸易委员会，统一管理全省对外经济贸易工作。省外贸总公司为经营对外贸易的厅局级企业，具有法人地位，经济上实行独立核算，盈亏与国家对外经济贸易部挂钩。从20世纪80年代中期开始，“三来一补”和“三资”企业的出口开始列入全省外贸出口计划，并进入统计范围。由于外商投资企业出口迅速增长，保持强势，很快成为广东外贸出口的主要力量。

1979—1987年，广东外贸出口总值平均每年递增15%，增长速度远高于全国平均水平。1986年，广东外贸出口额43亿美元，居全国各省市之首，占全国出口总额的16%。1987年出口总值突破55亿美元。

二、实行外贸承包经营责任制

1988—1990年，国家改革外贸体制，在全国范围内推行外贸承包经营责任制。围绕打破吃国家“大锅饭”这一核心问题，国家核定地方的出口计划、出口收汇和上缴中央外汇额度、定额人民币补贴三项基数，一定三年不变，专业外贸公司财务下放地方管理，使外贸出口效益与地方经济发展捆绑在一起。从1988年2月起，广东采取相应措施：一是建立“条条承包，包到企业，条块保证”的运行机制，把三项基数分解下达到企业，保证出口任务的完成。二是把竞争引入企业内部，改革企业经营机制，强化企业管理。三是对地方留成外汇实行预拨和有偿使用的办法，使企业逐步适应以汇率调节进出口，提高外汇使用效益。四是加强宏观调控，实行出口计划与出口配额许可证挂钩，建立健全规章制度，增加办事透明度。

1989年4月，省政府印发《关于改善外贸体制问题的通知》，对上年外贸体制一些改革做法作出调整和深化：（1）承包方式。继续实行上年规定的“条条承包，包到企业，条块保证”的做法，同时实行合同制，明确生产企业和外贸企业的责任。省属各类外贸公司是直接向省政府承包外贸三项基数的主要单位。（2）出口任务。省内各类有进出口经营权的企业，包括工农贸公司和自营出口工厂，均按照责权利一致的原则，承担出口收汇和上缴外汇额度任务。省下达给各类出口企业和各市的出口收汇和上缴外汇额度任务为指令性计划，必须完成。（3）外汇留成。各类出口企业出口收汇都必须先完成上缴国家外汇额度任务，再进行地方分成。（4）补贴政策。各级政府统筹的留成外汇继续实行有偿使用，谁用汇，谁补贴。用汇单位使用1美元额度缴交补贴款人民币2.7元，外贸公司上缴1美元留成外汇额度补贴人民币2.6元。（5）出口收汇管理。各类出口企业要在企业所在地的指定银行结汇。加强对来料加工装配收汇的管理，省下达给各市来料加工装配的收汇和上缴计划为指令性计划。（6）配额、许可证管理。配额、许可证的分配与出口计划、出口收汇任务配套。申领出口许可证、配额的出口企业，同时承担出口收汇和上缴外汇额度任务。健全发放许可证的规章制度和工作程序，做到公开发证，接受监督，严禁倒卖进出口许可证、配额。（7）出口货源和收购价格管理。加强出口商品收购价格管理，严禁抬价抢购，坚决制止各种形式争夺出口货源的“大战”。

承包制的实施，较好地调动地方和企业的出口积极性。形成各级政府重视抓，有关部门努力促，生产、外贸企业密切配合的局面，外贸出口实现新的突破。1988—1990年，三年承包期间，广东年年超额完成国家下达的承包任务。1990年，全省外贸出口达到中央提出的超100亿美元的目标。

三、实行全国统一的外贸新体制

1990年12月，国务院下发《关于进一步改革和完善对外贸易体制若干问题的决定》，文件提出的改革原则是：统一政策、平等竞争、自主经营、自负盈亏、工贸结合、推行代理制，联合统一对外。国家还取消对外贸易出口的财政补贴，努力建立企业自负盈亏机制。6月，省政府印发《关于进一步深化我省外贸体制改革的通知》，主要改革措施：（1）完善承包经营责任制。各类出口企业均实行企业承包，省将出口承包指标分解下达到企业，所有出口企业都实行独立核算、自负盈亏，盈利分成，超亏不补的财务体制。这一做法与前一轮承包最大的区别是把经营落到企业，责、权、利相结合，消除企业吃省“中锅饭”的状况，促使企业走自负盈亏的道路。（2）政府改善管理，合理运用调控手段。年度计划任务以企业经营范围、经营能力和上年完成出口承包任务情况来考虑，配额、许可证的发放，与经营范围相吻合，与承担出口计划任务相衔接；实行分类指导、管理，对历来结汇率高、信誉好的企业给予优惠、鼓励；继续实行过去行之有效的管理措施，如完善留成外汇预拨办法，提高发放出口配额、许可证透明度，简化手续等。（3）提高企业留成外汇比重和用好留成外汇。省内留成外汇的使用，部分进入调剂市场，部分企业自行消化。必要时省政府直接向出口企业有偿统筹少量留成外汇（按国家有偿收购地方外汇价格），集中用于偿还外汇债务、重点项目进口用汇等。（4）出口退税实行与出口企业的出口创汇、上缴中央外汇额度任务挂钩的办法，专业外贸公司完成省下达的出口外汇承包任务后实现的增盈减亏额，可按25%作为企业的后备基金，30%用于补充企业流动资金，45%作为专用基金（其中70%用于发展生产，20%用于职工集体福利，10%用于职工奖励）。（5）加强企业管理，完善内部经营责任制，建立健全各项规章制度，全面提高企业素质。

实行全国统一政策、企业自负盈亏新体制，给广东外贸出口注入新的活力。1993年，广东外贸出口达270亿美元，比1990年的105亿美元，增长1.5倍，占全国出口总额比重上升至28%。

四、外贸体制改革深化

1994年1月，国务院作出《关于进一步深化对外贸易体制改革的决定》，提出建立适应国际通行规则的外贸运行机制。同年2月，省政府转发国务院决定，并结合实际提出广东深化外贸体制改革的重点：一是抓好外贸企业经营机制转换工作，着重进行企业的股份制改造和组建大型企业集团。二是调整创新外贸企业内部管理形式和承包经营方式。三是外贸企业拓宽经营领域，向实业化、多元化、国际化方向发展。1994—2000年，广东外贸体制改革主要从以下几方面展开：

第一，推进企业改组，建立现代企业制度。1996年，有11户国有外贸企业列入省政府确定的187户现代企业制度试点，初步建立起现代企业制度。在面上，一批外贸企业进行改制。至1997年年底，已进行股份制改革的国有外贸企业有157户，其中改为股份有限公司的有12户，有限责任公司145户。市县一级中小外贸企业通过股份合作、注资经营、租赁等方式进行改制的有116户，改革面14.34%。

第二，发展外贸大集团。1996年6月，省纺织进出口公司、省机械进出口公司、省轻工业品进出口公司、省食品进出口公司4户省属国有外贸企业，列入全省首批70户重点发展大企业集团。1997年，4大集团销售额48.35亿元，占省属国有外贸企业销售总额的68.7%；出口额7.59亿美元，占53.5%；总资产40.89亿元，占62.1%。

第三，放开放活中小外贸企业。顺德市先行一步，1996年，该市14户国有外贸企业中有12户完成改制工作（有的改为政府控股的有限责任公司，有的改为全体员工持股的股份合作企业，有的出租经营）。江门市对国有外贸企业，分别采取政府控股、员工持股、增资扩股、全资赎买多种形式进行改制。政府鼓励发展私营外经贸企业，促进国有、集体、私营、外资企业共同发展对外贸易。

第四，建立外经贸国有资产管理营运机制。深圳、顺德两市在90年代初成立国有商贸资产经营公司，率先进行构建国有外贸投资主体的改革探索。20世纪90年代中，江门、中山、肇庆等市也相继成立外经贸国有资产经营公司，对国有外经贸企业行使所有者权益。广州市则对国有大型外贸企业集团进行资产授权经营试点。

第五，开拓外贸市场，实现市场多元化。巩固和扩大港澳、北美市场，发展西欧、日本市场，拓展东南亚、独联体、东欧、南美、中东和非洲市场。注意发展技术贸易、工程承包和劳务输出，推动一批有条件的企业到海外投资，特别是投资开发广东长期需要进口的原材料产品。2000年7月，省政府印发《积极发展境外加工贸易业务的若干意见》，进一步鼓励、扶持企业赴境外投资办厂、开展加工贸易、合作开发资源。

第六，省政府全面落实出口退税政策，及时返还出口企业所得税，鼓励企业多出口多创汇，积极支持来料加工业务发展，鼓励民营和私营企业利用外资和经营进出口业务，办好外商投资企业，鼓励外商投资企业扩大出口等。

20世纪90年代中期以后，广东出口贸易继续迅速发展。2000年，广东海关出口总额919.19亿美元，连续15年居全国之首。按贸易方式分，其中来料加工和进料加工产品出口717.88亿美元，占出口总额的78%；一般贸易174.36亿美元，占19%。按经济类型分，境外投资企业出口总额495.09亿美元，占出口总额的53.86%。按出口初级产品和工业制成品比重分，1979年，广东外贸初级产品出口占56.19%，工业制成品占43.81%；至2000年年初级产品降到3.7%，工业制成品比重上升到96.3%（其中机电产品出口额占54.5%）。20世纪90年代后期，电子、通信、科学仪器、机械及运输设备等高附加值、高技术含量产品出口量大幅增加。2000年，广东外贸出口总额中，港澳地区占34.9%，美国占25.7%，欧盟占13.7%，对日本出口比重有所下降，对东盟、非洲和拉丁美洲出口有所上升。广东已与世界180多个国家和地区有贸易往来。2000年，广东出口市场排前5位的是：中国港澳地区、美国、欧盟、日本、东盟。

广东外贸仍存在出口市场过于集中，对香港和北美少数市场依赖过大；贸易结构以单一的货物经营为主，技术贸易和服务贸易发展不够快；出口商品档次总体不够高，拥有自主知识产权的产品还不多；企业管理水平还有待进一步提高等问题。

1990—2000年主要年份广东海关出口额情况表

表4-1-1 单位：亿美元

年份	1990	1995	2000
总计	222.21	565.92	919.19
按贸易方式			
其中：一般贸易	59.52	136.01	174.36
来料加工	91.66	159.36	265.80
补偿贸易	1.26	0.89	0.08
进料加工	68.42	263.40	452.00
按经济类型分			
国有经济	166.45	296.67	389.65
集体经济	6.13	—	25.31
私营经济	0.03	—	6.14
外国及中国港澳台投资经济	54.81	257.59	495.09
其他经济	0.95	2.44	3.00

说明：资料来源于《广东统计年鉴2001》

第二节　利用国外及中国港澳台资金

一、起步阶段

（一）发展“三来一补”业务

中华人民共和国成立后特别是工商业改造后，全国对外经济活动处于停滞状态。20世纪70年代末80年代初，韩国、中国香港等亚洲“四小龙”国家和地区经济迅速发展，遇到劳动力缺乏，用工价格高的问题，急于把劳动密集型产业向外转移。广东抓住这一机遇，利用中央给予在对外经济活动中实行特殊政策、灵活措施的有利条件，引进境外（指中国关境以外）资本进粤兴办企业。

开始，外商投资以“三来一补”（来料加工、来样加工、来件装配、补偿贸易）的形式居多。主要是由外商提供设备、原材料，中方提供厂房和劳动力，按外商要求进行生产，产品由外商外销，中方主要是赚取工缴费（加工费）。这是广东开始利用外资的一种重要形式。第一个到广东洽谈“三来一补”业务的是香港商人曹光彪。1978年5月，曹光彪名下的香港永新企业有限公司与中国纺织品进出口总公司广东省分公司签订合作协议，由永新公司负责提供机器设备、厂房图纸、建筑材料和人员培训（外商折价投入132万美元），在珠海建设现代化香洲毛纺厂。建成后专门为永新公司加工毛织制品，原料由永新公司进口，产品亦由永新外销，合作期5年，机器设备费用以加工费作补偿。1979年11月7日，香洲毛纺厂正式落成投产。1984年1月，邓小平曾到香洲毛纺厂视察。第一个获得国家工商总局颁发“三来一补”企业牌照的是东莞太平手袋厂。1978年7月，香港商人张子弥与东莞太平服装厂谈判通过“三来一补”方式生产手袋出口。利用太平竹器厂原有的旧厂房，港商从香港搬进电动缝纫机等设备，当年9月15日就正式投产。以香港商人投资为主的“三来一补”企业，很快像雨后春笋般出现在南粤大地，特别是毗邻中国香港、澳门的珠江三角洲一带，农民纷纷洗脚上田，“筑巢引凤”或是“引凤筑巢”，建厂房，修道路，“三来一补”业务发展尤为迅速。加工产品门类主要有纺织、服装、玩具、人造花、电子、家电、鞋帽、工艺品、塑料制品等100多种，成为广东发展外向型经济的一大特色。全省“三来一补”企业最多时达3万多家，从业人员300多万人，“三来一补”形式利用外资数量占全国的六成。除“三来一补”外，这个时期，外资投向主要是旅游服务设施、交通以及劳动密集型加工工业。投资的区域主要集中在经济特区和沿海开放地区。1981—1985年，全省共签订利用外资合同3732宗，实际利用外资17.7亿美元，生产性和非生产性项目大抵各占一半。

为促进利用外资业务开展，省政府向地方和部门下放权力。1984年6月规定，对资金、原材料和能源等不需要中央、省平衡的生产性利用外资项目，广州市对每个项目的审批权限放宽到1000万美元以下，湛江、汕头、珠海、佛山、江门市放宽到500万美元以下，韶关、茂名市及梅县、惠阳、肇庆3个地区和省直各厅局放宽到300万美元以下，县级市放宽到150万美元以下，县放宽到100万美元以下。

早期利用外资，特别是“三来一补”业务开展，对珠江三角洲和沿海地区经济发展功不可没。但也有其局限性，主要是技术起点不够高，原材料、零配件国产化程度低，多为低档次的劳动密集型加工项目。

（二）引导投向

从1986开始，广东积极实施鼓励产品外销的出口导向政策，同时开始注意引导外资投向。1987年4月，省政府印发《广东省鼓励外商投资实施办法》，文件提出，广东目前注册的外商投资企业有4100多家，要引导投资方向，鼓励外商投资基础设施建设，兴办先进技术企业和产品出口企业，这是广东利用外资的基本方针。1990年6月，省政府印发《广东省关于引导外商投资的若干规定》，提出重点鼓励发展的项目有：电力、港口、铁路、公路、机场、通信等基础设施项目，长期依赖进口的原材料工业项目，汽车、电子、电器零部件和精密模具制造、热表处理等配套工业项目，电子信息、新材料、生物工程等新兴技术产业项目，农业优良种苗引进和培育技术以及农产品加工项目，附加值高、以出口为主的各类加工工业项目。同时还提出限制和禁止发展高能耗和污染项目。

对属重点鼓励发展的外商投资项目，省政府规定，可享受有关优惠待遇：（1）优先纳入省、市固定资产投资计划和技术改造计划；（2）建设生产所需资金和国家控制进口的物资予以优先安排；（3）除享受国家规定的减免税外，继续给予一定时期免征或减征地方所得税；（4）合作经营项目可加速折旧回收投资，年折旧率一般为20%，高技术和风险性投资项目可增加至30%；（5）土地使用年限最高为50年，投资额大、回收期长的项目，可酌情延长；（6）依赖进口的原材料、零部件和新技术生产项目，其产品可优先实行替代进口；（7）投资于能源、交通等基础设施项目的，可实行综合补偿。

上述鼓励和引导外商投资政策的实施，加快境外资金技术的引进，促进广东产业和产品结构的调整升级。全省实际利用外资数从1985年的9亿美元，增加到1991年的26亿美元，增长1.89倍。

二、提高利用水平

1992年春，邓小平视察南方发表重要谈话，广东的对外开放进入新的阶段。3月，省委、省政府提出广东要实行新一轮对外开放，“更大胆地利用外资、引进技术，努力提高利用外资的水平”，并采取了一系列新的政策措施：（1）在扩大引进外资、设备等有形资本的同时，重视引进专利、商标、工艺技术等无形资本；在扩大利用外商直接投资、国际金融组织和外国政府贷款的同时，努力扩大利用国际资本的证券投资；在继续用好港澳资金的同时，重视多元化利用外资。（2）采取以项目带政策、实行各种专项优惠的办法，引进国际大财团、跨国公司投资办重大项目，促进广东省产业升级和结构调整。（3）把外资投向重点引导到基础设施、基础产业、高新科技产业和出口创汇基地建设上，并加快大中型老企业的改造。（4）各级积极筹措建立专项基金，扶持企业和科研单位，注重消化、吸收和创新引进的技术。（5）加快高新技术开发区和珠江三角洲高新技术产业带的建设，鼓励引进国外技术人才、专利技术和专有技术，允许以技术入股，兴办高新技术合资合作企业。（6）开拓旅游资源，加快旅游业的发展。省政府进一步简政放权，扩大市、县审批利用外资项目的权限。外商直接投资项目除国家产业政策限制，尤其是污染环境的以外，原省核定给市的审批权限下放到县（区），报市备案；省审批投资总额3000万美元项目的权限下放到市，报省备案。省政府同时要求加强对外商投资企业的管理和服务，特别是做好出资和验资管理，生产设备、技术引入和产品出口管理，以及财税和劳动管理。研究制定防止外商在以实物投资和经营活动中多报投入和转移利润、逃漏税款的措施。

1998年5月，中共广东省第八次代表大会提出实施“外向带动”战略。1999年2月，省委、省政府印发《关于进一步扩大开放的若干意见》，对进一步扩大利用外资提出新的要求：（1）按照国家的产业政策，调整和优化外商投资结构。合理引导外资投向，提高利用外资的质量，防止低水平的重复建设。把招商引资的重点放在吸引国际大财团、跨国公司的投资以及引进发达国家的资本上，积极引进技术水平高、附加值高、市场占有率高的大项目。重点发展基础产业、基础设施、高新技术产业、“三高”农业及农产品加工业、环保产业、出口创汇型企业、经批准的资源开发项目。（2）发挥中心城市、经济特区、保税区、经济技术开发区、高新技术开发区的功能和优势，大力引进高新技术项目。继续鼓励和引导加工贸易的发展，提高加工贸易的技术含量和附加值，加强对加工贸易的监管。改进招商方法，健全和完善全省对外招商网络。（3）拓宽外商投资领域。以吸收直接投资为重点，使与外商的投资合作从生产领域逐步扩大到其他领域。在国家政策允许范围内，全面放开外商投资“三高”农业领域，做好商业流通领域利用外资的试点工作，在深圳试办外资银行经营人民币业务，在广州试行保险业务对外开放，进行旅行社等服务业的开放试点。推动具备条件、资质较好的中介机构与外商合资、合作，提高社区服务功能。鼓励私营生产企业利用外资，并在政策上与国有企业一视同仁。（4）拓宽利用外资的渠道。推动外资进入产权交易市场，培育和发展利用外资进行产权交易的中介服务机构，通过产权交易促进国有企业、乡镇企业、私营企业更有效地利用外资。（5）办好现有外商投资企业和

“三来一补”企业，做好“以外引外”工作，鼓励其增资扩产。放宽外商投资企业出口商品计划管理。（6）鼓励跨国公司在广东建立地区总部，努力扩大同世界前100家国际大跨国公司、大企业、大财团的合作。

1992—2000年，全省出现招商引资的新高潮，利用外资水平提高，出现以下3个显著特点：一是在政策引导上开始注重“两让两得”（即让市场、让股权，得资金、得技术）。在引进资金、硬件的同时，更注重引进技术和软件，注重消化、吸收和创新。外商投资企业的技术含量提高，引进一批具有世界先进水平的技术和设备，包括电子行业高级电子元器件、液晶显示器、电脑磁头，制造业的数控机床等。高新技术产业、“三高”农业成为外商投资的热点。二是规模和投资领域扩大。原有外商投资企业继续增资扩产，扩大新的投资领域。20世纪90年代末，广东新批准一批电子商务、软件开发、咨询中介等方面的中外合资、合作项目。外商在粤投资设立研发中心的项目增加。2000年，全省实际利用外资，在连续几年高基数的基础上再创历史最好水平。三是外资来源多元化，形式灵活多样。外资来源虽仍以中国港澳台为主，但前来投资的国家和地区扩大到70多个，越来越多的跨国公司、大财团到广东投资。利用外资形式扩展到对外借款（包括外国政府贷款、国际金融组织贷款、出口信贷、外国银行商业贷款、对外发行债券等）、对外发行股票、国际租赁等形式。

1979—2000年，广东实际利用国外及中国港澳台资金累计1252.48亿美元，其中外商直接投资988.18亿美元，占78.89%；对外借款185.84亿美元，占14.83%；以外商加工装配为主的“外商其他投资”78.45亿美元，占6.26%。工商注册登记外商投资企业近5万家，“三来一补”企业3万多家。外资投向制造业占65%，房地产业占11.6%，交通运输占4%，电力占3.4%，建筑业占3%，批发零售餐饮业占2%，金融保险占0.9%。外资的源源进入，对广东经济的持续快速发展起重要作用。一是成为经济建设资金的重要来源。改革开放后，全省建设资金有1/3来自外资，特别是高速公路和电力建设资金。二是促进产业结构优化升级。广东通过利用外资引进设备300多万台（套）、生产线7000多条，对一大批老企业进行技术改造，提高全省工业技术装备水平。促进电子信息、光机电一体化、新材料、生物工程等新兴产业崛起，促进地方支柱产业的形成和发展。三是增加就业，在外商投资企业就业人数达1000多万人，减轻广东省劳动就业的压力，还为兄弟省解决大批劳动力就业问题。四是增加国家财税收入，为地方经济建设积累资金。

广东利用国外及中国港澳台资金存在问题是：近八成外资来源于中国港澳台地区并集中投向于珠江三角洲地区；吸引国际大财团、跨国公司、国际金融组织投资虽有进展，但数量还不够多；促进技术进步、产业升级和发展高新技术产业方面的政策措施还不够有力，特别是以市场换技术问题解决得还不够好。

1979—2000年按引进方式分广东省实际利用国外及港澳台资金情况表

表4-2-1　　单位：亿美元

引进方式	1979—2000年	1995年	2000年
总计	1252.48	121.00	145.75
一、对外借款	185.84	18.40	7.02
外国政府贷款	12.84	0.34	0.50
国际金融组织贷款	4.39	0.39	0.17
出口信贷	18.47	2.86	3.94
卖方信贷	0.12	0.09	—
外国银行商业贷款	145.94	14.81	2.42
对外发行债券	4.21	—	—
二、外商直接投资	988.18	101.80	122.37
合资经营企业	331.86	35.73	31.38
合作经营企业	361.02	40.65	37.64
外资（独资）企业	293.30	25.42	52.80
外商投资股份制	2.01	—	0.55
三、外商其他投资	78.45	0.80	16.35
对外发行股票	9.55	—	0.81
国际租赁	2.72	0.23	—
补偿贸易	9.78	0.29	—
加工装配	56.40	0.27	15.54
作价部分	10.08	0.27	0.01

说明：资料来源于《广东统计年鉴2001》。由于资料数据取小数点后两位，总计数与分项数相加会略有出入

1979—2000年按行业分广东省实际利用国外及中国港澳台资金情况表

表4-2-2　　单位：亿美元

行业	1979—2000年	1995年	2000年
总计	1252.48	121.00	145.75
农、林、牧、渔业	16.07	1.07	1.45
采掘业	1.80	—	0.23
制造业	817.01	79.51	97.83
电力、煤气及水的生产和供应业	42.80	—	7.97
建筑业	38.49	4.33	3.47
地质勘查业、水利管理业	0.15	—	0.03
交通运输、仓储及邮电通信业	51.06	5.37	2.68
批发和零售贸易、餐饮业	25.62	2.87	2.41
金融、保险业	11.44	0.47	0.23
房地产业	144.99	16.28	20.29
社会服务业	19.01	—	5.97
卫生、体育和社会福利业	6.41	1.56	0.79
教育、文化艺术和广播电影电视业	2.40	0.41	0.11
科学研究和综合技术服务业	0.84	0.04	0.13
其他行业	74.41	9.11	2.16

说明：资料来源于《广东统计年鉴2001》。由于资料数据取小数点后两位，总计数与分项数相加会略有出入

第三节 外资企业

改革开放后，广东大规模引进外资企业（含港澳台投资企业和国外投资企业，下同）。至2000年，全省共有外资企业49865户，投资总额2165.09亿美元，注册资本1280.86亿美元，注册资本中，外方投入为967.49亿美元。

一、外资企业分布

（一）行业分布

广东外资企业主要分布在以下15个行业：（1）农、林、牧、渔业。（2）采掘业。（3）制造业。（4）电力、煤气及水的生产和供应业。（5）建筑业。（6）地质勘查业、水利管理业。（7）交通运输、仓储及邮电通信业。（8）批发和零售贸易、餐饮业。（9）金融、保险业。（10）房地产业。（11）社会服务业。（12）卫生、体育和社会福利业。（13）教育、文化艺术和广播电影电视业。（14）科学研究和综合技术服务业。（15）其他行业。

按企业户数计，至2000年，全省户数最多的前5个行业分别是制造业（38996户），房地产业（2549户），社会服务业（1989户），批发和零售贸易、餐饮业（1803户），交通运输业（1327户）。

（二）投资额分布

按投资额计，至2000年，全省外资企业投资额最大的前5位分别是制造业1124.12亿美元，占51.92%；房地产业403.04亿美元，占18.61%；电力、煤气及水的生产供应业187.17亿美元，占8.64%；交通运输、仓储及邮电通信业145.26亿美元，占6.7%；社会服务业104.06亿美元，占4.8%。

按注册资本额计，至2000年，注册资本最多的前5位分别是制造业782.30亿美元，占61.07%；房地产业188.41亿美元，占14.7%；电力、煤气及水的生产和供应业66.29亿美元，占5.17%；社会服务业64.90亿美元，占5.06%；交通运输、仓储及邮电通信业62.22亿美元，占4.85%。

2000年广东省分行业外资企业情况表

表4-3-1

行业	企业数（户）	累计投资总额（亿美元）	注册资本（亿美元）	
				外方
总计	49865	2165.09	1280.86	967.49
农、林、牧、渔业	983	22.52	14.70	11.73
采掘业	268	7.29	5.26	4.17

续表4-3-1

行业	企业数（户）	累计投资总额（亿美元）	注册资本（亿美元）	
				外方
制造业	38996	1124.12	782.30	592.87
电力、煤气及水的生产和供应业	349	187.17	66.29	41.65
建筑业	701	73.89	32.01	21.95
地质勘查业、水利管理业	36	1.93	1.10	0.53
交通运输、仓储及邮电通信业	1327	145.26	62.22	44.52
批发和零售贸易、餐饮业	1803	55.59	38.41	28.62
金融、保险业	15	2.51	1.83	1.54
房地产业	2549	403.04	188.41	151.66
社会服务业	1989	104.06	64.90	48.93
卫生、体育和社会福利业	131	10.64	6.60	5.23
教育、文化艺术和广播电影电视业	184	6.88	4.72	3.61
科学研究和综合技术服务业	128	3.13	2.21	1.86
其他行业	406	17.07	9.91	8.62

说明：资料来源于《广东统计年鉴2001》

（三）区域分布

按投资额计，至2000年，全省21个地级以上市中，外资企业投资排前6位的市分别是：广州（486.25亿美元）、深圳（411.93亿美元）、东莞（164.45亿美元）、惠州（137.66亿美元）、佛山（131.10亿美元）、珠海（127.69亿美元）。

按注册资本计，至2000年，全省排前6位的市分别是：广州（245.69亿美元）、深圳（239.92亿美元）、东莞（131.83亿美元）、佛山（82.63亿美元）、珠海（76.82亿美元）、惠州（76.61亿美元）。

2000年广东省分市外资企业情况表

表4-3-2

市别	企业数（户）	投资总额（亿美元）	注册资本（亿美元）	
				外方
全省总计	49865	2165.10	1280.85	967.49
广州	8085	486.25	245.69	195.67
深圳	11500	411.93	239.92	181.56
珠海	3563	127.69	76.82	54.47
汕头	2533	81.39	55.41	44.61
韶关	594	21.26	12.79	9.30
河源	218	8.74	6.47	4.87
梅州	608	13.12	9.09	5.86
惠州	2550	137.66	76.61	57.19

续表4-3-2

市别	企业数（户）	投资总额（亿美元）	注册资本（亿美元）	
				外方
汕尾	265	8.37	6.54	5.72
东莞	4533	164.45	131.83	116.10
中山	1486	64.17	39.18	30.84
江门	2341	81.70	55.10	83.82
佛山	2347	131.10	82.63	51.90
阳江	242	10.02	6.55	4.17
湛江	810	38.06	23.36	14.82
茂名	1302	31.54	21.02	13.11
肇庆	1560	68.82	41.50	30.51
清远	567	34.86	18.94	14.21
潮州	663	17.13	11.73	7.49
揭阳	1436	31.80	23.79	19.15
云浮	323	13.03	8.13	5.40

说明：资料来源于《广东统计年鉴2001》

二、外资企业效益

据《广东统计年鉴2001》资料，2000年全省规模以上外资工业实现产值7274.36亿元（其中，中国港澳台投资工业4747.30亿元，国外投资工业2527.06亿元），占全省规模以上工业总产值12480.93亿元的58.28%；实现工业增加值1865.77亿元（其中，港澳台投资工业为1290.47亿元，国外投资工业575.31亿元），占全省规模以上工业增加值3422.6亿元的54.51%；实现利税总额516.01亿元（其中，港澳台投资工业335.83亿元，国外投资工业180.18亿元），占全省规模以上工业利税总额1042.77亿元的49.48%。

广东外资企业以轻纺工业项目和劳动密集型中小型企业居多，项目的平均规模偏小，高新技术项目所占比例不高。2000年，外资企业实现的工业增加值近六成五来自中国港澳台的投资项目，从统计资料看，总体经济效益水平不算高。

2000年广东省外资工业企业主要经济效益指标表

表4-3-3

指标 项目	总资产贡献率（%）	资本保值增值率（%）	资产负债率（%）	流动资产周转率（次）	成本费用利润率（%）	全员劳动生产率（元/人）	综合指数（%）
全省水平	8.86	111.25	57.56	1.87	4.82	58836	128.85
国外投资工业	10.22	110.02	60.57	2.20	4.51	93461	154.19
港澳台投资工业	8.12	109.99	58.53	1.87	5.18	49797	123.34

说明：资料来源于《广东统计年鉴2001》

第四节　经济特区和各类开放功能区

一、经济特区

（一）作出试办决策

1979年4月中央工作会议期间，出席会议的省委第一书记习仲勋等人代表省委将广东改革开放先走一步和试办出口加工区的设想正式向中央作了汇报，得到中央的赞同。邓小平给予肯定和赞扬，他说："还是叫特区好，过去陕甘宁就是特区"，"中央没有钱，你们自己去闯"，"杀出一条血路来"。7月，中共中央、国务院批准广东、福建省委报告，同意在深圳、珠海、汕头、厦门划出一块地方，试办出口特区。

1980年3月24日至30日，中共中央书记处书记、国务院副总理谷牧受中共中央、国务院的委托，在广州主持召开广东、福建两省会议，研究试办特区的政策措施。会议强调：试办出口特区必须采取既积极又慎重的方针。根据目前两省财力物力的可能，广东应首先集中力量把深圳特区办好，其次是珠海。深圳特区的建设应根据广东省所划定的范围，作好总体规划，分片、分期进行。汕头、厦门两个特区可先进行规划，做好准备，逐步实施。会议明确指出：特区的管理，在坚持四项基本原则和不损害主权的条件下，可以采取与内地不同的政策。特区主要是实行市场调节。这次会议还采纳广东省的建议，把"出口特区"改名为"经济特区"。

经济特区的立法工作从1979年8月就开始抓紧进行。1980年4月，广东省五届人大三次会议审议通过《广东省经济特区条例》（草案）并提交全国人大常委会审议。1980年8月，五届全国人大常委会第十五次会议批准国务院提出的在广东省深圳、珠海、汕头和福建省的厦门设置经济特区，并批准施行《广东省经济特区条例》。至此，完成经济特区诞生的法律程序。条例规定：（1）在维护中国主权和利益的前提下，鼓励外商在特区投资兴办企业和其他事业，并根据平等互利的原则，依法保护投资者的资产、应得利润和其他合法权益。（2）在外商用地、进口生产设备和其他生产资料、税收、取得合法利润、产品销售等方面给予特殊的优惠，并简化手续，方便外商出入境。（3）在注册经营、劳动管理、组织管理等方面，实行一套有别于传统计划经济管理，而适应特区性质和要求的管理体制。

经济特区设立之初，中共中央、国务院赋予它的主要任务是：进行经济体制的改革试验，实行对外开放，大胆借鉴人类文明的优秀成果，主动与国际惯例接轨，更多地利用境外资源，引进资金，引进技术，扩大出口，增加外汇收入，以加速经济特区建设和全国的现代化进程。1981年5月下旬，国务院在北京召开广东、福建两省和经济特区工作会议。会议对举办特区的指导思想、基本方针和重要的政策措施提出了较系统的意见。7月，中共中央、国务院批转这次会议纪要。纪要指出："我国特区是经济特区，不是政治特区。特区内全面行使我国家主权，这和由不平等条约产生的租界、殖民地在性质上根本不同。特区是我们学习与外国资本竞争、学习按经济规律办事、学习现代化经营管理的学校，是为两省甚至全国训练和造就人才的基础。"这次会议根据全国人大常委会批准的《广东省经济特区条例》，拟定出特区发展政策措施：（1）特区的规划和建设要因地制宜，注意实效，各有侧重地发展。深圳、珠海特区应建成兼营工、商、农、牧、住宅、旅游等多种行业的综合性特区。厦门、汕头特区应建成以加工出口为主的、同时发展旅游等行业的特区。（2）海关对特区进口的货物、物品，要给予特殊的关税优惠。（3）简化入出境手续，方便人员往来。（4）劳动工资制度要进行改革。特区企业职工一律实行合同制，由特区统筹建立职工年老退休和社会保险制度。（5）特区市场需要的国内出口商品，可由特区向有关外贸公司提出订货，以外汇结算。（6）特区的货币以人民币为主，外币限制在指定的范围内使用。（7）积极筹措特区建设资金。资金来源主要靠利用外资，尽量吸收侨资及港澳的资金。（8）特区的机场、海港、铁路、电讯等企、事业，应允许引进外资，由特区自营或与外资合营，自负盈亏。（9）为了加速发展特区的各项事业，制定特区的各项单项法规。（10）特区的管理机构，应按照精简、高效的原则设置，并赋予充分的权力，使之能独立自主地处理问题，协调各方面的关系。

为加强对创办经济特区工作的领导，1980年5月，省委任命省委书记吴南生兼任广东省经济特区管委会主任、党组书记。6月，省委任命吴南生兼任中共深圳市委第一书记、市革命委员会主任。1981年2月，经中央批准，省委常委、副省长梁湘任深圳市委第一书记，后兼任市长。1983年6月，为进一步加强对经济特区工作的领导，省委、省政府决定：广东试办经济特区的工作，由省长梁灵光和吴南生、叶澄海等3人主管，特区有关工作，由省政府管理。设立省经济特区办公室，经办日常业务工作，协助省委、省政府贯彻执行党和国家关于对外开放、兴办特区的方针、政策、法令，督促检查执行情况，协调解决办特区遇到的矛盾。

（二）起步建设

1980—1985年，是深圳、珠海、汕头3个经济特区打基础阶段，3个特区从自身实际出发，通过外引、内联和银行贷款等多种形式筹集资金，进行开发建设。

深圳特区起步最早，第一期开发罗湖小区4平方公里。特区政府将3000万元的银行贷款和部分地方财政投入作为“酵母”，在罗湖先进行土地开发，提供给外商进行金融、商业、旅游、住宅等建设，然后收取土地使用费。从中赚得的钱，继续进行罗湖的基础设施建设，同时开发上步工业区。这种利用银行贷款“借鸡生蛋”，以及边投资、边收益，再投下去扩大收益的“滚雪球”办法，解决深圳特区建设初期资金不足的问题。这为稍晚一点的珠海、汕头经济特区解决建设资金问题提供经验。1979—1985年，深圳累计筹集基本建设资金62.8亿元，开发罗湖、上步、蛇口、华侨城等47.6平方公里的新城区，兴建上步、八卦岭、水贝、蛇口、沙河、南油6个工业区。建成港口、码头、机场、公路、电厂、水厂和通信中心等基础设施项目，以及商住楼和生活服务配套设施，形成良好的投资环境和工业基础，吸引大批外商及国内投资者前去投资。

珠海经济特区是一个环境得天独厚的海滨城市，又与博彩业发达的澳门相接壤。开发初期，重点放在发展旅游业。1979年9月，珠海市旅游公司与澳门珠海发展有限公司合作，兴建特区第一家实行现代化管理的石景山旅游中心。接着，又兴建珠海度假村等10多座各具特色的旅游度假设施，吸引港澳游客，繁荣市场，积累资金。1984年开始，珠海经济特区加大经济建设力度，兴建吉大、南山、夏湾、北岭四个工业区及外围配套工程。

汕头经济特区起步较晚，坚持量力而行，讲究经济效益，生活设施主要依托老市区，先开发20万平方米工业区，重点发展出口加工业。1983年8月，建成两幢标准工业厂房及相配套设施，开始接受外商进区投资办厂。

3个经济特区按照国家规定的优惠政策，积极吸引外商前去投资。率先前去特区投资兴办企业的大多是港澳客商和海外华人。引进外资方式有“三来一补”和开办“三资”企业等形式。与此同时，特区还与内地29个省、市、自治区以及国务院有关部门进行经济技术合作，发展工业和其他经济事业。1979—1985年，深圳特区共与外商签订项目4718项，实际利用外资9.38亿美元，建成投产的中外合资、合作和外商独资企业共360家；签订“三来一补”项目合同3577项，实际投资1.2亿美元。引进各种设备3万多台（套），其中四成是比较先进的。与国务院27个部，全国28个省、市、自治区和广东省各地（市）、县联合办企（事）业2339家，签订内联项目协议1900多个，实际投资13.54亿元，遍及工、农、商、交通运输、文教卫生等。珠海经济特区于1979年以补偿贸易形式，建立首家引进外资生产项目——香洲毛纺厂。至1985年年底，共与外商签订合同1673项，实际利用外资2.82亿美元，已投入建设的合资、合作、独资项目218项，引进各种设备3300台（套），还发展一批内联企业。汕头经济特区于1980年11月开办第一家中外合作企业——汕头地毯厂有限公司。1981—1985年与外商签订合同149项，实际利用外资1216.7万美元，签约兴办内联企业127家，其中工业项目103个。

（三）经济从内向转向外向

深圳、珠海、汕头经济特区经过头3年建设取得了显著成就，得到各方好评。但随后在发展方向上一度出现偏差。特区内一些单位利用国家对经济特区的优惠政策，到内地高价收购农副产品出口，拿赚到的外汇进口紧俏商品向内地转手销售。此外，特区建设还存在基本建设投资规模过大，投资结构不尽合理，生产布局和产业结构缺乏统筹规划，企业出口创汇能力较弱等问题。同时在特区建设过程中，还受到一些观念陈旧人责难和非议。

在特区发展的关键时刻，邓小平在1984年1月视察深圳、珠海经济特区，并为两个特区题词，充分肯定特区的成就。他说：“特区是个窗口，是技术的窗口、管理的窗口、知识的窗口，也是对外政策的窗口。”在关键时刻为经济特区发展指明方向。1985年5月，国务院在深圳召开经济特区工作座谈会，中共中央书记处书记、国务委员谷牧要求深圳在发展方向上进行调整，3年内将深圳建成“以出口为主，以工业为主，兼营商贸、农牧、旅游，实现全面发展，形成真正外向型的综合性经济特区”。他要求朝这个方向“爬好一个坡，更上一层楼”。1985年8月，省委召开常委扩大会议进行贯彻。蛇口工业区负责人袁庚在会上介绍蛇口工业区坚持“三个为主”（即“产业结构以工业为主，资金来源以外资为主，产品市场以外销为主”）的方针，受到会议的好评，被誉为“蛇口模式”。1985年12月，国务院在深圳召开全国经济特区工作会议，会议明确，经济特区要努力建立以工业为主、工贸结合的外向型经济，发挥技术、管理、对外政策“窗口”和对内对外“两个扇面”

辐射作用。经济特区的产业结构以具有先进技术水平的工业为主，工业投资以吸引外资为主；产品以出口为主，瞄准国际市场需求，开发一批竞争力强、稳定适销的“拳头”产品，争取工业制成品60%以上能够外销；外汇收支平衡，并有节余。会议强调，特区领导的指导思想和工作重点，要从前几年铺摊子、打基础转到抓生产、上水平、求效益方面来。

深圳、珠海、汕头经济特区从1986年开始，努力调整产业结构，朝着以工业为主、外向型经济为主的发展方向前进，进入迅速发展轨道。具体做法：一是调整产业投资结构，压缩投资规模，保证基础设施和生产性项目的建设。二是着重发展工业生产，抓好产品品种质量，加强对外引内联项目的筛选，引导投资方向，重点接纳和优先安排出口创汇项目和先进技术项目。三是大力拓展国际市场，积极参与国际分工和国际竞争，创办出口基地，通过“借船出海”“租船出海”“造船出海”等形式，同海外公司合作，扩大外销，兴办海外企业。四是大力发展创汇性农业、旅游业、商业、金融保险等各业，清理整顿、撤销合并1000多家商贸公司，取消数十家的进出口经营权，克服流通领域中的混乱现象，特区经济运行开始进入良性循环。至20世纪90年代，特区经济实现了向外转型。

2000年，深圳、珠海、汕头三个经济特区有国家一类口岸23个，占全省（51个）的45%；外贸进出口额457.08亿美元，占全省的26.87%，占全国的9.64%；1979—2000年，累计实际利用外资373.19亿美元，占全省的29.4%。

（四）改革经济管理体制

从创办开始，经济特区就根据特区的性质、任务和经济活动的特点，敢于冲破旧计划体制的桎梏，按照“新事新办，特事特办，立场不变，方法全新”的原则，努力改革旧的管理体制。一是改革行政管理体制，精简机构，压缩人员，政企分开，减少层次，推行责任制，提高办事效率。二是改革经济管理体制，在计划体制、企业体制、价格体制、流通体制、基建体制、财政体制和金融管理体制等多方面进行适应外向型经济发展需要和以市场调节为主的改革。三是率先改革组织人事制度，普遍推行经理（厂长）负责制和采用招聘合同制，选贤任能，提拔和使用能人。四是打破“铁饭碗”和“大锅饭”，改革劳动用工和劳动工资制度，推行劳动合同制和浮动工资制等。三个经济特区中深圳改革的步子迈得最大，较好发挥体制改革“试验场”和“尖兵”的作用。深圳在20世纪90年代中后期形成社会主义市场经济各体系，即以市场为基础的价格体系，与国际惯例接轨的国民经济核算和企业会计核算体系，新的国有资产管理体系，各种生产要素市场体系，多层次多形式的市场中介和社会服务体系，社会共济与自我保障相结合的社会保障体系，以公有制为主体、多种经济成分共同发展的所有制体系，以按劳分配为主、效率优先、兼顾公平的分配体系，以间接管理为主、面向社会的政府管理和宏观调节体系，适应经济特区社会主义市场经济要求的法规体系。在全省率先建立起社会主义市场经济体制的基本框架。1997年，深圳的改革的经验，得到广东省委、省政府的肯定和推广，对全省起到示范和带动作用。

2000年广东省经济特区主要经济指标表

表4-4-1

指标	合计	深圳	珠海	汕头
土地面积（平方公里）	889.41	391.71	121.00	376.70
年末户籍人口（万人）	240.64	78.32	43.61	118.71
国内生产总值（现行价）（亿元）	2221.43	1665.24	330.25	225.94
全社会固定资产投资完成额（亿元）	760.49	616.25	79.03	65.21
财政收入（亿元）	260.57	225.02	22.56	12.99
城乡居民储蓄存款年末余额（亿元）	1650.13	1082.64	216.09	351.40
工业总产值（当年价）（亿元）	3375.56	2517.85	561.92	295.79
工业增加值（当年价）（亿元）	948.77	727.97	137.84	82.96
社会消费品零售总额（亿元）	740.13	538.17	95.51	106.45
海关（统计）出口总额（亿美元）	217.90	160.94	36.46	20.50
“三资”企业出口（亿美元）	145.78	112.39	26.29	7.10
实际利用外资（亿美元）	28.49	18.15	9.38	0.96
外商直接投资	21.31	13.02	7.34	0.95
接待过夜国际旅游者（万人次）	265.45	144.56	92.97	27.92

说明：1. 深圳经济特区除土地面积、年末总人口、社会消费品零售总额、进出口总额、利用外资、接待过夜国际旅游者外，其余指标含龙岗区和宝安区

2. 珠海经济特区的国内生产总值、城乡居民储蓄存款余额为珠海全市数

3. 资料来源于《广东统计年鉴2001》

二、经济技术开发区和高新技术产业开发区

1984年3月，中共中央决定进一步开放包括广州、湛江在内的14个沿海港口城市。在这些城市划定一个有明确界限的区域，兴办经济技术开发区，引进先进技术，集中举办中外合资、合作、外商独资企业和科研机构，使之成为发展中国对外经济技术合作的又一“窗口”和基地。中央明确，沿海开放城市的建设，主要靠政策，一是给前来投资和提供先进技术的外商以优惠待遇，二是扩大这些城市的自主权，使之有充分的活力去开展对外经济活动。决定在这些港口城市，外商投资办厂，在税收方面可以享受更优惠的待遇；放宽利用外资建设项目和引进技术的审批权限；简化外商入境出境手续；允许外商兴办独资企业，适当延长合资企业的合营期限；对确实提供先进技术的产品，允许在国内市场部分销售。

1984年8月，广州、湛江两市经济技术开发区总体规划由省政府上报国务院。12月5日，国务院批复同意广州经济技术开发区位置定在黄埔区东缘，总面积9.6平方公里，首期开发厦港大道两侧，面积2.6平方公里。之前11月29日，国务院批复同意湛江经济技术开发区位置定在赤坎与霞山两区之间，总面积9.2平方公里，首期开发1.5平方公里。同年12月和次年4月，广州、湛江经济技术开发区分别举行奠基典礼，正式进入开发建设阶段。随后，广东省人大常委会先后颁布和修订《广州经济技术开发区条例》《湛江经济技术开发区条例》，使两个开发区的建设和管理有法可依，有章可循。

广州经济技术开发区兴办的宗旨是：从广州市经济结构的特点和优势出发，引进境外资金、先进技术、现代管理方法和专业技术人才，开发新技术、新产品，为全市、全省和内地企业的技术进步服务。目标是建设一个现代化的花园式的科技、生产、经营相结合的高新技术工业城，成为广州引进、消化、推广和开发高新技术的基地。为加快广州经济技术开发区的建设，国家和省、市有关部门陆续在开发区内设置派出机构，为国内外的投资者提供业务上的方便。在省、市有关部门的支持帮助下，先后拟订出开发区技术引进、土地管理、工商税收、劳动工资管理、企业登记管理等7个规章草案，上报市政府审批后颁布施行。国家给予广州开发区2.35亿元开发性贷款；广东省专门拨款3000万元作为开办费（这是全国其他沿海城市开发区没有的，其他沿海开放城市省只给银行贷款）；广州市给予1.05亿元的财政补贴和1.85亿元的银行贷款贴息。广州开发区按照“开发一片，建成一片，逐步开发”的指导思想，首期开发南围综合区和港前工业区共2.6平方公里，然后滚动发展。经过8年的开发建设，至1991年年底，全区累计完成基础设施投资6.93亿元，开发5平方公里土地，实现“七通一平”（通路、通水、通电、通电信、通气、通排水、通排污、土地平整），引进一批素质较高的企业。除工业项目外，还发展了运输、批发、服务等第三产业，以及转口和保税贸易、国际金融、科研、咨询、通信、信息、房地产业务。

湛江市是粤西政治、经济、文化、交通中心，有天然良港，是中国重要对外贸易港口之一。1984年7月，省长梁灵光带领省有关部门领导到湛江调研，认为湛江市原有工业基础较差，技术力量薄弱，海外华侨、港澳同胞较少，这是湛江发展的弱点。应充分发挥海港的优势，把湛江逐步建设成为中国南方大港，成为大西南的进出口基地，成为南海西部石油开发、加工和化工基地（包括茂名在内），并以此带动工业、农业牧业、海洋、旅游以及其他经济行业的发展。湛江经济技术开发区建设的头3年，集中力量建设0.9平方公里的起步区，同时开展国内横向经济联合，引进家用电器、复合板等一批项目。但是，当时湛江市领导对发展外向型经济和加快工业化进程认识不够，错失发展机遇，一度影响开发区的建设。

进入20世纪90年代，国家继续批准在广东设立一批新的经济技术开发区和高新技术产业开发区。1991年3月，国务院决定将中山火炬高新技术产业开发区、广州天河高新技术产业开发区和深圳科技工业园列为国家级高新技术产业开发区。1992年11月，国务院同意将清远市扶贫经济开发试验区列为国家级农村改革试验区；12月，批准设立惠州仲恺高新技术产业开发区、珠海高新技术产业开发区和佛山高新技术产业开发区。1993年5月，国务院同意广东设立广州南沙经济技术开发区和惠州大亚湾经济技术开发区，作为国家级经济技术开发区。

2000年广东省国家级经济技术开发区主要经济指标表

表4-4-2

指标	合计	广州	湛江	大亚湾	南沙
土地面积（平方公里）	365.38	28.50	9.20	273.68	54.00
已开发面积	59.88	20.89	5.23	9.98	23.78
年末总人口（万人）	19.05	6.09	3.09	6.75	3.12
工业总产值（现行价）（亿元）	443.31	338.90	61.43	13.90	29.08

续表4-4-2

指标	合计	广州	湛江	大亚湾	南沙
三资企业产值	381.30	317.84	26.00	11.56	25.90
全社会固定资产投资完成额（亿元）	34.64	20.89	1.13	6.14	6.48
投产（开业）企业数（户）	1308	509	242	329	228
工业企业	608	325	76	95	112
在全部企业中	—	—	—	—	—
“三资”企业	600	312	91	95	102
内联企业	137	106	20	2	9
自办企业	479	81	—	283	115
全区利润总额（亿元）	236.17	225.89	3.98	0.65	5.65
财政收入（亿元）	27.22	23.16	1.28	0.59	2.19
出口总额（亿美元）	13.72	8.88	1.09	1.43	2.32
“三资”出口（亿美元）	10.08	6.76	0.49	0.57	2.26
实际利用外资额（亿美元）	6.84	4.85	0.45	1.19	0.35

说明：资料来源于《广东统计年鉴2001》

20世纪90年代广东省国家级高新技术开发区一览表

表4-4-3

开发区名称	批准面积（平方公里）	批准年月
深圳科技工业园	3.20	1991.3
广州天河高新技术产业开发区	23.20	1991.3
中山火炬高新技术产业开发区	15.10	1991.3
珠海高新技术产业开发区	9.80	1991.12
惠州仲恺高新技术产业开发区	8.80	1992.12
佛山高新技术产业开发区	10.00	1992.12

说明：资料来源于广东省经济特区办公室

三、保税区和出口加工区

广东有经国务院批准设立的保税区6个（全国15个），除广州保税区外，其余5个都设在经济特区，即沙头角保税区、福田保税区、汕头保税区、盐田港保税区和珠海保税区。深圳沙头角、福田保税区1991年5月批准设立，广州保税区1992年5月批准设立，汕头保税区1993年1月批准设立，深圳盐田港保税区1996年9月批准设立，珠海保税区1996年11月批准设立。

6个保税区自批准设立后，加快基础设施建设。先后建成隔离设施，实现通路、通电、通水、通电信、通排污；建成办公楼、厂房、仓库、货物堆场和集装箱码头等。至2000年，累计完成基本建设投资超过60亿元，竣工面积超过200万平方米。同时，开展招商引资办企业。至2000年，累计实际引进外资10亿多美元，兴办各种企业3000多家。各保税区的经营运作管理逐步规范，坚持按国际惯例办事，建立精简、高效管理机构，实行“简便、快捷、高效、优质”的“一站式”管理和“一条龙”服务。各保税区在发挥转口贸易、保税仓储、出口加工等基本功能的同时，还根据各自的特点和优势，发展产品包装、运输、商品展示、房产、金融、保险、信息等业务。

发展最快、规模最大的是深圳福田保税区。该保税区发挥毗邻香港的特殊区位优势，专门从保税区修建专用通道直通香港，通过专用通道，境外货物、交通工具和人员可直接往返于保税区和境外。福田保税区为此大力发展仓储物流，开展国际转口贸易。2000年，实现国内生产总值35.62亿元，工业总产值62.45亿元（其中高新技术产品产值57.9亿元，占工业产值比重92.8%），出口14.82亿美元，实际利用外资1.59亿美元。招商引资来源已经从亚洲地区为主转向欧美国家为主。

广州出口加工区和深圳出口加工区是2000年4月27日经国务院批准成立的首批15个出口加工区中的两个。广州出口加工区位于广州经济技术开发区东区内，规划面积3.05平方公里，分三期建设，首期0.9平方公里。深圳出口加工区位于深圳市东北部龙岗大工业区内，总面积3平方公里，将建成深圳外贸出口创汇的重要基地之一。

四、地方各类开发区

1991年开始，省政府陆续批准在部分市县（主要是东西两翼和山区）设立一批省级经济开发试验区。其中，有1991年9月批准的清远扶贫经济开发试验区（1992年11月国务院批准为国家级农村改革试验区）、1992年5月的粤北工业开发区、肇庆七星岩旅游度假区，6月的茂名水东经济开发试验区、阳江海陵岛经济开发试验区、南澳岛经济开发试验区；7月的湛江东海岛经济开发试验区、河源扶贫经济开发试验区、信宜扶贫经济开发试验区；8月的仁化丹霞旅游开发试验区、揭阳经济开发试验区；10月的紫金古竹经济开发试验区、梅州经济开发试验区、潮州经济开发试验区、云浮六都经济开发试验区等。至1998年9月，全省有省级各种开发试验区56个。各类开发区对推进当地开放发展发挥积极作用，不少成为所在地区经济增长的生力军，起到示范辐射作用。2000年，地方各类经济开发区完成工业产值305.41亿元，出口总额15.03亿美元，实际利用外资2.85亿美元。但是地方各类开发区发展过程也出现一些问题，部分地方不顾主客观条件是否许可，采用不规范的行为筹资和融资，圈占大片土地并没有引来外资，造成“开而不发”的现象。有的甚至未经批准自办开发区。

20世纪90年代广东省级各类经济开发试验区一览表

表4-4-4

名称	批准面积	批准年月
清远扶贫经济开发试验区 （1992.11国务院批准为国家级农村改革试验区）	9.6平方公里	1991.9
粤北工业开发区	18.8平方公里	1992.5
肇庆七星岩旅游度假区	9.44平方公里	1992.5

续表4-4-4

名称	批准面积	批准年月
茂名水东经济开发试验区	23平方公里	1992.6
阳江海陵岛经济开发试验区	107.8平方公里	1992.6
南澳岛经济开发试验区	106平方公里	1992.6
信宜扶贫经济开发试验区	规划30平方公里 首期1平方公里	1992.7
台山川岛旅游开发综合试验区	255平方公里	1992.7
湛江东海岛经济开发试验区	286平方公里	1992.7
河源扶贫经济开发试验区	24.1平方公里	1992.7
仁化丹霞旅游开发试验区	8.8平方公里	1992.8
翁源官渡经济开发试验区	17平方公里	1992.8
揭阳经济开发试验区	19平方公里	1992.8
揭东经济开发试验区	12平方公里	1992.10
紫金古竹经济开发试验区	10平方公里	1992.10
云浮六都经济开发试验区	4平方公里	1992.10
梅州经济开发试验区	20平方公里	1992.10
潮州经济开发试验区	8平方公里	1992.10
潮安庵埠经济开发试验区	7.6平方公里	1992.10
汕尾红海湾经济开发试验区	39.5平方公里	1992.11
饶平台商投资开发试验区	3.36平方公里	1992.11
台山广海湾华侨投资开发试验区	45平方公里	1992.12
海丰老区经济开发试验区	10平方公里	1992.12
茂名茂南经济开发试验区	23平方公里	1992.12
徐闻海安经济开发试验区	25平方公里	1992.12
花都华侨经济开发试验区	0.5平方公里	1992.12
化州鉴江经济开发试验区	10平方公里	1993.2
肇庆西江走廊经济开发试验区	26平方公里	1993.2
江门高新技术产业开发区	47.1平方公里	1993.2
阳江金朗岛经济开发区	享受开发试验区待遇	1993.5
高州金山经济开发试验区	6平方公里	1993.6
始兴林产工业开发试验区	16平方公里	1993.6
农垦金海湾经济开发试验区	1平方公里	1993.6
农垦南山经济开发试验区	0.5平方公里	1993.6
澄海莱芜经济开发试验区	9平方公里	1993.6
潮州三百门港经济开发试验区	10平方公里	1993.7
汕头高新技术产业开发区	4平方公里	1993.7
潮阳经济开发试验区	8.5平方公里	1993.7
西樵山旅游度假区	10.168平方公里	1993.8

续表4-4-4

名称	批准面积	批准年月
阳江港经济开发试验区	10平方公里	1993.8
惠州盐洲岛经济开发试验区	10平方公里	1993.12
陆丰星都经济开发试验区	10平方公里	1994.1
东莞高新技术开发试验区	8平方公里	1994.1
陆丰东海经济开发试验区	10平方公里	1994.3
中山高新科技外向型农业开发试验区	—	1994.7
丰顺经济开发试验区	6.25平方公里	1995.12
五华经济开发试验区	8.8平方公里	1995.12
廉江九洲江经济开发试验区	8.3平方公里	1996.1
阳东东平沿海经济开发试验区	9.2平方公里	1996.2
新会今古洲经济开发试验区	7.05平方公里	1996.4
乐昌经济开发试验区	9平方公里	1996.5
吴川经济开发试验区	8.6平方公里	1997.3
惠阳三和经济开发试验区	8平方公里	1997.3
麻章经济开发试验区	9.8平方公里	1997.4
曲江经济开发试验区	7.85平方公里	1997.12
肇庆高新技术产业开发区	9平方公里	1998.4
珠海万山海洋开发试验区	岛上面积约90平方公里	1998.9

说明：资料来源于广东省经济特区办公室

第五节　粤港澳台经贸关系

一、粤港澳经贸合作

广东、香港、澳门三地原来就是一个整体，经济人文联系历史久远，即使在被人为分割的时期中，仍然始终保持着千丝万缕的关系。改革开放后，三地在新的历史条件下，按照市场经济规律，发挥各自的优势，不但恢复和发展传统的经济关系，而且跨越边境，跨越社会经济制度，形成互补互利、互相促进、共同发展的区域经济合作关系。

1979—1985年，是粤港澳区域经济合作的初级阶段，也是广东改革开放的起步阶段。其间，一些港澳商人首先在深圳和广州等地投资兴办旅游宾馆，经营出租汽车、酒楼餐厅、建筑装修、路桥建设等业务，同时陆续以“三来一补”为主要形式，在珠江三角洲各地发展加工生产项目，取得经济效益。投资者以港澳中小资本为主，把港澳的资金、设备、技术、市场和管理方面的优势和广东土地、劳动力的优势结合起来，实现低层次生产要素的互补，使港澳产品取得价格上的竞争优势，也促进广东的工业和第三产业发展，增加劳动就业。

1986—1992年，港澳制造业大量北迁广东，奠定“前店后厂”的格局。这阶段广东改革深化，扩大开放。1997年，中央以“一国两制”构想成功解决香港问题，使粤港澳经济关系更为密切。至1989年，广东与境外客商签订的“三来一补”合同8.3万宗，其中属于港商的合同占9成以上。1986—1992年，广东实际利用外资169.51亿美元，其中港澳资金（绝大部分是香港资金）117.35亿美元，比重为69.23%。同期广东对香港的出口由1985年的21.27亿美元，增至1992年的155.58亿美元，增长6.31倍，年均增长32.88%。

1993—1997年，邓小平视察南方发表重要谈话产生深刻影响，香港迎接回归，澳门进入后过渡期。港澳对广东的投资呈现出期限长、金额大、范围广、进展快的特点；投资主体从中小企业到大公司、大财团；投资领域从加工生产扩大到房地产业、基础设施、基础工业和第三产业；投资项目的平均金额也显著增大。这一阶段，广东实际利用外资613.03亿美元，其中香港资金442.41亿美元，澳门资金15.59亿美元，分别占72.16%和2.54%。广东对香港出口额由229.51亿美元增至616.12亿美元，增长1.68倍，年均增长31.69%。这个数据并不完整，因为省内不少为港澳厂商加工生产的产品，已不再需要通过香港，而是由广东港口直接装箱转运销售国际市场。

1997年香港顺利回归以后，澳门回归进入倒计时，粤港澳区域经济走向全面合作阶段。但由于受亚洲金融风暴的冲击，香港、澳门经济下滑，广东经济发展一度回落。粤港澳合作中的一些问题和隐忧逐渐显露出来。一是“前店后厂”升级乏力，从港澳转移到广东的制造业，大都生产劳动密集型产品，附加值低，关联效应差，拉动力弱，技术、质量、管理的提升较慢。二是香港制造业的大规模转移加快香港境内工业萎缩，香港经济因缺乏坚实的基础而削弱了抵御外来冲击的能力。三是原来区域合作的民间性、分散性和局部性，阻碍区域整体优势的发挥。表现为基础设施建设存在着不配套、不协调、不衔接的情况；争相发展热门行业、热门产品，造成生产能力过剩，结构性矛盾突出。20世纪90年代后期，香港对外贸易和内地与香港的双边贸易均进入低增长时期。经国务院批准，从1998年开始，省政府与香港特区政府共同建立粤港合作联席会议，加强双边高层次合作，共同应对困难，为两地合作注入新的动力。粤港之间的合作出现积极的转变：由香港回归前两地民间有限合作向“一国两制”前提下由政府推动的全方位合作转变；由自发、分散和完全由市场决定的合作向以市场导向为主、市场推动和政府协调相结合转变；由香港劳动密集型制造业转移为基础的“前店后厂”式格局向以科技创新和资源优化配置为核心的分工合作转变。1999年，香港经济渡过最困难的时期，从谷底回升。1999年，澳门实现平稳过渡和政权交接，整顿治安，着手搞活经济，加强同广东经贸、科技、文化合作交流。粤港澳区域经济在“一国两制”原则下得到新的发展。

1979—2000年，广东与港澳厂商签订利用外资合同累计10万宗，实际利用港澳资金881.87亿美元，约占全省实际利用外资总额的70%。港澳厂商在广东举办“三资”企业5.5万家，对外加工装配企业3.9万家，吸纳内地劳动力500多万人。同时，广东通过驻港澳企业，也加大对港澳的投资力度。广东在香港设立的各类企业有400多家，投资的领域有制造业、对外贸易、房地产、证券、金融、保险和运输业。广东使用的对外商业贷款大部分经由香港安排，香港成为广东向外融资的主要基地。在香港上市的公司有粤海投资、越秀投资、广南投资等，还有多家企业在香港发行H股。香港是广东最大的贸易伙伴，2000年广东销往香港、澳门的贸易额为321.05亿美元，占全省外贸额的34.92%。

二、粤台经贸合作

广东是台湾同胞入出祖国大陆的主要通道。在台湾人口中，祖籍广东的约占20%。广东发展对台经济关系具有明显的优势。引进台资，促进粤台两地经济繁荣，是粤台经济关系的主轴。

在20世纪80年代初，就有台商以港商之名开始到广东投资。投资以“三来一补”加工项目为主，如制鞋、制伞、塑胶、玩具等。1987年11月，台湾当局开禁台胞回大陆探亲，放松对大陆政策，台商身份逐步公开，投资逐步扩大。1989年，国务院出台对台商投资的优惠政策，进一步促进台商到广东投资合作。1990年2月，全省已批准的台资项目750宗，协议投资金额9亿美元，实际投入近4亿美元，约占同期台商在祖国大陆投资总额的30%。20世纪90年代初，台商到广东投资达到高潮，每年均以数百家的速度增长，台资成为广东省仅次于港资的第二大外资来源。至2000年，广东引进台资项目8410项，协议投资总额69亿美元，实际利用总额42亿美元，台资企业总数和投入资金总额均列全国前茅。在粤常驻台商及工作人员5万多人。广东各级政府和有关职能部门，一直致力于改善当地基础设施，健全法制和提高管理服务水平，营造更好的投资环境，促进对台招商引资工作。1997年7月，广东省八届人大常委会第三十次会议审议并通过《广东省实施〈中华人民共和国台湾同胞投资保护法〉办法》。这一省级法规对台商享受待遇和在广东投资享有优惠等都作出规定。

20世纪90年代，台商在粤投资呈现的特点：一是高新科技产业投资项目增多。石化、钢铁、生物工程、电脑周边设备企业相继进入。台湾几乎所有大的电脑生产企业都在广东开办合资、合作或独资公司。劳动密集型与“三来一补”形式的投资逐渐减少。二是“三高”农业项目发展快。1995年、1996年广东两次在香港举办“三高”农业招商洽谈会，台商投资踊跃，农业项目占台资投资项目的2/3，不少项目已取得良好的经济效益。同时，项目的实施也为广东输入种苗、种养技术和农业管理经验，促进当地“三高”农业的发展。三是大企业、大财团投资增多。早期到粤投资的台商多为中小企业，投资规模较小。20世纪90年代后期，一批台湾规模大、实力强的大企业和财团如台塑、统一、中日、宝成国际、春源钢铁、宏碁电脑、大众电脑、华通电脑等陆续投资广东，在省内各地建成一批较大规模的企业。四是由单个项目企业逐渐向区域性经济项目发展。台商开始独资或与当地政府部门合作，成片开发台商投资区。如深圳市龙岗台商工业园、惠州市台资工业区、广州经济技术开发区永和台商投资区等。五是投资区域逐渐从沿海城市向内地和山区扩展。

粤台之间的贸易发展迅速，1990—2000年10年间，贸易量增长10倍以上。2000年广东经台湾海关贸易额168.79亿美元，其中广东销往台湾17.5亿美元，台湾销往广东151.28亿美元。广东销往台湾的商品，由原来的原材料、农产品和中药材发展到轻工产品、仪器仪表、机械设备及工艺品等。台湾销往广东的商品由原来的化工原料和电子元器件发展到原材料、半成品、机械设备和杂品等。实际上广东还有部分商品是通过香港转口台湾的，粤台之间的贸易额应大于公布数。

第六节　对外经济合作

一、对外承包工程和劳务合作

广东利用毗邻港澳的有利条件，以港澳为基地发展对外承包工程、劳务合作。20世纪80年代初起步，从承包房建工程项目开始，逐步向水利、林业和工业发展，同时向海外输出劳务人员。20世纪90年代初，发展承包工程带技术、设备出口业务。1995年开展设计咨询业务。

1982年，广东对外承包工程、劳务合作业务合同115宗，合同金额2684万美元，营业金额2568万美元，年底在境外人数1427人；1990年合同宗数、合同金额、营业金额和年底在外人数分别增加到1124宗、12008万美元、10775万美元和8733人。1995年开始，新开展对外设计咨询业务，当年签订合同9宗，合同金额139万美元，营业金额41万美元。至2000年，全省对外承包工程、劳务合作和对外设计咨询三项合同数6726宗，合同金额50560万美元，营业金额46279万美元，年底在境外人数20198人。按营业额计，首次进入全国省级排序的第三名。

20世纪90年代后期，广东对外工程承包、劳务合作发展加快，呈现以下三个特点：一是技术含量提高。由于深圳中兴、华为等大型电子通信高科技企业的加盟，增加了对外承包工程的技术含量。1998年，营业额超过1000万美元的企业有14家。二是扩大市场范围。新开辟越南、柬埔寨、墨西哥等国劳务市场及巴基斯坦、孟加拉和南美等国家和地区的对外承包工程业务。三是一批大企业单位加盟对外经济合作业务。1998年，广东石油化工设计研究院、广东航务工程总公司、广东长大公路工程有限公司、广东火电工程总公司、广东国际技术合作实业集团有限公司、广东省电力输变电工程公司等6家大企业单位新开展外经业务，全省开展对外承包工程、劳务合作和设计咨询业务的企业达49家。

2000年6月，省政府发文提出，要把握机遇，鼓励和支持有条件、有实力的企业“走出去”，开拓对外承包工程业务的新局面。特别是利用广东省在火力发电建设安装、水利电力设计和建设、通信、输变电工程、蔗糖生产等方面的优势，发展对外承包工程，把有资质、有实力的企业推向国际承包市场。支持企业承揽大型工程项目和当总承包商，提高对外承包工程的技术含量、质量和档次，支持对外承包工程带动成套技术设备和劳务出口。

1982—2000年主要年份广东对外经济技术合作情况表

表4-6-1

项目年份	签订合同数（宗）	合同金额（万美元）	营业金额（万美元）	年末在外人数（人）
一、对外承包工程				
1982	9	1316	1398	770
1990	23	5953	7586	688
1995	29	19183	10924	850
2000	86	36555	34515	634

续表4-6-1

项目年份	签订合同数（宗）	合同金额（万美元）	营业金额（万美元）	年末在外人数（人）
二、对外劳务合作				
1982	106	1368	1170	657
1990	1101	6055	3189	8045
1995	1251	20593	17775	33263
2000	6626	12941	10777	19564
三、对外设计咨询				
1995	9	139	41	10
1998	17	402	339	
2000	14	1064	987	

说明：对外设计咨询1995年以前无发生数。资料来源于《广东统计年鉴2001》

二、境外投资

1981年，省政府在香港和澳门两地分别设立粤海企业有限公司和南粤贸易有限公司，这是广东最早在境外投资的窗口公司。以后陆续在海外设立一批投资企业。由于受体制、人才、管理和决策等因素制约，20世纪80年代，广东境外投资的成功率较低。1992年3月，省委、省政府作出《关于进一步扩大对外开放若干问题的决定》，提出推动有条件的企业到海外投资，兴办跨国企业。要以外贸集团公司和条件较好的境外企业为龙头，以实力较强的大中型企业和企业集团为主力军，以现有在发达国家的销售机构为基础，与国外跨国企业合作，在所在地或有利于进入发达国家市场的第三国，兴办合资合作企业。至2000年，全省共在境外办企业686家，累计投资总额1.78亿美元，分布于53个国家和地区，业务涉及工业、贸易、旅游、金融、劳务、证券、房地产、运输、咨询等领域。

从20世纪90年代中后期开始，广东境外投资出现发展新趋势。一是投资方式多元化，投资经营规模扩大。从早期较单一的出口贸易、劳务输出、对外承包工程，扩大到投资办实业、建立营销网络、生产制造、研发设计、资源开发等综合性投资经营。还通过香港及海外资本市场融资求发展，广东有7家企业在香港股票市场上市。二是投资区域从港澳为主逐步向其他国家及地区拓展。进一步开拓东南亚、欧洲、非洲、中东、北美、南美等投资市场，扩大投资业务。三是民营企业成为境外投资的新兴力量。四是业务技术含量提高。特别是拓展境外通信工程、成套机电设备安装工程、船舶维修等大型项目，开始改变过去以承接建筑工程为主的格局。五是部分企业开始注重发挥自有品牌优势，在国际市场上树起“优质广东”的形象。美的、TCL、格兰仕等企业，从20世纪90年代后期开始，借助国际资本、技术和市场，在海外投资发展。但广东企业对外投资的整体水平仍然较低，跨国经营处于起步阶段，企业大规模“走出去”的环境条件尚未完全具备，鼓励企业到境外投资的法律法规不尽完善，政策引导和支持力度不够，人才不足也是很大的障碍。

第五章　所有制改革

第一节　所有制结构变化

改革开放前，广东同全国一样，基本上只有全民和集体两种公有制经济的单一经济结构。1978年，国有和集体经济占全省经济总量的97.9%，个体私营经济仅占2.1%。改革开放后，广东在全国率先进行市场取向的经济体制改革，继续优先发展公有经济，同时放手发展个体私营经济和“三资”企业，全省逐步形成以公有经济为主导，全民、集体、个体私营、联营及外商、港澳台投资企业等多种经济共同发展的格局。

一、80年代所有制结构

1980年，广东工业和商业领域所有制结构的状况是：工业，当年全省工业总产值248.68亿元（当年价），其中全民所有制为146.95亿元，占59.09%；集体为95.08亿元，占38.23%；城乡个体为0.05亿元，占0.02%；其他工业（主要指联营、外商和港澳台投资企业，下同）6.6亿元，占2.65%。商业，当年全省社会消费品零售总额为117.67亿元，其中全民所有制为59.14亿元，占50.26%；集体所有制为50.73亿元，占43.11%；个体1.2亿元，占1.02%；其他经济成分6.6亿元，占5.61%。

至1990年，广东工业和商业领域所有制结构变化为：工业，当年全省工业总产值1902.24亿元（当年价），其中全民所有制为765.43亿元，占40.24%；集体为659.64亿元，占34.68%；个体私营为91.19亿元，占4.79%，其他工业385.98亿元，占20.29%。商业，当年全省社会消费品零售总额667.36亿元，其中，全民为259.05亿元，占38.83%；集体为127.26亿元，占19.04%；个体为181.12亿元，占27.13%；其他经济成分99.93亿元，占14.9%。另外，当年全省工业固定资产净值667.68亿元，其中全民、集体分别占53.83%、24.8%，联营、外商、港澳台商投资企业、个体私营占21.37%。

1980—1990年，广东全民工业产值占工业总产值的比重从59.09%下降为40.24%，集体工业产值从38.23%下降为34.68%，个体私营工业产值从0.02%上升为4.79%，其他工业从2.65%上升为20.29%；全民所有制商业从50.26%下降为38.83%，集体商业从43.11%下降为19.04%，其他经济成分从5.61%上升为14.90%。

20世纪80年代末90年代初，北京发生政治风波，东欧剧变、苏联解体，国内出现改革开放姓“社”姓“资”争论，广东所有制结构中公有经济比重下降，非公有经济比重上升的变化引起部分人的议论和疑虑。1991年12月，省委政策研究室就广东所有制改革完善问题向省委上报《关于我省所有制改革完善问题的调研报告》，对20世纪80年代广东所有制结构的变化提出肯定的意见。报告认为：

第一，改革开放后，广东公有经济在改革中发展壮大，仍占国民经济的控制地位。1980—1990年，全民工业产值从146.95亿元增加到765.43亿元，集体工业从95.08亿元增加到659.65亿元，分别增长4.2倍和5.9倍，绝对值的增长速度不算慢。全民和集体工业产值仍占全省的74%以上，公有经济比重仍然占大头。特别是国有经济牢牢掌握着金融、财税、外经贸等方面经济调控权；国有经济掌握着关系国计民生的产业，如能源、交通、邮电、原材料、重化和基础设施；国营商业掌握着重要商品的批发。非公有制经济的发展主要集中在一般加工工业和商业零售。

第二，非公有制经济迅速增长，地位上升，有利于广东社会经济发展。1980—1990年，全省新增工业产值978.5亿元，其中全民、集体、其他经济类型所占的比重分别为36.02%、32.34%、31.62%，非公有制新增工业产值比重已超过三成，特别是外商和港澳台商投资企业从无到有，产值年均增长63.85%。10年中，全省新增社会商品零售额595.31亿元，其中全民、集体和其他经济所占的比重分别为37.76%、15.25%和46.99%，非公经济所占比重更高。1990年，合营、外商投资企业和港澳台商投资企业、个体私营企业等非公有经济提供的税收28亿元，占全省当年税收总数的14.7%。"七五"期间，全省工商企业新增职工179.67万人，其中非公有制企业安排96.38万人，占53.64%。非公有制经济的发展有利于繁荣城乡经济，促进竞争和市场发育。

第三，广东公有制经济比重下降，非公有制经济比重上升，是改革开放的重大成果，符合广东实际情况。一是广东率先改革开放，所有制改革步伐迈得大，市场调节的比重大。二是广东具有发展外向型经济的优越条件，利用外资占全国四成左右。三是广东重化工业和原材料基础工业相对薄弱，工业结构以加工工业为主，而非公经济的发展大都集中在加工领域。由此，广东的所有制结构的变化反映了自己的特色，是正常合理的。

20世纪80年代主要年份广东省不同经济类型工业产值表

表5-1-1　　　　单位：亿元

年份	总计	按经济类型分			
		国有及国有控股工业	集体工业	城乡个体工业	其他工业
1980	248.68	146.95	95.08	0.05	6.60
1985	534.72	298.42	200.98	14.14	21.18
1990	1902.25	765.43	659.65	91.19	385.98

说明：其他工业指联营、外商和港澳台投资工业，工业产值为当年价。资料来源于《广东统计年鉴1991》

20世纪80年代主要年份广东省不同经济类型社会消费品零售额表

表5-1-2　　　　单位：亿元

年份	合计	国有经济	集体经济	个体经济	其他经济
1980	117.67	59.14	50.73	1.20	6.60
1985	289.23	131.18	78.89	45.22	33.94
1990	667.36	259.05	127.26	181.12	99.93

说明：其他经济指联营、外商、港澳台投资。资料来源于《广东统计年鉴1991》

二、90年代所有制结构

1992年年初，邓小平视察南方谈话后，全国掀起改革开放新高潮。在坚持国有经济控制国民经济命脉，对经济发展起主导作用的前提下，广东大规模引进外资，继续大力发展非公有经济和混合所有制经济，全省所有制结构状况是：

第一，公有经济取得新的发展，比重继续下降，但在国民经济中仍然处于主导地位。1990—2000年，全省国有及国有控股工业产值（当年价，下同）由765.43亿元增加到3126.12亿元，增长3倍多；集体工业由659.65亿元增加到2131.09亿元，增长2.2倍。社会消费品零售总额国有经济部分，由259.05亿元增加到820.22亿元，增长2.16倍；集体经济部分由127.26亿元增加到657.38亿元，增长4.17倍。

由于非公经济发展更为迅速，致使公有经济在国民经济中所占比重继续下降。其中国有及国有控股工业产值占全省的比重由1990年的40.24%下降为2000年的18.49%，集体工业产值占全省比重，由34.68%下降为12.60%；社会消费品零售总额中国有比重由1990年的38.82%下降为20.14%，集体比重从19.06%下降为16.14%。

但公有经济在国民经济中的主导地位未有改变。据2000年《广东统计年鉴》相关资料显示，1999年广东公有经济实现国内生产总值为4476.17亿元，占整个国民经济的52.9%。大部分基础产业部门（电力、铁路、民航、邮电通信、供水、煤气等）、科教、卫生医疗、金融、保险以及其他关系国民经济命脉的重要部门和关键领域，国有经济仍然占据绝对优势和有较强的控制力。

第二，非公有制经济继续迅速发展，比重占大头。2000年，全省规模以上工业增加值3422.6亿元，其中私营企业为189.71亿元，占5.54%，港澳台投资企业1290.46亿元，占37.7%，外商投资企业575.31亿元，占16.8%，以上三项非公有制经济占60.2%。2000年，全省社会消费品零售总额4071.95亿元，其中个体经济1442.54亿元，占35.42%，私营经济301.43亿元，占7.39%，外商投资经济71.87亿元，占1.74%，港澳台投资经济113.71亿元，占2.77%，其他非公经济500.04亿元，占12.28%，以上几项合计占总额的59.65%。若加上联营、股份制经济（占4%）中的非公有制部分，社会消费品零售总额中非公部分也超过60%。在资产占有方面，2000年全省工业资产中非公有制部分也超过60%。在房地产业中，非公经济占65.6%。

第三，混合所有制经济地位上升。混合所有制主要包括股份合作、联营、有限责任公司、股份有限公司，这部分经济1990年时还很小。2000年，全省混合所有制规模以上工业总产值达到1723.65亿元，占规模以上工业总产值的13.81%；工业资产总额2334.15亿元，占规模以上工业总资产16.24%。2000年，全省社会消费品零售总额混合所有制部分664.8亿元，占16.32%。

广东所有制结构变化，实现以公有制为主体，多种所有制经济共同发展的改革目标和要求。

20世纪90年代主要年份广东省不同经济类型工业产值表

表5-1-3　单位：亿元

年份	总计	国有及国有控股工业	集体工业	城乡个体工业	其他工业
1990	1902.25	765.43	659.65	91.19	385.98
1995（新规定）	8849.90	1465.82	2797.76	854.70	3731.62
2000	16904.47	3126.12	2131.09	1804.53	9842.73

说明：本表工业产值为当年价，其他工业指联营、私营及外商和港澳台投资工业。资料来源于《广东统计年鉴2001》

20世纪90年代主要年份广东省不同经济类型社会消费品零售额表

表5-1-4　单位：亿元

年份	合计	国有经济	集体经济	私营经济	个体经济	联营经济	股份制经济	外商投资经济	港澳台投资经济	其他经济
1990	667.36	259.05	127.26	—	181.12	—	—	—	—	99.93
1995	2304.15	609.65	394.78	92.99	762.06	21.70	71.06	18.02	64.65	269.24
2000	4071.95	820.22	657.38	301.43	1442.54	48.58	116.18	71.87	113.71	500.04

说明：1990年其他经济数已包含联营、股份制、外商、港澳台投资。资料来源于《广东统计年鉴2001》

第二节　国有经济

一、国有资产状况

（一）资产总量与分布

1998年上半年，广东开展“争创广东发展新优势十大专题调研”，当中对全省国有资产情况进行系统的摸查。至1997年年底止，全省共有经营性国有资产2197.29亿元，其中工业1794.89亿元，占81.68%。省属国有企业有1314户，国有资产918.47亿元，占全省国有资产总量的41.8%。

广东国有资产经营范围广，覆盖面大。全省835个经济行业小类中，有国有经济的744个，行业覆盖面89.1%。省属国有资产则相对集中于能源、交通、冶金等基础性产业。省属企业中，占总数不到10%的大企业，集中了国有资产的80%，这是省属国有资产分布状况的一大特点和优势。

但全省国有资产的分布很不均衡。1996年，全省有各类国有企业法人3.87万户，营业收入在500万元以下的有3.61万户，占总数的93.3%；营业收入5000万元及以上的仅583户，占1.5%。在工业方面，全省国有独立核算工业企业4975户，其中大型企业191户，占国有工业企业数3.8%，比全国平均水平低1.5个百分点；占国有工业产值的比重为43.9%，比全国平均水平低17.6个百分点；实现利税所占比重为68.0%，低于全国平均水平11.2个百分点。省属企业中有838户为中小企业，占户数的63%，但资本额只有50亿元，只占省属国有资本额的

5%左右。这部分省属中小企业大多是流通性企业，实业少，负债重，本小利微，对市场波动冲击的承受力低。

（二）效益与管理体制

改革开放后，广东国有经济不断发展壮大。1979年，全省国有工业企业固定资产原值103.51亿元，1990年为488.36亿元，2000年增至3513.50亿元，增长33倍；实现利税总额，1979年为26.89亿元，1990年为84.35亿元，2000年增至433.35亿元，增长15倍多；全员劳动生产率，1979年为10847元，1990年为43582元，2000年增至99186元，增长8倍。但是企业的经济效益总体下降，亏损面增大，负债率高。1979年，全省国有工业企业百元固定资产实现利税和资金利税率分别为25.96元和23.95%，1990年分别下降为17.27元和14.94%，2000年为12.33元和9.24%。

据省国有资产管理部门1998年的专题调研，1997年全省国有企业亏损额56.96亿元，亏损面43.6%，其中国有大中型企业有430户亏损，亏损面50.3%，亏损额40.37亿元。国有大中型企业资不抵债有106户，占总数的12.4%；负债率在80%～100%之间的242户，占总数的28.3%。省属国有企业1997年共实现利润67.28亿元，净资产利润率和销售利润率分别为5.7%和5.5%，低于同期贷款利率；企业亏损额18.53亿元，亏损面42.1%；企业负债总额2786.32亿元，若将土地估价计入总资产，企业资产负债率为72.7%，如果考虑不良资产及损失挂账等因素，则资产负债率为80%左右。有171户企业资产负债率达100%以上。这些企业实际上已经资不抵债或“空壳”经营。

国有资产体制存在的问题主要表现为：一是所有者职能切割分散，缺乏集中统一的所有者代表。国有企业分属于各个政府主管部门，所有者职能被切割分散，形成多头管理，实际上无人对国有资产的保值增值负责。二是出资人营运主体缺位。大量国有企业尤其是中小企业，由于缺乏出资人主体，未能进行有效的资产经营，难以实现国有资产的保值和增值。三是政企不分，国企资产一方面缺乏监管，另一方面企业又难以摆脱主管部门的行政干预，生产经营权和法人财产权难以完全落实。由于未能实现政企分开，政府也无法脱离对国有企业的无限责任，一批严重亏损的企业成为各级政府的沉重包袱。

1979—2000年主要年份广东省国有及国有控股工业企业效益指标表

表5-2-1

年份	固定资产原值（亿元）	利税总额（亿元）	百元固定资产实现利税（元）	资金利税率（%）	产值利税率（%）	百元销售收入实现利税（元）	全员劳动生产率（元/人）
1979	103.51	26.89	25.96	23.95	20.31	21.18	10847
1985	203.80	56.34	27.64	27.36	20.28	21.26	19278
1990	488.36	84.35	17.27	14.94	11.82	12.23	43582
1995	1315.16	160.57	12.21	8.58	11.50	10.71	97763
1997	1794.89	160.92	8.97	6.68	10.69	9.71	36596
2000	3513.50	433.35	12.33	9.24	13.86	12.09	99186

说明：1998年以前为国有工业，1999年起为国有及国有控股工业。资料来源于《广东统计年鉴2001》

二、改革管理运营体制

（一）深圳市

深圳市国有资产管理运营体制改革启动于1987年，在全省最早。经过不断的探索、实践，逐步形成市国有资产管理委员会（办公室）—国有资产经营公司—生产经营企业3个层次的管理和运营体制。

第一层次：市国有资产管理委员会（简称国资委）及其办公室。国资委是在市政府领导下具有权威性的国有资产管理机构。主要任务是从方针、政策、法规等方面对国有经营性资产、非经营性资产、资源性资产进行宏观的、全方位的管理和监督。主要职能是：决定国有资产经营公司的设立、变更和终止，审查批准国有资产经营公司的长远发展规划、年度经营计划、收益运用计划和有关重大事项的报告；确认国有独资企业和国有控股企业董事长、经理、财务总监的任职资格和国有产权代表资格，按干部管理权限和规定程序任免、考核、奖惩市属一类国有独资、控股企业的董事长、监事会主席；协调国有资产管理中的重大事项。

市国资委的组成，由市长担任主任，常务副市长和主管工交、商贸的副市长任副主任，成员由财政局、体改办、国土局、经发局、贸发局、运输局、计划局、监察局、审计局、统计局、法制局、市委组织部等14个部门的主要负责人组成。国资委以定期和不定期召集会议的方式决策国有资产管理和经营中的重大问题。市国资委下设国有资产管理办公室，作为国资委的常设办事机构，又是市政府主管市属国有资产的职能机构，列入政府序列。

第二层次：国有资产经营公司。国有资产经营公司是由市政府授权，代表国家对一部分国有资产直接行使资产受益、重大决策、选择管理者等出资者权利的特殊企业法人。它不行使行业和行政管理职能，直接对市国资委负责，并接受国资委的监管。资产经营公司的主要职能是：代表市政府持有部分国有资产产权；对所代表的国有资产的收益进行管理，运用国有资产的收益进行再投资；为所代表的企业提供贷款担保和发行债券担保；向企业委派产权代表，参与企业重大决策，监管企业的国有资产经营；通过对所持有的国有产权、股权的运作，实现企业组织结构和产业结构的优化组合。

深圳市有三家国有资产经营公司：市投资管理公司、市建设集团公司和市物资集团公司。第一家投资管理公司是纯粹型的资产经营公司，它不直接从事生产经营活动，而是通过全部或部分拥有其他公司或下属企业的股权，对公司和企业实行控制；后两家是混合型资产经营公司，它主要是通过持有股份控制子公司，自己又直接进行一部分生产经营活动。三家资产经营公司各具特点，市投资管理公司经营的资产分布在许多行业，是综合型的资产经营公司；市建设集团公司经营的资产主要分布在建筑、施工、房地产业；市物资集团公司经营的资产主要分布在流通领域。

第三层次：生产经营企业，即国有控股企业和国有参股企业。它们拥有企业法人财产权，具有企业法人资格，是直接从事商品生产经营的法人实体和市场竞争主体，负有国有资产保值增值的责任。深圳市取消企业的行政隶属关系，企业由行政部门的隶属管理转向国有资产产权管理部门管理，实现政企分开。国有资产经营公司与企业的关系不是领导与被领导的关系，而是投资者和被投资者的产权关系。深圳市还取消市属国有企业的行政级别，制定并实施《深圳市属国有企业分类定级方案》，按规模大小和效益高低，采用国际通用的资产、利税、销售三大指标体系，将企业划分为一类、二类、三类，每类分为三级（简称为“三类九级”），两年考核一次，有升有降，不搞终身制。

深圳国有资产管理运营体制，在第一个层次实现政府的社会经济管理职能与资产所有者职能的分开，在第二个层次实现国有资产管理与国有资产经营职能的分开，在第三个层次实现国家终极所有权与法人财产权的分开。其做法得到省委、省政府的肯定和推广。

（二）省直属国有企业

1994年5月，省政府成立省国有资产管理局，归口省财政厅管理。省国资局成立以后，通过清产核资、资产统计，基本摸清省属国有企业的家底；通过产权界定、产权登记，初步明确企业与国家的产权关系；通过资产评估和加强对企业产权变动管理，减缓国有资产的流失。1996年4月，省政府印发《省属企业国有资产监管体制改革试行方案》，着手对省属企业国有资产实行分类管理和监督，明确省有关行政主管部门、投资主体和生产经营企业的相关职责。

为了培育国有资产投资主体，促进国有资产保值增值，省国资局从1995年3月开始，进行国有资产授权经营试点。至1998年上半年，共有4批10户企业开展试点。这10户试点企业主要是大型企业集团的母公司和行业性总公司，下属249户企业，国有资本总量为82.85亿元，分别占省属企业户数的18.95%和资本量的9.02%。后因不良资产和潜亏未能从账面充分反映等原因，而且多数企业经济效益不佳，授权经营资产规模不够大，难以大范围盘活国有资产存量和优化增量，至2000年，10户试点企业无一家同省政府签订保值增值责任书。试点未能取得大的进展。

1999年9月，省委贯彻《中共中央关于国有企业改革和发展若干重大问题的决定》，要求全省各地，以机构改革为契机，实行政企分开，切断以行业部门管理为主要形式的行政纽带，参照深圳做法，建立由政府国有资产管理委员会监管、资产经营公司运营、国有企业具体经营，以产权为纽带的三个层次的国有资产管理体制。同时鼓励各地大胆探索国有资产管理运营的其他方式。全省各地按照省委的部署，加快推进建立新的国有资产管理运营体制的改革进程（省政府国有资产监督管理委员会于2004年6月正式挂牌成立，各市也相继成立和设置国资监管机构）。

三、调整国有经济布局

（一）部署和做法

1999年9月，省委印发贯彻《中共中央关于国有企业改革和发展若干重大问题的决定》的意见，对广东调整国有经济布局作出部署。主要做法和措施：

第一，有进有退、加强重点、优化结构，推动国有资本向国民经济的关键领域和重要行业集中。需要国有经济控制的行业和领域主要包括涉及国家安全的行业、自然垄断的行业、提供重要公共产品和服务的行业，以及支柱产业和高新技术产业中的重要骨干企业。其他一般性产业和领域加快结构调整和资产重组，形成多种所有制经济相互竞争发展的格局。政府的投资主要在公益性、基础性、关键性和战略性行业。

第二，探索公有制的多种有效实现形式。国有资本通过股份制吸引和组织更多的社会资本，增强国有资本的控制力、影响力和带动力，形成规范的公司法人治理结构。宜于实行股份制的企业，通过规范上市、中外合资和企业相互参股等形式，发展混合所有制经济，重要的企业由国家控股。

第三，加大对国有企业改组的力度。对极少数必须由国家垄断经营的企业，国家给予必要的支持，使其更好地发挥应有的功能；竞争领域中具有一定实力的企业，可通过增量扩股吸引多方投资，加快发展；对产品有市场，但负担过重、经营困难的企业，通过兼并、联合等形式进行资产重组和结构调整，盘活存量资产；对产品没有市场、长期亏损、扭亏无望和资源枯竭、浪费资源、技术落后、污染环境的小玻璃厂、小水泥厂、小炼油厂、小火电厂和小炼钢厂，依法实行破产、倒闭。

第四，继续实行“抓大放小”方针。坚持扶持重点的原则，使大多数国有大中型骨干企业初步建立起现代企业制度。抓好省50户工业龙头企业，形成主业突出、跨地区、跨行业、跨所有制的大型企业集团，发挥其在资本运营、技术创新、开拓市场等方面的优势，成为广东国民经济的支柱和参与国际竞争的骨干力量。各级政府继续加强对中小企业的指导和服务，加快国有大中型企业三年脱困工作步伐。

（二）重组省属国有资产

根据省委调整国有经济布局的部署，省政府从2000年5月开始，对省属国有企业开始实施资产重组。

这次资产重组的基本要求，一是实现政企分开。建立以产权为纽带的政府—国有资产经营公司—国有企业三个层次的国有资产管理运营体制，解决出资者缺位问题，实现政企分开。二是整体搞活。着眼于从整体上搞活国有经济，做到有利于国有经济布局战略性调整，有利于国有企业的战略性改组，有利于存量资产的优化配置，有利于国有资产的保值增值。三是适度规模。省政府授权投资主体所持有的资产保持适度规模，原则上，国有资产经营公司总资产在100亿元以上、国有净资产在10亿元以上；实行国有资产授权经营大企业集团总资产在20亿元以上，国有净资产在3亿元以上。四是依法组建。国有资产的划拨，按照国有资产管理的有关规定进行；资产经营公司和授权经营大企业集团的组建，依据公司法等有关法律规定进行。五是平稳过渡。前两年运行得较好的国有资产授权经营试点单位，原则上予以保留；条件具备的大企业集团，原则上实行国有资产授权经营；条件不具备的企业，原则上成建制划归资产经营公司管理；在2000年省级机构改革中不再保留的工业口厅局，成建制组建企业集团公司，符合条件的实行国有资产授权经营。

重组的范围和具体方案。这次列入资产重组范围的企业包括省属经营性企业，省直党政机关脱钩企业，军队、武警、政法机关移交企业，共1546户，占省属企业户数的66.67%；资产总额2436.62亿元，占59.49%；负债总额1308.30亿元，占47.13%；净资产

1128.32亿元，占85.49%；拥有职工330385人，占82.06%。具体方案是，将1546户企业，重组为3个资产经营公司和20个实行国有资产授权经营的大企业集团。3个资产经营公司分别是：省工业资产经营公司、省商贸资产经营公司、广晟资产经营公司。20个实行国有资产授权经营大集团是：省电力集团、省交通集团、深圳华强集团、韶钢集团、省航运集团、省物资集团、省商业集团、省建工集团、广东国际技术合作实业集团、省外贸集团、省农业集团、省丝绸集团、省轻工集团、省机械集团、省石化集团、省通讯集团、省风险投资集团、省旅游集团、省中旅集团、白天鹅企业集团。

重组后对国有资产监管做法：（1）省对资产经营公司、授权经营企业集团的监管，按照干部管理权限和程序，配备3个资产经营公司和20个授权经营企业集团的正副董事长、正副总经理、正副党委书记以及工会主席、纪委书记、监事会主席、财务总监等人选。（2）资产经营公司和授权经营企业集团对所属投资企业的管理，以出资者身份考核、处置投资企业的资产，向投资企业委派产权代表，管理企业的班子；对独资和控股企业的发展规划以及投资项目等重大决策进行审批；收取投资收益，并决定使用方案；对大额资金的收支实施具体监控，指导。

这次省属国有资产重组在2000年下半年全面展开，在次年基本完成。未列入这次重组的省属国有企业，维持原管理体制不变，但明确其上级主管部门和企业本身都要承担国有资产保值增值的责任。

第三节　个体私营经济

一、发展概况

（一）发展速度

个体工商户的发展速度，改革开放之初的1980年，全省有个体工商户10.24万户，从业人员12.50万人，自有资本2227万元。至2000年，全省登记注册个体工商152.23万户，从业人员308.88万人，自有资本254.91亿元，与1980年相比，分别增长13.86倍、23.71倍和1157倍。

私营企业发展速度，1989年才开始有正式统计，1990年为21736户，从业人员30.50万人，注册资本23.74亿元。至2000年，达到18.42万户，217.54万人和1876.12亿元，别增长7.5倍、6.1倍和78倍。2000年，广东私营企业户数和注册资本数居全国首位。

（二）行业结构和规模

广东个体工商户的行业结构，居前三位的是商贸业、社会服务业、工业。私营企业的行业结构，居前三位的是商贸餐饮业、工业、社会服务业。

私营企业的规模，据2001年省委政策研究室、省工商行政管理局等单位《对广东民营经济的调查》报告，2000年，全省私营企业户平均注册资本为105.08万元，比全国平均数高40%；注册资本500万元至1000万元的有3681户，1000万元以上的有2291户，亿元以上的有41户；全省有私营企业集团240户，年销售（营业）收入超过亿元的私营企业有广东恒丰集团、广东天键实业集团、深圳富源集团、广东裕华集团、广东乔士集团、广东温氏集团等，这些企业都是当地的经济骨干和纳税大户。

（三）经济地位

2000年，全省个体工商户和私营企业实现工业产值4427.35亿元，占全省工业产值的26.19%；实现社会消费品零售额1743.97亿元，占全省的42.83%；向国家缴纳税金128亿元，占全省的11%。成为国民经济的重要组成部分和推动生产力发展的生力军。20世纪90年代以后，个体私营经济是安置国有、集体企业下岗职工和新增社会劳动力就业的重要方面。部分私营企业还参与国有和城镇大集体企业改制、改组、改造，对一些长期经营困难的国有中小型企业，进行收购、兼并、租赁、承包。

二、扶持政策措施

改革开放后，广东对个体私营经济发展采取允许鼓励的政策，不断加大扶持力度，省政府逐步缩小农产品和工业品统派购和计划收购范围，允许个体户和私营工商户参与农产品运销和经营日用工业品，全省个体私营经济从20世纪80年代开始得到较快发展。

在广州市第一个打响个体户品牌的是容志仁。1979年3月，上山下乡回城待业知识青年容志仁领了个体营业执照，以100元的创业资金，在西华路开办“容光小吃店”，专营肠粉和粥类食品。特别推出一角钱有粉有粥的学生餐，解决附近中小学生及居民吃早餐的问题，因而名噪一时，生意火红。省委第一书记任仲夷听了容志仁事迹，称赞说，这是个有独特经营思想的年轻人，我们的社会就需要这种人。容志仁的事迹还被全国新闻媒体报道，当时不少外地人到广州，专门到“容光小吃店”吃一顿肠粉。1983年，容志仁成为当时非公经济代表，上北京受到中央领导的接见。

1980年年初，广州市青年高德良从国营工厂下海干个体户，利用祖上传下的制作熏鸡技术，重开一度驰名省港的周生记“太爷鸡”店（“太爷鸡”是20世纪初与“东江盐焗鸡”等齐名的广东4大名鸡），很快生意兴隆。但发展却碰到麻烦。当时国家限定个体户雇工不得超过5人，周生记开业不久因为生意好而雇6个帮工，刚好突破政策上限，被人指为“剥削”。周生记业务发展要求贷款3000元，但银行只贷给1000元，认为对个体户贷款1000元是政策界限。高德良认为个体户遭受到不公正待遇，1980年10月，他大胆上书中央领导人，吁请立法保护个体工商户合法私有财产，开放个体户雇工，允许银行给个体户贷款。国务院领导接到信后，在1981年1月批示广东研处。信转回广州后，引起省、市领导重视。广州市工商部门对周生记的经营情况作了专门调查，着手研究个体经济发展中面临的问题。1983年，国家实施允许个体经营者贷款政策，广州市作为试点先行。周生记“太爷鸡”是最先获得增加贷款的受益者。高德良成为第一位向国家提出要求立法支持和保护非公经济的开创者。

进入20世纪80年代中期，广东一批创业较早的个体工商户，要求注册成为私营企业，但却又碰到政策的障碍。原来当时工商部门只允许发展个体户，仍有条例规定不允许私人办厂。1985年，广州市何炳申请重新沿用其父亲1928年创建的有名老字号“何植记靴鞋厂”招牌注册办企业，但在换发工商牌照时出现波折。何炳申请注册的招牌是“靴鞋厂”，一个“厂”字保留与否，何炳与工商部门发生分歧，最后只注册为“何植记靴鞋”，既不是厂也不是店。何炳对此耿耿于怀。不久，在一次有机会见到广东省工商行政管理局局长时，何炳直言对此不满。省工商行政管理局局长接受何炳的意见，还给一个“厂”字，允许注册“何植记靴鞋厂”招牌。一个简单“厂”字，字轻意重，表明广东已突破不允许私人办厂的限制，象何炳这样一批发展良好的个体户实现向民营企业家角色的转变。

20世纪90年代中期，广东个体私营经济发展一度有所放慢，1996年和1997年只增长2%和15%，分别比全国低6个和10个百分点。1997年，全省个体工商户注销21万户，占总户数的14.8%，其中歇业16万户；私营企业注销12702户，占总户数的10.6%，其中歇业10074户。主要原因：一是仍有人和部门自觉或不自觉地把个体私营经济与私有化联系在一起，对个体私营经济处处设防；二是政策不够宽松，对个体私营经济仍存在歧视现象；三是各种办证收费负担日益加重，为逃避收费和变相收费，个体户和私营企业大量挂靠公有企业和政府部门成为“公”有企业；四是部分个体户和私营企业经营者不适应市场竞争，出现经营困难。

为促进个体私营经济的新发展，省政府于1998年3月发出《关于促进个体私营经济发展的通知》，明确规定，除法律、法规禁止外，所有行业和商品都允许个体工商户、私营企业经营。经营方式也全部放开，有关行业主管部门不得干涉个体工商户和私营企业正当生产经营活动，不得采取行政手段对个体工商户和私营企业搞“挤、卡、压”。个体工商户和私营企业凡符合条件享受国家规定优惠政策的，都与国有、集体企业同等对待。

1999年5月，省九届人大常委会第十次会议通过《广东省个体工商户和私营企业权益保护条例》，并于当年7月1日开始执行。同年8月，在深入调查研究基础上，省委、省政府作出《关于大力发展个体私营经济的决定》，明确提出鼓励、引导个体私营经济健康发展，是广东建立社会主义市场经济体制，实现现代化的一项重要任务。要提高个体私营经济在全省国民经济总量中的比重，使其在现代化建设中做出更大贡献。省委、省政府鼓励个体私营经济发展的新措施主要有：（1）重申放宽个体户和私营企业经营范围和经营条件，各级政府把个体私营经济纳入地方经济发展规划，创造良好的发展环境，拓宽投资范围。同时，加强政策引导。（2）鼓励各类人员从事个体私营经济活动。对国有、城镇集体企业下岗职工和在职人员、机关事业单位人员、大中专以上毕业生、军队转业干部、城镇复员退伍军人以及残疾人员到个体工商户、私营企业就业，都可以按国家政策给予多种优惠。（3）在信贷、融资、用地、企业财务等方面，为个体私营经济发展创造与国有、集体企业平等的竞争环境。（4）养老、工伤、失业、医疗、女工生育等社会保障制度要覆盖到个体私营企业，在人才招聘引进、商务需要进出境、人才入户等方面，为个体私营经济提供便利。（5）帮助个体私营经济提高素质，增强活力。扶持一批符合产业政策的私营企业上规模、上档次、创名牌；鼓励研发新技术、新工艺、新设备、新产品，创办高科技企业。引导个体工商户、私营企业提高管理水平。（6）依法保护个体工商户、私营企业的合法权益。制止乱收费、乱罚款、乱摊派的“三乱”，妥善处理个体工商户、私营企业挂靠国有、集体单位的历史遗留问题。

由于省委、省人大、省政府的高度重视，在20世纪90年代最后3年，广东个体私营经济得到新的发展，出现一些新趋势。一是部分私营企业通过产权多元化向建立现代企业制度方向发展；二是发展科技型和新兴行业成为个体私营经济产业调整关注点，特别是在连锁商业、现代物流和软件开发等新兴行业中，非公有制经济发挥着先导作用；三是专业镇经济迅速崛起，成为推动个体私营经济发展的重要载体；四是私营企业开始经营进出口业务和走出国门发展。

但广东的个体私营经济企业素质参差不齐，创新能力总体不足，部分经营者法制观念淡薄，假冒伪劣现象时有发生。此外，外部发展环境仍有待进一步改善。

1980—2000年部分年份广东省个体户、私营企业基本情况表

表5-3-1

项目 年份	个体户			私营企业		
	户数（万户）	从业人员（万人）	自有资本（亿元）	户数（万户）	从业人员（万人）	注册资本（亿元）
1980	10.25	12.50	0.23	—	—	—
1985	72.03	103.03	8.80	—	—	—
1990	90.89	152.06	43.35	2.17	30.51	23.74
1997	141.51	269.94	186.86	12.03	152.92	1076.51
2000	152.23	308.88	254.91	18.42	217.54	1876.12

说明：20世纪80年代私营企业无统计数据。资料来源于省工商行政管理局

2000年广东省个体私营经济发展情况表

表5-3-2

项目	个体工商户	私营企业
户数（万户）	152.23	18.42
从业人数（万人）	308.88	217.54
注册资金（亿元）	254.91	1876.12
总产值（亿元）	236.12	405.72
营业额（亿元）	1166.45	402.26

说明：资料来源于《广东统计年鉴2001》

第六章　经济管理体制改革

第一节　计划投资体制

一、转变政府计划工作职能

改革开放之前，在传统计划经济体制下，实行由各级政府职能部门统一制订生产、基建和流通计划，企业不能自己制订。全省工业品生产计划指标有250多个，农业生产计划指标有50多个，计划统一分配的物资有60多种。20世纪80年代初开始，广东缩减指令性计划，逐步让企业根据市场自主制订生产经营和发展计划。政府经济部门从指挥者角色逐步向企业服务者和引导者的角色转变。至20世纪90年代中期，政府最后保留的计划指标，有国内生产总值增长指标，价格水平指标，劳动就业指标，固定资产投资和利用外资指标等，主要是指导性的经济总量增长指标，这些指标多数不分解下达给地方和企业。政府保留的少数指令性指标主要是牵涉到国计民生需严格控制的如耕地指令性计划指标、人口控制指标和环境保护指标等。

同时，各级政府计划管理部门的工作职能也发生重大的变化，从过去主要是管理年度计划向制定中长期规划和经济政策、做好宏观经济动态分析和预测、提供信息等方面转变；从偏重于下达指标、审批项目向提供服务、加强协调、适当指导等方面转变；从对具体生产和流通的组织指挥转到放开一般生产和流通活动，把重点放在改善环境，促进产业升级等方面转变。计划管理部门加快职能转换，加强对地方发展战略和中长期规划的研究和制订工作。加强对宏观经济发展的预测、监测和对市场经济的信息引导。向社会发布经过加工的信息（如经济和社会发展白皮书、经济预测和分析报告、产业供求状况和发展趋势的研究报告、重大经济社会问题的专题分析报告等），注意研究提出广东支柱产业发展的政策，着重抓好那些能够优化广东经济结构，促进产业升级的骨干项目建设。参与管理涉及全省宏观经济的一些重大经济活动，包括重大项目投资、借用外债、重要物资进口、外汇使用、国内债券发行及土地利用等。

二、改革劳动用工制度

1978年以前，企业劳动用工、工资标准、大中专学校招生、毕业分配等全部严格按国家计划进行。20世纪80年代初开始，劳动用工制度改革逐步展开。

一是放开劳动工资指令性计划。1984年开始，对企业实行工资总额与经济效益挂钩办法；1986年，规定国营企业新招收职工一律实行劳动合同制；1988年，企业在规定工资总额内，可自主招工用人；1994年，劳动合同制扩大到在企业全部新老职工中实行。

二是人才培养和使用进入市场。对大中专学校招生和毕业分配进行改革，教育机构（学校）不再单独由国家统一举办，鼓励社会力量办学，办学经费、学生入学和结业就业不再由国家统包统分。办学模式多样化，教育发展逐步面向社会、面向市场需要。大学招生先是实行国家任务、委托代培和自费3种形式，1995年起，各种招生形式并轨，实行统一招生计划、统一收费标准、统一录取分数线。毕业生就业改为在国家政策指导下，实行毕业生自主择业，国家不包分配，政府和学校推荐，学生和用人单位双向选择的体制。政府组织高校毕业生就业供需见面会，建立毕业生就业供需信息网络，推进高校毕业生就业市场的形成。

三是加强劳动用工和人才规划工作。20世纪90年代中，省开始集中力量编制《广东省"九五"及2010年人才规划纲要》《广东省人力资源开发利用规划》，并研究与之配套的相关就业政策。

三、改革投资体制

（一）投资多元化

20世纪80年代初，由于中央对广东实行特殊政策、灵活措施，广东率先打破由中央政府作为单一投资主体的固定资产投资格局，省下放投资项目审批权，改革项目的决策审批制度。确定广州市建设项目审批权为1000万元以下，其他地市级分别为500万元和300万元以下，各县为100万元以下。利用外资项目审批权限也相应分别为1000万美元、500万美元、300万美元和100万美元以下。各级地方政府有了一定程度的投资项目审批权，能根据当地实际情况和资金可能，自主安排建设项目，国有企业、城镇集体企业、乡镇企业、"三资"企业，国内私人、外商都可以成为直接投资者。1979—2000年，广东累计多渠道、多元化筹集2.3万亿元的资金进行建设。

改革开放前的1978年，广东全省社会固定资产投资只有27.23亿元，2000年达到3233.7亿元。2000年，全社会固定资产投资额中，国家预算内资金54亿元，占1.67%；国内贷款556.52亿元，占17.21%；利用外资折算人民币339.86亿元，占10.5%；自筹资金1386.29亿元，占42.87%；其他资金897.03亿元，占27.74%。多渠道、多元化的大规模投资，加快了广东社会经济发展。从1993年开始，广东国民生产总值一直位居全国各省市之首。

广东在投资建设中推行一系列引入市场竞争机制的改革。20世纪80年代初，深圳率先推出工程招标承包制，实行从单项工程招标承包到项目设计、土建、安装总承包等多种形式的承包制，强化项目概算，缩短建设周期，提高建设速度，创造了当时在全国很有影响的"深圳速度"。20世纪90年代，全省推行工程招投标制和工程监理制，实行项目资本金制度和项目法人责任制，促进投融资领域自我约束、自我发展、自求平衡的机制形成。此外，广东还大力发展投资建设中介服务，如投资咨询、社会审计与验资、投资信息服务、物业销售和管理等，不断完善投资体制市场化改革。

（二）多方筹资办电

改革开放前，广东电力建设欠账很多。改革开放后，急需加大电力建设投入。1984年，省政府成立广东省电力开发公司，以集资的形式筹措办电资金。1987年，省政府决定对省电力局实行电力建设大包干。广东筹集电力建设资金做法主要有以下几种：

一是电力建设发展基金。主要由3部分组成：（1）向用电户增收电力建设附加费，1986年每千瓦时加收1分，1987年起提高到2.5分，1991年起生产用电提高到4.5分。（2）省财政返还电力部门三税，即供电环节税、调节税、所得税，由电力部门用于电力建设，免缴“两金”（能源和交通建设基金）。（3）征收电源建设费，按用户增加的用电量计算。1987—1993年，全省合计筹集电力发展基金84.5亿元，约占全部电力投资的50%左右。

二是集资和合资办电。（1）带用电指标配额集资。实质是预售用电权，每万元集资可以在3年后拿到5000千瓦的用电负荷和4000千瓦时的年用电量，13年后偿还企业所出资金，利息率为7%～8%。（2）向社会发行电力建设债券。其中1987年发行4000万元。（3）市县自筹资金加入省电网建设，增加当地用电指标。实质也是购买用电权的一种集资形式。“七五”时期市县自筹平均每年近2亿元，一般10年左右偿还本金，利息率比较低。此外，还有电力部门与其他企事业单位合资合作办电，类似合股投资。

三是利用外资。这是广东电力建设筹资的一个重要渠道。1986年和1987年，利用外资占省级电力投资的比重分别为32%和23%，沙角电厂A厂和B厂是国内最大的外商独资电厂。

通过上述办法，广东筹集到大量的电力建设资金。改革前，全省每年电力投资（含国家和省财政投资）约1亿元。改革开放后，仅1981—1993年，全省电力建设投资达320亿元，年均近30亿元。

“九五”时期，广东能源建设继续坚持和完善通过市场机制解决投资资金，但其中一些具体做法如集资办电等有所改变。“九五”时期全省能源工业累计完成投资943.56亿元，比“八五”时期增长35%。

（三）自我积累发展交通、通信

从20世纪80年代中到90年代中的10年，广东发展交通、通信事业主要采取集资、借贷、利用外资等手段，然后通过提高运费、收取过路、过桥费和电话初装费等办法回收投资。各地将这种做法称为“以路修路，以桥建桥，以港养港，以通信办通信”。

一是公路和公路桥梁建设。投资资金的来源除银行贷款外，主要有以下四方面：（1）养路费，是公路部门较稳定的收入。（2）增收客票附加费，每人每公里增收1分钱，后提高为2分钱。（3）设立高速公路还贷基金，来源是每人每公里1分钱的客票附加费和对货车征收高等级公路建设还贷基金。（4）收取过桥费。

二是邮电通信的建设投资。主要靠收取电话初装费，调高邮资，争取外国政府贷款等办法解决。仅收取电话初装费一项，就解决一半的电信建设投资资金。

三是铁路、港口、机场建设投资。实行经国家批准的优惠政策，包括地方铁路新路新运价；大型海港和内河港实行利润全部留成，并从1990年开始，征收每吨1分钱的航运建设基金。

据省计划部门1994年调查，1979—1993年，广东运用上述方式筹集到的各种交通建设资金330多亿元，其中公路和桥梁建设资金161亿元（约占同期公路、桥梁建设投资的50%），有效地改善全省交通通信设施落后的状况。

除自我积累外，广东对交通的投资还通过社会融资和引进外资获得。社会融资包括通过股份制改造上市融资和发行债券、融资券方式进行。引进外资通过借外债、有偿转让公路收费权、合资合作建设经营公路桥梁等方式进行。第一次借外债建桥修路是1981年省交通厅向澳门南联公司借款1.5亿港元，用于广珠公路4个渡口建桥，实行过桥收费，直接促成“贷款修路（桥）、收费还贷”政策出台。广深高速公路是第一个中外合作公路建设项目；广佛高速公路是第一个中外合资公路建设项目。利用社会资金建设交通设施的还有1991年5月建成通车的三（水）茂（名）铁路；1995年7月通车的广（州）梅（州）汕（头）铁路等。

“九五”时期，广东交通通信建设继续坚持和完善通过市场机制解决投资资金，并且进一步加大投入。但随着形势的变化，其中一些具体做法如收取电话初装费等有所改变。1996—2000年，全省交通建设累计投资1276.13亿元，比“八五”时期增长81.8%；邮电通信业完成投资800.33亿元，比“八五”时期增长5.5倍。

（四）公共事业投资

广东对公共事业建设按不同类型实行不同的投资政策。公益型项目，以各级政府投资为主，集资、捐助及鼓励社会举办为辅，如教育、体育事业等；经营型项目，由市场进行调节，政府减少投资或不再投资，其发展主要依靠自我积累，如广播电视、新闻出版等；混合型项目，如文化、卫生，实行政府投入和自身积累、社会捐助相结合。

1978—2000年主要年份广东全社会固定资产投资额表

表6-1-1　　单位：亿元

年份 金额	1978	1980	1985	1990	1995	2000
投资总额	27.23	38.29	184.59	381.47	2327.22	3233.70
其中：基本建设	17.85	22.05	94.07	175.43	905.97	1163.63
更新改造	2.19	3.67	32.31	59.10	255.61	435.44

说明：资料来源于《广东统计年鉴2001》

20世纪90年代主要年份广东固定资产投资多元化情况表

表6-1-2　　单位：亿元

指标	1990年	1995年	2000年
投资完成额	381.47	2327.22	3233.70
一、按经济类型分	—	—	—
国有经济	272.18	1122.84	1286.91
集体经济	53.81	363.67	448.71
个体经济	55.48	249.78	424.35

续表6-1-2

指标	1990年	1995年	2000年
联营经济	—	17.22	10.30
股份制经济	—	108.85	484.00
外商投资经济	—	254.88	140.71
港澳台投资经济	—	197.93	416.34
其他经济	—	12.05	22.39
二、按资金来源分	—	—	—
国家预算内资金	13.77	25.02	54.00
国内贷款	67.41	348.81	556.52
利用外资	55.66	431.37	339.86
自筹资金	119.93	873.35	1386.29
其他资金	124.70	648.67	897.03

说明：资料来源于《广东统计年鉴2001》

第二节　财政体制

一、实行包干制

（一）广东向中央包干

1. 实行“定额上解包干”

改革开放前，中国实行的是高度集中、统收统支的财政体制。1979年6月，广东省委在向中共中央、国务院上报《关于发挥广东优越条件，扩大对外贸易，加快经济发展的报告》中，要求中央对广东实行“划分收支，定额上交，五年不变”的财政包干办法，即以1979年收支决算为基数，确定上缴任务，从1980年起，一定5年不变。增收部分归省自行安排，不再向中央要钱。7月，中共中央、国务院批转原则同意广东试行在中央的统一领导下实行大包干办法。决定明后两年（1980年、1981年），广东每年上缴数确定为12亿元。以后年度到时另议。1980年5月，中央重新核定广东每年上交10亿元。从1981年起，在每年定额上交中央10亿元的基础上，中央又增加向地方借款和上交能源交通建设资金等任务。至1983年，广东当年上交中央15.7亿元，1984年（第一个包干期最后一年），上交中央15.9亿元。

1985年3月，国务院，决定在全国实行“划分税种、核定收支、分级包干”财政管理体制。当月，国务院确定1985—1989年5年内，广东继续实行财政大包干体制，现行的定额上解数额，按“划分税种、核定收支、分级包干”财政管理体制的收支划分范围，以及第二步利改税后收入转移的情况作相应的调整。在核定时，照顾和保护广东已增加的收益。同时，为支持经济特区建设，在1989年以前，深圳、珠海的财政收入仍暂不上缴。由于财政变化引起的财政转移，应作相应调整。海关代征进口产品税或增值税，地方留成应按新规定执行。中央重新核定广东体制内定额上解基数为7.8亿元，同时增加其他各种上调，至1987年，广东当年净上解数为23.2亿元。

2. 实行“上解额递增包干”

1988年7月，国务院作出《关于地方实行财政包干办法的决定》，在原定财政体制的基础上，对原“划分税种、核定收支、分级包干”的办法作一系列改进。其中，对广东原实行的“上解额定额包干”调整为“上解额递增包干”。即，以1987年上解中央的收入为基数，每年按一定比例递增上交。确定广东体制内上缴基数为14.13亿元，每年上交递增包干率为9%，同时每年还增加向中央多做贡献及其他上交。到实行财政包干体制后期的1992年，广东上解中央增加到74.54亿元，1993年为88.1亿元。

（二）市（地）县向省包干

在中央批准广东实行财政包干情况下，从1980年开始，广东根据省内不同地区的实际情况，在省以下相应建立多种形式的包干体制。

1. 实行“划分收支，分级包干”

1980—1984年，在对财政收支进行统一合理划分的基础上，根据市（地）、县的实际情况，对包干层次和包干形式实行多种不同的办法。在包干层次划分上，对广州、深圳、珠海以市为单位，统一对省包干，省不直接管理县（市）。佛山、汕头、惠阳等8个市（地）本级，以及所属的县（市），则分别直接对省包干，由省直接管理到县（市）。在具体包干形式上，分别采取“总额分成”“两边挂”或“一边挂”（“两边挂”是将核定的支出基数分为两半，一半与固定收入基数挂钩，另一半与调剂收入基数挂钩；“一边挂”是将支出基数与固定收入基数或调剂收入基数挂钩），以及“定额补贴”等形式的包干。

2. 实行“划分税种，核定收支，分级包干，一定五年”

1985—1990年，在总结上一阶段财政包干经验的基础上，省对市（地）、县的财政体制作了一些调整。一是按照市管县的行政体制，将市作为一级财政，统一对省进行包干。对所辖的县（市），则由各市自行确定包干办法。未改市的地区则比照上述办法，由地区对省进行包干。二是对前一阶段的收支划分和包干基数进行适当调整。根据实际情况对各地的既得利益，包括增收节支所得的好处一般都予以保留，而对有特殊困难的地方，则根据省级财力状况给予适当照顾。三是按照重新核定的财政收支包干基数，对各市（地）继续实行多种形式的包干办法。其中，对广州市实行“定额上交，增收分成”的包干办法；对深圳、珠海经济特区继续实行收入全留，支出自行安排的办法（1989年开始，中央对深圳实行包括财政在内的计划单列）；对佛山、江门等5市实行“递增包干”的办法；对收不抵支的汕头、肇庆等4市（地）实行定额补贴；对连南、连山、乳源3个少数民族自治县则继续实行补贴额每年递增10%的办法。

3. 调整部分市财政上交办法

由于中央从1988年开始对广东实行“上解额递增包干”的办法，为使上下体制一致，并保证广东上交中央收入每年递增9%任务的完成，从1991年起，省政府相应调整部分市财政上交办法。其中，将佛山、江门两市递增上交比例由7%提高到9%；将韶关、茂名、湛江三市递增上交比例由6%提高到9%；将广州市由“定额上交，增收分成”改为递增上交。

（三）包干制实施情况

财政包干制使地方有较大的自主权，较好地实现权、责、利三者的统一，调动各级地方政府当家理财、增收节支的积极性。全省财政收入从1979年的36.25亿元增加到1992年的222.64亿元。向中央净上交从包干前1979年的8.17亿元（1980年为10亿元），增加到1992年的74.54亿元，增长速度高于同期国内生产总值和财政收入增长速度。1980—1992年包干的13年间，广东累计净上交中央390.52亿元。1980—1991年，广东口岸的关税、银行保险业收入和其他中央在粤企业收入上交中央共计814.58亿元，改变1978年以前广东财政发展落后于全国平均水平的状况。1979年以后，广东年年实现财政收支平衡，略有节余。为改革开放不断深化提供财力保证，使广东在中央没有补助或补助很少的情况下，能够自行负担起诸如调整工资、改革价格、搞活国企等一系列改革和发展的财力支出。

1979—1992年部分年份广东省实行财政包干制财政收入情况表

表6-2-1　　单位：亿元

年份	合计	各项税收	工商税	农业税	企业收入	工业	商业	其他收入
1979	34.08	25.98	24.62	1.36	8.27	7.59	2.09	0.30
1985	65.46	65.25	62.73	2.52	–0.75	4.28	1.27	0.96
1990	131.02	135.61	132.70	2.91	–24.24	3.05	0.46	19.64
1992	222.64	195.98	191.52	4.46	–5.94	1.25	–0.63	32.60

说明：本表按原预算科目编制，其中各项税收仅包括工商税和农业税。资料来源于《广东统计年鉴2000》

二、实行分税制

1993年12月，国务院作出《关于实行分税制财政管理体制的决定》，从1994年1月1日起，改革地方财政包干体制，对包括广东、福建在内的各省、自治区、直辖市和计划单列市统一实行分税制财政管理体制。

（一）中央与地方分税

分税制的实施首先是划分中央与地方政府的事权；然后按照中央与地方政府的事权划分，确定各级财政的支出范围；根据事权与财权相结合原则，将税种统一划分为中央税、地方税和中央地方共享税，并建立中央税和地方税体系，分设中央与地方两套税务机构分别征管；核定地方收支数额，实行中央财政对地方的税收返还和转移支付制度；建立和健全分级预算制度，硬化各级预算约束。

1. 中央与地方的支出划分

中央财政主要承担国家安全、外交和中央国家机关运转所需经费，调整国民经济结构、协调地区发展、实施宏观调控所必需的支出以及由中央直接管理的事业发展支出；地方财政主要承担本地区政权机关运转所需支出以及本地区经济、事业发展所需支出。

2. 中央与地方收入划分

将维护国家权益、实施宏观调控所必需的税种划为中央税，将同经济发展直接相关的主要税种划为中央与地方共享税，将适合地方征管的税种划为地方税。

中央固定收入：关税，海关代征消费税和增值税，消费税，中央企业所得税，地方银行和外资银行及非银行金融企业所得税，铁道部门、各银行总行、各保险总公司等集中交纳的收入（包括营业税、所得税、利润和城市维护建设税），中央企业上缴利润等。外贸企业出口退税，除1993年地方已经负担的20%部分由地方专项上交中央外，以后发生的出口退税全部由中央财政负担。

地方固定收入：营业税（不含铁道部门、各银行总行、各保险总公司集中交纳的营业税），地方企业所得税（不含上述地方银行和外资银行及非银行金融企业所得税），地方企业上缴利润，个人所得税，城镇土地使用税，固定资产投资方向调节税，城市维护建设税（不含铁道部门、各银行总行、各保险总公司集中交纳的部分），房产税，车船使用税，印花税，屠宰税，农牧业税，农业特产税，耕地占用税，契税，遗产和赠予税，土地增值税，国有土地有偿使用收入等。

中央与地方共享收入：增值税、资源税、证券交易税。增值税中央分享75%，地方分享25%；资源税按不同的资源品种划分，海洋石油资源税作为中央收入，大部分资源税作为地方收入；证券交易税中央与地方各分享50%。

3. 中央对广东的收入划分

根据上述收入划分原则，1993年广东省地方财政收入基数346.56亿元；上划中央的消费税、增值税75%部分、地方金融企业所得税等为153.89亿元。后一部分收入从1994年起不表现为广东省地方财政收入，但中央为保地方的既得利益，将这部分收入作为上划收入基数，扣除中央下划收入后作为税收返还基数，并规定从1994年起，根据全国增值税和消费税的平均增长幅度，按照1：0.3的系数对广东上划中央“两税”（增值税、消费税）实行增量返还。

国务院还决定，为顺利推行分税制改革，实行分税制后，各省内原体制的分配格局暂时不变，过渡一段时间再规范为分级分税制。在过渡期内，广东省每年递增9%上缴中央的办法继续执行。为此，1994—1995年，国家对省实行分税制，省对市、县仍然实行包干制。其办法就是以1993年财政收入为基数，按中央分税制办法把广东所得部分，划分为省、市、县三级财政收入数，然后确定每年递增比例。中央对广东按1：0.3系数返还上划中央“两税”增量部分，省级分享1/3，市县分享2/3。山区县财政包干的目标要求仍然保持不变。

（二）省与市县分税

1996年开始，广东正式实行省以下“分税分成”的财政体制。与之相配套，同时实施省对市、县的过渡期转移支付制度。

1. 省与市县支出的划分

省级财政主要承担省级政权机关运转所需支出，调整全省国民经济结构、协调地区发展、实施宏观调控所必需的支出以及由省直接管理的事业发展支出。包括：省级基本建设投资，企业挖潜改造资金，科技三项费用，省级行政、事业单位经费，公检法支出，价格补贴支出和其他支出等。一些不宜列入市县政府支出范围的，如基本建设投资补助款，特大自然灾害救济费，特大抗旱和特大防汛费，小型农田水利重点项目补助款，文教卫事业费专项补助，边境建设补助费等，由省作专项拨款支出。市县级财政主要承担该地区政权机关运转所需支出以及本地经济、事业发展所需支出。包括：市县基本建设投资，简易建筑费，城市维护费，支援农村生产支出，农林水利气象等部门事业费，工业交通商业等部门事业费，文教卫生科学事业费，其他事业费、抚恤和社会福利救济费、行政管理费，公检法支出、价格补贴支出和其他支出等。

2. 省与市县财政收入划分

根据事权与财权相结合的原则，按照中央分税制财政管理体制规定的预算级次划分，对地方财政收入部分，按税种和行业划分省与市县的收入。将实施宏观调控所必需的税种和税源较为集中的行业税收划为省级固定收入，将同经济发展直接相关、收入规模较大的主要税种划为省与市县共享收入，将适合基层征管的税种划为市县固定收入。

省级固定收入：金融、保险、信用合作社营业税（不含各银行总行、各保险总公司集中交纳的营业税），省属企业所得税、上缴利润和计划亏损补贴，固定资产投资方向调节税，省级基本建设拨改贷归还收入，中央驻省和省属企业、事业、单位缴纳的房产税，车船使用税，能源交通重点建设基金，国家预算调节基金，省级专项收入，省级其他收入等。

市县固定收入：营业税（不含铁道部门、金融、保险、信用社营业税）、市县所属企业所得税（不含地方银行、外资银行和非银行金融企业所得税）、上缴利润和计划亏损补贴，城市维护建设税，房产税、车船使用税，屠宰税，资源税（不含海洋石油资源税），农业税，农林特产税，契税，国有土地使用权有偿出让收入，市县专项收入，其他收入等。

省与市县共享收入：（1）营业税、企业所得税（不含市县国有企业和省属企业所得税）、个人所得税、土地增值税，省分享40%（基数返还各市县），市县分享60%；（2）增值税，按规定中央分享75%，地方分享25%。地方分享25%部分，除纳入省电力局总承包方案的电力企业缴纳的增值税划为省级收入外，其余全部作为市县共享收入，增收全部留给市县财政；（3）从1996年起，消费税、增值税每年增量中央按1∶0.3系数返还部分，全部留在省级财政。

3. 建立过渡期财政转移支付制度

财政转移支付制度的主要内容：（1）省对财政收不抵支的市县特别是山区贫困县，根据省级财政收入的增长状况给予相应的补助，保证各级政权机关正常运转的基本需要和行政事业单位的工资发放，同时逐步使各地区的人民能享受大体均等的公共服务水平；（2）对全省性或跨地区的公共事业（包括科技、教育、治安、环保等）和公共基础设施建设，予以专项补助；（3）省通过指定项目、指定用途或要求市县配套一定资金的补助，实施省级宏观调控或特定政策目标。

（三）分税制实施情况

实施分税制取得一定积极成效：一是形成以增值税、营业税、企业所得税、个人所得税为主体的税源结构，全省财政收入大幅增长，对国家的贡献增大。实施分税制头一年的1994年，广东地方财政收入298.7亿元，到2000年达到910.56亿元，从1991年连续10年居全国之冠。按分税制地方预算口径，2000年广东地方财政收入占全国的15%左右；包括上划中央“两税”（增值税75%和消费税100%）在内的税收总量，广东约占全国的1/6左右。二是理顺各级政府的事权和财权，规范省与市、县的财政分配关系，省级调控能力增强。2000年，省级一般预算收入达到222.62亿元，比1994年31.02亿元增长6.8倍。省级财政按照向公共财政转变的要求，调整支出结构，压缩对竞争性和经营性领域的支出，按照保工资、保运转、保稳定、保发展的顺序，逐步将财政资金更多转移到满足社会公共需要上来，提高财政对基础设施、社会保障、农业、科技、教育和文化卫生事业、环境保护等公共需要的保障能力。通过转移支付制度的实施，促进各地区经济的均衡发展。三是财政管理走向规范，提高依法理财水平。全面推行国库集中支付制度，2000年，全省实行统发工资的单位超过5500个、22万多人，集中支付的范围扩大到基本建设项目资金等财政性资金领域，减少资金拨付环节，加大财务监管力度。实施政府采购制度，省级和各地级以上市均成立政府采购中心。推进预算编制制度改革，试行部门预算制度。政府性基金管理、财政监督等工作制度化、规范化。

但分税制实行中也存在一些问题：一是在税源划分上，将大税种如消费税、增值税的大部分收归中央，省级也将一些重要行业如电力、地方金融等税收作为省固定收入，留给市县的多是一些税源分散、税款零星、来源不稳、征收成本高、不易控管的税种。二是地区之间由于经济发展不平衡带来财政收入不平衡进一步加剧。2000年，珠江三角洲8市的地方一般预算收入增收额，占全省增收总额的90.9%。经济欠发达地区财政收支缺口大，债务负担沉重。2000年，需要省财政转移支付的市（本级）和县级单位达到77个，一些地方的政府债务风险已经转化为财政风险。三是各级之间的事权与财权关系不够清晰。地方税在收入的归属上属地方管理，但税收立法权高度集中在中央，地方没有主动权；地方承担着不少应由中央财政负责的开支；省级财政也承担不少应由市、县政府负责的开支。

1994—2000年部分年份广东省实行分税制财政收入情况表

表6-2-2　　　　单位：亿元

指标	1994年	1995年	1999年	2000年
财政收入	298.70	382.34	766.19	910.56
其中：各项税收	275.66	353.64	645.28	798.61
增值税	54.35	63.12	104.88	132.13
营业税	106.68	145.85	242.48	272.42
企业所得税	34.87	43.20	131.47	167.42
个人所得税	15.04	22.09	65.08	84.80

说明：本表按新预算科目编制，财政收入不包括中央返还部分。资料来源于《广东统计年鉴2001》

第三节　金融体制

一、改革内容

（一）改革信贷管理体制

改革开放之初，广东在信贷资金管理体制上打破过去统存统贷的管理体制，开始实行存贷挂钩、差额控制的信贷计划管理办法。1981年，中国人民银行总行对广东实行信贷差额包干办法，总行对广东以1981年年底存贷款差额核定基数，多存多贷，一定3年。1985年，中国人民银行行使中央银行职能后，对各专业银行实行“统一计划、划分资金、实存实贷、相互融通”的信贷资金管理体制。允许银行间进行资金拆借，以调剂余缺，促进同业拆借市场的形成和发育。中国人民银行广东省分行根据广东实际情况，在多存多贷原则下，对不同地方分别实行“条块结合”“切块包干”“计划单列”“戴帽下达”等信贷管理方式。对深圳的做法是，人民银行总行把信贷资金及规模切块给人民银行深圳分行，由深圳分行对特区内各家金融机构进行规模控制和信贷控制。在此基础上，对各银行实行信贷资产负债管理，用存款约束贷款，试行贷款风险资产管理，用银行资本金制约银行的资产。深圳还在全国最先实行贷款证制度。

这时期广东金融管理的特点是，改变以往有计划就有资金的做法，使中央银行的宏观管理得以建立在各级专业银行信贷资金自主营运的基础上，突破统存统贷模式，开始引进市场机制，为中央银行的宏观控制方式由直接控制转为间接控制准备条件。同时，开始运用存款准备金率、中央银行再贷款及利率、汇率、特种存款等手段调节货币信贷。

1988年下半年，国家实行治理整顿经济和1997年出现亚洲金融风暴期间，为控制因多存多贷和同业拆借不规范而引起的信用过度扩张，按照人民银行总行的要求，采取贷款限额管理办法，暂时停止多存多贷，改为由总行层层下达贷款限额，未经批准，不得突破。这是在市场调节手段尚不健全，改革未能配套的条件下，强化行政性的直接调控手段，对于抑制当时高通胀率和化解金融风险有明显作用。

1995年，《中华人民共和国人民银行法》实施，强化人民银行中央银行的职能，人民银行体制走向法制化、规范化的轨道。存款准备金、中央银行再贷款、再贴现、利率、汇率、公开市场操作、资产负债比例等经济、法律手段越来越多地被运用，间接调控的比重越来越大，向着建立一个比较有效的直接调控与间接调控相结合的金融宏观调控体系的目标前进。广东省内人民银行系统建立起金融监管领导责任制和风险监测、预报制度。在各专业银行建立法人授权、转授权制度，强化资产负债比例管理、风险管理，落实责任制，通过稽核监督和会计内部控制制度保证内部正常运行。

（二）发展多元化金融机构

改革开放后，广东多种经济成分的发展使多元化金融机构应运而生，至20世纪90年代中期，形成在中央银行监管下，以工商、建设、农业、中国四大国有银行为主体，政策性银行、股份制银行及其他商业银行、非银行金融机构、外资金融机构并存，包括银行、证券、保险、信托、租赁、财务、典当、基金等金融业务多元化的金融组织体系。主要做法：一是各国有专业银行较早打破原来计划经济时期的业务分工，实行业务相互交叉，加快向商业银行转制进程。二是适应地方经济迅速发展需要，发展地方性金融机构。先后成立广东发展银行、广东省财务发展公司、广东华侨投资股份有限公司、广东省国际信托投资公司、深圳发展银行及各级信托投资公司、城市信用合作社、农村信用合作社、租赁公司和财务公司等。广东发展银行、深圳发展银行等在全国同类区域性金融机构中，属于组建早、业绩好、实力雄厚的金融机构，为地方经济发展做出了贡献。三是为适应外向型经济发展需要，较早引进外资金融机构。1982年首家营业性外资金融机构南洋商业银行深圳分行开设营业。至2000年，全省共有外资银行分行52家，其中广州市15家，深圳市28家，珠海市5家。有银行代表处25家，外资保险公司分公司2家，合资保险公司1家，外资保险公司驻粤代表处33家。全省外资银行资产总额66.65亿美元，贷款余额43亿美元。

（三）拓展多种金融业务

广东各金融机构大力开拓金融业务，推进金融手段的现代化。深圳特区成立之初，试办抵押贷款和组织银团贷款，区内各银行最早打破原来业务分工，实行业务交叉。1985年6月，中国银行珠海分行在全国最先开办信用卡业务。外币存款也是广东最早开办。为适应对外开放的需要，中国人民保险公司广东省分公司率先在国内开办“投资（政治）风险保险”“出口信用保险”等涉外保险业务。

各金融机构的会计制度、支付结算制度、联行清算制度、金融统计制度也都按国际化标准不断完善。各金融机构加强金融电子化建设，普遍采用计算机处理各种金融业务，发展信用卡、个人支票、个人理财、票据承兑、贴现、再贴现等金融服务工具。1995年，广东在全国开通跨银行ATM网络；1996年，与香港银通网络联网；1997年，广东跨行ATM与直联POS两大网络系统实现联网通用，促进银行卡业务进一步发展。20世纪90年代，广东各家银行信用卡发行量占全国的1/4。1991年，广东引进美国NCR票据清分系统，建立广州票据交易中心，日处理票据10万张，清算资金额80亿元。在国内率先建设全国最大的跨银行交易的ATM网络系统。1997年12月，全国第一个地区性资金即时转账系统在广州正式运行。省内各国有专业银行的电子汇兑系统、电子货币系统及各类金融网络处全国领先地位，实现行际间的通存通兑。

在国内金融业务不断发展的同时，广东金融机构国际金融业务也得到发展。在国际结算方面陆续开办了商业汇票承兑、贴现和再贴现、进出口押汇、放款、结算项下放款等新业务。中国银行广东分行等金融机构与全球140多个国家和地区的5000多家银行机构建立业务代理关系，合作领域从最初的国际结算、国际汇兑发展到国际信贷的合作，并进一步走向货币市场和资本市场的多方位合作。

二、防范化解地方金融风险

改革开放后，企业和地方普遍存在投资扩张冲动现象。而国家宏观调控的机制和制度开始还不健全。1984年、1988年和20世纪90年代中后期，广东先后出现固定资产投资和消费基金增长过快，信贷、货币超乎寻常增长的状况。1984年，全省各项贷款增长67.7%，市场货币流通量增长61.1%，大大超过同期工农业总产值、国内生产总值及社会商品零售总额的增长幅度。特别是1997年，受亚洲金融危机影响，加上对金融的监管不力，部分金融机构违规操作，一些地方乱集资，乱批设金融机构、乱办金融业务，出现大面积区域性和系统性的金融风险，全省各商业银行三项不良资产占贷款总额的37.7%，部分市县达到40%以上。国有商业银行损失各类贷款上千亿元，地方非银行金融机构（信托投资公司、城市信用社、农金会等）内外债支付缺口上千亿元。一度颇有影响的地方金融机构广东国际信托投资公司资不抵债，恩平市等一些地方的金融系统基本处于瘫痪状况。

广东认真贯彻执行中央防范化解金融风险的各项政策措施，依靠改革开放以后积累的物质基础，按照“内紧外松，标本兼治，分级负责，未雨绸缪，维护信用，确保稳定”的工作方针，采取措施及时化解这次地方金融风险。主要做法：一是对广东国际信托投资公司进行破产清算。1998年年底开始，依照中国法律，参照国际惯例，公开、公平、公正地对广东国际信托投资公司进行破产清算，依法遣散留守人员以外的员工，进行三期破产财产分配，完成破产清算工作，最终清偿率为25%左右。二是对广东省在香港的窗口公司粤海信托投资公司进行全面重组。省政府注入包括东深供水工程在内的30.2亿元优质资产，重组该公司49.46亿美元的债务，平均削债42.78%，其中银行及债券持有人削债38.23%。粤海下属公司由650家减为102家，裁员8800人。重组后，成立广东粤港投资控股公司，为全资国有资产管理公司。三是对地方中小金融机构及农村合作基金会支付风险进行化解。1999年年底，广东依托较强的地方财力，向中央借款380亿元，对全省147家城市信用社共1063个分支机构网点，16家信托投资公司及14家办事处（营业部），843家农村合作基金会实施停业整顿，重点解决个人存款兑付和偿还合法外债问题。对经营状况比较正常的粤财信托投资公司、东莞信托投资公司实施规范重组、重新登记。对广东华侨信托投资公司进行改组，转为实业性公司。汕头市商业银行由于严重资不抵债无法重组，实行停业整顿。省内其他6家城市商业银行规范运作后基本正常，继续经营。

在采取措施化解地方金融风险的同时，广东认真整顿金融秩序。在人民银行的指导、参与下，全省展开打击制贩假币、地下钱庄、地下私彩、逃废金融债务、逃套外汇及证券期货经营中的违法犯罪活动，取缔一批非法金融经营机构，维护正常金融秩序。各商业银行认真整顿账外违规经营，降低不良贷款。国有独资银行加快内部改革。做好地方中小金融机构和农金会资产保全清收处置工作，依靠地方政府，运用经济、法律手段，加大逾期贷款催收力度，防止金融风险向地方财政风险转移。经过一系列艰苦工作，至20世纪90年代末，全省区域性、系统性金融风险基本克服，货币信贷秩序恢复正常，减少经济政治的负面影响。

广东金融体制改革取得积极成效：（1）多元化金融组织体系逐步形成；（2）金融现代化创新取得进展；（3）金融市场开始发育；（4）金融对外开放程度日益加深；（5）金融的宏观调控逐步完善，监督体系初步形成。到20世纪90年代末，全省有各类银行机构网点2.6万个，平均每6.7平方公里有一个网点，每2650人享有一个服务网点。2000年年底，全省全部金融机构各项存款余额16908.26亿元，比1978年增长247.5倍；各项贷款余额11716.93亿元，比1978年增长112.2倍。但广东金融总体发展水平还不够高，证券业、保险业和引进外资金融机构发展还不够充分；广州作为省会城市，区域金融中心的建设相对滞后；金融机构的不良贷款率仍较高，社会信用制度不够健全；初步化解地方金融风险之后，还存在不少遗留问题，追收处置金融资产任务艰巨。

第四节　科技体制

一、作出依靠科技进步决策

改革开放前，科技体制最大的问题是科研与经济发展相脱节，形成“两张皮”。一方面是科技工作未能很好服务于经济建设，科研脱离经济发展的主战场；而另一方面则是发展经济不重视科技进步，主要靠人力、物力的大量投入来支撑经济的增长。

改革开放后，广东科技体制改革按照中央提出的“经济建设必须依靠科学技术、科学技术工作必须面向经济建设”的方针向前推进。20世纪80年代主要是以开拓技术市场，改革科研拨款制度，扩大科研机构自主权，推动科研机构进入国民经济建设主战场为主要内容，在科研机构管理体制、人事制度、分配制度、产权制度等方面进行改革探索。进入20世纪90年代，改革力度加大。1991年7月，省委、省政府作出《关于依靠科技进步推动经济发展的决定》，提出“第一把手抓第一生产力”的要求，吹响加速科技进步的进军号。这是广东落实邓小平“科学技术是第一生产力”论断的一项重大举措，促进经济发展同科技进步紧密结合。

至1998年，经过20年的改革开放，广东正处于经济结构调整转型和产业优化升级的关键时刻。靠什么保持经济持续增长，省委、省政府再一次选择依靠科技进步。1998年9月，在深入调查研究的基础上，省委、省政府作出《关于依靠科技进步推动产业结构优化升级的决定》，完整提出促进科技面向经济建设的一系列政策措施，包括：（1）建立和完善企业科技开发体系，促使大企业和企业集团成为科技进步的主体；（2）促进企业开展技术创新和技术改造，提高产业整体水平；（3）加快科研机构改革步伐，推动科研机构面向经济建设主战场；（4）重点扶持高新技术产业发展，带动产业结构优化升级；（5）改革科技投入机制，多渠道加大科技投入；（6）改革科技行政管理体制，健全和完善有利于全社会科技进步的科技管理机制；（7）大力培养和引进人才，荟萃国内外科技精英到粤建功立业等。

至20世纪末，广东科技事业取得长足发展。一是科技队伍发展壮大，科技组织结构得到优化。1990年全省各类科研开发机构为993个，2000年增至2566个，其中大中型企业办的技术开发机构800个，建立起一批以企业为依托的国家级、部级和省级工程技术中心，企业逐步成为科技研究开发主体。全省从事科技活动人员数，1990年为8.46万人，2000年增加到22.21万人。二是科技经费投入增加，科技实力增强。1998年，广东地方财政科技拨款支出为20亿元，居全国第一位。全省科技活动经费使用总额从1990年的12.82亿元增加到2000年的214.65亿元。广东科技综合实力在上海、北京之后居全国第三位。三是全省科技开发取得丰硕成果。1990年获省级及以上科技奖励成果186项，2000年为289项；1990年获省级及以上优秀新产品项目数227个，2000年为214个。20世纪90年代，广东列入国家级科技成果奖、国家级新产品奖数目及专利授权量居全国各省市前列。开发一批具有自主知识产权、高附加值的新技术、新产品，促进了技术进步。四是高新技术产业迅速发展，初步形成电子信息、新材料、光机电一体化、新能源、生物技术等一批高新技术科研和产业群体。五是科技进步成为推动经济发展的主要因素。20世纪90年代末，广东主要农产品良种平均推广率达到90%以上。科技进步对工业总产值增长贡献率，从20世纪80年代的31%左右提升到20世纪90年代40%左右。六是全省初步形成有利于科技发展的大环境。技术开发型科研机构通过承接技术产品开发、技术转让以及技术服务获得收入，增强了活力；技术等生产要素参与分配的机制开始形成；民营科技企业迅速发展；各级政府和广大公众科技意识提高，这些都有力推动科技的发展。

二、改革科研体制

（一）分类管理科研机构

20世纪80年代后期到90年代中期，广东按照省委、省政府1987年2月印发的《关于当前科技体制改革若干政策的暂行规定》和《广东放宽科技人员政策实施办法》，放活科研机构和科研人员，改革取得一定成效。1998年6月，省政府进一步将省属科研机构重新划分为技术开发型、咨询服务型、公益型3种类型。技术开发型科研机构由事业法人转为企业法人，直接进入经济建设主战场；咨询服务型科研机构放开，面向中小企业，开发各种科技服务项目；对公益型科研机构，选出一批能体现广东优势和特色的，给予重点支持。省属66家科研机构中，确定为技术开发型的39家，咨询服务型的18家，公益型的9家。从1998年起，对技术开发类科研机构，分3年逐步取消经常性科学事业费的无偿拨款；咨询服务类型科研机构的科学事业费，分3年减拨70%；公益型科研机构的事业费，继续由政府给予支持。今后政府新增的科学事业费，主要以风险投资或有偿使用形式，用于支持科研机构发展高新技术产业化项目。减拨的科学事业费集中使用，择优支持科研机构开展适应市场和经济社会发展需要的研究与开发。各类科研机构都可在自己有优势和特色的领域申请政府各类课题资助。

（二）促进产学研联合

1988年8月，省政府印发《广东省科研生产联合的若干规定》，鼓励和支持科研机构、高等院校与生产企业发展科研生产联合。1999年6月，省政府办公厅印发《广东省产学研联合开发工程实施方案》。通过实施产学研工程，进一步加强企业与高等学校、科研院所密切合作，促进科技与经济紧密结合，开发一批具有自主知识产权、高附加值和具有一定竞争力的新技术、新产品，带动企业的技术创新。

产学研联合方式主要包括：合作开发；联合建立技术开发中心；联合建立中试基地；组织股份制科技经济实体；双方人才流动，长期稳定联合；人才培训等。由省工业主管部门牵头会同科技、计划、教育及省科学院建立广东省产学研工程协调会议制度，负责指导协调全省产学研联合工作开展。

（三）建立技术开发中心和重点实验室

1991年，省政府决定依托企业建立一批省级工程技术研究开发中心，这是广东科技体制改革一项创造性探索。目的是调整全省科技布局，加强企业技术开发能力，促使企业成为技术开发和投入的主体。这一改革计划从1991年开始试点并组织实施，至1998年年底，全省已组建81家省级以上工程技术研究开发中心（其中国家级25家），总投入13.7亿元（其中企业自筹12.6亿元，占92%），建成试验基地14.7万平方米，开展工程技术研究开发项目1507项。

1998年，根据广东经济社会发展中、长期规划，省政府决定再组建若干个体现广东特色、代表广东水平的省级重点实验室和科研基地，从事战略性关键技术研究，聚集一批高科技人才，形成骨干力量，为此后10年或更长期的广东经济社会发展打下技术基础。省级重点实验室和科研基地的建设，以省财政支持为主，实行理事会管理，按"开放、流动、竞争、协作"的体制运作。2000年，省科技管理部门开展对省级重点实验室的评估。广州地球化学研究所、省农科院畜牧研究所、广东工业大学、省心血管病研究所、省微生物研究所5个评为优秀，省农科院兽医研究所、省中医研究所、省食品工业研究所、广州呼吸病研究所4个评为优良。对评为及格的3个实验室限期整改，对1个评为不及格的和1个不参加评估考核的实验室，取消其省重点实验室的称号。

三、发展高新技术产业

20世纪90年代中开始，广东以广州和深圳为龙头，珠江三角洲为重点，发展高新技术产业。广州以发展软件、生物、光机电为重点，加快建设软件园、国际生物岛和"广东光谷"。深圳则努力创造有利于高新技术产业发展的政策环境，通过建立技术入股制度、科技人员持股制度，形成推动高新技术产业快速发展的新机制。珠海、惠州、东莞、中山、南海等地根据自身的产业基础，分别加快发展软件、电子信息、生物工程、中药现代化等高新技术产业。各地各级政府大力扶持生产型高新技术企业发展，鼓励自主研究开发高新技术产品，引进重大科研成果实现产业化。

"九五"期间，广东高新技术产业发展保持快速增长的势头，高新技术产品产值以年均32%的速度增长，发挥第一经济增长点的作用。2000年，全省高新技术产品产值2700亿元，比上年增长27%，占工业总产值16%；全省高新技术企业1137家，生产高新技术产品4200多个；高新技术产品出口总值160亿美元，占全省出口总额的18.3%，约占全国高新技术产品出口的50%。

珠江三角洲高新技术产业带是科技部批准的全国三个高新技术产业带之一。该地区集聚电子信息产业企业5万多家，科技人员约12万人，已成为世界电子信息产业相对集中的一个重要区域。产业带内建有6个国家级和3个省级高新技术产业开发区、3个国家高新技术产品出口基地、2个国家级软件园、1个大学科技园和9个国家"863"高新技术成果转化基地。广州、深圳高新技术产业园内建有留学人员创业园、高新技术企业创业中心和创业孵化器，吸引国内外高素质人才到园创业，进行高新技术成果孵化和产业化。2000年，该产业带高新技术产品产值约占全省的93%，占地区工业总产值的18%。

四、保护知识产权

1994年，国务院建立国务院知识产权办公会议制度。同年9月，广东设立省政府知识产权办公会议制度。主要任务是定期讨论、研究和协调全省有关知识产权方面的重大问题。办公会议办公室设在省科委。同年，广东着手建设广东专利信息系统工程。发展专利代理行业。至2000年年底，全省专利代理机构发展至25个，专职专利代理人131人，兼职专利代理人63人。

2000年，广东在原省科技厅下属省专利管理局的基础上组建广东省知识产权局，新机构增加统筹协调知识产权事宜的职能，列入省直厅局系列，上升为省政府41个工作部门之一。当年，全省专利申请量21123件，比上年增长25.7%；专利年授权量15799件，增长10.3%。全省历年累计专利申请量为106415件，占全国申请总量的10.9%；累计专利授权量70854件，占全国授权总量的12.2%。已实现专利年申请量、授权量和历年累计申请量、授权量等主要指标连续6年位居全国各省市首位，成为实施专利法以来在全国范围内首个年专利申请量超2万的省份。在3种专利申请中，外观设计专利申请量继续保持全国第一；发明专利申请1760件，居全国第三位；实用新型专利申请6033件，首次居全国第一。

全省专利行政执法工作走向制度化、规范化，逐步完善专利行政执法体系。2000年，专利管理机关共受理专利纠纷案件318件，审结293件，分别比上年增长52.2%和73.8%，其中涉外案件39件，受理、审结量为全国各省市之首。

1990—2000年主要年份广东省科技发展指标表

表6-4-1

指标	1990年	1995年	2000年
科技活动机构数（个）	993	1685	2566
从事科技活动人员（万人）	8.46	10.55	22.21
科技活动经费使用总额（亿元）	12.82	39.82	214.65
研究与发展经费支出（亿元）	—	10.57	107.12
占国内生产总值比例（%）	—	0.20	1.11
省级及以上科技奖励成果（项）	186	263	289
省级及以上优秀新产品项目数（个）	227	253	214
技术合同成交额（亿元）	2.03	12.60	48.21
专利申请受理量（件）	1947	7729	21123
专利申请批准量（件）	889	4611	15799

说明：科技活动有关指标1995年及以前只包括四大科技主体，从2000年起为全社会口径。资料来源于《广东统计年鉴2001》

第五节　城市管理体制

一、实行市领导县体制

改革开放前，对县的管理主要是由省派出机构——地区行署直接实行，城市的功能作用未能得到充分发挥。改革开放后，城市地位作用得到提升和加强。1983年，广东开始实行市管理县的体制。

1983年12月，经国务院批准，广东撤销佛山、汕头、韶关、湛江4个地区，将原来4个地区管辖的各县分别划归佛山市、江门市、汕头市、韶关市、湛江市、茂名市、广州市及惠阳地区管辖。

1987年12月，省政府上报国务院《关于调整我省部分行政区划实行市领导县体制的请示》，请示提出：1983年以后，广东省大部分地区实行市领导县的体制，有效地发挥城市的经济中心作用，克服过去城乡分割的弊病，密切城乡联系，促进城乡经济发展。还有惠阳、梅县、肇庆3个地区是地管县体制。地区行署只是省政府的派出机关，不是一级政府，不实行一级财政，对所管辖的县难以在财力上加以协调和支持。请示还提出，广东省一些地市的行政区域范围过大，同一地市内的县在自然环境、生产条件、经济结构及至商品流向都极不相同。一些县远离大中城市和政治领导中心，省、地对它们鞭长莫及，难于领导管理。因此，将部分地市的行政区域适当调整，设置相应的地级市，可以促进这些地区经济的协调发展，而且有利于加快中小城市的建设。因此，拟撤肇庆、惠阳、梅县3个地区，将肇庆市、惠州市、梅州市升格为地级市，新设置汕尾、河源、阳江、清远4个地级市，这些市分别管辖原地区的各县，实行市领导县的体制。还拟将东莞、中山两个县级市升格为地级市。新地级市建立后，广州、韶关、江门市辖区范围也相应变动。1988年1月，国务院批复同意省政府的上述请示。至此，广东全部撤销了地区一级，在全省范围实现了市领导县体制。

经国务院批准，1991年，广东又分拆汕头市，新设立潮州、揭阳两个地级市；1994年，分拆肇庆市，新设立云浮市（地级）。至2000年，广东的行政区域设置含省会城市广州市，国家计划单列城市深圳市，以及珠海、汕头、韶关、河源、梅州、惠州、汕尾、东莞、中山、江门、佛山、阳江、湛江、茂名、肇庆、云浮、清远、潮州、揭阳19个地级市。

二、城市综合改革试点

1984年5月，根据国家体改委印发《城市经济体制改革试点工作座谈会纪要》通知精神，省政府决定在广州、湛江、佛山、江门四市进行城市经济体制综合改革试点。城市经济改革试点的任务：从发展城乡商品生产出发，积极搞活经济，为城市经济体制改革探索新路子，为进一步对外开放创造内部条件，为面上城市体制改革提供经验。改革的目的：调动企业和职工的积极性，打破企业吃国家“大锅饭”和职工吃企业“大锅饭”，激发企业的内在活力；发挥城市的经济技术综合能力，推动技术进步，提高经济效益，为发展生产服务。试点城市要以搞活企业和搞活流通为重点，带动其他各项改革。改革重点：（1）扩大试点城市经济管理审批权限，省把部分省属企业和部分管理权下放给试点城市；（2）实行简政放权，放活企业；（3）用活资金，提高效益；（4）敞开城门，开放市场；（5）改革科研体制；（6）实行工贸结合，搞活外贸出口；（7）改革建筑业管理体制；（8）改革计划管理体制等。

但由于全面改革的大环境尚不具备，改革条件不配套，1988年全国进入治理整顿经济后，城市综合改革试点实际上没有坚持下去。

三、发挥广州和深圳中心城市作用

广州市是全省政治、经济、文化中心。改革开放后，省委、省政府对广州市的发展一直十分重视。1980年7月和1981年9月，省委常委专门开会议研究广州市工作，要求加快广州市改革和发展。1984年5月，中央决定广州市作为进一步扩大对外开放的14个沿海港口城市之一，加快改革开放的进程。为发挥广州中心城市组织经济的作用，加快发展，同年8月16日，省委、省政府上报中共中央、国务院，同意广州市实行计划单列（财政和外汇分成不单列）。

1998年3月，省委、省政府在开展争创广东发展新优势10大专题调研中，把发挥广州、深圳中心城市带动辐射作用为一个重要课题进行专题调研。省调查组经过调研，对广州市争创发展新优势提出四点建设性意见：（1）广州市产业发展应以第二产业为主。以高新技术产业为龙头，坚持用高新技术改造传统产业，成为全省综合工业基地。广州的汽车工业在与法国标致汽车合作失败后，还要不要发展汽车工业争议很大，调查组支持广州与日本本田公司合作发展汽车工业，认为这是广东发展汽车工业最后的一次机遇，建议动员全省力量支持帮助广州市把本田轿车项目搞上去。（2）广州市要大力推进改革，激发中心城市的活力。一要加快国有企业改革尽快建立起能主动、灵活按市场需求进行生产经营的运行机制；二要搞好结构的调整和资产重组；三要推进政府职能转换，政府管理职能要到位；四要加快要素市场的发育。（3）大力发展金融、信息服务业等第三产业，发挥中心城市服务功能。（4）切实搞好城市的建设与管理。一要改革城市管理体制，实行市、区二级政府，市、区、街道三级管理；二要突出抓好一批跨世纪的城市建设工程建设和新城开发，扩大城区，解决无深水海港的问题；三要提高城市管理水平，加大依法治市力度。

省调查组认为，深圳经济特区的设立，使祖国边陲这块沉睡的宝地获得新生，充满活力，创出举世瞩目的奇迹。一是深圳综合经济实力进入全国大城市十强，在全省次于广州居第二位；二是形成产业发展的优势，高新技术产业整体规模大和比重大，在全国名列前茅，工业生产集约化程度高；三是城市交通基础设施日益完善，金融、信息等现代服务产业比较发达，第三产业比重已赶上第二产业；四是人才优势明显。深圳已经开始发挥经济中心城市的辐射带动作用，包括作为全国改革开放试验区和排头兵的体制示范作用；电子信息等优势产业的扩散作用；对周边和内地的投资作用以及城市聚散功能。为此，省调查组建议深圳进一步提高辐射带动水平，要以发展高新技术产业为重点加快产业升级，继续坚持体制创新，进一步完善社会主义市场经济体制，特别是发育要素市场，实现高起点、高标准建设、高效益管理，切实搞好依法治市。省应多方面支持深圳的发展，协调好深圳发展与省内发展关系：（1）将深圳的发展纳入全省社会经济发展的总体规划中；（2）搞好深圳水、电、路等基础设施与周边地区的配套、衔接；（3）鼓励支持深圳企业到省内投资，实现互惠互利。使深圳在全省区域经济发展中发挥更大作用。

1998年5月，中共广东省第八次代表大会明确提出：要增强广州作为中心城市的吸引力和辐射力，加快深圳经济中心城市的建设，发挥这两个城市发展高新技术产业、带动全省城乡发展的龙头作用。两市要加强城市规划、建设与管理，进一步强化区域中心城市功能，重点在金融、科技、信息、商贸、交通、文化、旅游等方面发挥辐射作用。

1998年7月31日，省委、省政府专门召开广州市城市建设现场办公会，研究如何搞好广州市城市规划和建设管理，发挥中心城市功能的问题。会议明确，搞好广州城市建设要突出解决6个问题：（1）明确广州市经济结构定位，按照“三二一”的排位优化产业结构，第三产业高度发达，第二产业技术含量高，形成自身优势。（2）拉开城市布局，加快新区建设和老区改造，明显改善城市建设布局和环境质量。（3）搞好珠江两岸建设，把沿江景区作为广州的重点标志性工程。（4）以解决城市拥挤为重点，大力改善基础设施。（5）整顿市容市貌，力争经过1年左右努力实现“小变”，经过3年努力实现“中变”，到2010年实现“大变”。（6）加大城市建设管理的力度。省委、省政府要求各方面都要大力支持广州搞好城市建设。在穗的中央和省属单位要带头支持广州市政府依据法律规定行使管理城市的权力。关于广州市行政管理权限问题，原则同意广州市保留计划单列时的行政管理权限；关于建设资金问题，省将适当给予支持；关于广州城市建设协调小组问题，确定由黄华华省长担任组长，省市有关领导和驻军有关负责人为成员。

1999年9月24日，省委、省政府再次在广州市召开现场办公会，对一年前广州城市建设现场办公会贯彻情况进行检查验收。

四、发挥区域中心城市作用

（一）湛江市

从1998年开始，省委、省政府加强分类指导，有针对性具体帮助部分城市解决改革发展中面临的困难和问题。湛江是中国南方重要港口城市，粤西区域性中心城市和重要交通枢纽。1998年12月29日至30日，省委、省政府在湛江市召开现场办公会，以中央查处发生在党政机关的湛江特大走私案为转机，凝聚和发动广大干部群众，加快改革开放，推动湛江二次创业。会议强调三点：一是统一对中央查处湛江特大走私案的思想认识，坚持抓打击走私、反腐败、打击各种刑事犯罪坚定不移。二是坚持抓改革开放、加快发展坚定不移。发挥湛江地处南亚热带、海岸线长、联结内陆和海南，拥有大港口，交通方便等优势，加快发展“三高”农业，加快工业化进程，繁荣第三产业。三是解决当前热点问题，千方百计确保社会稳定。加强领导班子建设，端正经济工作指导思想，树立求实、苦干的作风。

省委、省政府决定在以下方面给湛江以具体支持和帮助：（1）治理雷州半岛西南部干旱，省同意实施蓄水扩容、灌区防渗和井群灌溉三项工程的综合治理方案，省财政补助3.4亿元。（2）省对湛江关闭12家糖厂给予补贴，每关一家补贴1000万元，总额1.2亿元；协助湛江的糖厂解决流动资金贷款5.5亿元；省增加湛江企业技改、解困和科技创新的补助。（3）增加对湛江的财政转移支付补助款和粮食财务挂账借垫资金。（4）省给予1400万元扶持口岸建设。（5）帮助湛江向国家报批钢铁等重大建设项目。

（二）珠海市

珠海市1979年改县建市，1980年设立珠海经济特区。由于一度对发展工业经济重视不够等原因，20世纪90年代后期，珠海市出现人气不够旺，产业相对薄弱，财力不足的困难。如何优化产业结构，加快发展，珠海具有很大紧迫性。2000年10月31日至11月1日，省委、省政府在珠海市召开现场办公会，专题研究珠海在新形势下如何抓住机遇，加快改革发展步伐的问题。要求珠海市突出抓好以下几项工作：（1）以高新技术产业为龙头，大力发展实业经济，扩大经济规模，壮大经济实力，特别是发展海洋经济和旅游业，使之成为有特色、有优势的产业。（2）大力兴办产学研基地，广纳人才，增强科技研究开发力量，争取成为全省重要的产学研基地。（3）营造有利于加快发展的良好环境，保持良好的生态环境，成为有吸引力的投资创业热土和安居乐业的家园。（4）加强领导班子和干部队伍建设，以良好的精神状态，抢抓机遇，加快发展。

会后，省有关部门大力支持、帮助珠海建设珠海“大学园区”“科技创新海岸”和软件产业基地；调减珠海部分上缴省资金的比例，免除部分向省财政借用的债务；加快高速公路和有轨路的建设；建设万山海洋开发试验区基地。

（三）汕头市

汕头市是粤东潮汕地区区域中心城市。汕头市有明显的区位、人文和政策优势，汕头经济特区是中国最早的4个经济特区之一。改革开放后，汕头市有很大发展，特别是民营经济发展具有较大优势。

20世纪90年代后期，汕头市经济工作暴露出较多的问题。一是同珠江三角洲相比，工业基础比较薄弱，产业脆弱，发展后劲不足；二是多年来地方金融秩序较乱，存在较大金融风险；三是社会管理薄弱环节较多，部分地方出现走私贩私、制假售假、逃税骗税、逃废债务等违法犯罪活动，严重损害汕头的声誉，也影响广东的形象。在2000年12月召开的省委工作会议上，汕头及粤东地区出现的问题引起高度重视，认为已经到非下大决心进行整治不可的时候了。为此，会议决定，2001年要作为整治年，以粤东地区尤其是汕头市作为重点，集中力量开展专项斗争，痛下决心，强力整治，强化管理，力争用一年时间，使汕头及粤东地区市场经济秩序中的突出问题得到遏制，建立规范的市场经济秩序。会后，省委即着手筹备尽快在汕头市召开一次现场办公会，具体帮助汕头及粤东地区各市端正经济工作指导思想，整顿经济秩序，抓住机遇，加快发展，壮大经济实力（省委、省政府汕头现场办公会于2001年2月召开）。

第六节　社会保险体制

一、前期改革探索

中华人民共和国成立初期，中央人民政府政务院于1951年2月颁布《中华人民共和国劳动保险条例》，随后，又制定部分社会保险单项规定。广东省按照国家统一规定，在全民所有制单位实行以社会统筹为主，包括职工养老、工伤、疾病、供养遗属等多项社会保障制度（城镇集体所有制企业参照执行）。至1961年，全省参加社会保险职工76万多人。20世纪60年代中期，由于“文化大革命”等原因，原来实行的以社会统筹为基础的社会保险制度被迫中止。从1969年开始改为由企业各自向职工支付保险待遇。社会保险变成“企业办保险”。

改革开放后，随着经济体制改革的展开，“企业办保险”的做法逐渐暴露出越来越多的矛盾。一是享受保险范围窄，仅限于国有、城镇集体所有制企业；二是随着国有企业开始讲求经济核算，亏损或效益低下的企业难以为职工提供足够的养老、医疗等方面的保障；三是由于用工制度改革，合同制逐步取代固定工制，劳动者对企业的依附关系减弱，保障的社会化成为现实要求；四是新老城市、新老企业负担差别大，老城市、老企业离退休职工多，用于职工的保障支出数额越来越大，日益成为老城市、老企业沉重的负担。

为解决上述矛盾，从1983年开始，广东着手对“企业办保险”体制进行改革。改革的目标是：将社保金由企业直接支付改由社会统筹支付，并建立相应的社会保险基金，使社会保险管理服务开始实现一定程度的社会化。同年5月，省政府批转《全省劳动工作会议纪要》，提出劳动保险制度应朝着社会统筹的方向改革。同年，对新招工人实行劳动合同制，并同时对合同制职工实行社会养老保险，建立合同制职工养老保险基金，由企业按工资总额的15%，个人按工资收入的2%缴纳养老保险费。1984年，在部分地方试行国营和城镇集体企业固定职工退休费由社会统筹，以市、县（区）为核算单位，由企业按工资总额一定比例缴纳养老保险费。1985年，省、市、县建立社会劳动保险公司，负责对已参加社会保险企业职工的管理和服务。1986年，建立国营企业职工待业保险制度。1989年，推行企业临时工养老保险办法。1990年开始，部分市试行固定职工个人缴纳养老保险费制度。1992年建立企业职工社会工伤保险制度。

广东上述改革探索，都是在全国范围内最早推开，开了先河。特别是实行退休社会养老统筹，由个人缴纳养老保险费，建立个人养老保险账户，养老基金采取部分积累方式，实行托收无承付方式征收（后改为扣缴），由银行代发养老金等做法，在20世纪80年代末90年代初作为经验向全国推广。至1990年，全省参加退休费社会统筹的企业职工有492万人，占城镇各类企业职工总数的56.46%，其中86%国有企业职工、70%城镇集体企业职工参加了退休费统筹。统筹发放的内容由发基本退休费（相当基本工资的70%～85%）增加到包括国家和地方规定的补贴，使退休职工待遇水平提高。

这一时期改革取得4个方面的成效：一是初步改变“企业办保险”的状况，在一定程度上减轻企业负担，提高保障的可靠程度和保障水平。二是覆盖范围从国有、城镇集体所有制企业开始发展到部分外商投资、股份制、联营企业和乡镇、私营企业。三是实现一定的积累，年平均积累率相当于征收费用的20%左右，建立社会保险储备基金，至1993年年底，全省达38亿多元。四是组建各级社会保险业务管理服务机构，初步形成专业化、社会化的管理服务网络。

这一时期的改革存在的不足是：改革以单项推进为主，缺少整体设计和通盘规划；社会化程度仍较低，统筹核算范围偏小，层次不够高；多个政府部门分头管理，各定自己的政策；社会保险覆盖面仍不够宽。

二、创新改革思路和模式

为建立完善的社会保险体制，1990年6月，省委常委决定，加快对社会保险制度改革的研究、试点和推行。1990年9月，省政府成立省社会保险制度改革领导小组。在领导小组第一次会议上，对社会保险制度改革作出7个方面的部署：（1）首先抓紧养老保险制度的改革，形成合理的保障制度；（2）对各类职工实行统一的保险制度，打破“身份”界限；（3）集中使用保险基金，提高保障能力；（4）个人应承担一定的保障责任；（5）合理调整待遇计发方式和标准；（6）扩大社会保险的覆盖范围；（7）建立统一的社会保险管理体制和专业化的管理服务网络。

从1990年年底至1992年年初，省体制改革、计划、劳动、人事等有关部门对建立新的社会保险制度进行调查研究，重点是社会保险统筹模式的选择。经过调查，认为随着人口老龄化，社会保障的负担将日益沉重。社会统筹制在五六十年代曾发挥重要的作用，具有易于政府控制、体现公平要求、调剂范围大、管理成本低、受通货膨胀影响较小等特点。在认真研究新加坡实行个人养老金账户制度做法基础上，提出广东社会保险制度改革实行社会基金（参加保险的劳动者共同所有）与个人专户基金（参加保险的劳动者个人所有）相结合的改革思路。

1992年9月，省政府批转《广东省社会养老保险制度改革方案》。确定全省社会养老保险制度改革按照社会统筹与个人账户相结合的原则，实行单位缴纳的保险费主要进入社会养老保险基金，个人缴纳部分进入个人养老基金专户的模式。从1993年6月起，省政府陆续颁布了职工养老、失业、工伤、基本医疗、女工生育等一系列社会保险制度，全面推进社会保险制度的建设。广东最早提出职工养老保险实行建立社会基金与建立个人专户相结合的改革思路和改革模式得到中央的肯定。同年11月，中共十四届三中全会通过的《中共中央关于建立社会主义市场经济体制若干问题的决定》中明确，城镇职工养老保险、医疗保险实行社会统筹与个人账户相结合的做法。

三、新社会保险制度实施

（一）社会养老保险

1993年6月，省政府印发《广东省职工社会养老保险暂行规定》；1994年和1996年又相继推出机关事业单位工作人员个人缴费制度和社会养老保险试行方案。1998年9月，省九届人大常委会第五次会议审议通过《广东省社会养老保险条例》。2000年3月，省政府第57号令颁布《广东省社会养老保险实施细则》。主要做法：（1）人员范围。覆盖广东省行政区域内所有企业、城镇个体经济组织和与之形成劳动关系的劳动者，国家机关、事业单位、社会团体和与之建立劳动合同关系的劳动者。（2）实施形式。实行法定基本养老保险、地方补充保险和单位补充保险等多层次的保险。政府鼓励有条件的地方、单位为保险人建立补充保险。（3）运作方式。实行社会统筹和个人账户相结合方式，养老保险费用由国家、单位和个人三方合理负担。养老保险待遇与被保险人的缴费工资和缴费年限挂钩，并建立合理调节机制，使之与国民经济发展和人民生活水平相适应。

（二）社会失业保险

1986年前，广东实施国务院颁布的《国营企业职工待业保险暂行规定》，当时保险对象局限于国有企业固定工、合同工。存在覆盖范围小（参加者75%是国有企业职工），待遇标准过低（一些市、县计发的待业救济金还达不到当地民政部门的社会救济水平）；保险基金使用结构不合理（用于待业职工培训基地建设的多，直接用于职工个人救济的少）等问题。1996年5月，省政府印发《广东省职工失业保险暂行规定》，把失业保险从国营企业覆盖到所有企业职工。1998年12月，省政府正式发布《广东省失业保险规定》，通过政府规章形式，完善社会失业保险制度。主要做法：（1）人员范围。覆盖全省行政区域内所有企业、城镇个体经济组织和与之形成劳动关系的劳动者，国家机关、事业单位、社会团体和与之建立劳动合同关系的劳动者。（2）运作方式。失业保险费用由国家、单位和个人三方合理负担。失业保险与社会经济发展水平相适应。政府保证失业保险基金的征集和保险待遇的给付。失业保险基金及其收益、失业保险待遇免征税费。

（三）社会工伤保险

1992年以前，广东省执行国务院50年代的职工工伤条例。1992年，省政府颁布《广东省企业职工社会工伤保险规定》。由于费率低，操作简单，覆盖面迅速扩大。当年参加工伤保险的职工人数为348万人，1993年年底增加至500万人，增长28.7%。1998年9月，省九届人大常委会第五次会议审议通过《广东省社会工伤保险条例》，通过地方立法推进工伤保险制度的建立和完善。主要做法：（1）人员范围。覆盖广东省行政区域内所有企业、事业单位、国家机关、社会团体、城镇个体经济组织及其所属全部员工。（2）运作方式。各级人民政府运用法律、行政、经济等手段保证工伤保险基金的征集和工伤保险费的给付。遇到特殊情况，工伤保险基金不敷使用时，由同级财政给予补贴。工伤保险基金、工伤保险待遇按国家规定免征税费。

（四）基本医疗保险

1992年开始，深圳、东莞、佛山、顺德四个城市先后开展医疗保险制度改革试点。四个市都实行社会统筹和个人医疗账户相结合的做法。1998年，英德市和遂溪县等一批单位也开展改革试点。1998年，国务院颁布《关于建立城镇职工基本医疗保险制度的决定》。

省政府成立城镇职工基本医疗保险制度改革领导小组，决定由各级社会保险部门在政府的统一领导下，管理城镇职工基本医疗保险工作。1999年4月，省政府制定《关于全省城镇职工基本医疗保险制度改革的规划方案》，对全省推进医疗保险制度改革提出指导意见：基本医疗保险制度的改革实行“低水平、广覆盖”的原则；基本医疗保险的运作实行社会统筹和个人账户相结合。医疗保险基金由统筹基金和个人账户构成，个人账户主要用于支付门诊费用，统筹基金用于支付起点标准以上，最高支付限额以下，职工按规定个人负担一定比例以后的住院费用。但机关事业单位没有实行上述改革办法，基本上仍然实行由财政开支为主的公费医疗制度。省直和广州市机关事业单位干部职工门诊医疗费自负20%，住院医疗费自负10%，退休干部职工门诊费自负10%，住院自负5%。

（五）女工生育保险

从1992年开始，广东在省直及16个市县试行女职工生育保险制度。1992年参加人数为63.2万人，1993年为70.7万人，各地的待遇标准逐步提高。1994年劳动部颁布《企业职工生育保险试行办法》，在全国城镇企业职工中试行女职工生育保险。试行办法规定，生育保险费实行社会统筹，由企业按工资的一定比例缴纳生育保险费（最高不超过工资总额的1%），职工个人不用缴纳，建立社会生育保险基金。女职工产假期间的生育津贴按照本企业上年度职工月平均工资计发，生育检查费、接生费、手术费、住院费和药费，均由生育保险基金支付。广东省按照劳动部试行办法，加快推进生育保险制度的改革进程。

（六）补充保险

为弥补统一社会保险制度的不足，广东在实施带强制性的统一社会保险的同时，鼓励有条件的地方和企业在国家、省统一规定之外给职工增加保险待遇。珠江三角洲一些地方，补充养老金达到统一规定的一倍左右。地方、企业补充保险主要有三种形式：（1）地政府统一规定补充保险的项目和标准，由社会保险管理机构或单位发放；（2）企业根据能力自行决定增加保险待遇项目和标准；（3）建立职工共济组织，实行民主管理，自定项目和标准。

（七）农村社会保险

1992年，省政府确定农村地区社会保险事业发展的方针是：继续实行以个人为主、多方筹资，以自愿为主、政府扶持，以个人自我保障和家庭互济为主、发展集体共济；发展农村基层组织自行管理的福利基金，发动农民参加保险以及将各级政府用于对农民直接救助的一部分资金改用为帮助农民参加保险等办法，调动各方积极性，以多种形式解决农民的保障问题。鼓励经济比较发达，基本实现城镇化、工业化的农村地区，在自愿的基础上执行全省统一的法定社会保险制度。由于多方面原因，20世纪90年代，广东省农村社会保险改革总体进展不快，除少数发达地区仿效城镇做法，农民实行初级养老、医疗方面的保险外，大多数农村地区的社会保险几乎是空白。

2000年广东省各类社会保险参保人数表

表6-6-1

社会保险名称	人数（万人）	较上年增长（%）
基本养老保险	998.34	87.6%
失业保险	748.48	69.8%
工伤保险	960.66	14.9%
医疗保险	350.34	182.5%
生育保险	231.57	10.2%

说明：资料来源于《广东统计年鉴2001》

四、改革社会保险管理体制

针对由不同政府部门分割管理社会保险事业的弊端，广东按照统一领导、政事分开、专业管理、加强监督的原则，改革社会保险管理体制。1992年，省成立社会保险委员会，负责政策制定、重大问题协调和对基金的管理和监督；组建社会保险事业局，负责社会保险业务的具体经办；劳动、人事、卫生、民政等有关部门根据各自的职能，参与相关社会保险制度制定和日常管理监督工作。

1995年11月，省政府进一步调整社会保险管理体制，将社会保险事业局更名为社会保险管理局，由省政府赋予社会保险行政管理职能。同时，成立由政府代表、企业代表、职工代表三方组成的省社会保险监督委员会。全省21个地级以上市和121个县级行政单位基本上都按省的要求组建起统一的社会保险管理机构，其中深圳、珠海适应市级统筹需要，建立市对县区社保机构的垂直管理体制，较好解决社会保险条块分割、部门交叉管理和没有行政主体的问题，强化行政执法力度，推进各项社会保险制度改革进程。

在2000年省级机构改革中，省社会保险管理局行政职能和由卫生厅管的医疗保险管理职能，一并划入新组建的劳动和社会保障厅，在劳动和社会保障厅下成立省社会保险基金管理局，专门管理各项社保基金。

第七章　转变政府职能和经济法制建设

第一节　机构改革

一、省级机构改革

（一）第一次省级机构改革

“文化大革命”后期到改革开放初期，省级机构形成在省革命委员会下按部、委、办分战线管理局的格局。1980年1月，省革命委员会撤销，成立广东省人民政府，省委和省政府所属机构分开。4月1日，省政府下发《关于广东省人民政府机构设置和组成人员的通知》，省政府下设71个直属机构。至1983年年初，省级机构的设置显得越来越不适应。一是部门林立，层次增多，厅局以上机构比1965年增加38%，委办形成一级领导，机关内部处室比1965年增加一倍多。二是人员越来越多，比1965年增加28%；构成不合理，存在“三多一少”，即领导副职多，行政、工勤人员多，老弱病残多，业务人员少的情况。三是政事、政企不分，经济管理用行政办法，行政管理和经济活动混在一起，职责不清。四是非常设机构和借调人员多，省直有非常设机构106个。

1983年2月，省委、省政府印发《广东省省级机关机构改革方案》，开始启动第一次省级机构改革。这次改革，主要是精简委办和经济口部分厅局，既坚持与国务院的体制相适应，又紧密结合广东在对外经济活动中实行特殊政策和灵活措施，以及毗邻港澳，外经、外事、侨务、边防、口岸、经济特区、旅游、水产、水运、农垦等任务比较繁重的实际情况进行全面规划，统筹安排。改革坚持以下6个原则：一是明确党政分工。在进一步加强党委集中统一领导的前提下，注意发挥政府部门的职能作用，减少党政领导职务交叉，改变分兵把守，分散管理的状况。二是改革的重点是经济管理部门。包括紧缩专业管理部门，加强和完善经济综合协调、统计监督、立法执法部门。三是减少领导层次。实行省政府直接领导委办厅局，取消中间一层的部委办。四是精简机构。机构重叠和业务相近的实行裁并或合署办公，清理非常设机构，现有的非常设机构，凡业务能由有关常设机构承担的都要撤销，被借调人员回原单位工作。必须保留的，改为协调性的机构。五是精简政务，划清职责权限。明确省政府各工作部门的任务，主要是掌握方针政策，制定长短期规划，组织协调，检查督促，调查研究，交流总结经验，以及规定的各项工作任务。各部门制定工作规则，建立岗位责任制。除交通、能源和关系全省国计民生的骨干企业仍继续由省管理外，其他企业原则上下放给市管。六是精减机关工作人员，改善干部队伍结构。减少领导副职，妥善安排好老干部，对病残老弱人员实行离休、退休制度，减少行政、工勤人员，加强干部轮训，提高干部队伍素质。同年5月26日，省委、省政府根据中央指示精神，决定对省级党政机关再作一次裁并，重点是经济管理部门。可以改为经济组织的厅局，就改为公司或总公司，不再作为政府工作部门。最后，省级党政机构调整为56个（含省人大、省政协、省纪委、省法院、省检察院等），比原有87个精简31个，精简35.6%，其中省政府工作部门40个。

省级党政机构设置如下：

1. 撤销、合并、调整单位

撤销省经委、省政府财贸办公室，重新组建省经济委员会，作为省政府指挥生产调度和协调农、工、商，内、外贸日常经济工作的办事机构。

撤销省农委，在省政府办公厅内设农业处。

撤销省政府文教办公室，政治思想工作、党的工作和干部管理归省委宣传部。在省政府办公厅内设文教处。

省委工交政治部、省委文教办公室原与省经委、省政府文教办公室一套机构，两个牌子，改革后均撤销。

撤销省冶金厅，省煤炭厅改为省重工业厅，统管煤炭、冶金工业。

撤销省医药管理局，成立广东省医药联合公司。

撤销省经济技术协作办公室，业务划归省经委。

撤销省农田区划办公室，业务划归省计委。

撤销省农田基本建设办公室，业务划归省水电厅。

撤销省农民协会，有关工作划归省委农村工作部。

省建委、省城市建设局、省人防办公室合并，组建省建设委员会；保留省人民防空办公室牌子。

省商业厅、省供销社合并，组建省商业厅，管理国营、集体商业，以及对个体商贩的方针政策；保留省供销合作社牌子。

省机械工业厅、省农业机械厅、省国防工业办公室合并，组建省机械工业厅；保留省国防工业办公室牌子。

省航运厅与省交通厅合并，重新组建省交通厅。航运业务，由新建立的广东省航运公司经营，行政管理工作由交通厅统一管理。

省标准局、省计量局合并，组建省标准计量管理局，作为二级局，归省经委领导。

省华侨农场管理局和省侨务办公室合并，组建省政府侨务办公室。原省华侨农场管理局下属农工商单位，归省政府侨务办公室领导。

省出版局和省人民出版社合并，组建省出版总社，属厅局级企业机构，赋予全省出版行政管理工作的职权。

省人事局和省科技干部局合并，组建省人事局。保留省编制委员会，其办事处设在省人事局内，省编委既管理党群机构编制，又管理政府机构编制。

省电力局改为省电力工业总公司。

省电子工业局改为省电子工业联合公司。

省物资局改为省物资总公司，赋予全省物资行政管理工作的职权，归省经委领导。

省建筑工程局改为省建筑安装总公司。

省对外经济联络局改为中国广东省国际经济技术合作公司。

省经济特区管理委员会名字保留，参照国务院的做法，建立省经济特区办公室，与对外经委合署办公。

省政府口岸办公室改为省经委内部一个处室，保留省政府口岸办公室牌子。流动渔民工作划归省水产厅。

省经济体制改革办公室改为省政府办公厅内部一个单位，保留省经济体制改革办公室牌子，主要任务是调查研究经济体制改革工作。省、地、市级党政机关机构改革工作由省编委负责。

省建筑材料工业局、省环境保护局及省测绘局改为二级局，归省建设委员会领导。

省档案局改为二级局，归省委办公厅领导。

2. 新设单位

省委经济工作部（负责省属企业的政治思想工作和组织建设，属省委工作机构）、省审计局、省委顾问委员会办公室（处级）。

3. 保留单位

省委办公厅、省委组织部、省委宣传部、省委统战部。省委农村工作部（主要管农村工作方针政策、政治思想工作和基层建设，属省委工作机构）、省委政法委员会、省委政策研究室、省委纪律检查委员会、省直机关党委、省人大常委办公厅、省政协机关、省人民检察院、省高级人民法院、省政府办公厅、省计划委员会、省科学技术委员会、省对外经济工作委员会、省政府外事办公室、省农垦总局、省公安厅、省司法厅、省民政厅、省劳动局、省统计局、省物价局、省第一轻工业厅、省第二轻工业厅、省石油化学工业厅、省农业厅、省林业厅、省水利电力厅、省水产厅、省人民公社企业管理局、省财政厅、省工商行政管理局、省粮食厅、省对外贸易局、省教育厅、省高等教育局、省卫生厅、省政府计划生育办公室、省体育运动委员会、省文化局、省广播事业局（改称省广播电视局）、省民族事务委员会、省人民政府参事室。

1983年9月5日，省委办公厅、省政府办公厅发文明确，按照中共中央办公厅、国务院办公厅的通知，省水产厅、省粮食厅、省文化局、省广播电视局、省政府计划生育办公室和省人民公社企业管理局分别改称省水产局、省粮食局、省文化厅、省广播电视厅、省计划生育委员会和省农村集体企业管理局。

这次机构改革在1983年年底完成。随后，从1984年开始，根据形势需要，又先后新增设了省政府经济体制改革办公室、省经济特区办公室、省国土厅、省国家安全厅、省税务局、省技术监督局、省专利管理局、省政府法制局、省政府研究室、省政府宗教事务局、省中医药管理局等机构，并将省商业厅、省粮食局分别改为商业、粮食、供销社、石油、食品5个企业集团，新成立省粮食储备局等机构。

（二）第二次省级机构改革

随着改革的深入，机构不适应的问题仍然突出，省级机构不断膨胀。至1992年年底，省政府工作部门由40个增加到68个。此外，还有厅局级行政性公司7个，加上省委、省人大、省政协等机构，省级机构达到116个。存在问题主要有：一是机构职能设置不适应。

特别是经济管理部门中从事微观管理和直接管理的部门过多。二是机构设置过细，职能交叉重复。省级机关内部处室共设751个，比1983年机构改革前多61个；非常设机构142个，比1983年机构改革前多36个。经济管理工作交叉重复的现象比较普遍，一项工作往往多个部门分管或共管。还有部分非常设机构演变为实体，担当中间管理层次的角色，重复和削弱常设机构的职能。三是机构设置不规范。省政府机构分工作部门、直属机构和归口管理机构，这些机构的级别设置较乱。四是人员超编。在职人数比中央核定机关编制超编2420人，超编率为25.2%。此外，还有依靠收取企业管理费开支的厅局和不少借调人员。

1992年10月，中共十四大提出，用3年时间完成各级行政管理体制和机构改革任务。1993年3月，在中共广东省第七次党代会上对全省机构改革作出总体部署：先转变职能，下放权力，理顺关系，后精简机构和人员。先在省直单位进行，市、县两级搞试点，取得经验后铺开，争取在两年内分期分批完成这项工作。决定深圳市、顺德市分别作为国家和省的综合改革试点城市，先行一步，探索机构改革的新经验。

按中央的统一部署，广东从1993年开始，启动第二次省级机构改革。这次机构改革的重点是转变政府的职能。主要做法：减少管理层次，撤并设置过细、职能交叉重叠、业务相近的机构，政府专业经济管理部门大部分改为经济实体或服务实体，适当加强经济综合监督机构。

省级党政机构设置及调整如下：

1. 保留单位

省委办公厅等省委职能部门。

保留省政府办公厅、省计划委员会、省经济委员会、省对外经济贸易委员会、省建设委员会、省科学技术委员会、省体育运动委员会、省经济体制改革委员会、省计划生育委员会、省国土厅、省交通厅、省林业厅、省财政厅、省文化厅、省广播电视厅、省卫生厅、省公安厅、省国家安全厅、省司法厅、省民政厅、省统计局、省技术监督局、省工商行政管理局、省新闻出版局（挂版权局牌子）、省环境保护局、省人民防空办公室、省政府外事办公室、省政府侨务办公室、省政府参事室。

2. 新组建和撤销单位

组建省轻纺工业厅。撤销省第一轻工业厅、省第二轻工业厅、省盐务局、省食品工业办公室，以上厅局（办）及陶瓷公司、纺织工业总公司、丝绸公司的行政管理职能划归省轻纺工业厅。

组建省重化工业厅。撤销省石油化学工业厅，原省石油化学工业厅及煤炭工业总公司、冶金工业总公司、有色金属工业总公司的行政管理职能划归省重工业厅。

组建省电子机械工业厅。撤销省机械工业厅、省电子工业局，其行政管理职能划归省电子机械工业厅。

组建新的省农业委员会。撤销省农委（农村工作部）、省农业厅、省乡镇企业管理局、省畜牧局，其行政管理职能划归新组建的农业委员会。

组建省海洋与水产厅，负责广东省海洋资源的开发利用以及水产行政管理工作。撤销省水产局、省海洋局。

省水利电力厅改称省水利厅。农村小水电行政职能仍归省水利厅。撤销东江流域管理局、北江流域管理局。

组建省贸易委员会（挂省粮食储备局牌子）。撤销省政府财贸办公室、省商业厅、省粮食局、省粮食储备局、饲料工业办公室，以上厅局（室）及物资总公司的行政管理职能划归省贸易委员会。

组建省医药管理局，医药联合总公司行政管理职能划归省医药管理局。

组建省国有资产管理局，由省财政厅管理。

3. 更改名称、撤销和改变归口的单位：

省民族事务委员会与省宗教事务局一个机构两块牌子。

省审计局改称省审计厅。

省高等教育局改称省高等教育厅，省委的高等学校工作委员会与高教厅一个机构两块牌子。

省教育厅改称普通教育厅。

省人事局改称省人事厅。省机构编制委员会办公室参照中编办的形式设置。

省劳动局改称省劳动厅。

省监察厅与省纪律检查委员会机关合署办公，一个机构两块牌子。

省地质矿产局改由省政府管理。

撤销省航务管理局、省公路运输管理局，其行政职能划归省交通厅。

省旅游局改为事业单位。

省政府法制局、省政府研究室、省政府口岸办公室由省政府办公厅管理。

省物价局由省计委管理。

省经济特区办公室改为经济体制改革委员会内设处，对外保留省经济特区办公室牌子。

省税务局改称省地方税务局，由省财政厅管理。

撤销省科技干部局，其行政管理职能划归省人事厅。

省中医药管理局，由省卫生厅管理。

省劳动改造工作管理局，由省司法厅管理。

省档案局和省档案馆实行局馆合一体制，为事业单位。

省专利局改为事业单位，赋予专利纠纷仲裁职能。

由委、厅管理的机构为副厅级。

4. 改为经济实体的单位

电力集团公司暂保留省电力局牌子，作为过渡；省农垦总局改为农垦总公司，为保持与国务院有关部门渠道畅通，暂保留省农垦总局牌子；撤销省建材工业局，成立经济实体，其行政职能归省建设委员会。

经过改革，省委和省政府机构减至53个（其中省委8个，省政府45个），比改革前82个（未含人大、政协、司法等）减少29个，精简35.4%。另设部委厅管理机构11个。省级机关行政编制核定7500人，比原来精简21.8.%。非常设机构、内设机构也有较大幅度的精简。机关开始实施公务员制度，原有工作人员要通过公务员培训考试过渡，同时向社会公开招考公务员。

（三）第三次省级机构改革

1999年开始，广东启动改革开放后第三次省级机构改革。根据《中共中央、国务院关于地方政府机构改革的意见》，确定改革的目标是：转变政府职能，调整组织结构，实行精兵简政，完善运行机制和国家公务员制度，建设高素质的专业化行政管理干部队伍，逐步建立适应社会主义市场经济体制，办事高效、运转协调、行为规范的行政管理体制。

改革的任务：一是一步到位，撤销所有工业经济部门，行政性公司不再挂政府机构的牌子，转为纯经济实体，其行政管理职能划归政府综合经济部门承担。二是政府主管部门与所办经济实体和管理的直属企业彻底脱钩，解除企业与主管部门的行政隶属关系，取消企业行政级别。政府部门不再直接办企业，不再直接管理企业，不再干预企业的生产经营和投资决策。三是完善国有企业监管方式。政府向重点国有企业派出代表参加监事会，代表政府行使监督权力，但不参与和不干预企业的经营管理活动。四是推进事业单位和机关后勤体制改革，培育和规范社会中介组织，推动事业单位和机关后勤工作向社会化、企业化、市场化方向发展。将政府部门包揽的应由社会自我管理和调节的社会性事务，转给社会中介组织。社会中介组织与政府主管部门脱钩，向独立的法人实体方向发展。五是建立高效、协调、规范的行政运行机制。按照权责一致、相同或相近的职能由一个部门承担的原则，合理划分部门之间的职责。各部门依法行政，各司其职，各负其责，在各自职权范围内独立负责地开展工作。

这次省级党政机构改革，省委机构保留，内设机构和人员进行适当调整和精简。省政府机构的具体设置与调整如下：

1. 综合经济部门

强化发展计划、经济贸易和财政部门经济调节职能，减少具体审批事务。主要职能是：制定国民经济和社会发展战略及中长期发展规划，运用法律和经济手段，以市场为导向，搞好总量平衡和结构调整，监测和协调国民经济日常运行，保证国家宏观调控目标和各项产业政策顺利实施，促进全省经济社会发展。

省计划委员会更名为省发展计划委员会。

不再保留省经济委员会、省贸易委员会，组建省经济贸易委员会，并挂省国防科学技术工业办公室牌子。

不再保留省经济体制改革委员会，国有企业改革、股份公司设立、上市公司的审核及推荐职能划归经济贸易委员会，其余职能并入发展计划委员会。

保留省财政厅。不再保留省国有资产管理局，其职能并入省财政厅。

2. 专业经济部门

专业经济管理部门的主要职能是：根据国家有关行业发展的方针、政策和法规、条例，制定行业规划和行业政策，进行行业管理，引导本行业产品结构调整，维护行业平等竞争秩序，取消对一般产品市场准入的审批权。专业经济管理部门不再直接兴办和管理企业，从政府审批、行政管理为主转向依法管理和经济手段管理为主，以政策、法规引导企业，提供服务。

省对外经济贸易委员会更名为对省外贸易经济合作厅，省建设委员会更名为省建设厅。

省林业厅改为省林业局，省海洋和水产厅改为省海洋与渔业局，列入省政府直属机构序列。

保留省交通厅、省水利厅。

组建省信息产业厅。不再保留无线电管理委员会及其办公室、信息化工作领导小组办公室，其职能并入省信息产业厅。

不再保留省农业办公室、省农业厅、乡镇企业管理局，重新组建省农业厅。

不再保留省电子机械工业厅、省重化工业厅、省轻纺工业厅。除省电子机械工业厅农业机械化管理职能划归省农业厅外，三部门其他行政管理职能分别划归省经济贸易委员会和省信息产业厅。

不再保留省粮食管理储备局，其行政管理职能并入省发展计划委员会，对外挂省粮食局的牌子。

不再保留经济技术协作办公室，其行政管理职能划归省经济贸易委员会。

不再保留电力集团所挂的省电力工业局牌子，电力工业行政管理职能划归省经济贸易委员会。

3. 执法监管部门

执法监管部门主要职能是：加强综合行政执法与市场监管，规范市场秩序，消除部门、地区、行业之间的分割和封锁，克服地方保护主义，创造公平、公正、公开的竞争环境。

省技术监督局更名为省质量技术监督局。

保留省地方税务局、省环境保护局、省物价局、省工商行政管理局。

不再保留省医药管理局，组建省药品监督管理局。将药政、药检和药品生产流通监管职能划入省药品监督管理局。

地方税务、工商行政管理、质量技术监督部门实行省以下垂直管理体制。环境保护部门的管理体制改为双重领导，以市、县（市）政府为主，加强省对市、县（市）环境保护部门的业务指导。

4. 社会管理部门和政务部门

强化社会管理部门和政务部门的规划、协调、监督和服务职能，着重宏观管理和指导。

省科学技术委员会更名为省科学技术厅；省民族事务委员会（宗教事务局）更名为省民族宗教事务委员会；省广播电影电视厅更名为省广播电影电视局；省体育运动委员会更名为省体育局，列入省政府直属机构序列。

保留省政府办公厅、省公安厅、省国家安全厅、省监察厅（与省纪委机关合署办公）、省民政厅、省司法厅、省人事厅、省文化厅、省卫生厅、省计划生育委员会、省审计厅、省统计局、省新闻出版局（版权局）、省政府外事办公室、省政府侨务办公室。

不再保留省劳动厅、省社会保险管理局，组建省劳动和社会保障厅。原省社会保险管理局负责的城镇职工、机关事业单位社会保险，省卫生厅管理的机关事业单位公费医疗等管理职能统一划归劳动和社会保障厅。

不再保留省国土厅、地质矿产局，组建省国土资源厅。

不再保留省高等教育厅、省教育厅，重新组建省教育厅（省委高等学校工作委员会与其合署办公）。

不再保留省专利局，组建省知识产权局。

省旅游局由事业单位改为省政府直属机构，实行政事、政企分开。

省政府参事室（文史研究馆）改组为省政府直属事业单位。省档案局与省档案馆仍实行局馆合一体制，为省政府直属事业单位。

省政府法制局改为省政府法制办公室。

不再保留省政府研究室，其职能并入省政府办公厅。

不再保留省政府口岸办公室，其职能并入对省外贸易经济合作厅。

此外，省中医药管理局更名为省中医药局，副厅级，由省卫生厅管理。保留省监狱管理局、省劳动教养工作管理局，副厅级，由省司法厅管理。

保留省人民防空办公室，为省国防动员委员会的常设办事机构，也是省政府人民防空工作的主管部门。

经上述调整，省政府工作部门共设41个（省监察厅与省纪委机关合署办公，列入省政府工作部门序列，不计政府机构个数），其中政府组成部门24个，直属机构17个。另设部门管理机构3个，议事协调机构的常设办事机构1个。上述机构中，组成部门和直属机构直接向省政府负责。凡国务院称委、部的，省政府组成部门称委、厅；省政府直属机构除法制、外事、侨务称办外，其他机构一般称局；由部门管理机构称局。

省政府机关行政编制（不含公安、司法等政法专项编制）比原来减少2931名，精减49.4%。政府部门的领导职数一般配备2至4名，不再配备部门领导助理。政府办公厅主任由秘书长兼任，副主任可由副秘书长兼任。厅级领导职数精减15%，处级领导职数精减25%。人员编制精减实行一次性定编定岗，三年完成人员分流任务。

全面清理省政府议事协调和临时机构。凡职能可以交由常设机构承担的或任务已完成的原则上撤销；工作跨地区、跨行业、跨部门，协调任务较重的，暂予保留，但不设实体机构、不定级别、不配编制。今后省政府原则上不再新设立议事协调和临时机构，工作确实需要的，采取建立联席会议制度的办法。清理后，省政府保留议事协调和临时机构29个，比原有118个精简89个。这次改革在2000年年底完成。

二、试点城市机构改革

（一）深圳市

深圳作为经济特区从20世纪80年代开始，就是国家综合改革试点市，先后进行过5次机构改革。

第一次改革是1981年年底至1982年年初。成立初的深圳经济特区，基本上沿用老一套行政体制模式，存在机构臃肿重叠，政企不分，条块分割，层次繁多，办事效率低等现象。第一次改革的主要任务是简政放权，调整机构，实现精干高效；撤销合并重叠的行政机构，压缩行政人员，清理撤销行政性公司；改革领导体制，精干领导班子，减少不必要的中间层次和审批环节。改革后，市级领导班子由19人减为8人；局以上的行政单位由原来的65个减为32个，减少50%；机关行政人员由原来的2237人缩减为867人，减少61%。

第二次改革是在1984年。改革围绕特区发展外向型经济需要和加强对经济的宏观调控进行。在政府管理体系中建立“三委五办”。一是将市计划委员会改为社会经济发展委员会；二是设立工业发展委员会，加强对工业的引进；三是设立城市规划委员会，加强对城市的规划与市政建设的管理。同时，在市长、副市长直接领导下，分设基建、财贸、交通、农牧、文教等5个精干的办公室。这些办公室不作为一级行政机构，只协助市长了解情况，督促检查与指导本系统的工作，使政府机构尽可能高效率地运转。

第三次改革是在1986年。特区的建设已从前几年的打基础、铺摊子转到抓生产、上水平、求效益上来。改革主要是精减政府层次，强化政府监督职能，完善咨询和决策体系，提高办事效益。政府管理部门由原来的三级管理改为二级管理（市政府为一级，部委办局均为一级），实行“虚委实办”，各种委员会属“虚”的机构，主要起咨询审议和决策参谋作用，日常事务工作由办公室承担。根据经济发展需要，同时撤并或增设一些机构，如组建贸易发展局、引进外资办公室、经济协作办公室、行政监察局等机构。

第四次改革是在1988年下半年。主要做法是调整党政部门的机构，完善特区的领导体制，理顺党政关系；撤销市委部门中与政府职能重叠的机构，将党委部门掌握的一些行政管理职能移交给政府部门；重点调整经济口和建设口的机构，将工业办公室、贸易发展局、引进外资办公室三个单位合并，组建为经济发展局；将基建办公室、规划局、国土局合并，组建为建设局和建筑工务局。政府不再按产业分工设置机构，而是按大系统要求设置机构，政府从直接管理转变为间接管理。

第五次改革是在1992—1993年。主要做法是转变职能，减少政府对企业的微观干预，加强宏观调控；发展社会中间组织，完善社会自我管理机制，把一些属于社会性、群众性、公益性的事务，从政府职能中转移出去，交由社会中间组织承担；在转变职能、理顺关系的基础上，开展“三定”（定职能、定内设机构、定编制）。

经过这五次改革调整，深圳逐步形成适应社会主义市场经济发展的行政管理体系。

（二）江门市

1986年5月，全国中等城市政府机构改革试点工作座谈会在江门市召开。会议肯定江门市改革经济管理机构，还行政管理于政府，放生产经营权于企业的做法。江门市这一改革始于1984年，被国务院定为城市经济体制综合改革试点。该市以改革工业管理机构为突破口，探索建立新型的政企关系模式，撤销所有工业主管局及属下的行政性工业公司，打破条块分割的局面，将过去从市政府到企业要经过经委、局、公司三个层次，变为只有经委一个层次。原来的主管局和行政性公司将经济管理职能和行政管理权还给政府，还生产经营职能和生产经营权于企业。这一改革，称之为“撤局改委”。随后，湛江、韶关和清远等市先后也列为机构改革试点市。但由于改革的大环境尚不具备，改革未能取得新的进展。

（三）顺德市

1992年，顺德市（县级）按照政企分开、减少层次、理顺关系、转变职能、加强服务、适应发展的原则，对市级政府机构进行大刀阔斧的改革。主要做法：一是“拆庙搬神”，裁减人员。全部撤销委办等管理层次，性质相同或相近的机构，合并或合署办公；撤销专业管理部门，成立综合管理机构，强化土地管理、环保等部门职能；把政企不分机构的行政职能划出，原机构转为企业或事业单位。经过改革，全市的党政机构从原来的56个减少到32个，机关人员从原来1200多人减少到900人。二是建立统一、高效、协调的领导体制。市委常委会议作为全市重大事项的决策中心，政府、人大、政协和纪委的主要负责人均是市委常委。市级领导统一分工，每项重要工作由一名领导主管，分工不交叉重叠，明确权责，做到全局一盘棋。三是政企分开、转变职能。政府经济管理部门与原来下属企业彻底脱钩，企业转换经营机制，优化重组，产权划归市公有资产管理委员会管理。公有资产的管理由过去的实物形态管理向价值形态管理转变。政府从直接经营企业的复杂事务中解脱出来，强化社会管理职能和社会服务职能，创造优良的投资环境和平等竞争的环境。解决过去“市长做厂长”的角色错位问题。四是实行行政收支两条线制度。对行政事业单位的收支实行规范化管理，所有行政事业收费一律全部上缴财政。行政部门的人员工资和业务费用，根据实际情况审查核定，由财政足额拨给。从制度上解决部门之间苦乐不均的问题，并防止权力“寻租”，滋生腐败。五是全面推行“六个行政”，即依法行政、规范行政、透明行政、高效行政、服务行政、廉洁行政。

第二节　改革审批制度和整顿中介机构

一、审批制度改革

随着改革的深化，至20世纪90年代后期，广东社会主义市场经济体制初具雏形。但是，行政管理体制改革则相对滞后，特别是作为计划经济条件下政府管理经济社会的基本手段和方式的审批制度并没有进行相应改革，存在诸多问题和弊端。一是审批事项过多，审批范围过广。据统计，省级机关在2000年机构改革前，有审批权限的单位64个，审批、核准事项共1972项，其中审批事项1392项，占70.6%，核准事项580项，占29.4%。这些审批、核准事项几乎涉及所有的社会经济活动。二是越权审批，不依法行政。除国家及省有关法律、法规及规章规定应实行审批的项目照例审批外，国家及省没有规定的，有的部门擅自另立项目审批，有的降低审批限额和扩大审批对象。而且审批内容和条件缺乏严格、明确的规范，审批部门和审批人员的自由裁量权过大，随意性强，甚至出现“黑箱”操作，以权谋私、贪污腐化现象。三是审批环节多、时间长、效率低。有的审批项目审批程序设置不合理，手续繁琐；有的审批项目涉及部门多，重复审批；有些项目从报批到最后获得批准，前后要盖10多个甚至几十个公章，时间要花几个月。四是普遍存在重审批、轻监管现象。以致不少事项，虽经审批，但却没有把事情真正办好。旧的审批制度已严重影响政府职能转变，不利于“精简、统一、效能”的行政管理体系的建立。

1999年下半年开始，省政府着手展开政府审批制度改革，采取的措施主要有：

第一，大幅度减少政府审批事项。对省政府及有关部门规定的审批事项，能取消的取消；对属于企业自主权、市场机制可调节、中介可办，以及应属于民事法律关系调整的事项，取消审批；对部门自行扩大审批事项和范围，予以取消；对一些仍需政府直接管理，但又没有具体指标和额度限制的事项，改为核准制。

第二，凡是可以由地级以上市政府自行确定的事项，省政府均予以下放，取消省一级的审批。特别是地级以上市辖区范围内的具体事项，如治安、城管、绿化等，原则上由本级政府实施管理，省政府及有关部门不再审批。

第三，对关系经济发展和社会安定全局的审批事项，如涉及国家安全、外交、国家重要资源开发与利用、环境保护、国有资产管理等方面的重要事项，继续实行政府审批。对保留下来的审批事项，依法进行规范。严格规定审批内容，明确审批条件，简化审批手续，明确审批时限，增加审批透明度，改进审批方式。

第四，同一事项由多个部门交叉审批的，原则上以一个部门为主审机构，其他部门不再单独审批，如确需审批，可参与主审机构联审。对经营性、营利性事项，在严格规范条件基础上，采用招投标、拍卖等市场化方式进行公开分配，取消政府或部门采用审批的方式分配资源。

第五，规范审批程序，简化审批手续，公开办事制度。审批部门必须对每项审批事项制定详细的操作规程和程序，并以多种形式向社会公开。核准事项的审批时限为15个工作日，审批、审核事项的审批时限为15～30个工作日。

第六，建立行政审批监督机制，加强对审批工作的管理。规定每一审批事项审批人员的责任，实行审批责任制和过错追究制；重大审批事项建立会审制度；发挥各部门内部监察机构和监察人员的作用，加强内部监督。

经过一年多的努力，至2000年年底，政府审批制度改革取得明显的成效：（1）审批和核准事项大大减少，促进政府职能转变。省政府及有关部门审批、核准事项从原来1972项减少为1205项，减幅39%，其中原有审批事项从1392项减少为516项（部分改为核准制），减幅63%。（2）理顺关系。消除政府部门间重复审批、交叉审批；明确省与地级以上市之间的事权划分，下放给地级以上市的审批、核准事项80项。（3）规范审批程序，公开办事制度。对保留下来的审批、审核事项程序进行规范，通过各种方式向社会公开，提高透明度，有利于防止“黑箱”操作，抑制腐败行为的发生。（4）促进政府工作人员转变思想，更新观念，改进作风，增强依法行政和服务的意识。

二、整顿规范中介机构

随着社会主义市场经济体制的逐步建立，广东市场中介机构得到发展。但发展过程中存在着服务与管理合一、政企不分、多头审批、部门垄断、动作不规范等突出问题，造成对市场秩序扰乱和社会公正损害。省政府于2000年3月作出整顿规范中介机构的部署。各地按省政府的要求迅速开展整顿规范工作。

这次整顿规范任务。（1）切实转变政府职能，实现社会中介服务与政府社会经济管理职能分离。（2）中介机构与所挂靠的政府部门彻底脱钩，确保中介机构执业的独立性、客观性、公正性。（3）脱钩后的中介机构按合伙制或有限责任制的形式实行改制，成为自主经营、自负盈亏、自我约束、自我发展的经济实体，进一步通过联合、重组、形成一批规模大、信誉好的中介机构。（4）加强政府对中介机构的监管，政府管理的工作重点，从事前市场准入的行政审批和微观管理转向准入后的依法监管和宏观管理。（5）强化中介行业协会自律，赋予行业协会必要的权限，加大其责任，加强职业道德和行业自律管理。

整顿规范范围及查处重点。整顿规范范围主要是对社会主义市场经济构建和发展有重大影响的中介机构，包括会计（审计）师事务所、资产评估机构、土地估价机构、房地产评估机构、房地产经纪咨询机构、税务代理机构、专利代理机构、律师事务所、职业（人才、劳动力）介绍机构和质量认证咨询机构等。查处重点问题：（1）会计（审计）行业串通企业出具虚假验资报告、审计报告的行为；（2）人才、劳动职业介绍机构利用虚假信息、过时信息和勾结用人单位欺诈、损害求职者利益的行为；（3）资产评估行业为迎合委托方意愿，故意抬高或压低资产价值的弄虚作假行为；（4）税务咨询行业协助委托方偷逃国家税款的行为。

整顿规范的步骤和做法。（1）清理整顿。清理、取缔非法中介机构，对中介机构的准入进行重新审定，对执业人员进行清理，对中介机构执业行为进行整顿，对财务收支和会计账目进行清理整顿。（2）脱钩。凡是挂靠政府部门和事业单位或由其兴办的中介机构，在编制、人员、财务、职能、名称、场所等方面与挂办单位彻底脱钩。（3）改制。列入脱钩范围的中介机构大多进行改制。改制形式主要按合伙制或有限责任制进行。（4）政府加强对中介机构监管。（5）加强行业协会内部自律管理。这次整顿至2000年12月结束。

第三节　经济法制建设

一、地方经济立法

1979年7月，中共中央、国务院批准广东在对外经济活动中实行特殊政策、灵活措施的报告中提出，尽快制定一些必要的经济法令、条例和规章制度，除应由中央统一制定颁布的以外，属于地方职权范围内的，广东要抓紧制定并颁布实行。省人大常委会自1979年12月设立以后，根据宪法和地方组织法的规定，以及全国人大常委会关于授权广东省、福建省人大及其常委会制定所属经济特区的各项单行经济法规的决定，加快地方立法工作进程。省政府也加紧有关经济社会管理行政规章的制定。

从1979年12月到1984年10月《中共中央关于经济体制改革的决定》公布，是广东地方立法的初创阶段。在这一阶段，广东从实际出发，把中央赋予的在经济体制改革和对外开放中实行特殊政策和灵活措施，用地方性法规形式加以规范，以适应改革开放形势的迫切需要。特别是试办经济特区和发展外向型经济的立法，是这一阶段地方立法的重要内容，如《广东省经济特区条例》（1980）、《广东省经济特区企业登记管理暂行规定》（1981）、《深圳经济特区土地管理暂行规定》（1982）、《广东省进出口贸易管理办法》（1982）、《广东省城乡集市贸易管理实施细则》（1983）、《关于加强对外加工装配业务管理的暂行规定》（1983）等等，都是在当时国家没有明确法律规定，也没有先例可循的情况下率先探索制定的。这在全国来说具有试验性和首创性。

1985—1992年，广东的地方立法加快进行。1985年7月，在中共广东省第六次代表大会上，省委对加强地方经济立法工作提出明确要求："要把我省经过实践检验切实可行的政策，经过立法程序，形成地方性法规。”“当前特别要注重地方经济立法，使之尽快配套、完善。没有经济立法，就不可能有商品经济的大发展”。这一时期广东地方经济立法的特点是将立法决策与改革决策紧密结合起来，通过立法，为各项体制改革提供法律依据，扫清改革障碍，推动改革向纵深发展。同时，注意总结改革中的成功经验，通过立法将其固定化、法制化。这个阶段制定的地方经济法规和规章主要有：《广东省经济特区国营企业成本管理试行办法》（1985）、《广东省出口商品生产企业登记办法》（1986）、《广东省木材市场管理暂行办法》（1986）、《广东省技术市场管理规定》（1986）、《广东省鼓励外商投资实施办法》（1987）、《广东省劳务市场管理规定》（1988）、《广东省对外商投资企业免征房产税若干规定》（1988）、《广东省私人（外商）承包经营对外加工装配、补偿贸易业务暂行规定》（1989）、《广东省建筑市场管理规定》（1990）等。

1992年年初邓小平视察南方，广东改革开放掀起新高潮。1993年4月，全国人大常委会委员长乔石提出：“在探索建立社会主义市场经济法规体系方面，改革开放前沿的广东可以先走一步，成为国家立法的试验田。”1993年12月11日，省委七届二次全会通过《中共广东省委关于加快建立社会主义市场经济体制若干问题的实施意见》，提出全省立法工作实行“废、改、立”并举，依法适时清理、修改、废止与市场经济不相适应的法规规章，加快社会主义市场经济立法进程。这个时期地方经济立法的重点，一是抓紧制定规范市场主体、维护市场秩序方面的法规和规章，推动和深化企业制度改革，建立现代企业制度。省人大先后制定广东公司条例（1993）、公司破产条例（1993）、财产拍卖条例（1994）、合伙经营条例（1995）、典当条例（1995）、企业集体合同条例（1996）、经济合同管理条例（1996）、股份合作企业条例（1998）等。二是制定股票证券交易、房地产、期货、外汇市场等市场规则的法规规章。三是制定土地、海洋资源的开发利用和保护、环境保护等法规规章。四是制定政府机构设置、财政预算、价格调控和发展社会保险等法规规章。20世纪90年代末，为适应改革开放和我国即将加入世界贸易组织新形势的需要，全省停止执行1978年以前广东省人民政府、广东省革命委员会、广东省人民委员会及其办公厅颁布的不符合世界贸易组织协议精神和不利于法制统一的各类文件、规章223件。

广东在地方经济立法中，注意贯彻有权必有责、用权受监督、权责一致的原则，着力规范行政机关的行政行为，促进行政机关依法行政，保障公民、法人和其他组织的合法权益，营造良好的法治环境。1979—2000年，广东省各级立法机关制定和批准的地方法规有500多项，这些地方法规中属于经济立法的占一半以上。另外，省政府及部门制定的行政规章378件。这些地方性法规、规章与国家的法律、法规相配套，有力保障广东的改革开放、经济发展和社会稳定。

二、依法管理经济

随着改革开放深入，市场经济发展，经济活动活跃，各种社会利益关系错综复杂，迫切需要通过法制来引导、规范、约束和保障，建立社会主义市场经济所必需的良好秩序。

1992年，广东率先在全国提出“以法治省”的战略口号。1993年5月，在中共广东省第七次代表大会上，中共中央政治局委员、省委书记谢非进一步提出“建立社会主义市场经济、民主法治和廉政监督三个机制”。1996年8月，省委作出《关于进一步加强依法治省工作的决定》，把建立和依法规范经济秩序作为依法治省的重要内容。同年10月，成立以省委书记为组长，省人大常委会主任、省长、省政协主席、省委副书记兼政法委书记为副组长，有关方面负责人为成员的依法治省工作领导小组。

1999年8月，省委召开全省依法治省工作电视电话会议，部署从两个方面实现当前经济生活法治化：一是依法规范政府行为。重点是实行“收支两条线”，解决“三乱”（即乱罚款，乱收费，乱摊派），在此基础上改革审批制度，转变政府职能，促进政府部门依法办事。二是依法规范市场秩序，创造平等竞争的经营环境。着重整顿金融秩序，治理乱集资、乱拆借、乱担保等扰乱金融秩序的行为，打击走私贩私、假冒伪劣、骗汇逃汇、偷税骗税，加强知识产权保护等。经济特区、珠江三角洲地区从当地实际出发开始探索加强法制建设，维护和完善社会主义市场经济秩序的做法。

2000年7月，省委召开全省依法治省工作经验交流会，再一次提出依法规范经济运行秩序的重要任务。主要包括：依法引导、促进、规范和保障国有企业的改革和发展；依法推进社会保障工作；加强和改善产业发展的法律调控和管理；加强知识产权和无形资产的法律保护；建立和完善土地批租市场、建筑有形市场、产权交易市场、劳务市场及其他生产要素市场；加强对各种市场行为和中介机构的监管，营造和维护守法经营的市场环境；对严重破坏经济秩序的突出违法犯罪活动，加强专项整治。

2000年11月，省政府转发国务院关于开展严厉打击制售假冒伪劣商品违法犯罪活动联合行动的通知，各级政府从本地区的实际出发，展开对假冒伪劣问题严重的商品、市场、区域和大案要案进行严厉打击。这次联合行动的重点是：（1）查处农药、复合肥、种子、建筑用钢材、摩托车、汽车与摩托车配件、手机、手机电池、传真机、卷烟、药品、调味品、酒、一次性输液（输血、注射）器、化妆品、印刷包装物、燃气具、压力容器、低压电器和家用电器等商品的假冒伪劣。（2）重点查处广州市兴发广场、广州市海印电器总汇、增城市新塘宏达市场、珠海市拱北市场、湛江市海田副食品批发市场、佛山市敦厚批发市场、南海市大发市场、东莞市石排旧货市场、江门市泰和综合市场等市场中的违法行为。（3）重点查处潮阳市、普宁市、广州市番禺区、增城市、南海市、饶平县、三水市、电白县、惠来县、潮安县、茂名市同关镇、顺德市桂洲镇、海丰县海城镇等地区的违法行为。（4）查处涉及面广、数额巨大、危害严重、影响恶劣的典型案件，以及外商投资企业举报投诉的制假售假案件。

在2000年12月召开的省委工作会议上，针对粤东沿海等一些地区出现制假售假、走私贩私、骗汇套汇、骗税逃税、逃废债务的情况，省委作出决定：2001年作为经济秩序整治年，要集中力量查处大案要案，依法严惩犯罪分子和内外勾结的腐败分子。对各类市场主体加强依法监督管理，规范企业行为，整顿社会信用，规范契约关系，清理和规范鉴证类社会中介机构，依法清偿债务，防止金融风险转化为财政风险。省委决心用一年左右的时间，使广东市场秩序中的突出问题得到遏制，尽快建立起规范的市场经济秩序。

编 后 记

根据广东省人民政府办公厅《关于开展第二届新方志编修工作的通知》及广东省人民政府地方志办公室（简称省地方志办）《广东省第二届新方志编修工作实施意见》的精神，由省委政策研究室负责《广东省志（1979—2000）·经济体制改革卷》的编修工作。2003年3月，省委政策研究室确定一名副厅级干部担任主编，从各业务处抽调5名业务骨干组成省志编辑室，并聘请个别老同志为顾问。编修工作从2004年正式开始，由张锡洪和高冠南提出总体设计，编写人员按分工开展工作。高冠南对大事记和各章初稿的编写提出了指导意见。2006年1月，形成本卷初稿，在省委政策研究室内部征求意见。2007年3月，编辑室根据所提意见对初稿进行修改补充，于同年9月形成复审稿。复审稿于2008年4月通过由省地方志办组织的复审。随后，根据省地方志办复审和后来复核的意见，编辑室又先后两次进行修改补充。文稿最后由张锡洪审定，形成终审稿。2010年11月15日，通过广东省地方志书审查委员会组织的终审。省委政策研究室办公室陈彦超负责书稿打印。

本卷编撰过程中，参考并采用了以下文献资料：任仲夷：《先行一步——改革开放篇》（广东人民出版社2000年版）；林若等：《改革开放在广东》（广东高等教育出版社1992年版）；林若：《广东改革开放的实践与思考》（广东人民出版社2003年版）；谢非：《广东改革开放探索》（中共中央党校出版社1998年版）；广东年鉴社：《广东改革开放十五年》（1994年版）；广东发展计划委员会编：《中国地区发展回顾与展望·广东省卷》（中国物价出版社1999年版）；于幼军主编：《辉煌的二十世纪中国大纪录·广东卷》（红旗出版社1999年版）；省委政策研究室编：《争创新优势 更上一层楼——广东'98十大专题调研》（广东人民出版社2000年版）；省委政策研究室编：《在率先基本实现社会主义现代化的道路上阔步前进——广东省第八次党代会以来的决策与实践》（广东人民出版社2002年版）；省委办公厅编：《中央对广东工作指示汇编（一九七九年—一九八五年）》；省委党史研究室：《广东改革开放大事记》（广东人民出版社1999年版）；卢荻等：《广东改革开放发展史》（中共党史出版社2001年版）；省委办公厅编：《广东改革开放启示录》（人民出版社1993年版）；《广东统计年鉴2001》（中国统计出版社2001年版）；《广东年鉴2001》（广东年鉴社2001年版）；省委党史研究室编：《广东改革开放决策者访谈录》（广东人民出版社2008年版）。省档案馆提供了20世纪80年代中共广东省委、广东省人民政府有关经济工作的文献资料。编修过程中还得到省地方志办的具体指导和帮助。在本卷出版之际，谨向以上文献资料作者、提供者及所有关心和指导本卷编修工作的同志表示衷心感谢。

由于水平有限，有错误之处，敬请读者批评指正。

《广东省志·经济体制改革卷》编辑室

2011年11月

经济特区与开发区卷

●1984年1月26日，邓小平为深圳经济特区题词

●1992年1月，邓小平（前左二）视察珠海

●1995年12月6日，中共中央总书记、国家主席江泽民（左一）为深圳经济特区题词

●1996年5月23—24日，中共中央总书记、国家主席江泽民（前右）视察珠海

●1980年4月，中共中央副主席、全国人大常委会委员长叶剑英（右三）视察珠海并接见港澳知名人士

●1983年4月，国务委员谷牧（右二）视察汕头

●2000年，深圳新貌

●1981年，深圳老街旧貌

1981年3月，深圳蛇口工业区树立“时间就是金钱，效率就是生命”的宣传牌

1990年6月11日，国务院批准深圳盐田港正式对外开放。图为盐田港集装箱码头

1987年在深圳创办的华为技术有限公司

●1994年6月18日开园的深圳世界之窗是由香港中旅集团和华侨城集团共同投资建设的大型文化旅游景区

●2000年年底，深圳罗湖口岸有出入境通道137条，成为中国旅客流量最大的陆路口岸。图为罗湖口岸外景

●1997年7月1日，深圳市民欢送中国人民解放军进驻香港

●珠海拱北新貌（摄于2000年）

●中山大学在1999年9月11日与珠海市政府签署协议，合作建设中山大学珠海校区。图为中山大学珠海校区一角

1991年在珠海成立的珠海格力电器股份有限公司

1996年11月，珠海举办'96中国国际航空航天博览会

1999年12月20日，珠海市民欢送中国人民解放军进驻澳门

●2000年，汕头经济特区新貌

●1982年3月，汕头经济特区创建前的龙湖村荒地沙丘

●1991年，初具规模的汕头经济特区

●1995年12月28日建成通车的汕头海湾大桥

●1990年2月8日，香港知名人士李嘉诚捐资创办的汕头大学落成。图为汕头大学校园一角

●1984年经国务院批准设立的广州经济技术开发区

●1984年经国务院批准设立的湛江经济技术开发区

●1993年经国务院批准设立的惠州大亚湾经济技术开发区

●1991年经国务院批准设立的深圳高新技术开发区

●1991年经国务院批准设立的中山火炬高新技术产业开发区

●1991年经国务院批准设立的深圳福田保税区

●1991年经国务院批准设立的深圳沙头角保税区

1992年经省政府批准设立的揭东经济开发试验区

1996年经省政府批准设立的新会今古洲经济开发试验区

《广东省志·经济特区与开发区卷》审查验收人员

<u>初审小组</u>

组　　长： 余云州

副 组 长： 魏济章

成　　员： 冯邦彦　陈　恩　郭喜泉　周树伟　钟卫国　罗流发　饶纲建　李敏凝

<u>复审小组</u>

组　　长： 王　涛

成　　员： 杨芹溪　陈泽泓　陈雪琼　刘　珂

<u>广东省地方志书审查委员会</u>

主　　任： 杨绍森

副 主 任： 黄　卓　陈　强

委　　员（以姓氏笔画为序）：

马建和　马建钊　卢　荻　许卓云　张　磊　张中华　林有能　陈春生　李关水　钟淑冰　彭新云　翟锦云

出版说明

一、本卷论述范围包括经济特区、经济技术开发区、高新技术产业开发区、保税区、出口加工区、经济开发试验区等各类经济功能区。

二、本卷内容侧重经济方面，由于篇幅有限，对各区域的社会事业、党政工团等方面的内容均未纳入。

三、本卷时间上限为酝酿创办经济特区的1979年，下限为2000年。在此下限期间内，由于出口加工区是2000年4月国务院新批准设立的区域，所能记述的内容比较简单。其他经济功能区中，部分也是20世纪90年代设立的，由于设立的时间不久，本卷也只能做初步的介绍。

四、保税区、出口加工区两类功能区其具体的功能作用，与其他的开发区有所不同，但从大的角度看，也属经济开发区域的范畴，且都是国务院批准设立的，故归入“国务院批准设立的开发区”一章。

五、国家为各类经济功能区的建立和发展，制定了很多法律法规和相关文件，本卷将几个关联度特别大的条例或文件附录于后。

六、本卷部分面积计量单位使用的是亩，1亩=1/15公顷。

七、本卷照片来源于本卷各参编单位及公开媒体。

概 述

1978年12月召开的中共十一届三中全会，确立了我国实行改革开放的发展路线。1979年4月召开的中央工作会议又确定了广东省在全国的改革开放中先走一步的方略，中央于当年7月发出文件，明确广东省在对外经济活动中实行“特殊政策、灵活措施”的具体内容。中共广东省委、省人民政府带领全省人民，坚决贯彻，勇于实践，奋力开拓，不断深化改革、扩大开放，使广东省的经济持续、稳定、高速的增长，取得了令人瞩目的成就。1978年，广东的工业总产值排各省、市、自治区第7位，财政收入排第8位。至1989年，经济总量跃居各省、市、自治区首位。2000年，广东的国内生产总值达10741亿元，约占全国的1/10；来源于广东省的财政收入约占全国的1/7；广东的外贸出口919.2亿美元，约占全国的1/3。

广东的开放改革以经济特区为突破口，以后又相继设立了经济技术开发区、高新技术产业开发区、保税区、出口加工区和经济开发试验区等经济功能区域。这些经济功能区不仅成为新的重要的经济增长点，而且所进行的改革试验、体制创新、高新技术产业的孵化和所形成的新的理念，为全省甚至全国的改革开放和经济社会的发展，起到了辐射和带动作用。

一

经济特区是我国实行改革开放政策的产物，也是改革开放的试验田。

1979年年初，在贯彻中共十一届三中全会精神的过程中，广东省的领导人在思考广东经济社会发展如何走出困境时，从国外兴办“出口加工区”和“自由贸易区”的经验中得到启示：为了加快经济的发展，根据广东省毗邻港、澳，华侨众多，商品经济比较发达的特点，提出在广东沿海某几个城市划出一块地方，实行特殊的政策，试办国外出口加工区或自由贸易区一样的特殊经济区域的设想。广东省委对此进行了认真的研究，比较一致的意见认为：出口加工区，可优先考虑在深圳、珠海试办，因为两地紧靠香港和澳门，并且两地已经国务院批准，建立了农、牧、水产出口基地，又新实行了市的建制。考虑到汕头历来是对外交往的口岸，有人缘和地缘关系的优势，也可以设置一个出口加工区。

1979年4月召开的专门讨论经济工作的中央工作会议期间，广东省出席会议的领导人习仲勋、王全国等代表省委正式向中央作了汇报，要求中央给予广东省一定的权力，让广东在改革开放中“先走一步”，以便借助华侨众多和毗邻港澳的优势，加快广东的经济发展。这一建议得到中央的赞同。邓小平在听取分管对外开放工作的中共中央书记处书记、国务院副总理谷牧的汇报中，对广东所要试办的特殊区域，中央要有一个统一的叫法后说："就叫特区嘛，延安开始时就叫特区嘛，"在听取习仲勋汇报广东省委工作，谈到配套资金问题时又说："中央没有钱，可以给些政策，你们自己去搞，""要杀出一条血路来"。在谷牧的具体指导下，中共广东省委于6月6日向中央和国务院上报了《关于发挥广东优越条件，扩大对外贸易，加快经济发展的报告》。同年7月15日，中共中央、国务院正式批转广东、福建两省关于对外经济活动实行特殊政策、灵活措施的两个报告。文件中说："关于出口特区，可先在深圳、珠海两市试办，待取得经验后，再考虑在汕头、厦门设置的问题。"特区在发展步骤上，"先搞加工装配、轻型加工工业和旅游事业等，逐步积累资金，再兴办加工程度高的项目"。

为了做好出口特区的筹建工作，1979年，广东省成立由省委书记吴南生负责的特区筹备组。经过一段时间的筹备工作，1979年12月，广东省委在给中共中央的报告中提出，特区固然要以办工业为主，但也要搞楼宇、住宅和其他经济事业。因此，建议把"出口特区"改为"经济特区"，其含义会更确切些。1980年3月，国务院在广州召开的广东、福建两省会议上，研究提出了试办特区的一些重要政策，并根据广东同志的建议，考虑到中国特区的综合发展的特点，同意将原拟"出口特区"的名称正式改名为"经济特区"。1980年4月，广东省经济特区管理委员会正式成立，吴南生任主任。广东省经济特区管理委员会，代表省人民政府对各特区实行统一管理，并直接经营深圳特区。同年8月，第五届全国人大常委会第十五次会议讨论并批准施行《广东省经济特区条例》。

随着经济特区建设发展的需要，广东省人大常委会根据全国人大常委会的授权，先后制定了一系列的单项法规。这些法规、条例连同1979年以后国家相继颁布实施的《中华人民共和国中外合资经营企业法》《中华人民共和国中外合作经营企业法》《中华人民共和国外资企业法》《中华人民共和国国务院关于经济特区和沿海十四个港口城市减征、免征企业所得税和工商统一税的暂行规定》和1986年10月国务院发布的《国务院关于鼓励外商投资的规定》以及与之相配套的一些实施细则、暂行规定等，初步形成了一个较完整的特区对外经济法规体系。

深圳经济特区是广东3个经济特区当中起步最早的。在起步时，首先碰到的是资金问题。根据《广东省经济特区条例》第24条规定，初期负责经营深圳经济特区的广东省经济特区管委会利用3000万元的银行贷款和深圳的部分地方财政先投入作为"酵母"，在罗湖先从0.8平方公里着手进行土地开发，主要兴建金融、商业、旅游、住宅等服务设施提供给外商，特区就用从中赚的钱，进行罗湖的基础设施建设，同时开发上步工业区。这种利用银行贷款"借鸡生蛋"以及边投资、边收益、再投下去，扩大收益的"滚雪球"办法，为深圳特区建设初期解决资金缺乏的问题闯出了一条路子，也为稍晚一点起步的经济特区起步建设提供了经验。随后，深圳建设的摊子全面铺开，来自全国各地的数百家建设单位近20万职工展开了大规模的基本建设。

珠海经济特区在建设初期，考虑到珠海是一个风景优美的海滨城市，又与博彩业发达的澳门相接壤。因此，领导的精力和外资投放的重点，实际上侧重发展旅游业。1979年11月12日，珠海市旅游公司与澳门珠海旅游发展有限公司签订《关于合作经营珠海市石景山旅游中心协议书》，石景山旅游中心于1980年10月建成，且经营效果良好，受到各方面的赞扬。与此同时，特区与外商合资兴建了银海新村，并随后兴建了珠海宾馆、拱北宾馆、石花山度假村等一系列的旅游设施。珠海特区在发展旅游建设的同时，也十分重视交通设施的建设，花大气力兴建了九洲港码头和直升机机场。1984年开始，珠海经济特区建设进一步明确了以工业为主的方针，大规模的基础设施建设正式展开。先后兴建了吉大、南山、夏湾、北岭4个工业区。

汕头经济特区起步较晚，并且批准起步的面积小，仅1.6平方公里。特区管委会量力而行，讲究经济效益，首先抓了基础设施的建设。特区按照出口加工区的模式兴建通用工业厂房。1983年8月，龙湖工业区第一幢通用厂房竣工，开始接受外商进区办厂。8月12日，汕头特区第一家外商投资企业——奋成实业有限公司开业。紧接着陆续有许多外商到区办厂。新建一座通用厂房就引进外资企业填满。通用厂房不断增加，引进的外资生产企业不断增多。

各经济特区在开发起步之后，在努力创造一个良好的投资环境的同时，积极开展外引内联的工作，使特区的建设得到迅速的发展，国民经济各项指标持续稳定增长。随着特区建设的发展，有的特区原有的规划面积不能适应发展的需要。1984年11月，经国务院批准，汕头特区扩大到52.6平方公里（1991年4月，又扩大到整个汕头市区，面积达234平方公里）。珠海特区扩大到15.16平方公里，1988年4月又扩大到121平方公里。

经济特区是新生事物。在经济特区起步建设不久，一些人对试办经济特区的决策不理解，社会上对经济特区的各种非议接踵而至。1979年，当深圳特区的蛇口工业区刚刚起步建设时，就有人怀疑，搞特区、允许资本家来办工厂、赚取利润、是否违反了马列主义的路线？随后一批内地干部到深圳参观之后议论纷纷，有的说：“深圳除了海关大楼上的五星红旗还在飘扬之外，遍地都是资本主义，千百万人抛头颅、洒热血打下来的江山已经被‘断送’了。”1982年，经济特区起步才2年，东南沿海一些地方出现了走私“洋货”之风，特区的少数单位也利用特区政策，倒卖“洋货”，产生了一定的不良影响，当时，一些人更认为“特区资本主义化了”“大批干部烂掉了”，有些人还担心特区会变成新的“租界”，办特区“丧权辱国”。以后还发生过多次争论。

1984年春节前后，中共中央政治局常委、举办特区的倡议人邓小平视察了深圳、珠海、厦门3个经济特区。他在视察期间写下了具有重要指导意义的题词。在深圳的题词是“深圳的发展和经验证明，我们建立经济特区的政策是正确的”。在珠海的题词是“珠海经济特区好”。邓小平视察经济特区后回到北京，又同中央几位领导人进一步谈了特区的开放政策和怎样进一步开放的问题。他说：“这次我到深圳一看，给我的印象是一片兴旺发达景象。深圳的建设速度相当快，其中蛇口更快。”“特区是个窗口，是技术的窗口，管理的窗口，知识的窗口，也是对外政策的窗口”，“搞经济特区，不仅经济方面、培养人才方面得到好处，还有一个对外影响的问题”。邓小平还对全国的对外开放工作提出了重要意见，他强调指出：“我们建立特区，实行开放政策，有个指导思想要明确，就是不是收，而是放。”他建议：“除现在的特区之外，可以考虑再开放几个点，增加几个港口城市，这些地方不叫特区，但可以实行特区的某些政策。”邓小平的重要讲话，进一步澄清了当时社会上对举办经济特区的某些疑虑，明确了特区在社会主义现代化建设中的重要作用，极大地鼓舞了从事特区建设的广大干部和群众，有力地推动了全国对外开放工作。

邓小平视察经济特区并发表重要讲话之后，经济特区建设发展的速度大大加快。1985

年2月，在深圳举行的经济特区工作座谈会上，主持这次座谈会的中共中央书记处书记、国务委员谷牧，把特区发展外向型经济的目标明确地提了出来。他强调："在新形势下，特区应在继续完善投资环境的同时，要把重点转向增加工业生产、积极扩大出口创汇方面来。新上的外引内联企业都要按此精神审批，要重点建设一批技术水平较高，能够出口创汇的项目，培育一批能够进入国际市场的骨干产品，尽快建成以工业为主、工贸结合、农牧渔和旅游业同时发展的外向型综合性经济特区。"他要求各特区要朝着这一目标，下大力气"爬好一个坡，更上一层楼"。国务院于1986年1月召开的经济特区工作会议进一步明确提出：经济特区在"七五"期间应当坚决贯彻中央和国务院的指示的精神，努力建立以工业为主、工贸结合的外向型经济，进一步发挥邓小平提出的"四个窗口"的作用。会议要求，经济特区领导的指导思想和工作重点要从前几年铺摊子、打基础转到抓生产、上水平、求效益方面来，切实做好工作。这次特区工作会议，为经济特区的发展指明了目标方向。

经济特区按照国务院批准的这次会议的精神和在此之后关于治理经济环境、整顿经济秩序的部署，坚决调整投资结构、实行"压"与"保"相结合的方针，下决心停建一批可以缓建的工程项目，主要是非生产性项目；加强对外引内联项目的筛选，引导投资方向，着重发展工业生产，抓好产品品种质量；大力开拓国际市场，扩大外贸出口；清理整顿商贸公司，克服流通领域中的混乱现象等。使特区的改革和发展取得了各具特色的进展，特区外向型经济基本框架初步构成。

进入20世纪90年代，经济特区加强经济发展的全面规划，进一步完善投资环境，提高吸引外资的水平；调整技术结构和产品结构，提高参与国际交换和竞争的能力；更广泛深入地与内地开展经济联合，发展第三产业，增强经济辐射力；深化经济体制改革，率先建立和逐步完善社会主义市场经济；发挥内部潜力，提高社会经济效益；坚持社会主义的政治方向，建设社会主义精神文明。1992年春节期间，邓小平第二次视察深圳、珠海特区，发表极其重要的谈话，他强调："不坚持社会主义，不改革开放，不发展经济，不改善人民生活，只能是死路一条。"他又强调："特区姓'社'，不姓'资'，""深圳的重要经验就是敢闯"。再一次鼓舞了经济特区的建设者们为中国的改革和发展"杀出一条血路来"的坚定信念。

随着特区的迅速发展和经济实力的增强，从20世纪80年代末开始，国家对经济特区的优惠政策（如外汇留成、财政上缴等方面对经济特区的优惠政策）逐步进行了调整。同时，全国对外开放的区域从经济特区逐步扩大到沿海、沿江、沿边及内地，经济特区的另一些优惠政策（如外商投资企业15%的所得税）普惠范围扩大，致使经济特区原来独有的政策优势不再有。一些人大有"特区不特"之感叹。

1994年6月，中共中央总书记、国家主席江泽民在广东考察时，要求经济特区增创新优势，更上一层楼。他重申："中央对发展经济特区的决心不变，中央对经济特区的基本政策不变，经济特区在全国改革开放和现代化建设的地位和作用不变。要把发展经济特区贯穿于社会主义现代化建设的整个过程。"这一重要讲话，为特区今后的发展指明了方向，使特区的建设者们更加坚定了办好经济特区的信心。经济特区认真贯彻中央关于特区发展的方针，调整产业结构，深化各项改革，进一步扩大开放，加强精神文明建设，率先建立社会主义市场经济体制，带动和促进内地经济的发展，继续充当好广东和全国改革开放的“排头兵”。

至2000年，三个经济特区的发展都取得了巨大成就，面貌发生了显著变化。一是经济持续高速增长，其中深圳的经济总量跃居全国各大城市的前列；二是改革不断取得新突破，社会主义市场经济体制基本建立；三是对外开放成绩显著，全方位开放格局已经形成；四是科技创新能力明显增强，高新技术产业蓬勃发展；五是人民生活水平大幅提升，三大文明共同进步；六是城市建设和管理日趋现代化，城市面貌焕然一新。

经济特区不仅迅速地改变了自身的面貌，而且充分发挥了辐射带动和示范作用，为探索中国特色社会主义道路做出了重要贡献。一是在体制改革中发挥了“试验田”的作用，为全国推进改革提供了有益的经验和借鉴。二是在对外开放中发挥了重要的“窗口”作用。特别是深圳利用毗邻香港的区位优势，积极吸收和利用外商投资，引进先进的技术和管理经验，发展加工贸易和中外合资合作及外商独资企业，成为我国对外开放、走向世界的重要窗口。三是在现代化建设中发挥了“示范区”作用。经济特区发挥各自的优势，大力开展与各地区的经济技术交流与合作，辐射和带动了内地经济的发展。特区“敢闯敢试”的创新精神，也极大地激励和鼓舞了全国人民。四是对香港、澳门的顺利回归并保持繁荣稳定发挥了重要的促进作用。经济特区与港澳经济合作日益紧密，形成了经济互补、相互促进、共同发展的格局。

经济特区的实践充分证明，中共中央关于兴办经济特区的思想和决策是完全正确的，取得了巨大的成功。经济特区的成功实践，是邓小平理论和“三个代表”重要思想的光辉结晶，是我国改革开放以来实现历史性变革和取得伟大成就的一个精彩缩影，是中国特色社会主义具有强大生命力的生动反映。

二

经济特区改革开放先行一步的成功试验，为全国的改革开放和发展探索了一条正确的道路，坚定了我国深化改革、扩大开放的步伐。为了更好地利用国内国外两种资源、两个市场，加快我国经济发展的步伐，根据我国的国情，借鉴国外不同经济功能区的经验，国务院又先后批准广东设立了经济技术开发区、高新技术产业开发区、保税区和出口加工区。

经济技术开发区　1984年3月26日至4月6日，中共中央书记处、国务院在北京召开沿海部分城市座谈会，贯彻邓小平1984年春节期间视察深圳、珠海、厦门等地时的讲话精神。会议决定进一步办好经济特区，进一步开放天津、上海、大连、秦皇岛、烟台、青岛、连云港、南通、宁波、温州、福州、北海和广东省的广州、湛江等14个沿海港口城市。中共中央、国务院批转的《沿海部分城市座谈会纪要》明确：“这几个城市，有些可以划定一个有明确地域界限的区域，兴办新的经济技术开发区，作为城市经济和技术开发的基地。”“经济技术开发区内，利用外资项目的审批权限，可以进一步放宽，大体比照经济特区的规定执行”。

《沿海部分城市座谈会纪要》下发后，广州、湛江两市认真贯彻中共中央、国务院关于批转《沿海部分城市座谈会纪要》的通知的精神，部署两市对外开放的工作，并积极进行经济技术开发区的选址、规划和论证等工作。同年8月，两市分别写出了关于做好对外开放工作的报告（其中包括设置经济技术开发区的总体规划）经广东省人民政府同意上报国务院。国务院于11月29日和12月5日，先后批准湛江和广州的两个报告，同意两市兴办经济技术开发区。同意湛江经济技术开发区位置定在赤坎与霞山两区之间，总面积9.2平方公里，首期开发1.5平方公里；同意广州经济技术开发区位置定在黄埔区东沿，总面积9.6平方公里，首期开发厦港路两侧，面积2.6平方公里。同年12月和1985年4月，广州、湛江经济技术开发区分别举行奠基典礼，正式开始进行大规模的基础设施建设。20世纪80年代末，广州经济技术开发区基本完成西区6.6平方公里的开发建设，引进了一批工业项目，至20世纪90年代初，相继开辟东区和永和区。湛江经济技术开发区进行了一系列的基础设施建设，并且引进了一批生产项目。

南沙位于广州番禺的东南部、珠江出海口西岸，属珠三角的中心地带。惠州市的大亚湾位于香港东北面几十公里的地方，靠海、平坦、人口密度不大。两地都具有独特的区位优势。20世纪80年代后期，省委、省政府在研究扩大开放的区域时，就有意将两地列为下一步对外开放的重点区域。1992年春节期间，邓小平视察广东时，要求广东“力争用20年的时间赶上亚洲‘四小龙’的经济发展水平”。7月1日，广东省委、省政府向中共中央、国务院报送《关于加快广东发展步伐，力争二十年赶上亚洲“四小龙”的请示》，其中的一项内容是要求国务院批准设立广州南沙和惠州大亚湾经济技术开发区。国务院于1993年5月12日批复同意设立广州南沙和惠州大亚湾两个经济技术开发区。两区经批准设立后，开始了大规模的开发建设，并且引进了一批大的生产项目。

广东省4个经济技术开发区到2000年分别经过16年和8年的努力奋斗，都已形成了一定的生产规模，其中广州经济技术开发区的招商引资、工业产值、财政收入都在全国经济技术开发区的前列。至2000年年底，4个经济技术开发区累计引资项目1488个，外商直接投资到位资金44.49亿美元。2000年实现工业产值424.4亿元，外贸进出口总额达27.52亿美元。

高新技术产业开发区　1985年7月，中国科学院与深圳市人民政府联合创办了我国第一个高新技术产业开发区——深圳科技工业园区。1991年3月6日，《国务院关于批准国家高新技术产业开发区和有关政策规定的通知》中，将深圳科技工业园、广州天河高新技术产业开发区、中山火炬高技术产业开发区列入第一批26个国家高新技术产业开发区。并同时下发国家高新技术产业开发区高新企业认定条件和办法、若干政策的暂行规定、税收政策的规定。1992年3月23日，广东省人民政府颁布了《广东省国家高新技术产业开发区若干政策的实施办法》。1992年11月和12月，国务院又先后批准惠州高新技术产业开发区、佛山高新技术产业开发区和珠海高新技术产业开发区为国家高新技术产业开发区。至此，国务院批准设立的全国53个高新技术产业开发区中，广东占有6个。

广东各高新技术产业开发区在建设之初，应用国家和省的相关优惠政策，进行基础设施建设和招商引资，迅速形成一定的生产能力，并不断提高引进项目的科技含量，引进了一批大型高新技术企业和国内外知名科研机构，形成了独具特色的广东高新技术产业群。在此基础上，各高新技术产业开发区重视抓发展内源性项目，采取得力措施扶持区内民营科技企业的发展。

经过近10年的努力发展，广东高新技术产业开发区的功能得到不断发挥。高新技术产业开发区已经成为广东省内经济增长最快、投资回报率最高、创新能力最强、具有极大发展前景的高新技术产业的发展基地和新的经济增长点。至2000年，广东高新技术产业开发区（含江门、汕头、肇庆三个省批准设立的高新技术产业开发区）共有企业2670家，其中高新技术企业450家，占全省高新技术企业的40%。其中年产值超亿元的企业近百家，超10亿元的企业有20家。2000年，高新技术产业开发区共实现工业产值1348亿元，其中高新技术产品产值955亿元，占全省高新技术产品产值总量的34%。

保税区 保税区是进入20世纪90年代以来我国扩大对外开放的一种新的形式。经济特区创办之初，有学者曾提出借鉴国外出口加工区和自由贸易区的做法，把经济特区办成“境内关外”（即国境内、关境外）的特殊区域，以便为海外投资者提供一个人流、物流、资金流自由进出的投资环境。由于我国的经济特区不仅要发展加工贸易，还要承担国内体制改革的试验场功能，且区域范围大，区域内居住人口众多，不可能实现“境内关外”的设想。深圳经济特区在建设发展过程中，积极借鉴国际上通行的自由贸易区建设及管理模式，于1987年12月设立了沙头角保税工业区，进行了有益的尝试。1991年5月，国务院正式批准深圳经济特区设立沙头角和福田两个保税区。此后，国务院又先后于1992年5月批准设立广州保税区，1993年1月批准设立汕头保税区，1996年9月和11月又批准设立深圳盐田港和珠海保税区。这样，全国15个保税区，广东占了6个。

保税区是我国开放度和自由度较大的经济功能区，其功能定位为“保税仓储、出口加工、转口贸易”三大功能。海关根据国家政策对保税区实行封闭式管理，境外货物进入保税区实行保税管理；境内其他地区货物进入保税区，视同出境。同时外经贸、外汇管理部门对保税区也实行较区外相对优惠的政策。1990年9月9日，海关总署颁布《中华人民共和国海关对进出上海外高桥保税区货物、运输工具和个人携带物品的管理办法》。国务院关于设立保税区的批文中讲明：比照该办法制定各保税区的监管实施细则。

广东省6个保税区批准设立后，按照边建设、边经营、边获益的方针，根据各自的特点和优势，花大力气探索启动保税区的各项功能。在充分发挥保税区出口加工、转口贸易、保税仓储等三项基本功能的同时，还开展了产品包装、运输、商品展示、金融、保险、信息等服务业务，收到了较好的经济和社会效益。然而在保税区设立初期，由于没有一个统一的保税区法，保税区运作中也存在一些困难；一是各保税区的功能定性定位不够明确；二是相关的优惠政策难以落实；三是海关监管不够规范，并且三个方面的问题相互关联。1997年6月，国务院批准《保税区海关监管办法》实施之后，这些方面的关系逐步得到理顺，保税区的三大功能作用得到比较充分地发挥。至2000年，广东6个保税区共引进项目2430个，累计外商直接投资到位资金19.19亿美元。2000年实现加工工业产值247.34亿元，出口创汇34.44亿美元。

出口加工区 2000年4月，国务院办公厅批复海关总署《关于进行设立出口加工区试点的复函》，同意在全国首批设立15个出口加工区试点，广州、深圳出口加工区均为15个出口加工区之列。

广州出口加工区设在广州经济技术开发区东区内，面积3.05平方公里；深圳出口加工区设在深圳市东北部的龙岗大工业区内，面积3平方公里。两个出口加工区范围确定之后，都积极开展投资环境的建设，招商引资。到当年年底，都引进了一批加工项目，为出口加工工业的发展奠定了基础。

三

经济开发试验区 广东经济技术开发区和高新技术产业开发区的快速发展，迅速成为当地新的经济增长点，大大激发了广东其他地区兴办开发区的积极性，都想通过办开发区的形式，加快当地经济的发展。1991年9月，清远市经省府批准首先兴办了清远扶贫开发区。1992年春天，邓小平发表南方谈话之后，掀起了新的发展热潮，各地要求办开发区的热情更加高涨。为了有别于国家批准设立的开发区，省政府批文中将名称确定为“经济开发试验区”。在设立经济开发试验区的同时，省政府还批准设立高新技术产业开发区。至2000年全省经省政府批准设立的各类经济开发试验区共有55个。其特点有以下几个方面：一是在产业分布和功能作用方面有着不同特色。55个开发试验区中综合型的开发试验区31家，高新技术产业开发试验区3家，华侨（台商）投资开发试验区3家，海岛（海港）开发试验区7家，扶贫开发试验区4家，旅游开发试验区5家，高科技外向型农业（含农垦）、林产开发试验区4家。二是具有较明显的区位、资源和人文等方面的优势。各地尽量寻找当地的区位优势，把开发区选择在靠近港口、国道、省道和铁路等交通便利的地方或与相邻省份的交界处，这样可以缩短与经济发达地区的距离。便于人员的进出和物资的运输，易于形成商品的集散流通之地。如水东经济开发试验区选择在靠近广湛公路和水东港的南海半岛上，揭阳开发试验区选择在榕江弯道形成的半岛之内。既便于管理，又可以建港口，还临近汕头特区，临近新建的广梅汕铁路和汕头机场。许多市县充分利用当地的资源优势和人文优势条件，设置开发区。如仁化丹霞山、肇庆七星岩、阳江海陵岛、丰顺等开发区利用当地山景、海滩、温泉等旅游资源丰富的优势，以旅游作为主导产业，带旺当地工业和贸易的发展；始兴县利用当地木材资源丰富的优势，设置林产工业开发区，引进外资进行木材深加工；台山县利用华侨众多，饶平县利用在台人员多的优势，设置华侨投资开发试验区和台商投资开发试验区，吸引华侨和台商等外资到当地投资。三是与市区（老城区）的扩建、改造、发展相结合。省批准设立的经济开发试验区有半数以上位置选择在老市区（县城）区附近，如潮州、梅州、河源、韶关、茂南城郊、肇庆西江走廊、化州鉴江开发区等。这一特点的出现大致有三方面原因。（1）改革开放以来，各地经济有了较快的发展，而随着经济的发展，原有的市区（县城区）面积远远不能满足建设发展的需要，不仅兴办生产性企业没有地盘，而且随着市区（县城）人口的增长，生活和商贸设施也没有地方新建，而老城区狭窄的街道、破旧的建筑需要改造也难以施展。因此，必须冲破原有的范围，另辟新区。（2）开发区以原来的市区（县城）为依托，起步时可以借用老城区原有的设施，如水、电、路、通信及其他生活服务设施（包括职工宿舍、学校、医院等），不必一开始就“万事俱兴”，可集中财力、物力搞生产项目建设。（3）市区（县城）是一个市（县）的政治、经济、文化中心，可为开发区对当地经济的辐射作用的发挥，提供有利条件。

经济开发试验区在创办初期，由于各地的管理机构不统一，体制不顺畅，一度影响开发试验区的发展。1996年11月21日，省人民政府颁布《广东省经济开发试验区管理暂行规定》。明确了开发试验区管委会的经济管理权限，明确了试验区投资、技术引进及其经营管理的方式，为全省经济开发试验区的健康发展提供了一个有效的管理机制。

经济开发试验区的建设，经过几年的发展（最早设立的清远扶贫开发区开发建设8年），到2000年都取得了可喜的成绩。

一是投资环境日益完善。大多数开发试验区加快了水、电、道路和通信等基础设施建设，基础设施基本配套。同时，各开发试验区还从制定优惠措施、招聘人才、提高办事效率、提高服务质量等方面着手，搞好软件投资环境。

二是引进了一大批项目。各开发试验区都十分重视毗邻港澳、华侨众多的有利条件，积极引进港澳资金与项目，同时又重视发展民营企业。多渠道招商引资推进功能开发。如综合性试验区重点抓工业项目的建设，海岛开发试验区抓旅游和水产养殖项目的建设，旅游开发试验区招商引资搞旅游项目（景点、道路等）建设等。至2000年年底，全省各类开发试验区累计入区企业8808个，实际利用外资44.59亿美元。

三是逐步成为当地市（县）新的经济增长点。这些开发试验区在形成一定的规模之后，都成了当地市（县）重要的经济增长点。如新会的今古洲开发试验区、茂名的水东开发试验区、揭东开发试验区、粤北工业开发试验区都成为当地的工业基地。2000年，全省各类经济开发试验区实现工业产值319.46亿元，外贸出口17.42亿美元。

四是辐射和带动作用日益明显。其中包括通过区内的“龙头”企业带动当地加工工业的发展，为发达地区产业转移、企业搬迁提供了良好的环境场地，通过试验区“窗口”带动腹地资源型产品的出口，形成一定的高新技术产业。

分布广泛的经济开发试验区对全省扩大开放、加快发展、推进社会主义市场经济的建立，对引进、培养人才都起到了积极的作用。

大事记

1979年

1月8—25日　中共广东省委召开四届二次常委扩大会议，传达贯彻中共十一届三中全会精神，联系广东实际，研究实现党的工作重点转移到社会主义建设上来。会议决定，会后省委领导分赴各地传达三中全会精神，并与当地干部就如何发挥广东优势、加快广东经济发展问题，进行调查研究。

1月23日　中共广东省委决定，将宝安县改为深圳市，珠海县改为珠海市，均为省辖市，分别由省和惠阳、佛山地区双重领导。3月5日，国务院批复广东省革命委员会，同意两县改设为市。

1月31日　中共中央、国务院决定，在蛇口设立工业区，由香港招商局负责集资并组织实施。

2月14日　国务院发文批复关于宝安县、珠海县外贸基地和市政建设规划设想。要求把宝安建设成为具有相当水平的工农业相结合的出口商品生产基地、吸引港澳游客的游览区和新型的边防城市。

2月21日　省委书记吴南生在汕头向省委第一书记习仲勋、第二书记杨尚昆及省委发电报，提出利用外资发展经济和扩大对外贸易，以扭转汕头地区经济落后，群众生活困难的局面的建议。

4月2日　中共广东省委常委会议由第二书记杨尚昆主持，讨论省对外经济联络办公室起草的《充分利用广东有利条件开展对外经济技术交流》的材料。会上，常委们纷纷要求中共中央给予广东一定的权力，让广东改革开放先走一步，以便广东发挥毗邻港澳、华侨众多等优势，使广东发展得快一些。并决定将这一要求在4月5日即将召开的中央工作会议期间向中央汇报。

4月5—28日　中共广东省委第一书记习仲勋、书记王全国在北京参加中央工作会议期间，向中央领导人提出要求给广东特殊政策、灵活措施和试办出口特区的设想。得到邓小平等中央领导的首肯。

5月　中共中央书记处书记、国务院副总理谷牧到深圳、珠海两市考察研究筹办特区的工作，并分别于14日和20日同广东省委、省政府负责人一起研究起草广东实行特殊政策、灵活措施和试办出口特区的报告。

7月15日　中共中央、国务院批转广东省委、福建省委关于对外经济活动实行特殊政策、灵活措施的两个报告，并决定在深圳、珠海、汕头、厦门设置“出口特区”。

10月31日　广东省委书记吴南生主持召开关于“出口特区”工作座谈会，讨论研究举办特区的方针政策和做法。会后，省委、省政府向中共中央、国务院报送《关于广东建立经济特区几个问题的汇报提纲》。该《汇报提纲》中建议将“出口特区”改为“经济特区”。

11月1日　深圳市五金矿产进出口支公司、省建筑材料进出口公司与香港凯旋贸易公司签订在深圳经营“乌石古石场”的协议，投资4644万港元。

11月7日　珠海市引进的第一家工业企业——香洲毛纺厂建成投产。

11月26日　深圳、珠海两市由原省和所在的惠阳、佛山地区双重领导体制改为地区一级的省辖市。

12月12日　国务院副总理王震率中央10个部门的负责人到深圳视察。

1980年

3月30日　谷牧副总理在广州主持召开广东、福建两省会议，研究提出了试办特区的一些重要政策，确定了深圳、珠海特区的范围，并根据广东的建议，同意把“出口特区”的名称改为“经济特区”。

4月15日　广东省第五届人民代表大会第三次会议审议通过《广东省经济特区条例（草案）》。

4月25日　中共广东省委常委会议决定，成立“广东省经济特区管理委员会”。5月4日，省委决定吴南生兼任广东省经济特区管理委员会主任，副省长王宁、曾定石兼副主任，秦文俊为副主任。

4月27日至5月13日　全国人大常委会委员长叶剑英视察深圳、珠海经济特区和海南岛、梅县等地。

5月5日　广东省经济特区管理委员会批准，香港新南新印染厂在深圳葵涌兴建独资经营的“新南新印染厂”。

5月20日　由广东省建设委员会牵头、组织工程技术人员和各方面专家100余人，研究制定深圳经济特区总体规划。

6月12日　中共广东省委决定，吴南生兼任深圳市委第一书记、市革命委员会主任。

8月8日　国家进出口管理委员会副主任江泽民率领工作组到深圳特区检查工作。

8月26日　第五届全国人民代表大会常务委员会第十五次会议在北京举行。国家进出口管理委员会副主任江泽民向会议作制定《广东省经济特区条例》的说明。会议决定：批准施行《广东省经济特区条例》。这是我国举办经济特区的第一个法律文件。宣告在广东省深圳、珠海、汕头三个市分别划出一定区域，设置经济特区。

9月26日　深圳市委书记秦文俊、黄施民参加由国家进出口管理委员会组织的考察团，在国家进出口管理委员会副主任江泽民率领下赴斯里兰卡、马来西亚、新加坡、菲律宾、墨西哥、爱尔兰等国家考察出口加工区。

10月12日　由珠海市旅游公司与澳门珠海旅游发展有限公司合作经营的石景山旅游中心第一期工程竣工。

11月10日　汕头经济特区第一家中外合作企业——汕头地毯厂开业。

12月10日　国务院副总理谷牧、国家进出口管理委员会副主任江泽民，在广东省委书记吴南生陪同下，视察深圳经济特区。

1981年

1月18日　广东省经济特区发展公司、深圳市畜牧局与泰国正大国际投资公司、美国大陆谷物公司签订兴建饲料厂和经营畜牧饲养业的协议书。这是我国最早引进外资兴建大型饲料厂。

2月20日　经中共中央批准，梁湘任中共深圳市委第一书记，吴南生不再兼任中共深圳市委第一书记职务。

5月27日至6月14日　国务院在北京召开广东、福建两省和经济特区工作会议。会议检查总结了试办特区的情况和经验，研究了两省实行特殊政策、灵活措施和设置经济特区的认识、体制、政策和管理等问题。7月19日，中共中央、国务院批转《广东、福建两省和经济特区工作会议纪要》。

6月29日　珠海经济特区邀请13个设计单位的专家和有关人士，对珠海经济特区的总体发展规划进行评议。

8月12—17日　国务院总理赵紫阳视察深圳、珠海经济特区。

10月15日　中共广东省委决定：调整中共深圳市委、市政府领导班子组成人员。梁湘任深圳市委书记兼市长，恢复宝安县建制，深圳市的领导干部逐步按广州市的规格配备。

11月26日　第五届全国人民代表大会常务委员会第二十一次会议，通过《关于授权广东省、福建省人民代表大会及其常务委员会制定所属经济特区的各项单行经济法规的决议》，自1982年1月1日起施行。

1982年

1月9日　南洋商业银行深圳分行开业，这是中华人民共和国成立以来引进的第一家外资商业银行。

1月11日　中共中央发出《紧急通知》，要求认真查处广东、福建两省严重走私贩私、贪污受贿等违法犯罪问题。

2月4日　深圳经济特区管理线建设指挥部正式成立，并开始进行管理线的建设工作。

3月18日　汕头特区龙湖加工区基础设施建设工程动工。

3月29日　上海《文汇报》发表署名文章《旧中国租界的由来》；4月8日，上海《解放日报》发表署名文章《痛哉！〈租地章程〉》。两文均以谈历史为名，提醒人们：要记取旧中国租界的教训。

4月26日　经中国人民银行总行批准，同意8家外资银行即香港上海汇丰银行、英国渣打银行、法国东方汇理银行、拓银国际（亚洲）有限公司、莱斯国际银行、法国国家巴黎银行、万国宝通银行、新鸿基财务公司，在深圳经济特区设立代表机构。

4月30日　《深圳—香港关于增辟两地之间通道的协议》签字仪式在深圳举行。

6月7—14日　广东省第一次经济特区学术讨论会在深圳召开。与会专家、学者就我国试办经济特区的性质、目的、意义，特区的计划与市场的关系，特区的立法与精神文明等问题进行了认真的理论探讨。

9月2日　珠海特区九洲港举行客运简易通航典礼。

9月14日　深圳经济特区八卦岭工业区破土动工。

10月30日　中共中央政治局常委陈云对中共广东省委、省政府《关于试办经济特区的初步总结》批示："特区要办，必须不断总结经验，力求使特区办好。"

11月5日　国务院、中央军委决定中国人民解放军基建工程兵2万人转业到深圳参加特区建设。

1983年

1月8日　南洋商业银行蛇口分行举行开业典礼。

2月7—9日　中共中央总书记胡耀邦视察深圳特区。胡耀邦提出，特区工作要"特事特办，新事新办，立场不变，方法全新"。

2月16日　中共中央政治局委员、中央军委常务副主席杨尚昆和中共中央政治局委员、全国人大常委会副委员长廖承志视察深圳特区。

3月25日　深圳市政府决定，兴建深圳科学馆、博物馆、电视台、图书馆、影剧院、深圳大学、体育中心、新闻中心等八大文化设施。

5月11—12日　深圳市政府召开首次特区内联企业工作会议，并于5月14日发出《关于印发〈深圳经济特区近期内联企（事）业单位若干政策的暂行规定〉的通知》。

6月14日　省委、省政府决定：广东省试办经济特区的工作，由梁灵光（省长）、吴南生（省委书记，当时设第一书记）、叶澄海（省委常委）三人主管，有关工作业务，由省政府管理。设立省经济特区办公室，经办有关的日常工作。

同日　深圳赤湾万吨泊位码头开港。

6月29日　国务院批准调整珠海经济特区范围，调整后的特区面积15.16平方公里。

7月14日　深圳特区发展公司与香港合和中国发展（深圳）有限公司合作改造深圳火车站和口岸联检大楼举行开工典礼，该项目协议规定外方投资3亿港元，合作年限25年。

7月15日　深圳（蛇口）—珠海（九洲港）水上航线正式开航。

8月12日　汕头经济特区第一家外商独资企业——奋成实业有限公司开业。

8月13日　汕头经济特区龙湖加工区第一幢通用厂房竣工，接受外商进区办厂。

9月13日　深圳市政府发出《关于基建工程兵二万人集体改编为我市施工企业的通知》。

9月27日　深圳大学成立并举行首届开学典礼。

9月　由纺织工业部、中国国际信托投资公司牵头，18个省、市纺织工业部门参加的深圳华联纺织公司成立。

10月31日　在深圳设立的第一家外商独资企业——三洋电机（蛇口）有限公司举行开工典礼。

11月18日　中共深圳市委决定，在招商局蛇口工业区成立市辖行政区，按市辖区设置机构。

1984年

1月1日　由香港实业家李嘉诚捐资建设的汕头大学隆重举行奠基典礼。汕头特区龙湖宾馆开业。

1月24—29日　中共中央政治局常委、中央军委主席邓小平，由中央政治局委员王震、杨尚昆陪同视察深圳经济特区和珠海经济特区，视察中，邓小平作了许多极其重要的指示。1月29日，邓小平为珠海经济特区题词："珠海经济特区好。"2月1日，邓小平在广州为深圳经济特区题词："深圳的发展和经验证明，我们建立经济特区的政策是正确的。"

2月3—5日　中共中央总书记胡耀邦视察汕头经济特区，并提出，汕头要努力发挥水产、蔬菜、轻工业等3大基地的作用。

3月11日　珠海市政府与光大实业公司签订联合开发珠海北岭工业区的协议。

3月15日　新华社报道，深圳国际贸易中心大厦3天建成1层楼，建设速度达到世界先进水平。

3月23日　珠海经济特区工业发展总公司与香港钜丰明有限公司签订合作经营珠海啤酒厂协议，总投资2.9亿港元。

3月26日　珠海经济特区工业发展总公司、中国南海石油联合服务总公司、香港佳豪有限公司签订合作兴建九洲港深水码头、东部配套生活区、银坑度假村三项工程协议书。

3月26日至4月6日　中共中央书记处、国务院在北京召开沿海部分城市座谈会，确定进一步办好经济特区，进一步开放沿海14个城市（其中包括广州市和湛江市）。

4月28日　中共深圳市委颁发《深圳市机构改革方案》。

5月2日　珠海经济特区南山工业区破土动工。

5月23日　南斯拉夫南共联盟中央主席马尔科维奇率领的代表团，由中共中央总书记胡耀邦陪同，访问深圳经济特区。24日，胡耀邦抵珠海特区视察，为珠海经济特区题词："友谊遍天下。"

5月26—31日　国务委员谷牧在深圳主持召开特区工作会议，贯彻落实中央召开的沿海部分城市座谈会精神。

5月29日　中共深圳市委发出《关于经济管理体制改革的若干规定》《关于进一步放宽利用外资和搞活经济的若干规定》。

7月27日　南海石油深圳开发服务总公司与巴拿马基隆登集团有限公司签约，在深圳妈湾合作建深水码头。

8月1日　深圳特区管理线开始试行管理。

8月　深圳国家机关和事业单位实行基本工资、职务工资、年功工资的工资改革。

9月6日　汕头经济特区管理委员会聘请香港知名人士庄世平、汤秉达等21人为特区顾问委员会第一批委员。

11月15日　国务院发出《关于经济特区和沿海十四个港口城市减征、免征企业所得税和工商统一税的暂行规定》。

11月25—28日　国务院总理赵紫阳视察深圳、珠海经济特区。

11月29日　国务院正式批准汕头经济特区的区域范围由原来的1.6平方公里调整为52.6平方公里，分为龙湖、广澳两个片区。

同日　国务院批准设立湛江经济技术开发区。

12月5日　国务院批准设立广州经济技术开发区。同月28日，广州经济技术开发区举行奠基典礼。

1985年

1月16日　深圳中华自行车有限公司正式投产。

1月21—31日　中共中央政治局委员、国务院副总理万里先后视察汕头特区、海南岛和深圳、珠海特区。

2月6日　深圳市政府颁发《深圳经济特区行政事业单位干部职工住宅商品化试行办法》。

2月9日　广东核电合营有限公司在深圳举行开业典礼。

2月24—26日　中央书记处书记、国务委员谷牧在深圳主持召开全国经济特区工作会议，会议要求经济特区“把重点转向增加工业生产，积极扩大出口创汇方面来”“尽快建成以工业为主、工贸结合、农牧渔和旅游业同时发展的外向型综合性经济特区”。

3月1日　沙头角口岸正式对外开放。

3月6日至4月5日　中国社会科学院副院长刘国光一行对深圳经济特区调查研究，写出《深圳经济特区经济、社会发展战略问题研究报告》。

3月11—13日　由国务院多个部门和省市有关单位组成的国家验收委员会对深圳特区管理线工程进行验收，同意交付使用。

4月29日　深圳市人民政府与中国科学院签订协议，合作兴办深圳科技工业园。

6月7日　深圳市委批转市委组织部《关于在党政机关中实行干部任期制的报告》。

6月13日　深圳罗湖口岸联检大楼建成，并举行启用典礼。

9月18日　南油深圳开发服务总公司与新加坡森昶集团签约，合作兴建深圳妈湾港四个泊位码头和妈湾至布吉专用铁路，由新加坡方面投资1.6亿美元兴建。

9月26日　法国东方汇理银行深圳分行成立，并于12月12日开业。

10月18日　美国副总统乔治·布什一行访问深圳，并在深圳举行中外记者招待会。

10月31日　香港上海汇丰银行深圳分行举行开业典礼。

11月1日　深圳经济特区证券公司成立。

11月11日　深圳华侨城建设指挥部成立。华侨城由香港中旅集团负责开发。

11月16日　深圳市政府发布《深圳经济特区外汇调剂暂行办法》。

12月16—20日　由省委政策研究室、省特区办等单位组织的广东省第二次经济特区理论讨论会在珠海召开。与会专家、学者对特区5年来的建设成就进行了充分的肯定，并对特区发展外向型经济的战略和途径进行了广泛的讨论。

12月25日至1986年1月5日　全国经济特区工作会议在深圳举行，国务委员谷牧主持会议。会议强调各特区的指导思想和工作重点要从前几年搞建设、打基础的阶段转到抓生产、上水平、求效益，发展外向型经济的新阶段。这次会议是经济特区开拓前进的新起点。

1986年

1月24—25日　汕头特区召开内联工作会议，总结特区办内联企业的经验，讨论今后内联企业的发展问题。

2月2—5日　国务院总理赵紫阳等视察汕头特区。

4月1日　深圳经济特区管理线正式实施管理。

5月25日　日本东京银行、三和银行、拓殖银行在深圳设立分行，开始营业。

7月4日　巴黎国民银行在深圳设立分行，并举行开业仪式。

7月25日　中国银行深圳分行、香港东亚银行、日本野村证券有限公司、美国太平洋海外投资有限公司和日本住友银行共5家金融机构签订协议，在深圳成立我国第一家中外合资的跨国非银行金融机构——中国国际财务有限公司。

11月23日　深圳罗湖口岸联检大楼由国家收购。

12月27日　深圳电子集团公司、深圳彩电总公司与日本株式会社日立制作所签订协议，在深圳兴建彩色显像管厂，年产彩色显像管160万只，产品全部外销。

1987年

1月24日　汕头特区从日本NEC公司引进2000门程控自动电话交换系统开通运转。

2月6—10日　全国经济特区工作会议在深圳举行。4月11日，国务院批转《一九八七年经济特区工作会议纪要》。

3月1日　珠海九洲港深水码头正式启用。

4月27日至5月4日　中共中央政治局委员、国务院副总理田纪云视察深圳、珠海经济特区。

5月1—3日　中共中央政治局委员、全国人大常委会委员长彭真视察深圳、珠海经济特区。

6月11—18日　由省经济特区办公室、省对外经济贸易委员会组织的广东省经济特区、开放地区商品展销会在新加坡举行。

9月2日　中、美、泰合资兴建的广东浮法玻璃厂在深圳蛇口建成正式投产，并举行盛大竣工典礼。该项目总投资1亿美元，年产值达2亿人民币。

9月29日　深圳梧桐山隧道建成投入使用并举行通车典礼。该隧道全长2.61公里。

9月30日　深圳铁路高架桥和路网工程双双建成投入使用并举行通车庆典。

11月16—21日　“珠海市十二个引进项目落成剪彩暨投资洽谈会”在珠海国际贸易展览中心隆重举行。中央领导王震等参加剪彩仪式。洽谈会共接待客商500多人，签订合同和意向书50多项。总投资额1亿多美元。

11月28日　汕头经济特区对10家国营直属公司总经理实行经理任期目标和承包经营责任制。

12月1日　深圳对土地管理体制进行重大改革，市政府首次公开拍卖一块土地，开全国之先河。中共中央政治局委员、国家经济体制改革委员会主任李铁映在深圳视察，并出席了拍卖仪式，深圳特区房地产公司以525万元人民币的最高价格得到面积为8588平方米，用途为建造商品住宅的土地50年使用权。

1988年

1月1—4日　中共中央政治局常委、国务院代总理李鹏视察深圳。

1月13日　深圳蛇口工业区举行一场"青年教育专家与蛇口青年座谈会"。来自北京等地的中国青年思想教育研究中心研究员李燕杰、曲啸、彭清一和蛇口近70位青年就人生价值观念等问题进行了激烈争论。同年8月6日，《人民日报》发表《"蛇口风波"答问录》，并就此开辟专栏展开议论。这次争论，持续了半年多，轰动全国，后来被称为"蛇口风波"。

2月10日　国务院原则批准省政府《关于广东省深化改革、扩大开放、加快经济发展的请示》。

2月13日　中共中央总书记赵紫阳、国务院副总理田纪云视察珠海经济特区。

2月16日　党和国家领导人杨尚昆、王震等与珠海各界代表一起欢度春节，同月20日杨尚昆视察拱北海关。

3月7日　电子工业部颁布统计数字表明，深圳市电子工业1987年总产值在全国29个中心城市中名列第二，出口产值名列第一，实现利税总额名列第四，产品销售收入名列第五。

4月5日　国务院批准将珠海经济特区范围扩大为121平方公里。

4月29日　由深圳经济特区电力开发公司与香港合和电力（中国）有限公司合作兴建的沙角B电厂举行投产典礼。该厂位于东莞虎门，总投资约40亿港元。

5月24—27日　由省委宣传部、省经济特区办公室等单位联合举办的广东省第三次经济特区学术讨论会在汕头经济特区召开。会议研讨的主题是：特区发展外向型经济的战略和对策。

6月7日　深圳赛格集团公司举行新闻发布会，宣布赛格集团作为加拿大善美（STM）电脑公司和香港善美（远东）有限公司的四家最大股东之一，参与了善美公司购买加拿大PROUIGO INC有限公司在美国东部地区销售网的行动。收购以1.5亿美元的价格成交。

7月8日　西藏自治区驻深圳办事处成立。至此，内地各省、市、自治区在深圳特区都设有办事机构或联合企业。

9月13—20日　由省经济特区办公室、省对外经济贸易委员会、广东省经济特区、开放地区商品展销会在泰国曼谷光华堂举行。

10月2日　国务院批准深圳市在国家计划中包括财政计划实行单列，并赋予相当于省一级的经济管理权限。

10月8日　'88珠海经济技术合作暨贸易洽谈会在珠海国际贸易展览中心开幕。

12月28日　深圳机场动工兴建并举行隆重的奠基典礼。

同日　深圳万科企业股份公司向国内外公开发行股票。

1989年

3月14—15日　由53个台湾中小企业董事长和总经理组成的考察团在深圳进行投资考察。

4月1日　珠海首家股份企业——富华化纤股份有限公司正式向社会招股。

11月20日　珠海九洲直升机机场通过工程验收。

11月22日　深圳“锦绣中华”开幕典礼、八九中国深圳旅游洽谈会及华侨城经济洽谈会隆重举行。

12月5日　深圳经济特区公布至当日止，年工业产值首次突破100亿元。

12月28日　中国最大的公路出入境口岸深圳皇岗立交工程举行通车典礼。

1990年

2月5—8日　全国经济特区工作会议在深圳召开，国务院总理李鹏、副总理田纪云及有关部门的领导，广东、福建、海南省及深圳、珠海、汕头、厦门经济特区的负责人出席会议。5月28日，国务院批转《一九九〇年经济特区工作会议纪要》。

2月5日　汕头经济特区顾问委员会召开会议，香港顾问团和澳门、加拿大、北京、上海顾问组的部分成员共30多人出席。

6月20日　中共中央总书记江泽民等一行视察汕头经济特区。江泽民为汕头特区题词“坚持改革开放，办好经济特区”。21日，视察深圳经济特区，勉励深圳特区要再接再厉，更坚决、更扎实地改革开放，要当好建设有中国特色的社会主义的“排头兵”。23日，视察珠海经济特区，题写“总结经验，发扬成绩，坚持改革开放，把珠海特区建设得更好”的题词。

8月3日　深圳皇岗海关面积达9000平方米的出口卸转场地正式投入使用，缓解了文锦渡压力。

11月8—11日　由省委宣传部、省委政策研究室、省经济特区办公室、省社会科学院、省社会科学学会联合会等单位联合举办的“经济特区创办十周年理论研讨会”在深圳举行。会议的主题是总结前十年特区两个文明建设的经验，探讨下一个十年特区发展的路向和要解决的主要问题。

11月23日　深圳重点建设工程，全长517.44米的罗湖火车站铁路高架桥胜利落成。

11月26日　深圳市隆重举行深圳经济特区建立十周年庆典活动，党和国家领导人江泽民、田纪云等及省、市领导和中外来宾600多人参加庆典活动。

11月28日　珠海市隆重举行珠海经济特区建立十周年庆祝大会。党和国家领导人江泽民、杨尚昆、田纪云等及省、市领导和中外来宾参加了庆祝活动。

同日　珠海市板樟山隧道、电视大学、正大康地公司、玻璃纤维厂和直升机机场5个重点项目剪彩。

12月1日　深圳证券交易所成立。次年7月3日正式营业。

1991年

1月16日　汕头特区海洋聚酯切片厂举行投产剪彩。

2月28日　珠海市隆重举行珠海大桥奠基仪式。

3月6日　国务院发出《国务院关于批准国家高新技术产业开发区和有关政策规定的通知》。中山火炬高技术产业开发区、广州天河高新技术产业开发区、深圳科技工业园被列入全国第一批26个国家高新技术产业开发区之中。

3月30日　国家重点建设项目——深圳赛格日立彩管工程建成投产。

4月6日　国务院批准汕头特区范围从52.6平方公里扩大到汕头整个市区，共234平方公里，从1991年11月1日起实施。

5月7日　汕头特区首家外资银行——香港华侨商业银行汕头分行经中国人民银行总行批准开设。

5月15日　全国第一个股票市场管理条例《深圳市股票发行和交易管理暂行办法》经国务院委托中国银行总行批准。

5月21日　深圳保税生产资料市场开业，19家企业批准进入保税生产资料市场。

5月28日　国务院批准设立深圳沙头角和福田两个保税区。

7月3日　深圳证券交易所正式成立、

7月20日　深圳市与梅州市签订两市合作协议。

8月29日　《深圳特区报》报道：深圳市软磁盘制造业已形成上亿片的生产能力，占全球总生产能力的5%。

9月23日　广东省人民政府批准设立清远扶贫开发区。这是省政府批准设立的首个开发区。

10月1日　深圳中国民俗文化村举行开业仪式。

10月9—11日　中共中央政治局常委、国务院总理李鹏视察汕头经济特区。

10月12日　深圳机场隆重举行通航典礼，李鹏为机场通航剪彩。

11月1日　汕头经济特区扩大范围正式实施，市人民政府隆重举行“汕头经济特区管理委员会”挂牌仪式。

12月7日　国务院批准调整潮汕地区行政区划，设置汕头、潮州、揭阳3个地级市。

12月17日　汕头市隆重举行汕头经济特区建立十周年暨扩大区域庆祝大会，中共中央总书记江泽民等党和国家领导人及省市领导出席大会，并参加汕头海湾大桥开工仪式。

1992年

1月19—29日　邓小平视察深圳、珠海经济特区，并发表重要谈话。

1月21—29日　国家主席杨尚昆视察深圳、珠海特区。

3月9日　珠海市1991年度科技进步突出贡献奖励大会隆重举行。获得特等奖的迟斌元、沈定兴、徐兴中分别奖励奥迪牌小轿车一辆、三房一厅住房一套和奖金。

3月16日　中国第一个超导型磁共振成像系统在深圳安科高技术有限公司研制成功。

3月23日　省政府发布《广东省国家高新技术产业开发区若干政策的实施办法》。

4月5日　中国联想集团在深圳建立的国内最大的计算机板卡生产基地举行隆重开业典礼。

4月16日　深圳市中级人民法院受理首宗国营企业破产案——深圳广昌彩印器材有限公司破产申请。

4月18日　珠海市隆重举行高栏港暨日供水量160万立方米的大型供水工程奠基典礼。

5月13日　国务院批准设立广州保税区。

5月18日　汕头特区首次土地出让招标开标会在市区翰苑楼举行。

7月1日　全国人大常委会决定，授权深圳市人大及其常委会和深圳市人民政府分别制定法规和规章在深圳经济特区实施。

8月10日　深圳市由于事前对外地到深购买新上市股抽签表人数估计不足，认购表供不应求，加上发售点出现混乱和违纪问题，引起欲买新股而领不到认购表的股民不满，傍晚时发生股民游行请愿，继而演变成打砸抢烧的严重事件。

9月25日　由省经济特区办公室主持召开的广东省扩大对外开放新闻发布会在广东迎宾馆举行。省长朱森林向中外记者宣布：国务院已批准将韶关、河源、梅州三市列入沿海经济开放区。至此，广东全省形成对外开放格局。

11月7日　泰国盘谷银行汕头分行隆重开业。

11月9日　国务院批准惠州建立国家高新技术产业开发区。

11月11日　经国务院批准，深圳盐田港正式对外开放。

12月28日　珠海西区炮台山大爆破成功。

12月　国务院批准建立佛山高新技术产业开发区和珠海高新技术产业开发区。

1993年

1月1日　深圳宝安区、龙岗区正式成立。

1月3—5日　中共中央政治局常委、国务院总理李鹏先后视察深圳、珠海特区。

1月11日　国务院批准设立汕头保税区。

1月14日　深圳市人民政府发布《深圳经济特区贯彻〈全民所有制工业企业转换经营机制条例〉实施办法》。

1月24日至2月27日　国家主席杨尚昆先后视察深圳、珠海特区等地。

2月8日　深圳产权交易所挂牌营业。

4月26日　深圳市一届人大常委会五次会议审议通过《深圳经济特区股份有限公司条例》《深圳经济特区有限责任公司条例》。

5月12日　国务院批准设立广州南沙和惠州大亚湾经济技术开发区。

6月3—8日　中共中央政治局委员、省委书记谢非考察深圳经济特区高新技术产业发展情况。深入华为、中兴等一批高新技术企业参观、并详细了解企业研发、生产、销售等情况。

6月19—23日　中共汕头市第六次代表大会提出“海洋活市、工贸富市、科教兴市、法制治市”的发展战略。

6月29日至7月2日　中共广东省委、省政府在深圳召开珠江三角洲地区发展高新技术产业座谈会。中共中央政治局委员、省委书记谢非，省委副书记、省长朱森林等省委、省政府领导出席会议。

8月5日　深圳清水河仓储区危险品仓库发生大爆炸事故，造成15人死亡，300余人受伤，直接经济损失2.5亿元。

9月3日　深圳市政府常务会议通过《深圳市属国有企业分类定级实施方案》。深圳市企业转换经营机制实施两项重大改革：企业职工打破干部、工人界线，统称“企业员工”；取消市属国有企业行政级别。

10月5日　深圳盐田国际集装箱码头合资合同签字仪式在京举行。决定在深圳组建和记黄埔盐田港投资有限公司，注册资本12亿港元，总投资超过50亿元人民币。

12月7—9日　由广东省经济特区办公室，省社会科学院等单位组织的广东省第五次经济特区理论研讨会在珠海市召开。研讨的主题是经济特区如何增创发展新优势。

1994年

1月29日至2月6日　中共中央政治局常委、国务院总理李鹏视察珠海、深圳特区。

2月6日　深圳大亚湾核电站1号机组投产庆典隆重举行，中共中央政治局常委、国务院总理李鹏出席庆典并剪彩。

3月1日　深圳改革陆运口岸的检查检验管理工作程序，减少报验手续、实施统一收费，方便人员往来和货物进出。

3月25日　经国务院特区办和海关总署等部门批准，深圳保税生产资料市场向全国“三资”企业开放。

同日　深圳证券交易所与香港证券商联网成功。

4月15—16日　中共中央政治局委员、国务委员兼国家经济体制改革委员会主任李铁映一行视察深圳，充分肯定了深圳市在国有资产管理和建立现代企业制度方面所作的有益探索。

4月30日至5月1日　中共中央政治局委员、国务院副总理李岚清到珠海视察，就几项改革措施的实施情况进行调查研究。

6月15—21日　中共中央总书记、国家主席、中央军委主席江泽民在珠海、深圳等地考察，就经济特区的发展问题发表重要讲话。强调：“中央对发展经济特区的决心不变，中央对经济特区的基本政策不变，经济特区在全国改革开放和现代化建设的地位和作用不变。要把发展经济特区贯穿于社会主义现代化建设的整个过程。”

7月18日　由广东省公路建设公司和香港合和中国发展（高速公路）有限公司合作投资兴建的广深高速公路全线试通车成功。

11月9—16日　中共中央政治局常委、书记处书记胡锦涛到汕头、珠海、深圳视察，并就特区增创新优势和加强党建工作作了重要指示。

1995年

1月8日　汕头首家五星级酒店——金海湾大酒店挂牌。

1月12日　深圳市中级人民法院依法裁决深圳市爱特事业公司破产，这是深圳第一家经市政府主管部门批准申请破产的国有企业。

1月18日　深圳盐田港集团有限公司举行揭牌仪式暨港区成立10周年庆典。盐田港利用外资达60亿港元。

2月24日　深圳市人大一届常委会第二十八次会议通过《深圳经济特区律师条例》《深圳经济特区注册会计师管理条例》两项法规，标志着特区中介组织立法迈出第一步。

3月15日　深圳市委市政府联合召开关于实施《深圳市户籍制度改革试行办法》新闻发布会，宣布在龙岗区布吉镇试点，实施以暂住证户口、蓝印户口和常住户口为体系的深圳市户籍管理新机制。

5月2日　深圳市政府发布《关于加强“三来一补”管理的若干意见》，规定给予“三来一补”企业若干便利或优惠政策。

5月30日　珠海机场正式通航，中共中央政治局常委、国务院总理李鹏为机场通航剪彩。

6月9日　深圳第一高楼地王大厦封顶，在建设过程中创造了两天半一层钢结构楼宇建设的新的“深圳速度”。大厦总投资30亿港元、高324.95米（加塔尖383.95米）共68层。

7月21日　国务院办公厅转发国家经济体制改革委员会、国家经济贸易委员会《深圳口岸管理体制改革试点方案》，提出11个方面的改革内容。

7月25日　深圳市科学技术大会召开，确立科教兴市战略。

7月29—30日　国务院在深圳市召开深圳口岸管理体制改革试点工作会议，标志着深圳口岸管理体制改革试点进入全面综合配套改革阶段。经过两年的改革，至1997年，试点方案提出的11项改革内容基本上完成，大大简化了查验手续。

8月6日　第一届国际华人物理学大会在汕头市举行。杨振宁、李政道、李远哲、丁肇中、周光召等400多位华人物理学家与会。

8月7日《深圳特区报》发表深圳市委书记厉有为文章，介绍深圳特区建立15年来的成就和对国家的贡献，正面回应经济学者胡鞍钢提出的特区不能再“特”了，不能再享受优惠政策，主张取消经济特区的观点。一些报纸、刊物在此前后发表了许多学者和有关方面负责人的文章，对这一问题进行了广泛讨论，这场讨论历时2年之久。

8月8日　深圳市经济发展局正式批准成立深圳金鹏企业集团，这是深圳第一家从民营企业发展起来的企业集团。

10月18日　深圳市外商服务中心正式挂牌，对外商投资实行联合办公的“一条龙服务系统”同时启动。该中心集中了与外商投资有关的27个管理服务部门。

11月5日　经司法部批准，深圳市信达律师事务所正式在美国首都华盛顿注册开设分所，这是华南地区律师事务所首家在境外注册设立分所。

11月17日　深圳市委常委会议讨论通过《深圳市税收征管体制改革方案》《财政体制

改革方案》。

11月19日　汕头深水港区3.5万吨级煤码头竣工投产，结束汕头没有大吨位深水码头的历史。

12月5—7日　中共中央总书记、国家主席、中央军委主席江泽民陪同古巴领导人卡斯特罗在深圳考察。江泽民在接见深圳市领导人时强调指出：深圳要增创新优势，更上一层楼，除了要继续发挥对外开放的“窗口”作用，经济体制改革的“试验场”作用，对内地的示范、辐射和带动作用之外，还要在恢复对香港行使主权和保持香港繁荣稳定方面起促进作用。

12月18日　深圳市金融电子结算中心成立，这是全国首家专业从事金融电子化结算业务的金融机构。

12月21—23日　由国家科学技术委员会（简称国家科委）组织的国家“863计划”著名科学家30人专程到深圳市考察，并与深圳市有关部门和部分企业就如何让最新科技成果尽快形成产业化的问题进行研究和讨论。

12月28日　广梅汕铁路通车暨汕头海湾大桥通车典礼举行。中共中央总书记、国家主席江泽民等领导出席。

1996年

1月20日　汕头市被评为全国卫生城市。

3月1日　经国务院批准，从即日起，深圳市成为首批外商投资企业试行银行结售试点地区之一。

3月17日　第八届全国人民代表大会第四次会议通过《全国人民代表大会关于授权汕头市和珠海市人民代表大会及其常务委员会、人民政府分别制定法规和规章在各自的经济特区实施的决定》。

4月1—3日　全国经济特区工作会议在珠海召开。中共中央政治局常委、国务院总理李鹏、副总理李岚清到会并发表重要讲话。会议之前，李鹏、李岚清在深圳视察时强调，特区的基本政策不变，要求深圳特区继续发扬初创时期的拼搏精神，不仅做改革开放和经济建设的模范，也应成为精神文明建设的模范。

4月27日　深圳市首次举行面向社会公开录用公务员考试。

5月5日　深圳证券中心大厦落成。

6月4—6日　由广东省经济特区办公室、省社会科学学会联合会、省社会科学院、省经济特区研究会等单位联合举办的广东省第六次经济特区理论研讨会在汕头举行，与会人员就经济特区增创新的发展优势提出了许多有益的建议和思路。

7月8日　深圳市政府颁布《关于重点扶持一批大型企业集团改革和发展的若干意见》，将特发公司等30家企业列入首批扶持名单。8月8日，深圳市政府推出《深圳市加快国有企业改革的意见》，按照“抓大放小”的方针，决定采取合并、兼并、股份合作、租赁经营、出售转让产权、抵押承包、破产等形式，加快搞活国有企业。

7月28日　珠海港口岸正式对外开放。

7月29日　深圳先科企业集团和美国华纳家庭录影公司在京举行版权合作协议签字仪式，这是中美两国企业在音像产品领域首次合作。

8月12日　世界第一大零售企业——美国沃尔玛连锁店在深圳开设的两家商店，营业面积在1万平方米以上的沃尔玛购物广场和山姆会员商店同时开业。

8月13日　深圳市政府决定调整和完善市3家资产经营公司的规模和运行机制：根据相近行业归并的原则，通过重组，形成分别以高新技术和基础产业为主导，以建筑、房地产业为主导，以商贸流通为主导的3家资产规模适宜、管理体制科学、经营机制灵活的市级国有资产经营公司的基本发展格局。

9月3日　规划面积达170多平方公里的深圳市龙岗大工业区破土动工。

9月27日　国务院批准设立深圳盐田港保税区。

10月15日　深圳在全国率先推出行政性收费由银行代理的新举措。

11月3日　国务院批准设立珠海保税区。

11月5日　首届中国国际航空航天博览会开幕式在珠海举行。中共中央政治局常委、国务院总理李鹏为航展开幕剪彩，中共中央政治局委员、国务院副总理兼’96中国国际航空航天博览会组委会主任吴邦国致开幕词。其间观众达70万人次。

11月18日　深圳市委、市政府正式颁布实施关于国有企业领导体制改革的5个“暂行规定”——《深圳经济特区董事会工作暂行规定》《深圳市公司经理工作暂行规定》《深圳市党组织工作暂行规定》《深圳市公司监事会工作暂行规定》《深圳市公司工会工作暂行规定》。

11月21日　省政府颁布《广东省经济开发试验区管理暂行规定》，自1996年12月1日起施行。

11月26日　深圳市蓝印户口办理办法出台。

12月15日　总投资1.8亿元，全长2270.41米的深圳梧桐山第二隧道全线贯通。

12月17日　深圳大亚湾核电站正式通过国家验收，这是中国第一座大型商业核电站。

12月28日　深（圳）汕（头）高速公路全线通车，全长286公里。

1997年

1月1日　深圳市政府正式实施《关于对在深外资投资企业和在深外籍人员逐步实行国民待遇的通知》。

同日　珠海市开始实施城乡居（村）民最低生活保障标准，市区每人每月220元，香洲区镇场180元，斗门县城200元、农村100元。

1月15日　汕头市获“全国双拥模范城”荣誉称号，成为粤东地区第一个获此殊荣的城市。

2月18日　深业控股上市国际推介会在伦敦举行，深业控股是深圳市第一家于境外上市的企业。

6月10日　国务院批准《保税区海关监管办法》，8月1日由海关总署发布。

6月15日　深圳市招聘局级干部，15名应考者分别就所应聘的市招商局、贸发局、经发局等3个副局长职位接受了面试。

6月25日　深圳东部交通的重要通道——梧桐山下行隧道建成通车，隧道总长度2437.4米。

7月1日　香港回归祖国。凌晨5时45分，中国人民解放军驻港部队中路经文锦渡口岸进入香港，深圳市五套班子领导和各界群众近2万人冒雨在口岸热烈欢送。

8月16日　深圳市政府颁布《深圳市国有企业经营者年薪制暂行规定》。

9月13日　深圳市政府聘请梁定邦、陈炳焕、胡鸿烈、阮北耀、陈子钧、李志华、苏开鹏、李家松、陈志雄、黄松柏等10名香港地区法律界、经济界知名人士为深圳市政府法律顾问，任期3年。

9月30日　深圳市政府颁布实施《深圳市国有企业内部员工持股试点暂行规定》。

10月19日　深圳市市对区分税制财政体制改革开始启动。

11月18日　第九届国际潮团联谊年会在汕头隆重举行。来自20多个国家和地区的80多个潮人社团共3200多名潮籍乡亲欢聚一堂，共叙乡情，共商潮汕发展大计。

12月3日　香港与中国人民银行深圳分行达成协议，设立联合结算机制，港元支票的交换和兑现时间缩短至2天。

1998年

1月1日　深圳市出入境边防检查人员实行职业化改革，由现役制军人转为职业制人民警察，纳入国家公务员队伍管理。

1月25日　深圳市委、市政府颁布《深圳市政府审批制度改革实施方案》。

3月9日　深圳市政府宣布决定将企业管理的人事和资产重组权交给三家市级国有资产经营公司。

5月28日　国内第一条高速电气化铁路——广深电气化铁路全线建成。8月28日，该铁路正式开通运营，成为中国首列时速达200公里的列车，全程由广州东站到香港九龙站。

6月3日　世界上投资规模最大、长度最长、途经国家最多的国际海缆系统——亚欧国际海底光缆在汕头登陆。

6月24日　深圳市政府颁布《关于扶持外贸发展的若干措施》。

7月21日　首批经海上航线分流香港新机场货物抵达深圳黄田（以后改为宝安）机场。22日，深圳成功为香港新机场整机分流货物——首架分流货机从黄田转飞美国。至此，深圳市分流香港货运除福田保税区“特快过境通道”及原有的皇岗口岸通道外，增加了海上和空中货运通道。

7月27日　珠海市获得联合国“国际改善居住环境最佳范例奖”。

9月10日　珠海万山管理区被广东省正式批准为珠海万山海洋开发试验区。这是广东省第一个海洋开发区。

10月18日　广东省第十届运动会在珠海开幕。

10月22日　中共中央政治局常委、国务院总理朱镕基视察汕头经济特区。

1999年

3月19日　国务院、中央军委批准潮汕民用机场立项，机场场址设于揭阳市揭东县炮台镇与登岗镇交界处。

3月15日　深圳市政府颁布《关于依靠技术进步推动深圳工业持续发展的若干措施》，对企业技术进步及相关的优惠政策作了明确规定。

5月22日 深圳市与北京大学、香港科技大学联合，在深圳成立集产业发展、教学培训和科研开发于一体的深港产学研基地。

8月26日　深圳市第一家企业投资机构“深圳市创新科技投资有限公司”成立。

8月26—28日　全省经济特区和珠江三角洲改革开放工作座谈会在深圳举行。31日深圳市委召开常委扩大会议，传达该座谈会精神，要求深圳成为建设有中国特色社会主义示范市，率先基本实现现代化。

9月10日　深圳虚拟大学园在高新技术产业园区开园，首批进入园区的大学有：中国科技大学、中国工程学院、北京大学、深圳大学等22所名校。

9月25日　深圳赛格日立超大屏幕彩管项目投产，填补了我国这一领域生产的空白。该项目年生产34英寸（86.36厘米）彩管40万只，占国内当时年进口总量的1/3强。

9月26日　中国第一条高清晰度数字电视生产线在康佳集团启动。

10月5—10日　首届中国国际高新技术成果交易会在深圳举行，国务院总理朱镕基出席开幕式并致辞。交易会主要包括高技术成果交易、高新技术产品展览、招商引资、信息交流等内容。

10月8日　深圳国际商业机器技术产品有限公司在福田保税区开业。该公司是全球最大的信息技术跨国公司IBM在中国投资最大的生产型企业，总投资达3亿美元。

10月17日　深圳市政府审批制度改革全部完成，政府部门审批事项由原来的723项减少为305项，核准事项由368项减少为323项。

10月21日　’99汕头经济特区国际食品博览会、全国商品（汕头）交易会暨国际潮剧节隆重举行，世界各地3000多名嘉宾莅汕赴会；我国首座特大型钢结构梁斜拉桥——礐石大桥正式通车。大桥全长3500米。

10月28日　深圳市政府常务会议决定，在龙岗大工业区设立高新技术出口加工区。

11月2日　全球最大的航空快递公司——美国联邦快递航班深圳首航仪式在黄田国际机场举行。联邦快递每周将有5个航班起降深圳。

12月20日　中国人民解放军驻澳部队从珠海基地出发进驻澳门，珠海市20万干部群众涌上街头，热烈欢送驻澳部队。

2000年

2月21—22日　中共中央总书记、国家主席江泽民在深圳视察，先后视察了中兴通讯公司等五家高科技企业，并考察了南岭村，登上莲花山公园，参观了东门商业步行街。在南岭村勉励大家“致富思源，富而思进”。

3月15日　深圳市政府决定，从2000年起在博士后工作站工作的博士后每人每年发放5万元的工作、生活补贴。

3月16日　中国社会科学院（深圳）研究院成立，成为深圳“虚拟大学”园中唯一的社会科学类高等学府。

4月2日　汕头市海内潮籍企业家联谊会在汕头隆重举行，来自全国各地的近500位潮籍企业精英聚会汕头，共商家乡发展大计，签约项目总投资额15.3亿元。

4月3日　高新企业“孵化器”项目——“深圳数码港”正式启动。数码港投资近10亿元，建成后将大力扶持软件和网络高新技术企业的发展，全力“孵化”网络企业。

4月4日　经对外贸易经济合作部批准，深圳市3家企业获准在境外开展加工贸易，分别是：康佳集团在印度的彩电生产线项目，中兴通讯公司在巴基斯坦的程控交换机项目，佩奇进出口公司在南非的毛毯制造项目。

4月18日　深圳市政府举行《深圳市城市总体规划（1996—2010年）》新闻发布会，介绍深圳城市总体规划。

4月27日　国务院批准设立广州出口加工区和深圳出口加工区。

5月10日　苏联已退役的“明思克”号航空母舰抵达深圳，拟在沙头角海滨建设以“明思克”号航母为主体，集旅游观光、科普教育、国防教育为一体的大型军事主题公园。8月“明思克”号航母军事主题公园试业，10月正式开业。

7月11日　深圳驻欧洲招商联络处在德国纽伦堡商业大厦挂牌成立。

8月22日　美国加德士公司在华最大的投资项目——总储量20万立方米的汕头液化石油气地下岩洞储库投入运作。

9月20日　北京大学、清华大学、复旦大学等几十所高校的代表在深圳庆祝深圳虚拟大学园成立一周年，虚拟大学园孵化器揭幕仪式和各院校的新一届开学典礼同时举行。全国31所院校在深圳设立的研究院也举行了揭牌仪式。虚拟大学园成立一年，已有34所全国知名院校加盟，并有17个国际网络成员。

10月12日　深圳市政府在五洲宾馆举行仪式，特聘参加第二届高交会的5名国际著名科学家为深圳市政府科技顾问。

10月13日 全国首家股份制技术产权交易所——深圳国际高新技术产权交易所开盘。当天进场挂牌交易的项目90个，成交金额12亿元。

10月16日　全国首家中外合资经营、按国际商业化规范运作的高新技术企业孵化器——深圳创新科技园启动仪式在深圳高新技术产业开发区举行。

11月14日　深圳经济特区建立20周年庆祝大会在深圳体育馆隆重举行。中共中央总书记、国家主席、中央军委主席江泽民出席庆祝大会并发表重要讲话，强调经济特区要继续当好改革开放和社会主义现代化建设的排头兵。

12月5日　深圳市获得2000年度国际“花园城市”称号，成为中国首个获此殊荣的城市。

12月25—27日　中共深圳市第三届委员会第二次全体（扩大）会议召开。会议审议通过了《中共深圳市委关于制定全市国民经济和社会发展第十个五年计划的建议》，提出解放思想，奋力开拓，抢抓机遇，加快发展，为率先基本实现社会主义现代化而奋斗。

第一章　深圳经济特区

第一节　概况

深圳是我国最早成立的经济特区之一，也是发展最快、影响最大的一个特区。经济特区成立以来，深圳各个方面都取得了举世瞩目的成就，创造了世界工业化、城市化、现代化史上的罕见奇迹。

一、深圳经济特区的发展阶段

从成立到2000年，深圳经济特区的发展大致可分为三个阶段：局部推进改革开放与初创奠基阶段，全面推进改革开放与发展外向型经济阶段，增创新优势与跨越式发展阶段。

（一）局部探索改革开放与初创奠基阶段（1978—1985）

1978年12月，中国共产党召开十一届三中全会，开启了改革开放历史新时期。1979年2月，国务院批转广东省《关于宝安、珠海两县外贸基地和市政建设规划设想的报告》，要求深圳、珠海在3～5年内“建成对港澳的出口商品基地、吸引港澳游客的游览区和新型的边防城市”。1979年7月，中央批转广东省委、福建省委关于对外经济活动实行特殊政策、灵活措施的两个报告，决定在深圳、珠海、汕头和厦门试办特区。1980年8月，五届全国人大常委会第十五次会议通过《广东省经济特区条例》，这标志深圳等经济特区的正式诞生。

按照中央和广东省的部署，先集中力量把深圳经济特区建设好，深圳起步最早。一是开始城市基础硬件建设和软件建设。1979年率先建设蛇口工业区，1980年开始大规模城市基础设施建设，开发罗湖和上步城区，建设蛇口、赤湾、东角头、妈湾等港口；开发建设一批工业区，引进一批外资和先进技术，工业开始起步；建设深圳大学、图书馆等八大文化设施，文化事业开始起步；制定城市建设和经济社会发展总体规划，改善特区管理体制，制订有关配套法规。二是以市场为取向，以基本建设管理体制和价格体制改革为突破口，在全国率先在工资制度（1979）、基建体制（1980）、劳动用工制度（1980）、价格体制（1982）、企业体制（1983）、劳动保险制度（1983）、干部人事制度（1982）以及政府机构（1981）等方面进行改革。三是在对外开放方面，创办蛇口工业区（1979），开放沙头角（1983），先后开放文锦渡（1978）、蛇口码头（1981）、梅沙（1984）、沙头角（1984）、赤湾（1984）、大亚湾（1985）等口岸；开放金融业，引进一批境外银行。四是提出“时间就是金钱，效率就是生命”（1983）等理念，创造三天建成一层楼的“深圳速度”（1984）。

这一时期主要是局部改革、单项突破，以开放促改革。这些改革冲破了传统计划经济体制的束缚，为特区对外开放和建设扫除了一定障碍，并对全国经济体制改革产生重要的示范效应。1984年，邓小平视察深圳经济特区时指出，经济特区是“技术的窗口，管理的窗口，知识的窗口，对外开放的窗口”。“深圳的发展和经验证明，我们建立经济特区的政策是正确的”。“我们建立经济特区，实行开放政策，有个指导思想要明确，就是不是收，而是放”。

（二）全面推进改革开放与发展外向型经济阶段（1986—1992）

1985年8月，邓小平指出：“我们特区的经济从内向转向外向，现在还是刚起步，所以能出口的好的产品还不多。只要深圳没有做到这一步，它的关就还没有过，还不能证明它的发展是很健康的。不过，听说这方面有了一点进步。”1985年年底至1986年年初，国务院在深圳召开全国经济特区工作会议，要求深圳特区把工作重点由过去的铺摊子、打基础转到抓生产、上水平、求效益上来，坚持“以工业为主、工贸技结合、综合发展”，努力发展成为一个以知识密集型、技术密集型的工业为主的外向型经济特区。1986年开始，深圳特区进入一个发展外向型工业经济和探索与推进市场取向经济改革的新阶段。

在体制改革方面，为加快特区发展和外资引进，中共深圳市委提出特区改革从局部改革转向全面改革，从单项改革转向系统改革，从初步改革转向深入改革，要逐步向配套、综合、全面方向发展。一是率先进行国有企业股份制改革（1986），创新国有资产管理体制（1987），实现企业承包制、股份制，推行产权转让和破产等。二是改革金融体制，建立多层次、开放型的金融市场。包括又引进一批外资银行（1986），创办招商银行（1987）、深圳发展银行（1987）等区域性股份制银行；成立全国第一家外汇调节中心（1988）；建立有色金属期货市场（1991）；公开发行股票（1987），建立证券交易所（1990）。三是突破国有土地传统管理体制，首次进行土地公开拍卖（1987）。四是改革住房制度（实行商品房、微利房、福利房制度），逐步实现住房商品化（1988）。五是机构调整和公务员制度试点改革（1988）。六是深化劳动工资制度改革，实行劳动合同制，建立社会保障制度（1986）。这一阶段主要是配套改革、全面推进，旧体制的框架基本被打破，以市场调节为主的经济体制和运行机制初步形成。1988年，国务院批准深圳市在国家计划中实行单列，赋予省级经济管理权限。1992年，全国人大常委会授予深圳市人民代表大会及其常委会和市政府制定地方法规的权力。

在对外开放方面，一是利用外资兴建赤湾港、蛇口港、东角头码头、蛇口油库、市话工程、沙角B电厂、华侨城（1986）、大亚湾核电站（1987）和广深高速（1987）等一批基础设施。二是利用境外资本和技术积极发展“三来一补”（来料加工、来样加工、来件装配、补偿贸易）企业和“三资”（中外合资、中外合作和外资）企业。三是积极开展同内地跨地区、跨行业、多层次、多形式的横向联合，建立一大批内联企业，弥补资金、技术、人才的不足。四是与中国科学院合作，创建科技工业园（1985），开始发展高新技术产业。五是创建沙头角（1987）、福田（1991）两个保税工业区，促进外向经济发展。六是组建一批外贸骨干企业，积极发展转口贸易和远洋贸易。七是开放妈湾码头（1990）、皇岗口岸（1991）和盐田港口岸（1992）、深圳机场通航（1991）。通过一系列开放措施，迅速形成以工业为主、工贸结合的外向型经济。1987年，出口贸易大于进口贸易，扭转逆差局面。1988年，出口总额居全国大中城市第二。1992年开始，进出口贸易总额一直居全国大中城市第一。1987年，邓小平说："最近深圳技术比较高的产品可以打入国际市场。开放政策的成功就要看这一点，这是真正的成功。"

这一时期，深圳经济开始起飞，工业化进程加快，城市建设突飞猛进，本地生产总值以年均30%左右的速度增长，1987年突破50亿元，1989年突破100亿元。同时，也发生1988年的"蛇口风波"、1992年的"股票风波"等重大事件。1992年春，邓小平再次视察深圳经济特区，指出："深圳的建设成就，明确回答了那些有这样那样担心的人。特区姓'社'不姓'资'。"

（三）增创新优势与跨越式发展阶段（1993—2000）

以邓小平南方谈话和中共十四大为标志，深圳经济特区的发展进入到一个新的发展阶段，即由过去主要依赖中央赋予经济特区的优惠政策，转变为主要依靠提高素质，增创新优势。1994年6月，中共中央总书记、国家主席江泽民视察深圳经济特区时重申："中央对发展经济特区的决心不变，中央对经济特区的基本政策不变，经济特区在全国改革开放和现代化建设中的历史地位和作用不变。""经济特区不仅要办下去，还要办得更好"。1995年，江泽民为深圳经济特区题词："增创新优势，更上一层楼。"为此，中共深圳市委实施战略调整，提出"三个根本性转变"，即：经济体制从传统的计划经济体制向社会主义市场经济体制转变，经济增长方式从粗放式向集约式转变，特区发展从主要依靠特殊政策向提高整体素质、增创新优势转变。同时，提出以"增创新优势，更上一层楼，率先基本实现社会主义现代化"为目标，增创体制创新、扩大开放、产业升级、城市功能、依法治市新优势，把深圳建设成为有中国特色社会主义示范市。

在体制改革方面，深圳提出在全国率先建立社会主义市场经济体制的目标，进行了大胆探索。一是深化国有企业改革，建立现代企业制度（1994）。二是深化国有资产管理体制改革，建立三个层次的国有资产监管和运营体制（1992）。三是完善所有制结构，促进民营经济发展（2003）。四是深化商贸体制改革，创新金融业务和制度，建立外汇经纪中心（1994），建立产权交易市场（1993），发展技术市场（1993），培育创业投资市场（2002）、完善劳动力市场，不断完善现代市场体系。五是加大政府职能转变（减少或取消审批核准事项，1998），推进财政体制改革（1996）、推进政府采购制度改革（1998）、加快投融资体制改革（2001），加强信用体系建设（2002），不断完善宏观调控体系。六是深化分配制度改革，推行企业经营者年薪制（1997）、推行按劳分配和按生产要素分配相结合的分配制度（2002）。七是对社会保险制度综合配套改革，相继实施医疗保险、养老保险、住房公积金制度（1992）和工伤保险制度（1993），进行社会统筹与个人账户相结合的医疗改革试点（1995）。八是全面推进依法治市，推进行政体制改革，包括深化机构改革（2001）。九是推进公职人员管理制度改革，全面实施国家公务员制度（1993）。

十是推进基层民主建设（1993）、司法体制改革（2001）和建设反腐保廉预防体系等。

在对外开放方面，进一步提高对外开放层次、水平，努力与国际惯例接轨。一是注重引进外资的质量和产品技术含量，优先引进高技术和知识密集型企业。引进香港和记黄埔建设盐田港（1993）、开放盐田港口岸（1992）、开放深圳机场口岸（1993）、利用外资外技建设大亚湾核电站（1994）。二是建立外商投资服务中心（1995）和外商投诉中心（2001），率先对外商和外籍人实行国民待遇（1996），提高对外商的服务水平，不断提高利用外资水平。三是深化口岸体制改革。按国际惯例推进口岸体制重大改革，进一步简化查验手续（1992）；文锦渡、皇岗、沙头角口岸实行统一报关，提供一条龙服务（1994）；皇港口岸试行24小时通关，实行集中报验（1994）；到港旅游的外国人到深圳72小时免签（1994）；口岸实行查验方法改革，取消进出车辆通道申报查验环节（1995）。四是进一步扩大对外贸易，实施走出去战略，拓展国际市场，提高对外贸易质量和水平，促进对外贸易持续增长。五是积极推进深港投资与贸易合作、基础设施和口岸合作（盐田港扩建、深圳河治理等）、金融服务业合作（1997年深圳高速在香港上市、2002年开通港币支票双向结算业务、外币即时支付）、旅游合作（2001年实施144小时便利措施）等等。

这一时期，深圳经济实现跨越式发展，高新技术产业、现代物流业和现代金融业异军突起，成为三大支柱产业，城市功能不断完善，社会事业全面进步，人民生活大幅提升。经济继续保持年均20%左右的增长速度，综合经济实力跃居全国大中城市前列。同时，发生1993年清水河大爆炸、1995年特区前途问题大讨论等重大事件。

二、深圳经济特区的成就

经济特区成立以来，深圳各个方面都取得举世瞩目的成就，初步实现经济增长方式和经济体制的根本性转变，较好地发挥经济体制改革的“试验场”作用，对外开放的“窗口”作用，对内地的示范、辐射、带动作用和对保持香港繁荣稳定的促进作用。

（一）经济总量持续高速增长，综合经济实力居全国大中城市前列

国民经济持续快速健康发展，国内生产总值由1979年（下同）的1.96亿元增加到2000年（下同）的1665.47亿元，居全国大中城市（下同）第四位；人均国内生产总值由606元增加到39745元，居第一位；一般预算财政收入由0.17亿元增加到225.02亿元，居第三位。

（二）市场对资源配置较好地发挥基础性作用，率先初步建立社会主义市场经济体制

在国有企业改革、发展混合经济、完善社会保障体系、口岸管理体制改革等方面进行了积极探索，取得较大进展，市场体系不断完善；改革政府审批制度，推行政府招标采购、政府投资项目招投标、经营性土地使用权招标拍卖出让等制度，转变政府职能取得初步成效，在全国率先初步建立起社会主义市场经济体制。

（三）经济国际化程度不断提高，初步形成深层次、宽领域的开放格局

2000年，外贸进出口总额达到639.4亿美元，其中出口总额达到345.63亿美元，约占全国的1/7，连续八年居全国大中城市之首。外商投资企业超过11000家，世界500强企业有70余家落户深圳，内地驻深企业机构近9000家，2000年实际利用外资达19.61亿美元。

（四）科技进步成为经济增长的首要推动力量，领先进行产业结构的战略性调整

科技创新体系不断完善，高新技术产业成为第一经济增长点，2000年高新技术产品产值增至1064.5亿元，高新技术产品产值占工业总产值比重提高到42.3%。以金融业、物流业为核心的现代服务业迅速发展，三次产业结构由1979年的37.3：20.4：42.3调整为2000年的1.1：52.5：46.4，初步形成“以高新技术为先导，先进工业为基础，第三产业为支柱”的产业体系。

（五）城市枢纽和服务功能不断增强，初步形成现代化城市的基础设施框架

适度超前发展城市基础设施，“九五”期间全社会固定资产投资累计近2400亿元，占建市以来的2/3，其中城市基础设施投资近600亿元。完成机场航站楼扩建、盐田港区二期、东江水源工程、机荷高速公路、滨海大道等40个重大项目建设。2000年，深圳港集装箱吞吐量达到399.4万标箱，列中国内地港口第二位。深圳机场成为全国四大航空港和航空货运中心之一。

（六）可持续发展能力明显增强，初步实现人口、资源、环境与经济、社会的协调发展

教育、文化、卫生、体育等各项社会事业全面进步。至2000年年底，万人大专以上文化程度人口达1063人。资源综合利用水平得到提高，万元国内生产总值能耗下降到0.4吨标准煤左右。城市管理和环境综合治理力度不断加大，特区内人均公共绿地面积15平方米，先后荣获“全国卫生城市”、“国家环境保护模范城市”、“中国优秀旅游城市”、国际“花园城市”等称号。

（七）人民生活达到宽裕的小康水平

2000年，城镇居民人均可支配收入达到2.09万元，居全国大中城市首位。生活质量显著提高，恩格尔系数①下降到28.2%，人均居住面积17.4平方米，平均预期寿命75.5岁，社会保险综合参保率近90%。

（八）社会主义精神文明和民主法制建设跃上新台阶

坚持“两手抓，两手都要硬”的方针，广泛开展创建文明市、文明区活动，群众性创

① 恩格尔系数（Engels Coefficient）是指食品支出总额占个人消费支出总额的比重。

建活动取得丰硕成果。坚持依法治市，在立法、依法行政、公正司法和基层民主建设等方面取得重大进展，社会治安实现更大好转。先后荣获全国“科教兴市先进城市”“创建文明城市工作先进城市”“双拥模范城”“广东省文明城市”等称号。

这些成就为深圳加快推进现代化、实现新飞跃奠定了坚实的基础。

1979—2000年深圳市经济发展主要项目数据表

表1-1

项目（单位）	1979年	1980年	1985年	1990年	1995年	2000年
年末户籍总人口（万人）	31.26	32.09	47.86	68.65	99.16	124.92
年末常住人口（万人）	31.41	33.29	88.15	201.94	345.12	432.94
生产总值（亿元）	1.96	2.70	39.02	171.67	795.70	1665.47
第一产业（亿元）	0.73	0.78	2.61	7.02	12.92	17.34
第二产业（亿元）	0.40	0.70	16.36	76.93	416.93	874.01
第三产业（亿元）	0.83	1.22	20.05	87.71	365.84	774.12
人均生产总值（元）	606	835	4809	8724	23381	39745
全社会固定资本投资（亿元）	0.59	1.38	33.32	57.92	275.82	619.70
基本建设投资（亿元）	0.50	1.25	27.61	42.71	140.12	277.97
更新改造投资（亿元）	0.09	0.04	0.21	2.47	7.05	31.60
房地产开发投资（亿元）	—	—	—	6.78	103.04	260.97
社会消费品零售总额（亿元）	1.13	1.96	26.56	66.76	259.33	538.17
进出口总值（亿美元）	0.17	0.18	13.06	157.01	387.70	639.40
出口总值（亿美元）	0.09	0.11	5.63	81.52	205.27	345.63
实际吸收外商直接投资（亿美元）	0.05	0.28	1.80	3.90	13.10	19.61
地方财政一般预算收入（亿元）	0.17	0.30	6.29	21.70	88.02	225.02
城乡居民储蓄存款余额（亿元）	0.37	0.53	8.00	57.45	466.42	1082.64
城镇居民人均可支配收入（元）	—	—	1915	4127	12771	20906

第二节　投资环境

一、自然环境

深圳位于祖国南疆，地处广东南部、珠江口东岸，毗邻香港，海岸线全长257.3公里。境内山脉绵延，风景秀丽，天然旅游资源丰富；通往境外的陆路和海路条件优越，是我国主要进出口岸之一。

（一）地理位置

深圳陆域位于北纬22°27′至22°52′、东经113°46′至114°37′，东临大亚湾和大鹏湾，西濒珠江口和伶仃洋，南边以深圳河与香港分界，北部靠梧桐山、羊台山脉，与东莞、惠州两城市接壤。1981年11月17日，确定深圳经济特区范围为："东起盐田公社揹仔角，往西南延伸至蛇口、南头公社——甲止的海岸边界线以北；北沿梧桐山、羊台山脉的大岭古、打鼓嶂、嶂顶、九尾顶、雅髻岭、大洋头以及沙湾检查站、独树林、白芒大队以南的狭长地带，总面积327.5平方公里。"

（二）地质地貌

深圳大部分为低缓丘陵，间以平缓台地。西部沿海主要是滨海平原，东部主要是台地，平原和台地约占总面积的78%。北面和东北面多为山地和丘陵，基岩以花岗岩为主，有较大面积砂页岩分布。东部和西部沿海地带有丰富的海产资源，另有少量台地分布于各区。

全境属珠江三角洲，地势东南高西北低。东南部的大鹏、葵涌主要为低山；中部和西北部主要为丘陵，也有500米以上的低山突起；西南部的沙井、福永、西乡等地主要为较大片的滨海冲积平原，平原占陆地面积的22.1%。具有三个地貌特征：南部半岛海湾地貌带位于"大亚湾—大鹏半岛—大鹏湾"以及伶仃洋的东部，半岛和海湾的海拔绝对高度相差很大，最高的山峰是梧桐山，海拔943.7米，大鹏半岛七娘山主峰海拔高达867.4米。大鹏湾水深18～24米，构成槽形海湾、陡峭海岸的地貌特征；中部为海岸山脉地貌带，莲花山系延伸到境内笔架山、梧桐山，呈东北至西南走向，向西南一直到香港的大雾山（海拔959米），逼近海岸；北部为丘陵谷地地带貌，由茅洲河、大沙河、观澜河等10条河流切割，形成低丘陵谷地、阶地及台地。

（三）气候

深圳处于亚热带，气候总特征夏长冬短。夏季时间长达6个月，春秋冬三季温暖，无寒冷之忧，风清宜人，适合常年开展旅游。每年4—9月为雨季，年平均降雨量为1924.7毫米，降水从东南向西北逐渐减少，属降水丰沛的地区。年平均气温22.3℃，最高气温38.7℃，最低气温0.2℃，无霜期为355天。年平均日照2060小时，太阳年辐射量5225兆焦耳/平方米，平均每年受热带气旋（台风）影响4～5次。

（四）水文

深圳主要山脉走向从东到西，贯穿中部，成为主要河流发源地和分水岭。受地形地貌影响，小河沟多，分布广，干流短。大小河流有160多条，流域面积大于100平方公里的河流有深圳河、茅洲河、龙岗河、观澜河和坪山河等5条。

河流分属南、西、北三个水系：以海岸山脉和羊台山为主要分水岭，南部诸河注入深圳湾、大鹏湾、大亚湾，称为海湾水系；西部诸河注入珠江口伶仃洋，称为珠江口水系；北部诸河汇入东江或东江的一、二级支流，称为东江水系。海湾水系有120多条小河，较大的有8条，最大的是注入深圳湾的深圳河，全长35公里，流域面积311.8平方公里。珠江口水系有40多条河流或河涌，主要河流是茅洲河。东江水系有龙岗河、坪山河、观澜河，都是深圳的主要河流。

（五）自然资源

1. 土地资源

建市时，深圳土地总面积2020平方公里。1981年12月24日，广东省人民政府公布施行的《深圳经济特区行政管理暂行规定》第二条确定："深圳经济特区范围为327.5平方公里，在此范围内按照本暂行规定进行管理。"

1992—1995年，市规划国土部门详查全市土地资源。调查结果：全市辖区面积为1952.84平方公里（不含内伶仃岛4.73平方公里，与东莞、惠阳有争议的土地7.31平方公里），略少于原来统计的2020平方公里；经济特区辖区的详查面积为391.71平方公里，比原法定面积多出64.21平方公里。

2. 海岸和海洋资源

深圳有优良的海湾港口，海域总面积1145平方公里。可建深水港的主要有盐田、妈湾、赤湾、大梅沙、土围、西涌、大鹏湾；可建中型港的有蛇口、塘仁涌等，可建小型港的有10多处。深圳水产资源极为丰富，有蛇遛、金色小沙丁、金钱鱼、大眼鲷、带鱼、二刺鲷、盲曹、鲈鱼等三四十种名贵鱼种，还有虾、蟹、贝类和藻类。

3. 水资源

深圳依山临海，有水库24座，其中中型水库9座，总库容5.25亿立方米，其余为小型水库。位于市区东部的深圳水库，库容4000多万立方米，是深圳与香港居民生活用水的主要来源。

深圳天然淡水资源总量为19.3亿立方米，20世纪90年代平均径流量为18.27亿立方米，由于河流短小，降雨集中滞留时短，可利用水资源有限。地下水资源总量6.5亿立方米/年，年可开采资源量1.0亿立方米。人均水资源拥有量仅500立方米，约为广东省的1/6、全国的1/5，是全国 7 个严重缺水的城市之一。

4. 动物资源

深圳栖息、繁衍的国家级野生保护动物有虎纹蛙、蟒蛇、猕猴、大灵猫、金钱豹和穿山甲等，经济价值较大的两栖类动物5种、爬行类动物23种、鸟类30种、兽类33种。建市后，因大规模的城市建设和石场开采对林地的大量占用，境内的野生动物锐减，总数约减少45%，种类约减少5%。1994年7月，市野生动物保护管理站成立后，积极宣传有关野生动物保护的法律、法规。至2000年年底，保护拯救的野生动物，一级有704只（头），二级有54991只（头），非国家重点保护的野生动物有5694只（头）。

5. 植物资源

深圳有丰富的植物资源，组成成分具有明显的热带性。常见植物主要种类有310多种，分属于105种、240多属，其中属于热带性的有150多种，占48%；热带和亚热带共有的有125种，占40%；其他有36种，占2%。热带区系成分比例较大。

6. 矿产资源

深圳已发现的矿产资源种类有23种、81个矿点，其中一部分探明具有一定的工业储量。金属矿产有铁、锰、铅、钨、锡等。其中，黑色金属有铁矿点19处，锰矿点4处。有色金属有钨矿点10处，锡矿点2处，铋矿点1处，钼矿点2处，铅锌及多金属矿点4处。稀有金属有黑稀金矿2处，均产于燕山四期花岗岩体中。非金属矿产有水泥石灰岩、大理岩、高岭土、钾长石、水晶、冰洲石、黏土、煤、泥炭土及其他建材资源。

二、基础设施

特区成立以前，深圳只是宝安县一个面积只有3平方公里的边陲小镇，街道狭窄，房屋简陋，建筑面积总共29万平方米，镇内最高的建筑物是一座五层高的楼房。建市后，基础设施建设力度不断加大，全市交通运输、邮电、港口、物流的基础设施功能不断完善。

2000年年底，全市城区面积330.5平方公里，道路、照明、环卫、绿化、排水、交通等市政基础设施建设初具规模。

（一）交通设施

1. 对外交通设施

航空 1983年11月，位于深圳南头麒麟路21号的直升机场首期工程竣工，机场总面积30万平方米，建有同时停放8架直升机的机库1个，停机坪17个。飞机跑道全长600米，可容纳40架直升机。20世纪80年代末，深圳按照“高起点、高质量、高速度”的要求，兴建规模较大、设备先进的现代化深圳机场（1991年9月试航成功，10月12日正式通航，1998年1月更名为深圳黄田国际机场，2001年10月24日更名为深圳宝安国际机场）。机场拥有一条跑道，停机坪面积为55万平方米，有48个停机位，航站楼总面积11.1026万平方米，是中国境内第一个实现海、陆、空联运的现代化国际空港，年处理货物能力20万吨，旅客吞吐量1200万人次。至2000年年底，深圳机场开通国内航线100条，国际航线3条，与国内外61个城市通航，成为国内第四大繁忙机场。

铁路 建市前，广深铁路为单线铁路，运能低、运量少、设备陈旧。1987年，复线建成。1994年12月，广深准高速铁路建成，是中国第一条全封闭准高速铁路。1998年，广深准高速铁路实现全线电气化，同时引进中国第一列时速达200公里的“新时速”摇摆式列车。2000年，深圳铁路部门完成基建投资3.8亿元，验收工程22项，发送旅客2568万人次，发送货物650.8万吨。

高速公路 1989年，广深高速公路深圳段动工，是深圳境内最早开始兴建的高速公路。境内的高速公路还包括：惠州至盐田高速公路深圳段、深圳至汕头高速公路深圳段、梅林至观澜高速公路、机场至荷坳高速公路、盐田至坝港高速公路。2000年，盐坝高速公路A段累计完成投资8.2亿元，完成总体工程量的80%。至2000年年底，深圳境内高速公路达160公里。

长途汽车站 建市时，深圳客运场站仅有位于东门的宝安汽车站，规模较小。特区建立后，加快公路客运站建设，罗湖、银湖、福田等全国一流客运站相继建成。至1998年年底，特区内有10个长途汽车站，每天发车2570多班，日旅客发送量47861人次，可通往广东省各地和海南、江西、香港等地。货运场站初具规模，有笋岗、南山两个交易市场。2000年，全市有汽车客运站46个，其中特区内12个。

水路 1979—1985年，深圳港口建设初步发展，主要建设蛇口港、赤湾港等港区。1992年，深圳港被国务院正式列为中国综合运输网中的主枢纽港。至2000年年底，建成500吨级以上泊位128个。2000年，全港旅客吞吐量完成249.3万人次，货物吞吐量5697.4万吨。

2. 对内交通设施

市内道路 建市时，深圳仅有20多公里低标准油路。建立特区后，公路建设加快。1991—2000年，深圳对公路进行升级改造，新建、改建多条高等级公路。至2000年年底，全市公路通车里程达1520公里，其中一级公路422公里，二级公路195公里，三级公路213公里，公路网密度达0.75公里/平方公里。

公路隧道 深圳有梧桐山、盐田坳和虎背山三条公路隧道，其中梧桐山隧道是至2000年年底国内最现代化的公路隧道之一。

城市地铁 深圳地铁自1992年7月开始筹建，一期工程包括1号线东段和4号线南段。1号线罗湖口岸至世界之窗，4号线皇岗口岸至少年宫（2004年全线贯通）。

公共交通 建市初，全市只有4辆公共汽车、5辆出租小汽车，两条公共汽车线路长仅8.6公里。1992年，公共汽车发展到800辆，公共中小型客车2157辆，完成客运量30349.7万人次。至1998年年底，全市有公共汽车2461辆，线路114条，总长1109公里；公共中小型客车2641辆，线路121条；出租小汽车8505辆。1998年，公共大巴完成客运量3.73亿人次，公共中小型客车完成客运量2.20亿人次，出租小汽车完成客运量达1.55亿人次。2000年，公共大巴完成客运量5.83亿人次。至2000年年底，全市有公共大巴企业18个，线路133条，营运大巴2920辆；公共中小巴企业35个，线路153条；出租车企业69个，出租车8500多辆。

（二）能源设施

1. 电力设施

建市前，深圳电力由原宝安县供电公司提供。该公司底子薄、电网基础差、技术力量相当缺乏。建市后，电力发展很快。至1984年，全市有22万伏变电站1座，11万伏变电站5座。年供电量超过4亿千瓦时，日供电量突破100万千瓦时。1985年，广东核电合营有限公司成立，开始建设和经营广东大亚湾核电站。1999年，全市供电量为146.23亿千瓦时，率先全国实现城乡电网同网同价。2000年，建成投运的变电站主变容量884兆伏安，全市供电量185.8亿千瓦时。

2. 燃气设施

1980年，深圳燃气建设开始。1982年供应瓶装液化石油气1880立方米。至2000年，建成石油液化气码头7座、气化站9座、液化石油气贮罐总容积18万立方米，周转量140万立方米，铺设地下燃气管网938公里。全市瓶装气用户91万户，管道气用户47万户，年供应量40万立方米，气化率达90%以上。

（三）供、排水设施

1. 供水设施

建市时，深圳有钟罩脉冲澄清池一个，日产水1.2万立方米。1983年，供水状况发生根本好转，但因城市建设发展太快，至当年上半年高峰用水期，平均日供水量达5万～6万立方米，7月底，突破7.6万立方米，超出实际生产能力4000立方米。至2000年年底，建成自来水厂8座，制水能力达194.7万立方米/日，直径80毫米以上的供水管道长2057公里，供水量44256万立方米/年。

2. 水处理设施

1982年，深圳市水质净化厂动工兴建，厂区占地面积14.6公顷，有两期工程，每期污水日处理量为2.5万立方米，污水处理量居全国城市首位。1999年1月，深圳水库底泥清淤工程正式开工，“东深Ⅰ号”引进安装意大利劲马抽吸泵和卫星定位系统，采用计算机操作，在不扰动水体条件下抽吸淤泥，开创国内深水水库环保清淤先河。同年，市环保局和东深供水局加强东深水源的水质保护工作力度。7月，强制关停东莞市塘厦、凤岗5个氟化物严重超标工厂。

至2000年，深圳建成下水道排水管3158公里，污水处理厂4座，污水处理能力119.6万吨/日。

（四）邮电通信设施

1. 邮政设施

1980年，深圳市邮电局有邮政生产用自行车114辆。1983年，邮车班成立，邮政生产用汽车8辆。1991年，深圳邮电局建设邮件自动化处理系统。1992年，从日本引进的NEC信函分拣系统投入使用，紧接着包裹分拣系统试运转；1993年年初，总控总调系统开始启用；1994年，邮件分拣系统正式通过验收。1998年，全局有邮政生产汽车328辆。至2000年年底，全市有邮政服务局、所652处，全部实现计算机联网。

2. 电信设施

建市时，深圳有电话约500部，其中公用电话仅有两部。1982年和1984年，分别开通至香港和全国的半自动拨号业务。1985年年初，深圳邮电第一个无线寻呼126台投入使用，紧接着成立全国第一个电子电传机报房；同年，深大电话公司在全国率先引进10部磁卡电话机，同时自行发行全国第一套电话磁卡。1988年，深圳邮电开通模拟移动电话系统，当年放号300户。1993年元旦，深圳市话号码从6位升至7位。1993—1994年，深圳分组交换网和数字数据网分别建成。1995年，深圳邮电局向公众推出中国公用计算机互联网业务。1996年，移动电话网发展重点转至数字系统，其电话号码达10位。1998年，深圳长途交换设备总容量达6.21万路端。至2000年，深圳电话可直拨200个国家和地区，国内城市达2000多个。

（五）环境保护设施

1979年，深圳市环境保护办公室成立，同时，环境监测站建成，有化验大楼1600平方米，各种检测和分析仪器160台（件）。1984年起，开展大气、水质、噪音等常规监测；对全市产生污染的企业收取排污费；在全市安装11套污水处理装置，每天处理废气4.52万吨。1986年，深圳先后购置大气监测车、电子计算机、气相色谱仪、原子吸收光谱仪、大屏幕噪声显示器等一系列先进仪器设备。

20世纪90年代，深圳先后颁布《深圳经济特区环境保护条例》以及噪声污染防治、固体废物管理、水资源管理、饮用水源保护、水土保持、园林绿化等10部地方环保法规及规范性文件，建立健全环保法律体系。1995年起，全市开展环境综合治理，重点加强水源保护、城市垃圾处理、道路交通整治等16项城市建设和环境保护工作。1996年，市环保局成立水源保护处，强化全市饮用水源保护。在深圳水库11.3平方公里的一级保护区竖立界牌30.7公里，整治流域内油污染和第三产业污染；开展微型生活污水处理装置推广试验。1997年，深圳市被授予"国家环境保护模范城市"称号。1999年，在全国率先实现环保工业污染源排放和环境功能区双达标，并通过国家环保模范城市复核。2000年，环境保护形成完整体系，包括大气环境保护、水源环境治理、城市噪音环境治理。

三、口岸与出入境管理

深圳毗邻香港，两地有悠久的地缘关系。改革开放后，通过大胆改革通关制度、查验模式、管理体制，两地人员、货物往来不断发展。

（一）口岸布局

建立经济特区以前，深圳只有罗湖和文锦渡两个陆路小口岸。从20世纪80年代初至2000年年底，深圳除组织对两个口岸进行改造扩建外，还建设皇岗、沙头角、蛇口、赤湾、东角头、妈湾、梅沙、大亚湾、盐田、宝安国际机场等12个国家一类口岸和蛇口、沙头涌装卸点、莲塘起运点等3个二类口岸。

1. 陆路口岸

罗湖口岸 位于深圳罗湖区深港交界处。改革开放前，深港两地由一座双层人行桥和一条铁路相连。1979年，经罗湖口岸出入境587.9万人次。1985年，新联检大楼建成，有验证通道56条。2000年年底，罗湖口岸出入境通道137条，成为中国旅客流量最大的陆路口岸，年人流量达8592.5万人次。

文锦渡口岸 位于深圳罗湖区南面，1978年10月作为国家一类口岸对外开放。1979年1月，正式直通进出境汽车，设有货运汽车通道4条。1981年1月，增辟客运、货运口岸。1985年2月10日，第二座公路桥建成投入使用。2000年，该口岸内有汽车检查通道20条，入出境车辆268.4万辆次，出入境旅客150.8万人次。

皇岗口岸 坐落于深圳福田区南端，与香港新界落马洲隔河相望，1988年，经国务院批准为国家对外开放口岸。有旅客出入境检查通道各26条，货运车辆出入境检查通道各30条，小汽车出入境查检通道各30条。此外，还有一个占地5.2万平方米、18个通道、380个车位的出境货运车缓冲停车场。至2000年，皇岗口岸成为全国规模最大的公路口岸，年入出境车辆768.3万辆次、旅客1103.1万人次。

沙头角口岸 位于深圳盐田区沙头角镇西面，1984年9月，经国务院批准对外开放。有入出境旅客查验通道各8条，入出境车辆查验通道各4条。2000年，入出境车辆86.1万辆次、人员121.8万人次。

2. 海港口岸

1979年后，深圳257.3公里海岸线建有7个国家一类口岸。东部港区有盐田港、梅沙、大亚湾3个；西部港区有蛇口、妈湾、赤湾、东角头4个。其中盐田港自然岸线长6公里，水域面积250平方公里。1992年11月11日，国务院批准盐田港正式对外开放。

3. 空港口岸

略，见本节第二部分的“航空”。

（二）出入境边防检查

1. 出入境检查

1979年7月，深圳边防检查站对罗湖口岸入出境货运列车实施边防检查，并在10月为港澳同胞签发“回乡介绍书”，直接给旅客加盖验讫章放行。1999年1月15日，边检总站引进安装卡式证件OCR查验系统，查验“港澳居民来往内地通行证”只需“刷卡”。2000年，检查出入境人员1.12亿人次；检查出入境船舶45660艘次，占全国出入境船舶总量11.8%；检查出入境列车3085班次，占全国入出境列车总量的9.6%；检查出入境车辆1122.72万辆次，占全国出入境车辆总量的68.3%。

2. 反偷渡外逃

改革开放初期，深圳各边防站加强出境人员证件查验，至1987年，查获偷引渡案件260宗、630人。深圳边防检查站与香港加强合作，1979—2000年，查获偷引渡人员1.9万人。

（三）海关监管

1. 货运、行李和邮递物品监管

1979年，深圳海关监管进出境货物127.3万吨，出境运输工具24.4万辆。1993年起，对出入境人员携带的行李物品和交通运输工具载运的货物重点检查或抽查。2000年，深圳海关监管进出境货物5764.2万吨；罗湖海关使用“旅检业务管理系统”，查获旅客入境走私案值7000余万元；经营非邮政快件的企业16家，海关全年监管邮政快件71.5万件、非邮政快件422.5万件。

2. 征税与稽查

1979年，深圳开始征收进口货物关税，当年征税款100多万元。1989年，深圳海关在文锦渡首先试行稽查工作。1995年，深圳海关成立稽查处，加大追补税款力度。1996年，经济特区进口自用物资按国家核定额度，实行关税和进口环节税“先征后返”。1999年，全国开展打击走私，遏制非法贸易，深圳进口税实现历史性突破，全年关税51.7亿元；2000年又上新台阶，达73.3亿元，其中追补税款1.85亿元。

3. 报关管理

1980年，深圳开始出现报关企业。1990年，对报关单位清理整顿并重新注册登记，至年底，登记3671家。1995年，深圳首次清理整顿关内代理报关企业。2000年，深圳关内报关单位7946家，代理报关企业45家，专业报关企业35家。

4. 查缉走私

1980年，深圳海关开始沿边沿海和海上查缉走私。1988年，成立陆上缉私大队和海上缉私大队，专门查处走私犯罪。1989年，海关查获利用货运走私电器案件167宗，案值29341万元。1993年年初，海上缉私大队升格为海上缉私处，打击外籍船走私。1999年，深圳海关成立走私犯罪侦查分局，对快件采用X光机检查和开袋开箱查验，全年组织查缉行动600多次，查获非法出版物1593万张（件）。2000年，深圳海关加强调研，注意消除监管工作的盲点和弱点，查获案件606宗，私货价值31987万元。其中，查获海上走私373宗，私货价值10460万元。

（四）检验检疫

1999年以前检验检疫工作分属于深圳进出口商品检验局（简称深圳商检局）、深圳动植物检疫局（简称深圳动植检局）和深圳卫生检疫局（简称深圳卫检局），1999年8月10日以后归口深圳出入境检验检疫局。

1. 进出口商品检验

1982年6月，深圳商检局在蛇口设立办事处，开展鉴定重量等业务；同时成立深圳进出口商品检验分公司，负责办理部分公证鉴定业务和国外委托检验业务。1994—1998年，鉴定外商投资财产583批，经商检鉴定不实资产总值4060万美元。1995—1998年，商检局查验换证7.99万批，货值18.9亿美元。2000年，检验进出口商品37.68万批，货值184.9亿美元，分别比上年增长29%和33.8%；检出不合格商品712批，比上年下降15.5%。

2. 动植物检疫

改革开放后，深圳动植物检疫业务增多。1981年，开始动植物隔离检疫，1989年，开始实行注册登记制度，1992年，正式推行报检员制度和注册登记制度。1997年，深圳动植检局组织禽流感调查与监测。翌年，辖区内注册登记企业13213家，检疫封识和标志达到4种。1999—2000年，经深圳口岸检疫入出境动物2.59万批次，植物117.55万批次。

（五）海事管理

1. 通航管理

1981年，深圳开始国际航行船舶进出口审批和查验，1982年2月26日开始管理外国籍船舶。1996年，深圳水上安全监督局和海上搜寻救助分中心成立。同年，一种全新的船舶交通管理系统——VTS（Vessel Traffic Service System）开始建设，彻底改变现场监督模式。1996—2000年，海上搜寻救助中心组织海上搜救行动82次，组织预防台风12次；海事局完成水上交通事故调查事件212宗。2000年3月20日，深圳海事局正式开通水上搜寻救助电话“12395”。年底，水上安全监督船艇发展到10艘；VTS接受船舶报告77678艘次，监视引航船舶29000艘次。

2. 船舶监督管理

1983年，蛇口港开始船舶登记业务，1996年，深圳自主开发签证软件投入使用，船舶签证速度加快。2000年，深圳港正式登记注册船舶252艘、53.04万吨，签证国内航行船舶80874艘次、5873.92万吨，查验国际航行船舶31457艘次、6.45亿吨。

（六）船舶检验

1. 入级非入级船舶检验

1984年，深圳船检局首次检验ZC级船舶。此后，每年相应检查到达深圳港的入级非入级船舶。随着特区外贸经济发展，深圳入级非入级船舶数量逐年上升，1997年检验177艘次。1998年，受亚洲金融风暴影响，业务出现回落，全年检验入级船舶147艘次。1985—2000年，深圳船检累计检验入级船舶1565艘次，非入级船检验1754艘次。

2. 外轮代理检验

1984年，深圳船检首次代理德国劳氏船级社轮机循环检验GL级外轮“MEIRU”。之后，开始外轮代理检验业务。1993年，外轮代理检验53艘次，达到最高。1999年，外轮代理检验0艘次，达到最低。至2000年年底，深圳船检代理10个外国验船机构，先后对30多个国家船舶进行检验和发证。

1984年12月，深圳船检与法国船级社对蛇口集装箱厂的集装箱进行联合检验。1987年，深圳船检开始独立检验蛇口中国国际海运集装箱有限公司生产的集装箱。从1995年起，开始检验非标准集装箱的公正性。2000年，检验非标准集装箱2550只。

四、法制建设

从建市至1992年7月，深圳市政府根据《广东省经济特区条例》和省政府委托，起草23项特区法规提交省人大常委会审议。其中有19项经省人大审议通过后颁布实施，有4项报送全国人大常委会和国务院批准颁布后实施。

1992年7月1日，七届全国人大常委会第二十六次会议通过《全国人民代表大会常务委员会关于授权深圳市人民代表大会及其常务委员会和深圳市人民政府分别制定法规和规章在深圳经济特区实施的决定》，深圳开始有制定经济特区法规和规章的立法权。深圳取得立法权初期，政府立法重点围绕规范市场主体行为、培育和发展要素市场、调整市场交易关系和维护市场交易秩序等方面展开。1992年12月，市政府发布的《深圳市人民政府制定深圳经济特区规章和拟定深圳经济特区法规草案的程序规定》，是深圳取得立法权后制定的第一部经济特区规章。

2000年3月，九届全国人大三次会议通过《中华人民共和国立法法》，赋予经济特区所在地市较大市的地方立法权，深圳因此同时具有经济特区立法权和较大市的地方立法权。至2000年12月，市人大常委会制定地方性法规118项，通过修改法规决定38项。同期，市政府制定政府规章96项，将原制定的政府规范性文件确认为市政府规章40项，发布政府规章136项。

（一）重大成果

1. 建立现代企业制度

1985年，我国第一部涉外公司条例经广东省人大常委会通过，在深圳经济特区内实施。1986年，深圳开始进行股份制试点。1993年4月，《深圳经济特区股份有限公司条例》

和《深圳经济特区有限责任公司条例》经市人大审议通过并颁布施行。两个条例的颁行标志着现代企业法律制度——公司法律制度的框架在深圳建立。随后，市政府颁布一系列与之相配套的政府规章：如《深圳经济特区国有企业改组为股份有限公司或有限责任公司办法》《〈深圳经济特区有限责任公司条例〉实施细则》等。

2. 建立财产拍卖制度

改革开放后，深圳的商品拍卖活动发展较快。1991年，市政府先后颁布两项关于拍卖的规范性文件，即《深圳市动产拍卖暂行规定》和《深圳经济特区不动产拍卖暂行规定》。1992年，市法制局会同市工商行政管理局（简称市工商局）、规划国土局等有关部门草拟《深圳经济特区财产拍卖条例（草案）》（简称《条例》）。1993年5月，市人大常委会一届十六次会议审议通过该《条例》。此后，市政府根据《条例》制定《〈深圳经济特区财产拍卖条例〉实施细则》《深圳经济特区农副产品拍卖规定》。1998年5月，《条例》再次修改，将动产和不动产统一作为财产拍卖的标的物纳入其调整范围。

3. 土地使用权出让市场化

1982年，深圳经济特区开始按城市土地的不同等级，向使用者收取不同标准的使用费。1987年12月1日，深圳敲响中国土地拍卖的“第一槌”。翌年，广东省人大常委会颁布《深圳经济特区土地管理条例》，建立全国第一个土地使用权交易市场。1994年6月，市人大常委会通过《深圳经济特区土地使用权出让条例》。1998年2月，市政府发布《深圳经济特区土地使用权招标、拍卖规定》。

4. 创造良好人居环境

1988年，市政府颁布《深圳市住宅区管理细则》，明确住宅区管理体制改革的原则和方向，实行社会化管理。1994年6月，市人大常委会通过《深圳经济特区住宅区物业管理条例》。该条例以法规的形式明确了“三化一招标”（企业化、社会化、一体化，招投标）的物业管理模式，改行政福利型为企业经营型。1996年9月和1998年7月，市政府分别颁布《〈深圳经济特区住宅区物业管理条例〉实施细则》和《深圳经济特区物业管理行业管理办法》等政府规章。

5. 保护创新企业和创新人才

为使技术秘密得到有效、合法保护，促进高新技术产业发展，1995年11月3日，市人大常委会审议通过《深圳经济特区企业技术秘密保护条例》。随着现代企业制度逐步建立，特区企业出现技术入股需求，但无论是国家还是地方，均无法律、法规对这一情形进行规范。鉴于这种状况，深圳市政府在1998年9月颁布政府规章——《深圳经济特区技术成果入股管理办法》。

6. 构筑社会保障体系

1994年1月26日，市人大常委会颁布《深圳经济特区工伤保险条例》；1996年10月，颁布《深圳经济特区失业保险条例》；1998年10月，通过《深圳经济特区企业员工社会养老保险条例》，并于2000年12月修正。这三项条例将基本养老、医疗、工伤和失业保险制度综合设计，创立基本养老保险和基本医疗保险的统筹共济与个人账户相结合的保障模式，得到国家有关部门的肯定和推广。

7. 规范性文件前置审查

1992年12月，深圳市政府发布《深圳市规范性文件备案规定》，要求市政府各部门和各区政府在发布规范性文件后20天内将该文件报市法制局备案，由市法制局对其进行法律和技术审查。1999年8月，发布《关于加强规范性文件管理工作的意见》，要求对市政府各部门制定的规范性文件实行统一审查和统一发布制度。2000年8月，市法制局提请市政府常务会议审议《深圳市行政机关规范性文件管理规定》，9月份审议通过后，10月20日以市政府令的形式发布，自2001年1月1日起施行。

（二）立法

1. 社会保障类立法

深圳经济特区建设初期，劳务工集中在“三资”企业和“三来一补”企业，市政府集中精力建立新的社会劳动保障制度，保护劳务工合法权益。1983年11月，市政府发布《深圳市实施社会劳动保险暂行规定》。1987年2月，将劳动保险扩大到临时工。至2000年年底，市政府向市人大常委会提交社会保障类法规草案8部，包括工伤保险、养老保险等。

2. 劳动力市场立法

1983年8月，市政府颁布《深圳市实行劳动合同制暂行办法》，明确规定国家机关、事业单位、外商投资企业、国营企业和县以上集体所有制单位新招工人，一律实行劳动合同制。1994年8月，市人大常委会通过《深圳经济特区劳动合同条例》，在全国率先打破企业干部和工人的身份界限；1996年10月，通过《深圳经济特区企业欠薪保障条例》，在国内第一次建立欠薪保障机制；1997年2月，通过《深圳经济特区职业技能鉴定条例》，确立职业技能鉴定制度，是中国首部规范职业技能鉴定活动的法规。

3. 科技、教育立法

1987年3月17日，市政府发布《深圳经济特区学校保护暂行规定》等规范性文件，加强教育管理；1991年，市政府发布《深圳经济特区加快高新技术及其产业发展的暂行规定》的规范性文件，积极推动高新技术产业发展；20世纪90年代中期，深圳在立法上加强对教育机构和教师的规范管理；2000年，市政府发布《深圳市创业资本投资高新技术产业暂行规定》，成为我国第一部系统规范创业投资的政府规章。

4. 文化、体育、卫生立法

20世纪90年代后，深圳的体育、文化市场迅速形成和发展。1993年9月，为制止体育市场方面出现的一些非法行为，市政府向市人大常委会提交《深圳经济特区文化市场管理条例》，经审议通过；次年市政府审议通过《深圳经济特区体育市场管理规定》；1995年，《深圳经济特区公民无偿献血及血液管理条例》发布实施。该条例实施两年之后，全市医疗用血即实现完全自给，成为全国第一个完全靠无偿献血提供医疗用血的城市。2000年12月，市政府以议案的形式提请市人大常委会审议《深圳经济特区体育经营活动管理条例》，并同时废止原来的规章。

5. 规范和监督政府行为的立法

经济特区成立后，市政府及其部门制定大量规范性文件，但是，有些部门制定的文件没有法律依据，有的甚至与法律、法规相冲突。1992年12月，《深圳市规范性文件备案规定》颁布实施。至2000年年底，深圳制定多项规范和监督政府行为类规章，包括行政机关的设置、权限、组织、编制法定化、公务员的管理、行政机关自身行为约束和对政府行为的监督等方面。

（三）政府法律顾问

1988年9月，深圳成立市人民政府法律顾问室，设在市法制局内。1990年1月，市政府制定《深圳市人民政府法律顾问室组织、议事办法》（简称《办法》），对市政府法律顾问室主要工作职责作出规定。《办法》实施后，市政府聘请的法律顾问逐步增加，至1992年，增加至9位。

自1992年深圳获得特区立法权至2000年年底，深圳先后在市场主体、市场秩序、城市管理、社会保障以及对外开放等方面，制定并颁布230多个特区法规和250多个特区政府规章。其中，许多法规、规章直接采纳法律顾问提出的具体修改意见，使这些法规、规章在适应特区实际需要的同时，也更加符合国际惯例。

代理市政府处理行政应诉案件和受政府所属部门委托代理行政诉讼案件，主要涉及社会保险、治安处罚、道路交通管理及房地产市场管理等方面的行政管理事务。还直接参与市政府关于国企改革重大政策与方案的制订、为市政府领导接待群众来访提供现场法律咨询等非讼法律事务处理。

（四）政府法制协调

1. 行政执法检查

1994年9月，市政府要求建立行政执法人员持证上岗制度。1995年4月起，市法制局开始全市行政执法人员资格审查、培训考核和证件颁发工作。1999—2000年，对市政府各行政部门和各区建立实行依法行政责任制的工作进行专项检查，与市环保局联合对《中华人民共和国环境保护法》的实施状况进行检查。

2. 行政执法监督

1995年4月，市政府办公厅下发《关于建立我市行政执法监督检查窗口企业的通知》，确定在深圳开展建立行政执法监督检查窗口企业工作。该通知监督和促进行政机关依法行政，为企业生产经营创造良好的外部环境。1995年5月至1998年12月，市法制局选择110家企业作为市政府行政执法监督检查窗口企业。

3. 建立依法行政责任制

1997年，市政府颁布《关于建立依法行政责任制的若干意见》，提出依法行政责任制12项标准和要求。1998年11月，市政府印发《深圳市人民政府依法行政责任制考评办法》，确定对政府各部门实施依法行政责任制进行量化考核的标准。2000年3—6月，市依法行政责任制工作领导小组办公室成立依法行政责任制工作考评小组，对市政府各行政机关及享有行政执法权的组织建立和实行依法行政责任制的状况进行评议和考核。

4. 行政处罚权罗湖区试点

1997年11月，市依法治市领导小组决定由市人大在罗湖区进行行政综合执法试点。1998年10月，市政府发布《罗湖区行政综合执法实施方案》，规定罗湖区行政综合执法机构在罗湖区综合行使有关法律、法规、规章规定的城市管理、环境卫生管理、文化市场管理、旅游市场管理、社会医疗机构管理、计划生育管理等7个方面的行政执法检查权和行政处罚权。11月，罗湖区政府成立行政执法检查局。

（五）行政复议

1990年7月成立深圳市人民政府行政复议办公室，专门处理行政复议事务。

1. 制度建设

1993年，市法制办制定《深圳市复议案件收立案制度》和《深圳市复议案件审理制度》。1994年5月，市政府发布《深圳市人民政府行政复议工作规则》，明确行政复议机关的职责和工作程序。1996年，市法制办将《深圳市复议案件收立案制度》和《深圳市复议案件审理制度》修改合并为《深圳市人民政府行政复议办公室办案程序规范》，供各行政机关在办理行政复议案件中参照执行。2000年4月，市法制办发布重新修订的《深圳市人民政府行政复议办公室办案程序规范》。

2. 案件审理

1991—1992年，行政复议案件数量很少，1993年开始逐年增加。1992年仅3宗，1993年为6宗，1994年为12宗，1995年为22宗，1996年为40宗，1997年为28宗，1998年为52宗，1999年为69宗，2000年达到251宗。1993年至2000年年底，历年通过审理行政复议案件纠正违法或不当具体行政行为的比例都保持在受理复议案件数的60%左右。

第三节　改革开放

一、经济体制改革

1979年7月15日，中共中央决定在深圳、珠海、汕头、厦门试办出口特区。自此，深圳前进的每一步都伴随着打破旧体制、建立新体制的探索。

（一）机构设置

1983年3月1日，市委成立改革领导小组，下设办公室，同市委政策研究室合署办公，属市委序列。1986年3月16日，市委决定成立市经济体制改革领导小组，下设办公室，属政府序列。同年10月8日，市委决定将深圳特区经济研究中心与市经济体制改革办公室合并，两个牌子一套人马。1988年9月16日，市委撤销市经济体制改革领导小组，市政府经济体制改革办公室改为市经济体制改革委员会。1992年3月5日，市委将市经济体制改革委员会更名为市经济体制改革办公室。

（二）国有企业改革

深圳国有企业改革从简政放权、扩大企业经营自主权开始。1983年以工资制度改革为起点进行分配制度改革。1984年，市政府颁布《深圳经济特区工业企业管理规定》等一系列扩大企业自主权的文件，推行以浮动工资为主的工资制度；1985年，颁布《关于当前企业工资改革中若干问题的规定》，提出职工工资同经济效益挂钩；1986年10月15日，颁布《深圳经济特区国营企业股份化试点暂行规定》，开始进行股份制改革。

1988年4月25日，市政府颁布《深圳市市属国营企业董事会工作暂行规定》和《深圳市市属国营企业经理厂长工作暂行规定》，提出股份制企业实行董事会领导下的总经理负责制，并对董事长、经理（厂长）的职责权限作出规定。

1989年5月，市政府颁发《深圳市国营企业产权转让暂行规定》，开始建立企业产权转让制度。10月，实行承包经营者的收入与企业上缴利润挂钩，确保国有资产收益，职工收入与生产发展基金挂钩，确保国有资产增值的“两保两挂”和净资产承包办法，建立发包、承包分级管理体系。

1993年3月22日，市工商行政管理局开始实施《深圳市企业登记管理规则》，企业注册登记由审批制改为核准制。6月18日，市政府宣布在全市各类企业中实行全员劳动合同制，取消干部与工人的身份界限，打破固定工、合同工和临时工的界限，统称“企业员工”。9月2日，颁布《深圳市属国有企业分类定级方案》，取消企业的行政级别，按国际惯例将市属国有企业分为三类九级，每两年评定一次。

1994年8月16日，市国有资产管理委员会向17家市属国有企业颁发“国有资产授权占用证书”，为企业法人形成财产权奠定基础。8月18日，市委、市政府发出关于《深圳市企业无行政主管部门改革实施办法》的通知，决定党政机关与所办经济实体彻底脱钩，今后不准再办企业。9月24日，市企业改革办公室颁布《试点企业董事长、总经理年薪制办法（试行）》，选择部分企业进行经营者年薪制试点。

2000年12月14日，市委、市政府召开全市国有企业改革和发展工作会议，推出《关于进一步加快我市国有企业改革和发展的实施意见》及11个配套文件，提出今后五年的工作重点、主要思路及具体措施。通过一系列改革，深圳国有企业基本建立现代企业制度。

（三）国有资产管理体制改革

1987年7月22日，市投资管理公司成立，成为全国第一个国有资产管理专门机构。翌年7月11日，市经济体制改革办公室颁布《深圳市国有资产管理体制改革的总体设想》，首次提出建立“三个层次”的国有资产管理体制构想。1993年10月，成立市属企业国有资产管理办公室，作为市国有资产管理委员会的常设办事机构。

从1996年起，市国资委根据市人大颁布的《深圳经济特区国有资产管理条例》，在全国率先制定《深圳市国有资产收益预算编制办法》。12月6日，市委、市政府进一步调整和重组市级资产经营公司，在市投资管理公司的基础上，组建市建设投资控股公司和市商贸投资控股公司，形成“市国有资产管理委员会（国资办）—市级国有资产经营公司—国有资本投资的企业”三个层次的国有资产营运体系。1995—1998年，深圳国有企业的总资产报酬率、净资产利润率、资本收益率、销售利润率、获利倍数五项主要效益指标连续四年居全国首位，远远超过全国平均水平。2000年，深圳对大中型国有企业实施“债转股”改革，特发、先科、龙飞、赛格、建材5个企业与金融资产管理公司签订协议，涉及金额33.6亿元，降低企业负债率。

（四）市场取向体制改革

为突破旧体制的束缚，深圳经济特区初期的改革以市场为取向，在全国率先进行工资制度、基建体制、价格体制、劳动用工制度、干部人事制度等方面的改革，并取得显著成效，在全国产生重大影响。1984年后，市委、市政府贯彻《中共中央关于经济体制改革的决定》，继续大胆进行市场取向的经济体制改革试验，在推行国营企业股份制、改革金融体制、建立证券交易市场等方面取得重大突破。

1. 劳动用工制度改革

特区建立后，为适应外商投资企业自主选择用工形式的需要，于1980年首先在中外合资企业试行劳动用工合同制。从1982年起，劳动用工制度改革开始逐步推广到国营企事业单位和国家机关。1983年8月，市政府颁发《深圳市实行劳动合同制暂行办法》，用法规的形式固定企业实行劳动合同制。1984年，深圳建立全国第一家企业化经营的劳动服务公司，对劳动力市场进行管理。通过劳动用工制度改革和劳动力市场的建立，引入竞争机制，使劳动力资源得到较为合理的配置，促进经济高速发展。1986年10月，深圳贯彻国务院关于改革劳动制度的四个规定，将劳动合同制管理的具体内容进一步规范，进一步巩固和发展劳动合同制度，并废止“子女顶替”制度和“内招”职工子女的办法。

1993年6月，市政府发布《批转市劳动局关于企业取消干部工人身份界限，实行全员劳动合同制若干问题意见的通知》，决定在全市企业取消干部、工人身份界限，深圳市、区属和中央、各省市驻深圳全民所有制企业、集体所有制企业、内联企业、外资企业、股份制企业、私营企业和其他企业的所有职工，包括干部、固定工、合同制工、临时工、新调进的干部和固定工、企业接收的大中专毕业生、军转干部和复退军人等，统称企业员工，在平等自愿、协商一致的基础上签订劳动合同，实行全员劳动合同制。合同制员工成为深圳企业最主要的用工形式。至2000年，合同制员工占全市企业从业人员总数的90%以上。

2. 价格制度改革

1981年，深圳开始实行第一步价格改革：以调为主、调放结合、分步理顺价格体系与价格体制，先从农副产品入手，逐步扩展到工业品。

1984年11月起，进行第二步价格改革。至1987年年底，除10多种商品外，大部分价格都放开，在特区内取消一切票证，粮油敞开供应，市场调节价的比重占社会商品零售总额的91.5%，比较彻底地解决价格购销倒挂问题，政府取消对物价的所有补贴。

1988年至1991年8月，进行第三步价格改革。运用价值规律，实行管、放、调并重，重点是完善“调”和“放”，强化价格管理。经过这个阶段的改革，直接控制价格的商品减少为17种，直接控制的收费项目减少为21种（项），对放开的价格实行动态管理。

3. 工资制度改革

建市之初，企业仍沿用全国统一的8级工资制，政府对企业工资分配实行集中统一管理。1982年，将市场机制引入工资分配领域，首先在外商投资企业竹园宾馆、友谊餐厅进行工资改革试点；1983年，将9家国营企业和12家集体所有制企业纳入工资制度改革试点，实行工资总额与企业效益挂钩，打破原有的8级工资制。

1984年4月16日，市政府提出工厂工资总额经主管部门核定后，可自行选择分配形式。同年8月9日，市政府颁发《深圳经济特区国家机关、事业单位工资改革方案》，提出废除原来的等级工资制度，将工资结构分解为基本工资、职务工资和年功工资三个部分。

1995年1月，市政府颁布《深圳市国有企业工资总额管理暂行办法》，规定工资总额管理实行“市场机制决定，企业自主分配，政府宏观调控”体制。

4. 干部人事制度改革

从1980年起，深圳率先开展企业领导人员选拔任用制度，探索用公开招聘的方式，从全国各地选拔企业的高级管理人才，率先在中外合资企业中推行董事会领导下的经理（厂长）负责制。其后又在国营企业中试行经理（厂长）聘任制，并把这种聘用制推广到事业单位和行政部门。从1981年起，深圳每年都派出招聘工作组，到全国各地招聘人才。1981年引进干部9324人，1983年引进干部19645人，1985年引进干部34075人。

5. 基建招投标制度改革

1981年7月，深圳与港商合作建设的国际商业大厦在全国率先试行工程招标承包制。1982年市政府颁布文件，将建筑施工招标作为一项制度施行。至1985年，深圳招投标工程占全部基建工程的90%以上。

此外，深圳还在推行国营企业股份制、改革金融体制、建立证券交易市场等方面取得重大突破。1987年2月4日，市政府颁布《关于鼓励科技人员兴办民间科技企业的暂行规定》，规定科技人员可以现金、实物、个人专利、专有技术、商标权等作为投资入股创办企业。同年5月，筹建中的深圳发展银行率先面向社会公开发行股票，是深圳乃至全国证券市场从萌芽到正式发展的一个里程碑。1988年9月28日，市政府以竞投的方式，拍卖140个小汽车营运牌照，成交额2716万元，这是中国城市公共交通运输改革的首次尝试。1990年12月1日，中华人民共和国成立后第一家证券交易机构——深圳证券交易所开始运作。1991年6月，我国首家期货交易所——深圳有色金属交易所正式成立。1993年2月8日，中国第一家跨地区的产权交易机构——深圳市产权交易所挂牌成立，企业产权转让正式进入市场。2000年10月14日，深圳国际高新技术产权交易所成立，年底，深圳证券市场有上市公司514家，全年交易额33143.78亿元，其中股票交易额29452.79亿元。

（五）行政管理体制改革

1. 政府机构改革

1981年8月至1982年5月，深圳进行第一次机构改革，率先打破全国按行业设置政府经济管理机构的模式，撤并10多个专业经济管理局和20多个行政单位，局以上机构由65个减少到32个，粮食、商业、物资、供销等专业主管局撤销后全部改为企业。经过改革，行政机构减少51%，机关行政人员减少61%。

1983年12月至1985年5月，进行第二次机构改革。改革的重点是建立咨询审议机构，充实大系统管理的特区经济管理体系。设立四委五办：社会经济发展委员会、工业发展委员会、城市规划委员会、特区咨询委员会、基建办公室、财贸办公室、交通办公室、文教办公室、农林水办公室。

1986年9月至1987年8月，进行第三次机构改革。这次改革侧重于进一步划清政府各部门的任务职责，健全和充实监督机构，减少行政管理层次。

1988年2月至9月，进行第四次机构改革。改革的重点是划分党政职能，合并精简政府管理部门，理顺部门之间的工作关系。1990年10月9日，人事部和省政府批准《深圳经济特区建立国家公务员制度的初步方案》，正式确定深圳为推行国家公务员制度的综合试点城市。

1992年1月11日，进行第五次机构改革。改革的重点是通过“三定”（定管理职能、定内设机构、定人员编制）转变政府职能，进一步理顺部门与部门、市与区之间的关系，减少政府对企业的微观干预，加强宏观管理。2000年深圳起草市级机构改革方案及其说明，并推进事业单位分类社会化，进一步完善《关于改革主管部门对事业单位管理方式问题的意见》。

2. 行政审批制度改革

1993年后，深圳进行四次规模较大的转变政府职能专项改革，明确提出对政府职能进行改革和探索。1997年年初，市委、市政府成立“深圳市审批制度调查清理小组”，1998年1月25日发布《深圳市政府审批制度改革实施方案》，1999年2月13日市政府发布《深圳市审批制度改革若干规定》，同时公布“审批、核准事项目录”，审批事项由723项减为305项，核准事项由368项减为323项，审批和核准事项合计减幅42.4%。

通过改革，深圳初步建立起机构比较精干、职能比较明确、运作比较有序、行为比较规范的行政管理新体制，构筑了“小政府、大社会”的行政体制框架，政府行政效能明显提高。

（六）政府经济管理体制改革

1. 计划体制改革

深圳经济特区建立初期，沿用全国统一的计划体制。1990年，市计划部门逐渐把经济分析、监测预警和信息咨询服务作为重要职能。1993—1995年，市计划部门为提供计划编制的科学性，对年度计划指标体系、编制方法及计划下达等进行较为全面的改革。1996年8月，市计划局作为市政府转变职能的三家试点单位之一，继续推行计划体制改革。2000年3月3日，市二届人大常委会第三十八次会议批准政府投资项目管理方面的我国第一部地方法规——《深圳市政府投资项目管理条例》。

2. 财政体制改革

1986年5月2日，市政府颁布《深圳市财政体制改革实施方案》，把企业利润“定额上交，超收分成”制度改为“税后分利，合理留成”，实行利税分流。5月29日，市政府成立投资规划、企业、房租物价、劳动工资和社会保障、金融、外贸、行政管理八个专题改革小组，负责制订各有关专题的改革方案，并组织实施。1995年12月15日，决定实行转移支付制度。1998年10月，深圳市人大常委会通过《深圳经济特区政府采购条例》。

3. 信贷管理体制改革

1986年7月13日，中国人民银行颁发文件，规定深圳经济特区的信贷资金实行计划单列，除向人民银行总行缴纳存款准备金外，其余全部自留。1994年2月12日，深圳开始全面推行专业银行资产风险管理改革，各金融机构自主经营、自担风险、自负盈亏、自我发展。

4. 税收征管体制改革

1995年12月15日，市政府批复市地税局《深圳市地方税收征管体制改革总体方案》和市国税局《深圳市国家税务局征管改革总体方案》，决定从翌年1月1日起实行税收征管体制改革。基本思路是按专业化分工和健全制约机制的原则，以分离税务登记、税务征收、税务检查三大系列为核心，设置相应机构，实行属地征收、ABC分类检查、代理制及电脑化管理等方式，形成新型的征管体制。2000年，全面推行分类管理划片控管和企业考核的税收征收管理体制。

（七）社会保障制度改革

特区建立初期，深圳开始探索养老保险制度改革。1982年1月，对外商投资企业合同制工人实行社会保险基金统筹。1983年11月18日，市政府颁布《深圳市实行社会劳动保险暂行规定》，对全市所有合同制职工实行社会劳动保险。1992年5月1日，颁布包括养老保险、医疗保险和住房公积金三项内容的《深圳市社会保障暂行规定》及实施细则，在全国首创养老保险社会统筹与个人账户相结合的新模式，形成全市统一的社会保障体系。1995年以后，深圳修改完善社会保险的有关法规，逐步建立符合深圳社会经济发展要求的社会保障制度。1996年，市政府印发《深圳市基本养老保险暂行规定》和《深圳市基本医疗保险暂行规定》，统一各类用人单位及职工的社会养老保险政策，基本医疗保险实行社会统筹与个人账户相结合新模式。

2000年市人大常委会颁布10多项社会保险法规，内容涵盖养老、医疗、失业、生育、工伤五大保险。至此，一个项目比较齐全、法规制度较为完备、广泛覆盖全市各种所有制企业和机关事业单位职工的社会保障体系基本形成。

（八）对外经济体制改革

1. 外贸体制改革

建市以后，深圳在外贸体制上较早打破经营权由专业公司独家经营的传统模式，允许具备条件的各种经济形式的企业从事外贸业务，实行贸工农技相结合内外贸一体化。

1983年，改革外贸企业的经营管理体制，把过去“计划收购、计划出口、亏损补贴”改为“利润包干、盈利留用、三年不变”的经营包干责任制。在开展进出口业务的同时“外引内联”，兴办工厂、农场和出口商品基地。

1989年，市政府采取鼓励政策，对出口达到300万美元的商贸企业和出口达到100万美元的生产企业给予进出口权、出口全额退税、地方统筹外汇减半提取等优惠政策；对远洋贸易和机电产品免征地方外汇统筹并在信贷上给予支持；对出口大户优先提供出国赴港指标；用于生产出口产品的原料、元器件免税，特区内自用物资基本免税，部分市场销售商品减半征税。

1993年，市政府制定和实施《关于简化国营大中型企业自用物资进口审批手续实施办法》等改革方案，在经营中引入竞争机制，进一步放宽企业经营权的审批，全年新批准151家企业拥有进出口权。

1996年，深圳设立中外合资对外贸易公司试点，选定奥康德石油贸易集团、中粮集团两家公司作为中方合作对象；起草《深圳经济特区生产企业自营进出口权自动登记暂行办法》，在全国率先对生产企业自营出口权实行登记制。

2000年，市政府印发《关于进一步促进外贸发展扩大出口的若干措施的通知》及《深圳出口加工区若干规定》，在国内率先开放外贸经营权。

2. 口岸管理体制改革

1995年7月29日，国家经济体制改革委员会和国家经济贸易委员会联合在深圳召开口岸管理体制改革试点工作会议。经过近两年的努力，深圳口岸建立“边检管人、海关管物、其他单位配合把关”的口岸监管模式，实行卫检、动植检和商检“三检合一”、边检人员职业化。2000年，深圳简化航空过境货物查验手续，组织实施皇岗口岸通检出入境车辆自动检查系统，提高口岸查验速度。

二、外经外贸

（一）对外经济技术合作

1. 引进外资

1979年4月20日，香港实业家林中翘与广东华侨农场合作，成立“康佳”彩电工业企业光明华侨电子厂。这是深圳第一家合资企业，当年新设立外商投资企业37家。

1979—2000年深圳市实际利用外资统计表

表1-2 单位：万美元

年份	对外借款	外商直接投资	外商其他投资	总计
1979	—	548	989	1537
1980	—	2755	509	3264
1981	—	8618	2664	11282
1982	—	5771	1608	7379
1983	—	11316	3078	14394
1984	1962	18640	2411	23013
1985	13585	17989	1351	32925
1986	10860	36450	1623	48933

续表1-2

年份	对外借款	外商直接投资	外商其他投资	总计
1987	12436	27379	634	40449
1988	14430	28716	1283	44429
1989	15563	29252	994	45809
1990	12360	38994	503	51857
1991	17184	39875	929	57988
1992	25808	44879	852	71539
1993	43762	98900	555	143217
1994	47367	125046	546	172959
1995	42556	130989	—	173545
1996	37177	205065	—	242242
1997	57095	166112	63961	287168
1998	55717	166357	33148	255222
1999	64077	177839	33506	275422
2000	43671	196145	57023	296839

1989年，新注册外商投资企业653家，比上年增长12%。投资总额380404万元，注册资本256143万元，其中外商投资总额193114万元。1991年，全国十大出口外商投资企业中，深圳占9家；市十佳企业中，外资企业9家。

1993年，新注册外商投资企业3367家，比上年增长94%。在全国十大外商投资企业出口创汇企业评比中，深圳有6家入选。

2000年，全市共批准外商投资项目1835项，实际利用外资金额29.68亿美元，其中外商直接投资19.61亿美元。

2. 引进技术人才

从建市至1988年，深圳引进国外及港澳专家658人，来自美国、日本、法国、澳大利亚、加拿大、英国、德国等国家。1992年聘请外国专家1000名，1993年聘请外国技术、管理专家及技术人才859名，1994年聘请900名。2000年仅宝安区科学所11个项目聘请外国专家19名。

3. 对外工程承包及劳务合作

20世纪90年代初，深圳对外工程承包和劳务合作开始发展，以港澳市场为主，辐射日本、新加坡、韩国、泰国、马来西亚、阿联酋、越南、印度尼西亚、瑞士等国家。

1993年，签订对外承包工程金额1918万美元，营业额1978万美元，派出劳务人员660人次。1994年，签订对外承包工程金额3938万美元，营业额2630万美元，派出劳务人员376人次。

1994—1998年，建设投资控股公司先后承包香港新机场东涌地铁站、中环地铁站、赤腊角停机坪和西北大厅工程，合同总额3035万港元，派出劳工812人。中兴通讯股份有限公司成功中标巴基斯坦通讯程控交换机项目，合同总额9500万美元。

2000年对外承包劳务合作项目1000多个，金额1.89亿美元，营业额1.05亿美元，派出劳务人员613人。

4. 境外企业

深圳市企业跨国经营始于1983年。市外贸集团公司在香港设立的中国兴业兴发实业有限公司是深圳第一家境外企业。

深圳境外企业发展经历了三个阶段：1983—1990年是起步阶段，深圳市部分国有外贸企业和大中型企业，先后在香港及海外设立企业，依靠特区优惠政策和外贸经营权开展业务，主要经营贸易和房地产项目，这一阶段境外企业的设立和经营都带有较大的盲目性，但为驻外企业的发展打下基础；1990—1995年是调整发展阶段，深圳收缩境外企业的经营链条和战线，市政府颁布《深圳市境外企业管理暂行规定》，将境外企业纳入规范经营的轨道；1996—2000年是深化改革和提高阶段，境外企业实现从单纯商品经营向资本经营转变，总体经营水平有较大提高，出现深业集团公司等一批成功的企业。

至2000年年底，全市有境外企业164家，主要集中在美国、东南亚等国家和中国香港地区，中方投资约4.22亿美元。

（二）对外贸易

深圳毗邻香港，具有发展对外经济贸易的地理优势。特区建立后，对外贸易发展迅速。1979—1985年是初创期，进出口总额以每年106.7%的速度增长。1979年全市商品出口总额930万美元，1985年达到5.63亿美元，增长60多倍；1985—1990年是持续增长期，进出口总额每年增长33.2%。1990年，全市进出口总额54.71亿美元，比上年增长45.8%；1991—2000年是进出口贸易稳步发展期，进出口总额每年都有增长，但速度明显放缓。

从1993年开始，政府制定扶持进出口贸易的政策，进口商品结构由消费品为主转变为生产资料为主。2000年，深圳进出口总额639.4亿美元，约占中国内地地区的1/7。

1. 出口贸易

特区建立初期，出口产品以外地的农产品为主，产品主要依赖香港市场或由香港市场转口贸易。1979年，全市商品出口额930万美元，出口商品主要是蔬菜、水果和砂石，工业产品只有371万美元。

1980年，全市商品出口额1124万美元，1983年增至6230万美元。1984年首次突破亿美元，为2.654亿美元，其中国有企业占4258万美元，外资企业占2.23亿美元，为总额的84%。

1984年以前，深圳的出口贸易市场主要在港澳，1985年后发展至美国、日本、东南亚、欧洲等19个国家和地区，全年商品出口总额5.634亿美元。1986年，全市商品出口总额7.26亿美元，人均出口额为1410美元，居全国各省、市、自治区第九位，广东省第一位。农副产品比例明显下降，轻工业和工矿产品比例上升，外商投资企业出口大幅增长。

1979—2000年深圳市进出口贸易总额一览表

表1-3　　　　　　　　　　　　　　　　　　　　单位：万美元

年份	进出口总额	出口总额	进口总额	进出口差额
1979	1676	930	746	184
1980	1751	1124	627	497
1981	2807	1745	1062	683
1982	2534	1597	937	660
1983	78624	6230	72412	-66182
1984	107247	26539	80708	-54169
1985	130632	56340	74292	-17952
1986	184696	72552	112144	-39592
1987	255784	141354	114430	26924
1988	344277	184949	159328	25621
1989	375259	217428	157831	59597
1990	1570136	815165	754971	60194
1991	1947635	986240	961395	24845
1992	2357562	1200019	1157543	42476
1993	2820392	1421776	1398616	23160
1994	3498281	1830921	1667360	163561
1995	3876960	2052736	1824224	228512
1996	3905342	2120781	1784561	336220
1997	4500921	2561844	1939077	622767
1998	4527417	2639611	1887806	751805
1999	5042750	2820811	2221939	598872
2000	6393982	3456333	2937649	518684

1987年，全市出口总额超过进口总额，达14.14亿美元，比上年增长94.8%，居全国大中城市第三位，仅次于上海和天津。出口国家和地区发展到30多个，本地自产的轻纺和工矿产品占73%。1988年，出口总额居全国大中城市第二位。

1993年，全市出口国家和地区发展到191个，出口总额达到142.18亿美元，首次超过上海，在全国大中城市中居第一位，占全国出口总额的15.5%。

2000年，全市出口总额345.63亿美元，比上年增长22.53%，占全国13.87%，占广东省的出口总额的37.59%。一般贸易出口额31.14亿美元，增长15.75%，加工贸易出口额289.55亿美元，增长61.78%。进出口总额、进口总额、出口总额连续8年居全国大中城市首位。产品结构中，初级13.99亿美元，占4.05%；工业制成品331.58亿美元，占95.93%。

2. 进口贸易

1979年，深圳进口贸易仅746万美元。建市后不断上升，1984年，达80708万美元，占进出口总额的75.2%。其中，国营企业进口额60058万美元，占74.4%；外资企业进口额20207万美元，占25%；代内地国营企业进口额443万美元，占0.5%。

1989年，全市进口总额15.78亿美元，比上年减少0.9%。其中，国营企业进口额6.78亿美元，减少19%；“三资”企业进口4.75亿美元，增长30.52%。

1993年，全市进口贸易总额139.86亿美元，比上年增长20.8%。进出口相抵，实现顺差2.32亿美元。用现汇交易的进口商品，付汇超过亿美元的有5种：钢材6.79亿美元，增长51.7%；成品油4.77亿美元，增长41.2%；纸及纸板（未切成形）3.02亿美元，增长18%；金属加工机床1.58亿美元，增长39.8%；各种汽车1.18亿美元，增长62.8%。

2000年深圳进口增长势头迅猛，比出口增幅高出近10个百分点。进口贸易总额293.76亿美元，增长32.25%。其中，国有外贸企业进口131.7亿美元，增长34.8%；外商投资企业进口162.2亿美元，增长30.3%；国有企业一般贸易进口53.7亿美元，增长88.5%。进口商品仍以生产资料为主，主要有电讯设备及器材、纸浆、纸张及制品、纺织品、化工原料、有色金属、塑料、黑色金属、各类机械、成套设备等。进口市场主要是日本、韩国、美国、马来西亚、新加坡、泰国、德国、澳大利亚等国家和中国台湾、香港地区。

3. 展览展销

1994年，市贸易发展局展览成交5.71亿元；1995年，成交20.73亿元。

1996年3月，中国深圳、厦门经济特区产品展览会在马来西亚首都吉隆坡举行，深圳51家企业参展，展品主要有电子、钟表等，签订销售合同2780万美元，意向书4320万美元，协议8300万美元；5月底至6月初，中国在阿根廷首都布宜诺斯艾利斯举办工业产品贸易展览会，深圳组织30家企业参加，成交200万美元，协议意向4855万美元；9月，中国在波兰华沙举办轻纺、工业品商品展销会，深圳4家企业参展，成交30多万美元；11月，在迪拜国际贸易博览会上，深圳3家企业参展，成交350万美元；12月，在科特迪瓦出口商品展销会上，深圳12家企业参展，成交480万美元。

1997年，市贸易发展局展览成交81.41亿元人民币，是建市以来收获最多的年份。10月，市政府主办、市贸易发展局承办拉脱维亚中国（深圳）名优产品展览会，深圳30家企业参展，成交7.5万美元，签订协议1422.5万美元，零售2.92万美元。11月，市政府主办、市贸易发展局承办多哥中国（深圳）产品展销会，深圳18家企业参展，成交150万美元，协议成交2000多万美元，零售5万美元。

2000年8月，中国在美国拉斯维加斯举办礼品及商品博览会，深圳24家外贸企业参展，展品主要是礼品、精品、手工艺品等，成交21.80万美元。11月，深圳参加在阿联酋迪拜举办的迪拜秋季国际贸易博览会，展品主要是各类轻工产品、家电、机电用品，成交3385万美元。

三、深港合作

深圳与香港山水相连，文化相通，人员往来密切。深港合作是深圳和香港基于地缘、人缘的便利，开展的经济、文化、社会等方面的合作，是在一国两制的前提下互惠双赢的合作。

（一）深港相互投资

1. 港商在深投资

改革开放之初，港商在深圳的投资规模很小，1979年深圳实际利用港资0.15亿美元，主要是来料加工合作项目。1979—2000年，香港成为深圳利用外资的最大来源地，投资方式转向多元化，投资领域也日益广泛。20世纪80年代，港商在深投资主要集中在电子、服装、金属制品等加工工业，1993年之后，港商在深投资开始转向能源、交通、旅游、电信等多个行业。1993—2000年，港商投资的大型项目主要有：深圳大亚湾核电站，沙角B电厂，盐田港一、二期工程，广深高速公路，华侨城“欢乐谷”“世界之窗”“锦绣中华”“民俗村”等旅游景点，以及深大电话公司等。此外，深港还在人才交流、科技、金融等领域进行广泛的投资合作。

1986—2000年深圳利用港澳资金数量及占全市利用外资比重统计表

表1-4　　　　单位：万美元

年份	签订项目		协议利用		实际利用	
	个数	比重%	金额	比重%	金额	比重%
1986	387	54.4	23593	49.0	38587	78.9
1987	284	40.9	16431	25.3	25632	63.4
1988	610	87.9	33363	68.5	28198	63.5
1989	630	88.6	40214	82.8	28729	62.7
1990	699	87.8	54729	78.9	26291	50.7
1991	885	89.8	98476	85.5	32375	55.8
1992	1330	85.2	206231	81.9	46134	64.5
1993	2834	87.0	411667	82.7	92455	64.6
1994	1885	84.8	260535	87.2	125890	72.8
1995	1288	78.6	274815	76.4	105172	60.6
1996	760	76.1	80115	47.6	150126	62.0
1997	1576	88.2	98839	55.9	203035	70.7
1998	1614	84.3	153002	55.7	182956	71.7
1999	1355	87.0	111587	50.0	144214	52.4
2000	1474	80.3	141259	53.5	184531	62.2

1994年，深圳实际利用港澳资金突破10亿美元，至1997年达到20.3亿美元。从1998年开始，港商在深圳直接投资重心转向第三产业。同年港商在深圳直接投资设立研发中心，依托深圳密集的高科技人力资源优势开发新产品。当年，港商在深圳实际投资18.27亿美元，占当年外商在深投资总额的71.59%；到深圳新登记注册的港资企业937家，占新登记注册外商企业总数的71.47%。2000年6月1日，李嘉诚投资的盐田港二期工程全面竣工。至2000年年底，港人到深圳购房累计为现楼2210.36万平方米，楼花112.14万平方米。

受东南亚金融危机的后期影响，2000年实际利用港资12.5亿美元，港资在外资中所占比例首次不足50%。

2. 深企投资香港

20世纪90年代后，一批实力雄厚的深圳企业开始在港澳投资，设立办事处或是进行工程承包，投资主要集中在贸易、房地产、通信、电子及制造等行业。

1993—1997年深圳在香港承包工程数目表

表1-5

年份	合同份数	合同额（万美元）	营业额（万美元）
1993	2	2456	668
1994	4	2646	718
1995	3	2547	714
1996	14	1133	2143
1997	13	227	985

1992年，赛格集团旗下的世宏电子在香港大埔工业区租地3.4公顷，由赛格集团和港商共同投资20多亿港元，建成一家生产集成电路的高科技电子企业，赛格集团成为第一个在港投资的深圳企业。至1995年，深圳驻港企业达69家，占深圳驻外企业的45%，其中年利润超过200万港元的企业有20多家。1999年11月，深圳市建设控股公司参股香港迅捷建筑公司，参股权65%。

（二）深港贸易往来

深港贸易最先从边境小额贸易和农副鲜活产品开始。特区建立后，香港因其特殊的自由港地位，一直是深圳的主要进出口市场，而深圳依靠充足的资源优势，成为香港食品和工业原料以及能源的主要供应地。

1991—2000年深港直接贸易及占深圳进出口总额比重情况表

表1-6　　单位：万美元

年份	进口总额	出口总额	对港出口额	占出口总额比重%	从港进口额	占进口总额比重%
1991	961395	986240	931216	94.40	703808	73.2
1992	1157543	1200019	1101695	91.80	843005	72.8
1993	1398616	1421776	286292	20.10	194479	13.9
1994	1667360	1830921	483059	26.40	204194	12.2
1995	1824224	2052736	504508	24.60	168210	9.2
1996	1784561	2120781	526763	24.80	144527	8.1
1997	1939077	2561844	722542	28.20	123996	6.4
1998	1887806	2639611	737862	28.00	117980	6.2
1999	2221939	2820811	859667	30.50	121999	5.5
2000	2937649	3456333	113700	3.29	160972	5.5

深圳对港出口的绝大部分是以转口贸易方式从香港销往世界各地，据统计，深圳外贸总额的86%是经过香港转口的。1988年，香港贸易发展局对转口中国内地商品的香港公司的调查表明，平均转口毛利为14%～16%。1994年，香港从转口深圳产品中获取的毛利在60亿～93亿美元之间。

1997年香港回归之后，香港经济遭受金融危机的严重冲击，经济一度陷入衰退。但1997—2000年间，深港贸易往来并未因外部环境的恶化而衰退，继续保持较快增长。

（三）深港金融合作

随着深港两地贸易和人员往来的快速发展，金融等服务业的重要性日益显现出来，深港金融合作逐步加快。

1982年1月，港资南洋商业银行深圳分行开业，是中华人民共和国成立后我国引进的第一家外资银行。之后，外资金融机构（含营业性机构和办事处）踊跃进驻深圳，并在1986年和1993年形成两个外资金融机构的入深高峰期。这一时期，香港渣打银行、汇丰银行、恒生银行、东亚银行、民安保险公司等分支机构落户深圳。至1995年年底，深圳共有52家外资银行。

港资金融机构进入深圳，给深圳当时还不算成熟的金融体系建设带来宝贵经验，产生了很强的辐射和带动作用。1994年3月25日，深圳证券交易所与香港证券交易商成功联网。同时，在内地注册的企业可以在香港发行H股上市，至1997年，有32家企业在香港上市。此外，香港股市还有一些以内地作为主要生产基地、销售市场和利润来源的“中国概念股”。

在香港的辐射和带动下，投资基金也在深圳兴起。1987年，中国银行、中国信托投资公司先后与香港几家知名基金管理公司合作，开创国内金融机构从事投资基金业务的先河。在总发行量500多亿元的港币中，有200多亿在内地流通，其中150亿在深圳流通。1996年6月底，深圳的招商银行、工商银行和农业银行共开办离岸账户4450家，吸收离岸存款余额12.8亿美元，发放离岸贷款余额11.6亿美元。香港客户和资金一直占深圳离岸客户和资金总量的90%以上。

（四）深港口岸合作

1981年4月起，深港口岸建立边境会谈会晤制度，在口岸的日常运作、延长口岸开放时间、处理突发事件等方面进行一系列合作。

1. 建立会晤会谈机制

1981年1月6日，外交部、国务院港澳办公室、公安部联合印发《关于同港方当局建立边境会晤关系的方案》，同意深圳与香港对边境上共同关心的问题建立交流沟通机制。同年6月19日成立深圳市边境会晤领导小组，7月28日，深港边境联络直通电话正式开通，深方电话设于深圳边防检查站值班室，港方电话设于香港人民入境事务处罗湖管理站值班室。根据双方协议，直通电话实行24小时值班，主要用于协调处理口岸和边境日常事务，重大事件通过边境会谈会晤解决。

1982年3月20—24日，深圳市政府代表团赴港与香港政府代表团举行会谈，双方就进一步方便香港与深圳之间的交通往来和促进两地的繁荣广泛交换意见并签署协议，双方就增建皇岗——落马洲桥、文锦渡新桥、沙头角桥、罗湖新人行桥等陆路交通设施，以及方便旅客过境、治理深圳河和小梅沙轮渡服务等设立四个联合工作小组。其中，陆路交通小组和治理深圳河小组根据实际情况不定期进行会谈；方便旅客过境小组在重大节日前召开例会，协调和安排过境旅客疏导工作；小梅沙渡轮服务小组因深圳梅沙至香港沙田旅游船舶停航，于1985年11月起停止运作。

1982年4月29—30日，香港政府代表团访问深圳，与市政府签订“深圳—香港关于增辟两地之间通道地协议”。协议的主要内容为：建筑皇岗—落马洲桥，建筑沙头角的沙河桥，设立大小梅沙—香港游客轮渡服务，合作治理深圳河，深圳（罗湖）、文锦渡口岸方便过境的措施，入出境口岸的管理，建立相应的工作小组，工程费用的拨款等。

1986年6月14日，罗湖口岸新联检大楼启用，出入境旅客明显增多。深港双方经多次磋商后商定：从1988年起，每年春节期间深港成立春节旅客过境疏导小组，主要负责了解和通报口岸情况，协调和处理有关问题，指导双方做好旅客疏导工作。

1991年5月1日，深港方便旅客过境小组召开例会，决定在各节日期间，每天由深圳边防检查站和香港人民入境事务处罗湖管制站值班官员定期在罗湖桥头会晤，相互通报情况，并协商旅客过境疏导工作，保证节日期间旅客出入境安全畅通。

1997年4月20日，经深港双方协商同意，在皇岗口岸开通第二部深港直通电话，深方电话设于皇岗边检站值班室，港方电话设于香港人民入境事务处落马洲管制站，主要用于协调和处理皇岗口岸有关旅客、车辆出入境问题。

2. 延长开放时间

经深港双方协商，深港口岸开放时间逐步延长。

1979年12月14日，罗湖口岸开放时间由原来的8:00～16:00调整为7:45～17:00。1982年4月15日起，罗湖口岸专门为两类人员将出境关闸时间由原来的17:00临时延至22:00：一是在深圳投资设厂或有住宅的境外人士，并经市公安局办理了“回乡证”加签手续者；二是有组织的旅行团，有接待单位事先与边防检查站联系并获准者。同年10月1日，罗湖口岸开放时间调整为8:00～20:30。1986年4月1日，罗湖口岸关闸时间由原来的20:30延长至22:00。1992年7月1日，罗湖、文锦渡、沙头角口岸分别延长开闸时间一个半小时、两个半小时、半小时；罗湖口岸开放时间由原来的7:30～22:00延长为7:00～23:00；文锦渡口岸开放时间由原来的7:30～20:00延长为7:00～22:00；沙头角口岸开闸时间由原来的7:30提前到7:00。

1994年11月3日，皇岗口岸货运开辟两条通道试行24小时通关。

1997年12月22日，沙头角口岸旅检通道关闸时间由原来的18:00延长至20:00。1998年10月15日起，罗湖口岸开放时间由原来的7:00～23:00延长为6:30～23:30，皇岗口岸客运通道（即客车、小汽车通道）关闸时间由21:00延长至22:00；同日起，除部分车辆按照有关规定维持现状从指定口岸进出境外，其他车辆实行有限度自然分流通关，即准许文锦渡、沙头角口岸的货车在原口岸关闸以后，行走皇岗口岸24小时通关的货车通道。

1999年4月1日，文锦渡、沙头角口岸延长开放时间。8月15日，蛇口至香港夜航开通，蛇口客运码头口岸关闸时间从原来的18:30延至22:30；9月20日，福永码头至香港的夜航客船正式开通，福永客运码头口岸开放时间从原来的17:15延至20:45。

（五）深港人员来往

1979年，深港之间日平均车辆通过量仅200多辆，1982年，深港之间日均车辆通过量达2000多辆，2年内增长10倍。1995年，经深圳口岸出入境的人员达5670万人次，占全国口岸出入口人员的50%以上；同年，经深圳口岸通过的出入境车辆达850.1万辆次，占全国口岸出入口车辆的70%以上。1997年3月20日，深圳皇岗口岸至香港落马洲管制站之间的穿梭巴士正式开通，至当年底运送乘客128.8万人次。

1989—1997年深港两地人流和车流统计表

表1-7

年份	人流量（万人次）	车流量（万辆次）
1989	3234	436
1990	3543	486.3
1991	3973	556.6
1992	4638.9	619.5
1993	—	—
1994	5194	738.5
1995	5670.7	850.1
1996	6321	853
1997	7329	882.6

此外，深港在基建项目、科技、旅游等方面也有许多合作。1998年，香港成立创新科技委员会，加强与内地的交流合作，引进内地优秀专业人才。1999年5月22日，深圳市与北京大学、香港科技大学联合共建深港产学研基地。2000年，深圳科技产业合作取得新进展。2月26日，深港产学研基地第二批产业发展项目签约及教育项目推介会在深圳高新技术产业园举行；6月22日，香港理工大学正式加盟深圳虚拟大学园；12月20日，香港城市大学正式签约加盟深圳虚拟大学园，分别成为继香港大学、浸会大学和香港科技大学之后的第四和第五所香港加盟高校。

1997年香港回归后，深港旅游合作进入快速发展阶段。1998年，到深圳过夜的港澳旅客174.44万人次（其中绝大多数是香港游客），占到深圳过夜境外旅客总数的74.47%（包括到港人数）。1999年6月，深圳市旅游协会与香港旅游业协会签署《1999年深港两地旅游合作计划书》。2000年，到深圳过夜的港澳游客进一步增多，达283.72万人次，深圳组团香港游8.3万人次，经港出境游17.35万人次（包括到港人数）。

第四节 经济发展

一、工业

1979年，深圳只有工厂224家，工业总产值7092万元。建市后，政府一方面大抓基础设施建设，另一方面从“三来一补”入手，用5年时间，开创一个对外加工基地；又用5年时间外引内联，从分散的“轻、小、精、新”向规模生产经营转变。20世纪90年代，转型发展高科技产业。至2000年年底，深圳企业总数逾11万家，其中国有工业企业20388家，民营企业43096家，当年工业总产值2566.93亿元，增加值727.95亿元，利税总额287亿元，形成以外商投资为主、产品出口为主、以高新技术为主导、电子信息产业为龙头、门类齐全的工业体系。

（一）工业结构

1. 投资结构

1979年，深圳开始引进少量来料加工企业，当年底，一家澳大利亚商人投资兴办采石场。1980年，深圳取消工业局的建制，随后陆续成立13家行业公司，依靠特区的优惠政策和开放的市场环境，利用政府划拨的土地，以信用担保向银行贷款，作为外引内联的资本，开始发展工业的创业历程。1989年，全国26个省、市、自治区及中直机构在深圳注册兴办3900家实业，其中有1500家是工业企业，协议投资总额89亿元，实际投资36亿元，其中工业企业18亿元。1991年起，引进外资成倍增长，1993年利用外资74851万美元，1995年达12亿美元。至2000年，工业累计利用外资155.52亿美元，占全市实际利用外资67.58%；有66个国家和地区的客商在深圳投资，投资项目140多个。随着招商引资的发展，国有企业及集体企业固定资产占全市工业固定资产比例逐步下降。2000年产值在全市工业资产中，国有企业占8.59%，集体占1.76%。

2. 产业结构

1979年前，糖、烟、酒及食品加工业占据深圳工业半壁江山。1981年起，外引内联兴办一批电子厂。1986年起，全市工业向“上规模、求效益”方向发展，电子、服装、纺织工业加快发展。2000年，工业构成中行业顺序是：电子第一，占44.3%；电器第二，占6.7%；石油和天然气开采业第三，占6.21%；电力和热力的生产与供应业第四，占5.85%；仪表第五，占5.8%。高科技产业已经成为深圳的工业支柱，2000年产值上升到1064.5亿元，占当年工业总产值的41.5%。

3. 企业结构

中小企业 特区建立后，尤其是20世纪90年代以后，中小企业数量迅速增长，质量不断提高，成为支撑国民经济和社会发展的重要力量。1999年3月，深圳成立中小企业工作指导委员会，研究协调全市中小企业发展问题。至2000年年底，深圳11万家企业中，99%为中小企业；外贸出口总额345.6亿美元，其中，中小企业出口额约占88%；工业总产值的

68.3%、销售收入的67.9%、利税的38.6%、资产总额的55.8%均由中小企业贡献。

工业百强 1999年，市政府开始重点支持全市销售收入前100家的工业企业。2000年，工业百强实现工业总产值（按当年价格计算）1390.56亿元，增长26.2%，占全市工业总产值54.17%，对全市工业增长的贡献率达70.53%。

2000年深圳市工业百强企业主要经济指标表

表1-8

名称	单位	2000年	1999年	增长率（按可比价格计算）
工业总产值（现价）	亿元	1390.56	1132.37	22.8%
工业销售产值（现价）	亿元	1383.02	1115.32	24.0%
产品销售收入	亿元	1279.36	1021.06	25.3%
产品销售率	%	99.49	98.37	+1.12百分点
利润总额	亿元	130.68	95.96	36.2%

民营企业 1992年，深圳民营经济进入迅猛发展新阶段，每年私营企业数都以较高速度增长。从1999年3月下旬开始，民营企业登记出现热潮，最高峰每天注册60家。至2000年年底，全市有民营企业43096家。部分民营企业开始走向世界，参与国际经济竞争与合作；少部分开始向集团化方向发展，实现从生产经营向资本经营转变。

工业上市公司 1995年年底，全市工业上市公司发展到25家，2000年达42家。一批技术先进、实力雄厚的上市公司快速成长。其中中集公司先后实施对大连集装箱公司、南通顺达集装箱公司的收购重组，其集装箱产销量占世界产量的46%，居世界第一。

（二）工业规划与布局

1. 工业开发区

从1982年开始，深圳规划八卦岭、上步、莲塘、车公庙等工业区。至1990年，蛇口、上步、八卦岭、莲塘、车公庙、水贝、沙头角等工业区和一个科技工业园区建成。20世纪90年代，上步工业区逐步转为电子、通信、计算机及软件、钟表等专业配套市场和商业街，八卦岭工业区也逐步向商业化服务业方向转变。1995年2月，市政府颁布《深圳市龙岗大工业区管理规定》和《深圳市龙岗大工业区招商引资若干办法》，启动深圳工业基本建设新一轮开发热潮。2000年，市委、市政府加紧规划兴建深圳高新技术产业带，投资人民币7.9亿元用于龙岗大工业区的征地和基础设施建设，并加速兴建深圳出口加工区。

2. 蛇口工业区

1979年1月，招商局获准在蛇口建立工业区。2000年，蛇口工业区工业总产值120亿元，出口产值62亿元，上缴国税、地税13.7亿元，海关关税和代征税30.8亿元。有企业430多家，其中“三资”（外商以合资、合作、独资形式直接投资）企业230多家，国内上市公司6家，有中集、华为、科健、TCL、南玻及宜家、英维思、沃尔玛等国内外知名企业。建区21年间，累计上缴国家各项税收383亿元，外引内联累计实际投资17.05亿美元。

3. 华侨城

1985年，香港中旅集团获准建立深圳特区华侨城，占地5.1平方公里，是具有工业、商贸、旅游、房地产、文化艺术等设施的综合开发区。至1986年年底，拥有光明华侨电子（现名康佳）、华盛家私、天霸电子等13家工业企业。1999年华侨城实现销售收入160亿元，企业总资产238.6亿元。其中康佳集团实现销售收入131.2亿元，名列中国'99电子百强第四位。

4. 南油集团

南油开发区创建于1984年8月，位于南头半岛至西乡一带，占地23平方公里，是深圳特区最大的经济开发区。1996年，全区有企业457家。1999年，南油集团总资产63亿元，净资产11.5亿元。2000年，该集团重点致力于房地产和港口物流业，兼顾工业和商贸业的发展，全年实现销售收入10.85亿元，利润1.17亿元。

（三）工业技术

1. 技术引进

20世纪90年代中期，世界500家最大的跨国公司中的IBM、日立、飞利浦、杜邦、惠普、三星、施乐、康柏、三洋、理光、朗讯、富士通、三井等，在深圳投资兴办一批高新技术企业。此外，爱普生、希捷、奥林巴斯等30多个跨国公司投资兴办高新技术产业。1999年年底，深圳注册登记的工业技术引进合同38项，合同总金额9.15亿美元。2000年，深圳审核批准注册生效的合同17项，合同金额总计6363.4万美元。

2. 技术改造

20世纪80年代初期，深圳技术改造与基本建设发展新项目结合在一起。20世纪90年代后，深圳重点扶持优势产业和优势企业。“九五”完成技术改造项目309项，总投资90.9亿元；累计安排挖潜改造资金28550万元，安排技改项目113个，拉动银行58408万元；“九五”期间，列入国债专项15项，总投资20.17亿元。

3. 技术创新

1982年，深圳新技术研究所、市电子研究所先后成立。1996年以后，深圳先后与清华大学、中国科学院、西安交通大学、中国工程院和中国农业大学等高校、院所建立合作关系。另外，60%以上的市属大中型企业都与国内有关高校、院所建立各种形式的科研合作关系。至2000年，深圳经国家经济贸易委员会、财政部、国家税务总局、海关总署联合认定的国家级企业技术中心有8家（全国203家、广东省18家），经省经济委员会、省科学技术委员会、省计划委员会联合认定的省级企业技术中心有2家。其中华为集成电路设计有限公司拥有自主知识产权的专用芯片达40多种；天马微电子股份有限公司研究开发的SIN-LCD平板显示技术，广泛应用于仪器仪表、通信设备、家用电器、电脑、电子字典；中兴通讯股份有限公司开发的程控交换机占有国内主要市场。深圳在众多高新技术领域的技术都达到国际水平。2000年，有18个产品被国家经济贸易委员会列入国家重点新产品试产计划并获得“国家级新产品”证书。

二、高新技术产业

20世纪80年代前期，深圳高新技术产业开始萌发。20世纪90年代，深圳制定一系列政策法规，扶持高新技术产业高速、稳定发展。至2000年，全市从事开发、生产高新技术产品的骨干企业有553家。其中，年产值超过10亿元的有21家，超过20亿元的有13家，超过40亿元的有5家，超过100亿元的有1家；高新技术产品产值1064.5亿元，其中自主知识产权产品产值534.54亿元。

（一）发展概况

1980年，深圳开始引进境外资金、设备与技术，兴办“三资”企业和“三来一补”企业。随着大批企业的兴办，电子工业快速发展，生物工程企业开始产生。1982年，光明华侨电子厂引进日本的自动波峰焊锡剪脚机和立体声信号发生器。当年全市引进机器设备2.1万多台（套），近 30%达国内先进技术水平。1983年，“康丽牌”双卡式收录机荣获国家经济委员会颁发的优秀新产品证书。1984年，“三洋牌”彩色电视机CTP4940、CTP5941、CTP6940等产品质量超过日本三洋同类产品，深圳爱华电子有限公司开发HZX-11型计算机显示终端通过设计定型鉴定。

1986—2000年深圳市科技成果一览表

表1-9　　单位：项

奖项＼年份	1986—1990	1991	1992	1993	1994	1995	1996	1997	1998	1999	2000
国家科技奖	—	—	—	1	—	—	—	3	2	2	5
广东省科技奖	—	5	7	10	15	16	20	15	18	29	23
深圳市科技奖	99	44	54	55	60	65	—	65	78	142	119

1984年，市科技发展中心下属的先科技术开发公司成立，引进、消化、吸收先进技术。1985年，市政府与中国科学院合资兴办深圳科技工业园，筹建高新技术开发区，被国务院首批认定为26个国家级高新技术产业开发区之一。至年底，通过外引内联，开发区先后兴办华达电子公司、南方信息企业公司、长虹通讯设备公司、科健股份公司、开发科技股份公司等一批企业，从事程控交换机、不间断电源、电脑网络及软件、计算机工作站、磁体、温盘磁头、微型打印机、生物制品等开发、生产，电气机械及器材、电子及通信设备、仪器仪表及计量器具等制造企业有126家，实现工业产值12.5亿元。

1987年，赛格集团公司引进多层陶瓷电容器技术，先科技术开发公司引进大面积镀膜玻璃自动化生产技术，中康玻璃公司引进彩管玻壳及彩色显像管生产技术，华达电源系统公司引进免维护工业电池生产技术，均生产高新技术产品。民营科技企业华为技术公司同年成立，从事程控交换机生产。为加速技术成果商品化进程，年底，市政府与中国新技术创业投资公司签署协议，成立深圳市新技术创业基金会。

1988年起，深圳积极参与国家沿海发展战略和火炬计划的实施。在安排火炬计划项目时，选择电子信息、生物工程、新材料等领域为重点。1989年，全市工业新产品有高级收录机、音响、彩电、石英钟、电脑电话、计算机、程控交换机、印刷电路板、集成电路、厚膜电路、晶体管、通信设备、激光技术、中空玻璃、浮法玻璃、电镀法添加剂、汽车和新型材料等大批高新技术产品。1990年，市政府明确提出，20世纪90年代科技发展重点领域是电子信息、新材料与生物工程技术。当年，电气机械及器材制造业、电子及通信设备制造业、仪器仪表及计量器具制造业企业共412家，实现工业产值80.5亿元，生产微型计算机1.7万台、电视机259.06 万台、电话机1019.21万部、录放机3135万台、收音机2015万台、电子计算器1791万只、电子元件309649万只、磁头4451万只。彩电、录音机、微型计算机的产量、出口量均居全国各大城市之首。

2000年深圳市主要高新技术产品统计表

表1-10

产品名称	产量	增长率（%）
计算机		
高档微型计算机	200.21万台	141.92
硬盘驱动器	906.21万台	25.99
计算机磁头	9156万只	25.37
计算机显示器	416.96万台	-15.29
激光拾音头	6270万部	34.12
打印机	643.28万台	49.12
程控交换机	1605万线	49.22
无线接入网设备	1917万线	120.20
手机	376万台	—
高档无绳电话	2559.5万台	45.52
生物工程		
基因工程干扰素	588万支	34.25
基因工程乙肝疫苗	1487万支	26.12
充电电池	37710万只	73.47
硅橡胶	7572吨	15.46

1991年8月，由国家科委、省政府、市政府联合创办的科技开发机构——中国科技开发院成立。当年，全市开发、生产高新技术产品企业101家，产品数206个，总产值22.86亿元，产品销售收入29.65亿元，产品出口额1.68亿美元。

1996年7月，深圳高新技术产业开发区建立，位于深圳经济特区西部，规划面积11.5平方公里，是科学技术部（简称科技部）“建设世界一流科技园区”发展战略的首批试点园区之一。1999年，深圳自主知识产权高新技术产品产值383.36亿元。

2000年，深圳自主知识产权高新技术产品产值534.54亿元，全市研究、开发和生产高新技术产品1028项，总产值1064.44亿元，占工业总产值的42.28%。其中电子信息产值953.16

亿元，机电一体化产值43.83亿元，新材料及新能源产值 53.79亿元，生物技术产值12.40亿元，其他1.26亿元。

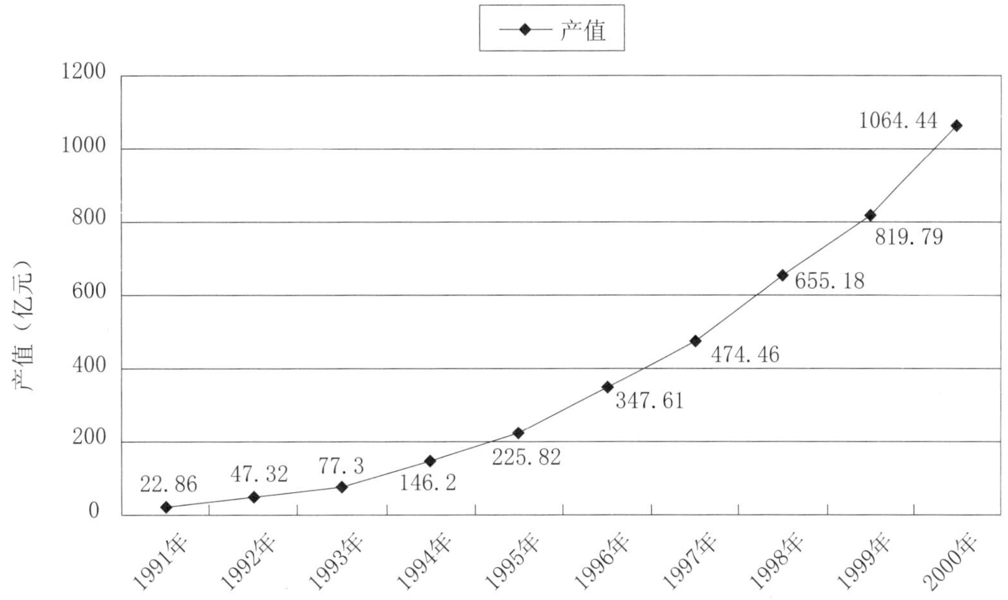

图1-1　1991—2000年深圳市高新技术产品产值变化趋势图

（二）高新科技园区

1. 科技工业园

1985年4月，市政府与中国科学院协议合办科技工业园，1987年广东省国际信托投资公司参股，占地3.2平方公里。科技工业园以引进国内外先进技术、开拓新技术产业、开发和生产高技术产品为宗旨，以微电子和信息技术、新材料、生物工程、精细化工、精密机械等领域为重点的生产、科研和教育相结合的综合性高科技工业基地。

1989年，园区共有企业50家，其中合资、独资企业20家，均为独立法人；职工总数为3340人，其中工程技术人员200余人。正式生产的产品达20余种，其中有电脑软盘、驱动器、电脑电源开关、石英谐振器、高精度金属膜电阻、化学分析仪器仪表以及人造金刚石、人造金刚石锯等，部分产品销往新加坡、日本、美国等国家和中国香港地区。此外，手提X光机、不锈钢焊管、车床高效工夹具、浓缩乌龙茶粉、奶茶以及香水、护发洗发素等产品也都具有良好的经济效益。

科技工业园有4个项目列入1989年度国家级重大新产品试产计划：X射线双近帖像增强管，铝合金添加剂，用于食品添加剂的红曲色素，用于高低压电力电缆的35千伏、40千伏通信电缆热缩接头、电子仪表、管道防腐热缩接头。另外，科技工业园自行开发的第一项科研成果——全汉字编码输入与字形输出技术及整合软件系统通过院级鉴定，达到国际领先水平。

1989年，科技工业园完成工业和建筑业总产值1.45亿元。至1996年，科技工业园区工业总产值达到62亿元，其中高新技术企业产值58亿元，占工业总产值的94%。园区企业中，产值超20亿元的企业1家，超亿元的企业5家。园区内有电子信息企业21家，生物工程企业6

家，新材料企业、光机电一体化企业8家。其中经市政府认定的高新技术企业有17家。

2. 高新技术产业园区

1993年，市政府决定筹建高新技术工业村。1994年1月3日，高新技术工业村筹建办在兰光大厦挂牌办公。同年5月16日，高新技术工业村筹建办经市投资管理公司同意，注册并加挂工业村发展公司牌子，编制完成《工业村发展规划纲要》《工业村首期规划设想》《工业村产业规划纲要》，提出《深圳市政府高新技术工业村扶持高新技术产业发展的若干办法》，并召开第一次项目评审会，评审确定33个高新技术企业（项目）。

1995年，市政府二届三十二次常务会议决定，设立深圳市高新技术产业园区。经国家科委同意，将市科技工业园及已在该园区范围内的高新技术工业村、深圳京山科技工业村、中国科技开发院、国家电子技术应用工业试验中心、深圳大学、第五工业区实行统一规划、统一政策、统一管理，实施一区多园管理机制。

高新技术产业开发区位于深圳经济特区西部，北起广深高速公路，南到滨海大道，西临麒麟路、南油大道，东至沙河西路，占地11.5平方公里。城市主干线北环大道和深南大道横贯其中，将高新技术产业开发区自然划分为北、中、南3个区域。北区位于广深高速公路与北环大道之间，中区位于北环大道和深南大道之间，南区位于深南大道和滨海大道之间。高新技术产业开发区的总体发展目标是“建设成国内一流、国际上有影响的高新技术产业园区，成为本市高新技术产业发展的主要基地”。功能定位为“大规模、高效益的高新技术产业园区，企业运行机制的试验区，科技成果的转化区，国内国际经济合作区和高层人才培训教育区”。重点发展电子信息、生物工程、新材料、光机电一体化四大产业，并对园区的功能分区、土地布局、人口规模、环境保护、信息化建设、交通道路建设、综合后勤服务等进行统一规划。主要规划于1997年2月经市政府二届五十八次常务会议讨论通过。

从1996年7月高新技术产业开发区建立至2000年年底，累计批准入园企业（项目）252家（项），投资总额104.35亿元。其中，1996年25家，投资10.95亿元；1997年29家（项），投资16.61亿元；1998年35家（项），投资13亿元；1999年43家（项），投资23亿元；2000年120家（项），投资40.8亿元。入驻企业出现“三多一大”的特点，即国内著名企业、国际跨国公司多，IT和生物产业多，单项投资额大。长城、华为、中兴、联想、北大青鸟、东大阿尔派、创智科技、现代计算机、TCL、创维、四通、北大方正、清华同方、清华紫光、科兴、海王、康泰等大型企业集团以及IBM、飞利浦、奥林巴斯、爱普生、朗讯、哈里斯、汤普逊等国际著名跨国公司在园区安家落户。除深圳清华大学研究生院、深港产学研基地、深圳国际技术创新研究院、深圳虚拟大学园、深圳中国工程院咨询活动中心等一批高等院校的研发机构已入园外，高新技术产业开发区还有15家大学的研究院在深注册入驻。华为、中兴、创维、朗讯、伟易达、联想、生化工程中心等14家市级以上企业研发中心入驻园区，形成分布式、互动式研发中心群，为高新技术产业开发区的发展提供源源不断的技术源泉和创新源泉。深圳清华大学研究院（注册资金6000万元）是第一家与市政府合作的著名高校，共把40多项成果成功“嫁接”到企业，产生巨大的经济效益。其中，高端路由器、DVD、人体脂肪秤、三维扫描技术、家用电器控制板、高能生化萃取工艺等12项成果在该院完成中试后走向产业化，吸纳内外资4亿元。研究院以技术和无形资产参股的企业达20家，拥有股权超过5000万元。深圳创新技术研究院下属智能控制技术研发中心，将哈工大"计算机应用技术"和"导航、制导与控制"两个国家重点学科的科研成果引入家电领域，与西门子公司、海尔、格兰仕、科龙集团建立牢固的战略伙伴关系，将变频技术、网络技术、直流无刷电机技术引入家电领域，其中为海尔集团设计的网络信息家电方案，为世界首创。

大批国内外著名企业和科研院所的入驻，促进了高新技术产业的迅速发展。至2000年，高新技术产业开发区以电子信息和生物工程为鲜明特色。形成以国内外著名品牌为代表的电脑整机和配件产业群，以程控交换机、移动通讯为龙头的通信产业群，以财务管理、网络产品的软件产品为主的软件产业群，以生物基因、医药为代表的生物工程产业群。形成以市场为导向，以产业化为核心，以国内外大学和研究院所为依托，辐射周边地区的研究开发体系。

2000年，实现工业总产值456亿元，比上年增长50%，是1996年的4.57倍。其中高新技术产品产值448亿元，比上年增长51%，为1996年的7.11倍，占全市高新技术产品产值的42%；出口创汇18亿美元，比上年增长37%，为1996年的12倍；税收总额25亿元，比上年增长67%，为1996年的6.94倍。具有自主知识产权的高新技术产品产值225亿元，占高新技术产品产值的50%。经过四年建设，产业结构日趋合理，已初步成为全市高新技术研究基地、孵化基地、产业基地、出口基地和高级人才培养基地。被科技部和对外贸易经济合作部认定为"国家级高新技术产品出口基地"；被科技部和外交部认定为"向亚太经合组织（APEC）开放园区"；先后通过ISO 9002质量管理体系、ISO 14001环境管理体系和SA8000社会责任管理体系认证，是全国第一个同时采用三个国际标准管理的国家级高新技术产业开发区；1998年获科技部颁发的"火炬先进管理奖"。

至2000年年底，高新技术产业开发区内的方大、中兴、华为、奥沃公司和深圳大学建立博士后分站。高新技术产业开发区职工总数42172人，其中研发人员10083人，占23.9%。博士676人，硕士7089人。硕士、工程师以上人员占职工总数的33.4%。

（三）高新技术产业管理

1. 制定政策

从20世纪80年代中期开始，市委、市政府及时制定各项政策、法规，引导高新技术产业健康、高速发展。1987年，发布《关于加强我市工业企业新产品开发、技术开发的暂行规定》；1991年，深圳市委、市政府发布《关于依靠科技进步推动经济发展的决定》，1998年，市政府发布《关于进一步扶持高新技术产业发展的若干规定》等，提出一系列扶持高新技术发展的政策措施，为高新技术产业的发展营造良好环境。20世纪80年代末至90年代初市政府颁发的《深圳市科学技术进步奖励暂行办法》等，为激励高新技术产业发展，提出一系列优惠、奖励政策；市政府颁布《深圳经济特区民办科技企业管理规定》等，保证民办科技企业规范有序。20世纪90年代市科委颁布的《深圳市认定高新技术企业试行办法》及《深圳市高新技术项目认定办法》等文件，加强对高新技术企业和项目的确认指导。

2. 资格认定

1991年6月，市科委按照《广东省认定高新技术企业暂行办法》组织有关专家评议及审定，确认安科高技术有限公司、长园应用化学有限公司、蛇口新欣软件产业有限公司、中国长城计算机集团（深圳）公司、资源磁电有限公司、赛格运兴电子有限公司、华源磁电有限公司、爱华软磁盘有限公司、长虹通讯设备有限公司为深圳第一批高技术企业。至年底，确认高新技术企业19家。

1992年6月，市科技局制定《深圳市认定高新技术企业试行办法》，认定科技工业园内的金科特种材料有限公司、深明技术有限公司、银科药化有限公司、科用开发有限公司、中宝金刚石工具有限公司、科兴生物制品公司、广信生物工程公司、科意新技术有限公司、新华宇海洋环境技术工程公司、丹蒂丝精细化工有限公司、维科生物技术有限公司、威科自动化办公器材有限公司、恒通有限公司、金星材料技术有限公司、意杰电子有限公司、天保天然速溶饮品有限公司、两仪文化科技有限公司等17家为高新技术企业。

同年，深圳新科迈电子有限公司、本鲁克斯实业有限公司、广夏微型软盘有限公司、吉光电子公司、华达微电路公司、海王药业公司、中国惠普（深圳）有限公司、深圳大学反光材料厂、开发科技公司、光通发展公司、泰丰电子公司、华为技术公司、赛格研究开发院等13家被认定为高新技术企业。11月，市科技局制定《深圳市认定“开放式ASIC设计群”暂行办法》，以支持ASIC（专用集成电路）产业发展，并于年底认定蛇口斯诺科技有限公司、天潼微电子技术公司、中国科健有限公司、赛格研究开发院、南和电子研究所、宝安多思集成电路设计公司、市南山区南头实业公司求新电子器材厂、美科电脑设计有限公司、宝安电子工业公司等9 家企业为“开放式ASIC设计群成员”。

1996年10月，市科技局颁布《深圳市高新技术企业认定办法》，将高新技术企业定为开发型、生产型、应用型和投资型4种。新规定投资型高新技术企业“每年向高新技术企业和项目投资的数额在1000万元以上，或为高新技术企业和高新技术项目贷款担保额在5000万元以上，且对高新技术企业和高新技术项目的投资额或担保额分别占其投资总额或担保总额的70%以上，企业大专以上学历的专业技术人员占职工总数50%以上”。

至2000年年底，累计认定高新技术项目478项。

3. 考核复查

1992年，深圳开始复查认定的高新技术企业。翌年底，市科技局复查32家，29家合格，2家警告、察看一年，1家不合格。同期，深圳科技工业园内高新技术企业经复查，合格的有13家；警告、察看一年的有2家；不合格的有4家。对复查合格的保留高新技术企业资格，不合格的取消高新技术企业资格；警告、察看一年的，一年后再进行复查。

三、农业

（一）发展概况

深圳农业资源种类较为丰富，但数量有限。建市后，农业生产面临两方面的压力，一方面是工业和城市建设占用大量农业用地，另一方面是人口快速增长，对农产品需求大增。同时，香港对内地农产品的需求也不断增加。

20世纪80年代后期，深圳农业用地继续减少。1993年，宝安、龙岗建区后，深圳农业生产基本上集中于这两区。由于两区建立前后进行大规模的城市建设和工业区开发，耕地面积大幅减少，当年减少到9.1万亩，1994年减少到6.7万亩。对此，市人大、市政府及时作出加强农业保护区管理的决定。同时，重点对农业品种结构进行调整和优化，引进、推广优新品种和先进实用的技术，不断提高农业的规模化程度、外向型程度，不断推进农业产业化经营，加快发展农业的设施化、工厂化。

至2000年年底，深圳有耕地面积6.03万亩，果园面积22.48万亩，花卉生产面积0.50万亩，海水养殖与淡水养殖面积11.41万亩；全市粮食总产量0.37万吨，蔬菜产量21.05万吨，水果产量2.75万吨，生猪饲养量93.02万头，“三鸟”饲养量2994.21万只，水产品产量6.08万吨，年产盆花500万盆、鲜切花1000多万枝。全市农业总产值31.14亿元，有农业企业520家，农民年人均纯收入9270元。

（二）农村经济

从1979年冬开始，深圳贯彻执行中央有关农村政策规定，积极调整农村产业结构，大力发展二、三产业。1982年起，第一产业比重逐年下降，二、三产业比重逐年上升。1990年后，随着耕地面积的减少，第一产业的收入在整个农村经济总收入中的比重降至10%以下。

1983年，特区内正在高速进行基本建设。罗湖、沙头角、上步、南头等地的生产队，尝试用征地费办股份合作企业，将征地费作为集体投资，再吸收农民的现金，作为个人投资，形成既有集体股又有个人股的新型股份合作企业。至1987年，全市农村共集资1.6亿多元，兴办企业481个，增建厂房近100万平方米。至2000年年底，全市农村股份合作制集资12亿元，平均每个农户集资2万多元。股份制行政村资产总额达216.6亿元，净资产153.7亿元，固定资产144.2亿元；股东20.22万人，占农村人口总数的94%，人均股份分红3276元，占当年农民人均纯收入的35.3%。

建市之初，深圳乡镇企业基础十分薄弱。1979年全市只有963家，从业人员9659人，年总收入为2156万元。改革开放后，深圳农村利用毗邻香港和特区大规模建设的有利条件，着力兴办工业、商业、饮食服务和交通运输业，并大力引进资金、技术，积极发展来料加工工业，使小型加工企业遍布深圳农村。主要产品有电子、玩具、轻工、纺织、饮料、食品、建筑材料、五金等。至2000年年底，全市乡镇企业59010个，其中，镇、村集体企业8150个，私营企业2974 个，个体企业47886个；总产值309.98亿元，增加值127.97亿元；从业人员128.13万人；营业收入142.8亿元，实缴税金5.19亿元，净利润总额28.47亿元；外商累计投资66.8亿美元，出口产品28.5亿美元 。

（三）种植业

1979年，深圳种植业播种面积894863亩，产值6494万元。1991年，蔬菜、果树、花卉播种501652亩，占同年种植业播种总面积的64.24%。随着农业结构的不断优化，科技进步和产业化水平的提高，种植业在耕地减少、规模缩小的状况下，产值仍然稳步提高。

1. 蔬菜

1979年，全市菜地面积6335亩，其中菜农社耕种350亩，产品供应宝安县县城居民。1979年后，深圳蔬菜需求量剧增。为了使蔬菜生产尽快满足市场需求，政府采取多种优惠政策吸引汕头、广州、湛江、肇庆、东莞等地菜农和一批香港商人到深圳开办菜场。1991年后，部分菜地改作建设用地，蔬菜生产规模逐渐缩小。1993年，宝安、龙岗两区政府按照市政府要求征用耕地，建立区属永久性蔬菜基地9925.35亩。1996年6月，市人大常委会颁布《关于加强农业保护区管理的若干规定》，重点保护蔬菜基地和水产用地。至2000年底，全市有蔬菜基地4.8万亩，蔬菜播种面积16.69万亩，总产量21.05万吨。

2. 水果

1979年，深圳水果种植面积5.56万亩，总产量2401吨，除荔枝外，基本没有出口市场。建市后，深圳把水果列为重点扶持发展的四大鲜活产品之一，拨出专款，重点扶持，积极引进国内外优质水果品种。1986年，全市果树种植总面积达16.88万亩，各类水果总产量13249吨。至2000年年底，全市果树种植22.48万亩，水果年产量达28940吨。

3. 花卉

深圳花卉种植历史悠久，常见花卉有500多种。1978年，香港盛佳公司与深圳土产公司合作，成为深圳在香港销售鲜花的总代理。1980年，香港盛佳公司到平湖建立花卉生产基地500多亩。至2000年年底，全市有花卉企业200个，生产用地面积8500亩，生产盆花950万盆，鲜切花1000万支，总产值22029.23万元，占农业总产值的7.08%，出口创汇1844.2万港元。

（四）畜牧业

建市后，畜牧业一直保持稳定的发展态势。20世纪90年代，已形成规模生产，以养鸡、养猪、养奶牛、养乳鸽以及饲料加工为主。2000年年底，全市畜牧业总产值12.84亿元，占农业总产值的比重从1979年的12.21%上升到41.23%。

1. 养鸡

1979年，深圳建立第一批鸡场。至1981年年底，全市投入养鸡资金636.5万元，兴建肉鸡场27个，生产规模达到177万只/年；种鸡场3个，饲养种鸡2万套；年产种鸡苗120万只。1981年供应香港活鸡135.2万只，比1979年增加10.76倍。为促进养鸡业的全面发展，从1982年起，市政府采取一系列优惠政策。1984年8月，市政府决定原由外贸食出公司独家经营活鸡出口香港，改为四家公司经营活鸡出口。20世纪90年代，全市各养鸡企业加大科技投入，扩大生产规模，运用新技术育种，集约化养鸡蓬勃发展。1992年，活鸡饲养量3800万只，达到历史最高产量，上市量达3069万只，出口量1252万只。1997年3月，香港新界的养鸡场发生禽流感疫情，引起社会恐慌，对深圳养鸡业造成很大影响，养鸡业持续低迷。2000年全市活鸡饲养量仅2207万只，上市量1852万只。

2. 养猪

1979年，宝安县生猪饲养量22.9万头，上市量11.21万头，出口量1.79万头。20世纪80年代中期起，深圳先后建立一批现代化大型养猪场。至1994年年底，深圳有猪场426个，其中年产万头以上商品肉猪的集约化大型生产线32条。当年生猪饲养量68万头，比1979年增长1.97倍；上市量45.8万头，比1979年增长3.09倍。20世纪90年代中期，由于城市建设的需要和环境保护的限制，一批专业户小型猪场相继关闭。市政府把发展养猪生产纳入“菜篮子工程”，并对大型养猪场实行政策性扶持。至2000年年底，深圳大型商品猪现代化生产线达51条，生猪饲养量93.02万头，上市量66.14万头。

3. 养奶牛

深圳饲养奶牛从1973年开始。1979年，为扩建奶牛场，引进良种和设备，光明华侨畜牧场牛奶公司与香港豆品有限公司签订合资协议，先后3次从新西兰、丹麦引进黑白花纯种奶牛1963头。20世纪90年代后期，深圳奶牛业逐渐转向规模生产，注重改良新品种，科学饲养，挤奶的工艺设备日趋先进。2000年年底，全市饲养奶牛9094头，比1979年增长8.94倍；产奶量24926吨，比1979年增长14.37倍；鲜奶出口香港总量1.35万吨，占香港市场总销量的60%以上，创汇9422万港币。

（五）渔业

深圳渔业经济与特区的大经济环境相比，比重逐年下降。至2000年年底，全市水产品总产量6.08万吨，其中出口5363吨，创汇6343万港元。

1. 水产养殖

1979年，养殖面积为93914亩，养殖总产量3138吨。建市后，西部珠江口东岸的部分滩涂、渔场和低产稻田被改造成鱼塘，建成4万亩连片商品鱼基地。20世纪80年代中期，国内鱼市场价格放开，有效地推动水产品出口。至1985年年底，全市水产养殖面积达17.68万亩，比1979年增长88.26%；养殖总产量达1.47万吨，比1979年增长3.68倍。20世纪90年代，随着深圳城市建设的发展，水产养殖面积逐渐减少，但是政府采取多种措施发展鲜活商品供应，水产养殖产量仍以年均6%的速度增长。2000年年底，深圳渔业利用外资项目22项，投资总额2471万美元。全市水产养殖总面积114120亩，养殖总产量41461吨，其中，淡水养殖面积29130亩，产量7994吨；海水养殖面积84990亩，产量33467吨；经海关出口水产品数量56570吨，出口金额3706万美元。

2. 海洋捕捞

深圳位于南海海滨，一直以来都是开发南海渔业捕捞生产东西部渔场的中转港区。1979年，海洋捕捞已具相当规模，有各种渔船321艘，海洋捕捞总产量3896吨。1991年，广东省海洋工作会议召开之后，市委、市政府把发展远洋渔业提上工作议程。1992年6月，市远洋渔业有限公司正式成立。1993年3月，成立第一支远洋船队，开赴南太平洋生产，翻开深圳远洋捕捞的新一页。在国家政策的鼓励和市政府的扶持下，深圳远洋渔业迅速发展壮大。1995年1月，获得农业部颁发的“农业部远洋渔业企业资格证书”。至2000年年底，从事远洋捕捞生产的公司有3家，远洋渔船有32艘，功率16053千瓦，总吨位4189吨。

3. 港澳流动渔民

深圳港澳流动渔民是指同时持有香港（或澳门）和深圳双重户籍的渔民。流动渔民每年在深圳交售鱼货两到三万吨，约占全市水产品总量的46%。建市后，原宝安县港澳流动渔民办公室改为市港澳流动渔民办公室。2000年，港澳流动渔民中有全国九届人大代表1人，市三届人大代表3人，区当届人大代表5人，还有香港特别行政区议员2人，香港海事处临时本地船只咨询委员会委员4人，工人上诉委员会委员1人，香港立法会渔农界别选委会委员11人。

（六）林业

1. 植树造林

建市初期，深圳植树造林分为城市绿化和城郊林业。城市绿化与城市建设同步进行，主要是道路绿化、城市组团绿化分隔带以及西丽湖、仙湖、银湖、香蜜湖、石岩湖、小梅沙等风景区和一批市、区级公园的规划、建设与开发。1984—1985年，进行两次飞播造林。1986年，市政府提出“五年绿化深圳大地”的口号。为了实现绿化达标，1987年和1989年，又进行两次飞播造林。1989年起，市政府加大对林业建设的投入，开展工程造林。1989—1992年，全市营造工程林43.94万亩。1986—1992年，参加义务植树200多万人次，植树1200万株，成活率90%以上，超额完成广东省下达任务。2000年年底，全市生态公益林面积达80.5万亩，占林业用地的61.5%；林业用地面积130.9万亩，森林植物1500多种，国家重点保护植物15种，森林覆盖率为47.5%。

2. 森林保护

1980年，深圳有计划地砍伐病虫害林。随着特区经济的迅速发展，乱征占用林地、陡坡种果等现象日趋严重，1988年1月，市政府印发《关于严禁在陡坡毁林种果的通知》，坚决制止毁林开垦和乱占林地，切实保护森林资源。至2000年年底，深圳各区均没有生产经营性质的林木采伐。深圳因境内人口密度大，流动人员多，工业点多，林区公路网发达，铁路纵贯其中，森林火警时有发生，而且林火具有次数多、突发性强、危险性大等特点，故深圳市被广东省划为1级森林火险地区。1987—2000年，深圳发生森林火灾（警）126次，受害森林面积较大的有4次。为此，各级政府加强森林防火体系，加快生物防火林带建设和森林防火队伍建设。1997年6月，市财政投入资金130多万元建立森林防火UHF通信网络。2000年，全市建成生物防火林带627.2公里。在民兵应急分队中组建森林扑火队6支，共629人；配备专职护林员118人，义务消防人员1.8万人；护林瞭望哨13座，望远镜26台，有线电话及传真机75台，无线电台359台，森林消防车426辆，还有一大批扑火灭火机具。

3. 自然保护区

深圳内伶仃福田自然保护区总面积为921.64公顷，由内伶仃岛猕猴自然保护区和福田红树林鸟类自然保护区两部分组成。内伶仃岛位于距深圳蛇口7海里的珠江口，面积554公顷。岛上猕猴有七八群、190多只，全都分布在东半岛。福田红树林鸟类自然保护区总面积367.64公顷，由基围鱼塘、红树林和海滩组成，是深圳湾国际湿地的重要组成部分，也是全国唯一处在城市腹地、面积最小的国家级森林和野生动物自然保护区。1984年4月，内伶仃福田保护区建立，为省级自然保护区。1988年5月，升格为国家级自然保护区，并正式定名为广东内伶仃福田国家级自然保护区。内伶仃岛猕猴自然保护区建立后，自然环境得到严格保护，全岛各类人员陆续撤出。至2000年，内伶仃岛自然保护区以保护猕猴、蟒蛇、水獭、穿山甲等野生动物及其栖息的岛屿森林生态系统为主要功能。福田红树林鸟类自然保护区以保护红树林湿地及其栖息的鸟类为主要功能。

四、商业

建市初，深圳商业不发达，社会消费品零售总额仅1.13亿元。1983年起，政府改革单一、封闭式的流通体制，鼓励发展以国营商业为主，国内联营、外商合资、个体经营等多种经济成分并存、竞争、开放式的流通体制。至2000年，深圳商业零售行业业态基本齐全、网点布局比较合理、商业旺圈初步形成，社会消费品零售总额达538.17亿元。

（一）商业体制改革

1. 流通体制改革

1982年始，深圳逐步敞开生活资料供应。1984年，市政府推行“工贸结合、农贸结合、内外贸一体化”改革，打破生产与流通的界限，实行市场多元化，产、供、销一条龙，在“一业为主”的前提下可以多种经营。1997年，市贸易发展局拟订扶持连锁商业发展的6项措施，力图形成“繁华高档的人民南、经济实惠的华强北、传统风格的东门老街、面向未来的中心区”的总体布局。

2. 管理体制改革

1982年，深圳撤销商业局和供销社，成立商业总公司。1984年，组建工业品、食品、外贸和进出口贸易等四个集团公司和国际信托投资公司。当年，商品总购进16.90亿元，商品总销售20亿元。1989—1990年，深圳国营商业企业因活力不够、管理不善，经济效益较上年不同程度下降。1991年，市商业总公司实行承包责任制和租赁经营。1993年，进一步深化国营商业企业改革，同时加强贸工、贸农、贸技结合。至2000年，深圳国营商业一直呈上升趋势。

（二）零售业

1. 主要商圈

东门老街　“老东门”形成于明代中期，又叫“深圳旧墟”，地处罗湖区中心地段。1998年8月，市区两级政府投资3.6亿元对东门老街进行大规模改造。翌年9月30日，国内面积最大的商业步行街区——新东门步行街“开市”。至2000年，东门成为集购物、休闲和旅游观光于一体的商业街，平均日客流量30万人次（节假日达50万人次），年营业额45亿元。

中英街　中英街是沙头角镇与香港新界接壤处的一条街道，一侧属于深圳，另一侧属于香港。1979年，因国内商品经济还不发达，中英街以免税和商品多样化成了国内闻名的“购物天堂”，人们如同潮水般涌向这条长250多米、宽3米多的小街，每天少时四五万人，多时八九万人。后来，随着内地生活水平不断提高，到中英街购物的目标转为金银首饰。反应敏感的香港人迅速将世界新潮金银首饰引进来，办起黄金店铺47家，销售的黄金重量以吨计算，使中英街成为全国第一条黄金街。持续繁荣十多年后，中英街的价格优势因国内经济发展而减退。

人民南 该商圈是深圳早期城市建设的象征地区。它以罗湖区人民南路为主轴，北起深南东路，南达罗湖口岸，东到东门南路，西至和平路。其中有体现“深圳速度”的深圳国际贸易中心大厦裙楼的国贸商场，有1991年被评为最大国营盈利企业第一名的免税商品供应公司，有深圳最高档的商场西武百货，有被誉为“四大天虹”之一的东方天虹商场等，是深圳最早、最高档的百货商场密集区。

华强北 地处福田区，以华强北路为中心轴线，向振华路、振兴路、振中路及华发北路辐射，形成一个多元化格局的现代商业区域中心。其中赛格电子广场一直保持全国最大的电子市场领军地位。至2000年，有600多家商业经营单位，12万从业人员，1万多个体纳税户，市场总额超过300亿元。

2. 重要零售企业

奥康德属下的零售企业 奥康德集团是2000年7月由深圳奥康德石油贸易集团与深圳经济特区免税商品企业公司组建的综合性大型国有商贸集团。至2000年8月，集团拥有16家子公司，员工6000多人，总资产为34亿元，净资产13亿元，经营面积40多万平方米，拥有友谊城百货、友谊国际名店、西武百货、格兰云天免税商场等大型零售企业。

天虹商场 1984年成立，注册资本8800万元，有深南天虹、东门天虹、福民天虹等三家下属商场，营业面积6.7万平方米，经营品种约10万种。1998年开创国内网上购物先河，建立国内首家在线支付（http://www.szrainbow.com.cn）的网上购物商城。2000年，被授予“全国内贸质量保证示范企业”荣誉称号。

万佳百货 1994年1月17日，门店面积1.5万平方米的万佳百货股份有限公司成立。集百货商场、超级市场、肉菜市场、生熟食品店和专卖店为一体，摸索出“万佳模式店”经营管理模式，在国内率先采取“大型综合性超市”的经营业态。2000年，万佳百货实现销售额17亿元，居广东省同行业第一，在全国连锁百强中列第13位。

新一佳 是由广东核电集团控股的大型综合连锁超市公司，在深圳拥有宝安店、沙头角店、园岭店和中英街店等四家大型超市，总营业面积4.5万平方米。1995年开展连锁经营。2000年12月5日，新一佳走出广东、辐射全国，到江苏省徐州和湖南省长沙跨域开业。其中长沙市侯家塘店总面积1.1万平方米，经营商品达1. 2 万多种。

人人乐 1996年7月1日，深圳人人乐连锁商业有限公司第一家商场挂牌开业。随后，人人乐福田购物广场、惠州购物广场、西安西关购物商场相继开业。该公司是一家本土民营企业，被业界称为“最像沃尔玛的中国零售公司”。从1996年开业至2000年，年销售额始终保持78%的高增长率，连续四年被评为市商业先进单位。

顺电 1992年9月成立。公司以经营各类品牌的进口和国产家用电器、高新科技产品及现代家居用品为主，经营品种约2万多种，并拥有专业的售后服务中心，是深圳市一级维修企业和30多个名牌电器公司的指定维修点。2000年9月，顺电公司进行内部股份制改组，有四家分店，营业额攀升至9.2亿元。

一致医药 1997年3月28日，深圳一致医药连锁有限公司成立，率先在全国实行连锁经营。2000年销售总额3.5亿元，上缴国家税收1813万元；四年利润3578万元，利税总额6974万元。

沃尔玛 1995年深圳沃尔玛中国集团总部成立。翌年8月12日，沃尔玛购物广场和山姆会员店同时开业。开业初期，两商场日营业额均在150万元以上，最高达250万元。至2000年年底，沃尔玛商场在深圳达6家，稳占据零售市场的“半壁江山”。

（三）专营市场

1. 赛格电子市场

1988年创办，位于深南中路与华强北路交汇处，是中国第一家、也是亚洲规模最大的综合性专业电子配套市场，经营范围涵盖电子元器件、仪器仪表、电子工具、电脑整机、电脑配件、电脑外设、数码产品、耗材等数十万个品种。2000年市场成交额2.6亿元。

2. 华强电子世界

位于华强北商业街，1998年7月建成开业，是深圳新崛起的又一特大型电子配套市场。主要经营电子元器件、电子产品及计算机软硬件的技术开发和信息咨询服务。2000年成交额6.25亿元，先后被评为广东省、深圳市“文明市场”，是中国电子商会指定电子市场之一。

3. 万商电脑城

1999年开业，位于华强北商业区。场内分布有联想、长城等品牌专卖店，是深圳销售品牌机和正版软件的主要市场之一。2000年成交额2.4亿元。

4. 香江装饰材料城

地处罗湖区笋岗仓库区内，占地4万平方米，1998年由香江集团投资开发，经营国内外4万家知名品牌，形成超大型、规模化经营模式，并逐步发展成广东省最大的装饰材料批发集散中心。2000年成交额2.7亿元。

5. 田贝建材市场

1992年建成，是深圳最早的建材批发市场。主要经营饰面石材、饰面地材、地板、贴面材料、金属材料制品、涂料、墙纸、灯具、地毯、布艺、工艺饰品、装饰陶瓷制品、卫生洁具等室内外装饰材料。2000年成交额1.8亿元。

6. 钟表配套中心批发市场

1994年6月开业，经营钟表、珠宝、电子产品及其原材料、零配件的批发零售业务。1995年10月经国内贸易部批准正式命名，晋升为全国钟表行业唯一一家“国家级专业市场”。2000年成交额1.19亿元，进出口自营贸易额1600万元。

7. 布吉农产品中心批发市场

1989年建成开业，占地面积13万平方米。开创享誉全国的“企业办市场、市场企业化”的“布吉模式”，被国内贸易部确认为“国家级中心批发市场”，被国家经济贸易委员会确定为“首批重点联系批发市场”。2000年市场总成交量233万吨，总销售额120亿元，连续九年居全国农产品批发市场销售额第一。

8. 福田农产品批发市场

1997年6月建成开业，占地9.22万平方米，日拍卖成交量200～300吨。该市场探索出“全面拍卖、以佣代租”经营模式，是全国第一家也是唯一一家采用拍卖交易的农产品批发市场。2000年总成交量38.6万吨，成交额60亿元。

9. 南山区农副产品批发市场

1992年投资兴建，1994年投入使用。该市场为两层永久性结构，营业面积8000平方米，主要经营水果、蔬菜等农副产品。2000年成交量1.89万吨，成交额1.056亿元。

10. 布吉海鲜批发市场

1997年5月开业，占地2万平方米，是深圳规模最大、品种最全的水产品批发市场。主营生猛海鲜、虾贝、冰鲜鱼及水产冻品的批发业务，日成交量200吨。2000年成交量为5万吨，年成交额9.5亿元。

11. 肉类批发市场

1991年成立，位于红岭北路清水河仓库区，占地面积3.6万平方米。1995年创成交量7.1万吨、年成交7亿元的纪录。2000年批发屠宰生猪70多万头、牛2万多头、羊1万多头、狗2000多只，成交量4万吨，成交额5.58亿元。

（四）专营行业

1. 粮食行业

1984年，深圳在全国率先进行粮食流通体制改革。1991年，全市粮油零售机构132家，至1992年，发展到157家。为解决储粮问题，1995年新建特区曙光、宝安龙华和龙岗布吉三大粮食储备库。1998—2000年，全市粮食销售总量分别为40.88万吨、47.60万吨、46.64万吨。

2. 酒类行业

1987年8月，市糖烟酒公司设立深圳市酒类专卖管理局，统一管理酒类市场。1998年，市酒类生产企业有9家，主要品牌有金威啤酒、金鹏城白酒、青岛啤酒、卡泊尼红酒、嘉满保健酒、张深牌圣酒等。2000年，全市酒类销售网点1.18万个，销售各类酒21.27万吨，销售金额1.91亿元。

3. 拍卖行业

1991年6—7月，深圳动产、不动产拍卖行诞生。同年7月27日，市动产拍卖行在柏叶剧院举行首场拍卖会，敲响深圳拍卖业的第一槌。1993年10月，《深圳经济特区财产拍卖条例》施行，是全国第一部拍卖地方性法规。至2000年年底，有拍卖企业59家，拍卖从业人员700多人；全年实现拍卖成交35亿元，占当年国内拍卖总成交额的18%。

（五）会展业

1. 荔枝节

1988年2月，市长办公会议将每年6月28日至7月8日定为市节——“荔枝节”。1988—1996年，已成功举办九届荔交会，参展商总数约6800多家，观众约78万人次，贸易成交额达人民币92亿元，协议投资额约人民币222亿元。1996年第九届荔交会后，档次下降，成交萎缩。后经过研究，取消荔枝节，全力办好高交会。

2. 高交会

1999年10月5—10日，深圳举行首届中国国际高新技术成果交易会。此次会展征集参展产品728个，筛选确定的深圳企业162家、产品229个。2000年10月11—17日，第二届高交会深圳展区参展项目835个，成交金额63.34亿美元，深圳产品占74.3%。

3. 展销会

至2000年，深圳举办各类专业展销会200多场，涉及家具、钟表、服装、皮革、机械等10多个行业，遍及中国内地和香港15个城市以及美国、德国、澳大利亚、新加坡、意大利、俄罗斯、中东等国家和地区，达成合作项目1000多项，成交额400多亿人民币。另外，1989—2000年，深圳举办七届中国国际社会公共安全产品博览会，成交额60多亿元，在国际同类展会中排名第一。

五、旅游业

深圳有丰富的旅游资源，又是国家对外开放的重要口岸，发展旅游具有得天独厚的条件。建市后，深圳旅游以城市观光和特区购物为主。1990后突破资源限制，通过以民族特色和文化体验为内涵，在全国率先开发、兴办人造主题公园，使旅游业迅速走在全国前列。2000年，深圳“食、住、行、游、娱、购”六要素得到全面、协调发展，旅游业总收入301.6亿元，国际旅游外汇收入14.11亿美元，旅游从业人员13.5万人，行业固定资产200多亿元，接待游客4294.06万人次，其中过夜海外游客397.24万人次，宾馆酒店开房率62.5%。

（一）发展概况

建市后，市政府采取尊重市场规律的方法，在全国率先推行市场化的管理模式。20世纪90年代，市旅游行政管理部门充分运用市场机制的管理手段，同时加强宏观调控，改革审批制度、改造旅游企业股份制、改革旅行社经营权招标等，放手发展旅游。

1993年，市政府将旅游目标定位为“综合性国际旅游城市”和“亚太地区旅游胜地”，不断改善口岸通关条件，争取或推出一系列出入境新政策。从1994年12月1日起，开始实行“72小时便利签证”措施。

1996年以后，随着创建“中国优秀旅游城市”活动的开展，市政府实施“政府主导型”产业管理。1997年2月，深圳市人大常委会通过制定《深圳经济特区旅游管理条例》，成为全国最早制定专项旅游地方法规的城市之一。1998年，旅游目标定位为“世界旅游名城”，市委提出在指导思想、发展目标和城市定位上，把旅游作为深圳最重要的工作和产业来对待。1999年，深圳以全国副省级城市第一名的身份入选第一批“中国优秀旅游城市”。至2000年，市场整顿的重点主要集中在旅行社超范围经营，“野马”“黑导”无证经营，导游私自索要小费、强迫游客购物以及服务态度差等环节。

（二）重要旅游资源

1. 山地风景资源

深圳山地景观旅游资源较丰富。境内山地属粤东沿海莲花山系。由低山、高丘陵组成的山脉主要有梧桐山、笔架山、排牙山、七娘山、羊台山、鸡公山等。山地所占面积约300平方公里，其中低山91.12平方公里。

深圳市境内主要风景名山状况表

表1-12

名称	主峰海拔（米）	主要景点	所在区域
梧桐山	943.7	仙湖植物园、仙桐体育公园、弘法寺等	跨罗湖、盐田、龙岗三区界线
七娘山	867.4	龙潭深穴、石室危石、高峰飞瀑、鹿湖、羊塘等	大鹏半岛南端
羊台山	522.5	溪之谷、龙溪谷、赖屋山水库、东江纵队旧址等	宝安、南山两区交界处
凤凰山	376.0	凤凰古庙、烟楼晚望、鹜石点头、麻篮仙印、伶仃石等	宝安区福永镇凤凰村
莲花山	106.0	人工湖、风筝广场、邓小平铜像等	福田中心区北端
马峦山	358.0	红花岭水库、瀑布、梅园、东江纵队抗日故址等	坪山镇东南部
园　山	623.3	一线天、老虎沟、听泉岩、三姐洞、三姐泉等	横岗镇东南部
田头山	683.0	—	坪山、葵涌镇与惠阳市淡水镇分界线

2. 海滩风景资源

大梅沙海滩　位于盐田区大鹏湾顶，北靠梅沙尖低山，东侧正角咀、西侧上角向海内突出约1公里，形成向陆内凹进约1公里、湾口宽约2公里的槽形港湾。该海滩自然景观优美，三面青山，一面临海，中间开阔平缓。海湾沙滩长2100米，宽约30～70米，为黄白色细沙，平坦柔软，品位很高，污染物较少。岸边有砂堤，高出平均海面约9米，长约1700米，向海坡较陡，向陆坡平缓。堤外侧有宽阔的沙滩，内侧是泻湖平原。1999年 6月18日，市政府投资兴建大梅沙海滨公园，面积约168公顷，对公众免费开放。公园片区包括公园和腹地配套部分，其中海滨公园包括18万平方米的沙滩和阳光走廊、太阳广场、月亮广场和停车场等设施。

小梅沙海滩　位于深圳东部大鹏湾，约1.2平方公里，有一条长950米、宽30～100多米的优质细沙湾，是深圳最早开发的旅游景点之一。小梅沙三面环山，周围环境优美，海水蔚蓝，海滨浴场洁净开阔，种有数千株茂盛的椰树。1984年，深圳经济特区发展公司在小梅沙海滩兴建“滨海旅游中心”，次年夏天开始营业，主要项目有海滨浴场、摩托快艇等水上运动和沙滩竞技、野营烧烤、骑马等。

3. 主题公园

1989年，“锦绣中华”微缩景区开业。此后，深圳每隔一两年就有一个主题公园推出。至2000年年底，深圳开发建设“锦绣中华”“中国民俗文化村”“世界之窗”等10多个主题公园，包括科技、军事、生态、海洋等不同主题，其中绝大部分景点取得成功。

“锦绣中华”微缩景区 位于华侨城，占地面积31.5万平方米，是当时世界上面积最大的实景微缩景区。全部景点有100多个，按照中国区域版图分布，大致可分为古建筑、山水名胜、民居民俗3大类。古建筑群中又可分为宫、寺、庙、祠、楼、塔、桥等，山水名胜群囊括中国三山五岳、名江大川、奇峰怪石，民居民俗类则反映了中国各民族风格迥异的建筑及生活习俗。

“世界之窗”微缩景区 位于华侨城，占地48万平方米，是以弘扬世界文化为主题的大型文化旅游景区，建有景点118个。景区按地域结构和游览活动内容分为“世界广场”“亚洲区”“大洋洲区”“欧洲区”“非洲区”“美洲区”“雕塑园”“国际街”8个片区，其中的微缩景点包括埃及金字塔、柬埔寨吴哥窟、美国大峡谷、巴黎凯旋门、梵蒂冈彼得大教堂、阿蒙神庙、悉尼歌剧院、意大利圣马克广场、英国白金汉宫等仿制品。

“中国民俗文化村”微缩景区 位于华侨城，占地25万平方米，是中国第一个荟萃各民族的民间艺术、民俗风情和民居建筑于一园的大型文化旅游景区。景区内建有中国各民族的村寨、民居以及著名景区的仿制品。村内建造有中国云南、贵州、四川、西藏、湖南、新疆、内蒙古等地区21个民族的24个村寨民族村，以及著名景观20多处，均按1：1的比例建造。民俗村各村寨的村民均从民族地区招聘，并按各自的民族习俗生活。为表现各民族最有特色的生活或节庆活动，还不断从内地乡村请来一些民俗表演队伍，更新表演项目，丰富游览内容，满足游客的兴趣。“新中华百艺盛会”是该景区的品牌节目。

“海上世界”主题游乐场 1984年1月26日，邓小平视察蛇口工业区，登上“明华轮”游轮，题写“海上世界”景名，“海上世界”一时成为深圳的标志之一。“海上世界”是由一艘万吨级豪华游轮改造而成的综合性海滨旅游设施。该轮由法国公司于1962年建造，1973年被中国购买，命名为“明华轮”。1983年8月退役后，停靠蛇口六湾海岸，经蛇口工业区等企业投资进行整修改造，成为具有酒店住宿、娱乐等旅游功能的旅游点，1984年2月对外营业。为了进一步发展相关旅游活动，市政府批准将泊地东南方1.32海里的100亩海域开辟为人工渔礁游钓区。此后陆续兴建“中国海珍馆”等其他游乐设施。

4. 历史、文化旅游资源

至2000年年底，深圳在西部和中部发现并保存有文化遗址103处、古墓葬234处、古建筑和历史纪念建筑68处、近现代史迹和革命纪念建筑97处、旧海关税站和界碑等有12处。其中，大鹏古城是国家级重点文物保护单位，“中英街”界碑等多处为省级文物保护单位。

大鹏所城 位于深圳东部大鹏镇鹏城村，占地11万平方米，始建于明洪武二十七年（1394），是明代为抗击倭寇而设立的“大鹏守御千户所城”，简称“大鹏所城”。古城呈方形布局，风格古朴，地势北高南低，东、西、南三座城门尚存，其中东、南两门保存较好，皆为明代建筑。城内有东西、南北向的街道各4条，主要街道有南门街、东门街和正街，街道地面均用长条的石板铺筑。清代民居错落有致，保存完好，小巷蜿蜒曲折，宁静幽深。有多座清代将军府第，其中以抗英名将赖恩爵的振威将军府第最具规模。

南头古城 位于南山区南头天桥北，占地面积约7万平方米，是深圳唯一具有千年以上历史（1700多年）的古城遗址。明万历元年（1573）建新安县，在此地筑城为县府。清代仍以南头城为新安县城。南头古城现存东、南门和城隍庙、富有仓、信国公文氏宗祠，东莞会馆，节孝祠等景观。旧址呈不规则的长方形，四周有壕沟围绕，东西最长距离为680米，南北最宽处为500米。城址用山冈黄泥沙土堆筑，现南北城墙尚存基址。南城门保存较完好，城楼已毁，址底宽10米，高4米半，拱形城门上有一块方形石块，上用小篆阴刻“宁南”二字。

鹤湖新居 地处龙岗河冲积平原上，紧邻惠深公路，距深圳市区28公里，是我国规模最大的民居建筑群之一。始建于清嘉庆二十二年（1817），为龙岗罗氏祖宅。占地面积21000平方米，建筑面积13779平方米，南北宽185米，东西长109米，共有179个居住单位，每居1～3间构成。其建筑外围前宽后窄，略呈梯形；内部建筑主体为三堂两横结构，分内外两围，围墙内屋宇、厅、堂、房、井、廊院布局错落有致，号称“九天十八井，十阁走马廊”。鹤湖新居规模宏大、气势磅礴，是客家建筑艺术的结晶，对于研究客家民俗、文化、源流及其民居体现的大家族小家庭聚族而居的客家宗族制社会结构、高度的宗法观念和家族精神等，提供了实物资料，并具有重要的历史价值和旅游价值。

大万世居 位于坪山镇坪山墟西南的客家村，又称大万围，由曾氏十五世周公于清乾隆五十六年（1791）兴建，占地1.5万平方米，为古堡式客家围龙屋建筑，平面呈方形，四角建有炮楼，正面有大门楼，均由高高的围墙相连，围墙上有走马廊相通，围龙屋大门向南，门楼上塑有“大万世居”四个大字，大门前为禾坪，再前是月形池塘，禾坪侧仍保留有旗杆石。1984年被列为深圳市重点文物保护单位，是深圳地区较具规模保存完整的客家围楼之一。

（三）旅行社

1979年年初，深圳市的专业旅游接待机构只有中国旅行社深圳口岸社（即原“侨社”）和中国国际旅行社深圳支社两家。建市后，取得对外招徕权的旅游经营企业数量稳步增长。1988年前后，旅行社成为专门从事旅游组团的机构，深圳确认24家旅行社可以经营组团业务。

1990年，国家统一规定对旅行社实行一、二、三类社分类。之后，深圳旅行社的规模经营、经营权招标、企业股份制改革逐步出现，旅行社组团能力提升很快，企业经营出现集中趋势。1995—2000年，深圳每年均有5家以上旅行社进入“全国国际旅行社百强”和“全国国内旅行社百强”行列。1998年，市旅行社实行国际社和国内社分类管理。至2000年年底，深圳有旅行社46家，其中国际社28家，国内社18家，各旅行社推出的成熟线路有1000多条。

（四）宾馆、酒店

建市至1985年前，深圳宾馆、酒店供不应求。随着旅游社会化和城市建设的发展，深圳酒店、宾馆短缺现象迅速得到改变。

1986年3月，深圳建成第一家五星级酒店——南海酒店。20世纪80年代，深圳酒店业除

1985年、1986年和1989年外，经营效绩均较好，开房率均在70%以上。至1989年，全市有酒店、旅店、招待所474家，客房2.2万间，总体设施条件和经营水平跃居全国前列。

1990年，深圳第一次采用国际标准评定星级酒店，以后每年对宾馆、酒店均进行星级复核。1990—1992年，深圳酒店业继续出现高入住率局面。1992年，深圳有星级酒店58家，开房率高达79.6%。1994年，粤海酒店被国家旅游局授予“全国最佳星级酒店”称号，成为深圳唯一获此荣誉的酒店。同年，竹园宾馆被评为“全国外商投资先进饭店”。

1993—1998年，行业总体景气度较低，客房开房率下降或停滞增长，大多数年份保持在55%～65%左右。但这一时期的接待设施数量和质量继续提升，每年有5家以上的酒店入选“全国50家最佳星级饭店”或“全国百家优秀星级饭店”。

2000年，粤海酒店被国家旅游局和人事部授予“全国旅游系统先进集体”称号。至年底，深圳建成开业的宾馆酒店达341家，有床位8.8万张；评定星级酒店139家，其中有8家五星级和预备五星级酒店。此外，还有旅店、招待所600家，有床位2.7万张，日接待能力达11.5万人，为国内年接待能力超过千万人次的四个重点旅游城市之一。

六、交通运输

1979年前，深圳交通运输相对落后。虽然1911年就建成广九铁路（广州至香港九龙），但其中的广州至深圳段是单线，运能低，运量少；公路总里程720公里，仅有低标准的柏油路21.3公里，绝大部分是四级以下的沙土路；港口只有等级较低的两处小土坡码头；航空运输是空白。建市后，市委、市政府把交通运输的发展摆上重要位置，实行一系列鼓励发展交通运输的优惠政策。1979—1998年，交通运输基础设施建设投入资金超过400亿元。1987年，广深铁路复线修通；1991年，率先在国内建成海陆空联运的现代化国际航空港；1994年12月，中国第一条准高速铁路——广深准高速铁路建成通车；1997年 7月1日，京九铁路开通运营；1998年6月，中国第一条高速电气化铁路——广深高速电气化铁路建成；同年底，公路里程达1266.6公里，并建成9个商业港区，年货物吞吐量3444.15万吨。2000年，全市公路、水路、铁路和民航专业运输完成货运量4696.68万吨，货物周转量205.94亿吨公里，客运量9345.95万人次，旅客周转量99.38亿人公里。

（一）公路运输

1. 公路建设

建市后，深圳采取公路部门组织建设、政府和有关部门组成指挥部组织建设、中外合作合资建设、股份制建设及区镇地方组织建设等多种模式建设公路。1979—1985年，深圳公路部门在省养公路的建设和改造中，投资2264万元对沙土路进行升级改造；“七五”期间，投资1.04亿元新改、建公路，实现镇镇通油路、村村通水泥路的目标；1988年1月至1991年12月，完成107国道深圳段黄田至北环路口一级公路改建工程；“八五”期间，投资16.556亿元新改建高等级公路201.67公里；1994年7月，广深高速公路全线通车；1996—1998年，投资8.5495亿元新改建高等级公路和新建立交桥。在地方公路的改造中，采取“民办公助”等方式，主要由当地镇政府投资和组织建设，公路管理部门按每公里100万～200万元的标准给予适当补助。2000年，深圳公路建设年度计划投资10.8亿元，实际完成投资11.99亿元；公路通车里程1520公里，公路网密度达75公里/百平方公里。

2. 场站建设

特区成立后，深圳加快公路客运场站建设，罗湖、银湖、福田等全国一流客运场站相继建成。其中，罗湖站成为全国第一家获得ISO 9002质量管理和质量保证系列国际标准体系认证的公路客运站。至1998年底，特区内有10个长途汽车站，特区外有34个长途汽车站。全市每天从客运站发出的班车达2570多班，日旅客发送量47861人次，可通往广东其他地市和海南、江西、香港等地，形成方便、快捷的公路旅客运输网。货运场站有笋岗、南山两个交易市场，货运市场初具规模。至2000年年底，全市有汽车客运站46个。

3. 客货运输

建市时，深圳客货运输能力低。特区成立后，开往内地和香港的过境（界）客货运输量逐年增长。至1998年，在深圳注册从事公路长途客运经营单位93家；拥有客运车辆1493辆，其中大客车1133辆，中小型客车360辆。1998年，全市公路完成客运量7220万人次，旅客周转量40.96亿人公里，从事公路货运的经营单位328家；有各类营运货运车辆6.086万辆，总吨位数15.56万吨，当年完成货运量3212万吨，货物周转量24.23亿吨公里。公路运输业基本形成大件运输、集装箱运输、土石方工程运输、疏港批量货物运输、零散货物运输、海关监管货物运输相对固定的格局。2000年，全市完成公路客运量7601.4万人次。当年，全市货车总数7.61万辆，总吨位21.1万吨，比上年增长16.77%。

4. 公路养护

特区成立初期，深圳公路路况差，好路率低，公路绿化形式也较单一。随着对沙土路的改造、高等级公路的修建，深圳公路养护逐渐好转，养护专业化、机械化水平提高，养护指标逐年上升。同时展开各种形式绿化。至1998年，深圳公路局养护公路里程达1103公里，公路实现100%绿化。2000年年底，市公路局管养公路里程为1168.3公里，其中省养公路498.5公里，地养公路669.7公里。年内，市公路部门投资5452.4万元对公路沿线进行绿化改造。

（二）城市交通

1. 城市公共交通

建市后，市委、市政府加大公共交通财政投入。1992年邓小平视察南方后，到深圳参观学习、打工、做生意的人员剧增，公共交通一时出现严重不足。市运输局改变思维方式，将原在宝安县范围内从事公路客运的公共汽车纳入公共交通管理；同时调整线路，将50%跑周边地区的公共中型客车招回参与交通营运，并鼓励企业购置一些新车，这些措施改善了公共交通紧张状况。至2000年年底，全市拥有公共大巴企业18个，公共大巴线路133条，营运大巴2920辆，全年公共大巴完成客运量5.83亿人次。

2. 城市客运轨道交通

1994年深圳城市客运轨道交通规划一览表

表1-13

线路	始末站	线路全长（公里）
1号线	火车站至机场	约39
2号线	大剧院至盐田	约19
3号线	大剧院至横岗、龙岗、坪地及坪山	约49
4号线	皇岗口岸至龙华、观澜	约26
5号线	蛇口码头至西丽	约15
6号线	机场至松岗	约15

20世纪80年代中期，随着深圳的经济持续快速发展，城市交通问题日益突出，市区交通堵塞日趋严重。市政府提出建设客运轨道交通工程项目，并着手研究总体规划。1994年纳入《深圳市城市总体规划（1996—2010年）》，全市远景客运轨道网络规划6条线路，总长约163公里。1998年5月25日，深圳地铁获国家批准立项并作为地铁国产化依托项目。一期工程总投资105.85亿元。2000年6月土建工程招标（2004年正式投入使用）。

（三）航空运输

深圳黄田国际机场建成通航后，业务量迅速增长。1997年2月，第二期工程动工，总投资为12.5亿元。1998年，旅客吞吐量达515.03万人，居全国第四；货邮行（货物、邮件、行李）吞吐量11.47万吨，航空器起降56924架次；开辟航线96条，其中国际航线8条，与国内外61个城市架起空中桥梁，22家国内航空公司、3家外国航空公司使用黄田国际机场。2000年，深圳机场全年完成旅客吞吐量642.27万人次，货邮行吞吐量20.27万吨；机场集团实现业务收入22亿元，利润总额2.66亿元，净利润1.46亿元。

（四）铁路运输

1983年12月，为适应中国改革开放和深圳经济特区建设的需要，经国务院批准，广州铁路局广深铁路总公司成立，率先在全国铁路系统打破传统管理体制，实行自主经营、自负盈亏、自我积累、自我发展，享受五项优惠政策。从此，广深铁路迈上高速发展的新轨道。1987年，广深铁路复线建成。1994年12月，中国第一条全程封闭准高速铁路——广深准高速铁路建成。同年，广深铁路总公司荣获当时中国企业最高荣誉——金马奖。1996年，广深铁路股份有限公司进行股份制改造，总股本433555万股，募集资金净额折合人民币42.14亿元，股票分别在美国纽约和香港证券交易所成功上市，成为全国第一家公司股票在境外上市企业。1998年6月，广深准高速双线实现全线电气化。同年8月，从瑞典引进时速达200公里的中国第一列高速列车——以“新时速”命名的摆式列车投入运营。至1998年年底，广深铁路作为当时中国最先进的现代化高速铁路，在运输生产上实现由限制型向适应型转变，运输能力比1979年增长5倍，货物仓库面积70773平方米，露天货区面积20137平方米，最大起重能力50吨，装卸实现机械化，固定资产由成立时不到1亿元增至81亿元。1998年货物发送量为891万吨。

1994年7月，广深高速公路通车，次年广深铁路旅客运量持续下滑。1998年，随着广深准高速列车增开和多项营销措施实施，客流量开始逐步回稳。当年广深铁路开行客车66对，发送量达2103万人次。2000年，广深公司全年发送旅客2568万人次，发送货物650.8万吨；货物到达量1400万吨，货物通过量880万吨。

（五）水路运输

1998年年底，深圳注册船舶公司43家，注册营运船舶180艘，运力52万总吨、86万载重吨；拥有散装船、集装箱船、液化气体船、油船、高速客船、拖轮和驳船，主要从事近海、远洋和内河沿海港口间的散装货、集装箱、油品（气）运输及珠江三角洲各地间的客运。

1. 港口建设

1979—1985年，深圳港口建设初步发展。主要建设蛇口港、赤湾港等港区。1986—1995年，深圳港全面建设。1991年年底，深圳港进入全国内地沿海十大港口行列，1992年被国务院正式列为中国综合运输网中的主枢纽港。至2000年年底，建成500吨级以上泊位128个，其中经营性泊位79个，万吨以上泊位32个，集装箱专用泊位10个。

2. 水上客运

建市后，深圳水上客运稳步增长，1992年达到高峰，仅蛇口港客运量428.06万人次，车流量10.70万辆次。之后，逐渐趋于平稳。1994年7月，广深高速公路通车后，水上客运量大幅减少。1997年7月虎门大桥通车，深圳至珠海高速公路客运开通，水上客运量再度大幅减少，由1992年最高峰370.09万人次减少到1998年的177.15万人次。至澳门的客流量也逐年减少，由1992年的9.17万人次，减少到1998年的4.89万人次。2000年，全港旅客吞吐量完成249.3万人次，比上年下降6.9%。

3. 水上货运

1979—1985年，深圳水上货运主要运输深圳经济特区建设所需各类物资，承担珠江三角洲等地物资中转，以及南海石油勘探开发所需导管架及后勤补给等。1986—1995年，水上货运发展迅速，中国远洋运输总公司、长江航运轮船总公司两家的深圳分公司，投入大型船舶，开辟近海、远洋航线。1996年后，深圳港逐渐成为中国华南地区的集装箱枢纽。1998年，水路货运量575万吨，货运周转量185.356亿吨公里。1996—1998年，世界上许多大轮船公司开辟至深圳的航线，集装箱运输每年以70%的速度增长。2000年，全港完成货物吞吐量5697.4万吨，居全国沿海港口第八位；集装箱吞吐量399.4万标准箱，居全国第二位。

七、邮电通信

建市初期，深圳邮电技术手段、通信能力难以满足社会发展和人民生活需要。1986—1990年，深圳建设本地电话网、移动通信网、电报网和数据通信网，在传统业务快速发展的同时，兴办特快专递、集邮、报刊零售等新型业务。1998年10月30日，市邮电局实行邮电分营，分为邮政局和电信局。

（一）邮政

1. 邮政业务

函件与包件 改革开放后，香港和深圳联系更加紧密，香港企业因内地邮资便宜的原因将大量宣传广告邮件运入深圳交寄。加上外来人口、临时人口增加，深圳的函件与包件业务迅速上涨。1979年，深圳信函达501.3万件，包裹12.4万件。进入20世纪90年代，随着电话、传真等普及，全国信函量普遍下降，而深圳由于外来工原因反而增长，国际信函和包裹不断增加，1995年，深圳出口包裹量达193.46万件。1998年，包裹业务量达209.03万件（其中国际包裹4976件），2000年，全市信函件1.22亿件，包件225.61万件。

汇兑和邮政储蓄 1980年，深圳汇兑业务快速增长。汇票达21.20万张，比1978年增长近1倍。1986年，国家恢复办理邮政储蓄业务，深圳在建设路邮政营业处首先开办个人现金储蓄。年底，市邮电局开设储蓄点2个，储蓄余额107.46万元。1993年，邮政储蓄和邮政汇兑逐渐融合成统一的储汇业务，邮政金融网逐步完善。1996年5月13日，开办汇款，同年11月28日开办电话汇款；随后又相继推出汇款到户、汇转储、储转汇等储汇结合新业务。至2000年年底，全市邮政汇票1474.99万件，邮政储蓄余额24.99亿元。

报刊发行与零售 1982年，深圳第一份报纸——《深圳特区报》创刊，市邮电局接办发行工作。同年，市邮电局开办首座零售报刊亭。1982—1989年，《深圳青年报》《特区工人报》《特区党的生活》《深圳特区科技》等陆续交邮电局发行。1993年，零售公司开办全国第一条由深圳至广州的“报刊零售专线邮路”。1998年，全市有234个报刊亭，年零售流转额超过1亿元；16种本地发行报刊，25种分印报刊，订阅期刊报纸6023种。2000年，深圳报纸发行累计14416.05万份，杂志发行累计1153.15万份，图书批销零售营业额1.5亿元。

特快专递 1980年7月15日，市邮电局开办国际特快专递业务，深圳成为全国最早开办该业务的5个城市之一。初期，业务量很小。1984年11月1日，深圳开办国内特快专递业务。1986年，深圳速递公司成立，负责国内外特快邮件进出口业务。1995年，“特快”“速递”业务统一到特快专递局。至1998年年底，深圳邮政特快通达250多个国家和地区，形成全球性的特快专递网络。2000年，特快专递334.79万件。

集邮 改革开放以后，大部分纪念邮票和特种邮票流入集邮领域。1982年，深圳邮票公司成立。1992年改为集邮公司，业务量保持较高增长。1994年体制改革后，行业内外竞争加剧，集邮市场萎缩，集邮业务量下降，深圳集邮公司出现以低于面值销售邮票的错误行为，1995年2月受到全国通报批评。1997年集邮市场空前繁荣，当年业务收入达5225.47万元，比上年增长近4倍。2000年集邮量为3177.26万枚，比上年减少6.55%。

2. 邮政设备

邮政营业设备 邮电事业诞生以来，营业一直靠手工操作。20世纪80年代初期，点钞机广泛运用。20世纪80年代中期，电子信函秤、包裹收寄机、信函过戳机、信函捆扎机、包裹捆扎机、条码机等全面普及。20世纪90年代计算机广泛运用，44个局所实行联网。

邮政枢纽及内部处理设备 20世纪90年代前，邮件内部处理全部采用手工操作。1991

年深圳邮电局建设邮件自动化处理系统。1992年，从日本引进的NEC信函分拣系统投入使用，紧接着包裹分拣系统试运转。1993年年初，总控总调系统开始启用；1994年，邮件分拣系统正式通过验收。

邮运设备 1980年，深圳邮电局有邮政工作用自行车114辆。1983年，邮车班成立，邮用汽车8辆。1986年，市内收箱全部采用摩托车。1990年3月，邮件分局成立，内设邮运室管理除特快专递以外所有的邮政工作用车，负责全市邮运，时有邮车30辆。1998年，全局有邮政生产汽车328辆。

邮政计算机网 1990年，广东省邮政局统一规划建设省邮政金融网。因建设速度较慢，深圳局决定先建应急网。1993年，初步建成并投入使用，第一批通过26个网点。1995年，应急网接入广东省局金融网。邮政储蓄开发“电话汇款”系统，在此基础上开发移动电话缴费、邮储IDD200卡、证券资金划拨、自助终端等系统。1996年，深圳邮政综合网基本定型，是国内第一套大型联网的邮政营业计算机系统。1997年，54个支局完成设备安装。至1998年底，深圳邮政金融网发展到79个网点，拥有180套终端和93台自动取款机。

（二）电信

1. 电报

公众电报 1979年，深圳进口电报达22万份。1985年，深圳成立全国第一个电子电传机报房。1991年，开办礼仪电报业务，1992年增开请柬电报业务。1992年，公众电报出口量达到408万份，创深圳电报业务量历史之最。1996年，取消二级报房，电报业务也划归数据局管理。至1998年，共有市内报路31路，长途报路9路。

用户电报 1982年，深圳邮电局开始提供用户电报业务，第一个用户是中国银行。1986年，ELTEX-V程控电报交换系统开通使用。用户电报业务快速发展，1989年达451户。之后受传真业务冲击，发展缓慢，至1998年仅余273户。

2. 电话

长途电话 改革开放后，深圳长途电话需求猛增。1982年和1984年，分别开通至香港和全国的半自动拨号业务。1984年，AEX-10长市合一程控交换机开通，次年实现长途全自动直拨。1988年2月，开办台湾长途电话业务。至1992年，深圳可直拨的国家和地区超过100个，可直拨的国内城镇超过1000个。1998年，深圳有长话业务线路42674路，长途交换设备总容量达6.21万路端。至2000年，深圳可直拨200个国家和地区，国内城镇达2000多个，长途交换机总容量7.8万路端，实占容量6.9万路端，长途电话接通率61.96%。

市内电话 建市初，深圳市话用户仅429户，之后逐年增多。1983年，市邮电局引进集装箱程控交换机，使市话连年大幅扩容，1991年扩容4.3万门。1993年元旦，深圳市话号码从6位升至7位。1998年，该地电话网在特区内设3个专用汇接局，总容量9万线。1999年，市话用户达92万个。2000年年底，全市电话交换机扩容58.6万门，该地电话接通率66.54%，该地网用户障碍申告率1.13%。

公用电话 1979年，深圳公用电话仅有2部。1985年3月，深大电话公司在全国率先引进10部磁卡电话机，同时自行发行全国第一套电话磁卡。1992年，市邮电局在各类公共场所设置公用电话。1998年磁卡电话取消，全部更换为IC卡。至1998年年底，深圳公用电话代办点5153户。

3. 移动通信

无线寻呼 1985年年初，深圳邮电第一个无线寻呼126台投入使用。1990年2月8日，由深圳市电信发展公司和省邮电管理局共同投资设立的126全省联网台投入使用，实现与珠三角地区的电脑传呼联网。1995年，无线寻呼台达45个。至1998年年底，全市寻呼用户近130万户。

移动电话 1988年，深圳邮电开通模拟移动电话系统，当年放号300户。1994年，深圳数字移动电话试开通，正式推出GSM数字移动电话业务。1996年，深圳移动电话网发展重点转至数字系统，电话号码达10位。1998年，深圳移动通信局从爱立信公司引进设备建成全国第一个1800兆赫（MHz）GSM系统，同时推出多种服务项目。至2000年年底，深圳移动电话用户总数230万户，比上年增长88.9%。

4. 数据与多媒体通信

1985年12月，深圳邮电局为科委情报中心连通美国DALOG网，开始对外提供国际科技资料检索服务。1986年10月，为中国银行深圳分行提供数据专线，使其成为中国大陆第一个VISA网国际用户终端。1993年和1994年，深圳分组交换网和数字数据网分别建成。1995年，深圳邮电局向公众推出中国公用计算机互联网业务。1997年，视聆听业务开通。至1998年年底，数字数据网用户发展到7696户，中国公用计算机网上站点达55个，用户猛增到51560户。

（三）邮电经营管理

建市初期，制约邮电通信发展的最大瓶颈是资金不足。20世纪80年代中期，深圳邮电打破建设资金靠上级的常规，大胆借贷，负债经营，采取“借钱买鸡，下蛋还本”的经营方式，用邮电减免税款搞建设，引进先进设备。1988年，省局对市局的管理从“基数利润留成，超额利润分成”改为责任承包管理，1990年，深圳开始实行承包经营责任制和局长任期目标责任制。1998年，邮政与电信分营。1999年，市邮政局完成业务收入7.53亿元，实现扭亏为赢；市电信局发展势头良好，全年业务总量59.8亿元。2000年，邮政业务收入达8.79亿元，比上年增长18.6%；电信业务总量65.07亿元，比上年增长8.7%。

八、房地产

1979年12月31日，深圳房地产管理局与香港妙丽集团签订第一个以土地入股、利润分成、合作营建华侨新村东湖丽苑的协议书，揭开房地产市场的序幕。在20多年的历程中，深圳房地产业高速发展。2000年，房地产用地出让被控制在300万平方米以下，二级市场商品房销售量突破600万平方米，三级市场商品房交易196.6万平方米，全市人均居住面积17.4平方米。

（一）土地使用制度改革

建市前，深圳实行用地无偿划拨制度；建市后，因建设资金紧缺，市政府出租土地给外商合作开发。1980—1986年，主要采取利用外资合作开发、租赁土地给外商开发和成片委托开发三种方式。

1987年3月，市政府成立房地产改革领导小组及办事机构，着手制定《深圳经济特区土地管理体制改革方案》（下称《改革方案》），明确提出土地有偿使用制度的基本设想和实施步骤。基本设想：在统一规划开发的前提下，公开竞投（拍卖）、招标（包括协议）出让特区国有土地，在国内具有法人资格的单位、企业和个人均有权参与竞投和招标，内外商一视同仁，价高者得；根据用地性质、用途，以一定使用年限出让给用地者，其中工业、旅游用地30年，商业、种植、畜牧、养殖用地20年，住宅、教育、科技、医疗卫生用地50年；使用期满，用地连同上面修盖的建筑物由政府无偿收回；建筑物落成后，用地者可以转让、抵押和租赁地产；政府一次性收取市场地价，用地者每年向政府缴纳土地使用费；对免交地价的行政划拨用地进行严格限制，并严禁转让。实施步骤：第一年准备，第二年试行，第三年总结提高。当年5月21日，市委常委会通过改革方案，建立土地有偿使用制度。

1987年8月7日，市房地产改革领导小组根据《改革方案》的实施步骤，准备3宗地块分别进行议标、招标、公开竞投有偿出让试点。9月9日，协议出让B211-1宗地使用权给中国航空技术进出口公司深圳工贸中心；11月25日，招标出让H118-1宗地使用权给市深华工程开发公司；12月1日，市政府首次以拍卖的方式，公开拍卖一幅面积为8588平方米的土地使用权，敲响中国土地拍卖的“第一槌”，率先打破国有土地“无偿划拨，无限期使用”的体制，建立土地所有权与土地使用权分离、土地有偿使用的制度，特区房地产公司以525万元夺得。

《改革方案》实施之后，深圳建立土地使用权出让制度和土地市场。1994—2000年，全市征用水田、旱地、菜地、鱼塘等12类土地1365宗，面积16226.34公顷。

（二）住房制度改革

1981年，深圳蛇口工业区建成第一批职工住宅，每平方米月租0.70元，住房消费占职工家庭平均收入的20%左右，脱离传统的低租制。1984年，蛇口工业区借鉴全国试点城市“三三制”做法，即个人出1/3，企业出1/3，国家出1/3，实行高补贴把住房出售给个人。1985年2月，市政府颁布《深圳经济特区行政事业单位干部职工住宅商品化试行办法》，规定特区行政事业单位干部职工居住的公有住房，按质定价由个人付款购买，政府补贴出售。

1987年，市政府住房制度改革办公室（简称市房改办）成立，组织人员进行特区内（不包括蛇口工业区）住房抽样调查，在调查报告的基础上制定《深圳经济特区住房制度改革方案》（简称《房改方案》）。《房改方案》的核心是提租和售房并举，确定党政机关、事业单位和国营企业，原则采用“政府限额补贴优惠超标补价”的方式，1988年10月1日正式实施。

1994年，市房改办将《深圳市党政机关事业单位深化住房制度改革实施办法》（简称《办法》）报送市委审议。1998年4月1日，市委常委会议原则通过。1999年10月20日，《办法》更名为《深圳市国家机关事业单位住房制度改革若干规定》，从2000年1月1日起实施。房改出售的各类安居房在按规定付清差价款之后，就取得住房的全部产权，可以转为市场的商品房。

按《房改方案》规定，房改的第三步是实现住房盈利型扩大再生产，即实现住房资金投入的良性循环。1988年10月1日至2000年年底，全市出售房改房175393套，回收售房资金110.35亿元。

（三）房地产市场

1. 土地出让

1986年以前，房地产用地包含在基本建设用地中，主要是外销商品房用地转让，增长幅度较小。1987年，土地有偿出让制度建立后，历年土地出让面积均为正增长。1993年，土地出让面积突破1000万平方米，至1998年一直保持在千万平方米以上。

1987—2000年，深圳出让土地5765宗，总面积13549.12万平方米。其中，协议免地价出让736宗，面积2198.62万平方米；协议出让4060宗，面积10240.84万平方米；招标961宗，面积1083.71万平方米；拍卖11宗，面积36.06万平方米。

2. 商品房开发与销售

商品房开发　1979—1994年，商品房开发投资变化较大，整体表现为上升趋势。1998年深圳房地产开发投资完成181.01亿元，比上年增长32.5%，远远高于当年GDP及固定资产的增长速度。1999年开发投资完成261.45亿元，2000年开发投资完成271.02亿元。

商品房施工面积的变动基本呈上升趋势。1991年以前（1987年除外）历年施工面积基本在300万～400万平方米之间，1992年上升到950.06万平方米。1993年施工面积大幅上升，达1396.4万平方米。1994年后，年增长幅度不大。1999年突破2000万平方米。

商品房竣工面积在1986—1998年间基本呈台阶状上升趋势。2000年，竣工面积达到625.26万平方米。

1979—2000年深圳市商品房销售状况表

表1-14　　　　单位：万平方米

年份	销售面积	其中			
		住宅	办公楼	商业用房	其他
合计	4093.57	3268.05	213.00	235.95	376.57
1985年前	362.25	228.05	34.61	43.30	56.29
1986	63.70	45.29	6.91	3.16	8.34
1987	111.26	73.28	2.82	4.62	30.54
1988	107.39	68.74	6.44	5.37	26.84
1989	90.67	50.77	1.82	2.72	35.36
1990	77.14	56.32	2.31	1.54	16.97
1991	112.54	97.13	2.10	0.63	12.68
1992	151.46	96.00	9.00	10.00	36.46
1993	180.17	140.89	5.85	9.58	23.85

续表1-14

年份	销售面积	其中			
		住宅	办公楼	商业用房	其他
1994	246.93	183.28	13.29	17.14	33.22
1995	274.59	209.07	17.37	16.89	31.26
1996	324.88	261.13	32.33	21.23	10.19
1997	405.44	336.70	28.88	27.40	12.46
1998	387.22	327.38	22.06	19.85	17.93
1999	541.84	492.51	15.02	26.20	8.11
2000	611.36	556.82	12.19	26.32	16.03

1991年以前，深圳商品房新开工面积规模较小。1991—1993年呈上升趋势，1993年新开工面积504.49万平方米，比1991年增长近一倍。1995年，深圳房地产市场过热的现象受到控制，新开工面积回落到141.3万平方米。1996年后逐渐上升，1998年达到490.17万平方米。1999年、2000年新开工面积均超过700万平方米。

商品房销售　1986—2000年，深圳商品房销售总面积总体呈上升趋势。1990年前变化不大，基本在每年50万～80万平方米左右。由于人口膨胀，1991年住宅商品房销售面积达97.13万平方米，比上年增长72.5%。1992年略有停滞。1994年销售183.28万平方米，增长较快；1995年突破200万平方米；1997年突破300万平方米；2000年达556.82万平方米。

写字楼、商业用房以及其他销售，在1992年以前均小幅波动，1992年出现最快增长，分别为328.57%、1457.3%、112.9%。1993年销售量出现倒退。之后虽然有所增长，但增长率基本呈下降趋势。

3. 外销商品房开发与销售

深圳外销房地产占有一定比重，销售的对象是港澳台同胞、海外华侨、中国血统的外籍人士、在我国投资的外国人等。1980年5月，外销商品房主要是罗湖小区高层建筑。至1985年年底，深圳出售涉外商品住宅9002套、写字楼858套、商场6万多平方米，售房总值13.7亿元港币和1.34亿元人民币。

1992年，市政府加强对商品房外销市场的管理，取消原单位的外销经营权，规定凭出让合同到市规划国土局领取“商品住宅外销许可证”方可外销。自此，外销和内销基本同轨，市场交易规范化。

1996年，深圳外销商品房销售面积为24.62万平方米，之后逐年上升，至2000年达60.11万平方米。

（四）安居房建设

1989年，市政府在制定《深圳经济特区居屋发展纲要》时，将“统筹建设面向党政机关、事业单位的准成本商品房和面向社会中低收入者的微利商品房”写进纲要中。为降低成本，在用地和税费上实行优惠政策。

20世纪80年代末的安居房建设遵循“小型、合理、实用、多类型”的建房原则，特别强调住房的小型化。20世纪90年代以后，开始注重公共配套实施和环境设计，并考虑到不同住房的需求，扩大住房建筑面积。

1989—2000年，深圳先后建成红荔村、莲花二村、福华村、莲花北村、益田村、景蜜村、梅林一村、梅林二村、梅林三村、梅林四村、景田西、景田北、景田南、桃源村、松坪村等10多个安居房住宅区，建成单元式安居房38307套，单身公寓4489间，建筑总面积345万平方米。

（五）房地产法制建设

从1992年全国人大常委会授予深圳地方立法权至2000年年底，市人大制定出台15个房地产专业法规。

1992年12月，市人大常委会通过《深圳经济特区房地产登记条例》，系统规范“国有土地使用证”和“房屋所有权证”合并为“房地产证”模式，同时颁布《深圳经济特区房屋租赁条约》。1993年，市人大常委会颁布《深圳经济特区房地产转让条例》。

1994年6月，市人大常委会通过《深圳经济特区土地使用权出让条例》，保留原《深圳经济特区土地使用权出让办法》中拍卖、招标、协议出让土地的三种形式，增加土地使用权出让合同和土地使用权的终止等内容，同时颁布《深圳经济特区住宅区物业管理条例》。同年8月4日，市人大常委会通过《深圳经济特区建设工程质量条例》，加强对建设工程质量的监督管理。

1995年11月，市人大常委会颁布《深圳经济特区规划土地监察条例》；1996年1月，市人大常委会颁布《深圳经济特区房地产行业管理条例》。

1998年2月，市人大常委会对《深圳经济特区土地使用权出让条例》进行修正，同年4月4日公布修正决定。

1999—2000年，市人大常委会先后颁布《深圳市土地征用与收回条例》《深圳市政府投资项目管理条例》。

九、财政

1979年，深圳市预算内财政收入1721万元，财政支出2971万元。建市后，财政经历两次实质性变化：一是1980—1989年，由吃饭型财政过渡到建设型财政。10年间，全市财政累计基本建设支出25.46亿元，占同期财政总支出的46.58%。二是1990—2000年，在实行建设型财政的同时逐渐向公共财政转变。这一阶段，中央对深圳先后实行计划单列和分税制财政体制，市对各区财政也逐步与分税制衔接。1979—2000年，全市预算内财政收入年均递增40.64%，增幅比同期国内生产总值年均增幅37.86%高出2.78个百分点。

（一）财政收入

深圳财政收入分为税收收入和非税收收入两大类。1985年，市预算内财政收入6.29亿元；1993年，财政收入猛增到67.25亿元。至2000年，深圳地方财政一般预算收入221.92亿元，其中，各项税收204.78亿元，非税收入17.14亿元，分别占财政总收入的92.28%和7.72%。

工商税收入 建市初期，深圳执行全国统一的税法，对外资企业征收工商统一税，对内资企业征收工商税。1979—1984年，深圳工商税收入由1594万元增长到26607万元，年均递增 74.79%。2000年各项税收收入达204.78亿元。

农业税、耕地占用税及契税收入 1979年，深圳人均口粮在起征点下免征农业税。1983年开始征收农业税。1987—2000年，征收耕地占用税10712万元。1999—2000年，征收契税20236万元。2000年1月1日起，将农业税计税价格调整为45元/担（1担=50公斤），一定三年，当年全市农业税收入2236万元。

罚没收入 建市后，各执法机关依据法律、法规和规章规定，对违法者行使财产处罚，罚没财物归国家所有，罚没收入上缴财政。1984年，市级罚没收入870.2万元，上解国库824.8万元。1999—2000年，市级罚没收入10.44亿元。

行政性收费 1994年，深圳行政性收费纳入预算管理，当年收入606.6万元。1994—1998年，收入66230万元，2000年，收入达33994万元。

事业性收费 1994年起，深圳开始有少量收费项目实行财政专户管理。1999年，事业性收费收入12.47亿元，2000年，增长到19.93亿元。

城市增容费 1990年11月，深圳开征城市增容费。至2000年12月，共收入47.3亿元。

（二）财政支出

2000年深圳财政总支出225.04亿元。

基本建设支出 建市初期，财政对基建的投资较少，1979—1983年，支出仅15943万元。1984—1988年，五年支出16.085亿元；1989—1993年，五年支出57.22亿元。1994年起，投入进一步加大。1979—2000年，全市财政预算内基本建设支出430.69亿元，占同期财政支出的34.02%。

行政事业支出 1979—2000年，全市各项行政事业费支出累计415.1亿元，其中文教卫体占首位，为45.48%；公检法占24.38%，行政管理费占15.35%，城市维护费占13.29%，科学事业费占1.5%。

社会保障事业支出 从建市之初起，深圳持续大幅增加对社会保障事业的经费投入，由1979年的167.3万元增至2000年的15.08亿元，增长901.4倍。1979—2000年，全市各级财政用于社会保障事业的支出累计达84.88亿元。

十、金融

建市后，深圳金融经历了从小到大、从单一到多样、从封闭到开放的过程。银行业方面，至2000年年底，深圳国内金融机构人民币各项存贷款余额分别为3069亿元和2292亿元，在全国大中城市中均居第4位。证券业方面，至2000年年底，深市有上市公司51家，发行股本1580.97亿股，股票市价总值21160.08亿元，当年股票累计成交33143.78亿元。保险业方面，1980—2000年，保险险种由2个发展到100多个，承保金额由不足5000万元增加到11432.78亿元，保费收入由28万元增加到40.81亿元，人均保费收入接近新型工业化国家水准。

（一）银行

1. 银行机构

至2000年，深圳市主要的银行有：

中国人民银行深圳市中心支行（简称深圳人行） 前身为中国人民银行深圳经济特区分行（1984年7月16日成立），而中国人民银行深圳经济特区分行的前身为中国人民银行宝安县支行（1950年6月成立）。1998年11月20日，根据中国人民银行总行的通知，中国人民银行深圳经济特区分行改为现名，新设机构从1999年1月1日开始履行职能。

中国农业发展银行深圳市分行（简称深圳农发行） 1996年12月31日成立，行址解放西路188号农业银行大厦，2000年8月迁至福田区滨河大道5003号爱地大厦东座9、10楼。

国家开发银行深圳分行 1999年3月26日成立，行址深南中路国际科技大厦。

中国工商银行深圳市分行（简称深圳工行） 1984年5月17日正式成立。1988年10月3日，改制为计划单列市分行（准一级分行），隶属中国工商银行广东省分行管理。1998年7月27日，深圳工行改制为总行直属分行，直接接受工总行管理。

中国农业银行深圳市分行（简称深圳农行） 前身为中国农业银行深圳市支行，1979年7月从中国人民银行深圳市支行中分出。1981年12月14日，升格为深圳分行。1996年深圳农村信用社与深圳农行脱钩。

中国银行深圳市分行（简称深圳中行） 1979年6月，原中国银行深圳办事处升格，11月正式改为支行。1981年6月中国银行深圳支行改为现名。

中国建设银行深圳市分行（简称深圳建行） 1979年10月，原中国建设银行宝安支行更名为深圳市支行，1982年7月，升格为深圳市分行。1987年10月，分行迁入红岭南路金融中心东座建行大厦。1998年9月，改制为建设银行总行直属分行。

交通银行深圳分行（简称深圳交行） 1989年10月26日，交通银行深圳支行筹备组成立，1990年3月下旬交通银行深圳支行试营业，隶属交通银行广州分行。1991年3月22日交通银行深圳支行改称分行，1992年3月20日改为总管理处直属分行。1994年总经理负责制改为行长负责制。至2000年年底，有45个分支机构。

招商银行 成立于1987年4月8日，是国内第一家完全由企业法人持股的股份制商业银行，总行设在深圳。至2000年年底，有包括香港代表处在内的一级分支机构21个，员工11077人。

深圳发展银行（简称深发展） 1987年12月28日正式开业，是中国第一家发行公众股票并公开上市的股份制商业银行。1997年1月28日，总行迁至深南东路178号（现改称5047号）深圳发展银行大厦。

深圳市商业银行股份有限公司 1995年6月22日在原深圳市16家城市信用合作社的基础上组建成立，是我国第一家城市商业银行，1998年6月改称现名。至2000年年底，内设14个部门，下辖1个总行营业部和43个支行。

南洋商业银行深圳分行 1982年1月9日正式开业，这是中华人民共和国成立以来引进的第一家外资商业银行。

此外，还有中信实业银行深圳分行、中国光大银行深圳分行、中国投资银行深圳分行、广东发展银行深圳分行、中国民生银行深圳分行、华夏银行深圳分行、福建兴业银行深圳分行、上海浦东发展银行深圳分行等股份制商业银行，以及南洋商业银行蛇口分行、广东省银行深圳分行、东亚银行深圳分行、宝生银行深圳分行、亚洲商业银行深圳分行、道亨银行深圳分行、新华银行深圳分行、永亨银行深圳分行、华联银行深圳分行、恒生银行深圳分行、泰华农民银行深圳分行、华商银行、华商银行蛇口分行、东京三菱银行深圳分行、三和银行深圳分行、富士银行深圳分行、香港上海汇丰银行深圳分行、渣打银行深圳分行、东方汇理银行深圳分行、法国兴业银行深圳分行、法国巴黎银行深圳分行、花旗银行深圳分行、德累斯登银行深圳分行、荷兰商业银行深圳分行、荷兰银行深圳分行、比利时联合银行深圳分行等外资与中外合资银行。

2. 金融管理

1979年以前，国家实行综合性、大一统的金融组织模式，金融机构兼有管理、经营的双重职能。深圳人行积极推动金融体制改革，重点是信贷资金管理体制改革。在中国人民银行总行的支持下，深圳人行实行资金“切块”管理，同时改革再贷款、利率、存款准备金管理。利率改革自1987年1月开始实施。1989年，深圳人行率先实施信贷资金比例管理，1990年、1991年分别开始实施企业经济档案管理、贷款证管理，1993年深圳人行全面推行银行业资产风险管理，信贷资金调控方式逐步由直接转向间接。1994年起，深圳人行先后制定完善稽核规章制度。1994—1995年，依法整顿、接管、关闭虚假注资、违规经营的深圳金威城市信用社。2000年制定《深圳金融安全区指引》，实施“深圳金融安全区”的目标。

3. 货币发行与流通

货币发行 1979年1—6月，深圳货币净投放300多万元。1983—1984年，是深圳大规模建设时期，货币投放急速增加。1983年货币净投放3.16亿元，为全省净投放的26.9%。1985—1987年，由于大量工业采购和商业消费资金流入，货币净投放逐年递减，由1985年的4.08亿元下降到1987的1.79亿元。1992年春，邓小平视察南方以后，深圳基本建设投资倍增，银行资金通过贷款和拆借渠道大量流入房地产、旅游和商业项目。年底，货币投放53.54亿元，比上年增长257.69%；净回笼23亿元，比上年下降29.67%。1999—2000年，深圳货币发行持续增加，净投放逐年上升。2000年投放393亿元，回笼224.82亿元，净投放168.18亿元。

货币流通 包括人民币流通和外币流通。1979年深圳人民币现金收入2.43亿元，支出3.38亿元，净投放9541万元，抽样测算出的货币流通量为2700万元。1983年深圳现金收入8.47亿元，支出11.6亿元，净投放3.14亿元，货币流通量1.36亿元。1988年深圳步入投资回报期，内地资金大量流入，当年现金收支均突破百亿元，货币流通量18亿元左右，现金收支首次出现净回笼，数量为8.19亿元。1992年现金收支均突破千亿，分别为1075.56亿元和1049.3亿元，货币流通量54亿元。2000年现金收支分别为5376.38亿元和5554.95亿元，首次突破5000亿元。在外币现金流通方面，1979年起，深圳外币（主要是港币）逐年增多。1984年下半年，黑市倒买倒卖外汇猖獗。1987年港币流通量达5.26亿元，占货币流通总量的43.8%；外汇券77万元，占比萎缩至0.1%。1996—1998年，深圳商业、旅游业港币收入呈逐年下降趋势，经深圳口岸流入的港币逐年增加。1998年港币流入量约1900亿元，入境人均持港币8355元。1999—2000年，外币流通量无明显变化。

4. 存款

人民币存款 建市后，深圳人行对信贷资金管理体制进行一系列改革。1984年深圳特区的信贷资金，实行以"块块"为主的管理体制，改变以往专业银行的"条条"管理体制，现有的信贷资金和今后吸收的存款，除中央库款和向人总行缴纳的存款准备金外，全部留给深圳特区，由深圳人行负责统一安排使用。1992年深圳金融业发展速度加快。年底，全市企业存款比上年增加147.33亿元，增幅89.99%。1996年人行两次降低存贷款利率。1997年10月23日，人行再次下调存贷款利率，定期存款利率下调幅度明显高于活期存款利率下调幅度，企业存款结构发生较大变化，企业活期存款增量在企业存款增量总额中所占比重急剧上升。2000年年底，深圳金融系统各项存款余额达3169.00亿元，比1979年年底的1.01亿元增长3136.6倍，年均递增46.7%。

外币存款 1981年6月，深圳中行正式开办私人外币储蓄存款业务。年底，存款户数337户，余额334万港元，比6月底增加29倍。1983年10月，深圳农行开始代办外币储蓄业务。1984年8月1日，深圳工行开始试办外币储蓄业务，12月20日正式开办外币存款，标志各银行外汇业务交叉经营的开始。当年，深圳外币存款3.51亿美元，比1983年增加2.68亿美元，增幅324.4%。1994年起，深圳对外贸易和利用外资取得快速发展。1997—1999年，受亚洲金融危机影响，外贸出口下降，外汇资金来源减少，企业外汇存款比例下降。2000年，外贸形势好转，企业出口外汇收入增多，存款增至87.68亿美元。

5. 贷款

人民币贷款 1984—2000年，深圳信贷资金管理体制经历了三次重大改革。第一次是1984—1987年，信贷资金实行"切块"管理，计划与资金分开，取消指令性计划分配，实行"实存实贷"。

第二次是1988—1992年，信贷资金实行比例管理，各金融机构通过调整信贷投向、存贷比例及期限，优化信贷结构，增强自身运用资金的灵活性和主动性。

第三次是1993—2000年，深圳国内金融机构参照巴塞尔协议，实施资产风险管理，坚持"效益性、安全性、流动性"原则，促进资金良性循环。至2000年年底，各项贷款余额2292.18亿元，比1979年年底的0.75亿元增长3056倍，年均递增145.49%。

外币贷款 1980年7月，深圳中行发放第一笔外汇贷款，借款人为深圳外贸集团食品进出口公司，金额15万美元。1984年深圳工行开办外汇信贷业务。1985年深圳中行给深圳光明畜牧合营公司发放第一笔银团贷款150万美元，用于引进养猪设备。同年，市建行、市农行开始办理外汇信贷业务。当年深圳外汇贷款3.68亿美元。1986年深圳银行业调整信贷投向，重点支持劳动密集型、外向型、创汇型"三资"企业，支持高新技术产业和电子行业。1987年后，银行积极支持高新技术开发，1988年全市外汇贷款额9.11亿美元。1998年外汇信贷工作重点是防范金融风险。深圳中行对信贷风险管理体制实行改革，成立授信管理委员会，建立改善资产质量管理小组、对授信企业评分评级制度以及相应的评估机构。1999—2000年，深圳外汇贷款下降幅度较大，原因是外汇贷款利率比人民币利率高，存在人民币贬值心理预期，政策趋紧，境内外币不能计价流通，贷款不能结汇，企业外汇资金用途受限制等。

（二）证券

1. 证券机构

至2000年，深圳主要证券机构有：

深圳证券交易所 1988年11月，深圳成立资本领导小组并提出建立证券交易所。1990年12月1日，深圳证券交易所在全国率先投入试营业。1991年4月16日，国务院授权中国人民银行批准深圳证券交易所成立（简称深交所）。

深圳市证券业协会 1990年8月31日，深圳市证券商联席会成立。1993年10月，证券商联席会正式向深圳人行和深圳证券管理办公室提交《关于申请成立“深圳证券商协会”的报告》。1994年7月2日，召开第一届会员大会。1997年协会更名为深圳市证券业协会。

证券公司 深圳最早的证券公司是1987年成立的经济特区证券公司。至2000年年底，在深圳注册的证券公司有国信证券有限公司、南方证券有限公司、国通证券有限公司、大鹏证券有限责任公司等10家。国信证券有限公司于1994年10月成立，前身为深圳国际信托投资公司证券营业部，是全国信托投资公司中首家分业成立的证券公司，1997年12月更名为国信证券有限公司，注册资金8亿元。南方证券有限公司成立于1992年12月12日，是由财政部、中国工商银行、中国农业银行、中国银行、中国建设银行、交通银行和中国人民保险公司联合发起，召集多家国内大企业集团公司入股兴办的全国性大型证券公司，注册资本10亿元。国通证券有限公司成立于1994年，前身是招商银行证券业务部。1998年正式更名为国通证券有限公司。1991年，国通证券成为深圳证券交易所的第一批会员，1992年被批准为第一批上市推荐人、第一批B股特许承销经纪商、第一家证券自营商和深圳地区第一家STAQ会员。至2000年年底，公司营业网点23家，总资产96.83亿元，净资产29.60亿元。大鹏证券有限责任公司成立于1995年，注册资本5亿元，为全国性大型证券公司，1999年成为首批获准进入全国银行间同业市场的七家证券商之一、首批获准新设营业部的九家券商之一、首批获准增资扩股的十家券商之一。2000年净资产24.62亿元，全国排名第八。

此外还有蔚深证券有限公司、联合证券有限公司、长城证券有限公司、平安证券有限公司和金牛证券有限公司。

2. 上市公司

从1987年发展银行发行股票至2000年年底，深圳共有76家上市公司。主要的上市公司有：

深圳发展银行股份有限公司 1987年12月成立，1991年4月3日上市。经营范围主要有：办理人民币存、贷、结算、汇兑业务，人民币票据承兑和贴现，各项信贷业务，外汇存款、汇款，境内外借款，贸易、非贸易结算；资信调查、咨询、见证业务等。2000年利润总额5.47亿元。

万科企业股份有限公司 1984年5月成立，1991年1月29日上市，是深圳首家由全民所有制改造的中外合资股份制工贸企业。1997年6月，公司增资配股募资人民币38331万元，主要用于深圳住宅开发。至2000年年底，万科历年累计房屋竣工面积163万平方米，土地储备量为450万平方米。

深圳原野实业股份有限公司 1987年成立，1990年12月10日上市，主要经营服装、纺织业、国际贸易，是依照《广东省经济特区涉外公司条例》成立的第一家中外股份制集团式企业，也是中国证券市场上第一家受处理进行重组而更名的上市公司。1992年因股东及主要负责人非法将公司资本、银行贷款转移到境外为私人牟利，被深交所停牌。重组后更名为深圳市世纪星源股份有限公司，1994年1月3日复牌。

深圳能源投资股份有限公司 1993 年6月成立，1993年9月3日上市，是全国电力行业第一家大型股份制企业，也是深圳市第一家上市的公用事业股份公司。至2000年年底，公司总资产75.4亿元，净资产25.6亿元，形成固定资产46.6亿元。

深圳大通实业股份有限公司 1994年2月成立，1994年8月上市，是深圳第一家由外商独资企业改组的股份制企业。主要生产经营积层陶瓷电容器、中高压陶瓷电容器、管材陶瓷电容器、圆片类陶瓷电容、半导体陶瓷电容及微型高温电解电容器等电子元器件产品。

此外，还有1997年11月上市的深圳中兴通讯有限公司和1998年4月上市的深圳机场股份有限公司等。

3. 证券发行市场

债券发行市场 由政府债券发行市场和企业债券发行市场组成。1990年深圳机场债券发行。1992年10月19日，深圳宝安企业（集团）股份有限公司开始发行可转换债券和认股权证，这是我国首次发行可转换债券和中长期认股权证。1995年7月4—5日，“深南玻”在瑞士成功发行4500万美元B股可转换债券，为中国企业首次在境外发行B股可转债。1998年9月15日，深圳证券交易所第一只规范化的可转换债券“丝绸转债”挂牌发行上市。2000年3月5日，期限为5年的“鞍钢转债”在深交所上网发行，发行量15亿元。

股票发行市场 为了尽快聚集社会闲散资金用于经济建设，深圳率先进行股份制集资试验，公开向社会发售股票。1983年7月，宝安联合投资公司发行中华人民共和国第一张股票。1986年10月，市政府颁布《深圳经济特区国营企业股份化试点暂行规定》后，深圳的股份制企业迅速发展。1987年5月，由特区内9家信用社联合组成深圳发展银行，公开向社会招股，首次公开筹集790万股金，开深圳股票发行市场之先河。1989年股票市场开始活跃。1992年11月20日，深圳证券交易所第一只异地股票“武汉商场”挂牌上市。1992年继“深南玻”后，又有8家深圳本地公司发行B股。至2000年，发展到55家。1994年6月，深交所首创通过交易系统竞价发行股票，投资者通过电脑交易系统竞价，确定证券实际发行并成交。1998年深圳证券市场在企业融资方式改革上取得重要进展。2000年2月13日，中国证券监督管理委员会在新股发行中试行向二级投资者配售新股的办法。3月15日，天津水泥股份有限公司刊登招股说明书。3月17—27日，700万A股以上网定价发行和向二级市场投资者配售发行相结合的方式公开发行。

基金发行市场 深圳证券市场基金股份的发行，分为早期基金管理公司基金股份发行和规范化的证券投资基金发行两个阶段。1991年10月，南山基金试运作。1992年5月，正式定向公开发行，发行规模为10935.9万基金单位。1993年年初，蓝天基金管理公司推出中国最早的封闭式契约型蓝天投资基金，资产规模3.79亿元人民币。1998年年初，国内第一批规范化证券投资基金管理公司之一的南方基金管理公司在深圳成立，发行“开元证券投资基金”。

4. 证券交易市场

1988年4月7日，深圳发展银行股票在特区证券公司柜台上市交易。1989年年底，深圳柜台交易的股票有发展、万科、金田、宝安和原野等5只。

1990年12月1日，深圳证券交易所开始运作，安达成为首只进入集中市场交易的股票。当年深圳股票交易额达19.65亿元，占全国成交总额的98%。1991年4月3日，深圳柜台交易的股票全部进入交易所集中交易。1992年7月，深圳证券登记公司开始实施“集中清算与分布登记”的方式。同年11月25日，首家异地证券登记机构——合肥证券登记公司通过验收。1993年4月，深圳证券交易所首创借助卫星通信手段传送股市行情。同年8月，深圳证券卫星有限公司成立。1994年12月16日，深圳证券上海服务中心投入运行。

深圳证券交易市场在市场规模扩大的同时，上市交易的证券品种日趋多样化。至2000年年底，证券交易所会员发展到326家，交易席位1697家，投资者开户数达2843.29万户。

（三）保险

1. 保险机构

至2000年，深圳市主要保险机构有：

中国人民保险公司深圳市分公司 1979年11月成立。1984年2月改为现名（简称人保深圳分公司）。至2000年年底，公司总资产13.92亿元，净资产3.81亿元。其中，2000年保费收入11.93亿元，赔款支出5.3亿元。

中国人寿保险公司深圳市分公司（简称中国人寿深圳市分公司） 1988年3月1日成立。公司先后三次更名：初名为中国人寿保险股份有限公司深圳市分公司，1994年6月更名为深圳人保寿险公司；1996年8月更名为中保人寿保险有限公司深圳市分公司；1999年3月更为现名。至2000年，公司总资产18.36亿元，净资产1亿元，保费收入8.86亿元。

中国平安保险股份有限公司 1988年3月，由招商局蛇口工业区社会保险公司和中国工商银行深圳信托投资公司合资成立平安保险公司，是中国首家股份制保险公司。1992年6月4日，更名为中国平安保险公司（简称中国平安），注册地为北京，总部设在深圳。1993年12月，美国摩根投资银行和高盛有限合伙集团公司获准参股中国平安。1998年年底，中国平安股东增至55家。至2000年年底，公司总资产652.25亿元，净资产57.38亿元，资产盈利率在亚洲前25大寿险公司中列居第2。

深圳平安人寿保险有限公司 1993年4月成立，是中国平安下设的第一家专业人寿保险公司（简称深圳平安人寿）。2000年公司的总资产为20.43亿元，净资产为0.5768亿元，保费收入7.4亿元，给付保险金4736.15万元。

华安财产保险股份有限公司 1996年10月7日成立（简称华安保险），公司总部设在深圳，注册资金3亿元。1997年9月华安保险加入中国航天保险联合体，是中国大陆首家获得国际质量认证的财产保险公司。2000年公司总资产4.996亿元，净资产3.18亿元，实现保费收入2.42亿元，赔款支出7796万元。

美亚保险公司深圳分公司 美亚保险公司（AIU）是美国国际集团（AIG）的全资子公司。1999年9月，中国保险监督管理委员会批准美亚保险公司在深圳设立分公司，成为首家进入深圳市场的全球性外资保险公司。至2000年年底，公司总资产为人民币1.075亿元，净资产为9907万元，保费收入710万元，赔付支出9.8万元。

此外，还有中国再保险公司深圳分公司、中国平安保险公司深圳分公司、中国太平洋保险公司深圳分公司（简称太保深圳分公司）、华泰财产保险股份有限公司深圳分公司、香港民安保险有限公司深圳分公司、美国友邦保险有限公司深圳分公司等保险公司，以及加拿大弘历人寿保险公司、香港亚洲保险有限公司等驻深代表处。

2. 保险业务

1979年11月人保深圳分公司根据人行总行的文件要求，恢复办理国内保险业务。经营范围包括财产保险、人身保险、责任保险、信用保证保险四大类。

财产保险 深圳的财产保险主要包括企业财产保险、机动车辆保险、货物运输（国内、海上）保险、建筑工程（安装）保险等。企业财产保险是深圳市最早恢复办理的保险业务，也是各财险公司的支柱险种。1988年4月，平安保险公司承保第一笔财产保险业务——招商局蛇口工业区房地产公司，保额3072万元，保费4.4万元。2000年深圳财产保险业务收入达22.72亿元，赔款支出9.6亿元。机动车辆保险自1979年恢复办理以后，业务发展很快，成为深圳财产保险业务中的最大险种。深圳的国内货物运输保险于1979年年底恢复办理，承保方式除接受上门业务外，主要对货物进出量大的单位采取预约和单位代理两种方式办理。2000年，全市运输保险保费收入7676万元，几家主要保险公司的建筑安装工程险保费收入达1700多万元。

人身保险 1988年以前由人保深圳分公司独家经营，主要开办团体人身保险和简易人身保险业务。1988年平安保险公司开业。1995年3月，太保深圳分公司设立人身保险业务部，先后开办人身保险业务。至2000年年底，深圳保险市场上经营人身保险业务的公司有4家：中国人寿深圳分公司、深圳平安人寿、太保深圳分公司、美国友邦保险公司深圳分公司。

责任保险 即以被保险人的民事损害赔偿责任为保险标的责任保险。深圳经营的险种有：公众责任保险、产品责任保险、雇主责任保险等。2000年各保险公司实现责任险保费6920.65万元。

信用、保证保险 主要有出口信用保险、汽车、住房消费贷款保证保险等。1999年6月，人保深圳分公司与市贸发局、财政局签订出口信用保险保费补贴协议，给予30%的保费补贴。1999年9月27日，经中国保监会批准，华安保险推出全国首办险种——住房装修消费贷款保证保险。至2000年年底，人保深圳分公司承保593单，总保险金额人民币8300万元，总保费人民币99.6万元。

3. 政府监管与行业自律

政府监管 1989年8月11日，深圳人行下发《关于深圳市保险市场管理若干问题的暂行规定》。1996年1—4月，深圳人行对开业半年以上的96个国内各家保险公司及所属营业机构进行年度检查，主要审查参检机构的合法性和业务的合规性。1996年9月23日，深圳人行公布《深圳市保险业务员展业管理暂行办法》，委托深圳市保险同业公会制作并发放“保险展业证”和“保险代理证”。1997年1月和4月，分别对财产保险和人身保险制定《深圳市保险机构风险监管试行办法》。1997年7月9日，深圳人行制定并下发《深圳市国内保险公司设立分支机构的基本原则》。2000年12月，中国保监会深圳办公室筹备组成立。

行业自律 1994年10月8日，深圳市保险同业公会成立，建立保险行业的自律机制，维护保险市场公平竞争秩序。1996年深圳保险市场竞争日益加剧，9月2日，同业公会主持召开全市保险机构制止不正当竞争公约签约大会，6家保险公司签署《深圳市保险机构制止不正当竞争公约》。1998年12月8日，市保险同业公会和深圳国内银行同业公会联合举办银行兼业代理财产保险业务公约签约仪式。

十一、城市建设

特区成立伊始，深圳即全面开展各项基础设施建设。

1992年，邓小平视察南方后，深圳掀起新一轮建设热潮。1995—2000年，全市城市建设总投资412亿元。至2000年，建成区面积由建市时的3平方公里扩至330.5平方公里；建成桥梁200座，道路总长1357公里、总面积2182万平方米；建成港区9个、货运码头82个，建成通往境外口岸17个。

（一）建设管理与改革

1. 建设市场管理

全面开放建设市场 1982年深圳市在城市建设中打破地区和部门封锁，欢迎国外、港澳和内地的勘察设计、建设企业和建设材料进入深圳市场。1994年1月市建设局颁布《深圳市私营建筑企业管理办法》，明确规定具有深圳市常住户口的公民，可依照法定程序申请成立私营建筑和工程企业。至2000年，深圳的建设市场已向国内外、海内外不同所有制的企业全面开放。

工程招标投标 1981年7月，深圳率先改革建设工程任务管理模式，由行政分配改为招标投标，第一冶金建设公司中标首项试点——国际商业大厦。经过1年施工，该大厦每平方米造价由500元降至398元，工期由2年缩短至1年。1982年，市政府颁发《深圳经济特区建筑工程施工招标投标暂行办法》，开始在低层住宅、道路、土石方等工程推行。1993年11月，市一届人大十九次会议审议通过《深圳经济特区建设工程施工招标投标条例》，工程招投标实行业主负责制，谁投资谁负责，政府由直接组织变为监督管理；招标方式分为公开招标、邀请招标和议标三种。至1998年，招投标制度和工作日益规范。2000年，全市受理建设工程招投标1081项，涉及总造价215.7亿元，招标率达100%。

“五统一”建设 1981年，深圳特区建设工程遵循“先地下、后地上”的建设规律。由于城市建设工程牵涉面广，涉及多个条块分割的部门，常常发生前面铺设道路后面又要挖开铺设各种管线之类的情况，1982年，实施“五统一”（统一规划、统一征地、统一设计、统一组织施工、统一使用资金）制度，将包括供水、供电、供气、排水、排污、电讯、道路和平整土地的“七通一平”纳入综合配套建设中，收到开发一块、建设一块、收效一块的实效。至2000年年底，“五统一”建设制度一直从未间断。

2. 建设施工管理

文明施工 1993年深圳城建部门颁布《深圳市建设局建设工程施工现场文明施工及环境管理暂行规定》，要求工地必须围栅施工，场容场貌整洁，控制粉尘和噪音等。1998年9月，又颁布《深圳市建设工程现场文明施工管理办法》和《深圳市建设工程现场文明施工检查评定标准》。

工程质量监督 1981年6月25日，市政府批准成立市工程质量监督检验站，对承建单位的施工质量进行监督、验收、签证。至2000年，全市接受监督的房屋建筑工程2382项，面积7309.73万平方米；接受监督的市政道路工程374.28公里；接受监督的桥梁93座；接受监督的燃气工程28项、长度308947.7米。

施工安全监督 从1984年起，市政府每年组织一次施工安全生产大检查。1995年开始，深圳率先在国内提出“安全项目法”“三全监管”和“危险性作业项目专项安全管理”等管理办法。至2000年年底，共举办各种安全教育培训班132期，培训施工安全人员5.2万名，基本形成市、区、镇三级施工安全监督管理网络。

工程监理 1988年深圳市进行工程监理制试点。1995年9月深圳市二届人大通过《深圳经济特区建设工程监理条例》，规定300万元上的新建、改建、扩建的建设工程施工阶段应实行建设监理，为监理行业的发展提供法律保障。

3. 建设技术管理

施工技术管理 建市初期，市建设行政主管部门设总工程师和技术管理处负责全市建设技术的管理和推广创新。1983年以后，深圳市采用一系列先进的建设技术，创造了闻名中外的“深圳速度”。1997年建立注册建筑师制度，对全市注册工作进行管理和监督。1999年全市50%的市属、常驻勘察设计单位落实公司规范化政策，建立现代企业制度。2000年对201个单位进行年审中，有11家取得ISO 9000系列认证，6家建筑设计单位被取消甲级资质。至2000年年底，深圳有一级注册建筑师471名，一级注册结构工程师432名。

检测管理 1981年深圳成立工程质量监督检验站，负责桩基工程和建筑业试验室的检测工作。1993年6月起，组织有关专家成立桩基工程检测单位资质审查组，资审17个申报单位30个项目。2000年，有81个单位建筑业试验室和19个桩基检测单位通过技术资质审查，检验人员均经培训取得上岗证。

4. 工程造价管理

计价标准管理 建市初期，工程造价没有统一的计价标准。20世纪90年代，深圳开展工程造价改革，在全国率先采取国际通用的“综合价格计价法”。至1995年，初步形成“法定耗量、指导价格、信息服务、宏观调控、竞争定价、依法（合同）结算”的工程造价管理新体制。

工程计价人员管理 从1995年起，每年的资格考试及考前培训均由市建设工程造价管理站负责，外地持证的专业人员必须到该站登记。至2000年年底，深圳有造价工程师985人，概预算专业人员5300人。

5. 建材管理

建材价格信息管理 从1985年起，深圳物价局、建设银行和审计站联合发布建筑材料价格，每季度公布一次。1988年8月，市政府决定，建筑材料价格信息工作统一由市建设定额价格管理站负责，每月公布一次。

散装水泥和预拌混凝土管理 1990年10月，深圳成立散装水泥办公室，由市建材工业集团公司管理。1994年开始，深圳按使用水泥每吨3元征收发展散装水泥专项资金。1997年7月，根据省政府12号令，改按8元征收。至2000年，全市建成水泥中转库16个，筒仓49个，搅拌站29家，预拌混凝土生产线70条，征收发展散装水泥专项资金7000多万元，扶持散装水泥企业2600万元。

（二）市政建设

1. 市政道路建设

1980年市政府投资1340万元，在深南路、前进路等处新修普通马路39公里，扩建旧马路2.5公里，建起两个小停车场，1座交通指挥岗亭。1982年全市开工道路25条段，竣工7条，长度7.09公里。1984年修路突破100公里。1988年组织接通23条“断头路”，全市131条道路首次实现互通成网。至2000年年底，市区主要道路有：

深南大道 深南大道东起罗湖的沿河路口的三九大酒店，西至南头联检站，全长24.8公里。东段长6.6公里，经过罗湖高层商业区，路幅宽度为50米；西段长18.2公里，路幅红线宽达135米。1980年开始修建，历经6次动工，1995年10月全部完工。

北环大道 北环大道是深圳市东西方向的主要交通干道，1984年11月开始兴建，1986年8月竣工验收，1993年拓宽。该路按城市快速路标准设计，主道为双向八车道，并设紧急停车道，辅道双向四车道，道路红线宽度105～132米，主道中间设防撞墙分隔，路侧设防撞栏和防爬网，全长约18公里，总投资额为26.3034亿元。

南环路 位于深南大道南面，是沟通罗湖高层商业区、福田区和南山区的重要通道，由春风高架路、滨河大道、滨海大道组成，全长21公里，工程总投资达50亿元，1987年1月动工，1999年10月建成通车。

东门北路 全长4.541公里，路幅宽40米，南起深南东路与东门南路交叉口，北至布心东湖宾馆，1982年7月开工，1984年5月竣工。

2. 市政桥梁建设

城市桥梁 1983年4月，主桥长45米的泥岗路桥开工，1984年6月竣工验收，投资326万元；1983年5月，主桥长30米的布吉河桥开工，翌年12月竣工验收，投资405万元；1985年4月，布吉河笔架山桥开工，1987年12月建成，主桥长30米，投资231万元；1985年9月，横越深南路、解放路、嘉宾路的铁路高架桥动工修建，1987年10月1日竣工通车，投资2548万元；1993年3月，北环大沙河高架桥开工，主桥长134米、宽48米，1994年12月建成，投资6796万元；1994年6月，春风路高架桥开工，主桥长1430米、宽50米，1996年12月建成，投资35418万元；1997年5月至1998年8月和1998年2月至1999年2月，东环南高架桥和爱国路高架桥先后建成，两桥共投资2.6亿元；1998年12月至1999年12月，人民公园路桥建成，总投资2300万元。

市区立交桥 1982年12月，动工兴建深圳建市后的第一座立交桥——笋岗立交桥，1984年1月竣工通车；1983年4月，跨越广深铁路的泥岗立交桥开工，桥面净宽35米，投资326万元，1984年6月竣工通车；1989年2月，位于深南路与皇岗路交汇处的皇岗立交桥开工，修建道路面积1.4万平方米，工程总造价5800万元，1989年12月竣工；1990年10月30日，位于洪湖公园北布吉立交桥和位于皇岗路北端与北环路相交的北环立交桥举行动工典礼，分别于1991年7月和9月竣工通车；1992年位于滨河路中段的滨河立交桥，沿河路与怡景路口的罗芳立交桥、福田中心区的彩田立交桥、金田立交桥、益田立交桥、景田立交桥和位于文锦路、东门路与笋岗路“三路五口”位置上的雅园立交桥等7座立交桥先后动工兴建；1993年3月，快速干道北环路上的泥岗、梅林等11座不同类型的立交桥先后开工，1994年年底陆续完工交付使用；1994年6月，快速干道南环线滨河路段上的彩田、金田、益田、新洲、车公庙等5座立交桥全部开工，1995年年底均竣工通车；1996年8月21日，红岭北立交及泥岗路拓宽工程动工，1997年8月28日竣工。

3. 一线口岸建设

1980年深圳与香港连接的沙头角、文锦渡和罗湖口岸虽然有通道桥来往，但规模过小。1982年深港双方政府商定，在沙头角、文锦渡、罗湖和皇岗的界河上修建新桥，增开陆路通道，并在各自一侧建设相应的过境口岸检查和管理设施。至2000年，深圳建成17个通往境外口岸和黄田国际机场，成为当时全国唯一拥有海陆空口岸的城市。

4. 城市供排水建设

建市后，供水与用水矛盾日益突出。市政府加大建设力度，1981年2月，在深圳水库兴建日产6万立方米的水厂；1984年2月，扩建第二条生产线，日产12万立方米，投资2300万元，1985年9月投产；1985年兴建沙头角水厂第二期工程，投资400万元，1986年投入使用，日供水量1.8万立方米；1985年3月，兴建南头大冲水厂，日供水量12万立方米。1987年起，新（扩）建梅林、大冲水厂，新建东湖、马污、铁岗3座取水泵站、大冲转输泵站及西沥取水口的供水网络。至2000年年底，建成自来水厂8座，制水能力达194.7万立方米/日，直径80毫米以上的供水管道长2057公里，供水量44256万立方米/年；建成下水道排水管长3158公里，污水处理厂4座，污水处理能力119.6万吨/日。

5. 燃气建设

1980年燃气建设开始。1983年下半年，深圳第一条液化石油气铁路专用线在笋岗仓库区建成并投入使用。1998年8月，总投资约1亿美元的深圳华安冷冻液化石油气储库建成，成为中国第一座年周转能力达96万立方米、库容量为16万立方米的LPG低温常压储存基地。至2000年，深圳建成石油液化气码头7座、气化站9座，液化气贮罐总容积18万立方米，周转量140万立方米，铺设地下燃气管网939公里。全市瓶装气用户达91万户，管道气用户达47万户，年供应量40万立方米，气化率达98%以上。

6. 民防建设

1992年10月10日，深圳民防委员会及其办公室成立，逐步开展民防工作。为给大亚湾核电站发电提供保障，年底成功组织核电事故场外应救演习，得到国际原子能组织认可。1998年市建设局印发《关于加强人防地下室工程建设管理的通知》，民防报建地下室迅速增加，全年达到407项。1999年年初，市民防应急指挥中心投入使用。至2000年年底，累计报建民防地下室1300多项。

第五节　经济管理

一、财政

（一）财政体制

1. 中央、广东省对深圳市的财政体制

特区创建初期，市财政为补贴型财政。1983年省对深圳实行“收入全留，支出按基数减半下拨”财政管理体制；1984—1989年，实行“收入全留，支出不拨，能源基金全留”财政管理体制。1990年，国务院决定深圳在国家计划（包括财政计划）中实行单列，享受省一级经济管理权限。

1994年1月起，全国实行新的分税制财政体制和新的税制，税收返还基数以1993年为基数计算。中央对深圳实行分税制财政体制，广东省与深圳财政体制关系保持不变。至2000年年底，中央对深圳补助收入合计32.26亿元，其中，税收返还30.93亿元；省结算补助收入1.0032亿元；上解中央支出6.4586亿元，上解省结算支出8.8282亿元。当年深圳上划中央各类收入506.85亿元。

1993—2000年深圳上划中央收入情况统计表

表1-15　　　　单位：亿元

年份 项目	1993	1994	1995	1996	1997	1998	1999	2000
合计	23.08	47.02	75.11	102.64	227.34	232.74	305.35	506.85
增值税（75%）	—	15.23	20.60	25.10	30.50	42.76	46.08	63.76
消费税	—	1.11	1.40	2.18	2.71	3.59	3.72	5.44
金融企业所得税	—	3.03	4.60	9.34	20.80	15.14	12.30	14.60
金融保险营业税	—	—	—	—	4.30	9.14	9.36	9.39
证券交易印花税	—	6.30	4.00	4.75	111.65	86.56	97.96	205.47
海上石油外资企业所得税	—	—	0.28	0.30	0.28	0.47	1.44	1.22
滞补罚收入	—	—	—	—	0.54	—	0.02	3.09
关税	14.78	8.65	16.03	18.97	19.01	27.21	47.49	69.20
海关代征税收	8.30	12.70	19.40	28.70	23.65	35.37	76.02	123.88
银行所得税	—	—	8.80	13.30	13.90	12.50	10.96	10.80

2. 市对区的财政体制

建市初期，深圳对区、县实行一级财政管理体制。1982—1985年，市对宝安县实行“收入全留，定额补助”的财政体制，每年由市财政补助经费1400万元；市对罗湖、上步、沙头角、南头4个管理区实行区一级财政管理体制，具体内容是“划分收支、定额补助、超收节余留用、短收超支不补”。蛇口区从1985年起正式纳入市财政计划，实行一级财政管理，管辖范围内所征收的各项税收（不含海关代征税收）均作为管理区的财政收入。1986年，市对各区的财政体制进行调整；1989年，又继续适当调整。1991年，市对区、县财政体制，以上年决算上缴数为基数，定额上缴。

1994年实施分税制后，市对区的财政体制与中央分税制方案相衔接，与分税制后新的收入格局相适应。除去上划中央需按原级次上划和调整外，其余收入的划分和体制维持不变。1994年，各区增长部分的返还按中央对市核定的返还系数执行。

（二）财政管理

预决算管理 建市后，深圳坚持一级政府、一级财政的原则，按照年度预算平衡的方法编制年度预算。1989年，深圳财政决算做到“三清”，即清理收支、清理往来、清理结转。1996—1997年，将部分预算外资金纳入预算管理；政府性基金收支决算与一般预算资金决算分开，单独编列。1998—2000年，财政总决算在加强技术性审查的同时加强政策性审查。

基本建设财务管理 建市后，深圳基本建设财务开始限额管理。1982年7月，首先在国际商业大厦工程进行招标、投标试点。1996年6月，全市工程预决算按《深圳市财政性基本建设投资工程概（预）决算管理办法》管理。1997年1月，制定《深圳市基本建设拨款财政管理暂行办法》。2000年3月，制定《深圳市政府投资项目管理条例》，规定本级政府投资项目建设资金实行直接支付制度。

行政事业财务管理 从1980年1月1日起，深圳对文教、工交商事业单位和行政机关试行“预算包干、结余留用、超支不予报销”办法。1987年在行政事业单位全面试行“预算切块包干、超支不补、结余留用”。1989年制定《深圳市行政事业单位经济收入管理暂行规定》，将行政事业单位划分不同类型，变单一包干为分类包干，将预算管理形式同单位的经费自给程度挂起钩来，促使有条件的事业单位向差额预算管理或企业化管理过渡。2000年深圳试行部门预算改革，确定市城管办、档案局、审计局和职业技术学院作为编制部门预算的试点单位。

政府采购管理 1997年，市政府先后推出行政事业单位编内车辆实行统一投保等项改革。11月23日，首次组织政府采购招标活动，当年政府采购总额6.6亿元，比市场平均价低10%，节约资金7000多万元。1999年1月1日，《深圳经济特区政府采购条例》施行。2000年1月，市财政局政府采购工作领导小组成立。5月，市政府采购网开通。

社会保障事业财务管理 1986年10月起，深圳实行待业保险制度。1987年3月，将临时工纳入社会保险范围。同年12月，将集体所有制企业从“企业自保”向“社会共保”转变。1992年5月，市政府颁布《深圳市社会保险暂行规定》及其实施细则，建立养老保险、医疗保险、住房公积金三项社会保险制度，并相应建立三项社会保险基金。从1998年起，社会保险基金不再由社会保险业务经办机构单独管理，基金管理制度由财政部门制定，社会保险基金实行“收支两条线”管理。至2000年年底，社会保险基金年终滚存结余100亿元，较1996年的38亿元增长163%。

罚没物资管理 1982年市政府规定：罚没物资由市财政局统一处理，按物资归口移交给商业部门经营，剩余零星、残次物品由财政局公开拍卖。1993年6月，《深圳经济特区财产拍卖条例》颁布。1996年7月，市政府对深圳拍卖行清理整顿，并提出参照香港做法，建立政府公物仓。至2000年年底，市公物仓运作两年接收罚没物资181批，价值2.2亿元；拍卖177次，拍卖价款2.4亿元，增值2200万元。

行政事业性收费管理 1998年12月，市财政局印发《深圳市行政事业性收费收支两条线管理实施细则》，要求所有行政事业性收费必须纳入财政管理，实行收支两条线。至2000年年底，市级单位实行"收支两条线"管理的有191个，覆盖面达99.48%。

预算外资金管理 1979年，深圳预算外资金收入466万元，支出396万元。1989年，市政府颁发《深圳市行政事业单位预算外资金管理办法》，规定对行政事业单位的预算外资金实行"财政专户储存，监督使用"。2000年，市预算外资金收入554159万元，支出471781万元。

财政周转金管理 1983—1993年，周转金由市财政局各业务处室对口管理。1998年2月，市第八次财税联席会议决定，从3月1日起停止所有财政周转金贷款，市财政局负责清理和回收已发放的财政周转金贷款。至2000年年底，深圳发放财政周转金92481万元。其中，回收9374万元，未回收83107万元。

会计管理 1992年，深圳在全国率先进行企业会计改革。1997年6月，推出"统一会计凭证、账簿"系列。1998年5月，颁布《深圳市会计基础工作规范管理办法》。至2000年年底，全市有1424家单位通过会计基础工作规范化考核验收，发放会计上岗证134396份，近千家企业获准用计算机替代手工账。全市有会计师事务所66家，从业人员3493人，各会计师事务所业务收入总额达3.72亿元。

（三）财政监督监察

财政内部监督 1997年4月，市财政局制定《深圳市财政系统内部财政监督暂行规定》，聘任82人为市财政系统内部财政监督兼职监察员。1999年3月，发布《关于建立约束机制加强内部监督的规定》和《银行账户管理规定》。同年，建立内部审计和干部离任审计制度。2000年完善内部监察制度，制定《深圳市财政局预防职务违法犯罪行为工作方案》。

财政税收财务大检查 至2000年，深圳累计检查各类企业单位140676户，查出有违纪问题的69357 户，查出各种违纪金额201098万元。此后上缴财政147949万元，并配合司法、检察、法院等部门查处一批大案要案。

财政监察 自1993年恢复财政监督机构至2000年，全市各级财政监督机构受理人民来信93件，接待群众来访31次，检查115个单位（次），发现和查处违反财经纪律等各类案件33起。通过检查，为国家避免损失354万元，回收财政资金319万元，查处有贪污行为的干部1人。

二、税务

建市后，深圳税务经历三个发展阶段：1979—1983年，税务机关开始局部性的市场化改革；1984—1993年，进行大范围、深层次的改革；1994年起，不断步入规范化、法治化。

（一）税收制度

建市时，深圳税收管理权十分有限。1985年5月财政部颁布《关于深圳经济特区内资企业征税问题的暂行规定》，授予深圳特区一定的税制调整和改革权限，这是中华人民共和国成立以来税收管理权限划分的重大突破，从而促使深圳进行全面的结构性税制改革。

1. 1983年以前的税收制度

1981年起对特区内从事生产经营的一切国营、集体企业、事业单位按利润收入15%的税率征收所得税，突破中华人民共和国成立以后形成的不能对国营企业征收所得税的禁区。

1982年起，对集体企业征收工商所得税，对未纳入预算的国有企业按国家规定缴纳40%的所得税，而对预算内的国有企业，暂不征收所得税，改为上缴利润。5月，对特区“三资企业”（中外合资企业、中外合作企业、外资企业）征收工商统一税和所得税，所得税减按15%的税率征收，对进口生产所必需的生产资料免征工商统一税。1983年1月起，对地方政府、机关团体、部队、事业单位的预算外资金、国营企业及其主管部门提取的专项基金，以及城镇集体企业缴纳所得税后的利润，按10%（7月提高为15%）征集征收能源交通重点建设基金。

2. 1984—1993年的税收制度

这一时期深圳外资企业税制改革全面推进。1985年，实行所得税政策上的“税利分流、税后还贷、税后承包”，在全国率先统一内资企业所得税的纳税人，统一内资企业所得税的征税对象和计税依据，统一了企业成本、费用列支的范围、标准，改革和完善减免税政策，建立个体和私营企业所得税制度，开征工资调节税和个人收入调节税。当年5月实施了“地产地销”减免税政策。1987年5月，对内外资企业统一征收城市维护建设税、房产税、车船使用税，初步统一内外资企业的地方税制。11月，特区内全面暂停征收屠宰税。

1988年8月，深圳统一内外资企业税制，采取一系列措施，停止对外商投资企业征收工商统一税而改征产品税、增值税、营业税（进口环节除外），实行统一内外资流转税政策，统一适用地产地销免税（产品税、增值税）政策，并将特区内城市维护建设税税率由7%降为1%；在全国率先统一内、外资企业所得税税率（15%）和“生产性企业二年免征三年减半征收、服务性企业一年免征二年减半征收”的所得税优惠政策。1989年5月对内、外资企业统一征收印花税。1990年7月起，率先对股票交易和个人持有股票收益分别按印花税和个人收入调节税征税。1992年5月，颁布《深圳经济特区企业所得税计税标准暂行规定》，从而统一企业所得税的各项政策。

3. 1994—2000年的税收制度

1994年1月，全国实施新税制。1995年1月，深圳取消消费税地产地销免税政策。1998

年对新认定的生产性高新技术企业实行两年免征企业所得税、八年减半征收企业所得税的优惠。

（二）税收征管

1980年，深圳恢复专管员制度。1985年，市税务局首先将电脑用于制作会计统计报表。

1988年，深圳对税收征管体制进行改革。一是在征管模式上将“一员到户、征管查一条线”改为“税款征收、税务管理、税务审计相分离”的征管模式，对集贸市场和临时经营，实行定点划片、定期轮换的征管形式；二是增设税务稽查大队，形成征收、管理、审计三个系列；三是改革征管手段，运用计算机实现征管工作现代化。

1996年，地税局实施新的征管改革，在不增设机构、不增加编制的前提下，在全市地税系统内设置税务登记、税款征收、税务检（稽）查三大系统；当年进行“电子报税和税款征收无纸化”项目试点。1998年，统一对娱乐业纳税人使用定额发票，并对定额征收的纳税人实行“定额加发票”的征管方式。

2000年，地税局调整征管体制，将主要由征收分局承担税收任务改为分别由检查分局承担企业的税收任务、征收分局承担个体及零散税收任务，进一步强化对纳税人的分类管理。2000年，全市地税系统实现办公自动化。

（三）税务登记

1981年，深圳恢复税务登记制度，强化纳税人开、歇业申报登记和变更登记。全市税务登记1983年为5642户，至1994年为123586户。市地税局成立后，税务登记管理分为两个阶段。一是地税局成立至1995年年底，企业按其经济性质和所属级别分别到不同税务分局办理；二是1996年征管体制改革以后，企业不分经济性质、所属级别以及行政区划，一律到登记分局集中办理；特区外龙岗、宝安两区企业到当地分局办理。

1995年，市地税局登记109054户，之后登记户数呈逐年增加之势，2000年年底为254343户，比1995年增加145289户，增幅为133.23%。

（四）纳税申报与税款征收

1994年年初，市地方税务局推广第一分局改革后的税款征收方式。第一分局将“三自”纳税（自核、自报、自缴）改为指定银行专户划转税款，并对企业所得税税款年终汇算清缴方式进行改革：企业可将上年度企业所得税税款清算和本年度第一季度企业所得税税款预缴合并进行，税务机关强化企业所得税税务日常检查。这一改革得到国家税务总局认可，并于1995年向全国推广。纳税申报与税款征收分为两个阶段：第一阶段是市地税局成立至1995年年底，企业按其经济性质和所属级别分别到不同税务分局办理。第二阶段是1996年征管体制改革以后，企业不分经济性质和所属级别，一律到所在地税务征收分局缴纳税款，特区外龙岗区、宝安区企业分别到各所在地征收所纳税。

1995年，市国税局加强增值税征管，严格做好增值税一般纳税人认定和资格验证工作。1996年市国税局完成金融企业所得税汇算清缴改革试点工作，对增值税征管推行“自核自缴”方式。1995—2000年，深圳出口退税累计99.01亿元。

（五）税务收入

1980—1994年，是深圳税收收入持续高速增长时期。1980年，全市工商税收收入仅为2721万元。至1994年，工商税收入达70.48亿元，年均递增41%，税收收入总额在各大城市中名列第4位，仅次于上海、北京和广州。1995年市地税务局在国家税务总局公布的全国“1996年税收十佳排行榜”中获得殊荣，其中国税收入增长幅度排名第一。1995—1999年，市国税局直接和间接为中央和地方聚集资金1158亿元，超过1980—1993年深圳工商税收总和的3.6倍，1997年首次突破200亿元。1995年深圳地税收入49.43亿元，2000年就达154.02亿元。

（六）税务检（稽）查

1985—1987年，市、区两级税务机关每年都进行税收大检查。1988年各分局成立审计科，负责日常税务检查。1989年市税务局成立税务稽查大队，负责全市大案、要案和群众举报案件的查处。1991年各分局新成立9个稽查队。至1994年，各分局稽查队、审计科与市税务局税务稽查大队负责开展日常税务检查和税收大检查。全市地方税务检查分为两个阶段：第一阶段是市地税局成立至1995年年底，市税务局按企业经济性质和所属级别分别由不同税务分局进行税务检查。第二阶段是1996年征管体制改革以后，除涉外企业，其他企业不分经济性质和所属级别，一律由所在地税务检查分局负责税务检查，并对纳税人实施ABC分类检查。1996年稽查分局在查处大案和典型案件中成果显著，特别是查处宝日公司高尔夫球场税务违章案件，受到国家税务总局肯定。

1998年，市国税局推进依法治税，实现申报、征收、稽查相结合的全方位管理。当年稽查结案1.26万宗，查补税款4.36亿元。1999年市国税局加强税源管理，把全市1000万元以上的税源大户列入监管对象，随时掌握重点税源企业生产、经营和税收状况。同年，市国税局开发集中管理式电话报税系统。2000年市国税部门共查补税款入库5.33亿元，向公安机关移送案件54宗。

（七）税务行政复议

1991年1月起，市税务局开始实行税务行政复议制度。1995—2000年，市地税局接受纳税人行政复议案件申请52宗，其中符合复议条件，由市局正式受理27宗，涉及税款金额9277万元；复议决定支持纳税人请求的14宗，占51.85%。1996年市国税局行政复议工作委员会成立，制定《深圳市国家税务局税务行政复议工作暂行规定》，加强行政税务复议工作，当年接到税务行政复议申请20宗，立案17宗，涉及税额639万元。

（八）反避税

1987年11月，深圳制定《深圳经济特区外商投资企业与关联公司交易业务税务管理的暂行办法》，规定税务机关对外商的避税有权核定利润予以征税。1988年，市地税局对外税政处和蛇口税务分局以三洋电机有限公司为突破口，按国际惯例以成本加利润法核定利润，在全国率先开展反避税工作。1990—1994年，市地税局进行反避税调整的户数依次为：23家、51家、93家、100家、103家。1995—2000年，市地税局对82家外商投资企业开展反避税调查，调增应纳税所得额211558.61万元，查补税款19740.22万元。

（九）出口产品退税管理

从1985年起，深圳开展出口退税。1990年8月市税务机关查处深华贸易公司、海诚贸易公司等6家骗取出口退税企业。1994年机构分设后，全市出口退税工作由市国税局出口税收管理分局主管。

三、工商行政管理

建市22年间，全市工商系统积极开拓进取，运用国家行政权力，按照国家的法律、法规和政策，对工商企业和市场经济活动进行监督和管理，促进经济快速发展。

（一）企业运营监督管理

企业运营监督管理主要是进行企业登记管理、企业日常监督管理和企业清盘管理。

1. 企业登记管理

建市以来，深圳的企业数量迅速增加，企业登记制度是审批制。市属企业、内联企业的设立，由市工商部门办理登记手续；而外资企业的设立，则由国家工商行政管理局（简称国家工商局）审核发照，或由国家工商局授权核发执照。1982年10月，国家工商局下发《关于深圳和厦门经济特区中外合资企业、合作企业和外国企业、港澳企业常驻代表机构发照问题的通知》，从1983年1月1日开始，委托市工商局签发深圳范围内外资企业的营业执照。同年，市政府将“三来一补”项目的审批权下放，市属项目由市政府有关部门审批，区属项目由各区审批。1984年8月，深圳在核定企业经营范围上率先打破部门、行业限制，允许企业实行一业为主、多业经营，并将原来的分散注册改为集中注册。至1984年年底，深圳企业发展到4314家，当年增长一倍多。1986年市工商局下发《关于承包、租赁经营企业登记管理若干问题的通知》，对承包、租赁经营企业实行备案登记制。1993年2月，市政府办公厅下发由市工商局制定的《企业登记管理规则》，企业注册由政府审批制转变为准则登记制，不须政府职能部门批准，企业直接到工商部门办理注册登记手续，使深圳企业登记制度开始与国际惯例接轨。至2000年年底，深圳办理各类企业登记2.45万个，注销登记922个。

2. 企业日常监督管理

自1980年起，市工商局每年对外资企业出资进行检查，对外商投资企业的设立登记采用登记国际惯例，允许其分期缴纳注册资本。1994年市工商局发布《关于企业场地调查的通知》，为配合核准登记制的实施，简化登记程序，规定只对饮食业、修理业、工业厂房等8种行业企业实行场地调查。1996年12月，对外贸易经济合作部、国家工商局等7个部门联合发出《关于对外商投资企业实行联合年检的通知》，从1997年开始，深圳对外商投资企业重新实行集中联合年检。1999年市工商局推行市场主体监管方式的改革，将基层工商管理工作由驻场管理制向辖区管理制转变，并开始建立各类市场主体的“经济户口”。2000年，市工商局检查1.21万户新设立企业，对1269户外商投资企业进行出资检查。

3. 企业清盘管理

1993年10月，市工商局设立破产清盘处。从1995年10月1日起，该处作为企业清算的主管机关，开始对企业清算进行监督管理。1998年5月，市政府发布《〈深圳经济特区企业清算条例〉实施细则》，使企业清算监管法规更具可操作性。至2000年年底，市工商局以备案方式监管的企业自愿清算案件725宗，涉及的清算财产44.62亿元，企业债务清偿30.72亿元，给投资人分配剩余财产13.9亿元；依法组织强制清算案件42宗，涉及清算财产10.99亿元，清偿债务8272万元，给投资人分配剩余财产总额7599万元。

（二）个体私营经济管理

建市初期，个体私营经济发展较为缓慢。1982年3月，市工商局将个体工商业管理由集中管理改为分级管理，特区内个体工商户由罗湖区工商局负责登记管理。至1986年年底，全市有个体工商户2756户，尚未有正式登记注册的私营企业。

1988年6月25日，国务院颁布《中华人民共和国私营企业暂行条例》，深圳私营经济开始起步，这一年开办160家。1989年5月，市工商局设立私营个体经济管理处，负责监管全市个体工商户和私营企业，并将个体登记发照权再次下放给分局。1992年10月，中共十四大提出个体私营经济是国民经济的重要组成部分，深圳个体私营经济呈跳跃式发展。从该年起，市工商局侧重在宏观上加强引导。1999年配合全市开展清理违法违章建筑行动，查处无照经营1万多户，给近8000户符合办照条件的经营者补办营业执照。2000年下发《关于个人独资企业登记管理有关事项的通知》，对个人独资企业的登记工作加以具体化和规范化。至年底，全市有个体工商户15.93万户，私营企业4.31万户，从业人员分别有36.98万人和47万人。

（三）市场监督管理

建市后，深圳人口激增，市场供求矛盾突出。1981年，位于向南街、南园路的两个简易肉菜市场先后建成，揭开市场网点建设的序幕。1985年，沙头角、桂园等一批永久性农贸市场，以及东门、园岭、滨河等一批临时农贸市场相继建成投入使用，深圳农副产品供应网络初步形成。此外，建材、服装等一些行业市场也逐渐形成。

1986年起，深圳开始对市场建设实行定期规划。市场监管工作亦逐步规范，“文明市场”评比活动、商品信誉卡、违章经营扣分、明码标价、价格差率管理和市场店档公开抽签分配等监管制度在各集贸市场中相继推行。

1992年10月，为加强对市场布局规划，合理筹集和使用政府市场建设基金，深圳成立市场建设基金会。1995年市工商局在专业市场中全面推行市场巡查制，并制定实施巡查员责任制。至2000年，全市有各类专业市场114家，市场成交总额90.5亿元；市场总面积65万平方米，其中面积在5000平方米以上的市场有32个；有国家级文明市场2个，省级文明市场5个，市级文明市场13个。从翌年4月起，除少数大型集贸市场仍实行驻场式监管外，绝大部分市场实行流动巡查监管。

（四）商标管理

1979年，深圳市只有一件注册商标——“南山牌”酱油商标。

1992年9月，市工商局首次举办“深圳市十大著名商标”评选活动。经评选，康佳、金威、家乐、华强、特美思、三九胃泰、飞亚达、海王、笔架山和JW被评为十大著名商标，怡宝、999、TEMPO、SanSun、POWER、南玻、ABC、喜上喜等被评为提名奖商标。

1993年5月，深圳商标事务所成立，商标注册由核转制转为代理制，商标注册申请增长迅速，并开始有服务商标出现，当年申请注册商标量达2539件，其中服务商标申请量为735件。1997年“康佳”商标被认定为全国驰名商标。1993—2000年，市工商局执行新修订的《中华人民共和国商标法》，查处商标违法案的力度不断加大。8年间，查处违法案件659宗，罚没入库1300多万元，收缴假冒侵权商标标识1230万张，责令赔偿经济损失190多万元。至2000年年底，全市有商标印制单位283家，其中具有烟草制品和人用药品商标印制资格的26家。注册商标有23806件，其中“康佳”“999”“飞亚达”被认定为全国驰名商标，“怡宝”等11件被认定为广东省著名商标。

（五）广告管理

1979年，深圳只有市美术广告公司一家广告经营单位。1982年3月，市工商局接管广告管理工作。

1985年，市政府规定所有广告经营单位必须向工商局申领营业执照或广告经营许可证。1989年起，深圳对广告经（兼）营单位实行年检制度。1994年3月，广告代理制度开始在深圳推行。

1996年起，市工商局每年组织大型主题公益广告活动，从该年起，开始跟踪监测，把《深圳特区报》《深圳商报》《深圳投资导报》《深圳晚报》《深圳法制报》，深圳电视台、深圳有线电视台、深圳广播电台，《深圳青年》《女报》《特区经济》《广告世界》《中外房地产导报》等列为重点监测对象，每月对主要期刊进行审查，并做好监测记录。同时，建立起对食品、保健品、药品、医疗服务、化妆品、房地产等广告进行专项监测检查的制度。酒广告在一定的限制下可以发放，而香烟广告已经全面禁止。至2000年，深圳的广告媒介从单一的报纸、路牌发展到电视、广播、杂志、印刷品、灯箱、霓虹灯、电子显示屏、车辆、候车亭、飞艇等几十种。1991—2000年，市工商局查处各类广告违法案件507宗，罚没款项392.7万元。2000年全市广告经营单位发展到996个，广告营业额22.07亿元。

（六）经济合同管理

1982年5月起，市工商局开始对经济合同进行管理。1991年国内首次动产拍卖会在深圳举行，市工商局对拍卖会的拍卖合同进行现场鉴证，此后依据《中华人民共和国拍卖法》

《深圳经济特区拍卖条例》监管拍卖业。至2000年年底，市工商局共发放各类经济合同示范文本672万份，有3万多家企业使用示范文本签订经济合同；鉴证各类经济合同累计3253份，鉴证金额达188.1亿元；“重合同、守信用企业”达389家，连续5年被授予“重合同、守信用企业”的有125家，连续10年被授予“重合同、守信用企业”的有41家；对全市30家拍卖企业举办的481次拍卖会进行了现场监督，鉴证成交确认书1500多份，成交金额约60亿元。

（七）消费者权益保护

1989年9月18日，深圳消费者委员会（简称市消委会）成立，下设办公室。此后，各区消委会亦相继成立，并以工商所为依托建立消费者投诉监督站，逐步扩大消费者权益保护网络。

消委会成立后，经常参与国际间的交流。1991年7月，市消委会代表赴香港参加国际消费者组织联合会第十三届世界大会，并发表题为“为保护森林资源而推广以竹代木制作一次性卫生筷”的报告。1995年起，市消委会开始采用产品比较试验、专题调查等方式，加强对市场商品与服务的社会监督，将消费者权益保护工作的重点从事后处理投诉转移到事前的预防、宣传和监督上来。

1998年6月，市消委会开通“16801315”咨询热线电话，方便市民的投诉。至2000年年底，市消委会设有企业监督站40个，以工商所为依托建立的监督站有70个；市、区两级消委会共接受消费者来信、来电咨询220414人次，其中，受理调解消费者投诉28959件；为消费者挽回经济损失31677.28万元，提供案情由有关部门罚款373.38万元；支持消费者起诉346宗，解决率占投诉总量的96.9%。

四、物价

建市前，绝大多数商品都实行凭证定量供应，价格由国家统一制定。建市后，随着大规模基础建设，深圳生活消费品、生产资料商品的需求急剧增加，供求矛盾日益突出，价格总水平呈逐步上升趋势，其中1985年、1988年和1993年三次出现涨幅高峰；1990年和1998年，商品零售价格总指数两次出现负增长。在改革商品流通体制的同时，深圳以农副产品价格为突破口，逐步放开商品价格，理顺价格关系，建立以市场调节价为主的价格机制。至2000年，除极少数关系到国计民生的重要商品，如水、电、成品油、药品等仍实行政府定价或政府指导价外，绝大多数商品均实行市场调节价。

（一）商品价格管理

1. 农副产品价格管理

1980年起，深圳对农产品价格进行改革：一是下放价格管理权限，二是理顺差价、比价关系，三是逐步取消财政补贴。1988年11月7日，市工商局下发《关于对部分主要商品实行差率控制的通知》，对12种主要农副产品价格实行差率控制，根据产品的运输方式和保鲜难易，规定购批差率、批零差率。1999年3月25日，市物价局下发《关于肉菜市场“菜篮子”价格管理改革的通知》。4月1日，取消从1988年11月15日起实施的肉菜市场价格差率管理办法。此后，深圳农副产品价格全部实行市场调节价，由经营者自行制定。

2. 工业消费品价格管理

1982年起，深圳对凭外汇券和侨汇证供应的商品价格试行浮动价。1986年7月起，由市物价部门管理。实行国家定价的有自行车、金银饰品和药品（国家及省列管部分），实行国家指导价的有彩电、收录机、汽水、食盐。1992年1月1日起，市物价部门列管的日用工业品只有药品一种。此后，绝大多数工业品价格由生产经营者自主制定，实行市场调节价。

3. 生产资料价格管理

建市初，成品油、煤炭、沥青、钢材、水泥等生产资料主要是依靠国家计划调拨和政府自己购买，价格都由政府决定。1984年12月，深圳开始取消煤油凭证供应，实行牌价、高价综合作价销售，之后原油价格开始在政府规定的范围内浮动。1984—1991年，受购进成本和经营费用的影响，深圳多次调整煤炭、沥青价格。1993年3月，民用蜂窝煤价格由市燃料公司结合市场供求状况自行确定。1989年以后，深圳市的钢材在国家、省的调控下，主要随市场供求变化而波动，水泥价格也在政府的监控下随着市场波动。1999年，民用蜂窝煤的价格由市燃料公司结合市场供求自己决定，然后报市里备案。2000年，受国际市场石油价格影响，成品油价格先后经历9次调整，10月达到高峰。此后，随着国际原油价格回落，煤炭、钢铁、水泥的价格则随着市场的变动而变动。

4. 公用事业商品价格管理

1979年1月至1985年1月，深圳自来水价格不分类别，包括工业、商业、基建及居民生活用水等均为每立方米0.18元。1985年用水开始按类别来收费，燃气的使用按气源分计划外和计划内两种。1989年1月11日起，深圳实行先按用电量大小，再区别行业或用途的分类方法制定电价。

1997年1月，深圳电价不再区分涉外和非涉外用电，一律按市物价局规定的非涉外电价执行。从1999年11月起，执行新的电价销售标准，其中居民用电价由0.7元/千瓦时上调至0.78元/千瓦时。1999年7月1日，液化石油气价格实行与市场供求变化相适应的形成机制。1999年6月、2000年6月，又两次调整自来水价格。

（二）服务价格管理

1. 交通运输价格管理

公路运输价格 建市后，深圳的公路客货运输价格一直按省物价局的规定执行。1985年和1992年，省物价局、交通厅两次调整收费标准，一直执行至2000年。从1994年起，深圳相继开通来往广州等地的豪华直达客车。市物价局制定豪华客车票价，其中深圳至广州、珠海、惠州、河源、汕头的票价分别为55元、70元、35元、65元、150元。1995年市物价局规定汽车短途货运实行计时收费，并明确具体的收费标准，计费标准根据省物价局、省交通厅颁发的《广东省汽车货物运价表》，在上浮不超过50%、下浮不限的幅度内，由运输单位和货主协商确定。

城市公共交通价格 深圳的公共交通主要由公共大巴、公共中小巴和出租车组成。1980—1989年，公共汽车票价实行分段收费。1984年，出租小汽车的计价起点为2公里，基价为2公里1.4元，公里价为0.8元。1989—1992年，公共中小巴实行上车一票制，每人次1元。1990年4月15日开始，公共大巴普通汽车改为一票制，票价每人次0.3元。1996年11月10日，出租小汽车一类车基价调至12.5元，二类车基价为10.5元。2000年，特区内公共汽车票价体系再次调整，取消原普通线和专线分类票价，调整后按每人每公里基价和营运里程确定各线路票价。公共小巴变成空调车，市物价局也对其做票价调整。

2. 旅游饮食服务价格管理

游览参观点门票价格 深圳旅游景点均实行政府定价。1989年11月，全国第一个商业性主题公园锦绣中华微缩景区开业，门票分甲乙两种。1999年，又新建成一批旅游观光景点。2000年，深圳确定和调整一批旅游景点票价。

饮食业价格 1981年，由于饮食业存在国营、合资、联营等多种经营方式，市价格主管部门相应规定饮食业综合毛利率。1982年，市委、市政府下发《关于整顿饮食业价格的通知》，规定将饮食店分为甲、乙、丙三等。1986年起，深圳饮食业实行最高综合毛利率控制。1999年12月20日，市物价局对饮食店收取的价外服务费作出规定：非宾馆（酒店）附属饮食店、特级店可收取不超过13%的价外服务费，甲级店可收取不超过10%的价外服务费。

旅业价格 1980—1993年，深圳的客房价格实行政府指导价，由市价格主管部门制定全市统一的招待所客房收费指导标准。1998年起，深圳放开旅业客房价格，实行市场调节，旅业服务费收费标准仍按1994年制定的标准执行。1999年和2000年，深圳举办两届中国国际高新技术成果交易会。其间，对二星级以上宾馆（酒店）客房价格实行政府指导价。

3. 物业管理收费管理

1985年起，市物价部门将物业管理收费纳入监管。同年5月25日，市物价局首次批复深圳联城（文锦渡）合作发展有限公司的楼宇管理服务费收取标准。1994年11月起实施的《深圳经济特区住宅区物业管理条例》，规范物业管理服务收费的名称、物业管理公司的职责、业主管理委员会职责和其他管理。至此，深圳物业管理服务收费的三种定价形式基本确立。1998年3月，市物价局决定，由区物价分局受理物业管理的调定价申请，开展成本核算，召开业主座谈会，核定收费标准；对超过收费指导标准的物业管理收费，由区物价分局报市物价局审核。

4. 中介服务收费管理

商标代理收费 1993年以前，深圳没有商标代理机构及相应服务，也未有相应收费。当年5月，市商标事务所成立，开展商标代理服务，代理费标准由市商标事务所参照广东省商标事务所的收费项目和标准执行。1998年12月，经省物价局批准，深圳的商标代理收费项目增设领转商标注册证和涉外商标事务两项收费，并允许商标代理的个别收费标准适当超出省定标准。

产权交易收费 1993年，深圳唯一的产权中介服务机构——市产权交易所成立。1993—1996年，该所自定标准实行收费，报市物价局备案。1997年，市物价局制定产权交易收费标准，规定产权交易收费实行最低起点及最高收费限额，将原市产权交易所自定的收费标准大幅度下调。

会计师、审计师事务所收费 1997年以前，会计师事务所收费标准一直按照1986年省财政厅制定的会计师事务所的收费标准执行。1997年12月1日，根据《广东省经营服务性收费管理规定》，省物价局发布经营服务性收费政府定价管理项目（第一批）的通告，将各类事务所收费作为中介服务收费纳入政府价格管理的范围。

（三）行政事业性收费管理

建市后，深圳的行政事业性收费主要有行政机关收费、教育收费和医疗收费三类，收费项目及收费标准大多由国家、省物价部门确定。

1. 行政机关收费管理

1982年市政府下发《关于整顿各项收费的决定》，要求各收费单位对本单位的收费进行清理和整顿，同时精简收费项目，实行归口管理。1990年3—6月，市物价部门首次组织开展行政事业性收费年审工作，对1989年度深圳行政事业性收费单位的收费项目、收费标准和各项收费收入的收支状况进行审查。1993年起，每年开展一次行政事业性收费综合年审工作，其中，市属行政事业性收费单位由市物价部门负责年审，区属行政事业性收费单位由区物价部门负责年审。2000年10月，省物价局重新印发《广东省行政事业性收费管理目录与文件汇编》，确定深圳行政事业性收费部门49个，收费项目536项。

2. 教育收费管理

1985年起，深圳自行制定公办中小学和幼儿园的收费项目和标准，大、中专学校收费仍执行广东省统一的收费项目和标准。1988年以后，深圳对公办中小学校的学、杂费标准先后进行7次大的调整，公办幼儿园保教费标准也进行3次调整。1993年市政府规定暂住人员子女的条件和收费标准，对无常住户口的学生收取“借读费”。

1994年，深圳采取“逐年提高，分步到位”的办法，调整非义务教育收费标准。1999年，按照省物价局的统一部署，深圳再次调整高中学费标准，并对“择校生”收取的择校费由原来的只有市一级及以上学校收取，改为所有学校的高中都可收取。2000年，深圳调整大专院校的收费标准，由原来的每生每学期3500～4000元调整到5000～6000元，艺术、设计类专业为1万元，公办幼儿园保教费标准由每生每月150元调整为250元。

3. 医疗收费管理

1979年3月后，市计划委员会、市卫生局等部门开始制定新的医疗收费标准。1992年1月1日，《深圳市医疗卫生收费标准》开始执行，医疗收费项目扩增到3000多项。1997年，深圳医疗收费总收入比1996年增长15%，治疗护理和手术麻醉两大类项目的收费标准提高，同时降低CT、MRI检查项目收费标准。1998年5月1日，又对部分医疗收费项目作出调整。

（四）价格监督检查

建市初期，深圳很少开展价格检查。1985年2月26日，市物价指导监督所成立。随后，商品价格、服务收费和行政事业性收费检查及打击价格违法行为等工作相继开展。1994年9

月起，市工商局（物价局）先后在各工商分局中设立物价检查所。至2000年年底，深圳各级物价检查部门累计查处各类价格违法案件62606宗，实施经济制裁总额达48677.05万元。

（五）价格服务

1996年前，深圳有关价格服务工作由市工商局（物价局）价格管理处负责。当时的价格服务业单一，主要是赃物估价，且业务量较小，全年仅有一二十宗。1996年7月，市价格事务所正式对外挂牌办公。此后，深圳价格服务领域逐渐拓宽。同年8月，市价格事务所受龙岗区人民法院委托，对21辆济南长城轻型客车厂生产的实力牌JCC6630轻型客车进行评估，出具首份《价值鉴定报告书》。1999年2月，市价格事务所开始开展道路交通事故车物损失价格鉴定工作。2月4日，对一辆宝马520的小轿车进行事故损失鉴定，出具第一份《道路交通事故车物损失价格鉴定书》。2000年5—6月，市价格事务所审核12个收费部门39个收费单位，审核收费金额52120.20万元。8月29日，市价格事务所加挂“深圳市物价局价格认证中心”牌子，工作职能也相应增加。至2000年年底，市价格事务所对涉案物品进行的价值鉴定有8697宗，标的总值达50240.06万元；对深圳海关查获的165批走私或违规物品出具评估认证报告215份，评估认证总值1260万元；对12679台车辆进行道路交通事故损失评估，评估总值9292万元；评估旧机动车7368辆，评估总值达60833.16万元。

五、审计

1984—2000年，深圳审计在促进财政资金的管理使用、企业制度创新和内部管理、党政机关、企事业单位廉政建设，以及依法行政、依法治市等方面做出积极贡献。16年间，审计8068个单位，查出问题金额133亿元，上缴财政8.83亿元，应归还原渠道资金11亿元，促进增收节支15亿元，向司法机关移送案件19件，移送待处理人员18人，提交审计工作报告及信息594篇。至2000年年底，有32个单位内部审计档案达标，220人获得国际注册内部审计师资格证书。

（一）审计业务

1. 财政审计

深圳财政审计工作从1986年开始，第一个项目是审计罗湖区财政局1985年度财政总决算。1990—1994年，市、区审计局根据《审计条例》独立对区（县）、乡镇级政府财政决算审计。1995—2000年，市、区审计局开展对本级政府预算执行情况和下一级政府财政决算的审计，财政审计实行“上审下”与“同级审”相结合的审计监督制度，工作方法及审计结果的处理方式逐步完善。

2. 金融审计

1986年，市审计局对银行、证券公司、保险公司及其他非银行性质的金融机构进行审计。1995年《中华人民共和国审计法》颁布实施以后，审计涵盖金融机构的财务收支和相关业务。1998年，市审计局组织力量全面审计国信等8家证券公司1997年度资产负债和损益状况。2000年，对地方金融机构进行资产负债和损益审计。

3. 国有企业审计

1984年，市审计局开始对工业、交通、商业、粮食、物资、外贸、旅游等各行业市属大中型国有企业的财务收支情况进行审计监督。从1998年起，按照审计署关于改进企业审计的精神，市审计局逐步由传统的合法性审计向真实性审计转移，以真实性审计为基础，对企业经营的合法性、效益性进行审计，帮助企业查找经营管理上的薄弱环节和存在问题，为企业提出有建设性的意见和建议，促进现代企业制度的建立。

4. 行政事业审计

深圳经历4个发展阶段：1984—1986年，是初期试审阶段，主要是摸索审计方式、方法，打开工作局面；1987—1991年，是定期审计阶段，主要是通过定期审计方式，了解被审计单位状况，使被审计单位存在的问题得到有效控制；1992—1995年，是重点审计阶段，突出对重点部门、重点行业、重点资金和重点项目的审计，在此基础上开展“两个延伸”审计，发现一些较深层次的问题。1996年开始，是积极开展政府部门预算执行审计的阶段，这一阶段侧重于改善宏观管理，通过对存在问题的分析，找出原因，提出解决问题的建议。2000年，市审计局集中力量对社会保险基金进行审计调查，完成省审计厅统一安排的对口单位的财务收支审计。

5. 基本建设审计

市审计机关成立之后，1985年逐步开展建设行业企业的财务收支审计、国有建设项目（包括政府投资和企事业单位自筹项目）的竣工决算审计，以及政府投资建设项目的审计调查和各类专项审计，尤其是开展对雅园立交桥、深圳机场航站楼扩建、滨河系统立交桥等重大工程项目的审计。

6. 涉外审计

1987年，市审计局根据省审计局的授权，首次开展国际金融组织贷援款项目审计，并开始对中外合资合作经营企业审计。1990年，市审计局开始对外国政府贷款进行审计。1991年，开始审计境外企业。外债审计则始于1995年。对于在世界银行农业贷款项目、外国政府贷款项目、中外合资合作企业审计中发现的重大问题，市审计局均以《审计要情》形式向市政府反映。

7. 政府投资项目审计

1998年6月，市政府投资审计中心成立，认真履行政府赋予的审计监管职能，积极探索政府投资项目审计监督路子，当年完成政府投资项目77个，审计工程造价36.35亿元，核减造价1.83亿元，出具审计文书116份。1999年，市投资审计中心围绕市政府的工作中心，结合政府投资项目管理的特点，制定“全面审计，计划管理，重点跟踪”的工作方针。2000年，该中心通过实践，改进现行审计工作方法，进一步规范审计程序，共审计217项投资项目，出具《审计结果通知书》《审计意见书》423件，接受送审金额92.5亿元，审定金额83.97亿元。

8. 经济责任审计

1987年，全市审计机关开始对企业法定代表人任期经济责任进行审计，1995年，开始对党政领导干部任期经济责任进行审计。在经济责任审计组织实施方面，1987—1989年，主要是国家审计机关与其他部门和公司组成联合审计小组进行审计，并由国家审计机关作出审计评议；1990—1996年，审计机关主要委托社会审计组织实施审计，并由审计机关作出审计评议；1997年以后，审计机关主要利用自身力量实施审计，并向市政府和相关部门作出审计结果报告。2000年，深圳市、区两级审计机关进一步加强任期经济责任审计工作，全年完成审计项目59个。

（二）审计管理

1. 审计计划管理

从1988年开始，市审计局逐步对年度审计项目和专项审计调查项目预先做出统一安排。1995年，建立以表格形式反馈年度审计项目计划完成状况的制度。1998年后，进一步对年度审计项目计划管理提出要求，并实行年度审计项目计划执行情况报告和考核制度：各执行单位除每月以表格形式向市审计局综合部门反馈年度审计项目计划完成状况外，在每季度末还要进行工作总结并提出有关书面报告。

2. 审计质量管理

为了切实贯彻执行《中华人民共和国审计法》，市审计局1995年建立和完善行政执法责任制，每年度开展一次审计执法检查。1996年，在市审计局办公室设立专职复核人员，对局内重大审计事项进行复核。1997年1月，市局首次聘请邵钧炎等11人为深圳市特约审计监督员，聘用期二年。1998年，制定《深圳市审计机关优秀审计项目评选奖励办法》，开展年度优秀审计项目评选。10月，制定《深圳市审计局关于审计报告审核程序的暂行规定》，规定审计报告实行分层次内部审核制度，对审计报告的审核程序、审核范围及责任予以进一步明确。1999年5月，发出《关于加强审计复核工作有关问题的通知》，明确审计机关的业务质量实行两级复核制。

3. 审计信息化管理

1993年8月，经市长办公会议研究确定，市审计局成为利用第三期日元贷款进行信息系统建设的十个重点单位之一。1995年，成立信息系统建设领导小组及办公室，完成市审计信息系统建设的总体方案。2000年3月，召开“深圳市审计局电脑网络发展应用座谈会”，确定对电脑设备进行升级和网络扩充，加强审计人员办公自动化知识培训。

六、劳动

建市后，深圳劳动部门在依法落实行政责任制、加强劳动力宏观调控、深入实施再就业工程、开展职业技能培训及鉴定、逐步完善劳动关系、加强劳动安全综合管理和现场监察等方面，积极推动改革。

（一）劳动力管理

1. 劳动力资源及其配置

从1979年起，深圳劳动力资源数量不断上升。1981年，深圳首先在竹园宾馆和嘉年印刷厂等外资企业进行劳动合同制改革。1983年8月，深圳将劳动合同制改革的实施范围从外商投资企业扩大到全市所有单位的新增工人。1993年6月1日，市政府发布《批转市劳动局关于企业取消干部工人身份界限，实行全员劳动合同制若干问题意见的通知》，在全市企业取消干部、工人身份界限，实行全员劳动合同制。2000年，劳动合同制成为深圳企业最主要的用工形式，从业人数占全市企业的90%以上。

2. 居民就业

1979年10月，深圳成立劳动服务公司，专门负责解决城镇就业问题。至1987年年底，指令性计划安置新劳动力33827人，每年安置4000多人；安置征地农民8807人，每年安置1100人。

1986年10月，深圳建立待业保障体系，由劳动部门征收待业保险基金，登记户籍待业人员、发放失业救济金，并进行就业推荐和转业训练。同年11月，市劳动局劳动服务公司设立劳务市场服务部。1987年8月，市劳动局在滨河中学举办首届劳务交流服务大会，第一次在全市开展“供需见面、双向选择”的市场就业服务。1987年是深圳正式开展待业人员登记后的第一个统计年度。当年底，全市户籍劳动力37.78万人，其中城镇劳动力21.54万人。

1993年以后，深圳失业人员持续增加，成为一大社会问题。1994年年底，全市登记失业人员总数首次突破1万人。市劳动部门实施“再就业工程”，与天虹商场、岁宝百货等一些商业服务企业联合建立失业员工再就业基地，当年全市帮助1.1万人实现再就业，年底城镇登记失业率控制在2.5%。1997年1月，市政府颁布《深圳市居民按比例就业暂行办法》，实行居民按比例就业制度，对批发零售贸易业、旅游宾馆餐饮业等7个行业、51个工种分别规定户籍居民就业比例。

1998年，国有企业改革转制工作步伐加快，“下岗员工”迅速增多。6月，市政府成立市再就业工作领导小组，规定国有企业员工下岗后进入再就业服务中心，由中心托管档案、发放基本生活费、代缴社会保险基金、指导和培训就业。至年底，全市各类企业和部门设立再就业服务中心156家，4392名国有企业下岗员工全部进入中心托管。当年全市登记失业率2.5%，下岗员工基本生活保障率100%、再就业率65%。

2000年1月，市政府发布通知，规定1月1日后，因生产和经营状况等原因失业的国有企业员工，直接解除劳动关系，走进市场参与就业竞争。由此，全市从1998年6月起出现的11044名国有企业下岗员工，全部走出再就业服务中心。其中8641人实现再就业，再就业率为78.24%。

3. 劳动力市场

建市初期，深圳劳动力市场的人员主要来自省内各市县，外省流入量很小。1982年后，外来劳动力大规模涌向深圳。1983年1月，市政府决定对雇请时间在半年以下的外来临时工，由雇请单位统一办理临时户口；对进特区半年以上的内地干部职工实行暂住证管理制度。从1986年开始，外来劳动力继续大幅度增加，1989年，首次突破100万人。翌年12月，市政府决定对外来劳动力加强控制，凡没有深圳常住户口的劳务工，全部纳入该项法规的管理范围。2000年，全市劳动力市场服务企业6000个次，职业介绍成功1.3万多人，人才信息储备1万多份。

（二）企业工资分配

建市之初，深圳企业仍沿用全国统一的八级工资制，企业工资制度、工资形式、工资水平、工资晋级等都严格执行国家统一政策。

1982年，市政府决心改革工资制度，首先在外商投资企业竹园宾馆、友谊餐厅试点，实行工资总额与企业效益挂钩。1984年，深圳经济特区国家机关、事业单位首次改革等级工资制度，实行由职务（职称）工资、工龄工资、基本工资组成的结构工资制，建立“多工资、少补贴”的分配制度。

1992年7月16日，市政府颁布《深圳经济特区企业工资管理暂行规定》，进一步明确国有企业工资宏观调控手段从原来下达指令性工资总额计划，转向“工效”（工资和效益）挂钩办法。

1995年1月，市政府颁布《深圳市国有企业工资总额管理暂行办法》，规定工资总额管理实行“市场机制决定，企业自主分配，政府宏观调控”体制。同年9月，率先在全国公布企业工资指导线，规定工资增长率以25%为预警线、18%为基准线，并允许零增长或负增长。

1996年10月，市人大常委会颁布《深圳经济特区企业欠薪保障条例》，采用强制与互助原则向用人单位筹集一定基金，用于垫付用人单位在破产、依法整顿或经审计资不抵债等特定条件下拖欠员工的工资，并行使垫付工资追偿权。1997年9月30日，市政府颁布《深圳市国有企业经营者年薪制暂行规定》。1999年6月，市劳动局首次公布《1999年度深圳部分职位劳动力市场工资指导价位》，公布的工资指导价位共有87个工种（岗位），初步建立工资指导价位公布制度。

2000年度，最低工资标准为：特区内547元/月，特区外419元/月，工资增长的基准线为12%，预警线为17%，下限为零增长或负增长，但不能低于最低工资标准；工资指导价位的工种从上年的87个增至201个。

（三）劳动关系

1. 劳动合同

1980年5月，深圳率先在外商投资企业进行劳动合同制试点。1982年7月，在所有国有企业、集体企业、外商投资企业和事业单位对新招收工人实行劳动合同制。随后，劳动合同制实施范围进一步扩大到调入特区的工人、技校毕业生、退伍复员军人，以及1982年后在内地参加工作的固定工和特区内临时工。1989年6月，市劳动局印发《深圳市实施劳动合同鉴证暂行办法》。7月，深圳全面开展劳动合同鉴证工作，当年全市鉴证劳动合同68万份。

1994年1月，深圳成立劳动合同管理所。3月，市劳动局建立企业规章审查备案制度，要求对与劳动合同相配套的企业规章制度进行审查，保证其合法性和可行性。同年，劳动部将深圳作为开展集体协商的试点城市之一。5月，蛇口永昌机械彩印有限公司首先签订集体合同。

1989—2000年深圳市用人单位签订劳动合同人数统计表

表1-16

年份	签订人数	年份	签订人数
1989	682311	1995	2415478
1990	722747	1996	2547457
1991	1456511	1997	2764577
1992	1945886	1998	2796544
1993	2045111	1999	2955514
1994	2148852	2000	3012665

1998年12月，市劳动局印发《深圳市劳动合同管理办法》，对用人单位在签订、履行、变更、解除和终止劳动合同各环节容易发生劳动争议的具体问题作出明确规定。1999年7月，市劳动局与市工商局、市私营企业家协会联合下发《关于加强我市私营企业劳动合同管理工作的通知》。2000年4月，市劳动局、市总工会联合下发《关于推行劳动合同签收办法的通知》，在全市各企业实行劳动合同签收制度。

2. 劳动争议仲裁

1986年9月，深圳开始设立劳动争议仲裁委员会办公室，实行劳动仲裁制度，在各类企业内组建劳动争议调解委员会或小组。10月，劳动争议仲裁委员会办公室对外受理劳动争议案件，当年受理54宗。

1996年起，深圳逐步建立劳动争议仲裁派出庭制度。规定仲裁派出庭须经仲裁委员会授权指派；仲裁派出庭设置在镇或工业区内，决定立案、撤案、办案方式等劳动争议处理事项；仲裁人员在当地劳动管理组织、工会组织、企业管理组织代表中选聘。1997年市、区均设立仲裁庭，95%案件经庭审处理。2000年率先制定实施《深圳市劳动争议仲裁工作规范》，出台仲裁文书与仲裁程序两项制度。

3. 劳动保障监察

1989年6月，为制止用人单位侵犯劳动者合法权益的违法行为，市劳动局设立劳动监察大队，专门负责劳动法律、法规执行状况的监督、检查。1991年，市劳动局正式委托市劳动监察大队行使行政执法职权。此后，逐年签订委托书。

1992年6—7月，市、区两级人口管理、劳动、工商、公安、建设和城管等部门，联合开展全市劳动用工大检查，共检查企业3757家，涉及人数303512名，督促补办劳动用工手续25275名，清退童工27名。

1996年，市劳动局制定《深圳市劳动年审实施办法》。1998年，劳动年审在全市范围铺开，当年8253家企业参审。1997年，针对元旦、春节期间因欠薪问题导致的劳资纠纷频发的实际，市政府决定每年底、次年初开展全市工资发放情况大检查。当年，全市检查用人单位6059家，涉及员工54万多名，为员工追回拖欠工资602万元，督促用人单位为14万人补办用工手续。

2000年，深圳市采取日常监察和专项检查相结合的模式，扩大监察覆盖面，全年监察企业23133家，补签劳动合同28.87万份，督促企业补办劳动用工手续23.65万人，年审企业12937个。

七、质量技术监督

特区建立之初，深圳没有市级技术监督机构。经过20年的发展，初步建立起检验技术先进配套、标准信息检索畅通、管理模式国际化、依法行政水平较高的工作体系。2000年，全市主要和重点工业产品的采标率分别达80.1%和85.3%，累计制定发布地方农业标准15项，考核企业获得ISO 9000质量认证1390家，通过计量保证能力企业242家，新建一批社会公用计量标准，抽样产品合格率为90.5%，市场商品抽样合格率为80.3%，基本确保锅容管特等特种设备的安全运行。

（一）标准化

1. 标准化法制管理

1987年，市政府根据市标准计量局的普查结果，发布《深圳市标准化管理办法》；1989年，发布《深圳市企业产品标准暂行管理办法》，规范企业产品标准备案程序。至1999年3月，全市有经常性生产企业19426家，产品总数58602个，其中标准产品58064个，产品标准覆盖率为99.7%，顺利通过国家和省技术监督部门的消灭无标准生产验收。1997年，加强强制性标准实施监督，发布《深圳市标准实施监督管理办法》，重点对涉及人身健康、安全、卫生的产品执行国家标准情况加强检查。

2. 企业标准化

1989年，深圳有200多种产品采用国际标准和国外先进标准组织生产，其中16种产品通过国际标准验收。1999年，市质监局改革产品标准备案体系，组织制定《深圳市重要工业产品目录》《深圳市采用国际标准和国外先进标准产品认可办法》，积极推动高新技术企业和百强企业采标。2000年，完成采标认可52个，采标标志26个，累计230个，全市产品标准备案达9730种。

3. 地方标准和技术规范

市政府积极开展农业标准化工作，至2000年，累计制定并发布“无公害蔬菜生产环境”等地方农业标准15个。同时，组织制定“莲蓉月饼”等地方标准、“汽车用液化石油气”和“汽车用液化石油气加气站设计规范”等特区技术规范。

4. 信息标准化

1989年，深圳开始承担组织机构代码管理与应用国家试点任务。1993年，作为国家实行代码标识制度四个试点省市之一，率先推行组织机构代码标识工作，当年全市有2.28万多家企业、事业单位、机关和社会团体取得代码证书，“深圳市组织机构代码库管理系统”网络版获得“全国技术监督信息技术应用优秀成果”一等奖。至2000年，取得代码证书的组织机构达16万家，使用组织机构信息卡机构超过10万家。

1989年8月，深圳被国家确定为使用条形码标志的试点城市，先后研究开发物流条码、二维码和条码POS系统软件，被中国物品编码中心批准为实施“使用他人注册商品条码备案制度”的唯一试点单位。至2000年年底，全市有2000多家企业3万多种产品使用商品条码，采用条码POS系统的企业达200多家。

5. 标准化服务

1987年，市图书馆藏标准资料全部移交市情报所。1994年，市情报所馆藏可检索到400个标准化团体的17万条标准目录和美国2.5万家大中企业的标准技术信息。2000年，市标准化与编码技术研究院（原市情报所）为社会各界提供标准文献咨询1.8万多次，提供有效国内外技术法规和标准2.58万件，完成数据加工1.2万多条，标准文献服务领域扩展至珠江三角洲及港澳地区。

（二）计量

建市前，市场使用的计量器具大部分是由香港制造，使用英制单位或为市制单位。1992年，深圳全面完成法定计量单位的改制工作。1993年12月，全国第一部地方性的计量条例——《深圳经济特区计量条例》实施。至2000年，全市累计建立社会公用计量标准75项。

1. 法制计量

从1986年起，深圳全面推行法定计量单位，1988年，开始对出租车里程计价器、燃油加油机等开展强制检定。1990年，配合省计量行政主管部门开展对产品质量检验机构计量认证工作，强化计量器具管理。1992年，深圳市土地面积计量单位改制完成，开始受理“修理计量器具许可证”的考核发放工作。1997年，市技监局经广东省技术监督局授权，独立承担对区级质量检验机构的计量认证考核工作。至2000年，深圳检定计量器具20.4万台件，有52家质量检验机构取得合格证书。

2. 工业和商贸计量

1986年，深圳开展计量定级升级活动，商贸计量器具监督管理工作开始逐步走上法制化、规范化轨道。1990年，累计通过计量定级升级企业253家。1992年，国家停止计量定级升级，深圳从1995年开始，开展计量合格企业评定活动。至2000年，有242家企业通过计量保证能力的考核，其中一级计量企业6家，二级计量企业70家，三级计量企业166家，有152家企业获得“计量质量信得过单位”称号。

3. 计量质检能力建设

1985年，市政府开始加大投入，加强计量质检能力建设，至1998年，建立长度、力学、热工、电磁、无线电、时间频率、化学、光学、电离辐射等九大类75项社会公用计量标准、300个检定/校准项目。2000年，深圳拥有计量标准器具1237台套；为社会完成计量器具检定数20.42万台件，强检覆盖面提高到80%以上，一批适应高新技术产品发展需要的计量/校准和产品质量检测项目相继建成，基本满足全市经济建设需要。

4. 境外计量器具检定

1988年4月起，国家计量局深圳计量检定站作为“窗口”对境外开展计量器具检定。1997年1月，该站在香港设立办事处，拓展香港地区的计量检定业务。2000年底，深圳完成对外计量器具检定/校准6300多台件。

（三）质量管理

1. 企业质量管理

1981年，深圳开始在企业中推行全面质量管理。至1991年，累计有7万多人参加全面质量管理基本知识培训和统考。一直到2000年，先后举办ISO 9000系列标准培训班900多期，培训质量管理骨干2.4万多人，有20种产品和27种产品分别获得省名牌产品与省优质产品称号，11家民营企业和2家乡镇企业获省质量工作先进单位荣誉。同时，在企业大力开展QC小组活动。全市累计登记注册QC小组47878个，评选市优秀QC小组819个，省优秀QC小组108个，国家优秀QC小组51个。

2. 质量认证

1988年，市技监局开始GB/T19000–ISO 9000质量体系认证的推动工作。1991年，深圳南星玻璃制品有限公司成为全国首家从西方国家获得ISO 9000证书的企业。1994年，全市获得质量体系认证企业40多家，约占当年全国获证企业总数的一半。1996年，深圳质量认证中心成立中国方圆标志认证委员会深圳认证工作站。1999年9月，市环保局项目审批处成为全国首家通过质量体系认证的政府部门。至2000年年底，深圳认证工作站颁发40多张方圆标志产品认证证书，全市获得国内外各类产品质量认证的企业250多家。

（四）质量监督

1983年3月，深圳市标准化协会受市政府委托承担质量监督职能，1984年，成立市标准管理局，主管质量监督工作。1994年，全市通过计量认证的质检机构有22家。至2000年年底，全市有459维修企业通过技术资格评审。

1. 产（商）品质量监督

1983年，深圳开始质量监督检验工作。1995年，颁布《深圳经济特区产品质量管理条例》，1998年，发布全国首部专项产品质量监督地方法规《深圳经济特区电器产品质量监督管理办法》。1999年后，将监督抽查重点放在关系人民群众人身健康和财产安全的产（商）品及质量问题较为突出的中小企业上，对工地建材、低压电器、电线电缆、眼镜、黄金珠宝首饰、防盗门、食品饮料、VCD机等与人民群众密切相关产（商）品进行重点监督抽查。抽查中，帮助不合格产（商）品企业积极整改，使产品实物质量有较大提高。至2000年年底，深圳产品质量监督抽查合格率达90.5%，比1992年提高近8个百分点，比国家监督抽查平均合格率高出约14个百分点；市场商品质量抽查合格率达80.3%，比1992年高出19个百分点。

2. 创建“信誉好商店”

1989年，市技监局组建了有60多家商业企业参加的市商品质量监督检验网，开展“创建商品质量信誉好商店”活动。1992年，活动改为以深圳市人民政府的名义给商品质量信誉好的商店授予荣誉称号。2000年，将“不经销伪劣商品商店”更名为“购物放心店”。至该年底，全市有“信誉好商店”43家、“购物放心店”84家。

3. 生产许可证管理

1988年1月，市政府成立工业产品生产许可证办公室。1993年5月，市技监局查处深圳超顺柴油发电机有限公司无生产许可证制造行为，依法没收其内销的违法所得并处罚金40.8万元。至2000年年底，全市累计有260家企业的产品获得生产许可证。

4. 质监执法打假

1989年，市标准计量局按照《中华人民共和国标准化法》和《工业产品质量责任条例》等法律法规，查处生产、销售假冒伪劣商品违法行为。1999年，市技监局牵头多个执法部门成功查处一起工业用猪油冒充食用猪油造成多人食用后中毒死亡的恶性案件。至2000年，出动执法人员9000多人次，检查市场70家、商户6050家，查处制假售假违法案件1400宗，端掉制假售假窝点45个，查处违法商品总值达2976万元，查获违法产品达15万多件，移送司法机关追究刑事责任案件1件。

（五）特种设备质量安全监察

1999年3月，国务院决定省以下质量技术监督系统实行垂直管理。同年6月，市质监局从劳动部门划转、新增锅炉、压力容器、压力管道和电梯、起重机、客运架空索道、大型游艺机、厂内机动车辆、防爆电器等特种设备的质量监督和安全监察管理等重大职能，并将市劳动局的锅炉压力容器安全监察处和电梯等特种设备的质量监督、安全监察职能划转。2000年，市质监局组织对液化石油气储罐站、常压热水锅炉等各类专项安全检查6次，检查锅炉压力容器使用企业473家次、各类锅炉压力容器设备1893台，发出安全监察意见通知书120份，查封违规设备35台、气瓶34支；检查在用电梯、起重机、厂内机动车辆使用企业149家，发出整改通知书143份，监督检查游乐设施16家次，发出监察意见通知书4份。全年完成678台锅炉压力容器设备、14823米压力管道的报建报装修理改造技术方案的审核工作；组织司炉工、水质化验工、气体充装工等特种作业工复审换证培训班18期。

八、统计

建市后，深圳统计部门一方面完成国家、省统计局布置的调查任务，及时全面提供全市经济、社会、科技、环境等各方面统计数据；另一方面发挥经济特区“窗口”与“试验场”作用，积极探索统计指标体系改革、自动化建设以及统计信息服务等。22年间，自行组织大型普查10多项，抽样调查73项，撰写统计分析文章3600篇。此外还系统地积累整理原始资料，先后组织印发统计资料与刊物11种、1772期，发表1025篇分析文章和经济信息，编辑出版国内外资料、手册、卡片、年鉴和业务书刊等63种，发行12.62万本（片），接待国内外1429个单位到访。

（一）统计调查

按调查范围的不同，统计调查分为全面调查与非全面调查。1979—2000年，深圳组织人口、工业、基本单位、房屋、市政设施、第三产业、钢材、市属固定资产及经济效益情况、农业等10多项普查工作。

在全面调查中，主要是定期统计报表。1979年，深圳实行国家统计局的全面统计报表

10种。2000年，定期统计报表达18个种类、56个表式，统计范围包括：社会经济、自然概况、人口和劳动力、工业、运输、邮电业、农业、固定资产投资、商业、物价、物资、财政、金融、对外经济贸易、旅游、劳动工资、科学、教育、文化、卫生、体育、环境保护和城市公用事业、人民生活等多个方面。

非全面调查包括抽样调查、重点调查和典型调查。1979—2000年，深圳进行73项抽样调查，并通过重点调查和典型调查分析研究各时期政府及社会关注的热点难点问题。其中规模较大的有：城市住户抽样调查，城市价格调查，1%人口抽样调查，投入产出调查，人口与计划生育目标管理责任制考核调查，小型、个体商业、餐饮业抽样调查，劳动力状况调查，企业景气调查等。

在统计报表工作中，市统计局努力探索改革。1979—1985年，在布置执行国家报表制度时，明显感到所实行的统计制度方法和指标体系不能满足特区发展变化需要，进行大胆探索，建立一套与国家现行报表既有联系、又有区别的制度方法和指标体系。1985年3月，市统计局在计算国内生产总值时，运用SNA在全国首次计算全市的一、二、三产业增加值，于11月编制出深圳城市第一张国内生产总值表。1990年，市统计局根据农村劳动力大批进入企业务工的现状，专门设置《镇（村）企业人员与工资统计表》，受到国家统计局的肯定，1992年在全国推广。

2000年，全市执行统计报表51种，统计范围涵盖21个行业，基本统计单位47500多个。此外还有各种普查。

（二）统计服务

1. 统计资料发布

1979—1983年，每年仅以月报、年报的形式向市领导和有关部门提供经济方面的主要数据，范围较窄，形式单一。1984年起，各级统计部门认真贯彻全国统计工作天津会议精神，统计由“封闭式”转为“开放式”，大力开拓统计信息资源，为特区经济发展提供良好服务。1985年年初，市统计局创办《深圳统计快报》，综合收集10个主要指标，将每月20日才公布提供的数据提前到10日上报市政府。同年10月，深圳、广州两地统计局共同发起，建立沿海城市、计划单列市和经济特区统计信息交流网络制度。

1986年3月，首次发布《1985年深圳市国民经济和社会发展统计公报》；1989年9月，收集整理经济发展、基建投资、财税收支、利用外资、社会治安、人员调入等40多个重要指标和敏感信息，编印《深圳特区宏观经济监测月报》；1990年12月，发布《深圳市第四次人口普查情况公报》，公布深圳人口结构和家庭、婚姻、生育状况；1993年3月，发布《深圳市第三产业普查公报》；1997年2月，发布《深圳市第三次工业普查公报》；1998年4月，发布《深圳市第一次基本单位普查公报》。

至2000年年底，市统计信息局通过《统计预报》《统计快报》《统计月报》《深圳物价与人民生活》《副省级以上城市及经济特区主要指标对比》《深圳市社会环境统计监测季报》等刊物定期发布统计信息，出版1772期印发53.16万份。还编辑出版各种统计资料和业务书籍63种、12.68万册。

2. 统计分析

1979—1983年，是深圳统计工作建机构、打基础阶段，报送材料时只在统计数字前附上情况说明，未能对资料进行开发，分析文章比较少。1987年统计分析得到开展。市统计局撰写的《深圳市的工业在开放、改革中腾飞发展》《建特区七年深圳外向型经济迅速发展》等分析文章近20篇，专业涉及综合、核算、工业、能源、商业、投资、利用外资等方面。

1991—1995年，深圳统计密切注视特区经济发展和改革开放的新情况，紧紧围绕推动科技进步、加强经济管理、提高经济效益、调整经济结构、大力发展高新技术产业和第三产业等重点、热点问题深入调查研究，加强定量和系统分析。1996—2000年，市、区统计局定期向人大常委汇报经济形势，参与制定国民经济与社会发展规划和企业发展计划。

2000年，市统计信息局注重加强对深圳特区经济运行态势及社会发展的宏观监测和预警分析，组织各专业处室撰写80多篇高质量的分析文章和调查报告上报市委、市政府。

（三）统计信息工程

1984年以前，深圳统计业务工作薄弱，统计数据处理主要靠手工操作。1985—1990年，市统计系统内逐步装备微机、电脑打字机、复印机、传真机等现代办公设备，开始办公电子化和统计数据的计算机处理。

1993年10月，市统计局成立计算中心以后，计算机开始在统计业务处理上全面应用，年报、季报、月报使用计算机进行数据分类、汇总和分组处理，还开发统计应用数据库系统。

1998年，市统计信息局开始统计信息系统的测试和应用，并在统计数据的网络传输和处理自动化方面做了积极的探索和尝试，实现了房地产专业的联网直报，联网直报企业达500多家。

（四）统计法制建设

1984—1988年，深圳各级统计部门利用各种形式宣传统计法规，普及统计法律知识。1989年4—6月，深圳根据国家和省部署，统计、法制、监察、审计等部门联合对全市进行统计执法情况大检查。

1996年12月26日，市人大常委会讨论通过《深圳经济特区统计条例》，自1997年5月1日起施行。1997年6—8月，市统计信息局、监察局、法制局联合成立全市统计执法大检查领导小组，重点查处乡镇企业销售收入、出生人口和工业、商业、建筑业统计方面漏报、瞒报、拒报的统计违法现象。至当年底，全市涉及检查单位5600多家，查处统计违法案件188家，其中通报批评135家，责令整改28家，立案查处25家。

2000年8月，市统计信息局组织三个检查小组，重点检查36家企事业单位，对9家严重缺、漏报统计资料的违法行为予以警告。

第二章　珠海经济特区

第一节　概况

一、发展阶段

创办经济特区前，珠海是一个以渔业为主、经济落后的边陲小县，工业基础薄弱，人民生活水平较低。1978年，珠海工农业总产值不足1亿元，工业产值4413万元，地方财政收入647万元。特区成立后，在中共中央、国务院和省委、省政府的正确领导下，珠海人民不负重托，奋力拼搏，大胆探索，历经特区初创、大规模建设、稳健发展三大历史阶段，使珠海发展成为初具规模的花园式海滨城市，初步建立起社会主义市场经济体制的框架，形成了可持续发展的现代化城市的基本架构，创造了珠海有史以来最辉煌的成就。

第一阶段，特区初创时期（1979—1984）。以邓小平视察珠海并提出经济特区应该办成“四个窗口”为分界，珠海主要围绕特区是什么、如何办特区等问题提出了初步思路。1979年，国务院批复珠海撤县建市。1980年8月，中华人民共和国第五届全国人大常委会第十五次会议批准在珠海设立特区，特区范围6.81平方公里；1983年6月29日扩大为15.16平方公里。1980年9月，中共珠海市召开第一次代表大会，提出今后的发展方向和奋斗目标是把珠海建设成为具有相当水平的、工农业结合的出口商品生产基地，成为吸引港澳游客的游览区，成为新型边防城市。1984年，邓小平视察特区，并题词：“珠海经济特区好”为珠海经济特区的发展指明了方向。同年，珠海明确了以工业为主导的方针，发展“三来一补”，改善投资环境。南山、北岭、兰埔、吉大、香洲5个工业区相继破土动工。到年底，累计标准厂房竣工面积近30万平方米，引进工业项目528个，内联企业项目236个。工业总产值3.36亿元，占工农业总产值的比重，从1978年的39.3%增加到82%，使工业上升到主导地位。经过这几年的努力，特区以“七通一平”为中心的特区基础工程已基本完成；海陆空相结合的交通网已初步建立；水、电供应已基本满足特区建设的需要；邮电通信逐步向现代化发展，并制定了有利于生产力发展的优惠措施和法规。

第二阶段，大规模建设时期（1985—1992）。以邓小平视察南方发表重要谈话为分界，是珠海为大力发展外向型工业的经济发展阶段。从初创阶段的“打基础、铺摊子”转到“抓生产、上水平、求效益”上来，实施了一系列的改革措施，适应国家治理整顿时期，开拓特区经济。这一时期基本确定了经济特区建设的指导思想、战略目标和以工业为主的主攻方向，广泛开展外引内联，建成一批骨干工业项目，发展外向型经济，开拓国外市场，使特区经济得到较快发展。与此同时，以特区为中心，带动西部和东部地区的发展，加强能源、交通原材料等基础产业的建设。1988年4月5日特区范围再次扩大至121平方公里。1992年2月23—29日，邓小平视察珠海，充分肯定了珠海市和特区近年来的经济建设和各方面的发展，强调要坚持“一个中心、两个基本点”，坚持改革开放政策，进一步深化改革、扩大开放，继续加快经济建设的步伐。1992年，全市国内生产总值103.17亿元，工业总产值120.08亿元，财政收入8.07亿元。珠海从昔日一个经济落后的边陲小县，一跃成为新型花园城市。一个以高科技为重点的工业体系，综合发展的外向型经济格局初具雏形。

第三阶段，稳健发展时期（1993—2000）。珠海经济发展进入第三阶段。在主导产业上，确立了以工业为主导的产业发展方向；在发展战略上，突出强调基础设施建设的重要作用，加强了能源、交通等基础设施建设，按照“开发大港口、带动大工业，发展大经济、实现大繁荣”的建设思路；在依靠力量上，狠抓外引内联，引进国外资金、先进技术和管理经验，开展横向经济联合，推动珠海经济实现快速发展；在城市建设上，着力推进城市规划、建设、土地管理和环境保护等方面的改革；在产业选择上，突出高科技产业的作用，较早开始由“三来一补”企业向高科技企业的转型。2000年，全市工业总产值698.98亿元，财政收入24.23亿元。

二、发展成就

经过以上三个阶段的不懈努力，珠海经济社会实现了跨越式发展。

一是综合经济实力显著增强。地区生产总值（GDP）从 1979年的2.09亿元增长到2000年的332.35亿元，增长158倍，年均增长27.3%。人均GDP用13年的时间（1979—1992）实现了从579元到1万元的跨越，然后仅用4年的时间就完成了从1万元到2万元的跨越，2000年超过2.66万元人民币（约3000美元），达到小康社会指标。经济质量不断提高，经济结构明显优化。工业已经成为全市经济的支柱，逐步形成了以电子信息、电气机械与器材制造、生物医药、石油化工等行业为主，食品、饮料、纺织、服装等传统行业为骨干的国民经济体系。高新技术发展迅速，2000年高新技术产品产值占全市工业总产值的比重达25.1%。三大产业的比重日益合理，从1979年的38.5：30.6：30.9调整为2000年的4.2：55.5：40.3。

二是人民的生活水平和生活质量明显改善，城镇居民人均可支配收入在1989年超过2400元之后，2000年城镇居民人均可支配收入达到15110元；农民人均纯收入在1990年超过1200元，2000年达4417元。

三是社会主义市场经济体制建设取得可喜成绩。早在经济特区成立之初，珠海就在经济特区范围内探索以市场为取向的经济体制改革。转变计划管理职能，把计划转向宏观性、战略性，指标转向预测性、指导性。改革价格体系，由“调放结合、以调为主”转到“调放结合、以放为主”。推进政府机构改革，成立了外商投资管理服务中心等引进项目服务机构，提高办事效率。按照“五个统一”即统一规划、统一征用、统一开发、统一出让和统一管理的原则，进行土地管理体制的改革。深化企业改革，扩大企业自主权，推行承包经营责任制和股份制改革。随着改革开放的不断深入，珠海进一步加大改革力度，在七个方面实现了改革创新：一是改革政府审批制度，对行政审批项目进行了全面清理，减幅达66%，并进一步规范了审批程序；二是改革街道管理体制，调整和理顺了市与区、街道办的管理职能和权限，进一步改善了城市管理；三是完善国有资产管理体制，建立了三级经营管理架构，并按照有进有退和有所为有所不为的原则，积极推进国有企业改革；四是改革资源配置方式，通过设立产权交易中心、建筑工程和商用土地交易中心、政府采购中心、人力资源管理服务中心，提高市场配置资源的效益和水平；五是理顺县区管理体制，充分发挥珠海国家高新技术产业开发区、珠海保税区、横琴经济开发区、临港工业区、万山海洋开发试验区等五大经济功能区的带动作用，平沙、红旗撤区建镇，为珠海西部地区发展奠定了体制基础；六是初步形成了覆盖范围比较广泛、险种比较完备、法规制度比较健全的社会保障体系；七是大力推动按劳分配和按生产要素分配的改革进程，不断完善社会分配制度。通过这一系列不断深化的改革，对推动珠海经济的快速发展发挥了重要的体制支撑作用。

四是现代化城市建设扎实推进。20年来，为拓展经济建设和城市发展空间，积极开展了以交通设施为主要内容的基础设施建设，初步形成了四通八达、方便快捷的立体交通网络，并拥有较为完善的供电、供水、通信等市政配套设施，奠定了发展成为一个现代化海滨城市所必须具备的硬件基础。更为重要的是，珠海在发展经济的同时，在科学规划的基础上，积极开展环保设施建设和综合治理，探索出了一条发展经济与合理利用资源、加强环境保护、强化城市管理有机结合的新路子。20年来，珠海先后获得“国家园林城市”“国家卫生城市”“国家环境保护模范城市”等荣誉称号，是国家首批生态示范区试点城市。

五是精神文明建设实现新突破。经济特区建立20年来，珠海坚定不移地实施“两手抓、两手都要硬”的方针，处理好物质文明和精神文明的关系，在经济建设取得巨大成就的同时，精神文明建设也取得了丰硕成果。在全社会营造了健康向上的文明环境。珠海还荣获了“精神文明十佳城市”“文化市场管理先进城市”“双拥模范城”“社会治安综合治理优秀单位”和“广东省首届文明城市”等称号。教育事业发展迅速，从根本上改变了经济特区初期教育起点低、底子薄的落后面貌。随着珠海大学园区的启动，中山大学、暨南大学、北京理工大学、清华大学、哈尔滨工业大学等相继在珠海办学和设立科研机构，较好地提高了全市教育的水平和质量。

1979—2000年珠海市经济发展主要项目数据表

表2-1

项目	单位	1979年	1980年	1985年	1990年	1995年	2000年
年末户籍总人口	万人	36.07	36.53	41.17	50.25	63.24	73.90
年末常住人口	万人	36.07	36.53	41.17	64.07	88.97	123.65
生产总值	亿元	2.09	2.61	9.81	41.43	182.69	332.35
第一产业	亿元	0.81	0.95	2.14	5.95	10.81	15.27
第二产业	亿元	0.64	0.83	4.08	18.06	94.11	172.82
第三产业	亿元	0.64	0.83	3.58	17.41	77.77	144.26
人均生产总值	元	579	720	2431	6678	21208	27770
全社会固定资产投资	亿元	0.36	0.58	9.70	12.12	90.73	94.98
基本建设投资	亿元	0.31	0.45	8.16	9.56	56.41	54.08

续表2-1

项目	单位	1979年	1980年	1985年	1990年	1995年	2000年
更新改造投资	亿元	—	—	0.48	0.40	2.08	1.80
房地产开发投资	亿元	—	—	—	1.43	26.06	32.70
社会消费品零售总额	亿元	1.36	2.02	10.46	21.76	84.88	121.17
进出口总额	亿美元	0.09	0.19	1.45	6.48	38.03	91.65
其中：出口总额	亿美元	0.09	0.13	0.33	4.89	21.15	36.46

第二节　投资环境

一、自然环境

珠海是我国南方的一个海滨城市和经济特区，毗邻澳门，是珠三角各市中海域面积最大、岛屿最多的城市，拥有面积大于500平方米的岛屿146个，素有“百岛之市”美誉。珠海生态环境优美，山水相间，陆岛相望，气候宜人，人居环境一流，是全国唯一以整体城市景观入选“全国旅游胜地四十佳”的城市，荣获联合国人居中心颁发的“国际改善居住环境最佳范例奖”。

（一）地理位置

珠海市位于广东省南部，北纬21° 48′ ～22° 27′ 、东经113° 03′ ～114° 19′ 之间。东临珠江口海面，距香港36海里，与深圳市隔海相望；西临新会市，与台山市海域相连；南接澳门半岛；北去广州市140公里。 全市海陆总面积7649平方公里，其中陆地面积1514平方公里，海域面积6135平方公里，海岸线长达690公里。南北长77.3公里（从平洲岛到淇澳岛末端止），东西宽123.4公里（从担杆岛到荷包岛两岛末端止）。

（二）地质地貌

珠海地区被北东、北西向断裂切割成断块式隆升与沉降的地貌单元，形成了断块隆升山地与沉降平原。各断块山体、断块山体内的低平地和凹陷平原的展布方向呈北东向，珠江口外岛屿也受北东向构造线的控制，三列岛屿呈北东向排列。珠江口外沉积盆地展布也是北东向。而珠江的入海水道，则受北西向构造控制，呈北西走向。

珠海市区内陆部分地势由西北向东南倾斜，地形多样，内陆地貌以丘陵为主，平原次之。其中丘陵占58.68%，平原占25.5%，兼有低山、滩涂等。市区内陆由凤凰山、将军山两大山地、丘陵及沿海冲积平原构成。陆地上山地、丘陵、台地、平原为纵横交错的河网分割。滨海冲积平原由西江和北江冲积物沉聚而成。

珠海市海区分布有群岛2个、列岛8个，大小岛屿共146个，海岛数量居全省各县、市第一位，岛屿岸线总长543.01公里，面积为236.93平方公里。它们星罗棋布地分布于珠江口外。以青洲—三角山岛—小蒲台岛为界分成两部分。

东南部的万山群岛、担杆列岛、佳蓬列岛为陆上莲花山脉向海延伸的部分，主要是侵蚀为主的基岩岛屿。地貌类型以花岗岩丘陵为主，高程多为100～300米，最高为二洲岛的凤凰山（473米）。这些岛屿处于万山隆起带，因地质构造作用而不断上隆，加上风化剥蚀强烈，形成基岩裸露的石山，山坡陡峭，坡度多在30° 以上，部分达60° 以上。在岸边或低凹处，因重力堆积作用而形成巨砾滩。

西北部各岛位于珠江三角洲盆地边缘，主要为扩淤型岬湾岛屿。由于堆积作用盛行，一些岛屿已与大陆相连。地貌类型以丘陵台地为主。沿海有部分海积平原。丘陵地区，发育有较厚的红壤型风化壳，地面坡度多在40° 以下。

（三）气候

珠海市地处北回归线以南，冬夏季风交替明显，终年气温较高，偶有阵寒，但冬无严寒，夏不酷热，年日温差较小，属南亚热带海洋性季风气候。

年平均气温22.4℃，最高年均23.3℃，最低年均21.6℃，全市气温比邻近珠江三角洲各县市都高，大部分地区全年无霜冻，是广东省南亚热带地区热量最丰富的地区之一。全市太阳能丰富，热量充足，历年平均太阳总辐射量为111.62千卡/平方厘米，年日照时数1600～2500小时，太阳辐射年总量为4651.6兆焦 / 平方米。珠海属多雨地区，历年平均降雨量为1967.6毫米，降雨分布不均衡。每年的5月至10月是珠海的雨季，全年的雨水主要集中在这个时期。

由于受季风变化和地形的影响，珠海长年出现东南风和东北风，春季多东南风和东南偏东风，夏季以南风和西南风为主，秋季主要吹东北风和东南偏东风，冬季则多刮北风和东北风。全市历年平均相对湿度为80%，岛屿较陆地地区大。

（四）水文

珠海全市有前山河、小林沥河、红旗河、螺洲河、黄杨河5条。前山河是珠江三角洲通往珠海、澳门的主要内河通道，又是珠海市市区内陆通往省内各市县的一条主要内河。全市共有34条水道。河口有九洲洋、珠江口河口、宽河口、磨刀门河口、虎跳门河口、鸡啼门河口、泥湾门河口。

（五）自然资源

1. 土地资源

根据土地的综合特征，可将珠海市土地类型划分为5大土地系统、22个土地单位、78个土地立体三级分类系统。5大土地系统即丘陵台地、农田、海岸滩涂、内陆水域和城乡等土地系统。

珠海市滩涂面积30.46万亩，占全市土地面积12.69%，其中超高滩5260亩，高滩5040.4亩，中滩24112.1亩，低滩18894.2亩，浅滩251306.4亩。

2. 海岛和海洋资源

在珠海海域中，水产资源丰富。鱼类品种繁多，具有捕捞价值的鱼类近200种，在海洋捕捞中常见的主要经济鱼类70多种。还有甲壳类、贝类和藻类等。

珠海海岛光照充足，热量充沛，年平均气温介于22℃～23℃。海岛上有被称为“海上森林”的红树林，岛上有杜鹃、棕竹、龙船花、猕猴桃等50多种野生观赏植物。各岛鸟类102种，为华南地区511种的1/5。其中外伶仃岛、二洲岛、大忙岛和担杆岛为广东省濒临动物保护区。

3. 水资源

全市多年平均降雨量1967.6毫米，多年平均径流总量为15.0654亿立方米，平均每人拥有水量3660立方米，每亩耕地平均水量2662立方米，高于全国平均水平。

地下水类型为松散岩类孔隙水和基岩裂隙水。全市松散岩类孔隙水淡水分布区的渗入量为54596立方米/日，总渗入量1992.8万立方米/年。全市基岩裂隙水天然资源年总量为15077万立方米，年平均资源为413068.5立方米/日，枯季资源为258597.9立方米/日。

至2000年，全市饮用水源地保护区面积73.56 平方千米，有南沙湾、平岗、挂定角、广昌、黄杨河等取水点受保护，全市有30个饮用水库，如：大镜山、吉大、竹仙洞、黄绿背水库等。

4. 动物资源

珠海全市主要野生经济动物有169种，分别隶属于4纲28目61科。在低山丘陵区有猕猴、野猪、赤麂、南狐、大灵猫、小灵猫、豹猫、水獭、鼬獾、红颊獾、穿山甲、赤腹松鼠、豪猪及各种鼠类。鸟类有八声杜鹃、鹎类、暗灰鹃鵙、喜鹊、黑卷尾、白腹、姬鹟、画眉、黑脸噪眉、柳莺、褐翅鸦鹃，以及斑鸠、鹧鸪、八哥和一些猛禽类。蛇类和龟鳖类也较丰富。在平原耕作区有各种鼠类、蛇类、两栖类，鸟类有珠颈斑鸠、八哥、麻雀、棕背伯劳、雨燕、翠鸟、鹎属鸟类、火尾缝叶莺、大山雀等。繁殖最多的候鸟是黄胸（禾花雀）。在海滩、沼泽区有白胸苦恶鸟、绿鹭、苍鹭、池鹭、白鹭等在夏季常见，冬天常见成千上万的鹜、鹬类。滩地外缘水面上有斑咀鹈鹕、野鸭及白骨顶等水鸟。

5. 植物资源

珠海市植被主要组成种类有556种，分别隶属于145科385属。其中以热带性属种较多，常见的大戟科、桑科、棕榈科、桃金娘科、茜草科、梧桐科、豆科、五加科、杜英科、野牡丹科、茶科、芸香科、五桠果科。常绿针叶林有马尾松—桃金娘、岗松—芒萁群落和马尾松—岗松、桃金娘—鹧鸪草群落等。

常绿季雨林有黄桐、胭脂、假苹婆、鸭脚木群落和猴耳环、降真香、亮叶杜英—棕竹群落。季风性常绿阔叶林有蕈树、大头茶、春花群落。

海滩红树林即滨海盐渍红树林有秋茄树群落和桐花树群落，科目10多种。

竹林有托竹群落和黄竹仔群落。

草丛有五节芒、野古草、纤毛鸭嘴草群落，鹧鸪草、蜈蚣草群落和野古草、野香茅、纤毛鸭嘴草群落。

灌草丛有桃金娘、岗松—芒萁群落和桃金娘—鳞莎草、鹧鸪草群落。

砂生草丛有厚藤、白背荆、鬣刺、绢毛飘拂草群落和露兜勒、仙人掌群落。

湿性草丛有短叶茳芏群落和芦苇群落。

6. 矿产资源

珠海主要矿产资源有水晶、铁、钨、锡、锰、钾长石、优质石英砂。自然土壤有赤红壤、石质土、滨海沙土、盐渍沼泽土等。

珠海市蕴藏的石料主要为黑云母花岗岩、黑云母二长花岗岩、花岗闪长岩。石料资源广泛分布于低山丘陵区和低丘台地区，其中可分为北部的凤凰山区，中部的板樟山区、南部的牛筋头山区，西部的黄杨山区和海岛区。各区的石料蕴藏量丰富，据初步估算，全市主要地区石料蕴藏量达230亿立方米，力学性能良好，表土覆盖较薄，开采条件较好。

珠海滨海平原地区有多处石英砂矿床。其中金鼎的玻璃砂矿床，赋存于第四系全新统（Q2/4）的万顷沙组（Q2-2/4”）中，属滨海拦湾砂堤型矿床，矿层分三层，矿体主要由石英砂组成，原矿品位SIQ2占96%以上，矿砂总储量为2769万吨。精矿可作为生产特种技术玻璃和平板玻璃的硅质原料。斗门、坭湾、五山、白蕉等地有小型的石英砂矿床，总储量386万吨，具有一定的开采价值。

珠海有多种类型的黏土矿或高岭土矿。按成因可分为4种类型：风化岩脉型高岭土矿、花岗岩风化壳型高岭土矿、冲积—泻湖堆积型黏土矿和山麓冲积型黏土矿。

二、基础设施

1979—2000年，珠海经济特区通过各种渠道投入基本建设资金达583.39亿元，集中财力大规模进行道路、能源、供排水、通信等基础工程建设，全市基础设施功能不断完善。

（一）交通设施

1. 航空

珠海直升机机场（又称旧直升机场）于1983年年底建成通航，成为南海油田海上作业的直升机起运点。机场有较完善的航行调度、通信导航、气象和安全保障设施。1987年10月开通珠海—台城的旅游包机航线，1988年开通珠海—广州、汕头、阳江定期航班。

珠海九州机场于1989年11月竣工使用。机场场地宽，净空条件好，并装有仪表着陆系统，可起降直升机和小型飞机。

珠海机场于1992年12月动工，1995年6月18日通航。珠海机场是国内规模较大、设计较先进的民用机场之一，跑道长4000米，候机楼建筑面积9.3万平方米，其设计能力为航空器起降10万架次/年，旅客吞吐能力1200万人次/年，货邮吞吐量40万吨/年，至2000年航线通达30多个城市。

2. 铁路

1993年，经国家批准广珠铁路立项，1994年完成工程可行性研究，1995年完成初步设计，1996年完成施工图设计，1997年月10月动工兴建。1999年因资金等原因停工。

3. 公路

特区创办之初，珠海公路总长57.3公里；至1991年年底，境内公路通车里程达370.8公里，公路桥梁共110座，总长4856米；至2000年年底，珠海市公路通车里程发展为1017公里，其中等级公路983公里（二级以上公路330公里），水泥路593公里，永久性公路桥梁共234座，总长23682米。

4. 港口码头

创办特区前，县城香洲仅有一个渔港码头，年货运量仅4.2万吨。特区建立之后，扩建新建13个起运码头。

（二）能源设施

1. 电力设施

建市前，珠海电网是农村供电网，用电负荷以城镇轻工业、农村电力排灌、生活照明为主。年供电量1600万千瓦时，平均负荷1600千瓦左右，仅有一条110千伏线路，35千伏变电站两座，输电线路总长60.9公里。10千伏配电线路194.6公里，用电户4512户。10千伏线路采用“两相一地”制架设，线径小，装置残旧，抗灾能力差，供电可靠性低。

建市后，随着特区的经济和社会发展，用电负荷、用电量大幅度增长。建市10年，平均每年递增25.2%，市区每年平均递增36%。全市供电量，1980—1990年增长8.46倍，负荷增长7.8倍。至1990年，年供电量66286万千瓦时，负荷125.00兆瓦。变电站15个，其中220千伏安变电站1个，110千伏安变电站7个，35千伏安变电站7个。输电线路总长324公里，其中220千伏线路107.8公里，110千伏线路114.7公里，35千伏线路101.5公里。2000年年底，全市有220千伏变电站4座，110千伏变电站26座，送电线路总长956公里。年供电量由1978年的1647万千瓦时，增加到2000年的28.65亿千瓦时。

2. 供气设施

1979年，珠海个别单位开始使用液化石油气，当时使用方式是将小瓶运至茂名灌装。1982年5月成立煤气公司，开展液化石油气业务，液化石油气主要靠茂名石油化工总厂供应，运输方式靠汽车槽车装运。1985年9月，贮气300立方米的液化石油气站投入使用，用户增至8000户。1987年1月在唐家湾建造容量800多立方米液化石油气库、卸气码头，开发气源基地。1990年7月，唐家气库第二期扩建工程2000立方米库竣工，煤气公司成为华南地区大型液化石油气中转站，至1990年，年可运输、中转贮存石油气3000立方米。城区石油气用户从原来不足1000户发展到38000户，占城区住户95%。

（三）排水设施

中华人民共和国成立初期，香洲地属渔港区，市政建设十分落后，自然村落的泥沙道路没有排水设施，雨水污水靠自然渗透。

1979年，珠海市政建设的道路、街巷由市规划部门设计，统筹安排。规划部门根据工业区域和居民住宅区域的密集度在适宜地方设置香洲的凤凰河，拱北的排洪渠，吉大的南、北白沙河等排洪渠。排洪沟渠建设，1988年兴建拱北将军山半山腰排洪沟一条，长1148米；1989年全市兴建竣工的排洪沟总长为9242.17米。1990年7月，400米长、23米宽的拱北西排洪渠竣工交付使用。至1990年年底，全市有雨水管渠81910.27米，污水管渠68820.33米，排洪沟渠19558.67米。

（四）邮电通信设施

创办特区以前珠海邮政仅有包裹收寄机等少量机械设备；全市仅有自动电话400门，长途电话线路4条。建特区后通信手段步入现代化数字通信网大发展行列。

1. 邮政

从特区始创至1989年，珠海邮政逐步使用自动包裹收寄机、落地过戳机、邮资包裹收寄机等。1990—1994年，邮政综合管理计算机系统、邮政储蓄计算机系统、报刊发行计算机管理系统等先后建成并投入使用。1995年，邮政储蓄金融网、流动邮车投入使用。1997年，位于上冲的邮件处理中心落成，包裹气动推挂、包裹和印刷品自动分拣等系统投入使用。1999年，报刊亭投入使用。2000年，邮运网路部分专业运输邮路并入骨干网。至2000年，全市邮政局（所）128个，各等级邮路18条1383.6千米，邮政汽车155辆，计算机373台。

2. 电信、电报

1979年前，珠海只有人工莫尔斯电报机，拍往外地的电报由中山经转，1979年7月，开通香洲至拱北电传电路。至1992年，使用8路、16路载报机作电报通信传输。1992年，开通BJC-64路公众电报分集器，公众电报实现自动转报、自动接续。1995年，使用时分复用设备。1999年，建成公众电报分组网，电报机房实现自动化。

3. 本地电话

1979年，农村电话设备是50门、100门人工交换机和三路载波机。1987年，程控自动电话开通，珠海农村电话全部并入市内电话网管理，原有电话全部割接入程控自动电话交换系统。1991—1995年，实现全市电话程控化。1996年，N0.7信令系统开通，电话网进入综合业务数字网（ISDN）和智能网（IN）技术层。2000年11月，流动市话（小灵通）试运行。同年本地电话容量42.4万门，用户28.05万户。

4. 数据通信

1992—2000年，先后建成分组交换网；数字数据网络（DDN）；可视图文和国际互联网网络；视聆通网，开通VOD和Supeygnet两项业务，实现“信息高速公路”；本地ATM网和ADSL网；帧中继数据网；IP宽带城域网等。2000年，数据用户90345户。

5. 长途电话

1980年以前，香洲至中山、广州、佛山的长途传输为3路载波机。1980年，开通香洲—澳门12路载波机，当年年底长途电路共15路。1981—1985年，长途设备由人工、半自动过渡到全自动、数字微波等，珠海特区可与国内20多个大城市和美国、港澳等地直接拨号通话。1986—1990年，先后建成720线、960路微波、光纤等大通路通信网，长途自动电话通达国内400多个城市和世界150多个国家与地区。1991—2000年，先后建成四次群数字微波、长途交换5000线、光同步数字传输（SDH）、155MB/S系统。至2000年，长途交换机容量为13.69万路端。

6. 无线寻呼

邮电寻呼。1987年年初，珠海邮电无线寻呼网建成，开通“126”寻呼台。至2000年，共有5万用户。此外，从1992年起委托一些公司开办无线寻呼台。至2000年，先后建立协议形式的寻呼台24家，26万用户。

移动电话。1988年，建成TACS模拟蜂窝移动电话网，1996年封网，同年交换机容量5.37万路，基站数39个。1995年，GSM系统开通。2000年，西门子1800系统4万门入网，珠海GSM移动通信具备900兆赫及1800兆赫双频段网络，交换机容量51万门、用户33万户；联通移动电话GSM交换机容量为15万门，建设基站75个，载波300个。

三、口岸与出入境管理

珠海毗邻港澳，口岸开埠历史悠久。至1999年年底，珠海获准对外开放的一类口岸共有7个，建成5个，建成的二类口岸6个，二类口岸所属起运码头共有18个。改革开放以来，珠海口岸认真落实党中央、国务院和省委、省政府的各项口岸政策，推进口岸建设、强化口岸管理、增强口岸服务、创新通关模式，有效地推动了珠海经济社会发展。

（一）口岸布局

1. 一类口岸

拱北口岸　是客货运综合性口岸，位于珠海市与澳门接壤交汇处，是内地通往澳门特别行政区的重要口岸，占地约3万平方米，建筑面积约2万平方米。1992年，为了适应形势发展的需要，珠海市政府决定迁建拱北口岸联检楼及其附属设施。此项工程共投资4.7亿元，占地面积15万多平方米，总建筑面积为8.5万平方米，包括联检楼、进口报关楼、出口报关楼、货物查验场、免税商场及其地下仓库、联廊人行通道及其他配套设施建筑。迁建后的拱北口岸联检楼和进口货运通道于1999年10月2日开通启用。联检楼设有旅客出入境通道66条，其中出境28条，入境38条，设计为旅客日均通关能力15万～20万人次。口岸内设有出入境客车通道14条，其中出境6条，入境8条；出入境货车通道16条，其中出境8条，入境8条，每天可进出车辆8000辆次。拱北口岸的出入境旅客数量仅次于深圳罗湖口岸，是中华人民共和国第二大旅客出入境口岸。

九洲港口岸　是客货运综合港口口岸，位于珠江口西岸，距香洲、拱北城区各4公里，与香港相距36海里，与澳门相距仅4海里。1981年9月，经国务院批准对外开放，九洲港客、货运口岸分别于1982年和1984年建成通航，九洲港口岸大坞湾危险品作业区于1991年11月经国务院批准对外开放。九洲港口岸客、货运码头岸线全长1442.58米，其中客运码头长436.70米，货运码头长1005.88米，港池直径275米，航道长10.5海里，水深6～9米，客货运码头可分别供8艘大型双体快速客船同时靠泊，港区东面有一条长达580米的防浪堤，西南面有6公里长呈月牙形的海岸线保护着港池，是船舶停靠的良港。港口设计年客运量为200万人次，1992年，珠海市政府投资兴建一座面积7800平方米的客运联检楼和12000多平方米的广场，配套设施日益完善，口岸整体功能充分发挥，入出境旅客逐年增加。九洲港客运口岸香港航线，日进出航班28班次，逢节假日视情况增开航班。九洲港口岸货物年吞吐能力为206万吨，货运码头设有一栋2300平方米货检大楼及400平方米的货运中心，海关、边检、海事、检验检疫等查验部门及国际货柜码头公司、外轮代理公司、外轮理货公司均在现场办公。码头内设有3000平方米的集装箱查验场，九洲港口岸货运区拥有7个泊位，其中

5000吨级泊位2个，3000吨级泊位3个，千吨级泊位2个，以及万吨级锚地1个，2000吨级锚地1个。仓库面积13000平方米，堆场9万多平方米。码头配有各种类型的装卸机械79台，种类齐全，货物起落方便，机械化作业程度高，集装箱作业已全部实行电脑化管理。九洲港口岸大坞湾危险品作业区有5000吨级危险品专用码头，专供载运液化石油气及工业用油的船舶靠泊作业。九洲港口岸进出口货物，主要是经香港转运世界各地。1987年3月起开办国际集装箱运输业务，与日本、美国等国家和中国台湾、香港地区有直接联运业务。

珠海港口岸 珠海港港池面积88平方公里，航道水深5～13米，可利用的自然岸线长达70多公里，可建设1万～30万吨级泊位100个，年吞吐量可达2亿吨以上。1994年6月，经国务院批准设立珠海港货运口岸，1995年4月，国际货柜（高栏）码头（两个2万吨级泊位）实施生产性试航，1996年7月正式对外开放。随后，珠海发电厂3000吨重件码头和九丰阿科能源有限公司石油液化气码头（两个5万吨级泊位）相继建成启用并对外营运。珠海市政府投资5000万元兴建11406平方米口岸综合楼，于1996年7月交付使用，在口岸现场工作的各检查检验单位和有关的经营服务部门集中在楼内，可以按“一站式”“一条龙”“一个窗口”的模式联合办公，完成报关、报验、签证、征税、交款等程序，既方便货（船）主，又有利于口岸业务的统一管理。自开港以来，珠海港外贸货运量迅速增长，1999年，进出珠海港的外贸船舶1002艘次，集装箱1.1万个标准箱，货物吞吐量达530万吨，其中外运量145万吨。

横琴口岸 是客货运综合性陆桥口岸，位于珠海市南部的横琴岛上，通过莲花大桥与澳门连接，又通过横琴大桥与珠海市区连接。1999年6月12日经国务院批准设立，1999年12月9日通过国家验收，2000年3月28日正式对外开放。横琴口岸总占地面积约19万平方米，总投资1.64亿元，总建筑面积为3.335万平方米，包括临时联检楼、进口报关厅、出口报关厅、货物查验场、客货车通道；临时联检楼内出入境旅客通道6条，货车通道3条，客车通道2条。设计通关能力为旅客320万人次/年、车辆25.8万辆次/年。

湾仔港轮渡客运口岸 位于珠海市湾仔东南面，距拱北口岸2.5公里，与澳门一水相隔，水面距离只有几百米。湾仔港轮渡客运口岸于1984年经国家批准开设，同年12月23日正式通航。该口岸设有旅客入出境联检场，占地2000平方米，旅客入出境方便快捷；设计规模为20万人次/年，使用定员280座位的渡轮，每日开16个航次，节假日视客流情况增开班船。1993年，为了适应对外开放需要，方便人员入出境，珠海市政府在紧邻现有客运口岸南侧，拨地17500平方米，兴建一个建筑面积27792平方米的湾仔客运联检楼和客运码头。1999年，该口岸出入境旅客达32万人次。

斗门港客运口岸 位于珠海市斗门县境内，处于西江出海口的磨刀门水道。河面宽1300米，航道水深5～8米，可航行1000～3000吨级货轮。水路距澳门17海里，香港54海里；陆路距珠海市区40公里。斗门港客运口岸于1987年经国务院批准对外开放，1991年1月建成，并开通了斗门至香港客运航线。斗门港码头岸线长970米，港区占地面积38万平方米（含客、货运区和经济开发区），旅客联检大楼4700多平方米，客、货运口岸总投资达1.18亿元，查验机构设置齐全，并拥有完善的口岸设施和口岸管理条件。斗门港客运口岸自1991年1月通航以来，运作良好，使用定员252座位的豪华快速双体喷射客轮，每日开2个航次，节假日视客流情况增开班船，平均年进出境旅客约达8万人次，最高达12万人次。

万山港口岸 位于珠海市万山群岛港区，包括桂山岛、外伶仃岛和大万山岛三个作业区。万山群岛处于珠江出海口下游，是船舶由南海进出珠江三角洲的必经之地，紧临香港和澳门，多条国际航线从港区通过，港区有特殊的地域优势，适宜开展大型油品储存和集装箱、大宗散货水运中转业务。万山港口岸于1995年4月6日经国务院批准对外国籍船舶开放，并批准设立相应的检查检验机构。其中，主港——桂山港货运作业区于1998年4月经省政府批准实施生产性试航。桂山港是客货运综合性港口，货运码头建有3000吨级泊位一个，码头全长100米，纵深l35米，前沿水深-5.7米，设计年吞吐量为60万吨；客运码头建有500吨级泊位一个，长75米，码头前沿水深-6米，与货运码头共用一港池。

2. 二类口岸及所属起运码头

除一类口岸外，珠海尚有二类口岸及所属起运码头13个。包括香洲货运码头、淇澳起运码头、湾仔货运码头、横琴码头、桂山货运码头等。

（二）出入境边防检查

为适应出入境发展形势需要，便利人员出入境，珠海出入境边检部门主动创新查验模式，不断加强边防检查工作。1979年7月起，签发有效期3年的“港澳同胞回乡证”。1979年10月始，拱北口岸检查接待一日游的外宾。1982年，对在特区投资设厂和兴办各项事业以及购有住宅或常住需经常出入境的人员免填“入出境签证卡”或附卡。1988年，公安部改革“港澳同胞回乡证”，启用有效期为10年的新版条纹码回乡证、入出境免填附卡，对拱北口岸入出境车辆的查验进行改革，将原来的两次查验、验证、盖章、检查统一由一科（关闸口）担负，缩短入出境车辆在口岸停留的时间。1990年，拱北口岸海关入出境人员总数达18507650人（次）。其中港澳人员15838980人（次），华侨46776人（次），外籍人员343596人（次），外派人员507677人（次），其他人员1770621人（次）。2000年，珠海出入境边防检查总站检查出入境旅客38919850人（次），检查车辆1894899辆（次），检查船舶37372艘（次）。

（三）海关监管

1. 货运、行李物品和邮递物品监管

1979年，拱北海关针对形势变化，采取各种措施，加强进出口货物监管，方便合法进出，支持特区建设。全年监管进出境货物62.5万吨。1981—1983年，实行三级审核制度。1984—1988年，对进出口货物实行分类分点监管。1989年，制定许可证管理规范，严格许可证管理。1990年，建立许可证商品留样管理制度，对水泥、钢材等大宗许可证管理商品，实行“一次报关、限期分批验放”等方法监管。1992年，对许可证管理商品进行分类管理。1993年起，在中山港等旅检现场实行集约化管理，并有重点地检查和抽查进出境旅客和进出口货物。2000年，监管进出境货物1571万吨，进出境旅客3987万人次，监管进出境快件41.12万票（6264.3吨），查获走私案件1707宗，案值47885万元。在连续3届国际航空航天博览会和澳门回归祖国等重大活动中，拱北海关积极支持配合地方政府，做好各项监管工作，确保任务顺利完成。

2. 税费稽征

1979年，珠海经济特区进口货物大幅增长，拱北海关开始征收进口货物关税。1980年，成立征税统计科，对进口消费品、寄售商品征收关税，税收逐年上升。1984年，开征国营企业进口货物产品税和增值税，对外贸企业、中外合资合作企业进口货物和旅客行李物品及个人进口物品代征工商税。1985年3月实施新税则。5月1日，开征车辆购置附加费（1994年1月1日改由交通部门征收）。1989年，成立征税处，国家扩大进口商品许可证管理范围，调整进口消费品税率，清理整顿外贸公司。1994年，采取分配税收任务，每月检查分析增减原因的办法，督促各分关和办事处完成税收计划。1999年，组建缉私局，严厉打击走私违法活动，税收由1998年的22.9亿增至43.9亿元。此后又不断完善风险分析和企业分类管理制度，以运输工具监管为源头，以仓单管理为主线，以监管场所管控为基础，加强对进出口货物、物品和运输工具的监管，严密税收征管，2000年税收达到46.1亿元。

3. 查缉走私

1979年，拱北关区走私活动逐渐活跃。1980年，拱北海关针对货运渠道物品混藏、伪报、瞒报走私，加工贸易渠道运输途中偷装偷卸“飞料”走私，海上走私既有香港、台湾专营走私船，又有沿海各地渔船、机帆运输船参与的复杂情况，恢复海上缉私。1981年5月，增加“甲交702”缉私艇，配备橡皮摩托艇，并参加全省反走私联合行动。此后又陆续添置“801”“709”等缉私艇，加强海上缉私力量。

1987年，修订和建立案件审理、审批制度，走私案件处理制度和私货管理制度，规范执法行为，加强打击走私力度。1990年，抽调“902”艇、“702”艇、“709”艇、“713”艇参加省政府组织的东线打击走私行动。1992年3月，组建机动小分队，负责货运渠道和非设关地走私的查缉。1994年，重点打击担杆岛附近海域的走私活动。1996年，参加珠江口打击走私联合行动，查获走私汽车68辆。1997年，成立机动缉私科，采取稽查和海上查缉等手段打击走私。

1998年，全国打私工作会议召开，拱北海关集中力量打击小额成品油走私，加强对“三无船”（无船名船号、无船舶证书、无船籍港）、走私“两油”（成品油、食用油）、“两车”（汽车、摩托车）、“两料”（纺织原料、化工原料）等案件的查缉。1999年1月，连续开展“灭蚁”“9902”等反走私联合行动，查获案件270宗，案值3902万元。

2000年，走私活动逐渐向智能化和高科技方面发展，拱北海关以反价格瞒骗为反走私斗争重点，在海上、货运、行邮等多个渠道打击价格瞒骗活动。是年，先后开展四次“扫黄打非”专项斗争，查获各类非法出版物45.49万件、走私光盘案件6宗，查扣光盘454.9万张，其他走私案件案值1.45亿元。

（四）检验检疫

1999年以前检验检疫工作分属于珠海进出口商品检验局（简称珠海商检局）、拱北动植物检疫局（简称珠海动植检局）和珠海卫生检疫局（简称珠海卫检局），1999年8月12日以后，归口珠海出入境检验检疫局。

1. 进出口商品检验

1981年9月，成立广州商检局珠海工作组（驻香洲）。1986年，正式建立珠海商检局（正处级），隶属广东进出口商品检验局领导，负责对珠海地区进出口商品实施检验、鉴定和监督管理。1987年6月，珠海商检局在拱北口岸设立拱北办事处；1989年9月，在香洲口岸设立香洲办事处；1990年12月，在湾仔口岸设立湾仔办事处。1983年起逐步实行由珠海接受报验、抽样送省局检验的做法。1985年2月，签发首份兽医证，同年7月起签发一般产地证。1985年7月，开展进口钢材、机动车辆的检验。1986年5月，开展进出口石油产品的检验。1987年下半年起自检出口锡沙。1987年第4季度开始签发普惠制证书。1987年，共检验进出口商品23586批、10.2万吨，货值47783.26万元人民币。2000年，共检验进出口商品9.51万批，货值34.22亿美元。

2. 动植物检疫

1981年7月，拱北动植物检疫所升格为处级所，为农业部直属单位，实行农业部与广东省双重领导以部为主的管理体制。1984年10月，建立中华人民共和国拱北动植物检疫所九洲分所和中华人民共和国拱北动植物检疫所中山分所，均为科级建制。1985年1月5日和11月22日，成立中华人民共和国拱北动植物检疫所湾仔办事处和中华人民共和国拱北动植物检疫所香洲办事处，均为科级建制。1988年3月19日，设立中华人民共和国斗门动植物检疫所，科级建制。同年3月29日，中山分所改名为中华人民共和国中山动植物检疫所，副处级建制；九洲分所改名为中华人民共和国九洲动植物检疫所，科级建制。1990年2月6日，撤销湾仔办事处，设立中华人民共和国湾仔动植物检疫所，副处级建制。1992年4月23日，拱北动植物检疫所更名为“中华人民共和国拱北动植物检疫局”，隶属国家动植物检疫总所。1981年开始，承担出口冻肉的检疫、出证任务。1985年6月，全系统首次从旅客携带进境的6只美国皇鸽中检出鸽新城疫，全部作扑杀销毁处理。1992年开始实施注册登记管理和报检员制度。1997年，珠海动植检局组织禽流感的调查和监测。1998年2月，香港恢复从内地输入活禽，珠海动植检局辖区成为唯一最早恢复供港鸡苗、鸭苗的地区。1979—2000年，共检疫进出口动植物及其产品202万批次。

3. 卫生检疫

1979年，经国务院批准将拱北检疫站更名为拱北卫生检疫所，为广州卫生检疫所管辖。1980年，拱北卫生检疫所改编为乙级所（科技），业务由广州所领导。1982年，拱北卫生检疫所改属省卫生厅领导，升格为甲级所（正处级）。1982年9月，成立九洲卫生检疫站。1983年5月，设立湾仔卫生检疫站。1984年2月，增设中山卫生检疫站。1988年12月，成立香洲办事处。1989年，拱北卫生检疫所划归中华人民共和国卫生检疫总所管理，行政级别为副司局级。1990年12月，拱北检疫所加挂中华人民共和国拱北进口食品卫生监督检验所的牌子。1979年起检疫现场查验工作，向入境的国际旅客、探亲人员发放“旅客健康申明卡”，对来自疫区、尚未超过潜伏期、或者有症状的旅客发放“就诊方便卡”。1980年4月，率先建立疾病监测门诊。1981年，开展拱北口岸地区鼠蚊的调查。1984年11月，恢复对车辆货物的检查，开始对车辆货物实施消毒除虫。1987年11月，开始对从拱北口岸入境的国际邮包实施检疫查验，对不符合有关卫生法令的邮包进行处理。1985年开始，对进口废旧物品实施申报、审批、查验和卫生处理制度。1979年，检疫查验出入境人员175.35万人次，2000年，检疫查验出入境人员3206万人次。

四、法制建设

1980年以来，先后起草并经省人大审议通过了经济特区土地管理、抵押贷款等条例，制定了各类规范性文件，为改革、开放和经济建设的顺利进行创造良好的法制环境。

1996年3月，第八届全国人民代表大会第四次会议通过《全国人民代表大会关于授权汕头市和珠海市人民代表大会及其常务委员会、人民政府分别制定法规和规章在各自的经济特区实施的决定》，珠海开始拥有制定经济特区法规和规章的立法权。珠海取得立法权初期，政府立法重点围绕规范市场交易行为、维护市场交易秩序、管理和服务居住人口等方面展开。1996年6月，市第四届人大常委会通过《珠海市人民代表大会常务委员会议事规则》，是珠海市取得经济特区立法权后的第一部地方性法规；1996年通过《珠海市人民政府制定珠海经济特区规章和拟定珠海经济特区法规草案的规定》，是珠海市取得经济特区立法权后制定的第一部政府规章。

2000年3月，九届全国人大三次会议通过《中华人民共和国立法法》，赋予经济特区所在地市以较大市的地方立法权，因此珠海同时具有经济特区立法权和较大市的地方立法权两个立法权。至2000年12月，市人大常委会通过地方性法规29项，市政府制定或修改规章30项。

（一）立法

1. 建立和完善科技创新制度

1999年，珠海市颁布《珠海市技术成果入股与提成条例》，通过股权的形式，使科技人员参与和分享科技成果转化为生产力之后体现的经济效益，其先行性和创新性在全国引起很大的反响，被国务院法制办作为地方优秀法规编入了《中华人民共和国法规汇编》。此外，《珠海市科学技术进步奖励办法》《珠海市技术引进中专利法律状态审查办法》《珠海市企业技术秘密保护条例》《珠海市企业产权交易管理暂行规定》《珠海市私营企业权益保护条例》等相关配套规章和规范性文件相继出台，为技术创新提供强有力的法制保障和支撑环境。

2. 规范市场交易行为

1996—2000年，珠海市相继颁布了《珠海市安全生产管理条例》《珠海市饮食娱乐服务企业环境管理条例》《珠海市商品交易市场管理条例》《珠海市旅游业管理条例》《珠海市渔港管理条例》《珠海市生猪屠宰和销售管理规定 》《珠海市人民政府关于加强盐业市场管理的通告》等一系列规范市场交易行为、维护市场秩序和建立市场良性竞争行为的法规、规章和规范性文件。

3. 促进经济功能区充分发挥功能作用

1996年，市政府制定了《珠海国家高新技术产业开发区行使市一级管理权限的实施办法》；1998年，市人大常委会颁布《珠海市珠海保税区条例》；1999年，市政府相继颁布了《珠海市万山海洋开发试验区管理规定》《珠海市经济功能区经济管理权限暂行规定》《珠海国家高新技术产业开发区科技工业园管理办法》等规章和规范性文件，使独特的经济功能区成为推进地方经济发展的重要力量，推动了开放型经济的发展。

4. 规范土地使用权出让市场化

1985年开始，珠海经济特区陆续对各种土地权属进行确权，并根据土地不同等级向使用者收取不同标准的使用费。1991年，颁布了《广东省珠海经济特区土地管理条例》。1998年，颁布了《珠海市土地管理条例》，建立土地统一规划、征用、开发、出让、管理的五个“统一”制度；同年12月，成立了珠海市建设工程、商用土地交易中心。1999年1月，市政府颁布《珠海市城镇国有土地使用权公开招标拍卖实施办法》；3月，颁布《珠海市出让土地使用权使用年限管理规定》。此外，市政府还发出《关于调整我市工业项目配套设施用地规定的通知》《关于征收土地闲置费的通告》等一系列配套规范性文件。

5. 创造良好人居环境

1996年10月，市人大常委会颁布《珠海市暂住人口管理条例》，加强对暂住人口管理，保障暂住人口的合法权益；11月，颁布《珠海市住宅小区物业管理条例》，明确住宅区管理体制改革的原则和方向，实行企业化和社会化管理的物业管理模式。2000年，市政府审议通过《珠海市城区住宅小区物业管理服务收费办法》，规范城区住宅小区物业管理服务收费，维护业主与物业管理公司的合法权益，促进物业管理市场的健康发展。

6. 构建社会保障体系

1993年，市人大常委会颁布《广东省珠海经济特区职工社会保险条例》。1996年，市政府颁布《珠海市城乡居民最低生活保障线实施办法》。1997年，市政府颁布了《珠海市职工医疗保险暂行规定》。1998年，颁布《市人民政府批转市社会保险局贯彻国务院关于建立统一的企业职工养老保险制度决定的请示的通知》等规范性文件。2000年，市人大常委会颁布《珠海市社会保险基金监督条例》，市政府颁布《关于做好我市社会保险覆盖全社会工作的通知》等相关配套文件。

7. 维护劳动者合法权益，重视外来务工人员的利益

1997年，市人大常委会颁布《珠海市违反劳动法律法规行政处罚条例》。1998年，市人大常委会颁布《珠海市外来务工人员劳动管理条例》，保障劳动者的合法权益，尤其重视和维护了外来务工人员的合法权益，监督用人单位遵守有关劳动法律法规的规定。市政府也颁布《关于实施劳动预备制度的方案》、珠海市劳动局《珠海市招用外来劳动力分类管理办法》、市政府办公室《关于调整外来暂住人口计划生育手术费、营养补助费标准的通知》等一系列配套文件，大力完善制度建设，促进社会公平正义，为维护劳动者权益搭建好制度平台。

（二）行政复议

1. 制度建设

行政复议制度实施以来，珠海市十分重视发挥行政复议作为行政层级监督手段的作用，各级行政复议机关认真履行复议职责，坚持“以人为本、复议为民”的宗旨，认真办理行政复议案件，充分发挥行政复议解决行政争议的机制优势，行政复议纠正违法、不当

具体行政行为的作用日益深入人心。2000年7月，珠海市制定了《珠海市人民政府行政复议办公室工作规则》，畅通渠道，切实保障人民群众的行政复议申请权。珠海市各级政府行政复议机关依法放宽立案标准，从宽理解和把握行政复议受案范围和受案期限，不断畅通复议渠道，提高案件受理率。

2. 案件审理

1991—1992年，行政复议案件数量很少。1993年开始，逐年增加，到1999年有19件，2000年有23件。行政复议案件数量的攀升，表明珠海市采取的各项措施起到了畅通复议渠道的积极作用，人民群众的行政复议申请权得到了切实的维护。

（三）行政执法监督

珠海市行政执法监督工作起步较早，市政府各部门基本都设有法制科，执法监督工作开展顺利。政府设立市人民政府行政执法督察办公室，和市法制局合署办公，并在市法制局设立行政执法监督科，专门负责全市行政执法监督工作。1989年以来，定期或不定期在全市开展行政执法检查工作。

1998年，珠海市政府制定《珠海市行政执法责任制规定》。2000年，制定了《珠海市行政执法投诉处理办法》，加强对行政执法工作的监督，依法纠正违法或者不当的行政行为，保护公民、法人和其他组织的合法权益。

（四）规范性文件审查工作

1993年4月，市政府颁布《珠海市行政规范性文件制定和备案程序的暂行规定》，要求各行政机关制定行政规范性文件必须报送市法制局备案审查。至2000年年底，市政府及各部门制定了很多规范性文件，涉及国土、人防、经贸、劳动保障、交通、卫生、教育、审计、科技等各个领域，均由市法制局进行备案审查。

第三节　改革开放

一、经济体制改革

1979年7月15日，中共中央、国务院决定珠海市划出部分地区试办出口特区，扩大对外贸易，搞活经济，同时为全国积累经验。自此，珠海在改革开放的进程中不断进行体制的改革与创新。

（一）农村经济体制改革

1. 农村土地承包制的推广

1979年之前，珠海市的土地管理和农产品分配，实施“一大二公”政策（土地以生产队为基础的大集体管理，在公有制的政治和经济制度下，农产品实施平均分配），因此，造成“干多干少一个样，干不干一个样”，严重影响了农村经济的发展。1979—1981年，珠海市和全国一样，发生了一场深刻的“土地革命”（即推广土地联产承包责任制，将集体土地分包到各户，由各户承包上缴公粮和统购粮的任务）。从1979年开始，珠海市全面推广各种形式的农业生产责任制。至1981年年底，全市各村已全部实行家庭联产承包形式的责任制，土地归集体所有性质不变，以农户为主进行经营。这不但调动农民的生产积极性，而且有利于生产者对品种、田间管理、产品收成及储运销售等进行灵活安排，从而推动农业生产的发展。1984年，继续稳定和完善家庭联产承包责任制，延长土地承包期（由三五年承包期延长至15年承包期），向农民发放土地长期使用证。同时大力支持专业户、生产大户的发展。鼓励专业化、集约化生产，扶持专业户发展，使土地相对向种田能手集中，剩余的劳动力向工副业转移，全市出现了大批种养大户，各种类型的专业户也越来越多。至1986年，全市有专业户416户；2000年全市农村种养专业户达9715户，占总农户数15.2%。经营面积14.1万亩，占耕地总面积37.1%。使农业生产的整体水平得到提高。农村集体经济由单一向多元化、多形式、多层次发展，农村产业由种养为主向工业、第三产业并举发展。

经济社、经济联社和经济总社的建立。20世纪80年代末至90年代，珠海市继续稳定和完善以家庭联产承包为主的农村双层经营体制，改进土地承包方式，开展适度规模经营；成立社区性的合作经济组织——经济联合总社、经联社和经济社。1991年10月31日，珠海市第一个经济联合总社——六乡镇经济联合总社成立。1992年1月，全市20个镇全面完成了镇级经济联合总社的设置工作，使集体企业和财产的所有权有了归宿，加强了政府对集体经济的依法、规范、有效管理。

土地承包责任制的完善。1979—1988年，农村土地承包合同不够规范，多数为“口头合同”“烟纸合同”等不规范承包合同和无效合同，常出现经济纠纷，影响农村经济的发展。1988年，珠海市人民政府颁发《关于确认和处理无效农村承包合同的暂行规定》和《关于印发农村承包合同管理工作文书样式的通知》等文件，为逐步实现农村承包合同管理的法律化、规范化、制度化奠定基础。1988—1992年，市、区、镇举办农村承包合同培训班近百场次，参加人数达5000人次。1988年，全市签订农村承包合同42234宗，专业承包合同7351宗，承包金额2224万元。鉴证合同17056宗，占合同总数的34%，金额1354万元，调整显失公平合同4292宗，受理合同纠纷105宗，调处结案96宗，争议金额64万元，结案率91%，合同当年兑现率达94%。1985—2000年，随着珠海市经济建设的发展，香洲区和三灶管理区等镇的土地基本统征，农村承包合同的数量大幅减少，农村承包合同的工作主要在斗门县。1998年年底，全市签订农村承包合同总数20573宗，当年上交金额5128万元，全年发生合同纠纷44宗，其中调解38宗，仲裁6宗。

2. 集体经济新的组合形式——股份合作制

20世纪90年代初，由农村自发探索到政府引导示范，逐步梯次推广的农村股份合作制改革在珠海兴起。1992年，香洲区在前山镇进行试点，次年8月在全区铺开。1994年，全区62个村委会有58个行政村已全部实行股份合作制。同年，股份合作制在全市各县区推开，全市226个村委会中，有69个村委会建立了股份合作制经济组织。之后至2000年，农村股份合作制改革告一段落，没有再进行股份合作制改革，原因是农村经济薄弱，没有具备全面开展股份合作制改革的条件。

（二）城市经济体制改革

1979—2000年，珠海城市经济体制改革大体经历三个阶段。

第一阶段，1979年10月至1984年9月，是珠海改革的起步试验阶段。这一时期珠海经济特区引入市场机制，进行以扩大企业自主权为主要内容的企业改革试点，引进外资，发展“三来一补”企业和“三资”企业，改变单一所有制结构。

第二个阶段，从1984年10月至1991年12月，即十二届三中全会至邓小平南方谈话发表前，是珠海改革的全面展开阶段。改革以增强企业活力为中心，企业改革经历进一步扩大企业自主权、企业承包经营责任制及企业股份制试点三个时期，深化企业内部的领导体制、劳动人事体制、工资分配制度等方面的配套改革，推进市场建设、价格改革和宏观管理，扩大对外开放。

第三个阶段，从1992年至2000年，即从邓小平视察珠海等南方地区开始，珠海的改革进入整体推进、全面建立社会主义市场经济体制的新阶段。由过去侧重于破旧体制转向侧重于建立新体制，由政策调整转向制度创新，由单项改革转向综合配套改革，由重点突破转向整体推进与重点突破相结合。经济体制改革围绕企业改革这一中心，政府机构改革向“小政府、大社会”转变。

1. 国有企业改革

珠海市国有企业改革经历以下的过程：

扩大企业自主权。1979—1982年，利用中央给予特区财政留成的优惠政策，对企业采取减税让利、税前还贷或以税还贷的政策，特区企业留利从原来的20%增加到50%，企业开始有自我积累自我改造和自我发展的能力。

企业承包经营责任制。从1983年起，采取企业向主管部门承包，主管部门向地方财政承包的包干管理办法。至1987年，按照“核定基数、确保上缴、超收多留、歉收自补”的原则，全面推行承包经营责任制。

承包制向股份制过渡。珠海股份制试点，从1984年开始，在富华涤纶丝厂和南方四通有限公司试行，探索企业产权多元化的组织形式和按照国际惯例办企业的新路子。至1993年年底，全市发展股份制企业已有73家，其中富华、丽珠、华电等三家企业的A股和丽珠的B股已在深圳证券交易所上市交易。至2000年，珠海市已有7家上市公司和一家上市基金。

现代企业制度的建立。1995年开始，选择部分大企业进行现代企业制度建设的试点。通过试点理顺产权关系，完善企业内部组织结构和管理制度。

在国有企业改革的同时，摸索建立新的国有资产管理体系，转变政府职能，探索政企职责分开的路子。其发展大致经过三个阶段：

第一阶段：1987—1996年。1987年，珠海市投资管理公司成立，承担国有资产管理、财政管理等多项行政职能以及资产营运职能。1991年12月，市国资办挂牌，进一步强化其资产行政管理职能。

第二阶段：1996年3月至1997年年底。1996年3月，市国资局挂牌成立，珠海市国有资产管理体制改革总体方案进入实施阶段。1997年，市编委批准市国资局的“三定”方案，市国资局与市财政局、市投资管理公司的职能移交顺利进行。为加强对市属集体资产的管理，1997年11月，市集体资产管理办公室正式挂牌，与市国资局一套人员、两块牌子。

第三阶段：1997年年底至2000年。1998年6月，市交通资产经营有限公司挂牌成立，市工业控股有限公司、市投资管理有限公司的组建（改组）方案和授权范围相继获市政府批准，珠光集团有限公司的授权经营试点也列入工作计划（以上构成“3+1”规划），标志着珠海市资产管理监督营运体系中的第二层次框架基本形成，“国资局—营运公司—企业”三个层次的资产管理新体制基本建立。这个阶段是资产管理新体制最后形成阶段，也是建立完善新的资产管理监督营运体系，完善各项管理制度的关键阶段。

2. 市场取向体制改革

劳动制度改革 珠海市从1980年开始率先在全国范围内推动劳动合同制。1980年，在全市第一家中外合作企业——珠海石景山旅游中心实行劳动合同制试点，面向社会公开招工，较早地突破传统的计划招工模式，将市场机制引入劳动管理体系。1992年，选择珠海特区工业发展总公司进行全员劳动合同制试点，随后于1993年在全市全面推行劳动合同制。

工资制度改革 在1985年前，企业实行国家统一的工资制度。之后，工资制度改革围绕“总量控制、工效挂钩、自主分配”的主线进行，企业工资总额与经营效益挂钩，由劳动部门监控，工资总增长幅度低于经济效益增长幅度，平均工资增长幅度低于劳动生产率增长幅度。企业在不突破工资总额的前提下自主进行分配。职工的工资收入与个人的劳动贡献和企业经济效益相联系，体现多劳多得、按劳分配的原则。充分发挥工资的激励作用。1997年，珠海市在部分大企业中试行经营者年薪制，借鉴国外办法逐步建立国有企业工资约束机制。

价格体制改革 珠海建立特区后，价格体制改革沿着“调放结合，分类指导，双轨过渡，以放为主，分步渐进”的路径进行。

1980年至1985年6月，实行“调放结合，以调为主”，重点调整与价值严重背离的商品价格，下放部分商品的价格管理权限。

1985年7月至1987年年底，实行“调放结合，以放为主”。1985年7月，《珠海市物价管理试行办法》颁布实施，明确商品（产品）和非商品的分工管理权限，明确全市价格分工管理权限，将相当一部分工业产品价格、计划外生产资料价格、涉外商品价格、饮食服务行业价格下放给企业定价。放开大部分农副产品价格、工业消费品价格和劳务收费；调整交通运输和部分能源价格，改革进出口商品作价办法，出口商品直接与国际市场价格挂钩，进口商品部分实行代理价。

1988年1月至1990年，实行“继续放开、放权，全面理顺价格”，先后调整液化石油气、民用煤、定量口粮价格，放开食油价格，继续扩大市场调节范围，在全社会商品零售总额中，市场调节占90%以上，基本形成以市场为主体的价格体制。与此同时，地方财政对物价的补贴从暗补改为明补，增加干部职工的实际收入，稳定人民群众的生活水平。1990—2000年是物价平稳过渡期。

3. 外贸体制改革

在国家外贸体制改革的大前提下，珠海特区根据自己的实际，对外贸体制进行了一系列的改革。

简政放权、政企职责分开。实行政企职责分开，把外贸企业的经营权及一定的人财物权下放给外贸企业，并建立经济责任制，实行出口创汇、出口成本及盈亏三项指标的承包制，把承包目标完成状况与企业职工收益挂钩。给予创汇大户的工业企业直接的进出口权。

实行进出口代理制。外贸企业为工业企业代订货和办理其他进出口业务，收取一定服务费，进出口本身的盈亏，则由出口企业和进口企业自负。允许各类外贸企业在批准范围内进行交叉经营，展开竞争，打破原专业外贸公司的垄断状况，促进外贸企业改善经营。

建立外贸宏观调控体系。外贸管理由原中央一级改变为中央、省（直辖市）的两级管理，并由过去的行政手段和指令性计划为主直接控制，逐步转变为通过汇率、价格、关税、利率、成本、外汇留成等经济手段进行调节。

改革外汇管理体制。几次调低人民币的对外汇率，使其与国际币值的比例更合理。起到鼓励出口、缓解外贸国际收支失衡的矛盾，效果明显。

4. 政府经济管理调控体制改革

计划经济体制改革 主要是围绕“以市场调节为主”和“以市场为取向”的改革目标，珠海进行了一系列的改革，如改革基建体制和推行承包制，实行招标投标和施工承包；进行物价改革，放开商品的价格，随行就市；改革劳动用工制度和工资制度，推行合同工制、浮动工资制和结构工资制；改革干部调配制度，通过招聘等方式选拔大批人才；改革计划管理体制，减少指令性计划和实物指标；改革金融管理体制，实行专业银行业务交叉，发展同业拆借等多种融资手段；进行适应市场经济发展需要的由直接调控转向间接调控的改革，实行政企分开，撤销了各种行业行政管理机构，建立了国有资产管理的新架构；试行对国有企业的股份制改造和董事会领导下的经理（厂长）负责制；推行企业产权和国有土地使用权的有偿转让，开辟证券市场和外汇市场，建立生产资料市场和期货市场，加快生产要素的商品化和市场化步伐。与这些改革相适应，特区较早地建立社会及市场的各种中介性组织，发展行业协会，扩大社会自我管理的职能和范围，并逐步创造制度化、法规化的市场经济运行机制。

财政体制改革 1980年实施“拨改贷”。基本建设资金由市投资管理公司管理，建设银行承担“出纳”。建设资金由无偿使用改为有偿贷款。国有企业（含集体企业）的扩大再生产及技术改造，由财政拨款的，改为从银行贷款。

1984年起，把支持农渔业资金改为低息或贴息贷款。当年度对发展农渔业而贷款的2000万元即实行财政补贴，扩大资金的使用范围和使用效率，促进乡村集体和个体农渔业的发展。

土地管理制度改革 在试办经济特区初期，珠海的土地实行无偿（或抵偿）、无限期的使用制度和分散征用、多头管理的土地管理体制。1987年9月，市委、市政府决定对珠海市土地管理体制和使用制度进行改革，成立土地管理体制改革领导小组，宣布暂停征地。珠海市政府对土地高度集中管理，同年10月，珠海市委、市人民政府发出《关于我市土地清查情况和处理意见》，首次提出在珠海市范围内建立统一规划、统一征用、统一开发、统一出让和统一管理的管理体制以及有偿、有限期、可流转的土地使用制度。

逐步推进社会事业产业化 明确区分医疗保健、文化体育、环保设施营运和各类教育等事业的经济性职能和社会性职能，在经济性职能较强的领域积极推进产业化进程。大力推进体育中心、文化中心、市政工程等大型公共设施产业化经营。

信贷管理体制 为打破传统的高度集中统一的信贷管理体制，1979年开始，实行“统一计划、分级管理、存贷挂钩、差额控制”。1981年，将差额控制改为差额包干。1985年又进一步改革，实行“统一计划、划分资金、实存实贷、相互融通”的办法。同时，扩大贷款领域，从只贷流动资金到可以贷固定资金，从只贷公有企业到可以向个体经济贷款。从只贷不管到贷管结合，从只贷第一、二产业到可以向第三产业贷款。

5. 社会保障体系的改革

养老保险制度改革 1980年10月，市劳动部门在石景山旅游中心实行劳动合同用工制度的试点，并从职工的劳务费中提取15%作为退休费用，对中方职工实行养老保险，使养老保险从企业行为转变为社会行为，迈出社会保险制度改革的第一步。1986年8月，在实行企业单位退休基金统筹时，按职工工资总额的15%缴纳养老保险费，当时为方便而换算为绝对数每人每月缴29元（其中个人缴纳4元），只占1993年度社会月人平均工资的4.2%，这个缴费标准，一直沿用至1994年年底。1994年1月1日，实施《广东省珠海经济特区职工社会保险条例》按缴费工资的一定比例缴纳保险费，为每个职工建立个人专户，使社会保险由社会共济向社会共济与个人账户相结合的方式转变。改革旧的退休金计发办法。建立养老待遇水平与职工缴费、国民经济发展相适应的调节机制，按基础养老金、附加养老金和个人专户养老金三部分运作，明确个人缴费与养老待遇的利益关系，实现权利与义务的统一，增强职工的自我保障意识。1996年7月17日，颁布《珠海市机关事业单位工作人员社会保险实施办法》，机关事业单位养老保险制度改革进入实质阶段。

医疗保险制度改革 珠海市于1998年1月1日正式实施《珠海市职工医疗保险暂行规定》，改变了过去单纯由国家和企业包揽医疗费用的做法，建立起由用人单位和职工共同缴纳医疗保险费用、社会统筹医疗基金和职工个人医疗账户相结合的职工社会医疗保险制度。与此同时，市政府颁布《珠海市职工医疗保险实施管理办法》等11个配套法规，使珠海市的医疗保险制度改革进入规范化操作。

住房制度改革 珠海市于1989年正式实施住房制度改革，按标准价出售公房和稳步提租等工作。1994年1月起国务院发出通知暂停出售公有住房后，珠海市的住房制度改革工作重点转向建立住房公积金制度、健全房改工作机构以及调整公房租金价格等方面。1996年，颁布《珠海市公有住房租金改革规划》，加大公有住房租金改革的力度；同年颁布《珠海市深化城镇住房制度改革实施办法》，正式开展按成本价出售公房。为加强对住房基金的管理，珠海市制定《关于加强公有住房出售收入管理的通知》《关于加强公有住房出售收入管理的规定》等政策、规章，使住房基金逐渐走上制度化、规范化的管理轨道；制定《珠海市住房公积金管理办法》《个人支取使用住房公积金管理办法》（试行）、《珠海市住房公积金贷款暂行规定》等办法和措施，通过在银行设立公积金专户管理，逐步建立起公积金归集、管理、使用、监督的有效运行机制。

二、外经外贸

珠海经济特区按照发展外向型经济的方针，灵活运用中央和省赋予的特殊政策、灵活措施，充分发挥独特的地缘优势和华侨众多的人缘优势，大力改善投资环境，积极拓展外贸出口市场，推动对外经济贸易持续快速发展。

（一）利用外资

1. 总体情况

1978年，珠海以来料加工方式开始利用外资。1979—2000年，珠海市批准利用外资合同9000个（其中，来料加工2280个、补偿贸易86个、合资2461个、合作1748个、独资1738个、外商股份制3个、对外借款684个），合同累计利用外资136.96亿美元（其中，来料加工5.12亿美元、补偿贸易0.65亿美元、外商投资企业105.94亿美元、对外借款25.25亿美元），实际累计利用外资87.77亿美元（其中，来料加工3.37亿美元、补偿贸易0.46亿美元、外商投资企业59.17亿美元、对外借款24.77亿美元）。外商直接投资来自世界47个国家和地区，主要投资来源于7个国家和地区：

香港 投资项目2933个，占外商直接投资项目总数的49.26%；合同利用外资48.19亿美元，占外商直接投资项目合同利用外资的45.49%；实际利用外资22.38亿美元，占外商直接投资项目实际利用外资的37. 82%。

澳门 投资项目2113个，占35.51%；合同利用外资14.04亿美元，占13.25%；实际利用外资9.07亿美元，占15.33%。

英属维尔京群岛 投资项目70个，占1.18%；合同利用外资5.02亿美元，占4.73%；实际利用外资3.64亿美元，占6.15%。

日本 投资项目77个，占1.28%；合同利用外资3.33亿美元，占3.14%；实际利用外资3.07亿美元，占5.19%。

新加坡 投资项目86个，占1.4%；合同利用外资3亿美元，占2.83%；实际利用外资2.12亿美元，占3.58%。

美国 投资项目198个，占3.33%；合同利用外资3.3亿美元，占3.12%；实际利用外资1.32亿美元，占2.23%。

台湾 投资项目373个，占6.3%；合同利用外资2.29亿美元，占2.16%；实际利用外资1.32亿美元，占2.23%。

以合同利用外资计算，外商直接投资的主要行业为：

制造业 投资项目4343个，占全部投资项目的72.99%；合同投资总额89.03亿美元，占全部外商直接投资项目合同投资总额的50.68%；合同利用外资50.40亿美元，占全部外商直接投资项目合同利用外资的47.57%。

房地产业 投资项目295个，占4.95%；合同投资总额38.16亿美元，占21.72%；合同利用外资25.91亿美元，占24.46%。

旅馆、酒店和餐饮业 投资项目165个，占2.77%；合同投资总额8.42亿美元，占4.79%；合同利用外资5.93亿美元，占5.59%。

其余各行业合同利用外资所占比例依次是：建筑业（占3.88%）、交通运输和仓储业（占3.13%）、电力及燃气的生产和供应（2.63%）、文化体育及娱乐业（占1.85%）、商业服务业（占1.8%）、居民服务业（占1%）、金融业（占1%）、农林牧渔业（占0.86%）等。其中，制造业又以电子、计算机及通信设备、电气机械及器材、纺织及纺织服装（鞋）、化工医药、五金机械、塑料制品等制造业为主。

2000年，全市产值在500万元人民币以上的企业的工业总产值为589.6亿元人民币（现价），其中外商投资企业工业总产值为437.61亿元人民币，占74.22%。全市外贸出口总值36.46亿美元，其中外商投资企业出口总值为26.29亿美元，占72.1%。外商投资企业已经成为珠海市工业和外贸的主体。佳能、阿莫科、松下、菲利浦、家乐福等28家世界排名前500强的跨国公司落户珠海。外商投资企业已成为珠海市国民经济发展的重要力量。

2. “三来一补”企业的发展

1978年7月15日，国务院颁布《开展对外加工装配业务试行办法》，从此打破了中华人民共和国成立以来以商品买卖为主的单一的对外贸易形式。1978年8月31日，珠海县香洲毛纺厂与澳门纺织有限公司签订了毛纺来料加工协议，成为珠海市第一个“三来一补”项目，珠海市利用外资从此开始。1979—2000年，珠海共批准“三来一补”项目2366个（其中来料加工2280个，补偿贸易86个），占全市外商投资项目的28.45%；合同利用外资5.77亿美元，占全市外商投资项目合同利用外资的5.1%；实际利用外资3.83亿美元，占全市外商投资项目实际利用外资的6%。“三来一补”加工的产品由单一向多样化转变，劳动密集型向技术密集型转变，来料加工向进料加工转变，经营“三来一补”的企业也由国营、集体、私营企业向“三资”企业转变。许多“三资”企业根据国家利用外资政策的变化，决定是否利用“三来一补”生产经营。“三来一补”占外商投资的比重虽然越来越小，但仍然有其存在和发展的空间。有些技术密集型的外资企业仍然利用“三来一补”进行生产经营，如珠海松下马达有限公司用来料加工生产马达，珠海三美电机有限公司用来料加工生产任天堂游戏机等。

3. 外商投资企业的发展

中外合资企业、中外合作企业、外商独资企业（含外商股份制企业）统称为外商投资企业，俗称为“三资”企业。珠海的外商投资企业（简称“三资”企业）从中外合作企业开始，随着外商投资的进一步发展，中方积累了资金和技术，合资企业逐渐增多。随着时间的推移，由于外商为了获得经营管理的自主权以及国家审批条件的放松，外商独资企业逐渐增多，并成为主流。1979年，珠海共批准“三资”项目20个（全部为合作项目），合同利用外资10477万美元，实际利用外资1065万美元。较大的项目有：1979年珠海市旅游公司与澳门珠江旅游公司吴福合作兴建的“石景山旅游中心”，总投资1530万港元；珠海市引进澳门拱北旅游发展有限公司何贤的400万美元合作兴建“拱北宾馆”。1981—1983年3年共批准60个“三资”项目。1984年春节期间，邓小平视察珠海后，珠海市政府发布《珠海市关于为外商投资提供更多优惠的规定》，外商的投资信心大增，掀起了外商投资热潮。1984—1989年，全市批准“三资”项目1881个。1992年，邓小平再次视察珠海，并发表重要谈话，再次掀起了珠海招商引资热潮，当年批准“三资”项目717个，1993年再创新高，全市批准“三资”项目845个。1994年，国家陆续出台重大宏观调控措施，珠海外商投资降幅较大，当年批准“三资”项目516项，1995年仅批准425个。1996—1999年，由于国家取消外商投资企业进口设备的免税政策，对外商投资影响较大，这3年仅批准“三资”项目692个。2000年，珠海“三资”项目摆脱1996年开始连续4年下滑的状态，呈恢复性增长，全市批准“三资”项目554个。

（二）对外贸易

1979年，珠海获得国家下拨的500万元人民币、200万美元用于扶持发展出口商品生产基地，获准开展“来料加工、补偿贸易”业务，批准建立土畜产、轻工艺、纺织品三个进出口支公司，为珠海外贸发展提供了广阔的空间，全年出口创汇416.2万美元。

1980年，全市进出口总额1934.9万美元，出口创汇首次突破1000万美元。1984—1985年，外贸供货网点由本地扩展至全国各地，客户网络由港澳地区推向远洋地区，出口创汇以每年1000万美元的幅度递增。

1986年，地方进出口公司、三资企业开始自行进出口贸易。1987年，实行更加全面的经营承包责任制和代理特区外企业出口的新政策，对外贸易迅速发展，全市进出口4.4亿美元，出口创汇2.7亿美元。

1990年，外商投资企业出口、外贸专业公司、地方工贸公司形成“三龙出海”之势。1992年，外商投资企业出口额达到4.87亿美元，占全市出口总量的52.76%。

2000年，珠海市出口的国家和地区发展到140个，进出口总额91.65亿美元，比上年增长45.8%，其中，出口36.46亿美元，增长35.1%；进口55.19亿美元，增长53.9%。产品结构中，机电产品出口22.9亿美元，比上年增长47.7%，占出口总值的62.8%；高新技术产品出口10.5亿美元，比上年增长90.9%，占出口总值的28.8 %。

从珠海市20多年对外贸易发展情况来看，主要有以下特点：

1. 外贸出口大幅增长

据统计，1979—2000年，珠海市累计进出口总额300.84亿美元，年均增长50.3%，其中外贸出口从1978年416万美元，发展到2000年的36.46亿美元，增长876倍。进入20世纪90年代，外贸出口继续直线上升。1990年，外贸出口4.89亿美元，比上年增长33.8%，1991年为6.99亿美元，比上年增长42.9%，1992年为9.23亿美元，比上年增长32%，1995、1996、1997、1998年屡创新高，分别达到21.2亿美元、24.6亿美元、29.65亿美元和29.95亿美元，2000年达到36.46亿美元，进出口规模一直保持在全省中上游位置。

2. 外贸出口商品结构不断优化

创办经济特区以前，珠海出口商品以渔农鲜活产品和泥沙石为主，大多附加值低，创汇能力不高。特区建立后，依照国际市场的需求调整出口商品结构，1979年以后共发展了纺织品、畜产品、轻工产品、粮油产品、丝绸产品、化工产品、机械产品、仪器设备和医药保健品等9类新的出口产品，外贸系统经营出口商品达到13大类。经过20年来的快速发展，出口商品结构发生了根本性的变化。20世纪80年代，珠海工业出口占总值80%，渔农鲜活产品等占20%；20世纪90年代，珠海工业产品出口大幅提升，占总出口额的95.8%，其中轻工、家电产品占54.9%，格力电器在'98中国出口商品交易会（简称广交会）上，单项产品出口数量占全省之首，而出口初级产品，仅占总出口额的4.2%。

3. 初步形成“大经贸”格局

改革开放20年特别是党的十四大以来，珠海市进一步放开外贸经营权，打破外贸经营由外贸专业公司独家垄断的局面，形成专业外贸公司、地方工贸公司、自营加工出口企业、“三资”企业、民营和私营企业“五路外贸大军”齐出口的大经贸格局，为外贸发展注入新的活力，推动全市出口的快速增长。近10年来，外商投资企业出口额由1988年的0.51亿美元上升为1998年的18.03亿美元，平均每年增长42.8%，比出口总增速高出26个百分点，成为推动珠海外经贸发展的重要骨干力量。2000年，外商投资企业出口额达18.04亿美元，占全市出口总额的49.48%；“三来一补”出口额达1.59亿美元，占全市出口总额的5.3%；专业外贸公司出口额达1.48亿美元，占全市出口总额的4.9%。

4. 对外经济合作和市场多元化战略取得较大进展

改革开放以来，珠海大力拓展对外经济合作业务，成套设备出口、对外承包工程及劳务合作有了迅速发展。从1993年珠海市获批准经营对外工程承包和劳务合作业务以来，共签订对外承包工程及劳务合作合同540份，合同金额1.9亿美元，完成营业额2.3亿美元，外派劳务近1万人。1994—2000年，珠海技术出口项目共61宗，出口金额2.2亿美元。

1980—2000年珠海外贸进出口总额构成统计表

表2-2　　单位：万美元

年份	外贸进出口总额	出口总额	比重	进口总额	比重（%）
1980	1934	1309	67.7	625	32.3
1981	3130	1880	60.1	1250	39.9
1982	3741	2098	56.1	1643	43.9
1983	6689	2448	36.6	4241	63.4
1984	6843	2319	33.9	4524	66.1
1985	14495	3337	23.0	11158	77.0
1986	21332	7072	33.2	14260	66.8
1987	43817	27372	62.5	16445	37.5
1988	63625	42105	66.2	21520	33.8
1989	52958	36508	68.9	16450	31.1
1990	64832	48865	75.4	15967	24.6
1991	112710	69903	62.0	42807	38.0
1992	152569	92278	60.5	60291	39.5
1993	180769	106008	58.6	74761	41.4
1994	258411	148777	57.6	109634	42.4
1995	380266	211528	55.6	168738	44.4
1996	494939	246409	49.8	248530	50.2

续表2-2

年份	外贸进出口总额	出口总额	比重	进口总额	比重（%）
1997	552166	296556	53.7	255610	46.3
1998	591696	299468	50.6	292228	49.4
1999	628615	269926	42.9	358689	57.1
2000	916461	364583	39.8	551878	60.2

三、珠港澳合作情况

珠海与香港、澳门水陆相连，处于粤港澳区域合作交汇点。一直以来，三地人员往来频繁，经贸合作密切。

（一）经贸合作

1979年前的珠海是一个交通不便的滨海小县。1979年，珠海由县升格为市，继而成为对外经贸窗口的“经济特区”，享有中央政府给予的特区优惠政策。1997年和1999年香港、澳门回归祖国，实现了一国两制，从2000年起珠港澳经贸交流进入了历史性转变的飞速发展阶段。

1. 香港、澳门对珠海的投资

1979—2000年，澳门对珠海投资项目共441个，合同外资金额7601万美元，实际外资金额1.94亿美元；香港对珠海投资项目共419个，合同外资金额8.37亿美元，实际外资金额14.04亿美元。香港和澳门对珠海的投资也随着珠海特区的成立、成长，由城市基础项目的投资转向现代工业项目投资再转为高新技术产业的投资，带动了珠海的经济总体发展，引发了其他国家资本对珠海的投资。

澳商成为珠海第一个“三来一补”企业的投资商。1978年7月，国务院颁布《开展对外加工装配业务试行办法》，从此打破了中华人民共和国成立以来以商品买卖为主的单一的对外贸易形式。1978年8月，珠海县香洲毛纺厂与澳门纺织品有限公司签订了毛纺来料加工协议，成为珠海市第一个“三来一补”项目，珠海市利用外资自此开始。

澳商成为珠海第一个“三资”企业的投资商。1979年，珠海市旅游公司与澳门珠江旅游公司吴福合作兴建“石景山旅游中心”，总投资1530万港元，当年签约、当年投资、当年兴建。同年，澳门拱北旅游发展有限公司投资400万美元，合作兴建了“拱北宾馆”，1980年，澳门新联地产投资珠海2148万美元，成为珠海第一个房地产开发项目。

香港霍英东基金会有限公司开启了香港投资珠海的第一项目。1981年，香港霍英东基金会有限公司与珠海旅游服务公司合作兴建了“珠海宾馆”，总投资716万美元。同年，香港钜丰明有限公司与珠海特区工业集团有限公司合作兴建“珠海啤酒厂”，总投资3000万美元。带动了香港投资商对珠海的关注，增强了港商投资珠海的信心和决心。

港商投资珠海的船务项目开启了珠海外商投资多元化。1984年1月，邓小平视察珠海后，中共中央、国务院召开了部分沿海城市座谈会，强调进一步对外开放，积极引进外资发展经济。珠港澳经贸合作进一步活跃。1987年，香港LRNGON船务有限公司与珠海经济特区九洲港务集团合作，投资1074万美元，开辟了珠海—香港的客运喷射船服务，大大方便外商进出珠海，优化了珠海投资环境。美国、英国、加拿大、澳大利亚、新加坡的外商开始进入珠海投资。

2. 珠海对香港、澳门的进出口贸易

香港和澳门是珠海对外贸易的通道，珠海的初始进出口贸易地主要是香港和澳门，通过对香港、澳门的贸易往来，提升了企业开拓其他国际市场的能力和眼界。

1979年，珠海对香港的出口额为796万美元，进口额为392万美元，珠海对澳门的出口额为132万美元，进口额为98万美元；2000年，珠海对香港的出口额为85629万美元，比1979年增加了107倍；对香港的进口额为25016万美元，比1979年增加了63倍；2000年，珠海对澳门的出口额为19737万美元，比1979年增加了149倍；珠海对澳门的进口额为3654万美元，比1979年增加了36倍。

香港和澳门是珠海进口商品的主要来源地。1980年以前，珠海的进口主要来自澳门，1980年以后逐渐转由香港进口，1986年开始通过香港中转，至2000年，珠海的进口商品发展到来自全世界的84个国家和地区，其中从香港直接或中转进口的，占进口总额的77.5%。

珠海国际贸易对香港和澳门的出口依赖逐年减少。1979年，珠海产品的出口几乎是90%输往香港和10%输往澳门，1984年，远洋贸易有了飞跃性发展，珠海出口产品开始直销全世界，对港出口首次下降到80%以下。1995年，出口到香港的珠海商品占出口总额的40.42%。至2000年，出口到香港的珠海商品，占出口总额的23.49%，出口到澳门的珠海商品，占出口总额的5.41%。

珠海对港澳出口商品种类逐渐改变。随着改革开放事业的发展，珠海对港澳出口的商品由原生产品（鲜活商品、农副业产品、泥沙等原生资源产品）转向初加工产品，由初级产品转向高附加值的工业制品和机电产品，由一般技术产品转向高新技术产品。

3. 珠海对港澳投资

珠海通过对港澳投资，实现了零距离接触国际市场的第一步。

1980年，珠海经济特区设立后，市政府当即在澳门开办了第一家珠海驻外企业——澳门珠光公司。1985年，又在香港设立了珠光（香港）有限公司，汇聚了珠海一批企业派驻香港、澳门的公司和挂靠拓展部。经变化发展，至1994年，珠海50家驻港澳企业和59家挂靠拓展部总营业额达60亿港元。

驻港澳企业为珠海的基础设施和重点项目建设在境外融资集资，对珠海的经济事业做出了突出贡献，如珠海机场、洪湾发电厂、珠海（高栏）港、淇澳大桥、前山大桥、横琴大桥、广珠高速公路、珠海通信设施和圆明新园景点建设等项目都是受益项目。

4. 珠海与港澳的劳务合作

1980年，珠海首次向澳门制衣厂派出劳务人员，随后向香港派出劳务人员。珠海有2家具有对外劳务合作经营权的公司，主要是派往澳门劳务，涉及酒店、医疗、教育、工程等行业。

5. 港珠澳经贸交流平台建设

通过组织企业参加香港高新技术产业洽谈会、珠海经济特区投资洽谈会、广东对外贸易洽谈会、广东省对外经济贸易及技术洽谈会、广东三高农业洽谈会、珠海国际投资合作洽谈会及外向型经济战略国际研讨会、珠海经济合作研讨会等，加强了三地政府间、企业间的交流和合作。

1979—2000年，珠海利用香港世界贸易和金融中心的优势，以及澳门自由港享有欧共体优惠政策的有利条件，发展了珠海的外向型经济，珠港澳取得了互利三赢的成绩，为以后的三地区域经济飞跃，均衡协调发展探索了道路，奠定了坚实的基础。

（二）口岸合作

从1980年设立珠海经济特区起至2000年，经国家批准，开设7个一类口岸。经省政府批准，开设5个二类口岸。在此期间，珠港澳口岸在小型船舶管理、延长口岸开放时间等方面加强了合作。

1. 珠海市往来港澳小型船舶的管理

1985年，珠海市口岸办直接参与省《广东省客运口岸区暂行管理规定》（1989年7月20日省政府颁布）的制定；草拟《珠海市往来港澳小型船舶暂行管理规定》；参加国务院、省政府调查组“关于外籍和港澳注册船舶进出珠海市海岛及沿岸石矿场载运石料的调研工作”。建议改革珠海市来往港澳的小型船舶（正常贸易、小额贸易、三来一补运输船只）审批程序。把对船只和船员审批的两条渠道合为一条。即由市口岸办汇同航政、公安等有关部门审核意见后，报市主管领导签批，市口岸办行文批复，减少环节，加快审批速度。

1986年，进一步加强珠海市来往港澳小型运输船舶的管理。完成《来往港澳小型运输船和船员管理（暂行）办法》和统一编制船牌号码。争取落实解决香港籍船舶进入我海岛或沿海石场及指定的业经省批准的地方口岸运载沙石出口的要求。与此同时，大力支持发展自己外运船队。包括驻港珠海贸易公司同华润合作的船队，以及珠海市有关部门的内联船队的发展，积极协助他们办理国内有关审批、办证手续，以逐步减少对香港籍货船的依赖和外籍船不能靠泊地方口岸的矛盾。

1988年，研究制定了《关于港澳籍船舶到我市有关船厂修理的试行管理办法》，从而加强了此类船舶的管理。做好香洲装卸点船舶直出香港的准备工作，制定了《关于香洲装卸点船舶直出香港管理试行办法》，于年底前实施直出管理。

1990年，加强赴澳门施工船的管理。由于澳门国际机场、澳氹大桥及深水码头工程开工，国内赴澳施工船舶增加，往来珠海市水域作业频繁，为了方便进出，简化手续，加强管理，市口岸办拟订了“关于国内澳门施工船舶的管理暂行办法”上报省，使之有章可循。

2. 延长口岸开放时间

1992年1月28日，拱北口岸延长开放时间，闭关时间由每天21时延至24时。拱北口岸各查验单位、签证处及有关部门在晚上的延长开放时间内，互相配合，认真做好接待服务、查验工作，旅客进出境相当便捷，受到了过境旅客和社会各界的赞扬。

1995年，市口岸办协调口岸各单位将九洲—香港中环港澳码头航线最后一班由17:30改为18:00，进一步方便了珠港两地的往来。

1998年，在香港回归祖国一周年之际，九洲港口岸延关至24时，开创了广东省粤港海运航线实施夜航的先河。据统计，7—11月九洲口岸延关期间（19:30—24:00）入出境旅客6.13万人次，平均每天401人次，平均每航班100人次，实施延关取得了较好的经济和社会效益。

3. 建设拱北口岸新联检楼

1992年，拱北口岸新联检楼动工；1999年8月9日，新联检楼及西边车辆通道工程竣工；1999年10月2日，新联检楼及西边客货车通道正式启用，为珠海市迎接澳门回归献上一份厚礼。

4. 珠港澳人员往来

1980年，珠海市出入境旅客328万人次，出入境交通工具23.7万辆艘次；2000年，珠海市出入境旅客达到3892万人次，出入境交通工具189万辆艘次。

第四节　经济发展

一、工　业

建市前的珠海工业，仅有一些主要为农渔业服务的企业，如糖厂、渔船修造厂、农机厂、水泥厂等，1979年工业总产值13852万元，2000年，全市完成工业总产值822.73亿元，按可比口径比1979年增长了593倍，年平均增长速度为35.5%。初步形成了一个技术、设备比较先进，布局比较合理，门类较为齐全，创汇能力较强，支柱产业明显，高新技术产业迅速兴起的工业体系。

1979—2000年主要年份珠海市工业总产值和工业增加值情况表

表2-3　　单位：亿元

项目	1979年	1980年	1985年	1990年	1995年	2000年	每年平均增长速度（%）				
							1980—2000年	1980—1985年	1986—1990年	1991—1995年	1996—2000年
总产值	1.39	1.75	6.11	59.75	335.69	822.73	34.1	28.4	49.3	41.2	19.6
增加值	0.60	0.72	3.35	17.21	70.24	134.80	29.4	36.1	38.7	32.5	13.9

（一）所有制结构

建市初期，珠海的工业是公有制工业，国有和集体经济占绝对主体地位。随着改革开放的深入进行，珠海工业形成了经济成分多元化、以其他经济类型工业（包括“三资”、股份制和民营等）为主的格局。各种所有制工业的比例发生了重大的变化。

1979年，国有工业企业的固定资产原值年末数和工业总产值，占全市的比重分别达到73%和53%，随着珠海外向型经济的发展，“三资企业”、民营企业的日益壮大，以及国有企业的改制，至2000年，这两个比重已分别下降到13%和2%。国有工业已从建市初期的占主导地位，到逐步让位于其他经济类型工业。

珠海的集体工业原来基础十分薄弱，资金缺乏、技术力量不足，1979年，全部固定资产原值年末数只有1297万元，工业总产值只有4108万元。改革开放以后有了较快的发展，尤其是各镇村的集体企业，积极引进投资少、见效快的“三来一补”项目。1980—2000年，除个别年份外，集体工业的产值保持了逐年稳步上升的势头，2000年实现的工业总产值达到26.53亿元，年末固定资产原值17.79亿元，分别比1979年增长了63倍和136倍。

珠海引进外资办工业，始于1979年引进的“三来一补”企业——香洲毛纺厂建成投产。其后，“三资企业”逐渐增多。2000年，完成产值达到590.11亿元，占全市总数（限额以上工业）的94%；产品销售税金、应交增值税占了全市的92%；限额以上的工业企业645家，占了全市的84%。

进入20世纪90年代后尤其是在中后期，民营企业获得较大的发展，生产科技型的私营企业不断增加，至2000年，珠海经济特区经广东省认定的科技型民营企业有93户；在200多家软件企业行列中，民营企业占据了95%以上。

（二）工业基本建设

基本建设投资 珠海工业基本建设投资，1979年为782万元，2000年达34.49亿元。在1981—2000年的4个五年计划时期内，全市共投入了291.41亿元。至2000年年底，全市纳入统计的工业企业已有2546家，比1979年的278家增加了8.2倍，限额以上的独立核算工业企业的固定资产原值年末数为351.87亿元，以1980年末数为基数，分别年均递增11.77%和38.24%。珠海特区工业企业无论在总体规模、企业规模和技术装备等方面，都有了快速的提高。

工业区建设 珠海建市后，开始有计划地建设工业区。1983年，完成特区范围内的七通一平。1984年年初，开发南山、吉大、北岭、夏湾工业区。1985年，重新划分南山、吉大、北岭、兰埔、夏湾、前山、湾仔、香洲等8个工业区进行开发建设。1986年，把全市划分为中区、北区、南区、东区和西区5个工业功能区。1988年，形成以香洲、拱北、吉大、前山组成主体工业区，以南屏、湾仔组成西南翼工业区，以唐家、金鼎组成东北翼工业区。

进入20世纪90年代，建设重点逐步向开发条件较好，潜力较大的珠海西部地区转移。

至20世纪90年代初，珠海市已建成香洲、吉大、南山、北岭、兰埔、前山、湾仔、夏湾、白蕉、井岸、平沙等11个工业区，开发了南屏、洪湾、唐家、三灶、横琴等工业小区。1993年，位于三灶管理区的占地9.8平方公里的国家级高新技术开发区的建设起步。

1999年，珠海市以5大经济功能区开发建设为重点，大办工业、办好工业，这五大功能区是：珠海国家高新技术产业开发区、珠海横琴经济开发区和珠海临港工业区。高新技术产业开发区形成“一区四园一基地”的新格局，下辖南屏、三灶、新青和白蕉4个科技工业园和广东珠海高科技成果产业化示范基地。

企业技术改造 进入20世纪90年代以后，珠海特区企业技术改造步伐明显加快。1990—2000年，经市审批和推荐上报国家和省的技改计划项目，共有129项，完成技改投资36.1亿元，在全市新增工业产值中，约有30%来自技术改造所得。经过技术改造，企业提升产品质量和档次，增加产品产量和品种，加快产品更新换代，经济效益显著提高。

从1998年起，珠海市财政对市重点技术改造项目给予贷款贴息支持，1998年安排贴息资金300万元，1999年安排200万元，2000年安排200万元。一批企业（如丽珠、益力、格力电器、东大、天年、威尔、东信和平等）的重点技术改造项目享受到了优惠政策的支持。

随着工业实力的增强，珠海市工业的技术改造投资力度在逐步加大，建市至1985年，全市全民所有制工业的技改投资完成金额接近9000万元。“七五”期间，投入2亿资金，完成技改项目60项；在“九五”期间，全市共有60个重点技改项目，技改投资24.6亿元，新增工业产值78.8亿元。企业成为投资的主体，格力集团在20世纪90年代后几年投入了8亿元进行大规模的技术改造。

（三）工业门类

珠海特区的工业从小到大、从无到有，至2000年，已涵盖32个行业，其中电子信息和电气机械工业一直位居各行业的前列。主要行业有：

1. 电子信息工业

建市前，珠海电子企业只有一家“无线电厂”，13名职工，11万元资金，只能承接一般的家电维修和简单的电子产品装配。建立经济特区以后，通过多种渠道引进外资、引进先进设备和技术、引进人才，从以来料加工为主逐步向自主经营和外向型迅速发展。

20世纪80年代至90年代初，由以生产视听产品为主的江海、华声集团等企业群组成的电子行业成为当时珠海特区工业的支柱产业。

印制线路板（PCB）产业有一定规模和优势。从1985年兴华器件厂投产，到2000年，珠海特区PCB生产企业有伟创力、德丽、紫翔等10多家，年生产能力超过300万平方米，生产有单面、双面、多层、柔性等线路板产品，技术水平和生产能力均居国内同行业前列，成为国内重要的印制线路板生产基地。

打印耗材制造在国内也具有较大的影响力，天威集团在2000年已发展为国内乃至亚洲地区规模最大的打印机耗材产销基地。

珠海特区的软件产业开始于1988年，当年创建了金山软件公司、亚洲仿真公司和金峰电子公司。金山公司自1989年推出的WPS，至1995年已在全国95%的电脑上安装使用。1999年，珠海经济特区提出把软件业作为支柱产业来发展，至2000年，从事软件开发、研究、销售的有金山、高凌、优特、亚仿、远光、南方软件园、亿达、泰坦等130多家企业，加上兼营软件或从事相关服务的企业约有230多家。

2. 电气机械及器材制造业

该行业拥有一批国内外知名企业。空调器生产开始于1986年。空调器制造业是珠海特区的一大优势行业，经过多年的发展，形成了以格力电器公司为龙头，一批中小企业相配套的产业格局。该行业产值在珠海工业中占了较大的份额。1997年，格力销售各类空调突破100万台（套），从此连续多年居空调行业全国销量第一。在2000年，格力电器公司已发展成为全国生产规模最大、技术实力最强的大型专业化空调企业、年产空调器250万台（套），是世界最大的空调生产基地。

电线电缆制造业在国内具有一定的优势，汉胜特种电线公司生产的物理发泡同轴电缆、蓉胜电工公司生产的各种微细漆包线和特种漆包线均居国内同行首位。此外，华润电器公司和格力小家电公司的产品产量亦居国内同行前列。

3. 机械制造

珠海建市前，机械工业只有为数不多的几家工厂，担负农业机械、机具和渔船的修理和制造。在20世纪80年代末到90年代，外引内联的机械制造企业相继进入珠海，珠海机械工业体系逐渐完善。

主要的机械企业有：1985年投产的中国钟表行业最早的一家中外合资企业中瑞表业公司、1988年投产的国内重要的空调压缩机生产基地之一的珠海压缩机厂、1991年投产的佳能珠海有限公司、1992年投产的珠海首家摩托车生产企业珠江摩托车工业有限公司。

4. 电力工业

建市前，珠海用电靠省网供给，较大的地方发电企业仅有平沙糖厂的热电联产燃煤发电机组。1985年，电力开发（集团）公司成立，是珠海经济特区第一家地方电力开发管理企业。1987年10月，珠海首家地方国营电厂——前山发电厂一期工程的4台发电机组投产发电，总容量为3.74万千瓦。此后，珠海的电力建设进入高速发展时期。2000年4月，总装机容量为372万千瓦的广东省珠海发电厂第一台机组投入商业运行，改变了珠海特区以往以小柴油发电机组为主的电力资源结构。

5. 纺织服装

纺织服装业是珠海特区企业数量最多的工业行业。建市以前，珠海纺织业是个空白，服装行业仅有几间小型制衣企业。自1979年11月投产的中国第一家“三来一补”企业香洲毛纺厂开始，珠海特区通过外引内联，办起了一批“三资”企业和租赁经营企业，从来料加工起步，逐步发展到有自主品牌、产品系列相对完备的格局。主要企业有市纺织集团公司、富华集团、卓夫集团、天年公司、上海时装公司、威丝曼公司、联业织染等。

6. 医药工业

珠海的医药工业始创于1985年丽珠制药厂的筹建，至2000年，珠海特区药品生产企业发展到33家，能生产21个剂型共627个品种；医疗器械生产企业有37家，能生产19个门类60多个品种100多个规格的产品。主要企业有丽珠集团、联邦制药、许瓦兹制药、生化药厂、东鑫制药、金沙制药、威尔医学科技和宝莱特电子等公司。主要产品有丽珠得乐、丽珠感乐、丽珠欣乐、“赛尔特”牌凝血酶以及多种原料药和医疗器械。经过15年的发展，医药工业已成为珠海经济特区的新兴支柱产业。

7. 轻工食品饮料工业

建市前轻工、食品饮料企业多是作坊式的小厂，主要产品有饮料、酒、饼干、渔网和印刷品等，基本上在本地销售。经过20年的发展，该行业无论企业规模和产品品种数量上都有极大的提高。华丰食品公司自1990年成为当时国内最大的伊面生产基地后，其后连续6～7年产销量一直高居国内同行之首。1994年投产的红塔仁恒纸业公司，生产的高档涂布白卡纸，改变了国内对该产品完全依赖进口的局面。始建于1982年的中富工业集团到1996年已先后兴办外省企业30多家，成为全国乃至东南亚地区最大的PET（聚酯）瓶生产厂商。至2000年，珠海经济特区本行业的主要企业有中富集团、红塔仁恒纸业、益力集团、永隆、华丰集团、可口可乐公司、麒麟啤酒、平沙糖厂等。主要产品有：机制糖、方便食品、饼干糖果、味精、啤酒、麦芽、瓶（罐）装饮用水、机制纸、家具以及塑料制品和日用不锈钢制品等。

8. 化学工业

珠海最早的化工企业是筹建于1973年的斗门县氮肥厂，真正起步从20世纪90年代开始，富华涤纶丝厂和裕华聚酯切片厂分别于1987年投产和1990年试产。至2000年，珠海特区主要的化工企业有富华、裕华、碧阳化工、长兴化工、勇达精细化工、斗门东洋化工等。主要产品有合成纤维聚合物、颜料、化妆品、油墨、汽柴油节能添加剂、染料等。PTA（精对苯二甲酸）和长兴化工两大项目均在2000年动工，珠海特区化工业从而走上了以PTA、合成树脂为龙头，从初加工到原料生产配套发展的道路，实现了历史性的突破。

二、农渔业

（一）种植业

建市之前，珠海农业生产以水稻、糖蔗、水果、蔬菜等产品为主。1979年，农业总产值（1990年不变价，下同），只有4140万元，至2000年达129935万元，增长30倍。经过农业生产布局的调整，适当调减水稻和糖蔗生产的面积，扩大水果种植面积，1979年水果产量只有1640吨，至2000年已达34402吨，增长19.98倍。主要果品有荔枝、香（大）蕉、龙眼、木瓜、西瓜等。而荔枝与香蕉的产量最多，产品畅销港澳和内地市场。20世纪90年代开始引进大量优质果蔬品种。水果有储良龙眼、夏威夷木瓜、黑珍珠番石榴、AP番荔枝、新加坡杨桃、巴西蕉、无核黄皮、火龙果等；蔬菜有文图拉西芹、湖北3575莲藕等一批优良品种。显著地优化品种结构，增强竞争力，提高经济效益。其中“白藤湖”牌西芹、“金果达”牌有机荔枝和龙眼、“乡意浓”牌有机稻米等农业品牌，享誉国内外，产销畅旺。20世纪90年代后期，逐步实行无公害标准化生产。

（二）渔业

由于海洋资源的日益减少，渔民由捕捞为主转向养殖为主。1979年，水产品只有16615吨，至2000年达107021吨，增长5.4倍。主要水产品有罗氏沼虾、南美白对虾、海鲈、尖吻鲈、南水青蟹、横琴蚝等。其中养殖虾的生产量最大，产品销往港澳及空运内地一些大市场。

（三）畜牧业

20世纪80年代以来，珠海畜牧以养猪业为主，从传统饲养向现代化饲养转变，从粗放型向集约化外向型转变，生猪生产稳步增长。而家禽生产也进行结构性调整，草食性动物奶牛、兔、鹅等发展迅速。至2000年，全市肉类总产24159吨，比1984年增加13083吨，增加1.2倍。其中猪肉19700吨，牛羊肉25吨，禽肉4434吨；禽蛋4386吨，牛奶2500吨。猪肉占总肉量的81.5%，其次是禽肉，占总肉量的18.4%。畜禽规模饲养代替了农户副业的畜牧养殖，规模养殖场从1980年的2个发展到2000年100多个。万头猪场及几十万只蛋鸡场相继建成投产。奶牛场的主要产品——维维大亨牛奶，不但满足本市居民的需要，而且也满足澳门居民的需要。

（四）林业

1980年开始，珠海陆续引进大叶相思和湿地松，成为珠海市营造工程林的主要树种。1985年起，每年用种量达100多公斤，至1990年年底，市区共有相思和湿地松500公顷，2000年19767公顷。

1990年，珠海市林业用地面积51711.8公顷，占陆地总面积的33.4%。在林业用地中，有林面积31468.7公顷，占60.9%；灌木林地14559.5公顷，占28.2%；疏林地742.4公顷，占1.4%；无林地3836.6公顷，占7.4%。森林总覆盖率为29.4%。在防护林中，海岸防护林20928公顷，水土保持林21287.1公顷。2000年，林业用地51014.4公顷，其中，有林地33105.7公顷，占林业用地的64.9%；灌木林地13947.6公顷，占27.3%；疏林地422公顷，占0.8%；无林地3539.1公顷，占7%。森林总覆盖率为31.9%。

1984—2000年珠海市人工造林情况表

表2-4

年份	总计（亩）	年份	总计（亩）
1984	17148	1993	37800
1985	65166	1994	37500
1986	87500	1995	28700
1987	29130	1996	22400
1988	126587	1997	21000
1990	28844	1998	12400
1991	35600	1999	19500
1992	37100	2000	13300

说明：1989年据数缺失，1亩=1/15公顷

（五）生产基地建设

“九五”期间，采取财政哺育政策，建设农业生产基地，推动农业产业化。市财政用于支援农业生产的支出达16866万元。20世纪90年代末期的几年，加大支出，每年支出约4000万元，已建成一批初具规模的农业生产基地。

——水产养殖示范基地。如斗门县以上横、六乡、白蕉为中心的5.5万亩罗氏沼虾养殖基地；以白蕉为中心的1万亩海鲈、尖吻鲈、南美白对虾养殖基地；以五山乾务、垦区为中心的3.5万亩青蟹和沙虾基地；以南水镇为中心的“南水膏蟹”精养基地和“横琴蚝”养殖基地等。

——畜牧生产示范基地。主要包括珠海市唯一的集牛奶生产、乳制品深加工和研究开发于一体的特区牛奶公司；斗门县的六乡、添源、黄杨山等万头猪场。其中，六乡基地年

产3.5万头瘦肉型商品猪，1.5万头优良种猪，年产饲料1.5万吨。

——水果生产示范基地。下栅水果场是珠海市最大的外向型水果生产基地，占地1600亩，以发展名、优、稀、特水果为主，连续7年获得丰收，其中优质荔枝获国家“绿色食品”称号。此外，还有斗门县6万亩荔枝、龙眼、香（大）蕉、木瓜基地；有金湾区南通公司5200亩香蕉基地等。无公害蔬菜生产示范基地，以斗门白藤湖蔬菜基地为主，共5000亩；此外还有南屏、金鼎、三灶等地的蔬菜基地。

——花卉生产示范基地。市园艺所以开发南亚热带名优花卉为主，成为国内种植专一、品种齐全、技术全面的红掌、非洲菊繁育研究中心和生产示范基地。此外还有市农科中心的蝴蝶兰生产基地、湾仔镇在鹤洲北开发的千亩花卉基地等。

——芦荟生产示范基地。以市库拉芦荟综合开发公司为主，已初步形成生产种植、加工、销售、科研为一体的现代企业，与广州中医药大学合作确立广东省唯一的芦荟规范化种植示范基地，并定为省第13批重点科技攻关项目。

三、商业

改革开放前，珠海商业基础薄弱，仅有百货、糖烟酒、食品、药材、水产、供销、粮食等几家公司，从业人员6000多人。珠海特区成立后，各职能部门积极履行职责，在商业规划、网点布局等方面统筹规划、落实具体工作，并在资金、政策等方面给予大力扶持，商业规模逐渐扩大，迅速发展。

（一）珠海商业发展

1979年，珠海社会消费品零售总额1.36亿元。经济特区成立后，珠海的商业获得很大的发展。至2000年，实现社会消费品零售总额115.20亿元，1980—2000年以每年平均递增23.55%的速度增长；2000年，实现批发零售贸易成交额84.81亿元，餐饮业19.69亿元，分别占社会消费品零售总额的73.62%和17.09%，以平均每年递增22.52%和30.49%的速度发展。

1979—2000年，珠海市商业贸易从以国有商业为主发展到以民营、外资、股份和个体商业为主。现代商业多样化的经营业态发展迅速，连锁超市、专卖店、综合商场等新兴业态的市场份额越来越大。现代物流业开始起步，流通业逐步与国际接轨，进入珠海的国内大型商业企业及外资商场，带来先进的经营方式、经营理念和成功的管理经验。珠海特区商贸流通业形成以初级市场、中小型网点为基础，大型商场、批发交易市场为骨干、多层次、多功能的流通网络。其中，餐饮业由建特区初期的几家茶楼饭店和一些小食店，发展到以星级酒店、各种档次的餐馆饭店和众多排档小食店组成的“大众化为主，高中低兼顾，多方位发展”的格局。

1979—2000年主要年份珠海市各经济类型的社会消费品零售总额表

表2-5 单位：万元

类型	1979年	1980年	1985年	1990年	1995年	2000年
总额	13573	20239	104593	217570	806995	1151957
其中						
1. 国有经济	11838	17069	54336	130043	272481	160467
2. 集体经济	1220	1970	20516	23487	121991	148304
3. 联营经济		138	17766	18835	44402	30511
4. 个体经济	31	30	7941	27095	256808	373874
5. 其他	484	1032	4034	18110	111313	438801
占比重（%）						
1. 国有经济	87.22	84.34	51.95	59.77	33.76	13.93
2. 集体经济	8.99	9.73	19.62	10.80	15.12	12.87
3. 联营经济	0.00	0.68	16.99	8.66	5.50	2.65
4. 个体经济	0.23	0.15	7.59	12.45	31.82	32.46
5. 其他	3.57	5.10	3.86	8.32	13.79	38.09

1980—2000年珠海市各经济类型的社会消费品零售总额年平均增长速度表

表2-6 单位：%

类型	1980—2000年	“六五”时期	“七五”时期	“八五”时期	“九五”时期
总额	23.55	38.89	15.78	29.97	7.38
其中					
1. 国有经济	13.22	26.06	19.07	15.94	-10.05
2. 集体经济	25.68	59.78	2.74	39.03	3.98
3. 联营经济	30.99	1164.2	1.18	18.71	-7.23
4. 个体经济	56.44	205.18	27.82	56.80	7.80
5. 其他	38.30	31.34	35.03	43.79	31.57

（二）商业网点建设及布局

1979年，珠海特区商业网点1274个，商业网点集中在香洲香埠路、凤凰路一带。随着经济的发展，网点不断增多，布局渐趋合理。至2000年，特区在册的批发零售商业网点9483个，经营类别最多的网点是五金交电化工类，其次是机械电子通信设备类、日用百货类和建筑材料类，网点分布在香洲、吉大、拱北和前山范围的占总数的89%，其余地区占11%；全市登记在册的餐饮业网点有572个，主要分布在香洲、吉大与拱北。

2000年珠海市批零餐饮业网点情况表

表2-7 单位：个

行业	香洲	吉大	拱北	前山	湾仔横琴	南屏	唐家金鼎淇澳	三灶	珠海港南水小林	红旗平沙	万山	斗门	合计
批发零售业	3373	1770	1517	1178	175	199	230	195	64	111	28	643	9483
餐饮业	166	136	126	31	14	8	19	7	3	8	4	50	572

2000年珠海市大型商业网点现状表

表2-8

项目	百货	超市	专业店	多店散铺	专业市场	合计
数量（个）	15	24	23	22	15	99
比例（%）	15.2	24.2	23.2	22.2	15.2	100
面积（m^2）	144018	85850	86876	243750	182400	742894
比例（%）	19.4	11.6	11.7	32.8	24.6	100

说明：超市以连锁超市为主，专业店既有专业单店也有专业多店

（三）零售业

1979年，珠海零售贸易业以传统百货业为主，主要的企业有百货集团、商业集团、供销集团、免税集团等几大集团，特区成立以后，友谊公司、纺织品公司、商业综合公司、商业信托公司等十几家较大型的公司相继组建成立，在吞吐物资、保证市场供应和平抑物价等多方面起着主导作用。

至2000年，珠海市单店营业面积超5000平方米的百货商店有7家：1986年开业的珠海免税、1988年开业的斗门南天百货、1991年开业的百货广场、1995年开业的珠海商厦、1998年开业的丹田新城市广场、万家福百货公司和1999年开业的茂业百货。经营面积较大的百货店还有1997年开业的通大百货、1998年开业的明和百货等。

随着个体商业和小型商业的发展，多店散铺成为珠海特区零售业的一个突出业态。主要有华侨商场、至尊堡、莲花万景城、万事得商业街、富绅广场、珠华大厦、万新商业广场、迎宾广场和口岸广场。

1994年，市百货集团公司率先在市区建立连锁百货商店——中外合作经营的百佳超级商场。1995年，八达利购物中心开业，为全市第一家自选式购物超市。同年下半年，市友谊公司以及其后的华发、新七星、百和等的一些商业企业纷纷办起平价商场。珠海特区零售商业连锁经营在20世纪90年代末发展较快。至2000年年底，总店（总部）设在珠海特区的连锁商贸企业31家，总店在外地的连锁企业有4家，主要有：新七星、百分百、百和、得一、泰锋电业、恒波通信设备、丽珠药房、健民药堂等。

（四）市场

1979年，珠海共有市场（集贸市场）11个，总面积7950平方米。其中，露天市场4个。特区成立后，通过多种投资形式、让各种经济成分进入市场，加快市场的建设。至2000年

年底止，全市共有大小各类市场166个，另有11个在建。

集贸市场 建市后，采取拨款、自筹、集资、贷款等形式，改建、扩建城乡集贸市场。至2000年年底，珠海特区的集贸市场有131个，另有4个在建。

2000年，全市集市贸易成交额41.15亿元，是1979年874万元的470.8倍，1980—2000年，集市贸易成交额以年平均增长34.05%的速度发展。在全社会消费品零售总额中的比重也从1979年的6.4%提高到2000年的35.7%，集市贸易在珠海市的整个商贸经济中举足轻重，成为居民副食品供应的主渠道。

至2000年，珠海市经营面积在5000平方米以上、辐射范围较大的集贸市场及其建成年份分别如下：井岸中心市场（1983年建成）、拱北市场（1985年建成）、口岸市场（1986年建成）、朝阳市场（1987年建成）、前山市场（1989年建成）、南坑市场（1991年建成）、吉莲市场（1992年建成）、柠溪市场（1993年建成）、湾仔市场（1993年建成）、夏湾市场（1994年建成）、为农市场（1996年建成）、南屏市场（1997年建成）和金鼎市场（1999年建成）。上述大型综合集贸市场商品品种多、经营者集中、客流量大、覆盖面广，在保证珠海市民的农副产品供应上发挥了重要作用。

农产品批发市场 珠海市从1984年开始，建设各类农产品批发市场，以吸引和疏导农产品进入经营，至2000年，全市主要农产品批发市场共有11个，另有3个在建。

农副产品批发市场 有1994年建成的白藤头农副产品批发市场、1996年建成的金鸡农副产品批发市场、1997年建成的白蕉农副产品批发市场、1998年建成的夏湾农副产品批发市场和1999年建成的北澳综合批发市场。水产品批发市场有：1996年建成的湾仔海味中心即水产品及渔货（干货）批发中心、1998年建成的三灶（金海岸）水产品批发市场；粮食批发市场有：1999年建成的前山粮油食品批发市场；水果批发市场有：1986年建成的井岸水果批发市场、1995年建成的上冲果菜批发市场和1998年建成的湾仔水果交易中心。

在建的有3家 白藤头水产交易市场、界冲淡水鱼批发行和湾仔镇花卉交易市场。

珠海在1988年开始实施的“菜篮子工程”十年规划和建设，积极发挥国营合作商业主要渠道作用，完成“菜篮子”“米袋子”“气罐子”三大工程，稳定供给。

专业市场 1995年开始，珠海经济特区各种新的经营业种、业态不断出现，各类专业市场相继形成，如通信信息商品、建筑施工及装饰装潢材料、钢材、服装服饰、布匹、旧货调剂类等生产资料和生活资料的专业市场和日用品灯光夜市。至2000年，经营种类较为集中的街区，成行成市规模的主要有：东风路湾仔沙一带的数码产品、集中于香埠路、吉大国贸时装城、九洲城、拱北的八八步行街及银都一带的服装百货、侨光路的小电器、湾仔江海路的日杂类、翠微路的家具、翠香路的五金交电和布艺、香洲幸福街的日用小商品和食品饮料、前山的建材、市临时钢材市场和金鸡钢材市场、人民西路的建材和汽配、梅华西路的汽车及配件、金鼎镇那洲布料城、拱北桂花北路的电力产品配套市场以及碧涛路和园林路的餐馆排档等。至2000年，全市投入经营、上规模的专业市场有24个，在建的有4个。

四、旅游业

（一）概况

1983年，珠海先后建成了石景山旅游中心、银都酒店、珠海度假村酒店等3个宾馆（酒店），珠海珍珠乐园1个大型游乐场，1个旅游车队，3个旅游商品商场和5个旅游点。1989年，旅游接待车辆400多台；旅游从业人员7327人；导游252名，其中外语导游105名；专业旅游司机260名。至2000年，旅行社达到34家，宾馆53家。全市接待游客总人数813.69万人次，旅游业总收入70.25亿元。

（二）规划与景区（点）建设

1985年年初，重新修订市区总体规划，该总体规划获得1986年建设部颁发的城市规划设计优秀奖。1994年1月，编制《珠海市旅游资源开发利用规划》。1998年，制定《珠海市旅游发展规划》（1998—2010年），并由珠海市人民政府于1999年3月1日批准实施。1982年，珠海市标志性雕像——珠海渔女落成。1985年5月，珠海第一家中外合资的大型游乐场——珍珠乐园正式开业。1997年2月7日，珠海旅游的重要景点——圆明新园第一期建成开业。1995年6月，珠海机场通航。1996年11月，珠海国际赛车场投入使用。

（三）旅行社业

1990年，旅行服务社（公司）22家，其中，一类社2家、二类社7家、三类社13家。至2000年，珠海市共有旅行社34家，其中，国际旅行社13家、国内旅行社21家。

（四）住宿设施

1978年，珠海县共有饭店、招待所5家，床位376张。1989年，全市有高、中、低档宾馆、酒店、招待所167家，共有16979个床位；其中涉外宾馆、酒店16家。至2000年，全市共有53家星级酒店，其中五星级4家，四星级6家，三星级20家，二星级19家，一星级4家。

（五）旅游商品与餐饮业

1985年2月28日，“九洲城旅游购物村”开始营业。1989年4月，九洲城旅游购物村更名为“珠海经济特区九洲城有限公司”。1992年7月20—30日，由珠海市旅游局、珠海市财贸办公室和珠海市工业委员会联合在珠海各大酒店宾馆购物商场和各大百货商场等举办“92珠海旅游购物节”。1992年11月1—30日，珠海市旅游局举办’92珠海美食月，以“美在佳肴里，食在旅游城”为主题，采取统一部署，分散活动的方式进行，推出具有特色的美食，展示珠海旅游城的饮食风貌。1991—2000年，珠海市共有旅游定点餐馆12间，旅游定点酒店6家，旅游（涉外）定点商店10间，旅游定点商场8间，旅游定点游览点2个。

（六）质量规范与管理

1990年，珠海市旅游局对全市现有挂“旅游”牌照或经营范围中注有旅游业务的企业进行了一次初步调查，对所查出的44家旅贸企业进行审核、分类，并将那些名不副实的“旅游”企业提交工商部门处理，有效地加强珠海市旅游行业的管理。1991年8月1日起，在全市旅游行业内开展以“学先进、创优质、迎接’92中国友好观光年”为主题的优质服务活动。1995年2月，珠海市恢复暂住人员澳门游业务。1996年9月25日，珠海市旅游局和珠海市消防局在银都酒店联合举办酒店灭火自救现场演习报告会，27家涉外酒店负责人共54人参加会议。1997年11月24日至12月12日，珠海市旅游局派出星级检查员对全市20家星级饭店进行复核检查。2000年6月3日，珠海市旅游局组织全市沙滩泳场经营单位，在珠海飞沙滩举行一次海上救生演习。

1990年12月24日，珠海市制定《珠海市澳门环岛游管理暂行办法》和《珠海市涉外定点餐馆管理暂行规定》。1991年，珠海市制定《珠海旅游涉外定点商店管理暂行规定》。1992年，珠海市政府批转《外地旅行社驻珠海旅游办事机构管理暂行办法》。1995年1月10日，珠海市旅游局与珠海市公安局共同制定《关于加强珠海市暂住人员澳门游管理的若干规定》。1995年7月20日，拱北海关与珠海市旅游局签署了《共同做好“澳门游”旅客验放工作合作备忘录》。1997年11月14日，珠海市人民政府颁布实施《珠海市旅游安全管理规定》。1998年9月，珠海市人民政府批准执行《珠海市“一日游”管理办法》，珠海市人大常委会颁布《珠海市旅游业管理条例》，珠海市政府颁布《珠海市旅游定点单位管理办法》。1998年10月，珠海市旅游局制定并实施《珠海市旅游行业标准化管理办法》。2000年5月21日，为加快珠海旅游业发展，珠海市人民政府颁布《珠海市人民政府关于进一步促进旅游业发展的若干规定》。

（七）教育与培训

1984年，珠海市委和珠海市人民政府决定筹建珠海市旅游学校，并报省政府批准为三年制的中专学校。1985年，珠海市旅游总公司派人筹建，鉴于各种原因至1990年未有正常班招生，学校只是以在职培训形式开展业务培训。1998年5月19日，珠海市培训中心与市第一职业学校经市教育委员会批准成立了珠海市旅游学校，并在珠海市第一职业学校进行了挂牌仪式。1990年5月10—12日，珠海市6位同志参加在广州市举行的全省首届旅游行业青工技能竞赛，其中，分别获得西式铺床项目第2名，西餐宴会摆台第5名，总台问询服务项目第6名，被共青团广东省委、广东省旅游局授予“旅游行业青工服务能手”荣誉称号。1990年，组织珠海市应考人员参加全国导游统考，全市共有93人报考，其中一类、二类旅行社合格人数占32%，在全省中名列前茅。1996年，报名参加全国导游人员资格考试人数达110人。1991年，组织珠海市首届旅游行业工人业务等级考核和技师考评工作。1993年，全市涉外酒店共有20家，366名员工参加珠海市旅游行业服务员技术考核定级，其中354人合格，合格率86.6%。1996年，珠海共有17家酒店的347名服务员参加客房、中餐、西餐、前台、收银、调酒等工种的培训考核，合格率达91.2%。1998年7月，珠海市旅游局举办“渔女杯”旅游行业技能大赛活动，共有10个工种项目的比赛。2000年上半年完成了旅游观光巴士乘务导游员培训、酒店服务员技术等级及岗位资格考核培训、饭店职业英语培训、酒店部门经理岗位资格培训、旅游车船管理人员培训、珠海市实习导游培训等工作。

（八）旅游接待与收入

1980—1989年，全市接待过夜国际游客223.87万人次，旅游业实现外汇收入3.95亿美元。1990—1999年，接待过夜游客2626.15万人次，其中，过夜国际游客504.79万人次，过夜国内游客2121.36万人次，旅游业实现外汇收入22.97亿美元。1990年，接待国际游客37.71万人次，旅游创汇7434万美元。1996年，接待游客总人数421万人次；旅游外汇收入3.09亿美元。1998年，接待游客总人数713.92万人次；旅游外汇收入3.32亿美元。2000年，接待游客总人数813.69万人次；旅游外汇收入3.94亿美元。

（九）精神文明与行风建设

1996年，珠海市旅游局被评为世界海关组织“旅客车”活动先进集体，是广东省旅游系统唯一受到海关总署和国家旅游局表彰的单位。1998年7月，珠海市是当时中国唯一一个获得联合国人居中心颁发“国际改善居住环境最佳范例奖”的城市，被誉为中国最适宜人类居住的地方。1998年12月，珠海市荣获全国首批“中国优秀旅游城市”称号。2000年6月7—8日，广东省创建中国优秀旅游城市指导委员会对珠海市进行了复核检查。2000年12月28日，珠海圆明新园被国家旅游局授予中国首批AAAA级旅游景区称号。

五、交通运输

（一）道路运输

1. 城市公共交通

公共汽车　1979年7月，全市仅有营运客车6辆、经营线路3条。有职工18人，固定资产13万元。1989年底，有营运客车59辆、经营线路7条，线路总长度147公里，年客运量2297.42万人次。

1980年，公司实行“定额管理”，职工收入与企业经济效益挂钩，“车公里成本、车辆利用率、车辆实载率、车公里收入、职工人均产值和人均创利”等经济技术指标居全国同行业的前列。1981年，市公共汽车公司实行多种经营，先后开发长途班车、市内出租车、汽车修理等业务。1987年6月，推行承包经营方案，进一步提高车辆实载率、利用率和经济效益。

1993年1月10日，101路线开通，结束了西区没有公共汽车的历史。

1994年5月，2路、11路实行无人售票。同年底，在市区内全面推行无人售票，大大减少了人车比例。同年下半年，市公共汽车公司拥有员工3000人，有营运客车350辆、经营线路26条。

1995年7月，市公共汽车2路线正式试用接触式IC卡。同年11月，公司开始全面发售乘车IC卡，原试用IC卡停止使用。IC卡的使用和推广，为国家金卡工程积累了有重大价值的推广经验，为此，公司获得了广东省企业管理现代化优秀成果三等奖。

1996年7月，市公共汽车首批空调车投入2路线营运。1997年年底，有营运客车432辆、经营线路38条。

2000年年底，有营运客车676辆、经营线路51条，年营运里程8000.61万千米，日载客量达50万人次，拥有员工3100人，拥有固定资产52637万元。公司下属香洲、拱北、吉大、上冲、前山、三灶6个分公司，以及红山汽车修配厂、海洲汽车运输实业有限公司、紫运实业有限公司、紫荆酒店、公交广告有限公司等5家下属公司。

出租小汽车 1979年，省政府批准珠海市第一批出租车投放市场，由珠海市小汽车出租公司和澳门运输企业合资组成珠澳旅游公司，出租车共30台（包括15座以下的面包车和出租小汽车2种）。

1980年，市运输公司投放60台出租车进入市场，车辆主要是进口二手车，如丰田、实力等。至1985年，全市有出租车约100台。

1983年前，出租车由国营公司经营，车辆属于公司，司机由公司管理。1983年开始，采取由司机承包出租车、每月交一定金额承包费用的经营管理模式。1985年，出租车公司实行出租车和司机连在一起，按年度固定承包的办法。司机承包经营一定年限后，可享受公司规定的各项优惠。至20世纪90年代初，全市有600多台出租小汽车、400多台出租面包车，出租车辆总数达1087台。

1993年，为规范出租车辆的管理，对出租车经营权实行有偿拍卖、固定使用年限。同年3月28日，以每副22万元的价格，拍卖200副出租车牌照；对原有的出租车牌照，以70%的价格（即15.4万元）转为新的有偿使用牌照，同时淘汰出租面包车，并对出租小汽车实行车型、车辆颜色、标志、计价器、通信设备、运价“六个统一”。规定市区出租车为红色，斗门县出租车为蓝色，珠海机场出租车为黄色。1997年，出租车车顶颜色统一改为银灰色。

1998年1月1日，《珠海市出租小汽车管理条例》实施，珠海出租车管理走上了法制化轨道。2000年，全市共有出租车经营公司26家、出租车1852辆（其中市区1801辆，斗门21辆，机场30辆）。

2. 旅客运输

道路旅客运输包括班车客运、旅游客运、出租车客运和包车客运等四种。

1979年，全市有拱北汽车运输公司、岐关车路公司等6家客运企业，均属全民和集体所有制企业。

1988年，全市有旅客运输企业8家（全民经济4家、集体2家、其他2家），年末职工人数2093人。1994年，全市交通行业运输企业有9家（全民经济6家、集体1家、其他2家）。至2000年年底，全市共有客运企业88家，其中，专业客运企业41家、旅游运输企业有20家、出租小汽车公司有26家、公共汽车公司1家，从事道路客运业的人员达到12575人。

1979—2000年全市公路客运情况表

表2-8

指标项目	1979年	1980年	1981年	1982年	1983年	1984年	1985年	1986年	1987年
拥有营运客车数（辆）	280	552	1332	1402	1569	2957	4635	4906	5951
完成客运量（万人）	147	187	299	349	378	1002	788	1172	1426
旅客周转量（万人公里）	3918	5418	9810	11454	9101	30971	41461	55736	68943
指标项目	1988年	1989年	1990年	1991年	1992年	1993年	1994年	1995年	1996年
拥有营运客车数（辆）	6997	7519	9012	8920	9811	12745	14972	16691	23494
完成客运量（万人）	1668	1423	1249	1800	1961	2076	2141	1774	2112
旅客周转量（万人公里）	94123	80791	68042	93217	107645	115679	103103	111359	126339
指标项目	1997年	1998年	1999年	2000年					
拥有营运客车数（辆）	26319	29463	28577	31746					
完成客运量（万人）	2335	2473	2595	2759					
旅客周转量（万人公里）	144479	241650	246461	249111					

3. 货物运输

普通货物运输 1979年，全市拥有货车239辆、拖拉机等其他运输机械710辆。

1988年，全市交通行业运输企业有8家（全民经济4家、集体2家、其他2家），年末职工人数2093人。

1994年，全市交通行业运输企业有9家（全民经济6家、集体1家、其他2家）。

2000年年底，全市交通行业内共有货运专业运输公司34家，货运业户5963家，营运货车13136辆，其中，8吨以上的重型货车912辆、3～8吨的中型货车1303辆、3吨以下的轻型货车10921辆，总运力33420吨。货运量、货运周转量分别为1780万吨、120786万吨公里。

集装箱运输 珠海的集装箱运输始于1986年，第一家集装箱运输公司是珠城海陆运输（集团）有限公司。

1991年年底，在册的集装箱运输公司有九洲港务货运公司、华轮集装箱运输公司、珠城海陆运输（集团）有限公司、珠海联运总公司及安达运输公司等5家，共有拖头60辆。不在珠海注册，而在珠海驻点运输的有南方集装箱运输公司、中国汽车运输总公司武汉分公司、南海县白沙运输队、广招拖运公司、广州市第二汽车运输公司、中山市外运公司等6家，共有拖头53辆。

至2000年年底，全市从事集装箱运输企业有17家。

1992—2000年珠海公路集装箱运输情况表

表2-9

指标项目	1991年	1992年	1993年	1994年	1995年
拥有集装箱运输车（辆）	没有统计资料	49	81	64	89
完成集装箱运输量（标准箱）		35501	34520	22258	20904
完成货运量（吨）		307605	299682	201033	225206

续表2-9

指标项目	1996年	1997年	1998年	1999年	2000年
拥有集装箱运输车（辆）	99	97	131	114	458
完成集装箱运输量（标准箱）	17563	49741	70948	72414	82594
完成货运量（吨）	199459	524210	631080	608823	665997

（二）水路运输

1. 旅客运输

珠海市水上旅客运输经历从内河客运到港澳、深圳运输和海岛运输、澳门环岛游运输发展的过程。

内河客运　1975年，香洲港开通香洲至广州定期客运航线。1979年，井岸港开通至三板、前山、三灶、小林、矿山、大敖、肇庆、梧州等地定期客运直达航线。1981年，前山港开通至石岐、江门、广州、肇庆、梧州、小林等定期客运航线。

从1990年起，大量旅客弃水走陆，井岸港只至广州、平沙、大敖、江门、梧州、肇庆等6条航线。至1991年年底，只保留前山至广州至梧州，井岸至江门、广州、梧州，斗门至江门，平沙至江门、广州等客运航线。从1995年起，部分航线相继停航。至2000年4月，上述航线全面停航。

至深圳客运　1983年7月，深圳船务公司投入一艘船名为“粤海春”的高速客船开通九洲港至蛇口港的客运航线。1984年，开通香洲港至蛇口港客运航线。

1985年1月，珠海经济特区汇海航运公司由日本购进车渡轮“汇江”号，开通九洲港至蛇口港航线的客运运输服务。深圳船务公司、深圳中信船务公司亦先后投入汽车渡轮进行营运，高峰期汽车渡轮投入共8艘。

1979—2000年珠海市水路客运量情况表

表2-10

年份	客运量（万人）	旅客周转量（万人公里）	年份	客运量（万人）	旅客周转量（万人公里）
1979	23	1625	1990	78	4290
1980	27	1711	1991	115	5520
1981	42	2324	1992	290	13050
1982	36	2105	1993	284	12800
1983	35	2096	1994	247	11115
1984	33	1980	1995	223	10485
1985	49	2768	1996	320	13440
1986	50	2800	1997	530	26785
1987	51	2871	1998	557	124102
1988	60	3100	1999	550	106525
1989	71	3550	2000	556	104073

1986年7月，珠海经济特区与广州航道局合资购进一艘小型的快船“海翔1”（客位110个）加入九洲港至蛇口港客运航线的营运。“海翔1”号是珠海注册登记的第一艘高速客船。

1993年9月2日，珠海市东区天祥航运公司将其所属的“天祥一号”（客位114个）高速客船投入开通九洲港经停内伶仃岛至深圳黄田机场航线。1994年10月，因客源少而停航。1999年2月28日，虎门大桥通车分流大量来往珠深两地的汽车，汽车渡轮航线停航。

港澳客运　1982年9月1日，由珠海经济特区珠港客运船公司与香港港中飞翼船公司合作经营，开通九洲港至香港航线。

1984年11月8日，市珠澳轮渡有限公司（澳门粤通船务有限公司与珠海经济特区交通运输公司共同投资）建造1艘普通客船（客位280个）恢复湾仔到澳门的渡轮服务。

1990年1月28日，斗门香港客运联营有限公司（斗门县口岸开发总公司与珠江船务有限公司共同投资）从泰国购进的二手高速客轮“斗门”号（客位252个）开通斗门至香港中港城码头航线。

1992年6月，珠海经济特区九洲港客运公司（后更名为“珠海高速客轮有限公司”）购进“海珠”轮投入九洲港至香港中港城码头航线营运。1993年9月，该公司正式接管并经营九洲至香港（港澳码头、中港城码头）客运航线。

1996年6月5日，珠海海跃船务有限公司购进“双子星”轮（客位338个）经营九洲至香港航线，1999年7月被珠海九洲港务集团公司收购，由珠海高速客轮有限公司代管。至2000年年底，至香港航线共投入高速客船9艘，计2835客位，每天28个航班。

海岛客运　1985年，市政府为解决东区海岛的交通问题，由财政拨款，市水产运输公司负责经营管理，购置“前卫508”和“前卫506”两艘客货船，开通香洲—桂山—外伶仃—担杆以及香洲—白沥—东澳—万山两条往返客货运输航线。1986—1990年，担杆、万山和桂山镇政府各自购置“伶仃洋”“万山号”“桂山春”3艘客船，分别经营香洲—担杆、香洲—万山和香洲—桂山往返运航线，使东区海岛的对外交通得到改善。

1991年，市东区天祥航运公司从日本购置一艘高速客船“天祥一号”开通香洲—桂山—外伶仃客运航线，使往返香洲与海岛的时间大为缩短。1993—1994年，万山区先后投资1200万元和3980万元建造两艘高速客船“东区一号”和“东区二号”，由珠海经济特区海通船务公司负责经营管理，投入海岛客运航线的营运，海岛客运航线由慢船向高速客船规模发展。

1996年10月，广东江华航运有限公司（由广东省珠江航运公司与马来西亚华侨企业公司合资组建），收购海通船务公司所属的“海通一号”，参与海岛和九洲港至蛇口客运航线的营运，是珠海注册登记从事水路运输的首家中外合资企业。

1999年1月，市高速客运船公司接受英属开曼群岛珠光交通投资有限公司注资3203万元人民币（占总股本的49%），进行首家从事水路旅客运输的国有企业改制。改制后更名为“珠海高速客轮有限公司”。

2. 货物运输

1979年前，珠海水上运输公司是珠海唯一的水路运输单位。同年底，市石油公司投资成立市石油储运公司，并建造珠海市第一艘成品油运输船舶——珠石04号，钢质，载重

100吨。

1985年，珠海市水运业出现个体（联户）经营船舶运输业。

1987年3月，香港宏丰船务有限公司等7家港澳船务公司共投入14艘集装箱驳船（载重14000多吨、850TEU）开通九洲港至香港的定期集装箱班轮航线。

1988年4月1日，中国船舶燃料供应总公司九洲分公司购置一艘载重5000吨的油轮，命名为“中燃5001”，投入国内沿海南北航线从事成品油运输，是在珠海注册登记的第一艘载重超千吨级船舶，也是珠海第一艘经营国内沿海南北航线的船舶。同年9月，由珠海煤气公司与长江轮船总公司联合组建的珠海经济特区长海油气运输公司，购置珠海第一艘液化气专用运输船舶（“海通”号，载重800吨），航行国内沿海和近洋航线。

1989年开始，珠海水运业逐步由内河运输转向港澳小额贸易运输和沿海运输。当年4月，由广州海运局与珠海九洲港务集团公司共同投资组建珠海船务企业有限公司，购置珠海第一艘万吨巨轮“香海”号（油轮，载重33289吨）。11月，由中国扬子江轮船股份有限公司在珠海投资设立了第一家内联独资船务企业一珠海扬子江船务企业有限公司，从联邦德国购进一艘载重3800吨的多用途干货船（“振扬”号），1990年5月出租给香港志晓船务公司，改挂方便旗（中资挂外国籍旗），是珠海第一艘悬挂方便旗的船舶。航行国内南方沿海、韩国等航线。1992年9月租期届满，恢复珠海港籍，经营香港—马尼拉航班运输。

1992年10月，珠海船务企业有限公司投资2150万美元，从丹麦购进一艘10万吨级油轮“滨河”号，是珠海注册最大的一艘船舶。同年，天津市海运公司在珠海投资设立珠海市北洋轮船公司，购置“天顺”号（载重8968吨），投入天津—日本集装箱班轮航线，为珠海首家开通国际集装箱定期班轮航线的企业，“天顺”号是珠海注册最大的一艘集装箱专业运输船舶。

2000年10月，市水产运输公司通过由内部职工认购股份的形式，进行国有企业改制，改制后更名为珠海市长丰运输有限公司。

1979—2000年珠海市水路货运量情况表

表2-11

年份	货运量（万吨）	货运周转量（万吨/公里）	年份	货运量（万吨）	货运周转量（万吨/公里）
1979	87	2305	1990	1055	42157
1980	113	3144	1991	1241	22882
1981	106	3497	1992	1341	32684
1982	118	1013	1993	868	33074
1983	133	1806	1994	1516	37737
1984	169	4838	1995	1631	41265
1985	1568	38762	1996	1704	33874
1986	936	35390	1997	1815	47595
1987	1241	38488	1998	1852	49464
1988	1674	45801	1999	1893	50303
1989	822	27943	2000	1991	55145

（三）民航

1. 珠海机场

珠海机场位于珠海市西部三灶镇以南，东经113° 23′，距离珠海市区和澳门约35公里。

1992年12月31日，珠海机场动工建设，1995年5月30日举行通航典礼并首航，1995年6月18日正式投入营运，由市政府全资所有企业珠海机场集团公司管理。首期跑道长4000米、滑行道4000米，可起降B747-400等大型客货机；机坪面积68.5万平方米，廊桥机位17个，运机位9个；候机楼面积9.16万平方米。年保障能力为飞机起降10万架次，旅客吞吐能力1200万人次/年，货邮吞吐量60万吨/年；高峰小时飞机起降23架次、旅客吞吐量5000人次。

珠海机场是香港国泰航空公司、港龙航空公司、南方航空公司、深圳航空公司主要飞机训练飞行场所。

从1996年起，中国国际航空航天博览会逢双年在珠海举行。作为航展重要的飞行保障单位，珠海机场顺利完成3届航展的飞行保障和参展物资运输工作。1999年，圆满完成澳门回归礼品的运输工作。

2. 客货运输

1995年6月18日，珠海机场正式投入运营，主要用“空客系列”和“波音系列”客机飞行，通航当年开通了北京、上海、厦门、海口、武汉、长沙、成都、湛江、重庆、汕头、桂林、西安、福州、沈阳、郑州、昆明、南京、梅县、北海等城市航点。半年时间完成旅客吞吐量25.4万人次，货邮行吞吐量3099吨，航空器起降3188架次。自1995年通航至2000年，珠海机场航线通达40多个城市，定期航班承运人18家，每周平均始发航班84班，根据不同时期进行调整，部分航线航班变更或停飞。

1995—2000年珠海机场运输情况表

表2-12

指标名称	单位	1995年	1996年	1997年	1998年	1999年	2000年
一、航空器起降	架次	3188	10489	12586	13664	11660	17363
1. 运输飞行	架次	2656	8005	8709	9723	8461	9056
2. 非运输飞行	架次	532	2484	3877	3941	3199	8307
二、旅客吞吐量	人次	253609	713385	737606	725592	589657	579379
三、货邮吞吐量	吨	3099	9815	10353	11695	9995	8895
1. 货邮吞吐量	吨	1931	6003	6223	8022	6808	5728
2. 行李吞吐量	吨	1168	3812	4131	3673	3187	3167

六、邮电通信

（一）邮政业务

1. 函件

传统函件分为信函、明信片、印刷品和盲人读物四种。按处理手续和承担责任又可分为平常函件和给据函件，后者有挂号函件、特种挂号信函、保价信函、保价印刷品和代收货价函件等。

改革开放后，珠海的函件业务量剧增，从1979年的192万件增至1990年的1251万件。20世纪90年代后，随着电话、传真、互联网等先进通信手段的普及，函件业务均普遍下降。1994年，珠海函件业务量为2522万件，1995年降为1891万件，其中平常函件下降更为明显。在传统信函逐渐萎缩的同时，商业信函开始增加。1998年邮电分营时，函件业务量为2132万件，2000年达到3202万件。

1986年7月，珠海与广州、深圳同时开办电子信函业务。1988年8月，珠海与澳门开办电子信函业务。1992年7月1日，增开国内电子信函业务；同年12月，开办礼仪信函业务。

1993年6月，开办商业信函业务。1994年年初，安装商业信函自动处理一体化系统，3月底投入使用，至年底平均每月处理商业信函3万多件。2000年，商业信函业务量达到612.64万件，其中，账单类商业信函540.56万件，邮资广告封片制作量为9.25万件。

2. 包件

改革开放以后，国家放宽回乡政策，许多港澳同胞、海外侨胞过境到拱北、香洲邮寄包裹，使珠海的包件业务量大增。1979年为7.25万件，1990年为26.99万件。1990年后，随着珠海外来人口增多，包件业务量逐年稳定增长。2000年，包件业务量为39.82万件，其中国际包裹6.1万件。

3. 报刊发行

20世纪90年代初期，珠海本地报纸、杂志如《珠海特区报》《珠海》《珠海劳动报》《珠海青年报》等陆续交邮电局发行，使邮政报刊的发行数量大幅增加。报纸当年累计发行份数1979年为440万份。1996年达4203万份。1997年，《珠海特区报》自办发行。之后，《羊城晚报》《南方日报》等报刊社在珠海设立发行站，形成报刊发行市场多渠道、竞争激烈的局面，加上珠海本地报刊先后停办，邮政报刊发行量逐年递减。2000年，珠海邮政当年报纸发行累计数1410万份，其中订阅累计960万份，零售累计450万份；杂志发行累计数210万份，其中订阅累计151万份，零售累计59万份。

4. 汇兑

中华人民共和国成立后至2000年，全国普通汇兑汇率统一为1%。1980年，每笔汇款最高从300元提高到500元。1981年，增办高额汇款业务，每笔汇款最高限额达5000元。20世纪80年代以后，大量全国各地的劳务工和经商人士到珠海工作，带动珠海汇兑业务的快速增长。20世纪90年代中期以后，各商业银行均开办汇款业务，银行存折可在全国通存通取，珠海邮政汇兑的业务量逐年减少。1992年12月，开办代用户汇款（含快件汇款）业务，用户可用转账方法将款项划转至所在地邮电局的汇兑账户内，邮电局将汇款收据用挂号形式寄回用户单位。1999年1月20日，开办入账汇款业务；同年2月26日，开办礼仪汇款业务。2000年，珠海邮政共开发汇票从1996年最高峰时的174.80万张下降至156.93万张。

5. 邮政储蓄

珠海邮政储蓄业务自1986年7月15日开办后，发展迅速。开办当年储蓄余额为150万元，至1990年达0.19亿元。1992年10月，邮政储蓄开办委托储蓄保险业务。1993年4月，开办移动电话机保险业务。1995年10月8日，凤凰路、柠溪、吉大、拱北、前山、二灶、平沙等地的邮政储蓄专柜之间实现市内通存通取，香洲、唐家、湾仔、井岸4个储蓄网点实现全省通存通取。1996年9月2日，吉大、前山、桂花南储蓄营业厅也实现全省通存通取。1998年3月28日，开办"缴费一户通"业务；同年7月30日，开办邮政储蓄绿卡业务；11月，开通POS业务。当年，全市16个邮储网点实现市内通存通取。1999年，先后推出定活两便、存本取息、双整自动转存、凭绿卡窗口存取款等业务。2000年，开办代收移动现金话费业务。邮电分营前，邮政储蓄业务发展主要是结合邮电特色创造竞争优势，如代收电话费、移动电话费等。1999年以后，珠海邮政加快邮政储蓄发展步伐，以储蓄余额增长为重点，大力发展代发工资、代办保险等中间业务和新业务，储蓄余额猛增。1998年，邮储余额5.3亿元，2000年，邮储余额5.23亿元，异地存取交易量达5.39万笔。2000年12月20日，珠海邮政储蓄与全国联网。

1979—2000年珠海市邮电通信邮政主要业务统计表

表2-13

年份	邮政业务总量（元）	函件（件）	包件（件）	汇票（件）	报纸累计份数	杂志累计份数
1979	285631	1924016	72450	58563	4404429	155182
1980	316052	227915	61421	75744	4923664	160178
1981	493366	2941785	78723	129743	5076746	181369
1982	527172	2944499	82987	143276	5172273	213128
1983	585449	2996344	97027	193558	5675303	313418
1984	991005	4180820	92294	271438	6817902	447486
1985	1476171	5724140	93135	379937	7597602	562424
1986	1825621	5831383	226317	267358	9136131	582653
1987	3013428	7479506	434229	381582	14016621	741358
1988	4497319	9291080	638741	443747	21169501	1014825
1989	4918515	10456544	247673	503773	7787470	931679
1990	9466960	12505562	269867	578537	16337670	721232
1991	13528383	16792322	290682	973213	26581433	1006429
1992	17527785	18679883	353787	1374882	32660667	1304982
1993	22768530	23900734	365595	1827501	37011870	1416387
1994	25564731	27500456	341967	1826971	38600421	1569483
1995	28602173	20724273	382472	1873789	42146712	1413735

续表2-13

年份	邮政业务总量（元）	函件（件）	包件（件）	汇票（件）	报纸累计份数	杂志累计份数
1996	33109986	19910490	375507	1747961	42034911	2144835
1997	35250865	17178044	354394	1696362	25406837	2144223
1998	43010181	21327535	391451	1690472	24920524	2943868
1999	57063061	23248964	419807	1674176	18753806	2368592
2000	69387897	25947764	398232	1569271	14096543	2097795

（二）电信业务

1. 电报

1979—1995年，电报业务增长比较快。1995年后，电报通信业务渐趋回落。1979年，国际国内电报合计21.09万份，1995年，国际国内电报合计为52.84万份，2000年国际国内合计为30.78万份。

2. 电话

1979年，珠海建市初期，城区行政事业机关和农村的公社机关、大队队部及辖区内机关事业单位均装有电话，私人住宅电话业务量不大。1979年，国营农话、长话通话业务量41.30万次。1982年后，电话业务发展较快，当年国营农话、长话通话业务量47.33万次；2000年，长话、市话通话业务量为124726.15万次。

3. 无线寻呼

1986年12月，珠海市邮电局成立无线寻呼中心。1987年1月，正式开办无线寻呼业务，同年底有用户809户。至1988年，用户增加到3012户，同年的寻呼接通次数达400万次。1993年，开通自动寻呼和中文寻呼业务。1994年，开通自动寻呼业务和主叫收费业务。1995年，邮电无线寻呼业务与移动电话联手营销，全年放号7811户，BP机用户达到54120户，在全市的市场占有率超过30%。1996年，后随着移动电话业务的发展，无线寻呼业务开始下降，2000年，业务收入1342.39万元。

4. 数据通信

1992年，开通分组交换数据通信业务。1993年6月1日，开通“DDN”数据业务。1994年，开通“话音邮箱、电子信箱”存储转发传真业务。1995年，先后开通“可视图文”业务和国际互联网“CHINANET”业务。1996年，在DDN网上开放帧中继“FR”业务，同年10月22日，开通国内“全中文视聆通”业务。1997年4月8日，推出“视聆通股市交易”业务。1998年1月23日，实现与广东省视聆通“宽带网联网”业务。1999年，开通ATM 和ADSL“网络快车”业务。2000年，开通宽带“IP城域网”和“光纤接入互联网”业务。

5. 移动业务

1988年12月28日，珠海TACS模拟移动电话开通使用，当年用户数为248户。1990年4月扩容，6月底竣工。1991年开通香港、澳门、上海的人工漫游服务，同年6月30日，珠海移动电话网号码由6位升至7位。1994年6月21日，移动电话增开呼叫转移、三方通话、呼叫等待和呼出限制4项业务。1995年3月6日，办理业务即办即通。1996年12月28日，移动电话开通8周年推出全球通新品牌业务“国际自动漫游”。1998年5月6日，开办异地户口入网业务，8月1日，开办模拟机转大众通业务，8月10日，推出国内大众通新品牌业务“国内自动漫游”。当年有用户12.58万户，业务收入56520万元。1999年9月21日，推出全国首家“信息点播、留言信箱”业务。2000年1月31日，开办预付费卡（神州行）业务，5月17日，增加移动股票交易、全球通秘书、移动IP电话、WAP上网4项业务。2000年，业务收入90377万元。

1979—1998年市邮电局电信业务交换统计表

表2-14

年份	公众电报（份）	长途电话（张/次）	市话年末用户（户）	农话用户（户）	农话去话张数（张）	移动电话用户（户）	无线电寻呼用户（户）
1979	53978	75510	291	538	280206	0	0
1980	71713	107590	316	562	323405	0	0
1981	100933	169674	434	610	322562	0	0
1982	97779	204008	937	306	218863	0	0
1983	124793	290382	1137	330	253961	0	0
1984	168094	577969	1807	362	333124	0	0
1985	321419	1097011	3244	489	316721	0	0
1986	271153	1643025	6579	531	297159	0	0
1987	340231	2974914	9423	0	0	0	815
1988	514250	7079946	1573	0	0	248	3012
1989	510573	10679336	20263	0	0	636	5169
1990	485703	14782166	29217	0	0	884	7112
1991	579918	22157360	38590	0	0	1930	12114
1992	754015	34112694	49755	0	0	4378	19046
1993	743051	51008758	70040	0	0	11838	30177
1994	493347	71137450	104546	0	0	19374	38436
1995	413385	80842775	127537	0	0	36428	110512
1996	388600	100775889	181224	0	0	52366	50960
1997	307408	113542084	203264	0	0	81181	40889
1998	294767	129521398	225365	0	0	125752	38352

说明：表中“0”，为不在统计范围

七、房地产业

1979—2000年，珠海的房地产行业逐渐形成由房地产开发企业、物业管理企业、房地产评估企业以及房地产中介代理企业等四类企业组成。房地产开发企业、物业管理企业、房地产评估企业按照国家有关规定，实行市场准入和资质等级制度，由珠海市建设委员会（简称市建委）负责管理。房地产中介代理企业则由珠海市工商局直接登记注册、不设立资质等级。至2000年，全市房地产业共有各类企业770家，从业人员约14000人。

2000年珠海市区房地产企业情况表

表2-15

企业类别	合计（家）	一级	二级	三级	四级	单项	临时
房地产开发企业	316	2	8	19	2	282	3
物业管理企业	154	0	5	33	不设	不设	116
房地产评估企业	11	0	2	6	不设	不设	3
房地产中介代理企业	170	不设级别					

（一）开发与销售

1979—1986年，房地产开发建设的主要目的是解决干部、职工的住房问题，住房实行福利分配制度，其建设及分配均在政府计划指导下进行，土地属划拨性质。也有少量商品房出售，购买对象大多是港澳人士与外商。1987年年底，全市有政府下辖的开发企业18家，销售商品房251套、面积2.2万平方米，销售额为9494.43万元。

1987年10月，市房产管理局公布《珠海市房产管理局关于城镇房屋登记实施细则》，实施房屋所有者以实名申请登记，办理确认所有权。1988年10月，实施土地开发的“五个统一”，变土地的无偿、无限期使用为有偿、有限期使用。开始出现较大数量可供销售的商品房屋。同年，全市完成地产开发80万平方米，房产开发19.97万平方米；销售商品房230套，回收资金1300万元。1989年，全市房地产施工面积25.7万平方米，其中住宅12.23万平方米，出售商品房796套、6.52万平方米，完成地产开发62万平方米，投资12400万元。1990年，新建续建房产面积29.5万平方米，竣工面积19.95万平方米，销售房产面积6.89万平方米；全市商品房交易为698宗，成交面积为17.6万平方米，成交金额为17000万元。

1991年，全市完成投资32000万元，施工面积167万平方米，竣工面积72.4万平方米，1992年，市区办理施工报建、新开工的项目1050宗，投资约25亿元，建筑面积310万平方米。全年市区施工任务量27.5亿元，施工面积400万平方米，完成建安工作量16亿元，竣工面积130万平方米。同年6月，建设部授予市建委“全国房地产管理先进单位”称号。1993年底，全市注册的房地产企业达359家，其中外商投资的占89家。从1993年下半年起，国家实行宏观经济调控，至1995年，全市完成的房地产开发投资达到26亿元的历史最高值。一些开发项目的区位、类型、档次脱离市场需求，导致销售困难，形成房地产市场供过于求的局面。至年底，由于银根抽紧，一部分开发项目陷于停顿，楼盘“烂尾”，全市空置商品房达93.7万平方米。

1996年，全市完成的房地产开发投资回落至16亿元，房地产业仍是全市经济发展中的重要产业。住房制度改革逐步深入，住房按揭贷款等房地产金融政策逐步配套，加上珠海的基础设施建设和居住环境不断改善，市外购房者增多，商品房交易日渐活跃。

1998年7月，珠海获联合国人居中心颁发的“国际改善居住环境最佳范例奖”。同年全市新建商品房销售比上年的48万平方米增加1倍多；珠海的商品房销售量跃居全省第三位，仅次于广州、深圳。而市场积压的空置商品房仍达152万平方米。

1999年10月，市政府颁布《珠海市机关事业单位住房货币分配办法》和《珠海市房改房上市交易暂行规定》。同年11月，市政府颁布《关于实行住房货币分配制度若干问题的处理办法》和《关于房改房上市交易若干问题的处理办法》。2000年9月，市政府颁布《关于促进我市房地产业发展的若干规定》。

1999—2000年，市政府对房地产业进行一系列的政策调整，包括停止以地抵顶工程款，控制新批土地数量。从2000年1月起，全市停止住房实物分配，实行住房分配货币化，对市中心区的房地产项目进行规划调整，进行城中旧村改造。和记黄埔地产公司的海怡湾畔和华发实业公司的华发新城项目以及一批城中旧村改造房地产项目启动，珠海房地产进入大盘时代。

1979—1990年珠海市房产公司完成基建工程情况表

表2-16

项目 / 年度	完成投资（万元）	施工面积（万平方米）	竣工面积（万平方米）	住宅房面积（万平方米）		
				公产房	代建房	商品房
1979	161	8990	8990	8990	—	—
1980	120.42	6370	6370	6050	—	—
1981	544	24542	24542	15385	—	9157
1982	532	18258	18258	14645	—	3613
1983	418	17150	17150	13385	—	3765
1984	700	58053	58053	2063	51870	4120
1985	622	46269	46269	34065	—	12201
1986	1687	38486	38486	9870	—	25616
1987	290	7073	7073	2530	—	4543
1988	575	12391	8291	—	—	8291
1989	565	29175	29175	—	29175	—
1990	1624	35543	29178	—	29178	—

说明：1．1980年完成基本建设工程非住宅房320平方米
2．1979—1990年与1991—2000年房地产行业统计途径不同

1991—2000年珠海市房地产开发基本情况表

表2-17

年份 / 指标	1991	1992	1993	1994	1995	1996	1997	1998	1999	2000
完成投资	32000	143000	202109	179188	260560	160709	197389	271667	331315	326967
其中：住宅	—	—	—	—	131055	92363	121510	199191	201042	227051
办公楼	—	—	—	—	33322	23800	12208	8693	11533	9641
商铺	—	—	—	—	43237	21565	27727	41345	78426	50444
施工面积	167	366.9	508.63	468.04	559.49	411.28	346.7	483.09	466.23	470.95
其中：住宅	—	—	—	—	353.87	257.53	231.39	349.81	348.13	337.34
办公楼	—	—	—	—	55.71	44.49	26.54	27.79	18.18	19.29
商铺	—	—	—	—	112.63	88.11	72.80	85.58	80.16	93.62
竣工面积	72.4	164.6	159.76	133.89	76.60	65.07	92.17	148.71	144.49	190.45
其中：住宅	—	103.8	89.24	82.45	55.18	53.26	71.71	115.94	120.18	149.77

续表2-17

指标＼年份	1991	1992	1993	1994	1995	1996	1997	1998	1999	2000
办公楼	—	—	—	—	4.23	0.57	4.46	1.97	3.71	4.50
商铺	—	—	—	—	7.98	7.03	12.83	23.83	17.47	30.62
销售面积	—	—	—	—	32.39	34.34	47.99	102.22	105.02	144.96
其中：住宅	—	—	—	—	26.75	33.58	41.08	89.97	92.69	127.77
办公楼	—	—	—	—	0.97	—	3.18	2.86	0.94	2.08
商铺	—	—	—	—	2.32	1.88	1.25	5.26	7.11	11.00
空置面积	—	—	—	—	93.69	104.43	119.46	152.46	165.31	172.35
其中：住宅	—	—	—	—	62.12	70.48	82.54	100.75	112.93	112.90
办公楼	—	—	—	—	6.40	3.69	4.64	9.35	10.46	10.61
商铺	—	—	—	—	10.69	17.68	18.03	32.06	34.40	43.61
销售收入	—	—	—	—	93380	93753	138038	328148	311141	449678
其中：住宅	—	—	—	—	75921	84349	111410	266841	264519	373411
办公楼	—	—	—	—	3108	—	16579	24840	4447	11113
商铺	—	—	—	—	10377	6401	5560	28942	34156	58309

说明：1．单位：投资与收入为万元、面积为万平方米

2．1991—1994年未进行分类统计

1996—2000年珠海市新建商品房、二手房交易办证情况表

表2-18

年份	新建商品房交易办证			二手房交易办证		
	成交宗数（宗）	成交面积（万平方米）	成交金额（万元）	成交宗数（宗）	成交面积（万平方米）	成交金额（万元）
1996	2306	27.4	92369	533	17	56981
1997	3611	44.3	150435	645	17	36013
1998	8698	106.8	315084	1118	24	72727
1999	10019	113.8	338208	1473	38	64949
2000	18458	186.1	499825	3120	49	118358

（二）产业地位

经过20多年的发展，房地产业已成为珠海的支柱性产业和第三产业的龙头，在全市经济社会发展中具有重要的作用。

1986—2000年珠海市固定资产投资与房地产投资比例情况表

表2-19　　　　单位：万元

年份	完成固定资产投资总额	房地产投资额	比例%
1986	85315	14484	16.98
1987	96506	4079	4.23
1988	123375	33978	27.54

续表2-19

年份	完成固定资产投资总额	房地产投资额	比例%
1989	97599	16105	16.50
1990	121205	14296	11.79
1991	169763	32355	19.06
1992	527275	142922	27.11
1993	791515	187432	23.68
1994	985792	174800	17.73
1995	907342	260560	28.72
1996	657383	160709	24.45
1997	717733	197389	27.50
1998	961286	271667	28.26
1999	1169175	331315	28.34
2000	949823	326967	34.42

说明：1979—1985年未进行专项统计

至2000年，珠海房地产业为城市建设筹集大量资金。市政府通过有偿出让房地产开发用地，使城市建设资金逐步进入“投入—回收—再投入”的良性循环，确保了珠海大道、珠海机场及城市道路等重大市政公用设施的建设，改善了珠海的投资环境和居住环境，提高了城市的综合竞争力。同时，房地产业直接为国家和地方财政增加收入。据统计，除地价外，房地产业投入占全市财政收入比重，1997年约为35%，1998年约为21%，1999年约为24%，2000年约为27%。房地产业创造的增加值在全市GDP增长中占有相当的比例。

1997—2000年珠海市房地产业占全市经济（GDP）比重情况表

表2-20

年份	全市GDP（亿元）	房地产业增加值（亿元）	房地产业在全市经济（GDP）中的比重（%）
1997	234.04	19.73	8.39
1998	262.81	27.17	10.31
1999	286.44	33.13	11.56
2000	332.35	32.70	9.90

说明：1979—1996年未进行专项统计

八、财政

（一）财政收入

1979年，珠海建市后，财政收入剧增。1979年，财政收入781万元，1980年和1981年分别为2422万元和3838万元。1984年达14805万元，首次突破亿元大关。1985年增至28452万元。6年间，珠海市财政收入相当于建市初期的36倍多。

1988年，珠海市大批工业企业相继投产，尤其是外向型企业迅速形成创汇能力，自有外汇比较充裕，海关代征税增长较大。同时，集体、个体经济也迅速发展，税源扩大，是年财政收入39011万元。1989年增至49422万元，增幅26.68%。1990年，财政收入为38951万元。

1991年、1992年全市实现一般预算收入分别为62241万元和80706万元，其中，工商税收增收额占总增收额的大部分，主要是前几年珠海市投入较多，工商业逐步进入产出的良性循环阶段。

1993年，全市一般预算收入为147781万元，较上一年增收67705万元，增长83.11%。该年度财政收入大幅增长，市级和县区进入高速发展阶段，如市本级、红旗区、三灶区、万山区增幅分别为77.3%、159.5%、153.9%、112%，其他各区收入增幅均在60%以上；海关、政法等部门的罚没收入大增。

1994年，全市一般预算收入为131649万元，较1993年增长26009万元，增长24.62%。1994年是中央实行“分税制”的第一年，也是外贸、外汇、金融和投资等多项重大改革的一年。该年度财政收入体现了市与县区发展的不平衡以及整体收入的不稳定性，尤其是各月收入波动较大。

1995年，一般预算收入为151831万元，比上年增长15.33%。经济和财政保持平衡增长。

1997—1999年，一般预算收入分别为153944万元、178853万元、201607万元，同比增长分别为9.23%、16.18%、12.72%。这时期市财政收入由高速发展转入低速平稳增长，增幅处于全省中游水平，与经济发展相适应，略高于其他主要经济增长指标。各县区收入呈现不平衡状态。

2000年，全市一般预算收入为242325万元，比上年增收40718万元，增长20.2%。

1. 工商税收收入

珠海建市以后，由于税制的多次改革，以及城市产业结构的调整，经济的发展，工商税收中的主导收入几经变化。1979—1983年间，珠海市实际执行的税种共有工商税、盐税、工商所得税、中外合资经营企业所得税、外国企业所得税、个人所得税、屠宰税、车船使用牌照税、牲畜交易税等10种。工商税收收入是珠海市财政收入的主要来源。1983—1984年，全国实行国营企业利改税改革，国务院发布了产品税、增值税、盐税、营业税、资源税、国营企业所得税等6个税收条例（草案），对工商税制进行了全面的改革，将原工商税划分为产品税、增值税、盐税、营业税，使之成为独立的税种；对从事原油、天然气、煤炭、金属和其他非金属矿产等特定产品开征资源税；设立城市维护建设税，恢复房产税、土地使用税和车船使用税等税种，对这4个地方税保留税种，暂缓征收。珠海市从1984年10月1日起贯彻执行上述6个税收条例，除“三资”企业继续执行工商统一税外，原工商税条例同时废止。其间，全国工商税制逐渐形成以流转税和所得税为主体税种，其他辅助税种相配合，共有32个税种的多税种、多环节、多层次课征的复合税制。珠海市执行的税种共有产品税、增值税、盐税、营业税、工商统一税、特别消费税、国营企业所得税、集体企业所得税、私营企业所得税、城乡个体工商户所得税、中外合资企业所得税、外国企业所得税、个人所得税、城乡房地产税、屠宰税、车船使用牌照税、土地使用税、个人收入调节税、工资调节税、固定资产调节税、牲畜交易税、城市维护建设税、建筑税、印花税和奖金税等。1979—2000年，珠海市工商税税收收入由近650万元增至156059万元，20年内增长近240倍。

2. 农业税收入

1979年，农业税改用起征点办法，并从1980年起，对起征点（每人每年平均口粮在200公斤（稻谷）以下以及每人平均分配收入60元以下的纳税单位）以下的生产队实行免征农业税，一定3年，至1983年，停止执行起征点办法。1980年，市征收农业税收入88万元。1992年，国家公粮计税价上调，同时调低税率。珠海市确定计税价为34.42元/担（1担=50公斤），当年市征收农业税收入为694万元。2000年，根据省政府《关于进一步完善粮改政策措施促进粮食生产与流通协调发展的通知》，珠海市确定计税价为45元/担，当年征收农业税收入为1239万元，是1980年的14倍。

3. 农林特产税

1985年8月，珠海市财政局对从事园艺、林木、水产等农林特产生产并取得收入的单位和个人征收农林特产税。1986年，征得农林特产税10.4万元。1987年，新增苗木和原木征收农林特产税的项目，实征农林特产税12.8万元。1988—2000年，珠海市共征收农林特产税4216万元。

4. 耕地占用税

1987年，珠海市根据《中华人民共和国耕地占用税暂行条例》和《广东省耕地占用税征收管理实施办法》开征耕地占用税。1989年，根据省政府规定，对使用集资、贷款修建公路大桥占用的耕地，免征耕地占用税；其他属于公路建设占用的耕地，一律按每平方米2元的低限税额征收耕地占用税。1994年，全国税制改革后，耕地占用税作为地方税种纳入地方财政。

5. 契税收入

1990年10月，珠海市恢复开征契税，至年底，全市契税共入库64万元。1997年7月，国务院颁发新的《中华人民共和国契税暂行条例》，是年珠海市征得契税6750万元。1990—2000年，珠海市共征得契税59558万元。

6. 其他收入

珠海市的其他收入包括：罚没收入、规费收入、行政性收费收入、事业性收费收入、城市增容费等，其中，1979年珠海市的其他收入为13.4万元，至1988年达2320.6万元，1990年为2942万元，其中罚没收入为2929万元，占99.6%。2000年为27330万元。

（二）财政支出

1979—1989年，珠海市的财政支出总额170144万元，年均15468万元。1990年，珠海市财政支出48882万元。2000年，珠海市财政一般预算支出310758万元，同比增支48406万元，增长18.5%。

1979—1990年珠海市财政支出情况表

表2-21　　　　　　　　　　　　　　　　　　　　　　　　单位：万元

项目	1979年	1980年	1981年	1982年	1983年	1984年	1985年	1986年	1987年	1988年	1989年	1990年
一、基本建设支出	—	462	1636	1831	2129	6728	17680	5015	6821	20097	14934	6281
二、企业挖潜改造资金	—	61	188	155	59	226	323	800	735	452	1099	4043
三、科技三项费用	—	3	6	6	10	12	35	55	83	111	275	215
四、简易建筑费	—	59	35	64	53	30	—	—	—	—	—	—
五、支援农村生产支出	—	158	246	188	478	1066	857	347	525	773	954	1378
六、农林水气象等部门事业费	—	221	264	289	221	245	242	715	780	906	1882	1359
七、工交部门事业费	—	3	10	16	22	28	43	82	136	189	441	40
八、商业部门事业费	—	—	—	—	—	—	—	15	19	55	39	46
九、城市维护费	—	247	268	956	1158	2230	883	747	808	1200	1636	2040
十、文教卫生事业费	—	387	447	504	599	868	1696	2129	2078	3306	—	5851
十一、科学事业费	—	—	—	—	—	—	—	—	51	89	100	164
十二、其他部门事业费	—	—	—	70	42	72	161	379	489	415	1044	1630
十三、抚恤社会福利事业费	—	48	52	25	40	42	45	72	79	126	237	260
十四、行政管理费	—	208	366	304	326	782	879	1085	1261	1587	2027	2581
十五、公检法支出	—	—	—	84	150	246	430	459	540	1077	1606	1931
十六、价格补贴支出	—	—	—	—	—	—	130	351	781	757	860	916
十七、支援不发达地区资金	—	—	—	—	—	—	—	—	—	19	445	325
十八、其他支出	—	101	372	505	969	2321	1165	1075	1240	4108	13050	19162
十九、环境保护补助资金	—	—	—	—	—	—	—	4	11	15	25	64
二十、教育附加费支出	—	—	—	—	—	—	—	—	—	—	—	196
上缴支出（省及中央）	—	—	761	712	601	665	5002	643	2236	5005	7380	6673

九、金融

珠海市自建市以来，一直注重发挥金融在资源配置和产业发展之中的作用。珠海金融业经历了从无到有，从单一到多样的发展历程，开放程度越来越高。银行业方面，珠海贯彻执行开放式的银行业政策，充分利用特区优势，创新业务，推动外资银行机构进驻。至2000年年底，珠海市金融机构人民币各项存款余额445.2亿元，人民币各项贷款余额300.3亿元，金融机构外汇各项存款余额9亿美元，外汇各项贷款余额5亿美元。证券业方面，至2000年，珠海市的上市公司从1992年的3家增至7家，证券营业部25家，证券投资咨询公司1家，券商2家。保险业方面，至2000年，珠海已有保险险种70余个。

（一）银行

1. 货币发行

1979年，珠海市货币净投放量达1772万元。此后，由于特区建设的需求，货币投放量逐年上升，至1989年，货币净投放为2.56亿元。1990年，由于经济环境紧缩，货币净投放量为1.41亿元。1991年，珠海经济迅猛发展，当年货币投放量为4.1亿元，比上年增长1.9倍。1992年邓小平视察南方发表重要谈话后，珠海基础设施建设投资加大，1992年货币净投放量为10.2亿元。1993年，货币净投放量为49亿元。1997年，由于整顿金融秩序防范金融风险，各机构开始控制货币投放，当年货币净投放量为39.6亿元，比上年减少6.1亿元。1998—2000年，货币发行持续增加，净投放逐年平稳上升。1998年，货币投放量为40.6亿元，1999年为50.5亿元，2000年为56.1亿元。

2. 存款

人民币存款：在存款方面，注意增加储蓄网点，多渠道多种形式吸收资金，改善储蓄工具等方式来吸引存款。1986年，珠海市银行存款余额为9.1亿元，比1979年银行存款余额6741万元增加12.5倍。此后，随着经济发展和金融机构吸收存款的效率提高，存款余额迅猛增加。1987年，存款余额为15.37亿元，1990年为40.44亿元，1991年为58.96亿元，1992年为132.33亿元，1994年为177.7亿元。1997年为332.1亿元。至此存款余额增速趋平缓，1998年存款余额为374.2亿元，比上年增长12.86%。1999年，存款余额405.9亿元，比上年增长8.47%。2000年存款余额445.2亿元，比上年末增长9.68%。建市20年以来，存款余额增长了660倍。

外币存款：1981年，中国银行珠海分行率先开办私人外币存款业务。此后，珠海农行和珠海工行陆续开办相关业务。1994年起，珠海对外贸易和利用外资取得平稳发展。1996年，外币存款余额6亿美元。1998年，外币存款余额为6.4亿美元。1999年，外币存款余额为7.2亿美元，比上年增长12.5%。2000年，全市金融机构外币存款余额9亿美元，比上年增长25%。

3. 贷款

建市20年以来，珠海根据中央加强金融宏观管理，控制信贷规模的指示，一直致力于调整信贷的布局和结构，合理使用信贷资金，维护特区经济发展。

1984—1987年，针对全国性信贷资金失控局面，珠海市各家银行采取相关措施，坚决执行上级指示，严格执行信贷计划，加强信贷管理。开展信贷检查和财务检查，压缩不合理的非生产性贷款，做好贷款回收工作。同时，围绕确保骨干重点企业和外向型企业资金需求，做好贷款发放工作。1987年，各项贷款余额31.02亿元。

1988年开始，珠海市继续贯彻执行国务院关于稳定经济形势，进一步治理整顿和深化改革的决定，积极落实信贷货币的“适度调节的双紧”方针，继续调整信贷结构。继续按照“保重点，压一般”的原则控制信贷资金使用。其间，贷款增长与经济增长基本相适应。至1992年年底，全市各金融机构贷款余额为105.24亿元。

1993—2000年，珠海市依照“继续整顿金融秩序，稳步推进金融改革，严格控制信贷总量，切实加强金融监管”的工作方针，指导各金融机构积极调整优化贷款结构，提升贷款使用效益。这段时期的工作以防范和化解金融风险为主要目的，在控制的同时也注意保护能源、交通、科技等行业和外向型企业的资金需求。至2000年，全市各金融机构贷款余额为300.3亿元。

4. 金融管理

特区成立以前，金融领域由国家统一管理，各银行机构既有管理职能，也有经营职能。特区成立以来，珠海市一方面加强和改进金融宏观调控，搞活信贷资金，另一方面注重经济稳定，控制货币投放。

中国人民银行珠海分行（简称人行珠海分行）结合本地实际，控制货币投放，提高资金使用率，在保证经济稳定和重点扶持行业和企业资金需求的同时，优化信贷结构，贯彻执行国务院有关控制货币稳定金融的决定。另一方面，在人行珠海分行的协同下，珠海市在1988年积极开放了短期拆借资金市场，外汇调剂市场和直接金融市场3个资金市场，扩大融资渠道，促进了金融行业发展。

珠海市于1986年成立珠海信托公司等非银行金融机构，解决资金需求，增强特区活力，改善投资环境。从1990年开始，珠海市对经营不合规的金融性公司进行整顿，重新换发了“经营金融业务许可证”，提高了机构的抗风险能力。

涉外金融方面，珠海市外汇管理局采取有效措施，增强中央银行的宏观调控职能，以提高外债使用效益为中心，抓紧借、用、还三个环节的管理，有效地调整全市外债结构，及时做好还本付息工作，维护了特区的信用。

5. 行业自律

人行珠海分行召开经常性联席会议，邀请各专业银行行长和号线公司经理参加，对有关问题进行商讨和决策。决策由各专业银行贯彻执行，如不能达成一致时，则请上级人民银行或特区政府决定。

1999年，珠海市由人行珠海中心支行牵头，组建“珠海经济特区银行同业公会”，拟定了《珠海市银行同业公会章程》，在积极遵守有关经济金融外汇法规政策的前提下，组织协调相关的金融服务和业务制度，协调会员之间合作关系，建立起银行业行为自律机制。

（二）证券

1. 发展历程

1988年7月，工商银行珠海分行开设珠海市第一家证券营业部。

1991年，珠海市新成立了8家证券交易营业部和15家证券交易代销点，初步形成了市内证券交易网。至1991年年底，各种证券交易额达6595万元。证券发行市场除国库券、大额定期存单、金融债券以外，还有21家企业获批发行企业债券，并有5家公司先后发行了内部股票，股票面值达2.6亿元。

1992年，珠海市改组并组建了40多家股份制企业，有22家公司按照相关规定程序发行了内部股票。当年，珠海市成立了专业性的证券公司——珠海证券有限公司和珠海证券登记有限公司，证券业机构增加到8家。至1992年年底，珠海国际信托投资有限公司证券部、珠海证券有限公司、建行珠海信托公司成为沪深两地交易所的异地会员。

1993年，珠海市证券交易营业机构共13家，大部分都已成为沪深交易所异地会员。珠海全力推进股票一级市场进展。富华公司作为广东省除深圳企业外首家在深交所挂牌上市的公司，年底珠海丽珠A股在深交所上市。华电A股在1994年第一个交易日上市。

1996年，经过珠海市政府、金融部门和企业的共同努力，鑫光、格力、中富三家公司在深交所挂牌交易，筹集大量资金，提升了直接融资比例。同时，妥善完成了珠海市各国有商业银行与其所属信托投资公司及证券部的脱钩工作。

2000年，珠海市有7家上市公司，营业部25家，证券投资咨询公司1家，券商2家，具有证券从业资格的会计师、律师、资产评估师事务所数家，年成交量1000多万元。全市证券行业从业人员近千人，证券开户数为32万人，占全市人口的25%。

2. 政府监管

1992年，颁发了《珠海市内部股份证管理办法》《珠海市证券机构管理暂行规定》《珠海市异地会员证券二级清算细则》等法规。1993年，制定和批准颁布了《珠海市内部股份证登记管理暂行办法》，同时起草《珠海市证券业务收费暂行规定》《珠海市内部股份证集中托管暂行细则》等。这些法规条例有效地改变了证券市场发展初期无章可循、无法可依的混乱状态，保障了证券市场逐步沿着规范化、法制化的轨道健康发展。

（三）保险

中国人民保险公司珠海分公司　前身为珠海市保险公司，成立于1980年，是20世纪80年代珠海保险行业的唯一骨干企业。公司结合珠海实际情况，开展保险业务。1986年，保费收入为1455万元，比上年增长69%。1987年，保费收入为2401.4万元，其中涉外保费收入为163万美元。1988—1989年，保险业在治理整顿和银根紧缩的情况下艰难拓展业务，至1990年，珠海市保险公司的保费收入为6054万元，比上年增长9%。1992年，珠海市保险公司被重组更名为现名。该公司在帮助珠海应对暴雨暴风灾害，保障经济发展中起到重要作用。

中国人寿保险股份有限珠海分公司　前身为珠海人寿保险股份有限公司，成立于1992年12月28日。1993年，业务收入1.04亿元，为全市25万参保者提供人身保险保障10亿元。2000年，实现保费收入2.47亿元。

中国太平洋保险公司珠海分公司　成立于1994年1月，成立后经营业绩连续4年位居广东省及中南地区同行业首位。2000年承办2300亿元中国第三届国际航空航天博览会系列保险，为国内最大一宗。2000年11月实现产险和寿险分业经营。

十、城市建设

（一）学校、医院和文化设施建设

1979年，投资142万元，兴建0.22万平方米的市人民医院门诊楼。

1982年，教育卫生用房竣工0.89万平方米，新增中小学教室56间，1375个桌位、留医病床230张。兴建文化娱乐设施0.25万平方米，影剧院0.46万平方米；电视转播台1000千瓦机房装置建成使用。1983年，文教卫生事业完成基本建设投资924万元，竣工建筑面积2.4万平方米，建成中小学教学楼6座，增加1125个桌位。同时兴建一批公共设施。1990年，新增高等院校总建筑面积0.78万平方米、学生席位1200个、中等学校建筑面积5562平方米、学生席位1515个、小学校建筑面积2.35万平方米、学生席位89887个。

1991年，新增中等学校建筑面积1.03万平方米、学生席位2940个、小学校建筑面积4.4

万平方米、学生席位20443个。新增医院病床125张。

1992年，科技中心、文化中心、医疗中心均开工。新增高等院校建筑面积321平方米、学生席位150个、中等学校建筑面积3000平方米、学生席位120个、小学校建筑面积19953平方米、学生席位9205个。新增医院病床240张。1993年，新增中等学校建筑面积0.74万平方米、学生席位2800个、小学校建筑面积2.59万平方米、学生席位11155个。新增医院病床600张。

1993年，科技中心、体育中心、文化中心、医疗中心建设进展顺利。

1994年，新增小学校建筑面积4850平方米、学生席位1710个、中等学校建筑面积3700平方米、学生席位1350个。1995年，新增中等学校建筑面积8822平方米、学生席位8822个、小学校建筑面积2150平方米、学生席位2150个。1996年，新增中等学校建筑面积10061平方米、学生席位5894个、小学校建筑面积32521平方米、学生席位7040个、医院病床100张。1997年，新增中等学校建筑面积3300平方米、学生席位l400个、小学校建筑面积3723平方米、学生席位1580个、其他学校建筑面积18927平方米、学生席位3900个。1998年，新增中等学校建筑面积4000平方米、学生席位760个、小学校建筑面积600平方米、学生席位2400个。1999年，新增中等学校建筑面积40230平方米、学生席位4470个、小学校建筑面积5819平方米、学生席位720个。

2000年9月开学之前，中山大学珠海校区主要基建工程完成投入使用。校区占地面积3.428平方公里，于1999年11月开始建设，完成的主要项目有：教学实验大楼建筑面积76874平方米，全长571.2米，为国内最长的单体教学楼；学生宿舍6幢，建筑面积36604平方米；以及4478平方米的学生食堂、10222平方米的风雨操场、4100平方米的学生服务中心以及污水处理、排洪沟、室外工程等一系列配套项目。市一中高中部、斗门一中高中部工程建设均在9月开学之前竣工并投入使用。市一中高中部总占地面积123600平方米，总建筑面积39600平方米，总绿化面积6.93万平方米；斗门一中高中部占地面积374018平方米，总建筑面积为43200平方米。新增中等学校建筑面积101503平方米、学生席位6200个、小学校建筑面积30453平方米、学生席位3893个、其他学校建筑面积5885平方米、学生席位550个、公共图书馆建筑面积15987平方米、藏书量100万册（件）、阅览室座席800个。

（二）道路、桥梁和隧道建设

1982年，新建道路工程有矿新路、朝阳路段、海城街、海湾二路（望海楼至石景山商场段）、拱北关前缓冲区路段、香洲狮山里山腰便道等。道路建设采用水泥混凝土和沥青混凝土路面。

1990年，新增城市道路长度4.07千米、面积8.16万平方米，城市永久性桥梁1座，公路5.4千米，独立公路桥梁1座、1587延长米。同年11月28日，长1210米、宽8.5米的板樟山下行隧道建成并交付使用，缓和香洲至拱北交通紧张的局面。新建、扩建9条道路全长31.9千米，主要是香洲至唐家、珍珠乐园的港湾大道半边通车；新香洲的建设路、梅溪路；连接九洲客运码头的九洲港路；连接南屏、湾仔的金鸡路和南湾大道；通往洪湾工业区的洪湾次干道。

1991年，新增城市道路长度13.74千米、面积43.93万平方米。板樟山上行隧道开通，香洲凤凰路改造主干道完成通车、香洲东风路改造工程完成。新开工及续建道路22条，总长88.56千米。建设西区主干线上的洪湾大桥、珠海大桥、前山大桥、南水大桥、泥湾门大桥、鸡啼门大桥6座，总长5.79千米。

1992年，新建城市道路长度4.04千米、公路3.05千米、新建独立公路桥梁1401延长米。市区通往西区的快速干道第一期工程已完成并实现摆渡通车，沿途6座大桥正紧张施工，其中洪湾大桥、南水大桥相继交付使用；三灶旧机场改造工程进展顺利；凤凰路两座人行天桥、香湾南路相继交付使用。

1993年，新增城市道路长度5.7千米、公路6.66千米、独立公路桥梁1座，610.8米；同年11月28日，市区连接珠海港，全长46000米的珠海大道和长3145.18米、宽31米的珠海大桥建成通车；12月28日，全长560米的前山大桥建成通车；全长1425米的横琴大桥洪湾岸引桥架设完工；全长364米的海燕大桥桥台完成；高栏环岛公路竣工交付使用；全长44千米的特区二线工程完成投资8230万元，其中下栅至上冲7千米的铁丝网、巡逻路、过境线完成，其他地段的巡逻道及铁丝网全面开工。

1994年，新增城市道路长度10.43千米、公路9.71千米，新建独立公路桥梁1995米，新开工立交桥1座，续建桥4座，总长5.45千米，西区续建工程有珠海机场、机场路、珠海大道收尾、斗门珠峰大道、黄杨大道续建。

1995年，城市道路扩建长度1.5千米、公路3.8千米。建成民航机场跑道1条4100米、候机楼l座96280平方米。

1996年，新增城市道路7.82千米，新建成一级公路18千米。1997年，新增城市道路1.4千米。

1998年，新增城市道路长度16千米。配套工程建设，机场环形路、情侣南路、梅华西路、三台石路、迎宾北路、人民西路改造，总通车22千米。11月，珠海机场环形路建成通车，全长21.5千米，宽60米，双向8车道。

1999年，新增城市道路长度26.87千米。12月10日，莲花大桥建成通车，总长1756米，工程投资约2亿元。横琴口岸绿化美化工程面积约8万平方米，铺设7万多平方米的横琴环岛路沥青路面。施工7年的横琴大桥及南湾大道9月28日竣工通车。横琴大桥是珠海市第一座独塔双索面斜拉桥，工程总投资约3亿元，大桥全长1425米，共44孔，双向六车道。南湾大道二期工程建设与横琴大桥同步竣工，是连接珠海至横琴经济开发区和莲花大桥的重要交通要道，将湾仔、横琴和保税区连为一体。九洲大道地道工程9月9日竣工通车，地道全长555米，工程投资约2900万元。

2000年10月，完成淇澳大桥等重点工程建设、九洲大道和明珠北路改造、修复机场路的部分桥头和路面，保证航展期间交通畅顺。淇澳大桥全长3千米，桥宽33米，主跨320米，为国内同类型跨度最大的桥梁。九洲大道改造后路宽48～50米，由原来的双向6车道改为8车道，21万平方米的路面由砼路面改为高环保沥青路面；近8万平方米的人行道，由普通人行道砖改为花岗岩与鹅卵石铺砌的园林式人行道；沿路设有6对长达50米的风帆式候车亭、6个建成有彩光顶棚的地下人行道、175根高杆灯、355根庭院灯、200条长椅。改造后通行能力由原来的每小时9600辆次增加至12460辆次，道路沿线交通噪音下降5个分贝。

（三）码头、防洪坝、库房建设

1990年，新增商业石油库1.34万立方米。1991年，新增城市防洪坝长度4千米、粮食仓库0.8万平方米，海堤及护岸工程4条共20.66千米。

1992年，新建商业石油库1.5万立方米、粮食仓库4949平方米、10万千克。城市液化石油气储气能力2400吨。珠海港首期工程两个2万吨级泊位交付使用。

1994年，新增城市防洪坝长度2.36千米、2座商业石油库5万立方米。新建续建排洪沟5.2千米；新建香洲、湾仔避风塘、海堤总长6千米。当年，香洲水产码头交付使用；珠海港2万吨级码头工程完成，25万吨级的油码头和10万吨级的煤码头前期工程正在进行。

1996年，新增防洪堤1.78千米。新（扩）建港口码头100万吨/年吞吐量、泊位4个、船舶购置1艘、载重量300吨位、载客量265客位。

1997年，新增粮食仓库7112平方米。

1998年，新增粮食仓库4675平方米、城市防洪堤长度2千米。排洪设施永久性建设20项，总投资62411万元，解决湾仔镇、金鼎镇、柠溪村等地区的水浸问题。

1999年，新增粮食仓库9549平方米，城市防洪堤长度1.52千米。2000年，建成城市防洪堤长度8.41千米。

（四）城市照明

1979—1980年，香洲、拱北街道和前山、湾仔、唐家、下栅主要街道装有少量路灯。1982年春节，香洲安装17盏400瓦高压钠灯（国产的第三代光源），灯高6米，采用铝板冲压枇杷灯罩，灯杆距离80米。同年，在拱北关前广场基础工程建设中，市投资7万元作路灯配套，澳门商会会长马万祺捐赠10万港元，由市城建局定方案、选灯型，广州路灯管理所设计、施工，采用一、二、三代光源并举（被称为“三代同堂”），拱北关前后、莲花路、海滨路一段、侨光路装灯总数317盏，容量47千瓦，成为市区夜间最亮一角，并装设第1台180千伏安的路灯专用变压器，盖有40平方米可供配电、值班、工具存放的专用房，配备1台手摇式路灯维修升降梯及4名维护路灯工人，由拱北区城建科管理。1983年，以高压钠灯光源改造香洲的主要干道凤凰路，装灯62盏。

1984年，珠海市路灯管理所配备1台解放牌吊车兼高架车，1台“的士头”货车。新装路灯道路有红山路、红旗路、东风路、海霞路、夏湾路装灯283盏。滨港路、翠香路、人民东路安装双臂混光路灯212盏。至年底，全市路灯总数1200盏。

1986年，在紫荆路、南华路、沿河路安装路灯。1987年，九洲大道、水湾路、海景路安装路灯。1988年，人民西路、明珠路、粤海西路安装路灯。年底全市路灯总数为7000盏，其中高压钠灯3500盏，其余为汞灯和白炽灯，灯型有单臂式、双臂式、玉兰式、双头庭院、五头庭院、六头庭院、八头组合路灯，开关路灯全部采用时钟自动启闭式。1989年，完成幸福街、胡湾小区、沿河路小区、环山路等道路路灯安装。1990年，新香洲的银桦路、轻工路等安装路灯，年底全市路灯总数为7683盏，有海鸥型、豆芽型、玉兰花型、鹅蛋形等多种灯形，庭院灯也有10多种款式，灯杆从水泥杆、铁杆发展到热镀锌钢杆，有圆柱形、锥形、六角形等，灯具选用进口的不碎胶球型灯罩和琵琶灯罩。

1991年，广珠路、港湾大道、白莲路等道路安装路灯1355盏，总投资504万元。1992年，完成凤凰路、朝阳路及朝阳路口、翠香路口两座人行天桥的路灯建设，安装路灯424盏，港湾大道（珍珠乐园至下栅检查站）、建设路、香湾路、梅溪路、珠海大道（南屏段）进行路灯建设，完成装灯工876盏，浇筑路灯基础，放地埋管等工作。1993年，市区城市照明建设发展较快，珠海大道、广珠路、港湾大道、情侣中路等道路装灯4860盏。到年底，全市路灯总数为16198盏。同时，利用电脑遥控路灯启动、关闭和安装工程。

1994年，全年安装机场路、珠峰大道、情侣北路等道路路灯3850盏，年底全市路灯共有20048盏。市道路照明技术公司研制出“锁”“挂”“钩”“箍”四种防盗技术，防止路灯器材被盗。1995年，情侣北路、海燕路、先烈路等道路装灯674盏，年底路灯总数为20722盏。

1996年，市路灯管理处有安装机械设备25台。全年完成前山立交桥、鸿景花园附近等道路路灯安装。同年底，全市103条道路安装路灯20924盏。路灯亮灯率达99%，设施完好率达97%。

1997年，市路灯管理处拥有机械设备30多台。规定按2天一个循环对路灯设施进行维护，每晚安排人员值班，机关人员每周两次对全市路灯亮灯率进行检查，每月一次对设施完好率进行检查。全年安装圆明新园附近道路、情侣南路等道路路灯2278盏。至同年底，全市路灯总数23000多盏，灯杆8400多根，变压器和控制设备90多台（套），电线路总长度300多千米，总容量4600多千瓦。

1998年，安装情侣南路、体育中心附近道路、西区机场环形路、湖心路、白蕉路等道路路灯8000多盏，工程投资4000多万元，年底路灯总盏数31000多盏。全市路灯亮灯率、设施完好率常年保持在99%以上。

1999年，为迎澳门回归，投资2300多万元进行迎宾南路路灯改造和景观灯建设，安装拱北口岸、横琴口岸、横琴大桥、南湾大道延伸段等道路的路灯1500多盏，各种景观灯2500多盏，年底全市城市照明灯35000多盏。2000年年底，全市城市照明灯总盏数为36000多盏。

第五节　经济管理

一、财政

（一）财政预算管理体制

1979年，中央和广东省为了支持珠海经济特区的建设，规定珠海市的税收和利润除归还贷款外，3年内全部留给珠海市使用，支出方面，由广东省按年初下达预算数作一般补助款拨补。这一体制一直延续至1988年。

1991年，省继续实施1985年制定省对各市（县区）“划分税种、核定收支、分级包干、一定五年”分灶吃饭的财政管理体制。省对市的财政体制仍然按照中央的规定，实行“收入全留，支出自行安排”的办法。斗门县的财政体制由省制定列入珠海市的“其中数”。市对香洲区、万山管理区、三灶管理区仍维持1989年的财政体制，实行“收支包干”，各区的收入按照方案规定的范围征收，市对平沙、红旗两个新成立的管理区实行“划定收支范围，收入留用，收支挂钩，超收节支不调，减收增支不补，暂定一年”的财政包干管理体制。

1993年，调整对香洲区的财政体制，新体制的原则是“划定收支范围，收入留用，收支挂钩，超收支节不调，减收增支不补，一定三年”。同时，对新成立的横琴管理区财政体制为“划定收支范围，收入留用，定额补给，超收节支不调，减收增支不补，一定两年”。

1994年，中央实行分税种财政体制改革。1996年，是广东省实行分税制的第一年，市调整对各县区的财政管理体制，按照中央和省分税种财政管理体制规定的预算级次划分，对属于市地方财政收入部分，按税种、行业划分市与县区的收入，原则上以行政区域和隶属关系划分，1998年，市对新设珠海保税区实行的财政管理体制“收入留用，支出定额补助，超支不补，一定两年”。

1999年，新设的国家高新技术开发区四个科技工业园实行财政管理，原则是“划定收支范围，除上缴中央和省的收入外，地方收入部分按‘谁投资、谁引进、谁收益’的原则划分，支出由市财政按零基预算办法下拨”。各科技工业园的税收实行属地征收，分级划解。同时，调整了对南水镇、珠海港的财政管理体制，制定《珠海市街道管理体制改革经费划拨方案》。

2000年，调整万山海洋开发试验区财政管理体制“原由市各主管部门征收的万山海洋开发试验区内的各种行政事业型收费、罚没收入、土地使用权和转让收益、房地产出租和转让收益、排污费、海域使用费、城市建设配套费等，全部移交万山海洋开发试验区征收。除按规定上缴国家和省以外，其他全部留用”。市调整保税区的财政管理体制的基本原则为“收支分开管理，定额补助，一定三年”。同时，制定《珠海市园林管理体制改革经费划拨方案》，新核定临港工业区的经费基数以及重新核定各县区财政体制补助收入和上解支出基数。

（二）财务管理

1. 行政事业财务管理

特区初期实行“经费包干、结余留用”的管理办法，行政单位的人员经费，按编制内实有人数核拨；从1985年5月起，市人大、市政协、各部委办局归市财政局直接管理。

1991—2000年，逐步规范行政事业单位财务管理。主要内容是：一是预算编制。人员经费按在编财政供养人员工资标准核定；公务费按人均定额标准核定；车辆经费按定编车数和定额标准核定；专项经费由财政代编，视工作需要专题审批。二是指标管理信息化。三是1998年开始统一使用财务核算软件。四是实行收支两条线改革。五是1999年珠海市将车辆经费纳入政府采购范围。六是2000年实行财政统发工资。

2. 社会保障的财务管理

1997年7月，市机关、事业单位养老保险金纳入财政专户管理。1998年1月，开始执行医疗保险制度，医疗保险基金实行财政专户管理。从1999年7月，起社会保险基金的5个险种（包括养老保险、工伤保险、失业保险、生育保险、医疗保险）全部纳入财政专户管理，收支两条线，专款专用。

3. 罚没收入的财务管理

特区前期，从上缴罚没收入中退库30%给缴款的执罚机关作奖励费用，1981年3月28日取消这种奖励办法。1989年，珠海市直和香洲区罚没收入的25%返拨给执法机关作为办案和添置设备经费。1990年，对执法部门上缴的罚没收入部分实行比例分成，查获的物资由执法单位、市物价局和市财政局3家联合作价或公开拍卖处理。1993年，各执法单位的罚没收入和支出按照“收支两条线”的办法进行管理，罚没收入必须全额上缴同级财政部门，执罚费用由同级财政部门另行核拨；缉私罚没物品实行公开拍卖。1994年，缉私罚没收入改变上交办法，公安机关和工商局的缉私罚没收入分别上交50%给同级财政和中央主管部门。

1995年10月1日起，珠海市的交通违章罚款委托建设银行代收。1996年11月11日，设罚没物资仓库。1997年，委托市城市合作银行代理全市行政罚没的收款业务。1999年，推行《广东省罚没许可证》制度、罚没收入全额上缴制度、罚没收入与单位办案经费脱钩制度和委托银行代收制度。2000年起，市缉私罚没物资等政府公物均交由市公物仓管理办公室拍卖处理。

4. 行政事业性收费的财务管理

1986年10月1日起，珠海实施《广东省行政事业性收费管理暂行办法》，1988年1月1日起实施财政局与物价部门联合制订的《关于我市行政事业性收费款项的缴留办法》，从1990年起，对行政事业性收费，罚没管理，实行统一申报批准、统一许可证、统一交款和统一使用财政部门印发的票据的“四统一”制度。1991—1994年，采取按收费收入分成的方式确定各单位的业务补助经费。

1995年，珠海市开展了基金清理登记工作和“小金库”的清理工作。1996年5月1日开始，行政事业性收费实行“单位开票，银行代收，财政统管”的管理模式。1998年，取消收费按比例分成的管理方式，并进一步推行委托银行代收费。1998年，对全市罚没和收费收据实行“统一印发、分级管理”。

1999年5月，市政府颁发《珠海市财政资金管理办法》，规定行政事业性收费实行委托银行代收和综合年审制度，预算外资金的收支及结余管理制度，基金的“收支两条线”管理制度。

5. 财政信用的财务管理

1981年7月10日，成立广东省信托投资公司珠海分公司。信托公司设在市财政局企财科内运作，其主要职能是：按照市政府的指示，向有关单位和企业发放贷款，并跟踪各项贷款使用情况和经济效益，监督专款专用，及时回收到期贷款和计收利息。1997年，机构改革，企财科划归市国有资产管理局管理。同年10月16日成立珠海市信贷投资业务办公室。其主要职能是：协调相关科室处理与财政有关联的市政府债务；负责协调相关科室追收财政历史债权；负责组织财政抵债物业变现工作，协助国有资产管理局对珠海市驻港、澳企业资产和财务进行管理工作；负责珠海市驻港、澳企业和免税集团利润收缴工作及收缴市驻港、澳企业外派人员的管理费；负责管理政府地价款专户资金、负责结算外币税款和罚没款；负责编制财政承诺还款的政府性贷款的还本付息支出预算及其执行。

6. 会计事务管理

1985年1月22日，珠海市会计学会成立。1986年10月，珠海市财政局正式设立会计事务管理科，负责全市的会计事务管理工作。1986年2月23日，市财政局设立珠海市会计师事务所，为各类企业提供验资、查账、咨询、鉴证等会计公证服务。1990年3月，增设了珠海市会计师事务所香洲分所。1990年下半年，市财政局开展会计证的申领、发放工作。

1991年8月起，全面实行会计人员持会计证上岗制度。1992年，开展了会计证年检工作，建立会计人员档案，逐步对会计人员信息实行计算机管理，全市累计办理年检发证11049个。1993年，制定了《珠海市电算化工作管理暂行办法》和《珠海市会计电算化操作人员培训问题的暂行规定》，指导企业开展电算化工作。

1994年，成立“珠海市会计咨询服务中心”，编制“珠海市通用会计报表”。1995年1月1日起，改革市地方性的会计核算方法，制定《珠海市财政局会计证档案管理办法》。

1996年，根据市场经济发展的要求和与国际惯例接轨的需要，着手筹划注册会计师协会和注册审计师协会联合。1997年，实现珠海市的“两会”合并，成立了新的注册会计师协会；根据财政部、省财政厅颁发的《会计证管理办法》，制定《珠海市会计证管理实施细则（试行）》。1998年，制定《珠海市会计证统考暂行办法》和《珠海市会计电算化统考暂行办法》，规范珠海市会计证、电算化培训考试等方面的工作。

1999年，加强企事业单位的会计基础工作规范化的考核管理，年内全市共确认525家单位。根据上级财政部门和市政府的改革精神，做好会计师事务所原挂靠单位的脱钩工作，全市原有13家会计（审计）师事务所，除立信所因法律诉讼未改制外，其余12家办理脱钩。2000年，全市13家会计师事务所完成脱钩。

二、税务

（一）1994年税制改革以前的税务管理

1. 税种变化

1979—1983年，珠海市实际执行的税种包括工商税、盐税、工商所得税、中外合资经营企业所得税、外国企业所得税、个人所得税、屠宰税、车船使用牌照税、牲畜交易税等，其中工商税为税收大头。从1984年10月1日起，除“三资”企业继续执行工商统一税外，珠海市贯彻执行产品税、增值税、盐税、营业税、资源税、国营企业所得税等6个国务院规定的税收条例。

1984—1993年，珠海市执行的税种有：产品税、增值税、盐税、营业税、工商统一税、特别消费税、国营企业所得税、集体企业所得税、私营企业所得税、城乡个体工商户所得税、中外合资企业所得税、外国企业所得税、个人所得税、城乡房地产税、屠宰税、车船使用牌照税、土地使用税、个人收入调节税、工资调节税、固定资产调节税、牲畜交易税、城市维护建设税、建筑税、印花税和奖金税等25种。

2. 税收征管

珠海特区推行广东省制定的专管员岗位责任制、纳税鉴定、纳税申报、纳税检查、税票（发货票）管理、征管资料档案、控制滞纳等7项征管制度。

1987年起，珠海市税务局改变过去税务专管员“一人进厂，各税统管，集征、管、查于一身”的征管模式，逐步推行征、管、查三分离的征管模式，由统管走向分离，建立了相互制约机制。

3. 税务稽查

从20世纪80年代后期，珠海税务部门成立财税、物价大检查办公室，对税务违法案件进行检查。1988年5月，珠海市人民检察院向市税务局派驻税务检察室，作为专门查处偷、抗税犯案件的业务机构，受理香洲、拱北群众举报、来信、来访、税务投送涉税案件。同年8月，市、县（区）先后成立税务稽查队，作为税务征管的监督部门，以查促征，以查促管。

4. 税收收入

随着珠海私营企业、联营企业、股份制企业、外商投资企业和港澳台投资企业的兴起，税收收入不断增长。1979年，珠海建市时税收收入只有621万元，1994年上升到16.72亿元，增加268.24倍。

5. 出口退税管理

从1986年国家实施出口退税政策以来，珠海市税务部门对出口退税以“征多少、退多少、按实际税负退税”为原则实行一级化专业管理。1986—1994年，全市共办理出口退税额16.3亿元。

6. 反避税管理

1993年，全国开始推行反避税工作，珠海的反避税工作同期开始探索前进。

7. 特区税收优惠

1980年8月起，根据《中华人民共和国国务院关于经济特区和沿海十四港口城市减征、免征企业所得税和工商统一税的暂行规定》和《广东省经济特区条例》规定，对在特区内开办的特区企业实施特区优惠政策。其中，特区企业的所得税率为15%；从事工业、交通运输、林业、牧业等生产性行业，经营期在10年以上的，实行“两免三减半”所得税优惠政策。

其间，根据财政部《关于对深圳、珠海、汕头、厦门经济特区内联企业征收所得税问题的通知》规定，特区对内联企业也在税收上给予一定的优惠。即：从1986年起，在珠海特区举办的内联企业，一律先按15%的比例税率就地交纳所得税；内联工业、交通运输、建筑安装等生产性企业从获利的年度起5年内所分的利润，如留在特区扩大再生产或兴办外向型工业，免除在内地补缴所得税。

（二）国家税务

1. 税种变化

1994年，实施分税制改革后，珠海市国税部门主要负责全市中央税、中央和地方共享税以及出口退税的征收管理。具体征管的税种包括增值税、消费税、中央企业所得税、金融保险企业及非银行金融企业的所得税和部分营业税和个人储蓄存款利息所得税，纳税人涵盖国内企业、个体工商业户以及外商投资企业和外国企业。

2. 税收征管

从1994年开始，珠海市国税部门积极探索科学的管理方式，深入推进税收征管改革。至2000年年底，已建立集税务咨询、登记、发票、申报、稽核、征收、计会统、银行扣税为一体的科学的征管系统，实现了全过程计算机辅助管理。

3. 税务稽查

1994年成立专业化稽查队伍后，珠海市国税部门实行稽查选案、检查、审理、执行等四环节分离的制度，采用计算机优化筛选稽查对象，有重点地进行税务稽查，组织税收专项检查，加强与公检法、海关、工商、地税、银行等部门密切配合，及时有效地查处偷骗税犯罪活动。1995—2000年，共检查户数17123户，查结案件5123宗，查补罚税款入库8亿元。

4. 税收收入

1994年分税制实施后，珠海市国税税收持续增长。1995—2000年，珠海市国税局共组织工商税收收入88.71亿元，其中实现地方财政收入47.1亿元。

5. 出口退税管理

1994年以来，珠海市国税部门在全省率先实行出口退税电子化管理，认真贯彻“先征后退”和“免抵退”政策，对内严格审核，提高退税效率，对外加强与海关、外管、外经贸、公检法等部门合作，取得了明显管理成效。1995—2000年，共办理出口退税38.4亿元。

6. 反避税管理

从1997年起，珠海市国税局指定涉外税务管理科统筹专职负责反避税工作，挑选专业培训人才成立工作组，根据征管部门、出口退税部门筛选提供避税涉嫌企业资料信息，严格按照国家税务总局《关联企业间业务往来税务管理规程》的要求，对避税涉嫌企业进行调查审计，建立档案，及时与外经贸局、海关、外汇管理局、地税局等相关部门紧密联系，不断提高工作水平，实现全市反避税工作逐步走上正轨。

7. 特区税收优惠

1994年，国家实行分税制后，珠海经济特区继续保留对内外资企业一律实行15%的所得税优惠，对内资企业“地产地销”的产品一律给予免征增值税的优惠。为了支持和鼓励发展第三产业，珠海按产业政策在一定期限内减征或者免征所得税，对经认定的软件生产企业免征关税和进口环节增值税（除国家文件规定的所列商品外）。

同时，对特区内联企业，不论经济性质和隶属关系，一律先按15%的比例税率就地交纳所得税，税后利润、联营各方再行分配。内联工业、交通运输、建筑安装等生产性企业，从获利年度起五年内，所分利润，如留在特区扩大生产或兴办外向型工业，免除在内地补缴所得税；如解往内地，则在投资方所在地，按照20%税率补缴所得税。内联非生产性企业从特区税后分得利润解往内地的，若适用税率不超过15%的，可不再补征，也不退税；若高于15%的，其补征的所得税，由各地按投资方适用税率补征。内联企业纳税确有困难的，报经当地税务局批准，可以给予适当照顾。

（三）地方税务

1. 税收征管

从1994年开始，珠海地税部门积极探索科学的管理方式，深入推进税收征管改革，拱北分局试点改革。从4月1日起，取消专管员管户制度，将分户管理改为分项管理，大大增强了办事透明度，方便了纳税人，此做法得到省局肯定并推广全省。1994年，就“谭咏麟珠海都市恋曲”演唱会向主办方单位征收代扣代缴的个人所得税56360元，为全国第一宗对港台歌星在大陆演出按新税法征收个人所得税，引起巨大反响。1997年，根据国家税务总局制定的《关于深化税收征管改革的方案》以及省地方税务局《关于深化税收征管改革的实施方案》的精神，珠海市地方税务局结合本局人员编制、工作条件、税源结构等因素，实行征管改革，重新设置内部管理机构。逐步推行以计算机为依托，集中征收，加强管理，重点稽查的管理模式，同时以精简机构，节省税收成本，避免办事重复，适当集中60%以上的人力安排在征收、管理、稽查第一线为原则，突出税收工作的重点和中心，从而提高工作效率和服务素质，确保税收收入任务的完成。1997年3月1日起，委托嘉安公司在车辆年审的同时代征车船使用税，交警部门对未完税的车辆不予年审，取得明显成效。1998年，创造性地推广使用房地产预收款专用收据，规范了预售房产行为。1998年7月，正式委托珠海嘉安实业有限公司代征香洲、横琴、淇澳范围内的私房出租税收。1999年，对市区70多个农贸市场统一委托香洲区国税局市场所代征农贸市场地方税收。1998年，推行税务行政执法责任制，增强了依法治税的观念，规范了执法行为。2000年，珠海市地方税务局出台税收征管体制改革总体方案，简化征管程序，强化纳税检查，提高征管效率，优化办税服务，构建以计算机网络为依托的“数据集中、同城通办、属地管理、重点稽查”的新型地税征管模式。将原有的9个基层税务分（区）局，改设为两个征收管理分局、5个检查分局，原市稽查分局改建为市稽查局。征收管理分局对纳税人办税实行同城通办，检查分局实行属地管理、重点稽查。同时，强化计算机网络建设，实行税收电子化管理。设立数据管理中心，对全系统征管业务数据实行集中管理。2000年6月1日起，定期在全市范围内开展饮食、旅业定额发票抽奖活动，提高了对举报假发票的查实率，税收收入明显增加。

2. 纳税申报与税款征收

1997年6月，珠海市地税局属下的香洲区局试行邮寄申报，拓宽了申报渠道，快捷、方便、安全的优点得到广大纳税人的肯定。

1998年，属下基层单位先后建成现代化多功能办税服务大厅，推行窗口办文办事“一条龙”服务，实现集中征收。直属分局办税服务厅荣获“全国最佳办税服务厅”称号。试点推广GDLTIS系统作为珠海市地税系统的统一征管软件。运用“黑眼睛”电子扫描申报系统处理纳税申报表，提高申报受理效率。1999年6月，自行开发的网上办税系统投入使用。在互联网和视聆通上建立“珠海地税”网站，提供局务动态、税法公告、办税指南、税企交流等栏目供纳税人使用。

3. 税费收入

1994年，珠海市地方税务局成立以来，税费收入持续稳定增长，连续7年创新高，为珠海市经济建设和社会各项事业发展做出应有的贡献。1995年，全市地税收入11.72亿元，

2000年达21.93亿元。2000年征收社保费7.09亿元。

4. 税务检（稽）查

1994年之后，地税部门每年都开展税收执法大检查。各县区分局按照省局和市局的要求和部署，对新税制政策的执行情况进行自查，市局再进行检查，针对发现的问题执行对策认真解决。1994年，财税大检查工作共查出违纪金额3151万元。1995年，财税大检查工作共查出违纪金额1.1661亿元。1996年，财税大检查工作共查出违纪金额1.2456亿元。1997年，财税大检查工作共查出违纪金额1.3587亿元。1998年开展房地产税收专项检查，自查436户，重点检查192户，重点检查面44%，查补税款3706万元。联合公安部门开展打击伪造、贩卖使用假发票专项行动。2000年，全市稽查系统共查补入库税款2.5226亿元。

5. 反避税

1997年，珠海市地方税务局成立涉外稽查所，开始探索反避税工作，对于“两头在外”的企业进行重点调研。1997—2000年，先后对永新毛纺厂、兴利五金等企业开展反避税调查。

6. 信息化建设

1994年地税局成立之初，基层税务所大部分是手工开票，一些较先进的地税所配备开票软件，从计会业务推广至征管等业务环节，初步实现业务处理电子化。1995年，珠海地税开始实行税收工作信息化，在开票、会统、征管等方面成功开发和应用初级征管软件。1996年，直属分局与中国银行珠海分行达成协议，实现税银联网，成为珠海首个推行税银实时扣税的机构。1999年，全系统推广使用省地方税务局征管软件GDLTIS2.0等一系列应用系统。2000年，推广使用省地方税务局征管软件GDLTIS3.0，实现征管数据集中共享，从征收到税款入库及管理实现一体化。

三、工商行政管理

1979—2000年间，全市工商系统积极开拓进取，按照国家的法律、法规和政策，对工商企业和市场经济活动进行监督和管理，积极促进地方经济快速发展。

（一）市场管理和市场管办脱钩

1979年3月珠海建市前，全县共有城乡集贸市场11个，其中有盖市场7个，露天市场4个。市场总面积7950平方米，其中有盖面积1337平方米，露天面积6613平方米。珠海建市后，随着城乡集市贸易的发展，原来狭窄的市场无法满足群众购销活动的需要。1981—2000年间，市工商局筹资新建、扩建了三灶、小林、南水、湾仔、前山、香洲、官塘、朝阳、吉大、南坑、南屏、井岸、胡湾、拱北、上横、唐家、六乡、为农、界冲等市场。至2000年，珠海共有集贸市场87个，建筑面积239218平方米，比1979年分别增长6.9倍和29.1倍。1994年，拱北、朝阳、口岸、吉大、三板等14个市场被评为1994年度全省文明市场。1995年，市工商部门颁布了《市场文明经营奖励办法》和《市场违章处罚标准和扣分办法》，全市有14个市场被评为“全省文明市场”，南坑、拱北、朝阳市场被评为“全国文明市场”。

1996年，市工商部门按照国家工商总局的要求，在市委市政府的统一领导下，全面、认真地推进市场管办脱钩工作。至1998年年底，物业和资产分离基本完成。

（二）企业登记管理

1979年珠海建市后，市工商部门积极发挥登记注册职能，积极扶持国有经济、个体经济、私营企业和外商投资企业发展。

1979—1980年，市工商部门对合营企业的开业申请，参照珠海市国营、集体企业的申办程序办理核准登记。1981年7月，珠海市制定《关于工商企业登记管理的暂行规定》，明确申办企业的必备条件和审批程序，初步建立登记管理制度。1983年，珠海市开始引进并鼓励市外个体工商业者到珠海经营修理业、服务业、商业、饮食业等。1983年后，珠海市建立健全外商投资企业登记审批程序，并使用全国统一制发的外商投资企业《年检报告书》进行年检。从1988年起，珠海市开始对私营企业进行登记管理。1996年，市工商部门以《中华人民共和国公司法》和《公司登记管理条例》为依据，积极推进企业改制，推动全市企业建立现代企业制度，并积极推进外资企业登记制度改革，促进对外招商引资，改善投资软环境。

2000年，市工商部门新登记外商投资企业492户，新增投资总额100759万美元，新增注册资本74123万美元；新发展私营企业3149户，从业人员27043人，注册资金285615万元；新发展个体工商户8408户，从业人员14053人，注册资金9711万元。

（三）企业监督管理

1981年，珠海市制订《整顿集市工作计划》，成立珠海市工商局整顿市场领导小组，对全市所属集贸市场从市场秩序、度量衡器、经营作风、市场场地卫生和食品卫生以及经营范围等方面进行全面的清理整顿，强调明码标价、亮证经营、文明经商；严禁短斤少两、掺杂使假。1989年，对市场经营活动进行监督管理，整顿市场秩序、市场计量器具以及钢材、医药、屠宰、机动车交易等市场。1990年，市工商部门参与生产资料市场的管理，加强对机动车辆的管理，配合有关部门整顿兰埔钢材市场上以次充好等违法经营，整顿废旧物资收购站，工商行政管理的广度由单一的农贸市场向统一的大市场延伸。

1992—2000年，市工商部门通过加强企业年检、加大市场巡查力度，开展查处无照经营、超范围经营等专项整治行动，有效地维护了良好的市场秩序。为迎接建市20周年和澳门回归，1997年，市工商部门组织12支执法队进行市场环境整治。2000年，市工商部门检查美容美发店铺2280间，处理有超范围经营等违法违章行为的店铺443户，吊销营业执照7户，取缔无照经营美容美发店315户。

（四）经济合同管理

建市后，各类市场经济活动十分活跃。为规范经济活动交易行为，1980年11月，市工商局会同市中级人民法院、人民银行、农业银行、中国银行联合发出《关于加强经济合同管理的通知》，加强对经济合同鉴证工作的管理。1982年，珠海工商局于2月23日设立了合同商标广告科，加强了经济合同管理工作。1985年8月5日，市工商局专设经济合同科，该局当年经济合同仲委会共受理经济合同纠纷案件41件。

1987年，市工商局组织举办了22期经济合同法规知识讲座，为企事业单位、个人提供咨询服务540人次。同年5月，市工商局首次在全市经委、财贸线开展了“重合同，守信用”活动。1991年，市工商部门在全市全面推广经济合同示范文本制度。2000年，市工商部门鉴证各类合同10139份，鉴证合同总金额138593万元。办理动产抵押物登记48份，抵押物总价值615022万元，主债权531909万元；131家企业被市政府授予“重合同、守信用”称号。

（五）商标、广告管理

1. 商标管理

1979年建市后，首次对全市工商企业使用的商标进行统一审查、登记和核转。1980年11月，珠海市饮料厂核定在汽水商品上的“濂泉”商标获准注册，这是珠海市拥有的第一件注册商标。至1981年，全市经国家工商总局核准注册的商标8件。

1985年8月5日，珠海市工商局设立商标广告科。至1990年，珠海市共有400家企业申请注册商标，经国家工商局核准注册的商标644件。1991年，在市局、分（县）局、工商所建立三级商标管理网络，实行企业商标管理联络员制度，提高企业商标自我管理能力，积极查处商标侵权行为。至20世纪90年代末，全市拥有商标4333件。

1993—2000年，市工商局执行1993年2月修订的《中华人民共和国商标法》，积极发动、指导、培育企业争创著（驰）名商标，提高市场核心竞争力，帮助、指导企业打假维权，取得了显著的成绩。2000年，市工商部门共代理各类商标业务1297件，同时加大商标专用权保护力度，查处商标违法案件20多宗。

2. 广告管理

1982年5月，国务院《广告管理暂行条例》正式实施。同年8月，珠海市工商部门制订《广告工作整顿方案》，对广告经营单位开展整顿。

1983年8月，市工商局、公安局交通大队联合发出《关于加强珠海市广告管理的规定》。1984—1986年，市工商部门制发《珠海市广告管理暂行规定》。1988年，市工商部门制定专（兼）职广告审查验证员制、广告合同建档制、专（兼）职财务人员和单独立账制、违章广告扣分制等六项管理制度，对违法经营广告者进行查处。1991年，市工商部门新建标准化广告招贴专栏45个，清理非法张贴广告。是年8月，成立珠海市广告协会。

1995年，市工商部门在加大对《中华人民共和国广告法》宣传的基础上，加强对广告的监测和对违法广告的查处，对全市的户外广告市场进行了全面的清理整顿。1996—2000年，市工商部门积极查处广告违法案件，指导企业做好广告宣传，开展公益广告活动，在社会上产生了良好的影响。2000年，全市新发展广告经营单位115家。

（六）经济检查

1. 打击走私贩私违法违章活动

1982年，市工商部门发出《关于加强进口物资和市场管理的通告》，坚决取缔私货市场，严禁黑市交易。1983—1984年，市工商局与卫生、标准计量、公安等部门联合，强化市场管理，打击市场违法违章活动。1995年，市工商局经检分局被评为“全省打假工作先进单位”和“全国打私先进单位”。

1996—2000年，市工商部门认真分析走私贩私活动的新动向，突出重点，加强部门联系，狠抓大案要案的查处，对重点地区、重点对象、重点商品实行监控，查获的走私物品有制版机、洋酒、电脑、传真机、摄像枪、香烟等物品。同时辖区内的汽车、摩托车及配件的经销单位签订不经销走私汽车、摩托车及其零配件的责任书，切断贩私运输渠道。2000年，市工商部门共查处走私贩私案件175宗，案值2464.9万元，其中10万元以上大案39宗，100万元以上大案9宗。

2. 打击假冒伪劣商品

1979—2000年，市工商部门充分发挥职能作用，组织开展了元旦、春节、国庆等节日市场、农贸市场、饮料市场、药品市场、文化市场、电器市场的专项打假行动，组织了“打假迎航展”专项治理。重点打击了制售假种子、假农药、假化肥等严重损害农民利益的行为，制售假冒伪劣营养保健品、饮料、药品、酒类等危害人民身体健康的行为，经销注水、病死畜禽肉类等侵害消费者利益的行为。2000年，市工商局特别强化了对关系国计民生和与人民群众生活密切相关的农业生产资料和“菜篮子”“米袋子”等商品的监管，依法查处了侵权和假冒等案件345宗，立案处理255宗，查获假冒香烟、电器、食品、药品、洗涤用品以及伪劣种子、化肥、农药等一大批，案值333.34万元。

3. 打击传销

1998年，市工商部门根据《国务院关于禁止传销经营活动的通知》的有关精神，开始加大对传销经营活动查处力度。是年，市工商部门和公安部门联合对斗门、三灶、红旗、平沙等外来传销人员聚集地开展了20多次统一清查行动，共清理遣送外来传销人员13000多人，查处非法传销企业8家，没收传销物品货值7.3万元；积极引导传销企业转变经营方式，做好善后处理工作，确保了全市的社会稳定。

2000年，市工商部门共组织大规模查禁传销和变相传销经营执法行动4次，清理遣送传销人员2500人次，收缴传销产品一批，查办传销案件5宗。

（七）消费者权益保护

1988年12月，经珠海市人民政府批准，设立珠海市消费者委员会。此后，各区消委会亦相继成立，并以工商所为依托建立消费者投诉监督站，逐步扩大消费者权益保护网络。

1998年，市工商部门和市消委会围绕“为了农村消费者”这一主题，积极开展“3·15”消费者权益保护宣传咨询活动，使消费者利用法律武器维护自己合法权益的意识不断增强。当年，市工商部门和市消委会调解消费纠纷案件1996宗，为消费者挽回经济损失210多万元。

2000年，市工商局12315消费者投诉举报中心成立，向社会公布“12315”消费者申诉举报热线电话。当年共接受消费者投诉电话11913个，处理消费投诉2000多宗，为消费者挽回经济损失120多万元。

四、物价

（一）价格监测和服务

1983年12月成立的港澳市场物价信息中心（拱北）向全市进出口企业提供港澳市场价格信息咨询服务。1985年，价格信息所成立，主要是收集、整理、上报价格信息和宣传国家价格政策，负责价格报刊征订工作。1996年，珠海市价格事务所正式挂牌办公，主要从事涉案物品价格评估工作，为人民法院、检察院、公安机关办理刑事案件提供价格依据。从1997年开始，价格信息所全面贯彻执行国家价格信息系统报告制度，在全市范围内选择28个大中型工商企业和主要商品交易场所作为采价点，每月5日、15日、20日、25日按时、按质、按量将收集的农副产品、工业品、非商品收费等224个品种的价格信息以及价格动态分析资料，通过互联网上报国家和省价格信息中心，统一对外公布。1998年，价格事务所与交警、保险公司一起，成立珠海市交通事故车辆及财物损失定损办公室，开展道路交通事故车物损失价格鉴定工作。同年还开展为企业新产品出具价格公证书业务。1999年开始，价格事务所与交通部门一起开展旧机动车交易价格评估工作。2000年，价格事务所开展对海关查处的走私物品进行价格鉴定工作，为海关打击走私犯罪行为提供依据。

（二）物价监督检查

1984年以前物价监督检查主要通过审价进行。每年都组织一至二次以副食品价格为主的物价大检查。1984年4月，珠海市物价检查所正式挂牌办公后，积极开展平时与节日相结合、重点与全面相结合的物价监督检查工作。1998年5月1日，《中华人民共和国价格法》正式实施后，价格监督检查的主体由物价检查所改为物价局，检查所对外监督检查和实施行政处罚均以物价局的名义进行。每年都按照国家、省的统一部署，结合珠海的实际开展几次大规模的专项价格监督检查，涉及全市各行各业的价格和收费行为，如建设部门、工商部门、海关、边防部门等行政事业单位的收费行为，通信、自来水、供电、公共汽车、公路客运、煤气、旅游门票等行业以及节假日市场价格行为，检查的主要手段是查相关单位的收费或定价依据、项目、标准、票据、收支情况、存在问题、违法金额等。1982—1988年，共查处物价违纪行为207宗，没收上缴财政180多万元；1990—2000年，对各类价格违法行为实施经济制裁近7000万元，有效地维护了市场价格秩序，保护市民合法的价格权益。

五、审计

（一）基本情况

1984—2000年，珠海审计在维护国家财经纪律、促进财政资金的管理使用、保障经济体制顺利改革及党政机关、企事业单位廉政建设等方面做出了积极的贡献。16年间，审计和审计调查共计4270个单位，查出问题金额39.35亿元，上缴财政5.99亿元，已上缴财政3.81亿元。至2000年年底，全市建立内部审计机构95个，审计1344个单位，查出损失浪费3229万元，纠正违纪金额2175万元。

（二）审计业务

财政金融审计　1986年开始，市审计局不断加强和改进财政金融审计方法，开展对银行及非银行性质的金融机构进行审计。1990年，首次开展银行信贷审计、镇级财政审计。1999年，继续深化对市本级预算执行和其他财政收支的审计，较好地维护了国家财政法规的严肃性。

工交企业审计　1985年，对珠海啤酒厂进行专项审计。1988年，对10个工交企业开展承包经营责任审计。对市、区两级20家房地产企业进行全部审计。1990年，颁布实施《珠海市企业承包经营责任审计暂行办法》。1992年，为配合体制改革，促进企业转换经营机制，对34家第二轮承包经营企业进行了期中、期末的审计。通过对企业经营的合法性、效益性进行审计，为企业查找经营管理存在的问题和薄弱环节，提出有建设性的意见和建议，较好地促进了珠海现代企业制度的建立。

行政事业审计　1987年，对70%以上的行政事业单位实行定期审计。1992年，行政单位定期审计的重点在有预算外收入，有行政性经费，尤其是有资金分配权的单位，并延伸对行政机关所属二级企业及其重点资金开展审计。经过几年的定期审计，珠海市大部分行政单位在遵守国家财经法规和执行财经纪律方面较往年有进步，1992年，遵纪守法单位45个，占已审单位的81.8%。1999年，对全市公、检、法和工商行政管理部门等行政事业单位和专项资金审计，开展了养老保险和社保欠费统筹扩面审计调查。

外经外资审计　1984年，审计监督主要以外资审计为重点，保障外资企业的健康发展。1985年，开展外资企业调查工作。1986年，开展境外企业的审计调查。1987年，正式开展对境外中资企业的审计。1992年，对市属6家境外企业（其中澳门3家，香港3家）进行了审计，审计重点是国有资产的安全、完整，企业财务收支的真实、准确。

商粮贸企业审计　1985年，市审计局根据省里要求，完成市、县粮食盈亏审计。1986年，开展对市物资系统几个公司的审计，对推动纠正当时不正之风起到很好作用。1990年，首次开展粮食审计部门挂账的亏损审计监督。

基建审计　自1989年成立基建科以来，珠海审计坚持贯彻国家关于进一步加强自筹基建资金管理的规定，加强对投入基建的资金进行审计监督。1993年，对全市已开工的20项重点基建工程进行了审计和审计调查。1997年7月29日，颁布实施《珠海市基本建设项目竣工决算审计监督办法》。按照省委、省政府和市委、市政府要求，坚持重点审计重点基建项目，从开工直至竣工、决算进行经常性的审计监督，对促进重点工程项目资金的及时到位和合理使用发挥了积极作用。

经济责任审计 1997年，珠海颁布实施《珠海市国有企业厂长（经理）离任经济责任审计监督办法》。2000年，完成各级党政领导干部和国有企业负责人员任期经济责任审计17项，查处违规行为金额2.023亿元，其中，主管责任1.196亿元，直接责任8265万元，移送纪检机关1人。

六、劳动

（一）劳动就业

用工制度 建市初期，珠海市招工仍沿用过去“统包统配”的就业方式，用行政办法把劳动者统一分配到企业，以固定工的形式使劳动者和企业保持终身固定的劳动关系。1980年8月，珠海市在中外合作的珠海经济特区石景山旅游中心试行劳动合同制，对员工实行合同化管理，作为政策用工制度的突破口。首批90多名新员工通过文化考核，面试择优录用后，与石景山旅游中心签订劳动合同。合同对企业、员工的权利、义务明确规定，包括合同期限、试用时间、职工工资、保险待遇、辞退、辞职或解雇规定，以及工作任务、职责、劳动纪律、奖惩等，并对调入的原固定工也实行了合同化管理，但仍保留其固定职工的身份。

1983年7月开始，技工学校毕业生统一实行劳动合同制。1985年8月，珠海市人民政府转发《市劳动局关于放宽劳动工资管理的意见》，规定从1985年9月1日起，农、林、茶、牧、渔场职工调入市属单位（含全民、集体、外商投资）的固定工改为劳动合同制工人。集体所有制单位职工调入全民或外商投资企业，亦改为劳动合同制工人。1988年10月，市政府批转《市劳动局关于进一步深化劳动制度改革、放宽劳动管理的意见》，规定从1988年10月1日起，凡从市外调入市内单位及市内单位之间调动的固定工，均改为劳动合同制工人，在市内不再保留固定工身份。1990年市区合同制工人10.0301万名。至2000年，市区合同制工人20.1351万名。

劳务市场 珠海经济特区成立初期，经济建设的发展对劳动力的需求比较大，形成自发的劳务市场。为了培育和发展劳务市场，使之规模化、制度化，为企业和择业者提供相互选择的平台，1988年3月，珠海市劳动局与市劳动服务公司联合举办为期3天的首届“珠海劳务交流大会”，邀请全国11个城市和省内各地市、县劳动部门，以及省内一些厂矿、技校的256名代表参加，并向全省开放劳务市场。全市参加设点招工单位120多个，进场人数2.8万人次。参加登记洽谈交流1.5万人，成交人数6800名，满足了部分企业的用工需求。

1988年，珠海市劳动服务公司设立劳务市场常设机构，配备人员，为企业和劳动者牵线搭桥，提供劳务信息及各种劳务服务。1990年，成交劳务人员1.0709万人次，至2000年成交劳务人员31.0825万人次。

同时，开拓国际劳务市场，组织劳务输出，给珠海市劳动力寻找出路。1979年开始，珠海市根据国家实行对外开放政策，率先开展对外劳务输出。第一批劳务输出为澳门精艺皮革厂提供33名劳工。1980年，成立对外劳动服务公司，把对外劳务输出作为劳动局一项独立的业务进行管理。对外劳务输出执行“守约、保质、薄利、重义”的方针。从1979年至1987年年底，珠海先后同国外厂商签订劳务合作合同40宗，分别向日本等国家和中国澳门、中国香港地区输出了从事皮革制作、制衣、玩具、电子、汽车维修、冷气安装、建筑装修和医院护理、厨师、饮食服务员及外语翻译、水质化验师、电脑工程师等各种劳务人员897人次（90%集中在澳门地区），共创汇200多万美元。1988年至1990年年底，输出劳务人员1500人次，创汇46万美元。1979—2000年，共输出劳务人员1.41万人次，创汇5.52亿美元。

（二）职业技能培训与鉴定

1. 职业培训

珠海市职业培训从最初的由市、区劳动部门独家办理培训业务发展到以公办为主体，民办为补充，多层次、多元化的培训格局。职业技能培训为提高劳动者素质、促进就业、促进经济发展，起到一定作用。至2000年年底，珠海市有2所技工学校、1个就业训练中心、90家社会培训机构；全市技术工人总量达9.2万名，其中高级技工比例为6.2%、中级技工48.9%、初级技工44.1%。1998—2000年，全市参加再就业职业（工种）技能培训的下岗失业人员1.7255万名（次），经过培训的再就业率达到62.7%。1992—2000年，珠海市培训中心多次被评为全国重点就业训练中心和广东省优秀就业培训中心，成为广东省9所全国重点训练中心之一。

2. 职业技能鉴定

1979—1992年，珠海工人的劳动技能考核是由市工人文化技术委员会的工考办统一考评，颁发技术等级证书和岗位合格证书，并与工资分配挂钩。被考评的技术工人的技能等级分别为初级技工、中级技工、高级技工及技师。1987年，全市有技术工10.1425万名，其中初级技工6.2073万名，中级技工3.7527万名，高级技工1825名。1993年，根据劳动部《职业技能鉴定》和广东省劳动厅《广东省技能鉴定管理规定》等一系列规定，开展职业技能鉴定工作和职业技能鉴定社会化管理工作，建立起一批技能鉴定所和考评队伍。1997年，成立珠海市职业技能鉴定指导中心。至2000年，全市共有鉴定机构11个，基本形成以珠海职业技能鉴定指导中心为主导、技能鉴定所为补充的技能鉴定体系。建立起一支由200多名专家组成的考评员队伍，面向社会、企业、学校各类劳动者和学生提供40多个鉴定职业（工种）。1993—2000年，全市共有4.1237万人参加职业技能鉴定，3.0103万人取得国家职业资格证书，其中初级1.5098万名，中级1.2041万名，高级2964名。

（三）工资制度

1979年珠海建市以后，根据上级有关部署，调整了部分职工的工资。1981年对中外合作企业的工资制度进行改革。首先在石景山旅游中心进行试点，在试点成功的基础上，对企业职工工资制度进行改革，打破旧的框框，吸取外国和港澳地区企业在分配上一些好的管理经验，制订一套新的分配形式，实行职务、技术工资和部分浮动工资。合作企业实行分配比例高一些、各种补贴少一些的分配办法。根据国务院有关文件精神，在执行10类地区工资工作中，珠海市结合经济特区的实际，提出“在职职工的工资随工种变动而增减”的办法。1982年，经报省批准，把8级制30个工资标准改为特重、重工、轻工和农牧工4个工资标准，实行工人调动按调入单位工资标准增减，建立工人工资变动卡制度。1983年，改革工资制度，把调整工资同企业的经济效益挂钩，同职工个人的劳动成果挂钩，实行考核升级。全市企业的工资关系于1986年理顺，企业干部的工资级别、工资调整办法与国家机关、企业单位脱钩。企业干部、工人的工资升级调整，按照工效挂钩的原则，职工工资的升级方案，必须经职工大会或职工代表会通过，由企业工会主席和厂长签名后，送主管部门审查和劳动部门批准后执行。

1987年，结合市承包责任制，实行厂长（经理）任期目标责任制，制定《珠海经济特区企业工资改革试行方案》，对全民，集体企业实行不同的三种工资管理办法，在市饼干厂、爱特电器厂等企业试验。至1990年年底，市属国营企业已实行承包和挂钩企业285家。

1992年，政府对企业工资实行政府宏观调控，分级分类管理，企业自主分配的管理体制。1995年，劳动部门不再直接办理企业职工的档案工资的核实和升级审批，从而把企业内部分配的自主权真正还给企业。

1997年，有1588家企业办理了《企业工资总额使用手册》。国有、集体企业全面实施资产经营责任制和经营者年薪制，有101家市属企业进行试点，核定了工资总额和经营者年薪指标。其中，核定职工月平均工资最高2350元，最低800元，核定经营者年薪基数最高5.4万元，最低2.16万元。

1999年，由于加大工资改革力度，有一批企业进行了改制或重组，使得市属企业资产经营责任制和年薪制试点能进一步推开。2000年，进一步加强企业工资宏观调控工作，建立了劳动力市场工资指导价位和企业工资指导线制度。对市属230家不同类型的企业共5万名员工的工资水平进行抽样调查。制定《珠海经济特区2000年劳动力市场工资指导价位》，公布指导价位85个。还制定《珠海市2000年企业工资指导线》。标准为：基准线5%、预警线9%、下限为零增长或负增长。

最低工资保障制度。1979—1988年，珠海没有建立职工最低工资保障制度。1989年，珠海经济特区开始实行最低工资保障制度，颁布《珠海经济特区企业职工最低工资标准实施办法》，确定月工资最低标准为152元。随着经济的不断发展，这一标准1993年调整为325元/月，1995年调整最低工资标准为：市区（含香洲）380元/月，斗门县320元/月。1999年再次按不同行政区域调整为：市区、香洲区450元/月、平沙、三灶、万山、横琴、淇澳等区400元/月、斗门县360元/月。至2000年年底，珠海各县、区仍然执行这一最低工资保障标准。

（四）劳动力管理

1. 职工调配

调配政策

珠海经济特区成立后，职工的调配主要是遵照加强基层、充实生产第一线的原则，开展余缺调剂。前三年还是按计划下达劳动指标。1982年，省劳动厅根据珠海市的实际，列入省的单列城市，不再下达劳动计划指标，由市根据生产发展状况自行招收。年终，省对市新增的劳动指标实报实销。同年制定《社会劳动力管理办法》，使劳动管理在方针、政策上有章可循，有法可依。1985年，市实行放宽劳动管理政策，将职工的调动审批权下放到企业主管部门和用人单位，并由用工单位根据生产（工作）的需要在城镇待业人员中自行招收工人，简化手续，促进企业择优用人和劳动力的合理流动。

调配手续和审批权限

1979年至1985年9月，市属单位职工在市内调动，均由市劳动局审批。1984年成立香洲区劳动局，香洲区属单位工人调配的工作，分别由市、区两级劳动部门统一管理。1985年9月开始，市属单位职工在市内调动，不再经市劳动局审批，改由调出、调入双方单位和主管部门直接办理；市属单位与区属单位之间的工人调动，由市属单位的主管部门与香洲区劳动局办理；香洲区、拱北区属单位之间的调动由区劳动局（劳动科）办理；斗门县的职工调出调入，均由县劳动局办理。

1988年10月，为有利于企业的用人，进一步简化工人的调动手续，凡从市外调入的工人，由用人单位直报劳动局审批，不须经企业主管部门加意见和转介绍信的手续，调入区属单位的由区劳动局审查后，转报市劳动局审批；市、区属单位之间的职工调动或转移手续由双方单位商定同意的可直接办理。这种做法一直沿用至2000年年底。

余额调剂

1979—2000年，珠海市内调剂余缺8.9653万人，其中市区内调剂4.6942万人，对珠海市经济建设的发展起了积极的作用。

2. 外来劳力和境外人员就业管理

外来劳力管理

珠海市建立经济特区初期，临时性用工不断增加，用人单位私招滥雇现象日渐严重，导致外来劳动力不断涌入珠海，给该市居民的就业造成一定的压力，出现了特区建设需要与劳动力管理混乱的矛盾，城镇就业与农村劳动力进城的矛盾。为采取有效措施，加强对社会劳动力的管理，实行城乡劳动力统筹，解决城镇就业。即制定“先城镇、后农村、先本市、后外地；先技术骨干、后一般劳力”的原则，合理安排城乡劳动力，既有利于解决城镇就业问题，又兼顾生产建设的需要。同时建立劳力管理制度，规定被批准进城做工的农村劳动力，每人预收5元管理费，期满后再按实际标准结算；凡进入该市做工的外来劳动力，必须由用工单位提出申请计划，报市劳动管理部门审核批准，按市“劳动协议书”用工。如没有经劳动部门批准进城做工的农村劳动力，一经查出，收缴“边防通行证”，限期离境；其次，实行台账管理，通过台账及时掌握劳动力的变化情况。一是定期填报《城镇待业人员增减变化情况表》，二是定期填报《本市农村劳动力进城情况登记表》，严格控制外地农村劳动力盲目流入该市，三是定期填报《外来社会劳动力进退场登记册》。这些台账由市劳动服务公司统管和各站分片登记。据统计，1979—1985年经批准进入本市的外地劳动力4.72万名。1986年，进入该市企业务工的外来工（包括本市临时工）人数为1.2万名，1987年为1.7151万名，1988年为2.1589万名，至2000年增至22.8451万名。

为加强对珠海市企业招用外来劳动力的管理，1989年珠海市制定《关于严格控制从市外招收临时工的有关规定》，并建立招用临时工的申报制度，对企业招用临时工进行立册登记、建档。1991年，珠海市颁布《珠海市临时工管理暂行规定》，用人单位在招用临时工时要遵循“先城镇后农村，先市内后市外，先省内后省外”的原则。2000年9月，珠海市又颁布《珠海市招用外来劳动力分类管理办法》，控制用人单位从市外招调普通劳动力。

境外人员就业管理

1996年以前，境外人员到珠海市就业没有纳入市政府部门管理。1996年起，珠海市对外劳动服务公司专门成立机构负责境外人员在珠海市就业的管理工作。次年8月，珠海市劳动局发出《关于加强外国人和台港澳人员就业管理的通知》，使该市对企业招用境外人员和境外人员在珠海就业的管理规范化。1997—2000年，境外人员（包括外国人、海外华侨、香港、澳门和台湾同胞）到珠海办理就业登记的共有3396名。

（五）劳动保护

1. 安全生产

1979年珠海市安全生产委员会成立后，根据国家颁布的《工厂安全卫生规程》，每年组织开展多次安全生产大检查，主要有自查、互查、联合检查、专业性检查等形式。1979年开展三次全市安全生产大检查。1980—1984年，每年5月份开展一次“安全月”活动，检查安全生产。1981年5月，在全市范围内开展一次安全生产大检查，查出隐患875宗，及时督促整改683宗。在检查活动中，有24个单位和60人分别被评选为市先进集体和先进个人。其中8个单位和12人被评选为省先进集体和先进代表。1982年编印2000册《液体石油气瓶安全使用知识》，发给各使用单位。1983年组织5次大检查，发现隐患320宗，整改290宗。1985年，建立锅炉压力容器检验所，配置工程技术人员和较为先进的检验设备对运行锅炉、压力容器编号登记，建立设备档案并在使用前和使用期间进行定期检验，保证安全使用。1986年，查出隐患302宗，及时进行整改。1990年，在贯彻实施《珠海市劳动安全、工业卫生规定》的同时，组织4次安全生产大检查，6次专业性卫生检查。1990—2000年，组织110次安全生产大检查、80次专业卫生检查。

2. 预防保护

劳动条件的改善

1979年开始，珠海市劳动、卫生等行政部门为改善企业的劳动条件，号召各企业开展群众性的技术革新活动，尽量采用先进的技术设施，控制和消除生产过程中容易造成劳动者伤害的各种不安全因素，消除事故隐患。1985—2000年，对各类作业场所进行了多次职业卫生专项整治行动，强化对生产经营单位有毒有害物质的监测检查力度，及时纠正违法违规行为，督促相关企业劳动安全及职业卫生投入，配备劳动防护设施设备，改善作业环境职业卫生状况。

珠海各企业根据自身的实际情况，努力改善劳动条件，减轻劳动强度，努力为劳动者创造舒适、良好的作业环境。如电子、纺织、食品等行业的生产车间，基本上装置空调或电风扇等降温设备，有些工厂给工人发清凉饮料。大部分厂矿企业注意环境卫生，在厂内外种植花草树木，修建林荫路及休息座椅，为职工提供良好的劳动环境和条件。1986—

1987年，分级拨5万元和6万元，用于市水泥厂的防尘整改，对防止尘害收到了良好的效果。几家大型电路板制造企业投资数百万元改造湿法车间，增加大功率照明灯具及排风风扇，大大改善员工的工作条件。同时，市劳动行政部门建立了保护监察制度，定期对有可能产生职业危害的用人单位进行劳动保护监察，发现违章及时纠正，对发现的隐患及时与单位领导沟通并责令限期整改，充分发挥了国家劳动保护监察的作用。

职业病预防

珠海市劳动、卫生、疾控部门配合各事业单位，采取积极有效的措施，制定防尘防毒规划，定期对职工进行身体检查，1980年至1990年年底，珠海未有职业病发生。为深入贯彻《中华人民共和国职业病防治法》，坚持预防为主的方针，珠海市劳动、卫生、疾控部门不只着眼于职业病，更注重职业卫生，既注重群体防护措施，也强调个体防护措施。要求所有可能产生职业危害的用人单位根据不同的作业岗位、不同个人配备相应的防护措施。出于对劳动者群体和个人健康的防护要求，充分考虑整个职业人群的特点，从工程设计、防护设施配备、有毒有害物质的警示等方面通过用人单位自身的努力，改善职业卫生条件，防止各类职业危害以及职业病的产生，保障劳动者的身体健康。

市劳动、卫生、疾控等部门坚持广泛开展劳动保护宣传教育，利用各种形式向广大职工宣传有关法律法规，普及劳动安全、劳动卫生知识。至2000年，共发放宣传册500多万册，宣传单张2000多万张，组织播放专题录像300多场，聘请专家进行专题讲座58场次，大大提高职工劳动保护意识。

女工保护

根据《中华人民共和国宪法》和《中华人民共和国女工保护条例（草案）》规定的有关保护女工的方针、政策，1979年起珠海市制定具体措施，禁止女工从事出海捕鱼等繁重或有害生理机能的工作；在工矿企业实行男女同工同酬；定期对女工进行身体检查，做好女工“四期”（月经期、怀孕期、产期、哺乳期）的保护，安排假期休息，维护妇女的合法权益。

指导、督促、规范用人单位在管理和分配制度上实行同工同酬，将女职工劳动保护纳入劳动合同；积极开展日常巡视检查和专项大检查活动，重点查处在女工“四期”内解除劳动合同，强迫女工超强、超时劳动，违反男女同工同酬原则，督促用人单位落实女工特殊保护政策；加强劳动力市场管理，特别是对职业介绍中介机构的管理，及时发现和坚决打击在招用女工中的各种违法行为。

（六）劳动监察与劳动争议仲裁

1. 劳动监察

1989年，为适应珠海经济特区的发展，珠海市组建劳动监察队伍。建立各项劳动保障监察工作制度，实行“有法必依，执法必严，违法必究”的原则，较好地维护社会的和谐稳定，保护了劳动者和企业的合法权益。至2000年，珠海市各级劳动监察机构采取日常巡查、举报专查、专项执法检查等手段，共检查企业5.4867万家（次），受理群众举报、投诉1.5427万宗，接待来访18.5768万人（次）；清退外省民工9362人，童工102人；督促企业补办劳动用工手续15.4618万人；督促企业与劳动者补签劳动合同19.4841万份；为20.8175万名工人追回被拖欠克扣的工资1.9亿元；及时处理工人集体上访、罢工865宗；取缔非法劳务中介活动274宗，依法维护了劳动者和企业的合法权益，维护了社会稳定。

2. 劳动争议仲裁

珠海建市初期，外资企业和内资企业日益增加，但劳动法规未能跟上，劳动争议的案件越来越多，涉及面越来越广。为维护企业和职工的合法权益，处理好劳动争议，1986年11月，成立珠海市劳动争议仲裁委员会，由市劳动局、市总工会和企业经济主管部门三方代表组成。该会办公室设在珠海市劳动局，企业和企业主管部门分别成立调解委员会和调解小组，对发生的劳动争议，以事实为依据，以法律、劳动法规为准绳，按先调解、后仲裁的程序及时处理，妥善解决。15年间，市劳动争议仲裁委员会办公室处理了大量的劳动争议。1997年立案案件193宗，结案180案，结案率为93.3%；1998年立案案件302宗，结案289宗，结案率95.7%；1999年立案案件650宗，结案635宗，结案率为97.7%；2000年立案案件475宗，结案460宗，结案率为96.8%。有效地抑制了劳动争议案件逐年增长的态势。

2000年5月，将劳动争议仲裁工作下放到市劳动局基层办事处，并分别设立4个劳动仲裁庭。由于基层劳动部门加强劳动争议案件的预防和调解工作，大多数劳资矛盾化解在萌芽状态。

七、质量技术监督

（一）标准化管理

1. 标准管理

采标。在贯彻《中华人民共和国标准化法》，加强对企业标准化工作的监督和管理过程中，为促进企业向国际惯例靠拢，在全市推行采用国际标准。1995年，有2家企业3个产品获全省第一批采标标志使用证书。次年，2家企业获省采用国际标准先进单位称号。2000年，采标认可1个产品，采标标志1个产品。

管理。1982—1988年，珠海市标准计量管理所先后制定珠海市工业企业产品标准和“微型塑料雨衣”标准等多项标准。1989年4月1日，《中华人民共和国标准化法》正式实施后，珠海市不再颁布属于地方标准的市级产品标准，一律执行国家标准、行业标准和地方标准，或制订企业标准予以实施。标准化管理的重点转为组织实施标准及对标准的实施进行监督。1990年起，实行产品执行标准证书制度。至2000年，累计为1649个企业提供的标准进行审查登记并发放执行标准证书，对1132个食品标签进行认可发证或重新登记发证。从1991年开始实施企业产品标准备案制度。截至2000年，共审查备案企业制定的产品标准2138个。

2. 代码管理

1993年，珠海市技术监督情报研究所承担代码数据库的建立和维护工作。1994年，代码工作经广东省组织机构编码中心验收，获全省综合评分第一名。1997年，为进一步推广应用代码信息，情报所联合深圳、海南、厦门、汕头经济特区的技术监督情报所，推出

《中国经济特区企事业信息大全》电子多媒体光盘，利用代码信息统计分析、综合对比，展示珠海明星企业风采和名牌产品，介绍政府部门公开办事程序，为企业生产经营提供依据和指南，为珠海招商引资提供宣传。1999年，珠海市质量技术监督局首次开展全市组织机构代码的年检工作，并新办代码证4420个；编辑出版珠海市第一部工业企业产品年鉴。至2000年，完成代码申办、换证、更改、年检累计13529户。

3. 条码管理

1992年，珠海市技术监督局开展条码服务工作，制作条码胶片296张，检验条码产品82个。1994年，成立市条码技术与应用协会。至2000年，珠海市已有300多家企业4228种产品使用条形码。

4. 标准情报咨询

2000年，市质量技术监督局成立了质量技术咨询服务中心培训部，举办各类培训班52期，受理培训人数2208人，为企业提供情报咨询、资料查阅15476人次，并为企业提供各种标准资料。

5. 农业标准化

1997年，珠海市开始实施农业标准化工作，确定“九五”期间农业标准化工作的重点为抛秧、甘蔗种植、无土栽培等具有代表性且条件成熟的项目。至2000年，组织专家制定、审定了《水稻塑料软盘苗抛秧栽培技术规范》《麻鸭养殖技术规范》《黄瓜栽培技术规范》等多项农业标准。

（二）计量管理与监督

1. 计量监督管理

1986年9月起，珠海标准计量管理局逐步开展计量工作。次年开始举办计量管理人员及计量检定员培训考核、发证工作，建立了一系列的工作规范和办事程序。在全市范围对工业企业建立的最高计量标准器具进行考核、发证；对计量器具生产修理企业实施制造、修理计量器具许可证管理；对政府、公营和社会的质量检验机构进行实验室资质认定计量认证工作；指导企业建立科学计量保证体系，并对考核合格者颁发“计量保证体系确认合格证书”。

20世纪80年代末开始，珠海先后制定了《珠海市出租小汽车计价器管理办法》《珠海市煤气表管理办法》《珠海市社会公用地秤管理办法》多项管理办法。并于1997年年初开始，在全市实施对医疗卫生机构计量器具的监管，有步骤地开展对医疗卫生机构计量器具的检定工作。2000年，开展安装税控加油机的试点工作，为在全市推广安装、使用税控加油机打下了基础。

2. 计量器具检定

1985年，珠海标准计量管理局第一个计量测试所成立。计量测试所成立后，逐步开展长度、温度、力学、电学、化学等项目的计量器具检定。1989—2000年，市计量测试所共检定计量器具130455台（件）。从20世纪80年代末，陆续开展了最高的计量器具标准考核发证，加油机检定、市制改革推广等工作。大大提高了计量检定能力。1995年，建立7个无线电社会公用计量标准，结束珠海市无线电计量器具外送检定的历史。

3. 工业计量

1986年，珠海开展计量定级升级活动。1997年，为13家企业审查颁发计量合格证书，1998年，为11家企业颁发计量合格证书。1999年，指导有条件的企业按ISO 1012标准，建立计量检测体系，为9家企业进行计量合格确认。是年，全市已有23家企业建立ISO 1012计量检测体系。2000年，为7家企业颁发计量保证体系确认合格证书。

（三）产品质量监督管理

1. 产品质量检验

1985年，珠海市标准计量管理所成立了检验室，开始对全市工业企业食品及化工产品、工业产品的质量进行监督检验，并按《广东省市场商品质量监督检验暂行规定》的要求，定时对进入流通领域的一些工业产品进行抽样检验。1986年8月开始统一管理全市质量监督工作，贯彻实施《工业产品质量责任条例》等质量法规，全市生产领域和流通领域的产（商）品质量逐步纳入法制管理轨道。

20世纪90年代初，逐步开展了食品化工、机械电子、轻工、建材、电视机、鞋类、收录机、风扇及小型机电产品、黄金珠宝、微生物、重金属、涂料、安全性指标检验、服装、纺织等70余项检测项目。

大力开展产品质量互认工作，于1997年参加了全国28个中心城市标准化协作网。至1998年，已有36个产品通过互认考核，这些产品流通到28个中心城市可享受免检待遇。

2. 质量认证

1995年，珠海市开展ISO 9000质量体系认证工作，有4家企业通过认证。1997年，为推进ISO 9000《质量管理和质量保证》标准的贯彻落实，先后成立了“珠海质量认证咨询部”“珠海市质量认证咨询中心”“中国方圆标志认证委员会中南认证工作站珠海办事处”，引导、帮助企业建立健全质量保证体系，组织专业技术人员在亚洲仿真公司、珠海市大昌管桩有限公司等企业进行推行ISO 9000标准的试点，推动珠海更多企业采用ISO 9000系列标准。至2000年，珠海已有80多家企业通过ISO 9000质量体系认证。

3. 产品生产许可证管理

1990年，珠海市开始查处无生产许可证的工作，在自查的基础上抽查13个公司的29个商场，查出各种无证生产的产品约5000件，价值56万元。

4. 实施名牌战略、以质取胜战略

1995年，珠海市根据省经济委员会的部署实施名牌战略，开展向省推荐、申报具备条件的产品，鼓励企业完善质量管理体系，制订产品质量目标和赶超计划等一系列促进企业争创广东省名牌产品的工作。1996年，格力空调器和中富饮料包装系列产品被评为广东省名牌产品。

1996年，国务院颁布《质量振兴纲要》，提出至2010年产品质量、工程质量、服务质量的振兴目标和一系列要求。珠海市技术监督局作为实施纲要的牵头单位，在市政府批准成立“珠海市贯彻《质量振兴纲要》协调领导小组”的基础上，宣传发动，号召社会各界共同促进质量振兴，组织、贯彻落实《质量振兴纲要》实施计划。

（四）特种设备安全监察

2000年1月，根据国务院决定，原属市劳动部门的锅炉压力容器与特种机电设备安全监察职能划转到质量技术监督部门。同年，市质量技术监督局检查企业136家，现场销毁查获的“土锅炉”22台，处理事故8宗，受理申报各类锅炉88台、压力容器131台、压力管道约5000米；检验锅炉564台、压力容器573台、压力管道37项，安全阀调试1532只，化验水样3399个。开展对全市特种机电设备的普查，对全市的3050台电梯、1230部起重机、1380部厂内机动车辆、522台（套）游乐设施进行登记并建立数据库；核准新装电梯356台、起重机136台，为检验合格的1156台电梯、206台起重机、457台厂内机动车辆换发国家统一的新式“安全检验合格标志”或“车辆行驶证”；共完成检验任务2715台次，其中检验电梯2071台次，检验起重机189台，检验厂内机动车辆445台。

（五）稽查打假

打假工作主要结合质量监督和管理，通过执法检查等形式进行。1994年8月，经批准成立技术监督稽查队后，把涉及人身安全、健康和国计民生的产（商）品以及群众最关心的产（商）品作为重点，开展整治假冒伪劣产品的专项行动。1994—2000年，共查处制假售假违法案件170宗，罚没伪劣商品价值4022.52万元，捣毁制假售假黑窝点112个。

八、统计

（一）专业统计

1. 农业统计

1981年，恢复农村经济调查。1985年，这项调查改为农村住户调查。至2000年，由于市区住户基本上转为非农户，这项工作自行停止。

1986年，农业统计发展为农村社会经济统计，农产量等数据由全面统计数据改为抽样调查推算数据作为上报数。1992年用农业增加值取代农业净产值。

2. 工业统计

1980年起，建立“产品销售与库存总值表”和“原材料、燃料消费与库存总值表”，改变以往只统计实物量的状况。

1982年起，国家开始对国有工业企业按季考核，公布主要经济效果指标。

1986年起，建立能源统计制度，将能源统计从物资统计独立出来。

1989年起，执行国务院规定，定期公布8项重要指标：固定资产投资额、银行贷款金额及增加额、职工工资总额、工业全员劳动生产率、工业销售利税率、工业资金利税率、工业可比产品成本降低率、工业能源消耗综合降低率。

1997年起，工业经济评价考核指标体系作了新的规定，由总资产贡献率、资本保值增值率、资产负债率、流动资产周转率、成本费用利润率、全员劳动生产率、产品销售率等7

项指标构成。

1998年起，建立规模以上工业全面调查，规模以下工业抽样调查，科学推算的统计调查制度。

3. 固定资产投资、房地产、建筑业统计

固定资产投资统计 从1981年起，基本建设统计报表制度扩展为全社会固定资产投资统计报表制度，其中包括基本建设投资、更新改造投资等方面。1980年年报和1981年定期报表，增加建设规模完成情况，利用外资和资金来源（预算内拨改贷、国内贷款）情况等指标，并增加城镇、农村私人建房年报，以及大中型建设项目基本情况（卡片）。

房地产业统计 房地产业的统计工作肇始于20世纪80年代中期，1985年正式纳入固定资产投资统计报表。最初仅有两个指标，一是购房面积，二是购房价值，由购房单位报送。1988年起改由房产开发部门报送。1991年起，由于房地产投资快速增长，反映房地产开发情况的指标增加到16个，但指标仍合并在固定资产投资统计报表中。

建筑业统计 1983年省统计局开始恢复建筑业报表制度，建立建筑业总产值、建筑业净产值指标体系。珠海市统计局与市建委合作，委托市建委部署，并搜集系统外的资料，共同整理、审核后报省。

4. 商业统计

1980年建立工业部门商品零售额和主要商品零售量统计。1998年起，企业规模不再划分为大、中、小型，而划分为“限额以上”（批发业年销售额2000万元及以上，零售业年销售额500万元及以上，餐饮业年销售额200万元及以上）和“限额以下”。限额以上企业统计要求每个企业上报基层报表，而限额以下企业和个体户的统计数据主要通过抽样调查取得。

5. 外经统计

按现行的统计报表制度，外经统计包括利用外资统计、进出口统计和旅游统计。

6. 旅游统计

珠海市旅游统计始于建市的1979年。1979—1983年执行的报表有：《接待过夜旅游者人数》《接待过夜外国人分国别表》。统计范围是：涉外宾馆、酒店按月、年上报基层报表。1989年珠海市旅游局成立后，旅游统计由市旅游局收集、汇总，同时上报市统计局。

7. 科技、劳资统计

科技统计

1987年10月起作大中型工业企业技术开发统计年报，以后形成年报统计制度。2000年，珠海市进行科技研究与开发（R&D）资源清查。

劳动工资统计

1990年根据国家统计局、人事部、劳动部、国家计划委员会《关于在劳动计划和劳动统计中划分企业、事业、机关单位的暂行规定》的联合通知，市统计局与有关部门共同完成了划分工作。劳动工资报表经过多次修改、补充，至1992年，年报有14种，月报3种、季报4种。

8. 专项统计调查

1980年至2000年珠海特区的重要的专项统计调查主要有：

第三次人口普查、第四次人口普查、第五次人口普查、人口抽样及人口变动抽样调查、工业普查、第一次第三产业普查、第一次基本单位普查、第一次农业普查、城市居民家庭生活调查、企业及企业家景气调查。

（二）统计信息化

1. 应用系统建设

1994年，完成建设“珠海市统计局小型机网络系统”。1997年，开发研制的珠海市“两会”统计信息咨询服务系统正式投入使用，为“两会”代表提供现场统计信息咨询服务。系统包括《珠海市发展概况多媒体音像演示系统》和《珠海市统计信息查询系统》两部分。1997年，在邮电局的“视聆通”网上开发“珠海市领导决策信息网”，包括了经济运行动态、微观经济情况、宏观经济年度指标、经济分析预测等数据。并于1998年通过广东省邮电局组织的专家鉴定。1997年研制开发的“珠海统计INTERNET远程数据处理系统”通过珠海市科委鉴定，经专家认定该系统达到全国地级统计系统领先水平，并在1999年的全国第三届统计优秀软件评选会上获一等奖，2002年广东省第四次优秀统计科研成果评选优秀软件二等奖。1998年，连通了珠江三角洲交换资料信息网，制作《珠三角名录库信息查询系统》光盘。2000年开发的“全国3000家房地产企业统计电子报表直报系统”通过国家统计局计算中心验收。

2. 大型任务

1991年，圆满完成珠海市第四次人口普查数据处理工作。1994年，圆满完成珠海市第一次第三产业普查数据处理工作。1995—1996年，圆满完成珠海市第三次工业普查数据处理工作。1996—1997年，圆满完成珠海市第一次基本单位普查数据处理、资料汇编工作。1997—1998年，圆满完成珠海市第一次农业普查数据处理工作。

第三章　汕头经济特区

第一节　概况

一、发展过程

1980年8月26日，第五届全国人大常委会第十五次会议批准《广东省经济特区条例》，确定在深圳、珠海、汕头三市划出一定的区域，设置经济特区。此后，汕头经济特区的筹备工作加速进行：1980年8月29日成立广东省经济特区管理委员会汕头办事处，负责经济特区的筹备工作。1980年11月汕头经济特区与泰国正大国际投资公司合作兴办经济特区第一家中外合作企业地毯厂。1981年成立汕头经济特区发展公司，负责承办资金筹集和信托投资业务，经营或者与客商合资经营特区的有关企业，代理特区客商与内地贸易往来的购销事宜，提供洽商服务。开展基础工程建设。至1981年年底，汕头经济特区完成龙湖加工区的干道——金砂路扩建；扩建东墩自来水厂，增加供水能力2万立方米/日；架设1条1万伏高压临时供电线路等。

1981年11月14日，汕头经济特区管理委员会成立，特区建设正式起步，区域面积1.6平方公里。中央明确汕头经济特区的三项任务：办工业出口加工区；利用外资改造市区老企业；发展旅游业。广东省委结合汕头情况，同时要求：划出农业控制区发展出口农业；划出港口预留区筹建码头。1982年3月，特区龙湖加工区基础设施工程动工，开始"五通一平"（通道路、通水、通电、通电信、通排污排洪和平整土地）的建设。1983年8月，龙湖加工区第一幢通用厂房竣工，外商独资、中外合资的工厂、企业陆续投入生产，产品开始进入国际市场。1984年11月，国务院批准扩大汕头经济特区范围，面积从1.6平方公里扩大为52.6平方公里，其中，龙湖片区22.6平方公里，广澳片区30平方公里。

1991年4月，经国务院批准，汕头经济特区的范围扩大至整个市区，总面积234平方公里。扩大特区范围方案于1991年11月1日起实施。鉴于特区范围扩大，9月，经国务院批准，民政部批复广东省人民政府，同意汕头市的安平、同平、公园、金砂、达濠、郊区等6个市辖区和原汕头经济特区的龙湖片区、广澳片区调整为龙湖、金园、升平、达濠4个县级市辖区。1991年11月1日，汕头市人民政府举行"汕头经济特区管理委员会"挂牌仪式，汕头经济特区管理委员会并入汕头市人民政府，实行两块牌子、一套班子管理办法，标志着经济特区的管理进入新的运作阶段。汕头经济特区范围的扩大，整合了政府资源，拓展了发展空间，有利于进一步发挥经济特区功能，提高全市综合竞争力。

二、发展成就

汕头经济特区再次扩大之后，认真贯彻执行党中央和国务院改革开放、办好经济特区的方针政策，以特区为窗口和龙头，带动全市经济，注重效益，求实发展，充分发挥侨乡优势、商贸发达优势，加强基础设施建设，进一步改善投资环境，创造出良好业绩。

在改善投资环境方面。运用中央给予的特殊政策、灵活措施，发挥国家和地方两个积极性，加强基础设施建设，促使能源、交通、通信基础建设取得突破性的进展。在能源基础建设方面，为解决本地电力供应不足问题（工业生产缺电达50%），汕头经济特区千方百计筹集资金，走“以电养电”的路子。通过集资向省购电，引进发电机组等形式，增加电力供应。交通方面，针对本地河网地带广、渡口多的特点，先后新建新夏埔大桥，改建、扩建和平大桥、磊口大桥等重要桥梁，全面改造木桥为石拱桥，基本实现桥梁永久化。1984年扩建汕头外砂机场，并于1987年开通香港、曼谷、昆明、北京、上海等航线。2000年，汕头机场旅客吞吐量达104万人次，货邮吞吐量1.89万吨，国内通航城市共有41个，国际通航城市4个。

在构筑工业新格局方面。以全民工业为主体，集体工业、乡镇工业、中外合资工业和个体私营工业为补充，实现多种经济成分并存，同时以经济特区为龙头，市区为中心，城镇为纽带，农村为基础，城乡一体，共同发展的新格局。工业结构渐趋合理，外向型经济不断发展。企业管理全面加强，经济效益逐步改善，形成了以化工、机械、电子、纺织服装、食品、医药六大支柱产业。在发展工业的过程中，根据工业发展情况，逐步调整发展思路。1995年的思路是“建立大经委，发展大工业”，1988年对工业企业进行股份制改造，1996年加快企业组织结构调整的步伐，1997年加快建立现代企业制度试点，1998年继续开展优化资本结构试点工作。2000年，全市完成工业总产值815.8亿元，比1979年增长6.8倍。

在依靠科学技术进步方面。中共十一届三中全会后，特别是全国科学技术大会后，汕头经济特区将科技工作重点放在引进技术，组织技术开发，加强技术培训上，并且逐年增加科技投入，加快科研机构的发展，科技事业不断取得新成果。1987年，汕头市拥有各级科研机构70家，专业技术人员115981人。至当年年底获国家科技成果奖13项，获广东省科技奖129项。一大批科技成果转化成生产力。汕头公元感光化学厂的“低黑白胶片”、汕头市中药厂的“心宝丸”等70项科技成果投入了使用，其中20项达国内外先进技术水平。1995年，全市获得科技成果46项，其中达到国际先进水平4项，国内先进水平31项；受理专利申请610件，专利授权518件；共有省级高新技术企业10家，高新技术产品160个，创产值27亿元。至2000年，全市获得科技成果59项，其中47项达到或超过国内先进水平，9项获省级科技进步奖；获国家专利授权1061项，获得国家、省认定高新技术企业增至62家，开发高新技术产品230项，创产值92亿元。

在搞活流通方面。搞活流通，主要是改革商业流通体制，理顺商业内部关系，简政放权，使企业能够自主经营、自我改造、自我发展。同时开拓国内外市场、实行联营联销，建立各种专业市场，扩大市场辐射面，建立和扩大销售网络。1987年社会消费品零售总额达43.6亿元，是1952年的152.7倍。至2000年，社会消费品零售总额达218.99亿元，比1979年增长3倍。

在利用外资和改革金融方面。一是充分发挥侨乡优势，多形式、多渠道引进侨资、外资；二是借助银行功能，实行多存多贷，扩大信用能量。成立信托公司，以灵活的经营方式支持经济建设；三是拓展资本市场，争取企业上市，发行股票募集资金。1979—2000年，全市累计实际利用外资72.8亿美元，其中直接利用外资63.9亿美元。至2000年年底，金融机构贷款余额406.3亿元，比1979年增长41倍。共有3家股份有限公司成功发行股票并上市交易。

1981—2000年，汕头经济特区走过了艰辛的20年。2000年，汕头经济特区实现生产总值223.5亿元；市区建成区96.6平方公里。汕头经济特区已基本形成以工业为主，农业、商贸、交通运输、金融、旅游、房地产各业综合发展的外向型经济特区，粤东的经济、文化中心和枢纽港城市，为推动汕头市的现代化建设做出积极的贡献。

1979—2000年汕头经济特区经济发展主要项目数据表

表3-1

项目	1979年实绩	1980年实绩	1985年实绩	1990年实绩	1995年实绩	2000年实绩
总人口（万人）	67.66	69.16	76.08	85.64	103.93	118.71
人均GDP（元）	741	798	1811	5146	14512	18981
GDP（亿元）	4.96	5.46	13.15	42.99	148.99	223.50
第一产业（亿元）	—	—	—	—	—	6.12
第二产业（亿元）	—	—	—	—	—	94.54
第三产业（亿元）	—	—	—	—	—	122.79
工业总产值（亿元）	—	—	—	82.840	162.200	299.803
固定资产投资（亿元）	1.42	2.11	7.49	21.30	86.20	63.50
社会消费品零售总额（亿元）	2.48	3.47	8.26	20.32	67.32	106.40
外贸进出口总值（亿美元）	—	—	—	—	37.92	35.24
外贸出口总值（亿美元）	1.94	2.50	2.45	7.86	20.76	20.50
地方财政收入（亿元）	0.666	0.727	1.342	4.874	16.260	17.150
城镇居民人均储蓄存款（元）	—	—	—	1839	9700	17918
城镇居民人均可支配收入（元）	—	330	709	1917	6132	8707

第二节　投资环境

一、自然资源

（一）区域位置

汕头经济特区根据1980年8月26日第五届全国人大十五次会议通过的《广东省经济特区条例》于1981年正式设立。刚成立时，经济特区面积1.6平方公里，位于汕头市东郊的龙湖村北侧。

1984年，特区范围调整为龙湖片区和广澳片区，总面积52.6平方公里。其中龙湖片22.6平方公里，东以新津河西岸为界，西以外环路（不含公路）为界，北以龙湖加工区至辛厝寮一线为界，南以榕江出海口北岸为界，并包括妈屿岛。广澳片区30平方公里，东、南两面以海岸为界，北面以达濠镇（不含镇）沿公路至埭头，并从埭头旁青云山向东北延伸至马山一线为界。

1991年11月，汕头经济特区的范围扩大到整个汕头市区。扩大后的汕头经济特区界线是：东部以韩江支流新津河为界，南部以海岸线为界，西北部以桑浦山分水岭为界，西南部以濠江为界，北部以龙坑山分水岭为界，面积234平方公里。市辖区的面积245.5平方公里，扩大特区面积后，尚有11.5平方公里的面积因不便监管，未划入特区范围。

（二）土地与海洋资源

汕头经济特区地处海滨冲积平原之上，处在粤东的莲花山脉到南海之间，境内地势自西北向东南倾斜，整个地形自西北向东南依次是丘—台地或阶地—冲积平原或海积平原—海岸前沿的砂陇和海蚀崖—岛屿。东北部有莲花山脉，西北是桑浦山，西南有大南山。韩江、榕江、练江的中、下游流经境内，在东南部沿海三江出海口处形成冲积平原，是粤东最大的平原。沿海岸线为海积平原和海蚀地貌以及港湾和岛屿的分布。

经济特区中的龙湖、金平片区属韩江三角洲平原的一部分，为第四纪海陆交互相沉积物，距今约150万年，其厚度43米左右。地势基本平坦，西北高，东南低，高程一般在1～4米之间。由西北向东南地形大致分为Ⅱ、Ⅰ级海积台地和海滩沼泽地等。Ⅱ级台地分布于西北角，高程1～6.9米，由浅黄色、浅灰色细沙（间夹少量中沙）、淤泥质粉沙、贝壳碎等组成，地表沙质纯净，颗粒均匀，呈松散状，向东南倾斜。Ⅰ级台地位于Ⅱ级台地前沿平坦地带，高程0.5～1米，由黄褐色黏土，灰色淤泥质细沙、浅黄色细沙淤泥、贝壳碎等组成，地表特征为水塘、沟渠遍布，大部分种植水稻。海滩沼泽地位于东南沿海低洼地带，由灰色海积泥沙和淤泥腐殖物等组成，该区域地下水位高，直接受海潮涨落影响，常年积水。

达濠岛地质基岩系燕山期岩浆岩类，主要地质类型是剥蚀台地和滨海堆积地。剥蚀台地分布在北部及东南部的丘陵地带，基岩是岩浆岩类，出露部分是黑云母花岗岩，致密坚硬，抗压性强，表层风化强烈；滨海堆积地分布在中部腹地，系第四纪泻湖沉积相，土质主要是淤泥、粉沙、粗沙和碟沙，系高压缩性、溶度差的淤泥软上层。主要地貌为丘陵荒山地及滨海沙丘地。整个地势呈北部及南部两端高、中部低的马鞍状。北部及东南部是丘陵山地，地势较高，一般标高10～100米，北部的大了望山海拔181米，是该片区的制高点，东南部的广澳大山主峰高143米，是南部的最高点。中部为滨海堆积地或沙丘地，地势较低平，一般标高25米以下。西部滨海堆积地现辟为盐场或水产养殖场。东部沙丘地现多辟为农田，而沿海沙滩是良好的旅游资源，可辟为滨海旅游场。山脉类型属低丘陵坡地，分布在广澳片区的北部和东南部，总面积约18平方公里。北部有一条呈西北—东南走向的丘陵带，主要由马鞍山、烟墩山、瞭望山、青云山、升旗山等组成；东南部有一条呈东西走向的丘陵带，主要由虎空山、酒瓮山、清城山、进屿头、马耳角山和好望角山组成，一般标高100米以下。

汕头经济特区海岸线曲折。纳入汕头市海洋功能区规划面积约1万平方公里，珠池、马山、苏埃、广澳等4处港址可建1万～10万吨级码头泊位69个。有多处港湾和大片浅海滩涂，10米等深线内浅海滩涂面积74.3万亩，可利用面积46.8万亩，200米等深线内渔场面积5.3万平方公里，适宜海水养殖，滨海盛产海盐。近海已知的鱼类有471种、虾蟹类17种、贝类30多种、藻类近20种。岛屿以妈屿岛为最大，面积0.197平方公里，几经整治建设，现已辟为旅游风景区。广澳片区东北部的德洲岛（又名鹿屿）居次，面积为0.12平方公里。另有广澳东部沿海的铁砧岛、赤禾岛、乌石礁、草什岛。南部濠江出海口处的东山屿和西山屿、濠江中游的龟山也属一小岛。

（三）水资源

汕头经济特区地处韩江、榕江出海口，流经区内的主要河流有新津河和濠江，自然地表水系不发育，尤其是广澳片区，只有几条小沟渠，流量小、枯水期呈干沟状。

新津河是韩江支流，位于龙湖片区东面，河面150～200米，全长5552米。新津河以前河床淤塞，中上游不可航运，由于近20年来人工大量挖沙，河底加深，河道畅通。

濠江北起牛田洋，向南在广澳湾处注入南海，全长16公里，是韩、榕、练 3 江汇合后的支流，属没有发源地的海湾潮水河涌，涨潮时潮水从南北两端同时注入，退潮时潮水也分向两口退出。濠江水面最宽处为410米，最窄处84米，中心航道水深 3 米左右，是达濠镇的主要渔港和水陆交通线，1910年开始行驶汕达电船。

人工开挖的溪流集中在龙湖片区。龙湖沟，自龙湖加工区至出海口，全长3200米，此沟以排为主，以灌为辅，排水受益面积2万亩，灌水受益面积 1 万亩。此沟于1954年开挖，1968年期间部分被群众填平种植作物，1970年重新开挖，下游自龙湖关至出海口，宜航运，年货物吞吐量达2万～5万吨。黄厝围排水沟于1966年开挖，自辛厝寮公合村至黄厝围出海口，全长3370米，宽14米。此外，人工开挖的溪流有三脚沟、新河排沟、上溪仔、二线沟等，现已成为贯穿汕头中心城区的水系，对调节改善城区环境景观发挥重要作用。

（四）人力资源

汕头经济特区以原汕头市为依托，人口稠密，劳动力资源丰富。建区初期，在特区工作的干部职工大部分来源于汕头市区。

2000年，汕头经济特区人口总数为1181709人，其中非农业人口882345人。在常住人口中，按国内劳动年龄计算，劳动年龄人口占总人口的57%，劳动力资源十分充裕。汕头特区环境优越，气候宜人，随着社会经济的发展，人民生活质量不断提高，老年人普遍长寿，居民预期平均寿命已达到74.52岁。

二、基础设施

（一）概述

汕头特区的建设原来是在一片宽阔的园田上进行的。为尽快形成投资环境，采取大环境依托汕头市区，小环境自我完善的做法。

1983年以前，主要是在1.6平方公里的龙湖工业区进行以道路、供水、供电、通信、排污、厂房为重点的基础设施建设。至当年底，完成基建投资2762万元，初步形成生产环境，接纳了前来投资的厂家。随着特区建设的发展，特别是特区范围扩大后，在完善龙湖工业区基础设施的同时，逐步开发建设了与之相配套的码头、农业、水产、金融、旅游、住宅等功能小区，至1987年年底累计完成基建投资50814万元，开发建设面积达3.65平方公里，房屋开工面积74万平方米，竣工面积49万平方米，为投资者提供了一个较好的投资环境。1991年汕头经济特区范围扩大后，各项建设特别是重点基础设施建设进程加快。汕头市区的规划管理工作进一步加强，成立了汕头市规划办公室，负责编制市区总体规划、分区规划、小区规划、各专项规划、控制规划用地规模和审核大型建设项目、监督检查各项规划的实施。汕头经济特区的规划工作走上制度化的轨道。

2000年汕头经济特区全社会固定资产投资完成63.47亿元，其中城镇集体以上单位投资58.99亿元，农村集体单位投资1.07亿元，城乡私人完成投资3.41亿元。在城镇集体以上单位投资总额中，用于交通、能源、邮电通信基础设施建设投资13.17亿元。“九五”（1996—2000）时期是汕头经济特区历史上固定资产投资和基础设施建设投入最多的五。汕头经济特区投资406.7亿元，其中能源、交通、通信设施建设累计投资108.4亿元，分别为“八五”时期的1.61倍和1.15倍。至2000年，汕头深水港一期工程、广澳港区起步工程、汕头国际集装箱码头、汕头海湾大桥、汕头礐石大桥、深汕高速公路、广梅汕铁路、汕头卫星地面站、国际海底光缆汕头登陆站、华能汕头电厂一期工程和惠汕500千伏输变电工程等基础设施项目陆续竣工投产，初步形成以深水港、高等级公路、铁路、空港为骨架的现代化港口城市综合交通网络和现代化通信、能源、水源、环保支撑体系。

（二）公路

1980年10月1日，从汕头市区通向特区的金砂东路动工修建，全长2270米，路面宽44米，混凝土结构，翌年 3 月竣工通车。1982年6月15日，连接金砂东路与龙湖工业区的迎宾路、迎宾桥同时落成。当年年底，龙湖工业区第一片区建成道路11条，总长3264.2米，面积46873平方米；第二片区建成道路11条，总长3589.5米，面积44165平方米；其他道路 6 条，总长1930.4米，面积16011平方米。道路两侧设有6米宽步道，步道上面有Y型路灯和绿化树。除金砂东路外，龙湖工业区外围通向龙湖片区各处的主干道龙湖路、珠池路（西段）、珠樟路（中南段）和金砂东路的延伸部分，于1987年年底相继竣工。龙湖路全长460米，路面宽36米，面积16560平方米，珠池路（西段）长1180米，路面宽36米，面积42480平方米；珠樟路（中南段）长500米，路面宽43米，面积21500平方米；金砂东路延伸部分长

620米，路面宽52米，面积32240平方米。上述4条主干道均为混凝土结构。1991年特区扩大后，道路建设并入汕头市总体规划，至2000年年底，全市公路通车里程已达1716公里，公路密度每百平方公里83公里，二级标准以上公路里程占28.5%，实现国道、省道、县道100%水泥路面。当年特区新扩建道路面积23万平方米，年末实有道路长度610公里，主干路网逐步配套。

（三）铁路

广梅汕铁路全长480公里，1991年5月31日正式动工兴建，1995年7月19日完成全线铺轨任务。9月27日投入货运，12月28日开通客运。2000年，广梅汕铁路汕头站完成旅客吞吐量142.3万人，货物吞吐量139.4万吨。

（四）民航

汕头机场航空口岸位于汕头经济特区北面的澄海县外砂镇，距市区12公里，是粤东地区最大的航空港。汕头机场原是一个规模较小的军民两用机场，只能起降安-24小型飞机，仅开通汕头至广州单条国内航线。经国务院批准，于1986年7月15日对外开放，1987年1月17日成功首航香港。机场设计年旅客吞吐能力为300万人次，其中国际旅客45万人次。可起降波音737、波音757、MD-82、A-320、图-154等中型客机。已先后开通香港（1987年1月17日）、曼谷（1987年1月29日）、新加坡（1988年2月25日）、吉隆坡（1991年9月21日）、古晋（1993年9月16日）等五条国际（地区）航线。

（五）水运

汕头港位于北纬23° 21'14″、东经116° 40'21″。东临台湾海峡，距高雄180海里，西距香港187海里，素称“岭东之门户，华南之要冲”，是交通部确定的全国沿海主要枢纽港之一。汕头港航道全长17.25公里，外航道基准面水深为-9.5米。深水泊位前沿水深分别是：马山港区泊位-10.8米，珠池港区泊位-10.5米，广澳港区泊位-13米，主航道-13米，规划建设2万～10万吨级泊位24个。汕头港是客、货运输的综合对外开放口岸，共划分为六个港区，即：老港区、珠池港区、马山港区、苏埃港区、堤内港区和广澳港区。至2000年，汕头港已建有500吨级以上生产性码头泊位51个，其中1万～5万吨级以上泊位14个；万吨级以下泊位37个；5000吨级客运码头1座，客运站大楼面积9000平方米。

（六）供水

设立经济特区前，龙湖片区没有自来水设施。1982年8月，汕头市东墩水厂至特区龙湖工业区（下称“东特线”）输水干管敷设工程动工，同年9月25日竣工，全长2公里，总投资额为157万元（含投资扩建东墩水厂的56万元），工程设计为日供水量2万立方米。东特线供水工程的竣工、送水，标志着特区开通自来水供应。

随着特区建设规模的扩展，1983年在龙湖工业区内敷设供水干管达3.4公里，管径为

100～300毫米，初步形成了供水网络。1983年10月，汕头经济特区公共事业公司成立后，加强了供用水的管理，于当年11月开始对区内用户安装水表，实行用水计费等经营管理制度。

至1987年年底，龙湖片区的供水干管管网（管径DN800～1000毫米）总长19.3公里，日可供水量为2万立方米，已统计的管网固定资产为192万元，用水户数为1480户。

1982年，原珠池区投资13万元，建造蓄水塔以及管径150毫米长达4公里的铸铁压力管道，月供水量为1万立方米，供应珠池居民5万人和部分单位。1986年，特区管委会投资和各乡村集资共20万元，安装长4公里、管径150毫米的供水管道，供应陈厝合、辛厝寮两村居民用水。这套管道与工业区供水管道连接成网。

（七）供电

汕头电力自华能汕头电厂、汕头500千伏变电站相继于1996年、1997年年底投产以来，解决了汕头电网与省网联系薄弱、电网稳定性差的问题，形成了以华能电厂和500千伏变电站为主电源，220千伏主网、110千伏送电、10千伏配电的网架结构，基本满足汕头市经济社会发展用电的需求。

至2000年年底，全市电网发电装机容量174万千瓦，35千伏及以上变电站39座，总容量313.9万千伏安，输电线路1045.96千米（包括电缆线路）。当年全市总供电量43.01亿千瓦时，其中汕头电网完成供电量41.41亿千瓦时。电力负荷及日供电量分别达到83.8万千瓦和1560万千瓦时，人均占有电量955千瓦时。全市总用电量43.85亿千瓦时，其中工业用电量24.55亿千瓦时。

（八）电信

1986年3月30日，龙湖电话公司邮电大楼主体落成，建筑面积1620平方米，土建工程投资总额74万元。大楼设计装机容量程控电话5000门，第一期先安装2000门，于1987年1月25日零时开通投入使用。至1987年年底，龙湖工业区内共安装程控电话机1104部。

珠池区早在1982年安装有从汕头市至珠池的50对架空电缆，装机容量100门，当年设有一个总机、35部"磁石电话交换机"。1984年总机拆除，改为35部自动电话，并入龙湖片区电信网。妈屿岛于1986年设置2部无线电对讲机，定期同龙湖片区通信联络。

2000年，全市共新增本地电话设备容量8万门，总容量达106.7万门，移动电话扩容30万门，总容量达到92万门。同年9月9日，广东省电信公司汕头市分公司挂牌成立，标志着汕头电信进入了公司化运作的新里程。公司成立后，按照上级的统一部署，又进行多元化经营改革工作，通过实施主附、主辅分离、规范"三产"企业和组建实业公司，把汕头市电信实业公司建设成为通信运营核心企业的协作系统和支撑系统，着力转换企业经营机制，促进实业公司向规模化、产业化方向发展。

（九）环境保护

汕头特区环境保护工作贯彻防、管、治结合，综合利用的方针，逐步取得成效。（1）

做好环境现状综合调查。每个新开发区在开发前都进行环境现状综合调查。汕头特区区域范围在1.6平方公里时，调查工作从1982年开始，1984年结束；广澳片区的调查从1984年开始，1986年结束；珠池区划入特区后，从1987年起开展调查。通过调查，取得了大量第一手资料，为开发建设提供了可靠数据。（2）龙湖工业区是汕头市区主导风向的上风区，本区在燃料结构方面，要求各工业企业不准烧煤，只准用电或用油。（3）环境规划上按功能分区，做到合理布局。本区按功能划分为3个区：广澳石油化工区，珠池区内充公一带为轻污染区，龙湖工业区为无污染或少污染区。凡新建设项目，注意把好“三关”：即规划关、选址关、“三同时”关（执行防治污染及其公害的设施与主体工程同时设计、同时施工、同时投产使用），有效地防止“先污染，后治理”的现象发生。近几年新建设项目95个，都进行了严格的审查把关。（4）积极采取补救措施。对老污染源进行限期治理。

2000年，区内大气符合国家空气质量二级标准，空气污染指数保持在Ⅰ级至Ⅱ级之间；工业废水处理率97%，城市功能区水质达标率100%，城市区域环境噪声和交通噪声符合国家规定标准。汕头城市环境综合整治定量考核成绩继续居全国全省前列。全市环保工作再上新台阶。空气质量自动监测系统全面投入运作。市区新建成环境噪声达标区3个，新增噪声达标区面积13.6平方公里。

三、口岸与出入境管理

改革开放以来，汕头口岸建设日新月异。截至2000年12月，全市已开辟有一类口岸4个：分别为汕头港、汕头空港、潮阳港、南澳港；二类口岸12个：其中水运装卸点7个，港澳货运车辆检查场4个，铁路装卸点1个。基本形成了海、陆、空俱全，客、货运兼备的口岸网络。通过口岸，汕头市与世界100多个国家、地区、港口有运输、经济贸易、文化交流和友好往来。汕头市口岸办公室，对口岸工作进行协调和管理。汕头口岸检查检验工作由以下驻汕头检查检验机构负责：

（一）汕头海关

汕头海关自1983年7月起开始派员到经济特区内，为有关单位办理进口建筑器材、装修材料、生产设备及原材料等海关手续。1984年3月向特区派驻工作组，1984年6月9日，汕头海关调整为厅局级机构后增设了汕头海关驻汕头经济特区办事处，正式开始对进出经济特区的物品、料件和产品实施监管，并进行专项统计。1989年8月25日，汕头经济特区货物检查场正式启用。该检查场自启用之日起，汕头市区、澄海、饶平县和汕头经济特区来往港澳密封货柜车，均集中在该检查场办理车辆验放手续。1993年1月11日，经国务院批准，汕头经济特区保税区正式设立。同年12月22日，汕头海关所辖保税区海关筹备运作。

汕头海关直属海关总署的厅（局）级关。关区范围为汕头、汕尾、梅州、潮州、揭阳等5个地级市。设于汕头市辖区内的外派机构有保税区海关、广澳海关、驻机场办事处、驻港口办事处（设于国际集装箱码头）、驻联成办事处、潮阳海关、南澳海关、外砂海关。

（二）汕头出入境检验检疫局

1985年12月4日特区成立广东进出口商品检验局汕头经济特区办事处。1987年年底，汕头经济特区办事处易名为汕头进出口商品检验局汕头经济特区办事处。

1987年12月16日，特区设立中华人民共和国汕头卫生检疫所龙湖检疫站。1989年更名为中华人民共和国汕头卫生检疫所龙湖办事处。1992年1月24日起，更名为中华人民共和国汕头卫生检疫局龙湖办事处。1993年10月23日撤销原龙湖办事处，成立龙湖卫生检疫局。

1986年4月7日，特区设立汕头动植物检疫所龙湖办事处，规格为科级。1989年4月1日，更名为龙湖动植物检疫所，规格为副处级。1992年6月1日，更名为龙湖动植物检疫局。1995年11月30日，龙湖动植物检疫局规格调整为正处级。

1999年11月“三检合一”，成立汕头出入境检验检疫局。直属省出入境检验检疫局的副厅级局。辖8个办事处：潮阳办事处、机场办事处、榕江办事处（均为正处级），澄海办事处、达濠办事处、保税区办事处（均为副处级），南澳办事处、联成货场办事处（均为正科级）。

2000年，汕头出入境检验检疫局成立汕头检验检疫局管理体系工作小组，举办了ISO 9000（2000版）宣教讲座和出口运输包装质量许可证考核评审及检验技术培训班，向企业介绍监管认证工作的有关知识。

（三）汕头出入境边防检查总站

直属公安部的副厅级站。辖4个边检站：龙湖边检站、外砂边检站、潮阳边检站（均为副处级），南澳边检站（正处级）。

（四）汕头海事局

直属交通部的副厅级局。辖6个海事处和1个筹备组：潮阳海事处、澄海海事处、南澳海事处、广澳海事处、汕头港海事处（均为副处级），榕江海事处（正处级），船舶检验筹备组（副处级）。

四、法制建设

汕头自设立经济特区以来，改革、开放进程逐步加强民主与法制建设，特别是1992年实施特区扩围后，全面实施“依法治市”战略，运用地方立法权，建章立制，为改革、开放和经济建设的顺利进行创造良好的法制环境。

（一）依法治市

1993年6月19日，中共汕头市第六次党代会提出“法制治市”发展战略方针，至2000年，汕头市实施依法治市7年多，经历酝酿宣传、试点摸索、实践推进等3个阶段。

酝酿宣传阶段 1996年4月9日，市委常委、副市长联席会议决定，成立汕头市法制治市工作领导小组及其办公室（1997年4月25日起更名为依法治市工作领导小组及其办公室），办公室为市委议事协调机构的常设机构，正处级单位，设在市人大常委会。负责制订依法治市工作规划、年度工作计划，对各项任务措施落实督促检查，加强依法治市的宣传教育，开展调查研究为依法治市工作领导小组决策提供依据，联系指导依法治县（区）办公室工作，总结推广依法治市典型经验。

1996年5月17日，领导小组召开第一次全体成员会议，会议决定把本年度定为法制治市宣传年，在全市范围内开展“走向法治”系列活动。市委批转并印发《汕头市依法治市实施方案（1996—2000年）》，提出从1996年至2000年用5年时间，积极推进立法和制定规章工作，使全市行政管理、经济活动、规划建设和社会文化生活的各个方面基本纳入法制轨道。

试点摸索阶段　1997年，领导小组召开会议研究部署依法治市工作，提出要把全面推进执法责任制作为全年工作重点。随后，市九届人大常委会通过《汕头市人大常委会关于实行执法责任制的决议》，要求各行政机关和司法机关建立和落实执法责任制。同时，颁布《汕头市实行执法责任制机关应执行的基本法律、法规》，对市政府各职能部门、市中级人民法院、市人民检察院实行执法责任制的工作提出规范化要求。同时，组织开展了一系列试点。列为依法行政的试点单位有：市建委、国土房产局、劳动局、公安局、工商局、卫生局、环保局、规划局、城建局、环卫局；公正司法的试点单位有：市中级人民法院、市人民检察院；基层民主政治建设试点单位有：龙湖区珠池街道内充公村、金园区石炮台街道新湖居委、升平区新华街道新乡居委、达濠区珠园街道珠浦管理区；依法治校试点单位有：市第一中学、金山中学、华侨中学、外语中专、汕头实验学校。整个试点工作分为宣传发动、建章立制、总结验收三个阶段。并开展创建“文明法治乡村”“文明法治村委”“文明法治居委”“文明法治校园”活动。

实践探索阶段　通过5年不断的实践探索，依法治市的内容不断充实，涵盖立法、执法、司法、普法、法律监督、法律服务、信用建设、基层民主政治建设，从过去依靠政策、经济、行政手段管理经济社会逐步转向主要依靠法律管理经济社会，特别是1996年3月、2000年3月市取得特区立法权和较大市立法权后，标志着汕头市民主法制建设进入新的历史发展时期。有较为健全的机构，形成市、区（县）、镇（街道）上下贯通的工作网络。出台一批适应汕头经济社会发展的法规、规章。1996—2000年，共制定法规29项及一批政府规章。有一定声势的宪法、法律普及力度，先后举办了“领导干部法制讲座”“法律知识报告会”“法律咨询日活动”“走向法治专题晚会”“法制治市理论研讨会”“法律知识竞赛”“走向法治，告别陋习”漫画创作大赛等活动，涌现出一批全国普法先进单位。市人大常委会每年配合市委、市政府中心工作，抓住群众反映的热点、难点问题，开展专题视察和执法检查，促进法律法规全面实施。建立健全体现文明法治的法律服务。市及区县均成立市法律援助中心。至2000年年底，全市各行政机关、司法机关均建立起执法责任制和错案责任追究制。

（二）地方立法

1996年3月17日，全国人大八届四次会议决定：授权汕头市人民代表大会及其常委会根据经济特区具体情况和实际需要，遵循宪法的规定以及法律和行政法规的基本原则，制定法规，在经济特区实施。2000年3月15日通过并于7月1日起正式实施《中华人民共和国立法法》，赋予汕头市人大及其常委会地方性法规制定权。

截至2000年12月，市人大及其常委会制定和修改法规29项。在已经制定的法规中，自主性立法项目占2/3以上，一些立法走在全国地方立法前列，填补国家法律空白。制定法规的内容：一是适应特区改革开放和社会主义市场经济发展的需要，加强有关规范市场主体、维护市场秩序、培育要素市场、完善社会保障制度、转变政府职能、改善投资环境等方面的立法；二是围绕创建国家卫生城市、环保模范城市、优秀旅游城市的目标，加强有关城市建设和社会管理方面的立法；三是适应可持续发展战略的需要，加强有关环境资源保护方面的立法；四是加强有关教育、科学、文化、卫生方面的立法；五是加强有关保护公民权利方面的立法；六是加强有关社会主义民主法制建设方面的立法，其中有关完善市场经济主体、规范市场经济秩序、加强城市社会管理和促进可持续发展方面的法规占总数的70.4%。

第三节　改革开放

一、经济体制改革

（一）企业体制改革

汕头经济特区成立后，为使特区企业适应市场经济和外向型经济的发展，增强企业活力，提高经济效益，从1988年1月起，在直属国营公司全面推行总经理任期目标责任制和承包经营责任制（简称“两制”），20个直属国营公司的法人代表与特区管委会签订了“两制”的合同。各公司围绕改善企业经营机制这个重点，积极而又审慎地推行企业内部的配套改革，把总经理的任期目标和承包经营指标进行层层分解，把承包经营的责任落实到实处。1989年，重点是配套完善承包制，在承包经营责任制中正确处理好财政增收和企业留利的关系，实行税利分流、税后承包的办法。在企业内部分解承包任务，逐级落实责任，形成承包经营的有机结合体。在一些具备条件的企业试行招标承包。为解决国营企业活力不足，经济效益低的问题，1991年，汕头经济特区把经济工作的难点作为深化改革的重点，结合开展“质量、品种、效益年”活动，采取综合治理措施，推进企业经营机制的转换，增强国营企业的活力。为探索企业新的产权组织形式和经营机制高效运作形式，1992年，按照国家和省的有关政策法规，积极稳妥地开展企业股份制试点工作，当年，汕头经济特区共有17家企业进行股份制试点。1994年，汕头经济特区积极搞好建立现代企业制度试点，以点带面推动面上企业改革的深入和发展。重点是开展清产核资，着手进行公司制改造。1996年，在国有企业改革中，坚持以企业产权制度改革为突破口，加快企业组织结构调整的步伐，切实抓好国有大企业，放开放活小企业。至2000年，汕头经济特区继续支持“抓大放小”的方针，推进企业组织结构的调整。在“抓大”方面，积极扶持重点工业企业和发展大型企业集团。确认汕头超声电子（集团）公司等68家企业为汕头市首批重点工业企业，并授予牌匾实行无干扰保护。在“放小”方面，积极推进公有中小企业的改革。

1. 推行建立现代企业制度试点

1995—2000年，汕头市共选择了汕头超声电子集团公司、汕头钟厂、澄海半导体器件厂、潮阳绒布厂等4家企业，列为省建立现代企业制度的试点，按照“产权清晰、权责明确、政企分开、管理科学”的基本内涵，进行公司制改造，改组为股份有限公司或有限责任公司。这些企业改制后，实现企业产权多元化、用工合同化、保险社会化。建立起适应市场经济要求的内部管理制度，包括财务会计制度、自主灵活的劳动用工制度、激励与约束相结合的分配制度和质量管理制度、责任考核制度。

2. 组建股份合作制企业

以产权改革为突破口，对企业进行股份制改造，选择发展前景好，有一定的净资产，领导班子素质较好，职工有一定购买能力、要求改制积极性高的韩江机械厂、锅炉厂、自行车厂、钟厂等企业，经过资产评估，确认净资产，由企业内部员工出资购买企业的整体产权，改组为股份合作制企业。汕头公元感光材料工业总公司是汕头市20世纪50年代建设的国有大型企业，20世纪80年代中期引进日本彩色胶卷生产线之后，由于汇率变化和经营管理上的问题，背上沉重的债务包袱和人员包袱，亏损严重。在国家和省市领导的高度重视下，1998年2月，汕头公元感光材料工业总公司与美国柯达公司合资合作，彩色感光材料生产线转让给柯达公司，减轻了债务包袱。公元公司以黑白感光材料生产线为基础，由职工入股，重组了汕头市公元有限公司，并妥善分流安置3559名职工及离退休人员，企业摆脱了困境，1999年实现利润150万元，扭转了企业多年来亏损上亿元的局面。

3. 兼并重组，盘活企业

加快实现国有小企业的资本重组，生产要素存量的总体优化，从而促使优势企业壮大实力和困难亏损小企业解困转制。至2000年，被兼并的国有企业共有20家，使劣势企业得到新的发展。同时，对市经委系统原行政性公司转轨后还没有成为真正经济实体的汕头机械（集团）公司、纺织工业总公司、电子工业总公司、轻工业总公司等都以下属的骨干企业进行资产联结，形成新的经济实体，使这些公司有了新的活力。

4. 扶持优秀企业成为上市公司

选择科技含量高、生产规模大、经济效益好的优秀企业扶持发展为上市公司，运用资本市场资金，加快发展生产，使企业真正与国际接轨。1997年和1998年有电力股份、宏业股份和超声集团等3家上市公司。汕头超声电子集团公司，1997年9月，该集团公司所属的汕头超声电子股份有限公司在深交所上市，筹集资金3亿多元，为配套印制线路板的生产，新建年生产能力300万平方米的敷铜板生产线，企业的生产规模再上新台阶。企业上市使集团公司生产经营迅速发展，1998年完成总产值达12亿元，比增1.14倍；实现税利1.22亿元，比增57.6%。1999年完成总产值20.3亿元，比增69.2%；实现税利1.29亿元。

5. 引进外资重组改造国有企业

台湾海霸王集团购买了汕头罐头厂、汕头锅炉辅机厂、汕头塑料四厂、汕头木材工业公司等国有企业，先后投资7亿元兴建了全国技术最先进、规模最大的冷冻食品企业。美国柯达公司以18.82亿元购买公元公司彩色感光材料生产线，并与公元公司合资合作，组成柯达（中国）股份有限公司汕头分公司。汕头海洋集团公司将部分股权转让给香港SOE化工（集团）有限公司，收回6000多万美元，偿还了银行的部分债务，降低了企业负债率。

实施破产，淘汰一批劣势企业。1997年，汕头市被列入全国优化资本结构试点城市，市政府抓住契机，对长期亏损、严重资不抵债又无力还债的汕头华侨橡胶厂、保险粉厂、钟表元件厂、塑料一厂、塑料四厂等22家国有工业企业依法实施破产，卸掉债务包袱12.68亿元，其中，国家批准汕头市企业核销呆坏账准备金6.28亿元。破产后企业的闲置资产通过拍卖，得到充分利用，盘活了存量资产。对生产经营难以自救、扭亏无望、停业多年的汕头烟丝厂、玻璃厂、美术印刷厂、电子研究所等5家企业宣布关闭解散，并妥善安置企业职工。

（二）流通体制改革

1. 国营商业体制改革

汕头经济特区从创办之初即着手进行商业体制改革。开始从搞活经济实体单位入手，层层给企业下放或扩大自主权，虽然各地、行业在放权的程度不同，但共同之处归纳起来有购销经营决策、商品作价、财政开支、资金使用、机构设置、劳动工资、资金使用和干部任免等七个方面。其中尤以经营决策、奖金分配、商品作价等方面放权较彻底。企业自主选择进货渠道，自主确定经营范围和方式，除少数统管和限价商品外，其余商品根据市场供求状况和价格信息自主灵活作价；与此同时，企业内部自主制订奖励方案，行使奖金分配权；但是，在人、财权方面仍没有较大的突破。人的方面，只有副股级以下干部任免放给公司；财权方面只是把商业局审批的权限部分或全部放给企业。尽管如此，经过简政放权，企业在不同程度上得到一定的自主权，调动了经营和管理的积极性，各自逐步形成独立自主的经济实体。

一是调整经营机构。结合地、市机构合并的形势，将汕头地区饮服公司和汕头市饮服公司合并，成立汕头市饮食服务公司；将汕头地区食品公司和汕头市食品支公司合并，成立汕头市食品公司；汕头市糖烟酒公司和汕头市糖烟酒支公司合并，成立汕头市糖烟酒公司，实行一揽子经营管理机构。

二是分专划细批发机构。市区商业批发机构，过去是按照专业公司的分工范围设置综合性经营的批发部和“一揽子”对外开展批发业务的业务股。这种体制存在着机构庞大，业务庞杂，信息不灵，服务不周的弊端，妨碍了流量的扩大和流速的加快，与多种经营成分、多条流通渠道的市场竞争很不适应。为此，从1984年开始，对各专业公司的批发部和业务股，朝着分专划细，由浅到深的方向进行改革。一方面将原业务股改为若干专业批发机构，对外挂牌经营，对内实行报账核算管理；另一方面把综合性批发部改设为若干单类商品专业批发部或专业商店，单独形成经营实体，按专业进行经营，全面实行独立核算。至2000年，各专业经营单位的业务开展均取得较好发展。

三是发展横向经济联合。汕头市国营商业从1983年开始重视抓横向经济联合，至1987年，全市商业系统横向联系项目达到3039个。全国各地有120多家工厂在汕头市商业部门设立名优产品特约经销、总代理及修理点。汕头国营商业系统也在外地建立挂钩销售点92

个，至2000年形成了比较通畅的流通网络。

四是改革企业管理，实行经理任期目标责任制。随着国营商业体制改革的深化，市直商业系统的企业，先后有广东省石油公司汕头分公司、汕头商业贸易中心等20个单位实行经理（厂长）负责制。同时下放干部管理权限和实行股级干部聘任制。这些单位的副经理（副厂长）由经理（厂长）提名，征求中共企业组织意见后，报中共汕头市商业局委员会审批；股级干部由经理提名，并征求企业党组织意见后，由经理（总经理）决定任免。

2. 粮食流通体制改革

1980年12月20日，广东省人民政府根据中央粮食政策精神，对原来的“四统一”粮食流通管理制度作了改革，实行购、销、调拨包干的管理体制。粮食的购、销、调拨计划由省下达，一定三年，汕头及各县（市）按省下达征购基数加5%的机动落实到生产队（组、户），年终结算，多购少销粮食，省、地、县（市）四、三、三分成，并在调减总征购任务的同时，增加超购比例为总征购中的40%。考虑到本地区属缺粮区，市场粮价较高，农民对超购粮多从经济上考虑，经省政府同意，在总征购任务不变的情况下，不减征购基数，而减超购，将省下拨超购奖售肥、款增加在调减后的超购任务。1981—1983年3年，全区总征购实际完成60486万公斤，实际销售124937万公斤，3年包干应调入粮食51580万公斤，实际调入62245.5万公斤，调入调出相抵后超调粮食10665.5万公斤，不平衡缺口粮食2205.5万公斤。1984年，继续执行上述规定，但由于1981—1984年粮食调减了任务，销售却因省管指标奖售粮大大增加，市管指标因非农业人口的增长而增销，出现缺粮数增大，4年共缺粮75632.5万公斤，议价粮也购少销多，4年共缺粮31445.5万公斤，平议价合计缺粮107078万公斤，平均每年缺粮26769.5万公斤。全地区4年间的粮食自给率比例，1981年为84.37%，1982年为85.25%，1983年为87.25%，1984年为86.87%。此外，自1983年议价粮实行多条渠道经营后，商业、供销等部门及个体户从市外购入量不少，据调查各县约占总流入量的40%～50%，平均以45%估算，自给率1983年降为86.07%，1984年降为83.71%。

1985年，中央决定取消粮食统购改为合同定购政策。汕头经济特区根据本市缺粮情况，改合同定购条件不具备，而作为计划定购，将全市年计划18161万公斤任务（包括征收）逐级下达至村、户，也就是在逐步改变经济办法的情况下通过行政手段作指令性任务执行。当年，全市比1984年统购调减3131万公斤的任务，并提高了收购价格，经济上给农民实惠和粮钱兼收的灵活做法，有利于农村生产布局的调整，以发挥地方各自的优势，并且以比例价回销农村粮食，与压缩城镇除居民定量外的各项粮食销售。1985—1987年，全市共购入粮食46270.5万公斤，销售107735.5万公斤，缺粮61465万公斤，平均每年缺粮20488.5公斤，3年议价共缺粮29365.5万公斤，平均每年缺粮9788.5万公斤，加上其他渠道从市外购入数量计算，全市自给率1985年78.6%，1986年为77.86%，1987年为83.12%。

1979年，全地区粮食部门恢复议价粮经营活动，1981年起，全区各县市粮食局逐步设立粮油贸易公司，粮管所设立粮油货栈、营业部、门市部等专门机构，每个粮店都兼营议价粮油，经营量逐年增大。1982年粮食议购3916.5万公斤，议销13671.5万公斤，占当年平议价总销售55788.5万公斤的24.51%；1983—1987年，5年共议购粮食44948.5万公斤，议销粮食91461.5万公斤，缺粮46513万公斤，从市外调入，其中，1987年议购粮食15188万公斤，占平议价总收购量32600万公斤的46.59%，议销粮食23613.5万公斤，占平议价总销售

59187.5万公斤的39.9%，加上其他渠道约占45%。各级粮食部门在管好计划内购销的同时，积极开展议价购销活动，对调剂粮食余缺、活跃市场、稳定粮价起到较好的作用。从1990年开始至2000年，汕头经济特区按照中央、省关于粮食流通体制改革的有关要求，推进一系列改革，使粮食流通市场保持平稳发展。

3. 积极发展商品市场

从创立经济特区之始，汕头就不遗余力积极培育商品市场。一方面，积极拓展国内市场和农村市场，市政府组织有关部门和单位到全国各地举办汕货展销会，开拓国内市场，提高“汕货”在全国的占有率和覆盖面。另一方面，搞好市场设施，扩展商业网络，建设农副产品批发市场、水果中心市场等专业市场。在抓好大型专业市场建设同时，致力完善农副产品市场网络建设，形成大型商场、超级商场、连锁店、专卖店、仓储式商场和专业市场等流通组织和交易形式，进一步繁荣商品市场。

（三）市场体制改革

1. 改革用工制度

汕头经济特区首先在“三资”企业试行劳动合同制，1983年7月，对特区新招收工人一律实行劳动合同制。1988年1月1日起，凡从特区以外单位调入的全民、集体固定职工一律改为合同制工人。实行“企业工作者”制度的做法，特区直属国营企业普遍实行了这种制度，取消干部与工人的界限，所有人员统称“企业工作者”。原编制、职务、工资级别、学历、职称等存入档案，只供工作调动介绍之用；现任职务实行任期聘任制，经过择优聘用的人员，采取逐级聘任、分级管理的办法，受聘人员一律与企业签订聘用合同书，明确聘用期限以及职、责、权、利；员工实行合同化管理，一律与企业签订企业工作者劳动合同书，明确规定劳动合同期限及企业和个人在合同期限内的权利和义务，同时建立以工作实绩为主要内容的考核奖惩制度；实行优化劳动组合，同时妥善安排富余人员；企业工作者实行职务（岗位）浮动工资制。由于实行了用人用工制度的改革，使企业朝着搬掉“铁交椅”的方向迈开了可喜的一步，初步形成了用人用工方面的竞争机制，为造就公平竞争环境创造了有利条件，从而大大调动了职工的积极性，提高了职工的素质，促进了经济的更快发展。2000年开始，特区进一步改革企业用工制度，把用人用工权逐步下放给企业，让企业根据自己的工作需要确定机构编制和招用职工数量，并具有招用、辞退职工的权限，招工方案报特区劳动局同意后，由企业自行公开招收，全面考核，择优录取。

2. 推行工作人员岗位责任制和领导班子任期目标责任制

1984年，特区机关、事业单位开始推行工作人员岗位责任制，明确规定各类工作人员的工作任务和职责权利，提出完成任务的具体措施。1986年上半年调整机构后，各部门从本单位的实际出发，把总体任务层层分解到各科室以至个人，同时建立了半年初评和年终总评制度，并制定了以精神奖励为主的兑现奖罚办法。1988年开始全面推行机关、事业单位领导成员任期目标责任制，各部委办局和局级事业单位普遍制订了领导班子任期目标方案。其主要特点：一是把任期目标尽量定量化，将过去认为是软件的任务硬件化，明确规定在任期目标中各项任务要“完成到什么程度”“什么时间内完成”，使任务目标更加具体明确，同时也有利于检查考核；二是把转变机关职能、提高办事效率作为任期目标的主要内容来抓，把机关工作的立足点放在加强为企业、为发展特区经济的服务上，寓管理于服务之中，主动简政放权，减少办事环节，简化办事手续；三是围绕领导班子任期目标，进行机关内部配套改革，把领导成员的任期目标层层分解，补充完善科室工作人员岗位责任制，进一步制定了工作人员守则和奖罚办法，使各科室以至每个工作人员任务更加明晰，完成任务的措施办法更加具体化，以有利于必要的行为约束，克服官僚主义、提高工作效率；四是把职责和权限有机地结合起来，使领导成员对自己所负的责任和相应的权力心中有数，以利于在其位，谋其政，用其权，负其责，更好地发挥领导班子成员的积极性和创造性。通过制订方案，建立制度，坚持不懈地努力，至2000年，工作人员岗位责任制和领导班子任期目标责任制建设取得了预期效果。

3. 培育完善市场机制

1987年以来，汕头经济特区先后颁布了《汕头经济特区土地管理规定》《汕头经济特区国家建设征地补偿标准暂行规定》以及土地使用权协议、招标、拍卖出让实施细则等11份文件，为全面改革国有土地使用权有偿有期打下良好基础。多次举办了大型房地产交易会，国有土地也实行公开竞价拍卖；建立有形建筑市场，成立建设工程交易中心，以规范建设工程招标工作。1988年10月，特区成立了人才智力服务公司。在搞活科技市场管理方面，特区按照《广东省科技市场管理规定》的精神，结合该区实际，在明确技术市场管理的范围和工作方针的基础上，抓好技术合同的登记、管理和《中华人民共和国技术合同法》的学习和宣传，并且做好技术商品经营机构的管理和审批。至2000年，土地市场、人才市场、科技市场和劳务市场等制度健全、流转有序，成效显著。

4. 清理整顿中介机构工作

为加强对中介机构的管理，提高中介机构的服务水平，促进经济特区中介市场的有序发展，针对中介市场多年来在发展过程中存在的问题，汕头经济特区认真开展清理整顿和规范中介机构的工作。根据省政府办公厅《转发省体改委关于整顿规范我省中介机构的意见的通知》的精神，针对汕头经济特区会计师、律师事务所等中介机构存在不规范的问题，特区政府转发市体改委《关于整顿规范汕头市中介机构的实施意见》，积极开展整顿规范中介机构工作。至2000年年底，列入清理规范范围的各类中介机构95户，其中实行脱钩改制48户，撤销29户，共占81%。

5. 国有资产管理体制改革

1996年3月，汕头经济特区成立了国有资产管理委员会，以市经委系统为试点，组建工业资产经营公司，并先后批准了中国广澳开发（集团）公司和汕头建安（集团）公司作为国有资产授权经营试点单位。1997年，继续进行国有资产管理和营运体制改革，初步形成了国有资产管理委员会—资产经营公司—国有企业三个层次的国有资产管理和营运体制。7月，特区政府批转了《汕头市国有资产管理体制改革总体方案》。同月，经特区政府批准，汕头市工业资产经营有限公司挂牌成立。至2000年，新的国有资产管理体制基本确立，国有企业基本按照改革后的模式运营，并取得了预期效果。

（四）金融体制改革

1993年年底，国务院发布《关于进一步改革外汇管理体制的通知》和《关于金融体制改革的决定》，人行汕头分行坚决落实中央关于“约法三章”的精神，加强对金融机构的业务运行的规范和清理整顿，努力营造良好的金融秩序。经过治理整顿，汕头市金融体制改革进入一个新的发展期，金融市场竞争增强，金融电子化程度大为提高，人行的金融监管力度进一步加强。汕头金融形成了银行、保险、证券三大行业共同发展的格局。

1995—2000年，汕头金融业开始进入规范化、法制化轨道，金融机构、金融资产由数量扩张向提高质量转变。1995年，《中华人民共和国人民银行法》等四部大法的颁布，标志着中国金融业进入有法可依的阶段。1996年年底，农业银行汕头分行与农村信用社脱钩，农业发展银行汕头市分行从农业银行汕头市分行分设出来。1997年由汕头市13家城市信用社组建为汕头市合作银行，后改名汕头市商业银行。1997年12月，中国民生银行汕头支行设立。1999年中国光大银行接收中国投资银行，设立了中国光大银行汕头营业机构，后发展为中国光大银行汕头支行。1999年1月1日，中国人民银行进行机构改革，人行汕头分行更名为中国人民银行汕头市中心支行。

1999年年底，根据中国人民银行总行和广东省委、省政府的同意部署，配合汕头市委市政府开展了对汕头中小金融机构和农金会金融风险处置工作，对3家信托投资公司、辖内城市信用社实施停业整顿，置换、兑付个人存款，清收不良资产，有效地处置了地方中小金融机构的金融风险，确保辖区金融稳定和健康发展。

2000年，汕头市金融系统进一步深化体制改革，加快现代金融体系的建设，增强市场适应能力，更好地满足新形势的要求和应对即将加入世界贸易组织（WTO）的挑战。人民银行汕头市中心支行进一步完善了金融监管体系，按照国有独资商业银行和外商投资银行、股份制商业银行、合作制金融机构分别设立监管科室实施监管。各金融机构根据市场的要求对机构网点和人员进行了调整，中国银行撤销了位于南澳县的支行，把主要精力放在大中城镇。根据国务院的部署，2000年12月，人民银行汕头市中心支行与汕头市经济贸易委员会进行了对典当行监管职责的移交工作，进一步落实了我国金融业“分业经营、分业监管”的体制改革。

（五）宏观管理体制改革

1. 机构改革

汕头经济特区建立以来，按照发展外向型经济的要求，根据中央关于机构改革的原则，设置精简、高效的特区机构。1982年10月，特区理顺党、政、企之间的职能，使之更加明确完善。在设置机构时，不强求与上级业务部门对口，可不设的不设，能合并的就合署办公，只设置10个党政机关部门：组织部、宣传部、纪检会、团委、工会、管委办公室、工商局、财政局、公安局、劳动人事局和11个直属国营企业。1985年11月，根据国务院关于“汕头经济特区由原来的1.6平方公里扩大为52.6平方公里”的精神和省政府关于汕头经济特区配备干部的有关精神，党、政、群机关部门调整为17个，其中行政局10个。1991年，国务院再次批准扩大汕头经济特区范围。随着特区范围的再次扩大，汕头市人民政府加挂汕头经济特区管理委员会牌子，承担经济特区管理职能，市政府各工作部门同时也是汕头经济特区管理部门。

2. 干部制度的改革探索

为了培养和造就适应特区高速发展的干部人才，使更多的人才脱颖而出，汕头经济特区自1984年下半年开始，将原来的干部委任制改为任期聘任制。1988年开始，特区又结合推行总经理任期目标责任制和承包经营责任制，把企业副职提名权和中层干部任免权下放给企业，全面实行干部分级聘任制度。同时，明确规定了聘任中层干部的五个程序：总经理提名，向企业党组织专职负责人征求意见；委托企业人事部门考察，进行民意测验；召开党政工负责人联席会议，形成征求性意见；最后由总经理决定聘任；报特区组织部备案。为了增加干部工作的透明度，加强对干部的民主监督，特区还结合干部岗位责任制和领导成员任期目标责任制，建立了民主考评和民主监督制度。随着干部人事制度改革的不断深化，干部制度更加完善。至2000年，基本建立了完善的干部管理制度。

3. 加强和改善宏观管理体系

1990年，在改善宏观管理方面的主要工作：一是加强企业管理的法规建设。管委会及有关部门制定《关于国营企业在承包经营中财务管理若干问题的规定》《驻境外企业财务管理暂行规定》《关于股份制试点企业年终利润分配的暂行规定》等规定。二是调整企业管理机构，充实企业管理力量。管委会对有关职能机构进行了必要的调整，理顺关系，明确职能，充实力量。三是总结和推广企业管理的先进经验，提高企业管理水平。先后对物资进出口总公司、海洋渔业公司、鮀滨制药厂等8家企业的先进管理经验进行了总结和推广。

1991年，按照特区经济运行机制要求，积极做好有关方面的调查和调整工作，加强经济调控手段，改善宏观调控体系。一是调整所得税率和征收办法。特区范围扩大后，对设立在汕头特区范围内的外商投资企业、内联企业、国营、集体及其他企业，全部实行按15%的税率征收所得税，并对征收范围和征收制度也做了相应的划分和调整。二是发展多层次的金融体系。全市除了各专业银行外，通过清理整顿，保留了7家信托投资公司，作为非银行的金融机构，占全省的19.44%；建立8个证券营业部和31个代办点，扩大了证券发行和交易规模。三是经济管理体制和行政管理机构全面调整改革，对急需处理的重大问题，运用行政手段执行，如特区范围内的土地实行“统一规划、统一征用、统一开发、统一出让、统一管理”，防止土地使用的失控。

按照建立社会主义市场经济体制的要求，1994年，汕头经济特区全面实施财税、金融、投资、外贸体制等方面的改革。在财税体制改革方面，一是按照新的财政体制改革精神和省新的财政包干办法，进一步理顺市级财政与下属各市、区、县的财政关系，调动各级增收的积极性。二是采取措施加强税收征管，挖掘税源，查补罚滞，堵塞漏洞，多渠道增加地方财税收入，使财税收入大幅度增长。从1月份起，在全市机关和事业单位征收个人收入所得税。三是做好国家税务局和地方税务局两套税务机构的分设。至1994年年底，全市各级国家税务局和地方税务局已全部分设，按照各自职责和任务开展工作。在金融体制改革方面：一是整顿金融秩序，强化金融管理，取缔非法集资，严厉打击各种非法“标会”“钱庄”，同时加强账户管理，严肃结算纪律。二是加强贷款的风险管理，大力推行抵押贷款和贴现贷款业务，把好资金的合理投向，确保资金的使用效益。三是大力调整信贷结构，确保重点项目资金。四是按有关规定，进一步搞活融资。在计划投资体制改革方面：一是将所有投资项目，按不同属性确定其投融资方式。对属竞争性项目投资的，基本上是向市场融资；对属基础性项目投资的，实行中央和地方政府、企业共同负责；对属公益性项目的投资，主要由各级政府负责。二是建立投资风险约束机制，改变投资项目的立项和审批程序。三是贯彻“有上有下、有保有压、有先有后”的方针，切实加强固定资产投资规模的控制。在外经贸体制改革方面：一是制定一系列鼓励出口的优惠措施，充分调动外贸企业出口创汇的积极性，推动出口贸易的快速增长。二是进一步改善投资环境，拓宽利用外资领域和形式。按国际惯例办理涉外经济事务，简化办事程序，提高办事效率，建立健全外商投资服务体系，切实改善投资软环境，改变过去重审批、轻招商，等客上门的办法，采取多渠道、多形式，广泛开展招商引资活动。三是大力发展外向型经济，形成层次不同、各有特色的对外开放新格局。

1995年，汕头市财税、金融、投资体制等方面的改革逐步深化。实施财税体制改革措施，促进财税收入增长。按期完成了国、地两套税务机构分设，按新税制实施分税征管。采取有效措施，大抓促产培财，加强税收征管，严肃财经纪律，开展了清理“小金库”，清理企业境内外投资和账外资金工作，严厉打击偷税、骗税，大力清理欠税，进一步挖掘税源、堵塞漏洞，实现财税增收。此外，还成立了汕头市集体资产管理办公室，加强对集体资产的管理和监督。实施金融体制改革措施，进一步加强金融管理。市各专业银行在向商业银行转化中，大力推行抵押贷款和贴现贷款业务，加强贷款的风险管理，确保资金的使用效益；大力调整信贷结构，确保重点项目资金；整顿金融秩序，强化金融监管，取缔地下钱庄、标会、乱集资等扰乱金融秩序的违法行为，保持了金融良好的运行状态。实施计划投资体制改革措施，强化市场调节功能。市根据国家投资体制改革精神，将所有投资项目，按不同属性确定其投融资方式。同时，建立投资风险约束机制，调整投资项目的立项和审批程序；严格执行“有保有压”方针，控制新上项目，压缩房地产开发，特别是高档商住楼、娱乐场所的投资，把有限的资金用于重点基础设施建设。

1996年，按照社会主义市场经济的要求，全面开展财税金融体制改革，加强和改善宏观调控，确保汕头市经济发展的良性循环。一是完善财税体制改革，促进财税收入增长。各级政府和财税部门大抓促产培财，理顺国、地税征管关系，加强了重点税种、重点环节和地方零散税源的税收征管，基本刹住了偷税、骗税等违法行为，清收欠税取得成效。坚持量入为出的原则，集中财力支持工农业生产、流通和重点项目，支出结构进一步优化。加强对账外资产、境外资产、预算外资金管理，加强审计监督，纠正了一批违反财经纪律行为。二是推进金融体制改革，稳定金融形势。积极推进金融体制改革，城市合作银行、华侨投资公司组建工作进展顺利，农业银行与农村信用社实现脱钩，农业发展银行开始运作，工商银行、农业银行、中国银行、建设银行四家国有商业银行汕头分行都与所办的信托公司脱钩，从而建立了比较完善的金融组织体系。与此同时，还加强金融监管，调整优化信贷结构，减少不良贷款，盘活资金存量，用好增量，发展商业票据承兑、贴现、再贴现业务。通过连续多年加强和改善宏观管理，各项调控措施取得明显成效。

二、外经外贸

（一）利用外资

从1979年以来，汕头经济特区充分利用国家和省赋予的优惠政策，发挥潮汕地区港澳同胞、华侨众多、侨资侨力雄厚的优势，致力改善投资硬环境和软环境，大力开展招商引资，推动了外向型经济的发展。经历了1979年至1987年以“三来一补”为主的起步阶段、1988—1991年以直接投资生产项目为主体的持续发展阶段、1992—1996年向基础设施和房地产领域扩展的高速发展阶段和1996—2000年的调整阶段。1979—2000年，全市共签订利用外资合同13386宗，累计批准成立外商投资企业5255家，总投资金额1347513万美元，合同外资金额955669万美元，实际利用外资金额728025万美元。1979年以来，汕头利用外资形式主要有外商直接投资、对外加工装配、国际租赁贷款和补偿贸易等。外商直接投资是汕头利用外资主要方式。具体情况见下表：

1982—2000年汕头市利用外资情况分类汇总表

表3-2　　　　　　　　　　　　　　　　　　　　　单位：万美元

年份	项目（合同）宗数				合同（协议）总投资额				实际利用外资金额				
	合计	1.对外借款	2.直接投资	3.其他投资	合计	1.对外借款	2.直接投资	3.其他投资	合计	1.对外借款	2.直接投资	其中：外商独资	3.其他投资
1982	675	0	4	671	351	0	89	262	341	0	40	0	301
1983	862	0	13	849	1593	0	1311	282	470	0	151	97	319
1984	1562	0	31	1531	6523	0	5322	1201	1172	0	831	270	341
1985	857	0	85	772	13284	0	10815	2469	2770	0	1365	169	1405
1986	707	36	31	640	6362	1444	2849	2069	4627	1481	1918	313	1228
1987	225	2	41	182	4307	1485	2504	318	5606	1900	3028	388	678
1988	391	4	137	250	24757	1497	20345	2915	8307	3565	2990	918	1752
1989	624	7	202	415	29529	3700	24604	1225	13752	4819	7978	3160	955
1990	612	2	240	370	36697	1099	34629	969	13082	2517	9809	4502	756
1991	860	5	387	468	54479	2800	49075	2604	22923	5614	16395	7541	914
1992	1129	1	854	274	168783	500	165119	3164	30664	6793	21938	9581	1933
1993	1446	0	1254	192	223144	0	219923	3221	68574	6852	59685	20341	2037
1994	626	2	547	77	178831	1000	176765	1066	77390	6510	69771	27209	1109
1995	512	3	393	116	188588	3890	181526	3172	89579	8407	80292	32913	880
1996	513	2	405	106	212908	450	212201	257	98652	6191	91589	31067	872
1997	461	5	217	239	63986	3250	56172	4564	101126	6261	93703	31974	1162
1998	302	5	215	82	73324	5209	63819	4296	103903	7729	94104	35800	2070
1999	111	0	85	26	27565	0	27427	138	66871	230	66393	12555	248
2000	91	1	81	9	28450	1000	27210	240	16944	383	16561	7860	—

说明：对外借款主要包括外国政府贷款和外国银行商业贷款，其他投资主要包括补偿贸易和加工装配

1. 利用外资方式

1979年以来，汕头利用外资形式主要有外商直接投资、对外加工装配、国际租赁贷款、补偿贸易等。外商直接投资是汕头利用外资主要方式。

外商直接投资

自改革开放至2000年，已有34个国家和地区到汕头投资，全市累计审批外商直接投资项目5255家，其中，中外合资企业1026家，占19.52%；中外合作企业2081家，占39.60%；外商独资企业2148家，占40.88%。总投资额1284964万美元，合同外资额893120万美元，实际利用外资638989万美元。

其他投资方式

除直接投资以外，汕头市还积极开展对外加工装配和补偿贸易业务。对外加工装配业务是开放初期利用外资的主要方式，由于这项业务具有投资少、风险小、手续简、见效快的特点，加上汕头市毗邻港澳台，华侨众多，劳动力充裕，业务得到迅速发展，为发展和建立外向型经济做出了突出贡献，也使一大批乡镇企业异军突起成为汕头市外贸出口的生力军。1992年业务高峰期全市的工缴费收入就达5405万美元，从业员工达7.2万多人。后来，由于政策变化和认识上的原因，大部分区县（市）的工缴费免征增值税政策未能落实，致使对外加工装配业务出现萎缩。至2000年，全市有来料加工企业286家，按加工行业分，主要有：服装101家，占35%、塑胶56家，占20%、玩具35家，占12%、纺织31家，占11%；按外资来源分，香港277家，占97%、台湾7家，占2%、澳门2家，占1%。从事来料加工业务的人数有42371人。潮阳马田眼镜厂拥有员工约4000人，是汕头市最大的来料加工企业。汕头大洋船舶工业总公司于1998年以来料加工方式进口主机、雷达、彩色渔探仪、卫星导航仪等关键设备，为香港建造四艘渔船，是汕头市最大宗的来料加工业务之一。

2. 国际跨国公司、大财团投资情况

汕头市认真贯彻执行“积极、合理、有效”的方针，提高利用外资质量，注意在引进跨国公司、大财团来汕投资方面下功夫。

1979—2000年，共有51家国际跨国公司、大财团在汕头投资，设立125家外商投资企业，累计投资总额281602万美元，合同外资192282万美元，实际利用外资143013万美元。到汕头投资的外国企业有名列世界500强的荷兰皇家壳牌、日本丸红株式会社、日本三菱商事、德国汉高、荷兰SHV集团、德士古、雪佛龙、麦当劳、百胜集团、雷诺兹、伊士曼柯达公司、沃尔玛等12家，大财团41家。此外，还有一批国外有影响的银行、大商社在汕头设立分行和办事处，香港华侨商业银行、廖创兴银行、泰国盘谷银行、泰华国际商业银行在汕头设立分行，韩国三星、大宇、鲜京、晓星、乐金等大商社先后在汕头经济特区设立办事处。这些企业在汕投资领域比较广泛，涉及交通、能源、电子、通信、食品、纺织、塑料、化工、房地产、旅游、宾馆、商业零售等行业，这些项目的建设和投产（营业），对改善汕头投资环境，带动行业发展，提高汕头知名度，为汕头经济的可持续发展做出了重要贡献。

李嘉诚在汕头投资情况

香港潮籍实业家李嘉诚爱国爱乡，热心家乡公益事业，捐巨资建设汕头大学，还积极参与家乡的经济建设。自1992年以来，李嘉诚旗下的公司在汕头先后投资设立了12家外商投资企业，累计投资总额71322万美元，合同外资40946万美元，实际投入外资38837万美元。

3. 外商投资结构及投资项目

改革开放和设立经济特区以来，外商直接投资项目形成了以第二产业为主体，其他产业综合发展的利用外资产业结构。1979—2000年间，汕头已批准的外商直接投资产业结构分述如下。

1979—1987年，共批准外商直接投资项目238宗，合同外资金额16590万美元。1988—1990年，共批准外商直接投资项目数579宗，合同外资金额50948万美元。其中，第一产业项目数9宗，占1.55%，合同外资金额895万美元，占1.76%；第二产业项目数528宗，占91.19%，合同外资金额44121万美元，占86.60%；第三产业项目数42宗，占7.25%，合同外资金额5932万美元，占11.64%。第一、第二、第三产业的项目数和合同外资金额的比例分别约为1：59：5和1：49：7。以行业分类，缝纫业项目数189宗，合同外资金额7135万美元，分别占总数的32.64%和14.00%。在大类行业中均排列第一，其他投资的主要行业，项目数按其递减排序分别是食品业、塑料业、工艺美术业、电子及通信设备业、纺织业、房地产业和金属制品业等；合同外资金额按其递减排序分别是电子及通信设备业、房地产业、纺织业、塑料业、工艺美术业、食品业、居民服务业等。

1991—1995年（“八五”计划期间），随着汕头经济特区范围的扩大，外商直接投资吸引力不断增强，产业结构也逐步优化。这5年间，共批准外商直接投资项目数3435宗，合同外资金额545236万美元。其中，第一产业项目数64宗，占1.86%，合同外资金额10947万美元，占2.01%；第二产业项目数2655宗，占77.29%，合同外资金额314565万美元，占57.69%；第三产业项目数716宗，占20.84%，合同外资金额219724万美元，占40.30%。第一、第二、第三产业的项目数和合同外资金额的比例分别约为1：41：11和1：29：20。第三产业的合同外资金额比例有较大的增长，外资投向一度转移到房地产业，特别是1992年批准房地产业的外资投入37000万美元，这一时期被称之为“房地产热”。据统计，在此期间，已批准房地产业的项目数265宗，占7.71%，项目数所占比例仅次于缝纫业，居大类行业的第二位，但合同外资金额达到129986万美元，占23.84%，居各大类行业之首。房地产业在此期间的外资额也具有一定的规模，其单个项目平均合同外资金额491万美元，与历年累计单个项目平均合同外资金额169万美元相比，高出2.9倍。其他投资的主要行业，项目数按其递减排序分别是塑料业、食品业、工艺美术业、纺织业、化学工业、电子及通信设备业、居民服务业等。合同外资金额按其递减排序分别是缝纫业、纺织业、塑料业、居民服务业、食品业、旅馆业等。

1996—2000年（“九五”计划期间），共批准外商直接投资项目数1003宗，合同外资金额280346万美元。其中，第一产业项目数41宗，占4.09%，合同外资金额9738万美元，占3.47%；第二产业项目数820宗，占81.75%，合同外资金额180219万美元，占64.28%；第三产业项目数142宗，占14.16%，合同外资金额90389万美元，占32.24%。第一、第二、第三产业的项目数和合同外资金额的比例分别约为1：20：3和1：19：9。第二产业的项目数和合同外资金额仍占各产业的首位。塑料制品业成为这几年的主要投资亮点，其项目数207宗，占大类行业的20.64%，合同外资金额26373万美元，占9.41%。其他投资的主要行业，项目数按其递减排序分别是食品业、缝纫业、化工业、纺织业、造纸及制品业、电气机械及器材制造业和电子及通信设备制造业等；合同外资金额按其递减排序分别是纺织业、房地产业、食品业、旅馆业、造纸及制品业、电气机械及器材制造业、化学工业和电子及通信设备业等。

4. 外商投资基础设施项目情况

能源、交通基础设施建设是汕头市引进外资的工作重点之一。改革开放以来，市委、市政府致力于引进外资，改善本地区基础设施状况，取得了显著的成效。累计至2000年，全市共引进能源、交通基础设施项目34项，总投资174131万美元，合同外资金额107541万美元，实际利用外资86803万美元。其中能源项目11项，总投资49183万美元，合同外资27258万美元，实际利用外资29194万美元；公路桥梁项目9项，总投资、合同外资及实际利用外资分别为78671万美元、43797万美元和32009万美元；港口项目14项，总投资、合同外资及实际利用外资分别为46277万美元、36486万美元和25600万美元。这些项目的建设，较好地改善了汕头原有电力短缺、交通条件落后、基础设施薄弱的状况，为汕头市吸引更多的国内外投资创造良好的硬件环境，同时也在扩大内需，推动经济发展方面起到积极的作用。

（二）进出口贸易

1. 出口贸易

汕头经济特区是中国对外贸易的重要口岸。改革开放后，特别是设立经济特区以来，对外贸易快速发展，1980年突破20000万美元，1998年达到344997万美元。1979—2000年，出口累计2867075万美元。汕头传统出口商品约2500多个，计4万多个花色品种。经过几十年的发展，初步形成了以机电产品、服装、陶瓷、玩具、轻工产品、旅行用品和箱包、塑料制品、鞋、纺织纱线织物制品等为重点的工业产品系列和以蔬菜、水海产品等为重点的农副产品系列。汕头出口贸易方式多样，主要有：一般贸易（即现汇贸易），代理出口，易货贸易，补偿贸易，来料加工，来件装配，来样定制以及对台小额贸易等。历年来，一般贸易出口是汕头外贸出口的主要方式，1979—1994年，全市一般贸易出口总值765032万美元，占全市同期出口总额1126372万美元的67.92%。1995—2000年，全市一般贸易出口总值991116万美元（1994年以前为业务统计数，1995年以后为海关统计数，下同），占全市同期出口总额1740703万美元的56.9%。一般贸易出口主要渠道是国有外贸专业公司、地方外贸公司和自营出口生产企业。加工贸易、补偿贸易的主要渠道是三资企业和“三来一补”企业，1979—1994年，全市三资企业出口285431万美元，占同期出口总额的25.34%；“三来一补”企业出口75909万美元，占同期出口总额的6.74%。1995—2000年，加工贸易出口726593万美元，占同期出口总额的41.7%；其他出口22994万美元，占同期出口总额的1.3%。

2. 进口贸易

汕头设立经济特区以前，进口贸易很少，设立特区以后，汕头市充分运用国家给予经济特区的优惠政策，大力发展进口贸易，以进养出，以出促进，进口贸易从无到有，从小到大不断发展。特区初建时的1984年全市年进口贸易仅0.26亿美元。1988—2000年，全市累计进口总额240.56亿美元。年进口额最大的是1997年，这一年，进口额达33.1亿美元，其中进口初级产品4.34亿美元，占当年进口额的13.11%；工业制成品29.92亿美元，占90.39%。主要进口商品23种，其中，1亿美元以上的8种，即塑料、机电产品、钢材、纸及纸板、铝、纤维长丝机织物、成品油、渔农产品；1000万美元至1亿美元的有25种，即胶合板、铜、纤维纱线、薄膜、羊毛、对苯二甲酸、医药品、毛纱线、纺织纤维、涂复织物等。进口商品来自77个国家和地区，主要有：从韩国进口商品金额9.83亿美元，日本4.63亿美元，中国台湾3.37亿美元，中国香港2.43亿美元，俄罗斯2.23亿美元，美国1.94亿美元，马来西亚1.63亿美元，印尼1.05亿美元，新加坡0.95亿美元，泰国0.83亿美元。从以上这些国家和地区进口的商品总值28.89亿美元，占当年全市进口总额的87.28%。

（三）劳务出口

1986年8月13日，汕头特区劳动服务公司代表广东省对外劳动服务公司与香港松柏制衣厂有限公司签订了第一个劳务出口合同。1987年3月10日，又签订了补充合同。经广东省人民政府批准，向对方设在塞班岛（美国托管）的金巴诺制衣厂松柏（国际）有限公司的制衣厂组派410名熟练制衣工人及生产配套人员，按其需要，分期分批前往，合同期为2年。第一批156人，先后于1987年3月25日和4月5日出境；第二批169人，于同年9月25日和27日出境。1987年5月2日，特区劳动服务公司与香港达成有限公司签订了劳务合同书，合同规定，由汕头特区组派30名制衣工人前往该公司设在非洲莱索托的宝得时装有限公司工作，为期2年。同年10月6日，首批赴莱索托的8名工人出境。

为适应国际劳务合作的需要，中国华龙国际劳务合作公司广东公司汕头经济特区分公司，于1987年9月成立，与特区劳动服务公司合署办公，行政上由特区劳动局领导，业务上接受特区劳动局和中国华龙国际劳务合作公司广东公司双重领导。

扩大特区范围后，对外劳务合作统一由汕头国际经济技术合作公司经营，该公司于1992年经对外经济贸易部批准，开展对外劳务合作业务。1992—2000年，对外劳务合作累计派出劳务人员2047人次。分布在毛里求斯、牙买加、塞班岛、厄瓜多尔、圣卢西亚以及中国香港、澳门等15个国家和地区。2000年年底，在外劳务人员190人。当年还为下年度输出毛里求斯培训了100名劳务人员。

第四节　经济发展

一、工业

（一）工业发展概述

特区的工业生产，在龙湖工业区基础设施尚未动工之前，首家工业企业汕头地毯厂有限公司于1980年临时与汕头市安平区对外加工办公室合作，利用金砂路安平区橡胶制品厂厂房先行试产，1982年产值40万元。1983年9月汕头地毯厂有限公司迁入特区第一幢通用厂房正式投产。同年进入特区投资设厂的还有生产电子玩具和塑料制品的两家企业。当年生产地毯11.9万平方英尺（76.77平方米），电子玩具2.98万打，产值347.5万元，比1982年增长768.75%。1984年，特区仍处于建设初期，还存在着交通运输不便、资金短缺、能源不足等困难，因此，工业发展以引进投资少、耗能少、用人多、周期短、适应性强、资金回收快的产业为主。当年，新投产的企业有7家，主要生产电动玩具、塑料制品、服装、地毯、五金铝制品，产品销往香港、澳门、东南亚和欧美等地，工业产值为555万元，创汇160万美元。1985年，特区地域扩大，基础设施逐步完善，开始有计划地发展电子、陶瓷、食品等3大骨干行业。当年兴办内联企业17家，“三资”企业和自办企业分别发展到22家和6家，职工人数达3156人。这45家企业以轻工业和加工工业生产为主，产品增加了陶瓷、工艺美术品、食品罐头、医药器材等。至此，特区工业已有服装、建材、塑料制品、医药、五金制品、电子元件、建筑材料、有色金属材料、陶瓷、工艺日用品、家私等30多个行业。当年，工业总产值4475万元，比上年增长706%，占工农业总产值的80.8%，出口创汇1167万美元。1986年，外引内联工作发展很快，投产的工业企业增至96家，且增加了微电机、提花绒布、测温仪、烤鳗、羊毛针织机、羽绒枕头等新产品。当年工业产值13040万元，占工农业总产值的92%，产品70%以上进入国际市场。工业出口总额2730万美元。1987年，工业行业增加塑料原料、钟表元件、制革、化妆品、钻石、印刷包装等门类，并在继续发展劳动密集型工业的同时，逐步引进一些规模较大、技术较先进、具有创汇能力的项目，其中包括鮀滨制药厂年产800万支粉剂药品的自动化生产线。此外，特区工业还形成了一批新的拳头产品，如烤鳗厂生产的烤鳗，全部远销日本市场；梭子蟹肉罐头打进食品卫生检查最严格的美国市场；保健食品厂试产成功的润津口香糖，被确定为第六届全运会的选用产品。当年投产的工业企业发展到145家，产值为31000万元，比1986年增长137.7%，工业出口创汇6771万美元。

1990年，特区工业生产有较大发展。全年新投资工业企业92家（不含农村工业），其中“三资”企业63家；实现工业总产值18.32亿元（1990年不变价）。其中“三资”工业产值11.7亿元；自办、内联企业工业产值6.09亿元；农村村办工业产值0.53亿元。特区工业出口产值达13.9亿元。

汕头经济特区扩大到市区后至2000年，汕头工业部门贯彻“工业强市”方针，使工业经济保持较快增长，经济效益明显提高。2000年，全市完成工业总产值815.8亿元。其中，规模以上企业完成产值360亿元。国有及国有控股企业完成59.19亿元，集体企业完成138.46亿元；大中型企业完成71.65亿元。规模以上工业完成销售产值335亿元，完成出口交货值103.52亿元，工业产品销售率93%。724家规模以上工业企业全年实现税利19.8亿元，实现利润7.75亿元，经济效益综合指数116.49%。

1. 电子工业

电子工业是特区重点发展的工业之一。1984年8月，汕头特区发展总公司与北京钢铁学院合资兴办开明电子开发有限公司，从事冶金工业用电子计算机自控和检测仪加工销售和技术开发等。1985年，电子工业企业增至5家，主要利用来件组装和来料加工。这一年生产APPLE-Ⅱ微电脑、电子表；来料组装“838”计算器、变压器等共56万只（台），产值和加工值计262万元。1987年，电子工业企业发展到9家，其中内联企业8家，外商投资企业1

家，职工总数409人，增加了卫星电视接收天线、放大器、微波测距仪、数字温度表等一批技术档次较高的产品，产值644.3万元，比1986年增长3.5倍，出口值77.46万美元。1990年，特区已投产村以上电子钟表工业企业19家，全年完成工业产值8683万元，占全区工业产值的4.9%。主要产品有电子原配件、电子表、石英表、卫星接收器、微波测距仪、家用电器、工业测试仪器等。其中电子元件产量32788.9万只，手表产量25.6万只。电子行业除新投企业较多外，逐步向技术密集型发展。电子工业产品质量也有提高，在全国电子行业质量评比中，有两家企业上榜，其中华亨电子陶器器件有限公司生产的高频电容获第二名。钟表企业向深加工发展，由原来成表装配转向零部件的生产，如英华精密电子有限公司把原来靠进口的精密齿轮、轴等零配件转向自己生产。

在信息化浪潮的推动下，汕头电子信息产品制造业从20世纪90年代起发展迅猛，形成了以电子元器件、通信器材、工业应用电子产品为主导，数字光盘、无线数据网络、计算机外接设备、终端产品相结合的产品结构和产业结构，电子信息制造业成为汕头工业经济的支柱产业之一。2000年，全市电子信息生产企业销售收入500万元以上的企业有24家，实现总产值51.2亿元，比1990年增长13.3倍，年均递增34.4%，比全市同期工业总产值年均增幅高出7.3个百分点。同时涌现了一批规模较大的骨干企业，年产值超5000万元的企业有12家，其中8家年产值超亿元。

2. 陶瓷工业

特区陶瓷工业生产始于1985年。当年4月，华达宝陶瓷制作厂有限公司成立，利用白胚瓷加工生产各种仿古花瓶、花钵、茶具等。1986年，特区陶瓷公司成立，进行陶瓷制品的生产、加工和承办“三来一补”业务。是年特区陶瓷产品产量达1883.55万件。其中出口679万件，出口值557万美元。1987年，特区又增加进出口公司陶瓷工艺分公司等3家陶瓷工业企业，陶瓷产品增至3335.52万件，出口值1790.87万美元。1990年，特区已投产的村以上陶瓷工业企业17家，新增4家。全年完成产值6183万元，占全区工业产值的3%。陶瓷行业注重引进国外先进技术工艺和机械设备，使产品和原料都有新的改变和发展。出现了具有西洋色彩的工艺陶瓷产品，在原材料质方面，开始由陶和瓷向半陶发展，使陶瓷产品重量有所减轻，色彩更加艳丽。莲花工艺品制造有限公司试机投产，月产值10万美元以上，产品全部出口，销往美国、日本、加拿大、德国等国家。

汕头经济特区扩大到市区后至2000年，汕头的集体所有制工艺美术行业因历史包袱重、竞争乏力等困难，致使生产不正常，销售额和利润下降，职工下岗。而个体经济和私营企业却快速发展，原市区98名初中级的技艺人员，全都进了私营企业。1993年，汕头市陶瓷工业总公司组建汕头陶瓷（集团）公司。从单一生产贴花纸，到开发生产高中低压系列陶瓷电容器。其间组建了汕头经济特区电子陶瓷器件公司、与港商合资成立汕头经济特区华亨电子陶瓷器件有限公司。2000年，集团完成销售总额19398万元（包括外发加工产品）、税利132万元、出口创汇1995万美元。

3. 食品加工工业

食品加工工业是特区重点发展的行业之一。1985年3月，中外合作企业维力食品厂发展有限公司开业。该公司从事面粉类食品加工，当年产值139.5万元。1986年食品加工企业增加至6家，工人达376人。当年产品计有凉果制品、烤鳗、梭子蟹肉罐头等10多个品类应市，产值达822.14万元。1987年食品加工企业有8家，产值3301万元，占当年特区工业总产值的11%。至1990年，特区已投产村以上食品加工企业33家。全年完成工业产值18579万元，占特区工业总产值的12.1%。特区食品加工业已向系统化发展，如保健食品厂生产的人参、灵芝、蛇舌草等口香糖系列产品；向健康营养型发展，开发新兴的绿色食品，如具有国际标准的沙棘饮料等；向国际市场发展，如鳗联的“金龙”牌烤鳗在日本超级市场销售等。

汕头经济特区扩大到市区后至2000年，食品行业与外商合资企业2家，内联企业4家，行业出现了多种经济成分组合的联合体，台湾海霸王、香港四洲食品集团、新加坡金味集团、泰国正大康地集团等一批颇具实力的外资食品加工企业落户汕头，成为汕头食品行业的主力军。同时一批民营食品加工企业迅速兴起，如广东集味村食品有限公司、汕头茂发实业有限公司、汕头市侨丰集团有限公司、汕头经济特区澳士兰牧场有限公司、广东粮丰集团有限公司、广东大印象集团有限公司等，使汕头市的食品行业蓬勃发展。至2000年，全市规模以上食品工业企业127家，食品工业年总产值达75亿元，其中上亿元的企业有10家。获全国驰名商标1个，中国名牌农产品1个。

4. 纺织服装工业

轻纺工业是特区工业企业中最大的行业。1981年只有1家，工人200人，产品只有地毯。至1985年，轻纺工业企业发展到8家，工人932人，产品也增加了各式服装、羊毛制品、包装、玩具、首饰等10多个品类，产值1975.27万元，占当年特区工业总产值的40%。1987年轻纺工业继续发展，企业增加到39家，工人总数4000人，产品涉足欧、美、西亚等地市场。当年产值15099万元，占当年全区工业产值的49%。1990年特区纺织服装工业企业发展迅速，村以上纺织服装企业从上年的92家发展到124家，完成工业产值66670万元，占特区工业总产值的34.83%，产品全部出口。

汕头经济特区扩大到市区后至2000年间，国有、集体纺织服装企业逐步萎缩，市纺织工业总公司转型为企业，管理市区12户困难企业。而民营、外资、合资合作企业迅速发展。民营纺织企业尤其是潮阳的乡镇纺织服装从家庭作坊向规模化企业发展，成为全市纺织工业发展的主力。至2000年，纺织工业已经发展到有化纤、梭织、针织、印染、复制、服装、鞋帽、服装配件、渔网等较为齐全的行业，拥有规模以上企业207家，实现规模以上工业产值64.9亿元，占规模以上工业总产值18.85%。

5. 化学、医药工业

特区化学医药生产始于1984年，至1987年，共有2家医药工业企业，1家化学工业企业。1990年，行业完成工业产值14374万元，占特区工业产值的9.91%。当年新投产厂家多，由上年4家增加到13家，由于聚酯切片厂、化学制药厂、华明医药公司等一批企业的投产，生产能力成倍增加，增幅近3倍，开发生产出了较多的新产品，如龙药片、高效消毒片、一拍冰袋以及系列化妆品等。汕头特区医药生产行业通过外引内联，广泛吸收国内外先进技术和资金，成为特区一个重要行业。鮀滨制药厂、星群海鸣有限公司、化学制药厂、华明医药公司、利源来制药厂等5家制药厂，1990年工业产值1.3亿元，出口创汇700万美元。化学行业开始产生一些世界名牌的产品，如雅莉安化工有限公司生产的雅利安化妆品系列、南源日用化工有限公司生产的永芳化妆品系列等都畅销世界市场。

1996—2000年是汕头化学工业全面发展的阶段。乡镇企业、民营企业的异军突起，改变了以国有企业为主体的化学工业结构。汕头海洋集团成为全国18个化工基地之一，精细化工集团成为广东三大精细化工基地之一，五洲集团的液化石油气销售占粤东地区的半壁江山，区办企业红卫化工厂发展为创高集团。一批民营企业如西陇化工厂、光华化工厂、澄海宏光化工有限公司、广东东方锆业科技有限公司等迅速发展，成为汕头化学工业的支柱产业。2000年，行业营业收入超过38亿元，净资产超过33亿元，出口额2.8亿元。人均创销售收入70万元，达历史最高水平。

汕头经济特区扩大到市区后至2000年间，汕头医药工业发展较快，药品生产企业从原来12家增至27家，工业产值从1987年的5800万元（1980年不变价）增至2000年的126832万元（1990年不变价）。医药工业已形成能生产片、胶囊、口服液、丸、膏、软胶囊、粉针、冻干、水针、冲剂、糖浆、散、药酒、颗粒剂和原料等15个剂型，年产化学原料药2000吨、制剂药60亿粒（片、支）、医用B超探头（主机）1.5万台、医用X射线胶片2000万平方米、药包材5亿套的生产能力。

6. 五金、建材工业

特区五金、建材工业起步较晚。建材工业生产自1986年开始，当年只有中外合资兴办的华青建筑材料有限公司 1 家，1987年增至2家，工业总产值109万元。五金工业生产也是1986年开始，当年只有1家，1987年发展到2家，主要产品有特种螺丝钉和拉丝、铁钉等，当年产值86万元。1990年特区已投产村以上五金、建材工业企业13家，全年完成工业产值3910万元，占特区工业产值的2.5%。主要产品有紧固件、石材、玻璃制品、水泥制品、地砖等。

汕头经济特区扩大到市区后，1993年汕头市五金电器工业总公司改为经济实体，1997年划归市机械（集团）公司管理。汕头机械（集团）公司根据属下企业的情况，重点发展食品及包装机械、电工电器、工业锅炉及辅机等产品。2000年集团改制为股份制企业。1997—2000年，合计实现税利9714万元。1999年汕头机械（集团）公司完成工业总产值48294万元（1990年不变价），创历史之最。

随着建筑行业的迅速发展，汕头建筑器材业开始规模化生产，产品有门型脚手架、铝合金门窗、钢质门窗、钢质支柱、梯形架、伸缩梁、钢木模板等。主要生产企业是汕头市车辆器材厂，1993年该厂生产达到最高峰，此后生产逐年减少，1999年5月起停产。1996年，汕头市天河工程机械有限公司成立，是一家主要生产ZL40、ZL50轮式装载机的民营企业，也是广东省唯一一家生产系列轮式装载机的工业企业，1999年该厂生产销售各类建筑机械产品1000台。

7. 塑料皮革工业

1984年，外商独资企业华益制品厂和溢兴实业有限公司相继成立并投产，共生产塑料首饰、圣诞装饰品等203吨，产值92.4万元。1985年塑料制品业有4家，产量共达411吨，产值为449.57万元。1987年塑料皮革工业企业发展到16家，产值达到2962万元，占当年特区工业总产值的9.6%，在工业行业中列第4位。至1990年，特区已投产村以上塑料皮革工业企业41家，新增9家。全年完成工业产值25564万元，占特区工业总产值的13.3%。2000年，全市有塑料化工规模以上企业121家，完成产值64.69亿元，占全市规模以上工业总产值18.91%。

8. 饲料工业

特区饲料工业企业只有正大康地汕头有限公司1家。该公司是外商独资企业，投资者为香港正大康地国际有限公司（泰资），于1983年5月签约，注册资本100万美元，实际投入543万美元，1984年6月正式投产。1984—1987年有11316平方米的自建厂房1座，各种生产设备3台（套），工人55人。该公司主要从事鸡、鸭、猪和鳗鱼等饲料的生产，原料主要来自国内，产品全部内销。1985年生产各种饲料15959吨，产值1567万元。1986年产量12290吨，产值967万元。1987年达到建厂以来最好水平，产量增至21415吨，产值达3350万元，产量和产值分别比上年增长74.2%和246.4%。至1990年，特区投产村以上饲料工业仍有3家，全年完成工业产值6441万元，占特区工业总产值的4.5%，饲料工业引进的设备较先进，产品质量较高，其中正大康地和德源实业公司两家属先进技术型企业。这些饲料大多是进口替代产品，以内销为主。10多年来，正大康地汕头有限公司经过了三次扩建，产能由最初48吨/日到1989年360/日吨，发展到1992年792吨/日，仍未能满足市场需求。1995年公司在澄海投产建设产能864吨/日的现代化饲料厂。从1988年至2000年，该公司累计销售额为29亿元，创税利10513万元，资产总额达到1.15亿元，进入饲料行业全国百强和外商投资企业全国500强行列。

（二）工业结构与技术改造

1. 工业产业结构

改革开放以前，汕头工业基本是以手工操作为主的、分散的小企业，较大型的企业极少。改革开放以后，经过调整和建设，汕头市基础较好的轻工业优势得到了发挥，重工业也有较大的增长，已有纺织、感光、超声、电子、食品、医药、塑料、陶瓷、工艺、磁记录材料等20多个行业的轻工业体系和电力、机电、铸造、采矿、建材等重工业行业。工业结构以轻工业为主体。1980年，全市轻工业产值15.25亿元，占全市工业总产值80.77%；重工业3.63亿元，占工业总产值19.23%。1990年，汕头市乡及乡以上轻工业产值88.49亿元，占全市乡及乡以上工业总产值74.49%；重工业产值30.30亿元，占乡及乡以上工业总产值25.51%。2000年，全市轻工业产值622.36亿元，占全市工业总产值77.72%；重工业产值178.37亿元，占全市工业总产值22.27%。至2000年，全市销售收入超亿元的企业有66家，占规模以上工业企业的9.1%，完成产值158.54亿元，占规模以上工业企业的54%；大中型工业企业47家，占6.47%，完成产值66.7亿元，占22.72%。

2. 工业技术改造和创新

改革开放以后，汕头市逐步增加企业更新改造投资，1978—1987年，汕头工业企业先后引进了一批20世纪80年代先进技术水平的生产线和技术设备，工业产值增长中，科技进步含量逐步有所提高。

但总的说来，汕头工业技术水平仍不高，行业技术不平衡，传统工业技术人员相对多些，外向型工业企业技术人员则不能满足生产需要。1987年，汕头市统计局组织对全市494户出口创汇工业企业（包括县及县以上和部分乡办企业）的生产经营情况进行调查，结果表明：494户企业生产设备落后，部分设备不足的有333户，占67%，企业技术人员缺乏的有188户，占38%。

工业技术改造起点晚，内涵扩大再生产滞后。1983年以后，才开始意识到对现有企业进行技术改造是发展工业经济的重要手段。此后，逐年增加技改投资。1978—1986年，全市用于物质生产部门的技术改造投资7.88亿元（只含全民所有制企业），平均每年增长速度为40.4%，超过同期基本建设投资增长26.8%的水平，但从投入资金的实际流向看，技术改造中采用新技术的少，运用老技术的多。

根据工业普查数据，1986年汕头市现有工业企业中，老企业多且设备技术水平较低。1985年年底已安装国有设备原值7.62亿元，其中，20世纪80年代出厂的占49.9%，其他的是新中国成立前至20世纪70年代出厂的工业设备。这反映了工业企业技术设备档次低。

1988年以来，在推进技术改造过程中，工业部门打破所有制界限，多渠道筹措和吸纳资金进行工业建设。1988—2000年，汕头市工业技术改造立项计划1384项，完成技改项目525项，技改投资计划994864万元，实际投入技改资金580826万元，其中，上级拨款13726万元、贷款或自筹567100万元。

二、农业

（一）种植养殖业

特区既发展外向型工业，也发展创汇农业，显示了自己的特色。特区刚起步就成立农业发展联合公司，先后建立了园艺场、蔬菜场、蜜柑示范场、养鸡场、养蛇场、水产养殖场、农副产品加工场等，引进了新品种、新技术，有效地提高了特区农业的创汇能力，也带动了潮汕农业经济的发展。

1982年，农业发展联合公司在滨海滩涂上划出一片土地，办了两个农业区：一是农业试验区，面积为2300亩；二是农业控制区（农业推广用地），总面积28950亩。从1983年起，逐渐引进国外的优良品种，进行小面积种植、试验。1984年开始大面积种植推广，出口创汇。1985年珠池区划入特区后，龙湖片区共有耕地11407亩，其中水田6239亩，旱地5168亩。总播种面积27774亩，粮食作物播种面积19125亩，经济作物为8649亩，分别占播种总面积的69%和31%。此后，随着特区建设事业的发展，该区的土地逐步被征用、开发，耕地面积逐年减少。1986年耕地面积减少到10756亩，总播种面积也相应缩小为25386亩，分别比上一年缩减5.7%和8.6%；粮食作物和经济作物种植面积则分别为17641亩和7745亩，占当年播种总面积的69%和31%。1987年耕地面积10126亩，播种23938亩，分别比1986年减少5.86%和5.7%。这一年粮食作物15185亩，经济作物8753亩，分别占总播种面积的63%和37%。畜牧业方面，特区农业发展联合公司成立后，于1982年办起了养鸡场，先后从美国引进饲养了“AA鸡”“罗斯鸡”“星杂288”，还有本地土鸡、火鸡。1985年2月，特区第一家直属国营水产养殖专业公司——汕头经济特区水产开发公司成立，开展水产养殖，主要养殖品种有鳗、虾、蟹。养殖企业除了利用本区的资源和条件，还利用腹地养殖基地，在区内及汕头市7个县（市）开辟养殖场，初步建成了以鳗、虾为主要产品的养殖出口商品基地。

1990年特区农业生产保持平稳发展。当年农业总产值2112.2万元（1980年不变价），增长8.1%，占全区工农业总产值的比重由上年的2.1%下降到1.4%。其中，种植业产值435.3万元；渔业产值1264.8万元；牧业产值276.4万元；副业产值92.9万元。全年农作物总播种面积32073亩，其中粮食作物播种面积16643亩，经济作物5262亩，其他作物10168亩。主要作物产量：粮食作物总产量4850吨，其中谷物2164吨；经济作物总产量626吨；蔬菜6913吨。全年生猪饲养量32558头；三鸟饲养量18.2万只；全年肉类总产量1465吨，渔业生产总产量14931吨（其中特区内5557吨），水产品出口总量6314.1吨（其中特区内出口创汇2303.4万美元）。

20世纪90年代初期汕头农业开始转型，农业和农村经济结构调整的步伐加快，商品农业、三高农业、现代农业的规模逐步扩大，农村经济的活力和后劲增强。种植业向高产优质方向发展。粮食播种面积基本稳定，通过推广良种良法，开展创高产活动，推行“五统一”管理和社会化服务，实行粮食责任制考评制度等，粮食生产技术和产量水平有较大提高。1991年，全市水稻耕地年平均亩产首次突破1000公斤大关，达到1016公斤，成为全国成建制地级市首个双季水稻“吨谷市”。至2000年，全市双季稻年亩产达到1099公斤，连续10年获得“吨谷市”称号。一级谷以上优质稻达到42%。蔬菜生产发展较快，成为农村经济的重要支柱。至2000年，全市蔬菜播种面积达到59.66万亩，占农作物总播种面积的28.53%。水果生产在市场经济影响下，出现一定的波动。1988—1990年是汕头市水果生产高峰期，形成以柑橘、香蕉、菠萝、荔枝四大岭南名果为主的生产格局。此后，由于生产发展较快，市场供给骤增，供求关系发生根本性变化，成本增加，价格下跌，挫伤了果农的生产积极性，水果生产呈逐年下跌趋势。1995年全市水果面积16.95万亩，总产量13.13万吨，比1990年分别减少36.3%和47.8%。1996年后，及时调整生产布局和品种结构，引进了一批优良新品种，开展规模经营，建设商品基地，水果生产向优质化方向发展。至2000年，全市水果总面积17.72万亩，总产量12.46万吨，其中优质水果占5成多。畜牧业生产持续增长。通过推广项目计划，基地建设“菜篮子工程”，品种改良、人工授精、配合饲料、集约化饲养、人工种草等一系列先进实用技术，有效提高了畜牧业的经济效益，加快了传统畜牧业向现代化畜牧业转变的进程。2000年，全市肉类总产量10.73万吨，禽蛋产量1.44万吨，牛奶产量6316吨。

至2000年，全市农业总产值45.26亿元（按1990年不变价），比1987年增加了27.1亿元，平均每年递增7.3%。在农业总产值中，种植业产值16.23亿元，年均递增4.2%；副业产值9.09亿元，递增13.8%；渔业产值12.78亿元，递增11%。至2000年全市农村人均纯收入变化很大，比1987年人均收入795.11元增长了4倍多。

（二）造林绿化

特区初建时期，主要是在特区内的道路两侧和住宅小区配套种植绿化树木。1991年后，汕头经济特区经历了“造林绿化—造林绿化与商品经济结合型—生态林和商品林分类经营”的过程。通过开展绿化达标，全民义务植树和创建造林绿化“四佳”、“400佳”活动，掀起造林绿化高潮。

1985—1994年，汕头市按照省委、省政府关于“十年绿化广东”的战略部署，大力开展宜林荒地、荒滩、公路、农田、村庄的植树绿化工作，全面推广容器育苗，共育苗6400

亩，提高造林成活率；营造以台湾相思、小叶桉和马尾松等为主的针阔混交林，累计造林24万亩。形成多层次抗逆性强的混交林，林果结合、以林护果、以果促林的防护林体系和自然式农田林网骨架初具规模。造林绿化，有效地改善了生态环境，促进工农业生态的发展，获得良好的生态、社会和经济效益。绿化达标后，全市林业工作主要放在森林资源管理上。1995年起，对全市森林进行分类经营，启动生态公益林体系建设。完成50万亩生态公益林体系的规划，其中规划水源涵养林9.5万亩，水土保持林25.5万亩，沿海防护林3.5万亩，农田保护林4万亩，特种用途林7.5万亩（包括森林公园2万亩，自然保护区0.4万亩，风景林及工业环保林0.8万亩，自然保护小区4.3万亩）。1999年6—7月，按照省的统一部署和要求，对全市生态公益林初步规划面积进行核查，在此基础上形成《汕头市生态公益林体系建设规划》方案。

1997年，汕头市率先在省内启动深汕高速公路“汕头路段”绿色通道建设，并启动了红树林造林、水源林林分改造及南滨路笔架山复绿等生态公益林建设项目，逐步构建具有汕头特色的林业建设体系。

在开展全民义务植树运动的过程中，各级领导都带头参加义务植树。驻汕部队、人民团体也纷纷发动和组织部队官兵、机关干部、青年民兵、妇女，参加义务植树活动。营造“军民共建林”、“青年林”、“民兵林”、“三八林”（以3月8日妇女节命名）、“成人林”等。据统计，自1983年至2000年全市参加义务植树活动共2080万人次，植树3380万株，建成各级绿化挂钩点170个，义务植树基地144个。

三、商业

（一）经营场所

1. 商场与步行街

改革开放以后，市场发展快，国营、集体、个体经济一齐上，商业网点不断涌现，新型的商业服务设施在老市区出现，并向新市区延伸，从外马路沿着汕樟路、金砂路陆续建起汕樟商场、京汕商场、汕头商场、商业贸易中心等，新型商业网初具规模，其间也陆续新增中小商店，商业网点群逐个形成。在汕樟路与金砂东路交界处一角，汕樟百货商店、京汕轻纺工业品商场、金馨百货商店、振华华侨百货商店、新兴家私商场、汕头医药贸易中心商场，华侨新村的服装小商品商业街，连成一个正方的商业网络，是新开辟商场最热闹的地方。市区商业中心从小公园逐渐转移，在金砂东路的商业贸易中心，拥有1家大商场，1座5层楼的贸易大楼，10座展览馆，2座仓库，它与物资贸易中心，韩江百货商场，华侨友谊百货商店，金三角五金机械商场等形成一个更大的商业网。此外还有平原、长厦、飞厦、龙眼新住宅区众多的商铺，一些市级、区级新开办的商场，特区高档商品商场等。

1983年年底开始，商场出现装修热潮，1985年汕头商业系统改造装修零售店141个，面积2.97万平方米，投资总额866.7万元。经过装修的门店，销售额比装修前增3成左右。1986年市区商业网点由1979年的3367个发展到1.25万个。

1989年，汕头经济特区对外商业总公司自筹资金兴建的万商楼开业，4000平方米的零售商场经营着上万种中外名优新特商品。

1990年2月10日，汕头华联商厦开业。汕头华联商厦是商业部在全国18个沿海开放城市、经济特区统一命名、统一标志的全民所有制企业之一，位于汕头市潮汕路，主楼高14层，建筑面积1.25万平方米，其中裙楼3层为商场，营业面积2100平方米。

1991年，省政府决定有计划地在省内大中城市建设一批现代化的大中型商业网点，并由省政府财贸办公室负责网点设施项目的立项审批。经批准立项的项目，企业可按有关规定向当地银行申请贷款，其贷款可以用项目新增利润偿还，不足部分经财税部门批准，可以减免该项目新增营业税归还。汕头市协助企业申报立项。1992年全市国合商业（国营商业和合作商业）的网点建设经批准立项11个，总投资3320万元，其中自筹资金1230万元，贷款2090万元。1993年汕头经济特区国营外币免税商场新址建成，商场建筑面积达1.5万平方米，主要经营百货、食品，成为粤东地区第一个采用计算机管理系统全面实行条形码控制和财务结算、营业面积超1万平方米的现代化零售商场。1996年1月28日，建筑面积2.3万平方米、营业面积1.5万平方米的大型零售商场——南方大厦（汕头）友谊百货有限公司建成开业，这是当时粤东地区装修最高档、设备最先进的现代化商业零售场所。11月，由香港锦龙集团独资兴建的明珠广场购物中心在汕头市衡山路中段开张营业。该中心营业面积一至三层共1.5万平方米，开业初期还提供免费巴士接送服务。1997年12月，位于汕头市金砂路迎宾广场南侧的金海湾国际名店开业，营业面积6000平方米，主要经营中高档国际品牌的消费品。2000年12月，由汕头经济特区龙湖乐园发展公司开发建设的大型购物中心——南国商城正式交付使用。南国商城位于市区长平路中段，总建筑面积8.3万平方米，主塔楼高16层，东、西楼高各6层。地下层开设沃尔玛大型超市于当月21日开业。

2000年11月4日，汕头市首条商业步行街——华侨新村路揭牌向游客开放。步行街首期东起金新路交叉口，西至金陵路交叉口，北侧增设65个售货店，南侧设置6部自动售货机，还统一架设沿街遮阳板和广告灯箱。沿街130多家商铺经营商品主要以服饰、化妆品和旅游商品为主。步行街在东西两侧设立金新、金陵两个免费停车点供顾客使用。

2. 集贸市场

1978年以后，集市迅速发展，至1987年全市集贸市场共376个，各地还出现上市商品种类专一与多品种、多规格、吸引力强、联通全国各地的专业集市56个。

1983年以后汕头市场外通国内外各地，内联潮汕各县，成为粤东进出口、转口中心集散地，与日本、新加坡、泰国、美国、法国、加拿大、澳大利亚、马来西亚、沙特阿拉伯、黎巴嫩等20多个国家和中国香港、中国澳门地区有贸易往来。联通国内各省市，建立各地的购销点并构成渠道畅通的流通网络。专业集散市场逐个形成，有家禽、水产、海鱼、药材、茶叶、服装等7个。位于市区升平路的海鱼集市，拥有2500平方米的交易大厅、配套可停靠70艘船只的码头，每天进场购销人员1500多人，高峰期每天成交160多吨。渔市不但解决当地水产品销路，而且吸引香港及广东、福建、海南等地的大量水产品。上市鲜鱼除供应市区及毗邻各地外，有的冷冻后运销河南、河北、辽宁、北京、上海等地。

1991年年初，市政府部署、制定“八五”期间市场建设规划。各级政府都将市场建设作为一件大事来抓，因地制宜、突出重点、多渠道筹资，全市出现市场建设的热潮。1991—1993年，全市投入市场建设资金共2.3亿元，新建、改建、扩建市场58个，建筑面积28.08万平方米。1991年12月17日，位于汕头市金砂路北侧的金凤城商场开业。该商场占地面积2万平方米，建筑面积4.3万平方米，投入建设资金近亿元。商场拥有门店1128个，集商务、金融、购物、饮食、游乐、服务于一体，配备电动扶梯和升降式电梯，是粤东地区规模最大的楼层式专业市场。当时较有影响的专业市场还有安平电器市场、水果批发市场、中山布料市场、中山服装专业市场、汽车总站小商品市场等。

1994年，市场建设围绕市政府提出的把汕头建设成为埠际性物资批发中心和区域购物中心的要求，重点培育发展一批规模大、档次高、功能齐全、辐射力强的大型批发市场和商贸中心。为解决市场建设资金不足、用地紧张的困难，各地改变长期以来由政府部门投资建设市场的做法，按照“政府领导、统一规划、合理布局、多方兴建、工商统管”和“谁投资、谁得益”的原则，支持和鼓励国有、集体、外资企业出土地、出资金建市场，出现事业单位、乡镇、外商投资兴办市场的新格局。是年全市投放市场建设资金2.3亿元，新建、改建、扩建市场27个，面积达30万平方米。1995—2000年，总共投资11.96亿元，陆续建成服装城、电器城、汽车交易市场等一批专业批发市场，初步形成黄河路以服装、电器、食品为主的消费市场群体；潮汕路以金属材料、机动车辆等生产资料为主的市场群体；火车站一带的农副产品批发市场、站前综合市场、水果中心市场为主的市场体系。至2000年年底，全市拥有各种类型市场203个，建筑面积107.2万平方米。其中专业批发市场32个。

（二）商品流通

1979—1987年，商品流通领域逐步从计划经济体制向市场经济体制尝试过度，但仍以计划经济体制为主。

1979年以后，商业部门的工业品购进渠道从过去单纯的系统内调拨发展到系统内购进、地方工业品购进、计划外采购和收购华侨商品四条渠道。

农副产品收购主要有食糖、生猪和三鸟。食糖：1983年以前，商业部门在当地收购后除了当地供应外还有调出，后来当地产糖逐年减少，1986年之后开始外调和进口。生猪：1979年以后，生猪收购量年年上升，1984年，收购量达12万吨，是有史以来收购的最高峰。1985年取消生猪派购，此后汕头没有上调生猪任务，主要从江西购入活猪，1987年调进生猪30185吨，汕头市区90%左右生猪是从外地购进的。三鸟蛋品：1980年以后，禽、蛋都属3类商品，放开经营，国营收购的鸡、鸭、鹅，数量很少。

1979年以后，国营批发商业独家经营的局面被打破，市场出现竞争，在商业内部各专业公司之间，允许一业为主，综合经营；各行业、各部门也纷纷开设商店，兼营批发业务，各种贸易中心，商场等相继建立。国营商业的计划商品逐渐减少，在开放政策的形势下，经营门路比以前拓宽，流通渠道比以前通畅，尤其是汕头属沿海城市，门户打开，洋货进来，给商业经营带来新的机遇。改革开放后一段时间，国营商业经营由海关、公安等部门缉获的“私”货，如手表、电子表、收录机、电视机、尼龙布等商品，销往内地各省，往往获得厚利，1979年，地区百货公司经营进口电视机、收录音机、电子计算器等商品，就获利312万元。而国内的议价商品购销也大有可为，因此虽然在经营上碰到一些困难，但除了食品公司在1985年因取消生猪派购，确实面临困难外，其他几个专业公司都得到发展。

1991年11月30日和12月13日，市政府发文批准市商业局所属外轮供应公司、市供销社所属干鲜果副食品公司和市粮食局所属粮油对外贸易公司等30家企业增加经营自产产品出口和生产所需设备、原材料进口业务。经营方式增加生产、加工（含“三来一补”及发外加工）项目，标志着国合商业企业经营领域向国外市场延伸。1992年起，经市政府批准市直国合商业均成为特区企业，其中60家经营实力较强的、有能力经营进出口业务的企业先后经市政府批准享有自营进出口经营权。这批企业逐步从单纯内贸型向内外贸结合型转变，进出口业务从无到有，从小到大。汕头市物资总公司入选全国进出口额最大的500家企业，市商业企业（集团）公司被列为全市出口创汇前10名。1994年，市商业企业（集团）公司、市供销社企业（集团）公司分别入选全市出口创汇超千万美元的企业。

1996年，实现商品购销的平稳增长和消费品市场的持续繁荣，全市批发零售贸易业商品购进总额360.56亿元，商品销售总额387.21亿元。1997年，全市商品购进总额431.04亿元，商品销售总额477.98亿元。1998年，全市商品流通工作在亚洲金融危机引发国际经济动荡和市场疲软的复杂环境下，采取开拓市场、扩大内需、搞活流通的一系列措施，促使商品购销持续增长。全市商品购进总额338.34亿元，商品销售总额484.67亿元。1999年，市政府发出《关于进一步开拓国内市场搞旺商品流通的通知》，鼓励企业开拓国内市场。是年全市商品销售总额429.54亿元。2000年，全市商品流通经济运行保持平稳发展态势，全市实现社会消费品零售总额218.99亿元，其中城市零售额133.31亿元，农村零售额85.68亿元。全市限额以上批发零售贸易业商品购进总额72.29亿元，商品销售总额74.86亿元，其中批发65.72亿元，零售9.14亿元。

1979—2000年汕头市社会消费品零售总额表

表3-3 单位：亿元

年份	社会消费品零售总额	年份	社会消费品零售总额
1979	5.48	1990	34.30
1980	6.88	1991	43.91
1981	7.99	1992	54.39
1982	8.63	1993	66.20
1983	9.42	1994	91.13
1984	11.12	1995	108.20
1985	14.31	1996	129.85
1986	17.66	1997	153.27
1987	22.87	1998	178.10
1988	32.03	1999	200.41
1989	35.54	2000	218.99

四、旅游业

（一）主要旅游景点

妈屿岛 位于汕头港正东的出海口，与市区人民广场水上距离8公里，全岛面积0.197平方公里。它与东南面的德屿岛和南面的澳头乡升旗山形成鼎立之势，踞于汕头港口而成汕头港的门户。它是海防要地，清康熙五十六年（1717），清政府在这里建立炮台，派兵防守。汕头开埠前，这里已是一个渔村。

妈屿原叫放鸡山，传说以前渔民出海经过此地，必备活鸡1只，到岛上朝拜“天后圣母”，祈求一帆风顺，满载而归，然后将鸡放生，放鸡山因而得名。因岛上建有妈祖庙（即天后圣母庙），故又称妈屿。妈屿昔属澄海县时，《澄海县志》将这里的渔火列为该县8景之一，称“估舶桅灯”。民国23年（1934）版的《汕头指南》也将这里的“鸡港樯林”“妈屿观潮”两景列入“汕头八景”。岛上原有东海普陀寺、双忠节宫、龙王庙及新、老天后圣母宫等7座庙宇，大部分已颓圮。东海普陀寺在岛的北麓，始建于清乾隆年间，寺虽颓废，寺门“东海普陀山”石刻横匾和基础垣阶尚在。现存两座天后圣母宫，老宫建于清嘉庆二十年（1815），民国5年（1916）和民国17年（1928）曾两次重修，今只存残迹；新宫建于清光绪年间（1875—1908），1981年重修，建筑精巧，集中体现了潮汕木雕、石雕和嵌瓷三大传统建筑装饰艺术。

新津河游乐场 位于汕头经济特区东南面外充公乡的凤头坝上，距汕头市区6公里，有汕充公路直达。这里是新津河的出海口。新津河属韩江支流，河面宽广，南流入海时带来大量细沙于此处沉积而形成蜿蜒数公里、宽数百米的天然沙滩。游乐场内设游泳场，游泳场外围，有一条石砌大堤，挡住了连接太平洋的外海咸水；游泳场内，沙地柔细，水质洁净，是进行海水浴、淡水浴的天然游泳场。游乐场由龙湖行政管理局投资兴建，于1987年6月1日开业，实行“免费开放，有偿服务”。

东湖海滨游乐区 位于汕头经济特区广澳片区东湖乡附近的蚝口湾，拥有700米长海岸线和大片密林沙丘，离岸200米内海水深1～2米，沙滩宽约100米，沙质清净。泳区海床平缓，夏季波平、浪细、水清，海天一色。游乐场内还有崖门朝晖、石室涛声、松林月影、白沙清渚、海上渔筏、桃园农业、山村茅舍、流水沙村等天然风景点。是1991年汕头经济特区扩大后增加的景点。

汕头市礐石风景名胜区 是潮汕地区首批国家AAAA级旅游区，广东省首批省级风景名胜区，汕头八景之首，汕头十大城市名片之一，总面积20.77平方公里。位于汕头市南区北部，与北市区隔海相望。处韩江、榕江、练江三江汇流出海口，是一个海湾环抱、具有亚热带风光的天然滨海风景名胜区，具有“山、海、石、洞”景观特色。1979年景区接待人数约7万人次，2000年景区接待人数约41万人次。

北山湾度假区 省级旅游度假区。位于汕头市达濠区北山湾的天然海湾，是一个集游览、观光、休闲、度假为一体的综合型旅游度假区。于1995年7月建立。度假区整体面积3万多平方米，依山傍水、绿树婆娑；湾长、浪细、沙软、水清。是消暑纳凉、游泳度假的胜地。白天既可踏浪嬉水、驾艇冲浪，又能骑马、登山寻幽；晚上既可烧烤营火、品茗赏月，又能放歌起舞，听涛读海，回归自然的怀抱，消除繁华都市生活的疲倦，是市民和游客消暑度假的好去处。

汕头中信高尔夫海滨度假村 位于汕头市达濠区境内，距深汕高速公路河浦入口处2公里，距324国道河浦入口处3公里。1994年7月建成对外开业，是集旅游度假、会议、住宿、餐饮、娱乐、健身于一体的综合型休闲旅游度假区。度假村陆地面积2168亩。依附海滩建成度假型高级酒店，高尔夫球场和一系列娱乐服务设施。度假村酒店拥有九公里长的专属黄金沙滩——中信龙虎滩，为纯天然无污染的海滨浴场，娱乐康体设施配套齐全，设有大型会议中心、别墅、客房、餐厅、健身中心、歌舞厅和海水泳池等系列服务设施。高尔夫俱乐部占地1868亩，27洞国际标准杆球场，包括后九洞山地球场，果岭全部采用美国进口老鹰草（Tif-Eagle），内部设施除了中西餐厅、客房等更配有更衣中心、VIP房、球具专卖店等，会所后有面积约700平方米的推杆练习场，及占地7.87公顷的大型草地挥杆练习场。

汕头农业科学园。汕头农业科学园位于汕头市区北侧，创建于1997年，总占地面积约16万平方米，是潮汕地区规模最大、设施最完备的现代都市农业生态园。景区以汕头市农业科学研究所为依托，集科研示范、旅游观光、科普教育、生产经营等功能于一体，突出“自然生态、环保教育、农业科技”三大特色，展示现代农业、都市农业、生态农业、观光农业的独特风貌。

青云岩风景区 市级风景名胜区。位于汕头市达濠区东南部。从深汕高速公路、324国道均可直达。青云岩占地约2平方公里，位于景区最高峰大望山的青云禅寺，始建于明嘉靖五年（1526），经历多次拓建，寺庙布局造型庄严、肃穆、辉煌，历代均有高僧住持，中国佛教协会原会长赵朴初曾为青云禅寺正门题下“虚室有万象，青天无片云”之楹联。是潮汕地区重要的宗教场所之一。

中山公园 中山公园位于汕头市中心，公园总面积20.18公顷，1926年奠基，1928年建成开放，历经多次改扩建。公园四周绿水环绕，园中亭台楼榭、假山奇石、绿树繁花、小桥流水、景色绮丽。园内有假山、牌楼和九曲桥三大景观，是一座休憩性、娱乐性、文化性相结合的综合性公园。

华侨公园 华侨公园是为纪念第九届国际潮团联谊年会在汕召开而兴建，象征着海外潮人情系故土，热心建设家乡。华侨公园于1996年10月建成，面积14公顷，与海湾大桥相距3公里，全园划分三个功能区：纪念区、观赏区、游览区。已建设的景区有：公园西大门及景墙，华侨纪念亭主景区，侨林风韵，锦上添花景区。

另外汕头还有汕头美食、潮汕工夫茶、潮剧、潮乐、英歌舞、抽纱、木雕、陶瓷、动物舞等人文资源景点。

（二）旅游从业人员培训与管理

中共十一届三中全会以来，前去潮汕地区的旅游客源日增，1978年3万多人，1981年达15万人。旅游事业的发展，使大量没有经过培训的人员直接参加接待服务工作，普遍理解政策和业务水平偏低，出现影响国家声誉的现象。随着管理体制、经营方针的改革，旅游服务队伍的培训，逐渐得到各接待部门的重视。

1981年12月16日，汕头市旅游风景区管理领导小组成立。翌年3月起，分四期对系统内各所属单位的服务员、接待员、司机进行一次轮训，使学员掌握接待外宾的礼节和餐厅服务要求，结业时进行全面考核。

1984年4月16日，汕头市外事办公室、侨务办公室、旅游公司、中国旅行社联合举办对外宣传接待人员培训班，学员来自市区各对外宾馆、旅游公司、侨社、中旅社和各县、市侨办、中旅社负责对外宣传接待工作的干部，学习内容包括：国家的外事、侨务方针政策；对外交往礼节、礼貌及涉外人员纪律；做好生活服务接待工作技巧等。学习时间10天，学习期间还组织全体学员到广州、佛山参观，开阔眼界。随着旅游业的交通、饭店、旅行社、风景区和旅游服务设施、游乐设施等建设的发展，1986年5月，汕头市旅游局成立业务教育工作的机构——宣传教育科，负责培养旅游管理、宣传、导游翻译、专门技术和大批服务人员的工作。

（三）旅游业发展

1988—2000年汕头市旅游业发展主要项目数据表

表3-4

年份	游客合计（人次）	内地游客（人次）	境外游客（人次）					旅游创汇（亿美元）	旅游收入（亿元）
			合计	外国游客	华侨游客	港澳游客	台湾游客		
1988	—	—	173922	56588	11611	105723		1.78	
1989	—	—	140051	46857	6640	86554		1.69	
1990	994699	817980	176719	58817	15189	86481	16232	2.31	
1991	1127322	929001	198321	76705	7387	99750	14479	3.53	
1992	809451	629915	179536	77756	4376	80194	17210	3.53	
1993	748965	566429	182536	79204	—	—	—	0.46	8.82
1994	658004	528734	129270	62235	—	—	—	0.77	7.78
1995	641697	527132	114565	58242	—	—	—	0.79	8.70
1996	1547314	1433353	113961	51669	3988	49459	8845	0.87	24.98
1997	1785180	1638745	146435	45754	8639	88255	3787	0.99	28.27
1998	1796365	1609057	187308	46078	5984	120493	14753	1.02	28.70
1999	1883887	1666970	216917	43492	—	159621	13804	1.05	30.41
2000	2128495	1849236	279259	53177	—	203092	22990	1.16	35.04

五、交通运输

（一）公路运输

因行政区划调整，汕头市公路运输包括辖市区、澄海、潮阳、南澳4个市县公路汽车运输。至2000年营运线路173条，其中跨省124条、跨市36条、市区13条。营运客车1401辆、36464个座位，其中大型车700辆、25779个座位，中型车403辆、7711个座位，小型车298辆、2974个座位（不含出租的士车）；年客运量1627万人，客运周转量19.2亿人公里。营运货车9202辆、27382载重吨位；年货运量740万吨，货运周转量4.5亿吨公里。三级货运站3个，面积9.5万平方米，堆场面积2万平方米，库房面积5900平方米，停车场3.8万平方米，进场经营业户89家、日均进场车辆300辆、发送货物2200吨；有4个货运交易场，面积9.7万平方米，仓库面积800平方米，年交易量12.5万吨。

1. 客运

1978年改革开放后，客源剧增，流量、流向也出现了不同需求，这就促进了运输线路的扩大、延伸，运输模式的改变。

省内跨市长途班车　改革开放前，由于政策规定，省内跨市只有汕头汽车总站至广州，运距472公里的长途客班车，以及部分毗邻市县班车运输。从1979年起，汕头汽车运输公司属下各汽车站都开辟本地区至广州、深圳、惠阳、梅州等客班车。1990年该公司已同全省20个地级市开展班车对开业务，其中汕头总站日发40多个班次。

跨省长途客班车　省际班车至1982年仍局限于汕头、潮州至漳州、厦门等客班车。1981年汕头创办经济特区，全国各地到汕头经商、务工、探亲、旅游等流动人口日益增多，从而促进了省际班车的迅速发展。汕头汽车运输公司以汕头汽车总站为中心，班车不断向周边省、市、重镇，直至边远地区辐射。1992年7月开通汕头至江西抚州班车（运距800公里）、至湖南衡阳班车（运距1100公里）、至广西南宁班车（运距1100公里），每天各对开1班次。1994年班车直通江西、福建、湖南、广西、浙江、江苏、安徽、四川等省，营运线路共有23条。1995年广梅汕铁路通车后，汕头市汽车客运总公司（汕头总站）避开铁路线，发挥公路汽车运输的机动灵活特点，不断拓宽长途或超长途班车线路覆盖面。

2000年，汕头市汽车运输总公司跨省、市长途班车线路共有120多条，班车里程90493公里，日发230班次，通达闽、赣、湘、浙、桂、琼、豫、鲁、川、滇、黔、渝、鄂、苏、皖、沪等16省市自治区。最长运距汕头至贵州赤水2405公里，日夜兼程，3天到达。

2. 货运

公路运输市场的开放，促进了货运生产结构的调整，由普通货物运输逐步向集装箱运输，大型件运输，冷藏车运输，危险物品运输等特种运输转变。

集装箱运输　改革开放后，汕头设立经济特区，实行优惠政策，灵活措施，吸引港澳台及海外客商前来投资办厂，大量的物资运输通过香港集装箱车进出关。1991年11月汕头市汽车运输总公司首先成立集装箱运输公司，首批引进7辆牵引车与香港直通车在深圳皇岗口岸接驳。1993年9月汕头经济特区运输总公司与香港东源大地有限公司合作，由港方投入集装箱牵引车30辆，经营香港集装箱接驳运输。至1995年全市有集装箱车244辆，2000年增至343辆。

大型件运输 1989年9月汕头市运输公司直属企业汕头市大型件运输公司成立。在没有集装箱牵引车的情况下，将平板车改装为既可装运集装箱，也可运载超长物品的两用车。1990年成功运载由日本引进的盛丰材料生产线设备11批3740吨（自汕头港至感光材料厂）。1991年6月该公司购进180吨特大型平板车投入生产，填补粤东地区大型件运输的空白。

零担快件运输 1979年以前只有汕头汽车运输公司独家经营。1980年以后，为适应商品经济的迅速发展，各运输企业根据货源结构的变化，加快零担快件运输。首先是发展省际零担班。1989年3月汕头汽车运输公司首次开通汕头至上海零担班，运距1624公里。至1988年该司开辟的跨省长途零担货运班线有36条，营运里程10858公里，连接上海、浙江、福建、江西、广西等省市。每月开出272个班次，年完成零担货运量26750吨，527850吨公里。其次是发展小件快运。大多当天托运，当天到达，小而快。1996年汕头市汽车客运总公司与全省专业运输公司签订快件运输协议，利用专线客班车，快客大容量行李仓，捎带小件物品。至2000年，全市有7家企业开展快件运输业务。再次是发展联运业务。1985年，汕头市运输公司成立货运中转站，与香港港联货运公司合作经营汕头至香港直通车运业务。1986年，全市有37家运输企业开展公路、铁路、港口联营联运业务。1988年，汕头市汽车运输公司所属汕头货运站特聘厦门火车站派员驻汕头，对经往鹰厦铁路转运全国各地物资，实行就地托运，就地启票，就地运载，使托运物资迅速运输。是年经厦门高崎铁路中转的货物达4688吨。

（二）水路运输

1. 内河运输

据1979年统计，汕头地区国营和社营（即集体）的内河客、货船3584艘，39030吨位，5594客位，功率13762千瓦；货运量419万吨，货运周转量18460.1万吨公里。1980年起，原有水运企业的货运量虽有过小起伏，但总体下降，难以经营，直至停止营运。如市区的西堤港务公司和市水运总公司的专业船队均于1995年停止内河货运业务。内河客运，主要由汕头市航运总公司（前身是汕头航运局）下属单位经营。2000年全市（主要是乡镇）内河货船471艘，19520吨位，功率22140千瓦；货运量185万吨，货运周转量2775万吨公里。

1979年10月，榕、练、濠江的客运有汕头西堤至揭阳（榕城）、灶浦、关埠、西胪、桑田、潮阳（棉城）、河浦、达濠等8条航线在运营；随着公路客运的发展，分流了大量的客源，使水路客运逐渐萎缩。最先是潮阳（棉城）线于1987年8月停航；灶浦线、桑田线、揭阳榕城线、河浦线、关埠线于1994年2月至2000年7月先后停航。2000年底，只有达濠线和西胪线运营；钢质客货轮4艘，647客位，17吨位，功率339千瓦；客运量4.32万人，客运周转量114.4万人公里。

2. 海洋运输

国内沿海货运

1979年，国内沿海货运（即内贸货运）航线主要是汕头—汕尾—广州的大三角航线。是年，汕头地区国营和社营沿海货船439艘，24624吨位，11892千瓦；内贸货运量82.58万吨，货运周转量27112.3万吨公里。实行“放宽、搞活”政策以后，集体和国营发挥各自优势，开通汕头至珠江三角洲航线。1989年，市航运总公司的兴利轮开通南北航线，最长的距离是天津到黄埔。

1979—2000年，沿海货运船舶经历淘汰水泥船、木质船、小吨位钢质船，发展液化石油气船、集装箱船、成品油船、大吨位货船的过程。20世纪70年代末，集体企业沿海货运船舶大多数是100吨以下木质驳船和货拖船。国营船舶有钢质、木质和水泥船，其中以载重150吨、300吨和400吨的“粤海”钢质杂货轮为主力，1981年1月淘汰水泥船，1985年8月淘汰木质船。1989年6月，汕头经济特区联合航运公司的泰安轮是汕头第一艘营运液化石油气（LPG）船。1991年9月，市航运总公司改装的兴安轮投入港澳线集装箱运输。1999年，市帝远海运有限公司的帝星轮是汕头市第一艘营运万吨货轮。2000年，汕头市沿海货船23艘，49028吨位，16430千瓦；货运量51万吨，货运周转量117667万吨公里。

港澳地区及近洋货运

1979年，汕头地区由汕头航运局独家经营香港、澳门地区与省内沿海各港口间的货运（也称外贸货运）业务。该局沿海货船中获准航行港澳线为14艘，3550吨位，3918千瓦；货运量10.2万吨，货运周转量2779.55万吨公里。1984年起，始有集体企业和中外合资企业获准航行港澳线。此后不少水运企业陆续获准航行港澳线。2000年，全市获准经营港澳线货运船舶126艘，81883吨位，功率61341千瓦；货运量44万吨，货运周转量15558万吨公里。

1989年10月，市航运总公司的兴利轮首次抵达印度尼西亚，从事近洋货运业务。后因该轮作价入股广东海运股份有限公司而至1992年7月退出近洋货运。

为方便华侨和港澳同胞回乡探亲观光，1979年12月26日广东省革命委员会决定，开辟汕头至香港客货轮航线。1980年1月24日，鼎湖轮（502客位）首次从汕头开往香港，重新开通已停航28年的汕头至香港航线。1980—1981年该轮由省港澳航运公司经营，1982年起由汕头航运局经营。该轮1985年6月退出汕香线营运。汕泰船务有限公司购置的龙湖轮（621客位）于1984年11月至1987年6月27日经营汕香线客运。汕头航运公司于1987年9月和1988年5月先后从香港珠江船务有限公司接手独立经营潼湖轮（710客位）和南湖轮（558客位），又于1993年4月购置金湖轮（800客位）。汕香线客运高峰是1992年达27.75万人。以后随着广汕公路改造完成尤其是深汕高速公路建成，客源迅速下降。2000年3月11日南湖轮从香港开出，载客11人，翌日抵汕头后，市航运总公司结束这条航线的客运业务。

（三）铁路建设与运输

1. 铁路建设

1983年5月26日，汕头、梅县两地区联合向省政府报送《关于要求修建广（州）梅（县）汕（头）铁路的报告》。1988年7月28日省政府批准成立广梅汕铁路公司，作为业主单位配合省铁路建设指挥部（1990年2月更名为广梅汕铁路建设领导小组办公室）开展前期工作。1991年5月31日，省政府与铁道部联合在惠州举行广梅汕铁路开工典礼。1995年7月19日全线铺轨完毕。至此，起于广（州）深（圳）铁路常平站（东莞境内），经惠州、河源、梅州、揭阳、潮州，止于汕头，全长479.323公里，总投资39.6亿元的广梅汕铁路全线贯通。

广梅汕铁路在汕头市境内有11.5公里，从潮安县庵埠镇梅溪村过梅溪大桥进入龙湖区翟家园，跨越汕汾公路立交桥进入珠池路与华山路交界处东面终点站。1992年12月23日汕头路段控制性工程梅溪河按特大标准开工。1995年7月5日铺轨进入汕头地界，7月19日全线接通。汕头货运站（火车北站）位于汕头市北部下蓬镇流美村，占地面积53.34万平方米，与铁路线同步建设，1995年9月完成货场专用线铺轨连接。有主货场1个，货场专用线13条，油料专用线1条，站线7股，站台面积2.5万平方米。年吞吐能力300万吨。汕头客运站综合大楼于1993年12月28日开工，该大楼高11层，总建筑面积10.8万平方米，年通过能力800万人。工程于1997年11月竣工。

2. 客运

1995年12月28日，随着汕头至广州首趟旅客列车的开出，开通汕头直达往返内地部分省市的旅客运输。1996年1月，汕头先后开通广州、深圳、岳阳、武汉的6对往返旅客列车，当年客运量达到89.44万人。1997年1月增开汕头至韶关往返旅客列车1对。1998年7月23日至2000年5月3日，先后开办汕头至北京、张家界、桂林、黄山4条线路的旅游专列。1999年春运和2000年春运期间，分别临时开通汕头直达山西太原和湖南衡阳旅客列车各1对及汕头至安徽合肥的旅客列车。1995年12月至2000年年底共发送、到达旅客656.3万人，行包101.2万件。

3. 货运

1995年9月27日，广梅汕铁路全线第一趟货运列车从汕头火车站始发，试运营3个月后，货物运输正式投入运营，先后开通了铁路零担、整车、集装箱等类型的铁路运输，货运量不断增长，1996年铁路到达发送运量117.9万吨。1997年11月，集装箱货场开办国际联运业务，可直接承办与香港地区和越南、蒙古、俄罗斯、哈萨克等国家的国际铁路集装箱运输业务。1998年6月15日，珠池港区疏港铁路正式投入运营，开了港口专用线由铁路运输部门修建、营运、管理的先例。从1995年9月至2000年年底，汕头铁路到达、发送货运量721.3万吨。

4. 仓储与装卸

广梅汕铁路总公司对铁路旧的营运体制进行改革，采取由铁路企业出地，地方企业出资的形式，共同经营合资货场。至2000年，已有广梅汕铁路联运、集装箱货运、广汇储运、金厦物资、金厦冷库、龙鹏等6个合资货场及广梅汕铁路装卸公司汕头作业所，6个货场有职工511人，占地42.87万平方米，装卸专用线13条，长7760米，仓库1.12万平方米，配备制冰车间、冷库、露天货场、各种装卸机械和疏运车队，承办国内外集装箱、鲜活冷冻物资和其他各种货物的仓储、装卸业务。

（四）民用航空

1. 机场扩建改造

扩建工程 1986年6月20日，经国务院批准，机场停航进行扩建。首期工程于当年12月31日竣工并复航。扩建工程为：主跑道长2500米，滑行道长2500米，联络道8条均为水泥质；跑道可供200座的波音757飞机起降，达到国家二类机场标准；停机坪从8000平方米扩至24000平方米，可同时停放4架波音737飞机，两座登机桥分别与国内国际候机楼连接；扩建中心变电站，并建成民航自成体系的助航灯光系统；扩建进场公路。

机场的第二期扩建工程有国内候机楼、国际出境厅、货运仓库共3项，于1987年动工。国内候机楼，建筑面积4600平方米，1989年10月15日建成启用；国际出境厅，建筑面积1700平方米，1992年8月1日建成启用；货运仓库面积970平方米，1993年5月建成交付使用。

应急改造工程 1996年10月11日开始对机场进行应急改造，汕头市政府投资1.8亿元，1997年11月18日工程竣工交付使用。改造后的候机楼面积2.29万平方米，并安装4座登机廊桥，地面服务设施相应配套。停机坪面积扩至7.2万平方米，可同时停放5架波音757和7架波音737客机。

2. 客、货运输

1979—1986年，只有广州—汕头1条航线，飞安24和伊尔14小型客机，每周不足10个航班。1979年，发运旅客和货物分别为5.27万人次、846吨。

机场经过二期扩建，扩大规模，提升等级，通航飞机多为波音737、757客机。航线1990年达到14条，每周航班30多个；1995年发展到哈尔滨、北京、上海、西安、成都、武汉、昆明等42个城市和境外的香港、曼谷、新加坡、吉隆坡、古晋。每周航班170多个，形成联结全国大半地区的空中交通网络。中国国际、东方、南方、北方、西北、西南等6个骨干航空公司和厦门、武汉、浙江等近10家地方航空公司都竞相参与汕头民航大营运。旅客和货邮行吞吐量连续9年攀升。1987年20.07万人次、2423吨，1992年达到110.8万人、l.8万吨，两项居全国第12位。1995年创最高纪录，分别是196.2万人、2.97万吨。1996年起逐年下降，是年旅客和货邮行吞吐量为183.83万人、2.88万吨。2000年航线35条，其中国际3条，香港l条，内地31条；旅客和货邮行吞吐量分别为104.38万人，1.89万吨。

（五）城市公共交通

1. 公共汽车

1979年，汕头市区公共汽车由市城建局属下公共交通公司经营，有公共汽车59辆，行驶线路为市区6条、郊区4条及工厂专线3条。线路总长83.41公里，客运量2181万人次，行驶里程143.36万公里。1980年起，公交公司先后新建北墩（现洋滨）、鮀浦路（现大学路）、金砂东路3个停车场，扩建大华路停车场，总面积达到1.11万平方米；建成鮀浦路头加油站，大华路汽车修理厂。还随着市区扩大调整延伸线路，1994年公共汽车增至106辆，营运线路9条，线路总长88.95公里，客运量1738.4万人次，行驶里程413.8万公里。这时期公共汽车线路稀、车辆少、运行密度低、候车时间长、乘客拥挤。

1995年4月开始，公交公司进行以精简机构、改善管理、推广无人售票为主要措施的改革。并与香港冠忠游览车有限公司合作经营，于当年12月28日购进25辆空调大客车投入第6、第12线路运营。由于这些改革的举措，次年公司开始扭亏为盈。

1998年10月，公交公司更名为汕头市公共交通总公司。为拓展业务，该公司与达濠区公交公司合作成立联南巴士有限公司，合作经营市区人民广场至达濠海马池的第16路车。

同年，公交总公司成立由职工参股集资的众盛巴士有限公司，与澄海市汽车运输总公司合作开通汕头小公园至澄海汽车总站的第18路公共汽车；后又与潮安县运输总公司合作经营汕头小公园至潮安县汽车站的第7路公共汽车。加上公交总公司开辟的其他线路，至2000年底，汕头市区有公共汽车线路23条，线路总长338.9公里，公共汽车262辆，年客运量4971.3万人次，行驶里程1742.3万公里。

2. 出租车

汕头中旅社、鮀岛宾馆、国际大酒店、龙湖宾馆在20世纪80年代初开始陆续配置近40辆接送住客小轿车。1991年11月30日，汕头市首家出租车公司——汕头交通小汽车出租公司成立开业，首期20辆天津产夏利车按规范投入营运。此后，该行业迅速发展，1992年有企业42家，营运车832辆。1999年达到最高峰，有企业51家，营运车3535辆，客运量约4000万人。2000年有出租车企业47家，营运车2687辆，客运量约3000万人。

3. 过海轮渡

1979年，汕头过海轮渡由市公共交通公司属下的轮渡站经营，有码头3座，木质渡船3艘，钢质渡船2艘，共1605客位，行驶于西堤至礐石、人民广场至礐石两条定期航线和人民广场至妈屿岛不定期旅游航线上。1981年9月1日，轮渡站从市公交公司分出，成立汕头市轮渡公司，属市城建局领导。1984—1990年，市政府投资300多万元，建造4艘新型钢质渡轮。1990年6月结束了木质船营运历史。1990—2000年，轮渡公司先后筹资1600多万元，建造6艘上层坐客，下层载车，两边4舷门，载客近千人的大型渡轮，并在各码头新建与渡轮配套的液压跳板5座，使旅客过渡更加安全，且可载运小机动车，使过海车辆分流，减轻汽车渡口压力，减少车辆过海费用，也为企业创造了效益。1994年扭转11年亏损的局面，之后连续7年盈利。2000年，轮渡公司有职工202人，码头4座，渡轮8艘，游船4艘，共5062客位，年客运量836.74万人。并为现役军人、离休干部、70岁以上老人和残疾人提供免费过渡。

六、邮电、通信

（一）邮政

汕头市邮政业务至2000年年底，已办函件、包件、汇兑、集邮、邮政储蓄、报刊发行、特快专递、机要通信、商函广告、礼仪等业务；新开发的延伸业务有：入账汇款、礼仪汇款、邮储特快汇款、限时信函、税务专递、护照专递等。

函件 1978年后，汕头市邮电部门为适应汕头经济发展需要，加强居民用邮服务，增设信箱邮筒，创新业务品种，1980年，汕头市邮电局恢复办理“邮局代发广告”及“存局候领”业务。1985年市区出口函件784.92万件。1985—1999年，开办特快专递、直接交换国际邮件、有声信函、限时信函（即利用邮政通信服务网点和现代传输手段，在国内一定区域范围传递真迹书面通信、合同和信息，根据时限要求，划分为当日递、次日递限时信函两种）和礼仪类的省内定时投递信函。至2000年年底，汕头市邮政局办理的函件业务包括国内函件和国际函件。

包件 1978年后，包件业务不断增长，1980—1983年市区收寄包件59.54万件。1985—

1998年不断拓展包件新业务，有快递小包，引进包件自动分拣系统以及邮政枢纽工程，对邮件的搬运、分拣、统计，直递邮件等，对大宗批量邮件简化手续、减少中间处理环节，加决邮递速度，采用直收、直运、直投方式为用户服务。2000年10月1日起，全国县以上城市的城区范围内实行包裹按址投递到户服务。至2000年年底，市区收寄包件营业点有金砂、外马、岐山、外环、汕樟、广场、安平、潮汕、珠池等9个局所和5个郊区分局。

储汇 1986年8月1日，汕头市恢复开办邮政储蓄业务，陆续开设邮政储蓄网点。1987年全市邮政储蓄户数9874户，邮储余额875.22万元，其中市区储户4180户，邮储余额401.02万元。1990年，中国人民银行、邮电部决定邮政储蓄由代办转为邮电部门自办。为此，汕头市邮电局成立了储汇科，专门负责全市储汇业务的经营管理。邮储业务的种类除原有的定期、活期业务外，还开办保值储蓄、有奖储蓄、代办保险及具有邮电特色的代缴话费、代发工资、汇转储、储转汇等业务。1992年1月28日，开办礼仪储蓄业务，以定活两便形式存取和计息，分别在市区、县范围内邮储营业点通存通取。1998年，汕头市区各邮储网点全部实现联网，邮储代缴话费业务实现通存通缴，同时，邮储本地网与市话网、移动网实现互联，开办实时代缴话费业务。1999年，邮政储蓄利用全省联网的优势，开办了省内“邮政特快入账汇款”业务。2000年1月实现与全省100个市（县）近1500个邮储网点、500台ATM自动柜员机联网。至12月份，市区20个邮储网点全部实现全国联网，通存通取，同时再开通ATM自动柜员机21台，POS机19台。至2000年年底，全市邮储余额达到6.85亿元。

1978年后，汕头市邮政汇兑业务发展较快，特别是1982年汇款最高限额从300元提高到5000元后，个人汇款，尤其是个体工商户、专业户的高额汇款日益增多。是年，汕头市区汇出汇票18.43万张，汇款收入11.40万元。1992年12月28日，汕头市邮电局在市区开办国际邮政汇兑业务，成为全省第一批开办国际邮政汇兑业务的8个通汇局之一。1994年7月汕头市邮电局开始在全市25个点开办快件汇款业务，至2000年年底，全市邮政汇兑当年开汇票179.4万张，实现汇兑收入2070.83万元。

报刊发行 20世纪80年代以后，汕头市邮政报刊发行业务根据市场及用户需求而不断调整其相适应的机构。1995年7月成立报刊投递服务公司。1999年后利用新开发的邮区邮政综合计算机网，在窗口收订、汇总、要数、分发等环节实现数据共享，采取微机联网，实现跨区收订，加快处理时间。汕头市邮政局还增加多种服务方式，如电话预约收订、投递用户续订单、上门收订，摆摊设点收订、对大型企事业单位采取集订分送等。同时大力发展报刊零售业务，1999年3月，在市区设立40个邮政书报刊亭，截至2000年年底，市区有书报刊亭55个，书报刊连锁店、门市部17个，报刊收订营业点18个。汕头邮政报刊发行量从1979年的1936.99万份发展到1999年的7057.96万份，2000年后，随着《汕头日报》《汕头特区晚报》等大报刊的自办发行，汕头邮政报刊发行业务量降至6037.05万份。

特快专递 汕头市邮政于1990年开办国际、国内邮政特快专递业务，成立汕头邮政速递公司，全面负责特快专递邮件的经营和进、出、转口处理工作。国内特快专递邮件有信函类、文件类和物品类；国际特快专递邮件有信函类和物品类。当年的特快专递为8.13万件，2000年达到51.8万件。

（二）电信

1. 有线通信

电报通信 1979年汕头市有线电报电路25条，无线电路12条。1990年年底电报结束话传的通报方式，1991年开通传真，并实现以电传自动转报为主要的通报方式。1991年汕头首次开通64路公众电报分集器（BJC32/64型），使汕头到省电报二级电路和支局电传电路，通过分集器实现自动转报，同年还开通256线用户电报交换机（SJC/02型），使交换机总量达到256回线，各式各类终端设备也逐步更新为智能电报终端设备。1992年、1993年相继开通微波和光缆线路，电路开始向数字化、自动化发展，使整个网络更适应各种业务的需要，实现不同速率、不同类型终端的互通，电路的利用率更高，质量更好，数据通信业务从此走向主流。

1998年8月，汕头公众电报网、用户电报网进行技术改造，公众电报网取消传统的时分复用（TDM）和频分复用（FDM）载报传输设备及自动转报设备，启用先进的现代的分组交换网和本地电话网承载电报业务。

进入20世纪90年代后期，汕头电信事业飞跃发展，各种新技术、新设备支撑的通信网相继开通，先进通信方式不断应用，电话计算机不断普及，电信智能化、个人化、信息化及多样化的特点日益突出，传统的电报业务已经不适应国民经济信息化和社会信息化的需要，因此电报业务交换量每年以20%～30%的速度下降，至2000年12月底仅有729824份。但由于电报业务服务面广，具有文件性、法律依据等特点，同时承担普遍服务，所以电报业务在通信市场中仍占有一席之地。

长途电话 汕头市长途电话电路至1978年底共有77路，1986年增至296路。其中有线电路129路，微波电路167路，电路交换方式有自动、半自动、人工。

1991年，开始开通数字微波，是年有长途电路2121条，其中数字电路1260条。至1993年，以微波和光缆为主要传输方式，以自动为主要交换方式。同时全长2896公里，投资4.6亿元的中国南海光纤干线（24芯）全线开通，汕头在潮州节点处以支线的形式开通12芯光缆线路，提高汕头长途网的综合能力。

汕头敷设光缆始于1991年，当年只有光缆0.8（皮长）公里，1997年增至1003.2（皮长）公里。1994年开通广州—汕头622兆比特每秒（mb/s）SDH全国首条光纤同步数字系统，1997年光纤数字终端设备容量151680路。1994年汕头市局向北京机要通信局租用通信卫星设备开通汕头至沈阳直达卫星电路，汕头至成都55条应急卫星通信电路，缓解粤东通往东北和汕头通往四川方向的长途电话紧张状况，也填补汕头没有卫星通信的空白。

1995—1997年，汕头卫星地面站开通汕头至武汉（120路）、汕头至天津（120路）、汕头至哈尔滨、沈阳及汕头至昆明、成都、重庆的卫星电路。1995年还开通汕头第二长途交换局（澄海长途交换局）4020路端，使长途电路有更大的弹性迂回能力。1997年长途电路总数达到12450路。1997年9月份市局拆除长途人工台，结束长途电话由人工接续的历史，并且实现长途电路网络传输数字化、交换程控化。传输手段也从过去的架空明线转变为光缆、微波和通信卫星。2000年全市长途程控自动交换机容量38020路端。

市内电话 1978年，汕头市电信局采用国产JZB-1A型步进制自动电话交换机（2000

门）取代70型旋转制交换机（1000门），并增设共电式小总机（200门）1部（装于汕头地委），交换机总容量达2200门。1985年市内电话使用从新加坡引进的102型纵横制自动电话交换机7000门。1986年，市话拥有电话机总容量12440部，实占10063部，年底用户数10125户。

1987年，汕头与日本NEC电话公司签约引进的NEAX6lE型多功能程控交换机12000门正式开通，从此汕头的市内电话步入程控化的行列。是年，交换机总容量达到19200门，实占16336门，经过3年多的不断扩容，1990年市话交换机总容量达到10万门，其中程控电话占90%以上。1992年，汕头纵横制自动电话交换机全部改为程控电话交换机，至此市区的市内电话交换设备从机电制式向程控制式转变，全面实现市内电话程控化，程控交换机总容量达到157300门。是年，市局市话总容量达到16.3万门，市区电话普及率为18.5%。

1993年，由汕头市电信局技术人员自己设计、安装、调测的金砂程控电话第二系统1.2万门开通，市区电话交换机总容量达到20万门，市内电话用户达到18万户。电话号码由六位升为七位，一次性成功割接，这是汕头继1989年由五位升六位之后的又一次升位。由于改革开放后通信需求日益增加，汕头的通信能力仍未能满足市场的需求。1994—1997年，汕头市市内电话程控交换机总容量由329900门增至444796门，市话年底用户数由231455户增至337972户，2000年市话年底用户数572747户。

2. 无线通信

移动通信 1991年年底，汕头开通模拟蜂窝移动电话网，交换机容量2000门。1994年交换机容量突破10万门，年底用户数达到35242户，并开通全国自动漫游业务。1995—1997年汕头GSM数字蜂窝移动电话网开通后，逐渐形成交换机容量244000门的数模移动电话网络，移动电话107047户，其中数字移动电话62796户。另外，汕头还有车载式集群移动通信，应急移动通信等。

此外，经国家批准的邮电部与总参通信部联建的800兆赫频段蜂窝移动通信系统（广东新长城移动通信有限公司），于1997年12月18日正式在汕头经营；中国联合通信有限公司汕头分公司也于1997年在汕头市建设移动电话交换机楼。

至2000年年底，汕头经营移动电话业务的单位有广东移动通信有限责任公司汕头分公司，中国联合通信有限公司汕头分公司、广东新长城移动通信有限公司汕头分公司等3家。

无线寻呼通信 1988年，汕头无线寻呼系统正式开通，有无线寻呼发射机2部，无线寻呼操作终端8部。1988年年底有用户1823户。1992年汕头全自动寻呼系统顺利通过验收投入使用。1993年8月邮电部将部分电信业务向社会放开经营。此后，汕头无线寻呼业务迅速发展，寻呼功能从单一寻呼发展到有时间显示、短信息、股票行情等功能。至1997年全市有寻呼台46家，总用户数达到35万，邮电局经营的无线寻呼台在寻呼行业中发展最快，经过1988年至1997年10年的经营，无线寻呼用户数达到144604户。2000年年底，汕头经营无线寻呼业务的单位有44家，其中汕头市区27家，潮阳市15家，澄海市2家，全年无线寻呼用户总数超过了55万户，其中市区超过43万户。

3. 网络数据通信

数据通信 随着计算机通信技术的迅猛发展，汕头数据通信业务的分组交换网于1993年6月顺利开通，端口234个。1994—1997年，开通汕头本地DDN网，节点12个，端口318

个；开始建设因特网（INTERNET）节点网络；开通视聆通，节点端口378个；开办传真存储转发、帧中继及电子信箱等。至2000年有节点66个，端口2759个；帧中继有节点26个，端口1166个。数据基础业务用户从1998年全市1988户扩大到2000年3228户。

汕头宽带通信网VOD（交互式声像点播）系统和省公众高速多媒体通信网ATM（异步传送模式）汕头节点于1999年投入使用，从此，汕头数据通信开始从窄带向宽带发展。

1997年8月汕头建成因特网信息平台后，汕头在国际互联网络上有了自己的门户。1998年5月，国际互联网、视聆通信息站开始使用“汕头信息港”统一平台。2000年6月，汕头市实现政府信息网、科技信息网、广播电视电影网、汕头大学校园网、电信公众信息互网互联，构成汕头计算机信息网络统一平台。2000年年底，全市已超过16万用户，其中市区10.7万户，实现了“10万用户网上行”的计划。

IP电话　1999年6月信息产业部批准中国电信在我国部分城市组织IP电话业务试验，于2000年3月汕头市采用TCP/IP协议的IP网络，开通话机对话机连接方式的国内、国际长途IP电话业务。

七、房地产业

（一）房地产开发

汕头房地产经营始于1979年，由市房管局第一修建队在平原新村兴建住宅出售，为汕头中华人民共和国成立后建造商品房的首例。至1980年建成出售住宅建筑面积13101平方米。1980年，市房管部门与香港中发发展公司联营，在长平路中段兴建5幢商品住宅楼出售，总建筑面积7636平方米，投资150万元，是中华人民共和国成立后外商投资营建商品房的首例。1985年7月，汕头市城市建设开发总公司成立，是政府组建的首家从事房地产经营的国营单位。随后，陆续成立育同、华侨、信托、旅游、青年和市辖6个区的住宅开发公司。至1987年，市区共有13家开发经营商品房的企业。1980—1987年，市区出售商品住宅共134243平方米。

1992—1995年是汕头房地产业“火爆”的高峰期，1993年、1994年达到最高峰，至1997年才开始有所下降。1992年，对汕头市城市建设开发总公司、汕头市房地产建设开发总公司、汕头市青年住宅建设服务公司、汕头市育同住宅建设开发公司、汕头市旅游住宅建设开发公司、汕头信托房产公司、汕头市华侨房地产开发公司、汕头市建筑安装工程总公司、汕头市第二建筑工程公司、汕头市住宅建筑工程公司和龙湖区、金园区、升平区、达濠区、澄海县、南澳县、潮阳市进行统计，合计计划投资额4.6亿元，施工面积154万平方米，竣工面积86万平方米，实际完成投资额6.53亿元，投入施工面积293.5万平方米，完成竣工面积98.9万平方米。

1993年，市区各区和县（市）房地产公司68家，完成投资额30.66亿元，投入施工面积714万平方米，完成竣工面积200万平方米。1994年，对市直主营公司、兼营公司、跨地区公司、外资项目公司等4类公司，市辖4个区和潮阳市、澄海市、南澳县进行统计，完成投资额30.44亿元，投入施工面积881万平方米，完成竣工面积237.9万平方米。2000年完成投资额16.43亿元，投入施工面积335.2万平方米，完成竣工面积106.17万平方米。

房地产的开发经营模式，20世纪90年代以前是由政府拨地，国营企业开发建设经营的模式，以计划经济为主。进入“八五”时期，转为市场经济调节为主，逐步形成以企业自行选地，买卖土地开发经营的模式。由于经营房地产的企业纷纷建立，而且以营建高层商住楼、办公楼为主。随后政府加强宏观调控，通过规划、企业资质审查，严格审批发证手续，逐步步入综合开发经营、依法管理的轨道。

“八五”后期，国家对房地产实施宏观调控，市主管部门对房地产开发也实施“降温”。至“九五”中期的1998年，汕头房地产开发发展适度增长。这一年房地产业的主要特点是，竣工面积大于新开工面积，销售额大于投资额，购房抵押贷款被更多的消费者所接受，房地产开发经营向集团化、规模化、股份制发展，注重提高环境质量和创建优秀住宅小区。1999年，主管部门提出“抓住住房制度改革的有利契机，采取积极措施，启动房地产市场，加快实施经济适用房建设，加强物业管理”等举措，促进销售，盘活资金。2000年，着力市场管理和企业动态管理，执行市场准入和退出制度，执行“商品住宅质量保证书”和“商品住宅使用说明书”制度，共发放“两书”1.25万份。审批预售项目48宗，完善商品房预售管理。通过土地、计划、税收、金融财政等手段，采取减免税费、减退土地出让金等六项优惠政策，全年消化积压商品房81万平方米，盘活资金7.1亿元。

市区房地产开发企业的所有制结构，有全民所有制、集体所有制、个体，还有中外合资、外资独资混合经济等形式。1994年以后，市区房地产交易已逐步走上市场机制。

市区房地产交易市场主要包括：房产市场、中介市场。

（二）房地产交易

1979年市区居民购房积极性提高，私房交易相对活跃。1979年成交二手房产58宗；1980年，市房管局首建住宅出售给私人，计售30宗，面积2910平方米，平均售价198元/平方米。1981年以后，市区相继成立房产开发经营企业，至1987年，市区共有13家房地产开发企业经营商品房，其中，由房管部门出售的商品房共13.42万平方米，平均售价580元/平方米，房地产交易购销两旺。至2000年，市区有各类房地产开发企业153家，共出售商品房190.2万平方米，平均售价2106元/平方米，房地产交易市场已初具规模。

1988年以后，国家、省、市政府对商品房的计划、建设、售价等先后作出相关配套规定，增加部分税费。1989年，市区房产市场急剧疲软，房屋、特别是写字楼、铺面的预售十分艰难，开发经营企业资金缺口大，加上各种费用的增加，房价提高，商品房屋滞销，市区房产市场出现首度疲软。

1992年10月5—7日，市房管局与市建委、省房协汕头片委员会（市房协前身）联合在市文化宫举办首届汕头房地产交易会，有34家公司、95万平方米商品房到会展销。3天共交易认购10.99方平方米，交易额2.5亿元。1993年年初，市房管局在外马路261号筹建了270平方米场地，开辟为房地产交易市场，为房地产开发企业和置业者提供交易固定场所，在现场提供寄售、代售、中介和咨询、办证等服务。1993年1月1日起实施住房制度改革，再度刺激集团购买商品房，房产市场又恢复活力。同年国家实行宏观调控，房地产热有所降温，但市区房产市场的多层、高层建筑仍在继续建设，同时外商也看好汕头市房产开发前景，陆续到汕头投资建设新区、改造老城区。据统计，至1993年年底，有资质的外资房地产开发公司49家，跨地区商家来自北京、上海、四川、海南、深圳、广州等地房地产开发企业25家。1993—1994年，市场出现供大于求，至1994年年底，市区积压各类商品房180万平方米。空置率超过10%。

1995—1997年，市政府为搞活房地产，先后积极采取措施予以扶持：如调低商品房契税的计税基数、放宽商品房预售条件、允许预售的商品房转让、对资信较好的房地产开发企业的部分收费适当缓收、暂停审批开发用地、清理整顿原有的各家房地产开发公司、鼓励售买特惠房等若干优惠政策。有效地刺激房地产市场的升温。

1998—2000年，随着国家几度下调银行的存贷款利率，并将住宅建设作为拉动国民经济持续稳定发展的新经济增长点，房地产作为投资项目日益显现，加之市政府对市区房产市场的积极扶植：如继续执行扶持房地产发展的各项优惠政策措施、房改房准予入市交易、购买新建商品房准予入户、调整房地产市场若干税收和市区各家银行均开展购房按揭业务等，使市区房产市场得以健康有序地发展。1998年以前，市区房产交易总额中，二手房交易占总量不足10%；1998年后，二手房交易量占房产交易总额的25%，市区房产市场已逐步趋向成熟。

1991—2000年汕头市房产市场交易情况表

表3-5

年别	房产成交面积（万平方米）						成交金额（万元）					征收契税（万元）
	宗数	合计	其中				合计	其中				
			住宅	办公用房	商业用房	其他		住宅	办公用房	商业用房	其他	
1991	—	3.32	3.1	0.16	0.06	—	2678	2392	150	136	—	—
1992	702	4.7	4.2	0.3	0.2	—	5000	3700	600	700	—	290
1993	600	3.93	3.74	0.1	0.09	—	6890	5483	707	700	—	379.8
1994	2733	42.6	33.5	5.2	3.9	—	57405	32031	11464	13910	—	1386
1995	1131	11.45	6.95	1.6	0.82	2.08	32754	16837	4321	7572	4024	1015
1996	6193	68.5	66.1	—	2.4	—	144317	132126	—	12191	—	1314
1997	11600	153.1	145.4	3.2	4.5	—	371577	337557	8221	25799	—	1252
1998	23000	310.9	263.3	11.8	10.4	25.4	773732	626166	42316	63344	41906	—
1999	13609	199.9	159.6	13.3	9.7	17.3	485948	361733	35441	54980	33794	2241
2000	15608	242	190.2	17	17.6	17.2	557673	400211	39048	85036	33378	2127

八、财政

（一）财政收入

1. 工商税收

工商税收一直是财政收入的主要来源。随着经济建设的发展，列入财政收入的项目逐年增多，工商税收占财政收入的比重2000年为82.14%。

主要税种：

增值税　1984年10月，国营企业利改税后，从工商税中分出增值税、产品税、营业税三个税种。是年，增值税征收1760万元，占工商税收的7.43%；1984—2000年征收43.05亿元，占同期财政收入的23.56%。

产品税　1984—1993年征收8.12亿元，占同期财政收入的10.80%。

营业税　1984—2000年征收50.1亿元，占同期财政收入的27.40%。

城市维护建设税　1985年开征，至2000年共征收10.68亿元，占同期财政收入的5.94%。

所得税　主要包括个人所得税、城乡个体工商业户所得税、集体企业所得税、私营企业所得税、中外合资及外国企业所得税等。1983年开征，当年征收92.2万元，征收数额逐年增大。1983—2000年征收10.68亿元，占同期财政收入的5.76%，征收额最高的是1998年，计1.79亿元，占同期财政收入的10.86%。

其他各税　主要包括资源税、房产税、印花税、车船税、屠宰税、城镇土地使用税、土地增值税等。1979—2000年征收25.62亿元，占同期财政收入的13.07%。

2. 农业四税

1979—2000年征收农业四税14.35亿元，占同期财政收入的7.32%。

农业税　改革开放前，农业税征收以实物为主，后改为钱物兼收，且采取一造一价、一年一价等灵活政策。1981年以后，广大农村开始实行以包产到组、到户等形式的经营承包责任制，农业税的征收对象也由原来的生产队逐步转移到各组、各户，即结算到户、减免到户。

农业税的税率，1979—1990年在11.34%～11.45%之间，以后上下浮动不大。1979—2000年征收5.81亿元，占同期财政收入的2.96%。

1988年，由于遭受两次特大自然灾害的影响，粮食比上年减收1.37亿公斤，农业税收入2818万元，比上年减收878万元，下降23.76%。

1989年，农业生产获得大丰收，农业总产值完成45.9亿元，比上年增长15.6%。

1990年，汕头市多次遭受台风、暴雨等自然灾害的影响，粮食生产和农副产品加工遭受损失。同时，由于受市场价格因素的影响，农民收入出现下降，为了稳定农民的生产积极性，省多次追减农业税征收任务。是年农业税收入2764.7万元，比上年度下降3.19%。

农业特产税　1988年开征农业特产税，当年收入850.5万元。1988—2000年征收1.01亿元，占同期财政收入的0.61%。

1995年，农业特产税征收实行“评产定税”和逐户税务登记的办法，加强征收管理，虽然当年遭受自然灾害的影响，但征收入库保持一定的增幅。以后入库额逐年增加，1999年，征收入库1132万元。

耕地占用税　1987年开始征收耕地占用税，当年入库290万元，最高是1994年入库4020万元，占当年财政收入的3.34%。

1997年，耕地占用税征收入库额大幅下降，主要是当年耕地占用停止审批1年。以后随着占用土地的严格控制，收入逐年减少。

契税　1983年开始征收契税，当年入库6000万元，以后随着商品楼房建设的突飞猛进，契税征收入库额成倍增长。1999年3月1日起，市区原委托房地产开发单位代征契税的办法改由市财政局统一征收，并对原各代征单位进行全面清理。1983—2000年征收入库4.86亿元，占同期财政收入的2.62%。

3. 企业收入

企业收入包括企业所得税、企业上缴利润或收益、企业亏损补贴。1979—2000年，企业收入1.12亿元。

企业所得税 1986年开始进行第二步利改税，企业全面实行承包责任制，进一步完善企业所得税的征收。1996年以后，企业所得税由财政部门移交税务部门统一征收。1994—1997年征收6.35亿元，年均增幅较大，主要是各级财税部门根据税改后地方财政收入结构变化，积极挖掘地方税源，加强对建安、房地产等第三产业的税收征管工作，使第三产业的税收不断增大。1986—2000年征收11.03亿元，占同期财政收入的6.23%。

企业上缴利润和国有资产经营收益 1979—1997年，国有企业上缴财政利润2.39亿元。1998年以后改为上缴国有资产经营收益，1998—2000年上缴财政4789万元。两项合计2.87亿元，占同期财政收入的1.46%。1983年和1984年，国有企业在国家税收政策及价格因素的影响下，企业的经营业绩大幅上升，当年分别上缴利润4560.1万元和5651.6万元。以后各年随着国家产业政策的调整，国有企业经营效益逐年下降，增亏潜亏扩大，一批国有企业破产，职工下岗，这些都使财政背上沉重包袱。

企业亏损补贴 1980年，企业亏损补贴210.2万元。以后随着国家政策性调整，亏损补贴逐年增大。1980—2000年共15.04亿元。

1985年，企业亏损补贴1.19亿元，比上年增长166.25%，主要是粮食企业及粮油、煤炭政策性价格因素的补贴，计7413.7万元，占当年企业亏损补贴的62.44%。

1987—1997年，企业亏损补贴11.37亿元。其间，每年的补贴额平均在1亿元以上，增幅较大，主要是增加消化粮食企业亏损和增拨企业承包亏损补贴。尤其是1993年7月1日实施《企业财务通则》《企业会计准则》后，财政尽力为国有企业卸掉一些包袱。1993年，市财政拨出企业亏损补贴和帮助消化历史挂账1.29亿元，比上年增拨5658万元，其中，解决粮食亏损挂账2796万元。

4. 其他收入

其他收入主要有排污费收入、教育费附加收入、规费收入、罚没收入、追回赃款赃物变价收入等。1979—2000年收入17.39亿元，占同期财政收入的5.57%。

排污费收入 1986年开始收取排污费，当年收入49.3万元。2000年收入3619万元。1986—2000年收取1.44亿元，占同期财政收入的0.81%。

教育费附加收入 1990年开始征收教育费附加，当年收入410.7万元，2000年收入最高，计5992万元。1990—2000年收入3.19亿元，占同期财政收入的2.12%。

罚没收入 罚没收入以海关、工商、政法等执法部门的罚没收入为主。1979年罚没收入43.8万元，最高的1991年收入1.22亿元，占同期财政收入的10.72%。1995年后，罚没收入在预算项目中单列反映。1979—2000年收入11.13亿万元，占同期财政收入的5.67%。

1979—2000年汕头市财政预算收入情况表

表3-6　　单位：万元

年份	总收入	预算内收入					上级补助收入	上年结余收入	社保基金收入	调入资金
		合计	工商税收	农业四税	企业收入	其他收入				
1979	34161.0	25032.4	22926.6	1422.7	640.4	42.7	8057.2	1050.0	—	21.4
1980	35691.5	26475.4	22688.8	1449.0	1457.8	789.8	8450.7	737.5	—	27.9
1981	36319.1	27242.6	23415.6	1334.1	1927.7	565.2	7963.1	948.1	—	165.3
1982	39026.8	28427.9	25792.3	1460.1	680.7	494.8	9478.9	991.3	—	128.7
1983	36038.4	26398.6	22967.5	1967.2	1206.1	257.8	8413.3	1174.2	—	52.3
1984	38416.5	27564.5	23698.0	2296.3	1192.3	377.9	8532.0	588.2	—	1731.8
1985	43525.6	30441.0	37777.0	2947.4	-11223	939.6	12273.6	646.0	—	165.0
1986	58753.5	40455.9	39801.2	2505.5	-4054.7	2203.9	17072.4	845.1	—	380.1
1987	71819.5	55914.2	54501.6	3993.2	-5644.9	3064.3	12727.6	3014.1	—	163.6
1988	104017.6	83173.6	81340.2	4942.8	-7373.1	4263.7	15979.4	3189.5	—	1675.1
1989	105187.6	84784.7	79190.2	4686.4	-4613.9	5522.0	13546.1	5142.8	—	1714.0
1990	111262.3	84083.7	75745.1	4086.3	-3893.4	8145.7	18921.1	5290.5	—	2967.0
1991	141981.0	114121.0	89836.0	5672.0	-2431.0	21044.0	19258.0	5599.0	—	3003.0
1992	120266.0	93306.0	78428.0	4379.0	-2195.0	12694.0	9967.0	6772.0	9267.0	954.0
1993	173480.0	137708.0	127657.0	5555.0	-4826.0	9322.0	11260.0	4465.0	18100.0	1947.0
1994	238100.0	120309.0	92694.0	12501.0	7022.0	8092.0	71611.0	8264.0	21237.0	16679.0
1995	284140.0	145321.0	112901.0	12349.0	7022.0	13049.0	87531.0	9652.0	23865.0	17771.0
1996	247768.0	131489.0	97126.0	14017.0	1891.0	18455.0	70360.0	3675.0	24290.0	17954.0
1997	276515.0	145777.0	109935.0	12903.0	13544.0	9395.0	76400.0	3571.0	29297.0	21470.0
1998	276750.0	164666.0	134738.0	13305.0	-1204.0	17827.0	89577.0	4909.0	—	17598.0
1999	283040.0	178647.0	145718.0	14755.0	-110.0	18284.0	78439.0	2306.0	—	23648.0
2000	294223.0	189378.0	155563.0	14979.0	-193.0	19029.0	81480.0	4054.0	—	19311.0

说明：1979—1988年包括潮州，1979—1992年包括饶平、揭阳、揭西、普宁、惠来

（二）财政支出

1. 经济建设费

1979—2000年，汕头市经济建设费支出72.82亿元，其中，基本建设投资支出35.19亿元，企业挖潜改造类支出15.08亿元，支援农业支出22.55亿元。

基本建设投资支出　1979年，基本建设费支出209.7万元，1995年支出7922万元；1979年，城市维护建设费支出566.9万元，2000年支出2.48亿元。

1989年，市本级财政投入城市维护费6764万元，比上年增加4413万元。新建续建马路10条，总长5770米。投资建设4万千瓦燃油发电厂和日供水6000立方米应急水厂等项目。

1990年，市财政拨出7010.6万元，继续新建扩建城市道路15条。1995年以后，市本级财政投入大量资金，兴建八大精神文明项目及东区道路。

2000年，城市维护建设支出2.48亿元，主要是对市区乌桥和光华桥的改造建设。

企业挖潜改造类支出 1979—2000年，企业挖潜改造支出12.73亿元，简易建筑费支出1182.8万元，科技三项费用支出1.78亿元，县办“五小”企业补贴及技改支出525万元，新产品试制费支出335万元，1979—1986年拨出企业流动资金3607.5万元。

1979年，企业挖潜改造类支出502.3万元，1995年支出1.73亿元。1999年支出6927万元。按照公共财政的要求，财政逐步退出竞争性经营性领域，从此这一类支出逐年减少。

支援农业支出 支援农业支出包括农林水利气象等部门的事业费和支援农村生产支出两部分。

1979—2000年，农林水利气象等部门事业费支出11.71亿元，支援农村生产支出8.46亿元，支援农村不发达地区支出1.35亿元，农业综合开发支出8990万元，城镇青年就业经费1417.6万元。

1992年，支援农业支出1.21亿元。1993年，支援农业支出1.47亿元，重点发展“菜篮子”工程和支持困难地区发展生产。1995年，市财政专项安排扶贫基金1200万元，支持发展“三高”农业专项资金1000万元，扩大续建“菜篮子”工程建设资金2600万元，支持老区、山区发展生产补助资金3200万元。

1995年后，市财政继续增加对农业生产的投入，促进农业开发、水产养殖，加大水利和堤围防护建设，提高抗灾防灾能力。

2. 文教卫生科学事业费

教育事业费 1979—2000年，教育事业费支出52.08亿元。

1981年，教育事业费支出6690.1万元，比上年增长11.37%。主要是受台风等自然灾害影响，修复校舍面积14.25万平方米，增加校舍修缮费支出2403万元，年末在校中小学班数比上年增加8197班，教师职工增加5155人，增加正常经费支出500万元。

1992年，教育事业费支出1.58亿元。增支主要用于保证教育事业费的正常增支，新建17所学校，改造修建校舍一批，解决教师住房困难。

1993年，教育事业费支出3.02亿元。增支主要是继续加大对教师住房、教育设备、校舍建设等的投入。2000年支出5.56亿元。

卫生事业费类 1979—2000年，卫生事业费类支出19.75亿元，其中，卫生事业费11.95亿元，中医事业费7323.2万元，公费医疗7.07亿元。

1992年以后，卫生事业费和中医事业费支出增幅较大，主要是新建大型高级康复治疗医院一所，修建市第二、三、四人民医院、市中医院门诊大楼、市中心医院住院大楼，解决乡镇卫生院所有制转变所需的经费和设备开支。

1994年9月，市直执行《汕头市直属机关公费医疗改革管理工作实施办法》，进一步强化医疗单位、享受单位和个人参与公费医疗管理的责任，明确个人自负医疗费的比例和补贴办法。1998年，市直改进公费医疗管理办法，采用公费医疗记账卡的方式，遏制公费医疗增长过快的势头。

2000年，卫生事业费和中医事业费支出1.15亿元，公费医疗支出8491万元。

文化体育广播电视事业费 1979—2000年，文化体育广播电视事业费支出9.25亿元。支出增幅较大的是1997—2000年，年均支出1.23亿元，主要是政府加大对广播电视塔的配套建设及体育馆、跳水馆等体育设施建设的投入。

计划生育事业费 1979—2000年，计划生育事业费共支出2.64亿元。2000年支出2605万元。

其他事业费 其他事业费，主要是文物、地震等部门的事业费支出。1979—2000年支出12.52亿元，其中包括1998—2000年税务部门事业费支出3.51亿元。

3. 行政管理费

行政机关经费 1979—2000年，行政机关经费支出30.34亿元，年均支出1.38亿元。1991年后增幅较大，主要是增人增编及国家调整干部职工工资。1996年年底，汕头市财政供养人员已接近10万人，其中市直近2万人，平均每38人就有一个财政供养人员。1996年养人的经费已占市本级可支配财力的80%。1996年后，市政府采取严格措施，坚决压缩一般性支出，特别是从1998年起，对市直行政事业单位公用经费压缩10%，并通过支出管理控制会议费、控制车辆设备购置费、控制增人增编、控制社会集团购买力、不兴建财政拨款的楼堂馆所。2000年行政机关经费支出3.3亿元。

公检法司支出 1979—1981年，公检法司支出合并在行政机关经费中，1994年后增幅较大，远远超过财政支出增幅。特别是1999年，公检法与所办企业脱钩，经费全部由财政供给，同时公用经费按高于一般行政机关一倍进行安排。另外，服装费、市法院基建、公检法部门修缮、设备购置费等也增加支出。

4. 抚恤和社会福利救济费

1979—2000年，抚恤和社会福利救济费支出8.53亿元，占同期财政支出的3.24%。其中，离退休费用47062万元，主要是民政部门管理的离退休人员费用。

5. 其他支出

1979—2000年，其他支出36.83亿元，占同期财政支出的13.98%。其他支出包括价格补贴支出、专款支出等。价格补贴主要有粮油价格补贴、市镇居民的肉食价格补贴、民用煤销售价差补贴、国家储备粮油费用补贴、地方粮油价外补贴、平抑市价肉食价差补贴、国家批准的其他政策性价格补贴。专款支出主要是环境保护资金支出。1995年后增幅较大，主要是政府增加对市东区污水处理厂等的基建投入。

九、金融

（一）货币投放与回笼

改革开放以来，随着经济的发展和国家宏观经济政策的调整变化，汕头市货币投放、回笼的波动幅度进一步加大，特别是突发事件对货币投放带来很大的影响。如1992年经济出现过热，当年货币投放势头很猛，全年投放货币70.30亿元，回笼36.20亿元，净投放34.10亿元。1993年投放量更是达到空前情况（已剔除潮州、揭阳两市统计数字），全年投放货币60.92亿元，回笼17.98亿元，净投放42.94亿元。1994—1996年随着国家宏观经济政策的调整，全市从货币大投放又转变为罕见的大回笼。1997年以后，又恢复到正常的投放。1999年由于汕头市部分金融机构出现金融危机，发生挤提存款的情况，当年货币投放量更是创汕头历史最高纪录。

1988—2000年汕头市货币投放、回笼情况统计

表3-7　　　　　　　　　　　　　　　　　　　　　　　　　　　　单位：亿元

年份	投放量	回笼量	年份	投放量	回笼量
1988	26.31	14.41	1995	68.46	119.60
1989	28.60	21.21	1996	91.20	114.20
1990	37.50	25.80	1997	123.80	95.70
1991	59.10	40.30	1998	122.60	99.40
1992	70.30	36.20	1999	169.20	79.40
1993	60.92	17.98	2000	142.10	101.90
1994	51.78	57.80	—	—	—

说明：1992年以前数字包括汕头市、潮州市、揭阳市

（二）储蓄与信贷

1. 储蓄

改革开放初期，随着银行工作指导思想的转变，“重贷轻存”的思想得到扭转，汕头市的金融系统对储蓄工作切实加强领导，充分发挥利率的杠杆作用，努力提高服务水平，大力发挥城镇储蓄存款，增加信用回笼，推迟社会购买力。1979年4月份利率调整后，伴随着居民收入水平的增加，储蓄存款增加速度也相应加快。1980年，中国人民银行又先后两次调高储蓄存款利率。1981年4月，国务院批转中国人民银行《关于增设储蓄网点进一步发展储蓄事业的报告》时，要求银行力争超额完成储蓄存款计划。由于各级党政领导加强对银行储蓄的领导和支持，银行储蓄存款不断增长。1981年汕头市金融系统增设储蓄所15个，充实储蓄人员87人，各项存款净增1.05亿元。

1983年，中国银行汕头分行开办甲种、乙种外币存款以及人民币特种存款。其后，汕头市金融系统的储蓄部门通过抓重点客户，加强外勤力量，开阔宣传面和加强柜台服务，推进储蓄工作的开展。至1985年年底，汕头市银行各项存款余额16.14亿元。

1986年，中国银行汕头分行获准开办人民币储蓄存款业务，全辖储蓄机构从1985年年底的11个发展到1987年年底的59个，人民币储蓄存款余额上升到8016万元。

1986年8月，汕头市恢复开办邮政储蓄业务，陆续开设邮政储蓄网点，邮政储蓄业务也逐步发展起来。

1987年7月，建设银行汕头分行辖属潮阳支行率先在全区开办储蓄业务，其后各支行也相继开展储蓄业务，至1987年建设银行汕头分行储蓄存款余额788万元。4月28日，省农业银行发出关于印发《中国农业银行广东省分行储蓄所经营承包试点方案》。同年12月8日，农行汕头市分行获准举办大额定期存款业务。12月24日，人民银行汕头分行转发总行《关于加强有奖储蓄管理工作的通知》及省分行的贯彻意见。

1988年以后，随着改革开放的不断深入和经济的不断发展，汕头市金融系统的储蓄业务得到快速发展。1988年4月，建设银行汕头分行与汕头市区危房改造指挥部签订关于发行和使用“汕头市危房改造有奖储蓄”的协议书，发行每张面额20元、总额600万元的危房改造有奖储蓄。1989年4月，建设银行汕头分行增办存期累进储蓄业务。1989年，汕头市邮政

储汇局开发应用“邮政代缴话费微机处理系统”，开展代缴话费储蓄的探索工作。

1989年，人民银行汕头分行通过加强对储蓄政策的宣传和检查，根据合理布局的要求批准建立储蓄网点，并在政策允许范围内批准开办新的储蓄种类，使汕头市的存款增长创历史最高水平。至1989年底，全市金融机构存款总余额达53.2亿元，是汕头市金融系统历年来存款增加最多的一年。

1990年起邮政储蓄由代办转变为邮电部自办，吸收储蓄资金由缴存改为转存人民银行，并由人民银行向邮电局支付转存款利息，从而赋予邮电部门一定的经营自主权。同年5月，建设银行汕头分行决定在全行辖属储蓄专柜（所）试行储蓄单项承包，对代办储蓄超额实行奖励。

1991年7月，中国银行汕头分行全辖网点微机并入中型机，实现储蓄业务通存通兑。1992年，农业银行对公存款业务相应得到发展。1993年，建设银行汕头分行实现电脑终端联网，对储蓄业务实施数据集中管理。

1995年8月，建设银行汕头分行自动柜员机顺利并入省分行ATM网络，9月1日起市区第一批储蓄通存通兑网点开通。

1996年1月，建设银行汕头分行正式向社会推出储蓄卡“SPS”系统并发行储蓄卡。

2000年6月16日，汕头农业银行首批在辖属9个营业网点开办美元储蓄业务，同年9月，该行又开办“教育储蓄”业务，业务功能和业务品种不断增加。

为适应社会进步和区域经济发展的需要，汕头市金融系统的储蓄业务品种突破传统存取款的单一形式，逐步按照市场和客户的需求陆续推出新业务品种。服务内容包括代收代付电费、水费、物业费、管道气费等公用事业收费；代收移动话费、寻呼机费、报刊费；代扣保险费；代理证券资金收付和转账业务等多个品种。汕头市各储蓄机构的储蓄服务立足树立窗口形象，逐步形成服务手段、服务质量、服务效率、服务环境、服务设置、服务品种等方位“大服务”格局、“文明用语服务”、“24小时服务”、“导储咨询服务”、“柜员制”、“流动（上门）服务”、“自动服务”等服务方式相继出现。截至2000年年底，全市各项人民币存款余额483.47亿元。

2. 信贷

改革开放初期，汕头信贷管理由“供给制”转变为“存贷挂钩，差额控制”“存贷挂钩，差额包干”，逐步改变近三十来年信贷资金统存统贷，单管贷款指标，吃“大锅饭”的做法。在坚持信贷资金使用“区别对待，择优扶植”的前提下，汕头市的信贷投向基本集中在中小企业短期设备和“五小”设备上，支持老企业革新、挖潜、填平补齐。

1980年9月，人民银行解除对个体劳动者“一律不贷款”的禁条。这一年，汕头地区的信贷资金相对充裕，试行“存贷挂钩，差额控制”的信贷管理体制，把中短期设备贷款纳入包干范围之内，使银行业务活动进入企业固定资产领域，支持老企业的技术改造和某些特定的项目建设，这对发展汕头金融业，促进汕头经济起飞，起到了良好的推动作用。1981年，中国银行汕头分行共批准中短期固定资产贷款53笔473万元，支持49个工厂、企业购进各种设备1135台，扩建厂房7550平方米，实现产值1518万元。在农村信贷管理体制方面，1980年实行“农贷小包干”，1981年起改为“统一计划、分级管理、存贷挂钩、差额包干”的管理办法。在国家预算内基本建设投资方面，1980年试行由拨款改为贷款（1985

年全面推行），1982年开始实行“存贷挂钩”的管理体制。在外汇管理体制上，从1980年起，广东实行外汇收支包干的管理办法。汕头经济特区从1987年起，实行信贷计划戴帽下达办法。

1982年4月，人民银行颁发《关于试行卖方信贷的若干规定》。汕头市的大工业少，银行较难推行这种信贷方式。

人民银行专门行使中央银行职能后。从1985年起，对专业银行实行“实贷实存”的信贷资金管理，各专业银行则实行“统一计划、划分资金、实贷实存、相互融通”的管理办法。信贷计划与信贷资金分开，各家专业银行对资金的运用，多存才可多贷，严格控制信贷规模和货币投放。

1987年5月15日，农业银行汕头分行对经济特区、经济技术开放性贷款实行差别利率和贴息。同年11月11日，人民银行汕头分行对汕头经济特区实行信贷计划戴帽下达。

1988年开始，根据人民银行总行有关文件精神，先后将部分临时贷款和专项贷款发放权、外汇留成预拨权、外汇调剂权及现汇账客户审批权下放到支行（支局）一级。

1989年，中央银行开始实行“按季下达、按月考核”的贷款限额管理办法来控制专业银行的信贷规模；在控制非银行金融机构的贷款规模上，实行逐级负责制，将全年计划一次性分配到各县支行，由各支行按季核批控制数。基于治理整顿的大局，汕头市的信贷规模受到严格控制。至1989年年底，全市金融机构贷款总余额82.2亿元。1989年，人民银行短期贷款累计发放21.58亿元，重点支持农副产品收购、外贸出口收购，农业生产资料供应及工业骨干企业所需的资金，对推动全市信贷结构调整发挥较大的作用。

1990年，汕头市信贷规模得到合理调控，在坚守信贷规模的同时，针对启动生产和市场的需要以及存款的增长，适当地扩大全市资金盘子，全年增加贷款余额19.1亿元。人民银行对专业银行累计投入短期贷款19.4亿元，其中用于支持工业生产2.6亿元，商业1.4亿元，外贸出口3.8亿元，粮食调进13亿元，农副产品收购1.5亿元；此外，人民银行还累计发放地方经济开发贷款、特区开发贷款和外商投资企业贷款等1.18亿元，着重支持能源、交通、企业技术改造和外商投资企业的设备配套。

随着改革开放的进一步发展，中国银行汕头分行的外贸贷款也进一步扩大范围，逐步放宽贷款对象。至1990年，中国银行汕头分行支持外贸的贷款余额达人民币24.07亿元，贷款种类也从单一的外贸贷款发展到外贸、外事、“三资”企业贷款。在当年“汕头过海水管”工程建设中，建设银行汕头分行调剂外汇贷款折合人民币3000万元支持该项目建设。

1991年，工商银行汕头分行成立房地产信贷部，开办房地产信贷业务，为汕头市住房制度改革提供配套金融服务，为归集和管理好各项住房资金，先后开办单位集资购建房贷款、住房开发贷款、个人住房抵押贷款、危房改造贷款等多种住房信贷业务。

1992年，针对汕头市资金需求成倍增长的状况，根据中央给予特区的优惠政策，对专业银行（除农行外）贷款规模和信托投资公司委托贷款和金融租赁实行“年终一次考核”的监控办法；对农业银行实行资产负债比例管理办法；对城市信用社实行“年中比例管理，年终限额控制”的监控办法，增强贷款规模的灵活性。

1995年，针对汕头市房地产信贷业务的发展现状，人民银行汕头分行分别对汕头市6家银行进行清理，及时反映存在问题，一定程度上纠正房地产信贷业务的不规范行为。

1998年5月、12月，农业发展银行汕头分行将农业开发扶贫贷款、特区建设专项贷款、粮食加工和附营业务贷款等非收购信贷业务划转给市农业银行和工商银行，集中精力做好收购资金的封闭管理工作。

2000年，工商银行汕头分行向中国华融资产管理公司广州办事处剥离转让不良资产26.26亿元，其中贷款本金17.76亿元，有效地降低不良贷款比率。同年，汕头市人民银行加大对农信社累计发放紧急再贷款54.82亿元。同年，根据国家产业政策和货币信贷政策，结合辖区实际，人民银行汕头市中心支行鼓励金融机构在上级授权的范围内进行业务创新，督促在稳健规范经营的前提下加大对优良客户、优势产业的扶植力度，以此推进地方产业结构和产品结构的调整优化。至年底，全市各项人民币贷款余额达361.99亿元。

（三）保险业务

1979年国务院批准恢复国内保险业务，恢复之初汕头地区仅中国人民保险公司汕头支公司一家，主要经营出口业务。此后，公司加强国内业务的发展，运输工具险、企业财险、家财险、团体人身意外险、旅客人身意外险及运输险等业务得到恢复性的发展，至1980年，该公司共承保企财险业务225笔，保险金额3.18亿元，收入保费63.88万元，实现当年恢复国内业务当年超额完成任务。1982年7月1日起，开展机动车辆第三者责任险强制险，至1984年年底，运输工具及责任险保费收入达130万元。涉外业务方面，大力发展“三来一补”等进出口业务，至1984年年底，保费收入达114万美元。1985年，中国人民保险公司汕头支公司改称中国人民保险公司汕头分公司，当年保险业务收入首次突破1000万元，达1233.8万元。

进入20世纪90年代后，中国人民保险公司汕头分公司大力开拓城乡保险业务，从起初的企业财产险发展到运输工具险、货运险、船舶险及各种种植和养殖保险、建筑工程险等。从1988年起，先后推出乡镇企业职工养老保险、液化石油气罐保险、团体老人长寿险、现役义务兵养老保险、乡镇企业临时工人身保险、国内速递邮件保险业务等险种。1990年，汕头分公司在广东省内率先进行内部经营机制改革。1994年，全系统保险业务总收入（含储金）首次突破2亿大关，达2.03亿元。1995年年底，保险业务收入已达2.37亿元。1990—1995年，主要财产险类业务发展迅猛，运输工具及责任保险保费收入从0.31亿元增加到1.13亿元；企财保费收入从1400万元增加到2000万元；国内货运保险保费收入从200万元增加到1500万元；涉外业务从1900万元增加到3300万元；农业保险1991年达到高峰1500万元。

至2000年年底，中国人民保险公司汕头分公司共赔付各类保险赔款达11.65亿元，中国人寿保险公司汕头分公司1996—2000年共赔付各种保险赔款达1479.49万元，中国太平洋保险公司汕头分公司1994—2000年共赔付各种保险赔款达1.91亿元，中国平安保险公司汕头分公司三年间共为社会提供财产赔付3000多万元，寿险赔付250多万元。从1979年至2000年年底，中国人民保险公司汕头分公司共上缴营业税金1.16亿元，为汕头市纳税大户。

（四）证券

1984年11月23日和12月10日，汕头市建设银行代理发行第一、二期“汕头市住宅开发有奖证券”。

1988—1992年五年间，汕头市证券交易量较少，成交额累计仅5.74亿元，国债和短期企业债券成为当时交易业务的两大主角。1988年，汕头国际信托投资公司率先开办证券交易柜台，开创汕头有价证券柜台转让业务之先河。而后，一些金融机构和非银行金融机构相继在汕头市设立证券交易柜台。主要的交易品种是代理发行国债（国库券）及汕头市企业短期融资债券，并尝试此类证券的交易业务。1991年4月，汕头国际信托投资公司等八家机构的证券交易柜台经批准改名为证券交易营业部。

1993年1月8日，汕头证券股份有限公司开业，成为粤东地区唯一一家综合类专业性证券公司。3月，汕头经济特区经批准成立证券报价交易中心。同月，汕头国际信托投资公司证券部开通深圳市场行情路线。7月，汕头证券股份有限公司开通上海市场行情路线。随着证券营业部的设立以及深沪交易所行情线路的开通，委托交易业务随之起步，证券交投品种不断增加，国债、汕头市企业短期债权的认购、深沪交易所的A股、B股、国债、基金等业务相继展开。当年股民开户数近万户，加上其他市场股民数总计2.8万户，总成交额14亿元，其中深沪市场委托交易额达12.86亿元。

1993年，建设银行汕头市分行信托投资公司开通汕头市首家有价证券电脑交易柜台系统。同年4月，中国银行汕头分行证券电脑通存通兑代收代付业务（证银通）正式对外推出。11月份，建设银行汕头市分行信托投资公司率先发行广东电力发展股份有限公司国内公众股认购申请表，共发售申请表85.5万张，金额163万元，代收购股金近1000万元，圆满完成认购申请表发售以及中签表认购的股金缴纳工作。同年，汕头市银城、银海、金信、金券和粤东国债投资受益凭证等五只投资基金经清理规范后重新推出，投资者认购金额5.31亿元，打破了品种单一的局面，给投资者提供了多元化的投资选择。

1997年，国家为防范化解金融风险，开始对金融、信托、证券业实施一系列整顿、调整、改制、重组政策。同年1月，农业银行汕头分行将该行信托投资公司所属证券交易部撤销。2月，中国人民银行总行决定由四家国有独资商业银行和中保（集团）公司所属信托投资公司（中国华融、中国东方、长城、信达和中保信托投资公司）分别转接本系统部分证券营业部，转接后，工商银行汕头信托投资公司证券营业部改称为“中国华融信托投资公司汕头证券营业部”；中国银行汕头信托咨询公司证券营业部改称为“中国东方信托投资公司汕头证券营业部”。7月，汕头市政府批复同意建设银行汕头分行作为广东汕头超超声电子股份有限公司股票上市发行的代理收款行。

1997年11月14日，国务院证券委员会发布《证券投资基金管理暂行办法》。办法发布前批准设立的原有投资基金，汕头市的银海、银城、金信、金券和粤东国债投资受益凭证等五只基金被列入清理规范范围。12月，广东省清理整顿信托业，实行信托与证券分业管理。汕头国际信托投资公司和汕头市信托投资公司属下（市区）6家证券营业部由广发证券公司实施托管，并经中国证监会批准，2000年其中的5家证券营业部转让给广发证券公司。

至2000年年底，全市有上市公司三家，证券经营（服务）机构24家（含外地驻汕机构13家），证券从业人员728人，营业面积5.28万平方米。全市股民开户数已达27.2万户，其中持有深圳、上海证券交易所股民代码卡的股民数为23.5万户（含网上委托交易1.1万户），99.84%是个人投资者，机构投资者开户数仅为0.16%；入市资金（含股票市值）达122亿元。

十、城市建设

（一）道路　照明

1. 道路

1979年前汕头道路建设比较缓慢，计市区干道58条，总长44.20公里，总面积94.18万平方米。至1979年市区道路范围东至汕樟南路，西至西港路，南至西堤路，北至杏花东路。1979年后汕头道路建设投资逐年增加，至1987年扩建、改建、新建道路57条（段），范围东至珠池路，西至西港路，南至南海路、跃进路、渔港路，北至岐山、大窖，总长160公里，总面积111万平方米。

1988—1992年，市城建局扩建、改建、新建道路25条（段），长31.17公里，面积94.47万平方米。

1993年汕头市市政工程维修管理处（下称维修处）成立，所管辖道路长93.43公里，面积242.83万平方米。1993—2000年，市区道路建设发展迅速，至2000年属市维修处管理的道路长162.55公里，总面积449.64万平方米。

1979—2000年，汕头特区的建设自西向东迅速发展。1979—1987年新建道路有金砂路、海滨路、金陵路、金新路、金凤路、龙眼路、长平路、渔港路、光华北一路、三让路、东厦路等17条（段），改建扩建的道路有汕樟路、潮汕路、红领巾路、大华路、杏花路、月眉路、华侨新村路、渔港路、饶平路、二马路、三让路、外马路、博爱路等30多条（段）。1988—1992年改建扩建的道路有民权路、升平路、跃进路、中山一横路、博爱路、公园路、大华路、饶平路、火车路、韩堤路、月眉路等11条（段），长6.87公里，面积13.66万平方米；新建道路有光华路、西港路、汕樟路、金新路、东厦路、龙眼路、金园路、长江路、金湖路、华山路、天山路、金环路、黄河路、金砂路等14条（段），长24.3公里，面积80.81万平方米。

1993—2000年，汕头市市政工程维修管理处接管新建路段有金环路、长江路、珠江路、长平路、榕江路、衡山路、嵩山路、庐山路、黄山路、迎宾路、金砂路、天山路、东厦北路、货站东路、韩江路、泰山路、火车客站、中山路、南滨路、东厦南路、民族路、金环西路、海滨公园旁路、黄河路、华山路、长江路、海滨路东段等近40条（段），总长69.12公里，总面积（含步道）206.82万平方米。

2. 照明

汕头路灯至1980年年初仅有2763盏，此后路灯建设加速发展，1985年有路灯4284盏，1990年有路灯6524盏；20世纪90年代汕头路灯迅猛发展，至1995年有路灯12242盏，2000年路灯盏数已达21980盏，其中高杆灯33基、中杆灯17基（市国土部门和开发商自行开发、未移交城管部门管理的住宅小区照明灯盏数不列入统计数字内）。

1979—2000年，路灯分布地点随着汕头特区的建设自西向东迅速扩展。20世纪80年代初主要拓建、新建汕樟北路、外马路、中山路、杏花路、金砂中路、金砂西路、潮汕路、中山中路、海滨路等路段路灯。20世纪80年代后期落实安装月眉路、韩堤路、西港路、华侨新村、东厦路、广汕公路磐石路段、磐石海旁路、光华桥、金湖路、金新路等路段路灯，并在西堤码头、潮汕路口绿岛、红砖楼金凤坛，以及东厦路与金砂路、金湖路交叉口各装配一基25米高杆灯；在杏花桥、汕樟南立交、人民广场等处安装配置蘑菇灯、玉兰灯、圆球灯等多种组合灯。20世纪90年代主要新增市区东面的海滨东段平台、长平东、中山东、金砂东等路段的路灯东延工程和迎宾广场、汕汾路、珠江路、黄河路、华山路、泰山路等路段路灯安装工程，金泰、珠泰、中泰三个立交桥和火车站前广场安装配套15基高杆灯；西面的大学路，南面的南滨路、广汕公路，北边的广厦新城、潮汕路等路灯工程，以及对原有路灯的增密扩建工程，使路灯的建设与汕头的发展相适应。

路灯光源改进。1979年前为大量白炽灯和少量汞灯，1981年开始配套第三代光源——高压钠灯，20世纪90年代进一步推广应用节能灯和多种金属卤素灯；至2000年已基本淘汰钢筋水泥灯杆，换成钢杆、不锈钢杆，灯型由原来的挂壁灯、单臂灯发展到单臂灯、双臂灯、庭院灯、组合灯、草地灯和多彩花灯，中杆灯、高杆灯等多种灯型并存，配以多姿多彩的节日灯、彩虹灯、泛光灯、霓虹灯、水底彩灯等，形成初具规模局面；中心城区的灯光夜景工程建设于1993年年底开始步入发展轨道，并由初期的商业橱窗、灯箱灯柱广告、霓虹灯招牌，逐步发展到立交桥、广场、绿化长廊，形成海滨长廊观海景观、人民广场、时代广场周边纳凉休闲区等灯光夜景，广泛使用新型灯和现代光元素，灯光灯饰逐步呈现多样化、现代化、景观化。

（二）桥梁　水闸　排水

1. 桥梁

1979年，汕头市已建成光华桥、杏花桥、解放桥、廻澜桥、乌桥、下埔桥、梅溪桥闸、磊口大桥、西港桥闸、大港桥等10座交通桥梁，其中光华桥、杏花桥、廻澜桥、乌桥属市政部门管理。20世纪80年代桥梁建设随着汕头特区建设迅猛发展，先后新建跨龙湖沟桥6座：迎宾路龙湖沟桥（1982年）、珠池路龙湖沟桥（1983年）、华山路龙湖沟桥（1984年）、金砂东路龙湖沟桥（1985年）、汕樟北路龙湖沟桥（1989年）、长江路龙湖沟桥（1990年5月建成）；跨新河沟桥2座：金砂东路新河沟桥（1985年）、珠池路新河沟桥（1986年）；1985年建成金砂东路三脚关沟桥；1988年7月建成金樟立交桥一座、汕樟南高架桥一座。

1993年，市政工程维修管理处成立，管理桥梁22座，其中除上述16座桥梁外，增加人行天桥6座：杏花西路人行天桥、金砂东龙眼人行天桥2座、中山东路（一中前）人行天桥、金凤城人行天桥、天山路人行天桥。至2000年市区新建桥梁26座：长平路龙湖沟桥、东厦北路龙湖沟桥、长平路新河沟桥、长平路三脚关沟桥、金凤路龙湖沟桥、中山东路龙湖沟桥、中山东路新河沟桥、中山东路三脚关沟桥、中山东路黄厝围沟桥、韩江路新河沟桥、韩江三脚关沟桥、中泰立交桥、珠泰立交桥、金泰立交桥、珠泰地下通道、南滨路石林桥、韩江路黄厝围沟桥、海滨路铁吊桥，港区排洪沟1～4号、6号桥，货运路黄厝围沟桥、金凤人行天桥、衡山路人行天桥；2000年拓宽改建乌桥、光华桥等2座桥梁。至2000年属市政工程维修管理处管养的大小桥梁有48座。

特别是全长2500米的海湾大桥1995年12月28日建成通车，礐石大桥1999年2月9日建成通车，构成了汕头市区道路交通环线，结束了汕头市过海交通单靠摆渡的历史，大大提高了市区进出口道路的通过能力。

2. 水闸

1976年，汕头市有出水口78个，其中有水闸门的52个；1986年，因公园修建截流渠箱，出水口减为70个，有闸门的43个，1987—1992年，新增水闸16座共有水闸59座，1993年由市政工程维修管理处接管。1993—2000年，新增水闸38座，至2000年全市水闸增加至97座，接管港区排洪沟1.8公里。

汕头市地处南中国海，受潮水影响较大，为解决高、大潮期间的排水问题，1993年新建金砂电排站1座，1998年新建珠泰地下通道排水泵房1座，1999年新建黄厝围电排站1座。

3. 排水

1979年，汕头城区排水沟渠总长141.6公里，服务面积为5.8平方公里，主要为陶瓷管圆渠、混凝土圆渠，以及红砖砌与贝灰沙砌的方渠。

20世纪80年代后，排水工程纳入城市总体规划，实施配套建设。1979—1986年，先后新建和改建排水工程共72.63公里，使市区东部形成新的排水系统，旧城区的排水系统也得到进一步配套完善。1987年，城区排水沟渠总长增至205公里，服务面积为12平方公里。这一期间的排水系统工程干渠结构是混凝土圆渠和石砌方渠，沟渠管径为40～60厘米、40～100厘米，最大为120厘米。

为了适应城市发展和排污需求，1988—1992年期间，排水管道采用了钢筋混凝土管，管径为30～120厘米；5年间改造旧城区民权路、升平路、跃进路、中山一横路等11条路段的下水道长14.69公里，新建光华路、西港路、汕樟路等14条路段的下水道长63.26公里。

1993—2000年，随着城区的扩大和开发建设，排污水量不断增大，原有的排水管道满足不了排污的需求，排污管道的管径从原来的30～120厘米增大为30～140厘米，最大为180厘米；金环路、东厦北路、韩江路等36条路段的下水道全部采用大口径的排水管道；2000年，所辖下水道总长468.33公里。

（三）供水　供气

1. 供水

汕头是中国最早拥有自来水的城市之一。汕头市自来水总公司是中心城区唯一一家自来水公司，1981年特区建立时，汕头的城市供水能力达到了11.5万立方米/日。改革开放以后随着城市规模的扩大和经济的发展，汕头市自来水总公司不断加大投入，扩大供水规模，至2000年已建成属下庵埠、东墩、新津、月浦四座地面水厂，总设计供水能力92万立方米/日，实际供水能力76万立方米/日，平均供水总量47.1万立方米/日。

1979年，汕头市饮用自来水的人数54.79万人，人均日用水量124升；1987年达到65万人，人均日用水量154升。1989年过海水管把自来水送到达濠半岛，解决礐石、达濠、广澳片区的用水问题，至2000年，供水普及率达87.6%，人均日用水量370升，日均供水总量62.89万立方米。

2. 供气

自20世纪80年代中期开始，汕头市城市生活燃料由燃煤为主逐渐转变为燃气（液化石油气）为主，供气形式有瓶装供气和管道供气两种。20世纪90年代末期全市约87%的居民使用瓶装液化石油气，4%的居民使用管道液化石油气，9%的居民使用其他燃料。全市饮食业大部分使用液化石油气，并有近百辆出租车改装为液化石油气燃料汽车。由于产业结构问题，工业生产用气较少。全市建有天然气（LPG）专用码头7座，其中5万吨级1座，2万吨级1座，5000吨级3座，3000吨级2座。中心城区还建有国家二级标准汽车加气站1个，贮气能力为40立方米，服务于已改装为液化石油气燃料的出租车近百辆。

第五节　经济管理

一、财政

1979年，广东省对汕头市实行“定收定支，收支挂钩，总额分成，一年一变”的财政管理体制。

1980年，实行“收支挂钩，增收分成”的财政管理体制。

1981年，实行“划分收支，分级包干”（即“分灶吃饭”）的财政管理体制。

1982年，省对市实行“总额分成，一定三年”的财政收入留成办法。汕头市辖区试行“划分收支，收支挂钩，增收分成，结余留用”的财政管理体制。

1984年，市对辖区实行“定收定支，总额分成，比例包干，一定二年”的财政管理体制。

1985年，省对市实行“划分税种，核定收支，分级包干”的财政管理体制，并对汕头经济特区范围内的收入继续实行全部留用的办法。市对所属县（市）一律改为“划分税种，核定收支，总额分成，一定五年”的财政管理体制。

1993年12月15日，国务院作出《关于实行分税制财政管理体制的决定》，在省对市财政体制未确定之前，属于省级财政收入的，仍按原财政体制规定缴入省库。

1994年起，中央实行“分税制”财政管理体制，根据事权与财权相结合的原则，按税种划分中央与地方的收入，以1993年为基期年，核定净上划数作为中央对地方的税收返还基数。从1994年1月1日起，汕头市按“稳定全局，适当集中，分解负担，共同发展”的原则对各区县（市）实行新的财政管理体制。12月29日，市政府印发《汕头市分税制财政管理体制实施方案》，决定在全市实行分税制财政管理体制。

1996年，省对市、县实施“分税分成”财政管理体制，以1995年为基期年，核定净上划数作为省对市、县的税收返还基数，并从1996年开始实行省对市、县财政转移支付制度。与新体制同步，汕头市对区县（市）实行“分税分成，水涨船高”的财政管理体制。

至2000年，按中央“分税制”和省“分税分成”体制划分的市、县级财政收入包括：市县所属国有企业所得税、利润，城建税，房产税，屠宰税，资源税，印花税，土地使用税，农业税，农业特产税，契税，耕地占用税，国土使用权出让收入，市县专项收入和其他收入（以上项目收入全额划归市县）；增值税的25%（75%为中央收入）；营业税，土地增值税，个人所得税及除国企外其他企业所得税的60%（40%为省级收入）。

二、税务

汕头特区从1983年起有了税收，这一年主要有工商统一税和车船牌照税，但数量很少。

1984年，除了“三资”企业和国营企业外，有了内联企业，税收明显增加。至当年底，税收收入119.03万元，比上年增加118.04万元，其中工商统一税增加54.85万元，车船牌照税增加0.22万元。

1985年，特区税务局成立后，加强了税收征管工作，税收增长幅度较大。全年税收612.58万元，比上年增长514.6%，其中涉外税收年收入包括工商统一税、“三资”企业所得税、车船牌照税、增值税、营业税、所得税等，比上年增长800%。

1986年，特区工农业发展较快，商业购销两旺，加上中央开征几个新税种，全年税收收入2546万元，其中涉外税收收入包括工商统一税、“三资”企业所得税、车船牌照税、个人所得税，比上年增长167%，产品税增长80.9%。营业税增长150%，增值税增长423%，所得税增长320%，其他税收增长157.9%。全年总收入为上级下达征收任务的257%。

1987年，特区认真贯彻国务院《关于严肃税收法纪加强税收工作的决定》，换发税务登记证达1061户，纳税户的纳税鉴定率达100%；对个人收入调节税、车船使用税、房产税，以及个体户和其他零星税源的管理也得到加强，仅此项目税收就达11.78万元。同时，还进行了1987年度财务税收大检查。共查500多户，补交税款49万元。因此，1987年的税收工作有了新的进展，全年税收收入5283万元，比上年增长108%。其中涉外税收年收入包括工商统一税、个人收入调节税、“三资”企业所得税，比上年增长76.3%，产品税增长101%，营业税增长121%，所得税增长40%，其他税收及补税都有大的增长。

1994年，汕头市实施税制改革，税务系统分设为国家税务局和地方税务局两套机构，征收税种调整为15种。税制改革后，增值税、营业税、城建税、房产税、企业所得税、外商投资企业和外国企业所得税成为重点收入税种。是年工商税收收入达10.36亿元。

2000年，全市国税系统共实现工商税收收入404964万元，比增2.6%。国内税收收入完成233949万元，增长15.5%，其中，国内“两税”收入完成198769万元，增长7.8%。全市共组织地方税收收入164422万元，征收社保费47139万元。

（一）国税征收

1994—2000年汕头市国税局税收收入情况表

表3-8　　单位：万元

税种＼年份	1994	1995	1996	1997	1998	1999	2000
增值税	86436	99325	114582	138918	168950	188661	197598
消费税	213	363	773	973	752	801	1171
营业税	57123	7094	2507	4988	9370	8351	7650

续表3-8

税种＼年份	1994	1995	1996	1997	1998	1999	2000
资源税	751	—	—	—	—	—	—
土地使用税	48	—	—	—	—	—	—
企业所得税	17768	4198	4875	5464	5263	1924	7775
外商投资企业所得税	1703	2168	2754	3495	4558	7726	1047
专项调节税	94	—	—	—	—	—	
个人所得税	3050	1619	1310	15		60	9278
固定资产投资方向调节税	195	—	—	—	—	—	—
城市维护建设税	7989	346	161	3	—	—	—
印花税	955	105	93	—	—	—	—
房产税	2508	131	26	—	—	—	—
车船使用税	838	9	—	—	—	—	—
屠宰税	97	—	—	—	—	—	—
滞纳补罚收入	7925	14131	8218	2810	—	—	—
海关代征	22328	129491	67647	103691	99817	192017	171015
合计	210022	162929	202946	260357	288710	399540	404969

说明：1. 1994年税收收入为国、地税收入合计
2. 以上税收收入包括海关代征部分

（二）地税征收

汕头市地方税务局成立于1994年9月28日，于1995年1月1日起开始独立运转。1995—2000年，共组织地方税费收入93.8亿元，年均递增13.6%。

1995—2000年汕头市地方税费收入情况表

表3-9　　计算单位：万元

税种＼年份	1995	1996	1997	1998	1999	2000
营业税	50370	61902	69168	78115	75987	77731
资源税	32	59	23	52	74	350
企业所得税	14289	13659	16192	18022	16322	23883
个人所得税	3205	5452	8003	9676	12320	18330
房产税	3561	4148	5007	9184	12017	11802
印花税	998	1091	1628	3392	4760	3895
屠宰税	95	120	245	372	437	500
车船使用税	845	1090	1251	1386	3571	3739
城镇土地使用税	1302	1552	1808	2658	3307	2688

续表3-9

年份 税种	1995	1996	1997	1998	1999	2000
土地增值税	70	298	602	704	885	1017
城市维护建设税	8786	8666	11213	17884	13728	10047
固定资产投资方向调节税	204	216	187	201	282	—
文化事业建设费	—	—	—	522	636	735
教育费附加	1587	2984	4429	4881	3507	3585
堤围防护费	1357	1812	1999	2059	1970	1972
养老保险共济基金	1051	1333	1359	1498	1499	242
社会保险费	—	—	—	—	2585	47143
税费总收入	87752	104382	123114	150606	153887	207659

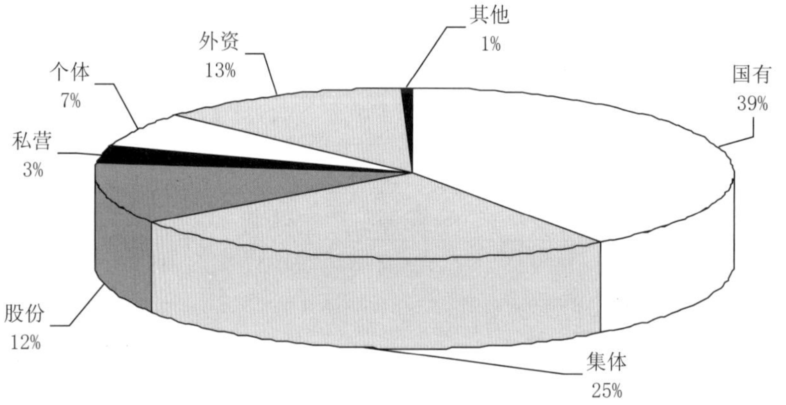

图3-1 2000年汕头市地方税收分经济类型收入情况图

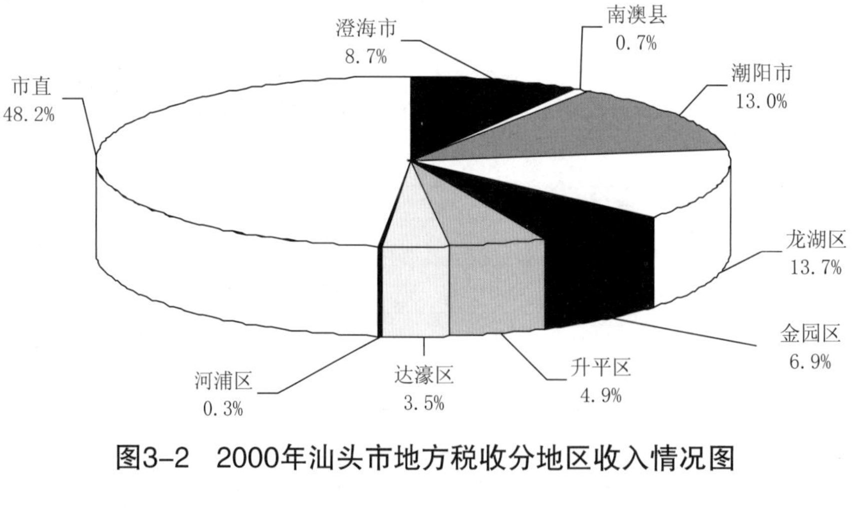

图3-2 2000年汕头市地方税收分地区收入情况图

（三）出口退税

1985年3月，国务院正式颁布了《关于批转财政部〈关于对进出口产品征、退产品税或增值税的规定〉的通知》，从当年4月起实行对出口产品退税政策。1988年1月1日起，出口产品应退的产品税、增值税、营业税一律从中央收入中退付。1994年税制改革后，出口退税的税种为增值税和消费税。

1992年后，汕头市税务局对出口退税采取集中市局出口税收管理科（后改称分局）管理的办法，对原在各区、市局直属分局办理退税登记的出口企业，移交市局进出口税收管理科管理，对经市政府有关部门批准成立的新办出口企业或老企业增加进出口经营权的，统一由市局办理退税登记并进行日常退税管理工作。市税务局并在税务大楼设立专门退税大厅，与市外经贸委出口退税稽核组合署办公，实行一条龙服务。1993年3月1日（税款所属时间）起，汕头市启用出口产品税收专用缴款书。

出口企业办理出口退税，必须先到汕头市国税局进出口税收管理分局办理退税登记，退税登记每年年初重新审定，即年审。企业办理出口退税时必须提供相关凭证：（1）购进出口货物的增值税专用发票或普通发票、《出口货物增值税专用缴款书》（专用税票）。申请退消费税的企业，还应提供《出口货物消费税专用缴款书》。（2）盖有海关验讫章的《出口货物报关单（出口退税联）》。（3）出口收汇核销单。

汕头市出口企业申报退（免）税的程序是：出口企业在货物报关离境并在财务上做销售处理后，填报《出口货物退（免）税申报表》，连同装订成册的有关退税凭证一起，先报市外经委稽核组稽核签章后，再将有关单证数据录入计算机报市国税局进出口税收管理分局申请退税。经审核无误批退后，退税款由国库直接划转到出口企业的银行退税专户上。

1997年5月起，对原来下放的出口供货企业预征税款退库审批权限进行调整，各级国税部门对出口产品预征退库的有关审批材料，必须报市国税局计财科备案。1998年，市国税局进一步规范出口供货企业预征税款结算返还审核审批管理制度，从当年起出口供货企业取得的进项必须逐笔稽核。市国税局并定期对各征收单位的出口供货企业预征税款退库情况进行检查，对新办出口供货企业进行重点检查。1999年后，对价格高、有疑点和来自敏感地区的出口产品，实行100%函调制度。

1988年以来，汕头市按照国家税务总局的通知，对出口退税率进行了多次调整，1999年7月1日后，出口货物退税率共有五档：17%、15%、13%、6%和5%。

1988—2000年汕头市出口退税情况表

表3-10　　　　单位：万元

年度	1988	1989	1990	1991	1992	1993	1994
数额	37286	37125	36557	43541	65963	86000	110144
年度	1995	1996	1997	1998	1999	2000	合计
数额	194000	223600	155598	92278	152041	130631	1364764

三、工商行政管理

（一）工商企业登记管理

1979年至1984年10月，特区的工商企业注册登记、审核发照权在省工商行政管理局，1984年10月至1985年4月，省工商行政管理局把该权授给汕头市工商行政管理局，初审工作仍由特区工商行政管理局负责。至1984年年底，特区注册登记的企业共62个，其中外商投资企业24个，内联企业10个，国营和集体企业28个。1985年10月，汕头市工商行政管理局将特区内的企业档案移交特区工商行政管理局。

1985年11月，为了贯彻国务院《关于进一步清理和整顿公司的通知》，特区管委会成立了清理整顿公司领导小组，下设办公室，对特区范围内的公司进行全面的清理整顿。清理整顿历时8个月，于1986年6月结束。被清理整顿的公司共114家，其中全民所有制公司104家，集体所有制公司4家，全民与集体合营的公司6家。经过清理整顿，具备办公司条件的100家，条件不够完备、限期完善的公司7家，需降级的公司2家，不合格应吊销营业执照的公司5家。1987年，再次对全区工商业进行全面登记、审查、核准，建立了企业户口档案并输入电脑储存。汕头特区的外商独资、中外合资、中外合作企业的登记发照工作，初期由国家工商行政管理局授权广东省工商行政管理局办理；1986年11月，国家工商行政管理局把特区“三资”企业的登记发照工作交由汕头市工商行政管理局办理；1987年7月，又委托汕头特区工商行政管理局办理。1987年年底，汕头特区有“三资”企业79家，其中中外合资企业24家，中外合作企业26家，外商独资企业29家。

2000年，全市新登记注册国内企业1669户、外商投资企业67户、私营企业1785户、个体工商户11149户，核准新设立广告经营单位34户，审批户外广告247处，代理商标注册2500件，鉴证经济合同519份，金额30.21亿元，查处经济违法案件491宗，罚没入库金额1011万元，商标侵权案件99宗，违法违章广告22宗，新、改、扩建市场15个。

（二）合同、商标广告管理

特区各企业在商品流通中最大量、最普遍的是以经济合同的形式开展经济活动。1984年前，特区工商行政管理局共审批各类经济合同31个，鉴证经济合同10个。1985年9月，特区工商行政管理局成立了经济合同仲裁委员会，通过对《中华人民共和国经济合同法》的宣传，加强了经济合同管理。这一年共鉴证经济合同12份，金额229.8万元；调解仲裁经济合同纠纷3宗，金额70万元。

1986年4月，规定特区各企业签订经济合同时必持“法定代表人证明书”或“法人授权委托证明书”（简称“两证”）。同年9月，特区管委会下发了《关于在全区开展经济合同法执行情况检查的通知》，对全区企业从1984年以来签订的经济合同进行了全面检查。据统计，共检查经济合同6249份，总金额达人民币99234万元，美元21514万元，港币17608万元，外汇券1525万元，日元121379万元，新加坡币9.8万元。这一年共鉴证经济合同8份，金额 1 168.7万元；调解仲裁经济纠纷1起，金额30.02万元，为110家企业发放“两证”742本。

1987年3月，在全区各企业中广泛开展了“重合同、守信用”活动，通过自下而上的检查评比，自报达到“重合同、守信用”6字标准的有28个单位。特区管委会经反复审核，批准商业公司、物资公司、旅游公司、农业发展联合公司、广澳进出口公司、陶瓷公司、龙湖商场有限公司等7个单位为1986年度“重合同、守信用”单位，并颁发了荣誉证书，同时在《汕头特区报》《汕头日报》《南方日报》予以公告。这一年，鉴证经济合同22份，金额达3145.9万元；调解仲裁经济合同纠纷8起，金额296万元；发放“两证”252本。

2000年，对全市292家广告经营单位进行全面审查清理，对其中48家不具备广告经营资格的依法予以核销或注销；全面加强对各类媒体的监督和监测，开展对医疗品、保健品违法广告的专项整治，先后查处医疗保健品及烟草等违章违法广告25宗；加大对市区户外广告牌的监管清理力度，拆除违章的灯箱、广告牌529处。截至2000年年底，全市共有广告经营单位278户，从业人员1900人，年广告经营额约2.4亿元。

2000年，共查处商标侵权假冒案件99宗，其中涉外商标案件57宗，处罚没收款100.7万元。抓好商标印制单位和各类专卖店的清理整顿，对6家涉嫌印制侵权标识及非法印制商标行为的依法立案查处。同时，加强对全市重点商标的保护力度，在开展“工业集中服务活动”中，对全市重点商标保护名单进行扩大和调整，由原来的60家调整为100家。

（三）市场管理

1985年以前，特区没有农贸市场。1985年4月，特区工商行政管理局筹集资金，着手兴建龙湖综合市场，于7月15日建成交付使用，实际进场经营的摊档共97个。为加强管理，办好市场，更好地为消费者服务，特区工商行政管理局成立了市场管理组，配备10名管理人员。由于场地比较偏僻，一些商贩不想进来，为吸引他们前来经营，采取了6条措施：（1）对固定商贩只收租金不收管理费，当年租金收8折，临时摊点收费2%以下，少量上市产品不收管理费；（2）准许固定摊点在市场食宿；（3）协助外地商贩办理临时户口；（4）申请营业执照时，即到即办，简化手续，提供方便；（5）协助前往深圳、珠海采购物品的商贩办理边防证；（6）为商贩及时提供市场信息。这样一来，市场的店铺、摊档基本摆满。该年市场经营的商品有百货、五金、食杂、家具、糖专、饮食、蔬菜、水产、猪肉、蛋品、干果等15大类、300多个品种。

2000年，工商部门结合汕头市迎接环保模范城市、优秀旅游城市和国家卫生城市的检查，整顿经营秩序，引导入室经营，实行规范管理。同时清理了农副产品批发中心市场无序竞争行为；配合有关部门抓好生猪屠宰市场秩序整顿，取缔私宰窝点8个；继续加强临时集散点和水果经营网点管理，取缔占道经营。

四、物价

（一）价格管理

汕头20年价格改革，大体上可以分为4个阶段。

第一阶段：价格改革初始阶段（1979—1984）。采取放调结合，以调为主做法，改革的重点是调整价格结构。第二阶段：价格改革展开阶段（1984—1987）。采取放调结合，以放为主的做法，改革的重点是转换价格形成机制，价格改革市场趋向明显。第三阶段：价格改革巩固阶段（1988—1991）。采取放、调、管结合，以管为主的做法，改革的重点是建立和完善价格调控体系，积极稳妥推进价格改革。第四阶段：价格改革深化阶段（1992—2000）。采取放、调、管、建相结合的做法，价格改革全面深化、全方位展开。改革的目标是建立与社会主义市场经济相适应的市场价格新机制。

1999年6月，汕头市召开第一次价格决策听证会，就汕头市实验学校改制后的收费项目和标准进行听证。2000年1月，召开市区自来水调价与开征市区污水处理费价格决策听证会。2000年6月，召开市区治安联防费改革听证会。

汕头市为扶持“菜篮子”工程的发展，对重要农副产品实行补贴、平抑灾期、节日市场物价、保障特区市场主要副食品的供应，自1989年起实施价格调节金制度。市政府于1994年成立价格调节基金领导小组，并颁布了《汕头经济特区主要副食品价格调节基金管理暂行办法》，规范调节基金的征收和使用，同时将基金征收范围扩大至各级物价、工商行政管理部门上缴财政的罚没款；特区旅馆业客房营业收入；特区范围内特种消费行业；列入物价部门价格管理的少数大宗商品和经营服务性收费项目的超常利润。2000年7月10日市政府以第43号政府令发布《汕头经济特区主要副食品价格调节基金管理规定》。调节基金征收来源：一是市财政部门在本规定实施的第一个年度预算内安排300万元作为补贴资金，以后由市人民政府每年视财政状况和实际需要适当增加；二是特区范围内旅馆业营业收入；三是对特区范围内特种消费行业按其营业收入5%征收的特种消费行业附加费；四是对实行政府定价、政府指导价的部分商品和服务项目，按一定价格或收费标准比例征收；五是经市人民政府批准的其他项目。

（二）收费管理

特区物价在收费管理方面，重点抓好制度的落实。一方面促使收费单位按章收费，另一方面做好收费制度的宣传，帮助被收费单位明确收费项目和标准，制止乱收费现象。1987年年初，物价部门制定了《汕头经济特区收费项目和标准》。同年4月开始，对全区由25个行政事业性单位收取的152个收费项目和由16个经营单位收取的56项关系国计民生的收费标准进行清理、复核，对合理收费的单位发给收费许可证；对违反规定的单位，则处以罚没或责成退赔的处理。1986年7月至1987年年底，物价部门共处理违纪案件37宗，罚没及退还用户款项4.3万元。

2000年，全市共宣布取消各类收费和基金62项，年可减负1600万元。全市农民负担人均85.3元，占上年度人均收入的1.8%，比上年度水平降低0.5个百分点。

（三）物价检查监督

1985—1997年，汕头市根据全国、全省的统一部署，连续开展了13年的年度财税物价大检查。年度物价大检查作为财税物价大检查的一个重要组成部分，在及时查处行政机关、企事业单位、个体经营者的价格违法行为，维护国家、企业和消费者利益方面做出了应有的贡献。

1985年，开展化肥、石油、钢材、水泥、煤炭、汽车、自行车、彩电、洗衣机、电冰箱等高档紧俏耐用商品的价格大检查。

1986年，重点检查人民生活必需品的价格、重要的生产资料价格和群众关系密切的各种收费，主要是石油产品（汽、柴、煤油）、中西药品、粮食、食油及米面制品等，收费方面有：教育、卫生医疗、生产、照明用电、汽车客运票价以及省政府审定的各项行政事业性收费。

1987年，重点检查钢材、石油、化肥、农用薄膜、化工原料以及电价。

1988年，自6月份开始持续开展半年多的全面铺开式综合性物价大检查，重点检查石油、钢材、水泥、化肥、汽车、食糖、塑料、中西药品等商品价格和一些与人民生活关系密切的日用消费品和非商品收费。

1989年，重点检查大宗主副食品的粮、食油、食糖、米面制品、食盐以及肉类、鱼类、蔬菜，生产资料方面是煤炭、石油（含成品油）、棉花、木材、重要化工原料，与人民群众关系密切的中西药品、石油气、医疗卫生、卫生防疫、交通运价等商品收费。

1990年，重点检查国家定价和规定浮动幅度商品的执行情况以及行政事业性收费和劳务收费。

1991年，重点检查国土、公安、劳动收费、农用柴油、生产资料价格、卷烟、食盐、化学药品、进口胶合板、汽车、石油产品、电价、水费、交通运输、邮电以及宾馆服务收费。

1992年，重点检查计划生育、教育、土地、民政、公安、医疗、邮电等收费，同时还开展对钢材、汽车、石油产品、交通运价、商品住宅价格的检查。

1993年，重点检查越权定价、擅自立项收费，减轻农民负担的各项政策落实情况，同时开展对汽车、石油气、中西药品、房地产、交通运输、汽车驾驶员培训、海关、公安、国土、银行、港口码头、邮电、教育、文化娱乐、医疗等收费价格的检查。

1994年，重点检查借税制改革擅自涨价、扩大进销差率、批零差率、在原价格之外加收增值税率而提高产品或服务价格行为；违反管理权限擅自提高国家定价或服务收费，不执行最高限价、超过规定差率、利润率；违反调价备案和申报制度；同时对公路、水路运输、出售和办理票证强制保险、化肥、农膜、农药、农用柴油等生产资料价格和农村电价检查。

1995年，重点检查各级政府及有关部门违反中央和省规定，擅自调价项目的情况；中、西药品出厂、批发、零售价格执行情况；铁路行业客运票外收费执行国家价格政策的情况；密切关系人民生活的行政事业性收费项目和标准执行情况；医疗卫生、教育部门及港口、码头等收费项目和收费标准执行情况以及价格调节基金的使用情况。

1996年，重点检查石油产品价格、车辆寄放、客票代办、物业管理收费，港口码头、路桥收费以及街道、环保、计生等部门收费。

1997年，重点检查教育、医疗、中介服务收费，食盐、石油气价格。

2000年，在坚持日常和节日的市场物价检查的基础上，突出抓好各项专项和行业的价格监督检查。对电信、电力、公安、教育、医疗、成品油、涉农收费等开展专项检查，打击各种不正当价格行为和违法收费行为。全市各级物价部门共查处各类价格违法案件634件，查处违法所得648.74万元，上缴财政393.72万元。各级物价部门先后成立价格投诉举报中心，建立和完善价格投诉举报制度，向社会公布投诉举报电话，及时受理和解决群众和企业的投诉和举报案件。全年共受理各类价格投诉547件，理结500件，清理退还用户金额254.52万元。

五、审计

1986年4月，汕头经济特区建立审计局。在审计机关成立之初，汕头的经济曾一度出现需求过旺、物价高涨的情况。汕头市审计机关围绕治理经济环境、整顿经济秩序，积极开展审计和审计调查，加强了对流通领域的监督，查处了一些公司违反计划管理规定、转移计划内紧俏商品以及隐瞒销售收入、弄虚作假、牟取账外收入的问题，并把审计发现的重大问题向当地政府汇报和向社会曝光，初步体现了审计的监督作用。

1991—1995年，全市各级审计机关围绕特区经济建设中心，进一步解放思想，改进审计工作，为深化改革、扩大开放、发展特区经济服务。1992年，在全市审计系统开展“加强和改进审计工作，为改革开放和发展经济保驾护航”的专题讨论；市审计局提出审计工作进一步支持改革开放，促进加快汕头经济特区建设的意见，以改革的精神开创汕头审计工作新局面。1993年，市审计局报请市政府批转了《关于改革审计制度，为发展社会主义市场经济服务的意见》，改革按产品经济模式建立起来的审计制度，审计工作从原来重点抓财务收支审计，向在财务收支审计基础上延伸检查内部控制制度和经济效益转变，从以往注重微观方面的问题向着力服务宏观管理转变。

汕头市审计机关自成立至2000年年底，共审计单位（项目）10641个，查出违纪违规金额695259万元，处理上缴财政金额46401万元，归还原渠道资金13463万元，向司法机关移送案件26件，配合纪检（监察）机关办案81宗。

六、劳动

特区劳动制度改革主要是推行劳动合同制，即新招工人面向社会，公开招考、择优录取、签订合同，废除了职工终身制。在进行劳动、人事制度改革的同时，在企业中实行劳动工资制度改革，即根据工人的劳动数量、质量实行工资升降浮动。同时建立了劳动保险制度。

（一）用工制度

为适应特区多种经济形式并存的需要，特区从1983年 7 月开始，实行劳动制度改革，即在新招工人中实行劳动合同制；招工面向社会，公开招考，择优录用；企业有辞退职工的权利。1984年7月，建立合同制工人养老保险制度，解决合同制工人的后顾之忧。1985年1月，建立全民、集体职工养老保险制度。1986年10月，根据国务院公布的劳动制度改革4个暂行规定的精神，又建立了职工待业保险和劳动争议仲裁机构和制度，使特区的用工制度进一步完善。为了加快劳动制度改革，完善各项配套改革措施，特区管委会于1987年12月发出《关于固定职工调入特区实行劳动合同制的通知》，规定从1988年1月1日起，凡从特区外调入的全民、集体固定职工，一律实行劳动合同制，签订劳动合同书，与新招合同制工人享受同样待遇，其全民、集体编制存入本人档案，在调离特区时按原编制予以介绍。同时，劳动部门简化职工调动手续，即对实行经理承包责任制的单位，在特区内调动职工，由双方单位协商同意后，直接办理调动手续。此外，劳动局直接承办内联企业、“三资”企业固定职工的调动工作，方便了企业。

“先培训，后就业”，也是特区用工制度改革的一项重要措施。特区劳动部门开展了多渠道的岗前培训工作。从1984年起，对进特区工作的技术工人、财会人员等，逐年分期进行培训，至1987年年底，共兴办各种类型的培训班11期、1100多人次。提高了职工的素质和工作效率。

（二）工资制度

1983年7月前，特区实行我国1956年以来建立的工资制度。因合同制职工的劳保福利待遇低于同单位固定职工，故从1983年7月起，对合同制职工实行增加标准工资15%的工资性补贴。1984年9月开始搞工资改革的尝试，把原来的基本工资加补贴改为基本工资加职务工资加浮动工资（即奖金）。基本工资按原级别计发（干部按行政级，工人按特区工人工资标准执行），职务、岗位工资原则上在什么岗位工作，担任什么职务，就拿什么工资，工资随职务（岗位）的变动而变动。对专业技术人员给予工资优惠和照顾；高级技术人员可享受特区管委会主任一级的岗位职务工资待遇。浮动工资和奖金直接与企业的经营成果和职工本人的劳动态度、组织纪律、工作质量、贡献大小挂钩。

1986年6月，根据中央、省、市有关机关事业单位和国营企业内部工资改革文件规定，特区工资制度改为：（1）机关、事业单位的工作人员，实行全国统一的以职务（岗位）工资为主要内容的结构工资制，即由基础工资、职务（岗位）工资、工龄津贴、奖励工资4个部分组成。（2）特区全民所有制企业（含内联企业）的干部、工人，实行全省统一的等级、职务（岗位）工资制。（3）内联企业有决定内部分配形式的自主权，如企业实行劳动合同制，经董事会同意，可在增加幅度不超过工资总额的15%范围内，由企业实行再分配。（4）特区“三资”企业的职工，按劳务费的70%作为职工的基本工资和浮动工资，直接支付给职工本人。工资的分配形式由企业根据经营的需要自行决定，可以实行计件工资制，或计时、计日、计月工资制。

2000年10月，市直机关人员工资和离退休费由财政统一发放工作顺利铺开，共有82个单位7358人纳入范围，市直机关人员工资审核审批工作实现电脑化管理。

（三）劳动保险

汕头特区从1983年起逐步建立劳动保险制度。先从劳动合同制职工开始，继而全民所有制、集体所有制职工，后发展到国家干部，逐步实现劳动保险社会化。

1983年7月，在“三资”企业劳动合同制工人中首先实行社会劳动保险。1984年8月

17日，汕头特区管委会颁发了《汕头经济特区社会劳动保险暂行规定》，进一步明确规定“三资”企业按职工劳务费的25%提取保险基金（含管理费）。至当年底，全区合同制工人投保525人，投保金额为人民币18.9万元；1987年投保人数增加到2793人，投保金额为人民币90.4万元。

1985年1月开始在全民、集体工人中实行社会劳动保险，要求全工龄投保。缴纳标准为调入特区前每人每月21元，有困难的单位可分期投保；调入特区后每人每月25元，从1987年1月起调整为每人每月21元（含养老、待业金）。1985年，参加投保的全民、集体工人共50人，投保金额为人民币6.6万元；1987年投保人数达1891人，投保金额为人民币75.2万元。

1986年开始，在国家干部中试行劳动保险。这一年投保31人，投保金额为人民币11.28万元。1987年8月，特区管委会颁发了《关于国家干部实行劳动保险暂行办法》，规定国家干部实行全工龄投保，缴纳标准为调入特区前的工龄每人每月15元，调入特区后至离、退休每人每月30元（含管理费），并规定今后将根据工资增长和离退休金提高等情况，每3年调整一次，不敷使用时由财政拨款补助。至当年底，干部参加投保共444人，投保金额为人民币76.6万元。

1987年，全区干部职工投保5074人，投保金额242.2万元。

社会劳动保险基金来源和管理。“三资”企业劳动保险经费由用工单位按职工每人每月劳务费的25%缴纳给特区社会劳动保险部门，作为职工劳动保险和补偿国家对职工的各种津贴。劳务费的75%结汇后划还企业作为职工工资福利。1987年6月，对“三资”企业产品出口和技术先进型的职工劳动保险基金（含养老金和待业金）按劳务费的20%以外汇缴纳，劳务费的80%结汇后折算人民币作为企业职工工资福利。至1987年年底，劳务结汇累计为1688万港币。内联企（事）业的职工，合作各方提供人员的社会劳动保险由各方负责。1986年12月，特区管委会在《汕头经济特区贯彻执行国务院改革劳动制度四个规定和省实施细则的补充办法》中规定：特区合同制工人和原固定职工的退休养老金和待业保险金，采取统一收缴和管理的办法，这两个基金的缴纳标准为每人每月21元，其中本人每月缴交2元，企业负担19元。保险金中18元用于退休养老保险，1.5元用于职工待业保险，1.5元作为管理费用。

1992年，实施汕头经济特区范围扩大后，汕头市设立了社会保障局，全面推进社会保障制度改革。至2000年年底，全市参加养老保险企业职工390033人，参加失业保险职工418924人，参加工伤保险职工311994人，参加生育保险职工213598人；市直单位启动医疗保险制度改革，参保人数14800人。其中，经济特区参加养老保险职工262697人，参加失业保险职工289572人，参加工伤保险职工221778人。全市机关事业单位参加个人缴纳养老保险费人员73294人，其中特区43669人。

2000年年底，全市享受养老保险待遇的企业离退休人员95108人，其中经济特区73495人，全市和经济特区人均月养老金分别为377元和409元。

七、质量技术监督

（一）标准化管理

标准化工作的任务是制定标准、组织实施标准和对标准的实施进行监督。自1988年以来，随着国家从计划经济逐步转向市场经济，乡镇企业迅速发展，外资企业也增多，以及面临中国入世后要遵守WTO的《标准守则》，标准化工作已成为技术监督中重要的技术基础工作。汕头市质量技术监督局依照有关的法律、法规，不断加强企业产品标准的制（修）订工作，重点是乡镇企业产品标准的制修订。积极组织协调各行业主管部门，发挥各学、协会的作用，帮助企业制（修）订产品标准，使汕头市工业产品标准水平有很大提高。至2000年年底，汕头市已制修订各类企业产品标准2327个，废止标准238个。

1988年，开展了茶叶、水稻、鳗鱼及花生新品种的标准化工作，汕头市农业标准工作逐步打开局面。1989年，制定了《饶平岭头单枞茶综合标准》《鳗鱼综合标准》。1990年，完成17项农业标准转化工作，加快水稻、岭头单枞茶及汕油27花生综合标准的实施，对潮州柑、甘蔗等栽培规范进行试验实施。1991年，《水稻高产栽培技术》《潮汕创亩产吨粮综合增产技术》通过农业部和省农业厅的验收。1997年，发布实施了汕头市农业地方标准《水稻高产栽培技术规范》。

在做好工业和农业标准化工作的同时，贯彻实施国家强制性标准，大力宣传贯彻化妆品标签、饲料标签、家用电器、农药、玩具、食品标签通用标准、公共信息图形标志用图形符号、天然石材放射射线保护分类控制标准、调味乳粉等一大批国家强制性标准，举办各种标准学习班30多期，参加学习人员有1830多人。深入企业帮助审核校正食品标签近730项、饲料标签近87项。对违反国家强制性标准的违法行为依法实施查处。

1988年，举办"食品法规与标准"学习班5期。1989年，开展《食品通用标签标准》和《信封标准》的检查管理工作。1990年，组织对实施食品标签标准、火柴标准等的监督检查，全市有18家企业取得信封认证认可证书，食品标签新标签认可48家81种，旧标签认可101家533种，市3家火柴厂均按标准组织生产。1991年，开展食品标签、信封、火柴的实施监督，全市有231家食品工厂的1033种标签通过认可（市区65家390种），信封认可18家。1992年，开展三相异步电动机经济运行、家用制冷器、电烫斗、紧固件、公共信息图形符号、食品标签等标准的宣传贯彻和实施情况检查。1993年，加强对食品标签的审查登记认可的审核，累计全市有179家企业的583项产品进行食品标签认可。对紧固件、齿轮、制冷设备等执行标准情况开展了监督检查。

1996年，着重开展食品标签和饲料标签的监督管理和咨询服务工作。对全市10家饲料生产厂的76个产品执行标准情况进行检查。与市公安局技防办配合，对防盗锁、门铃的标准进行了审查。1997年，重点抓好进口预包装食品标签的监督管理。与市卫生检疫局联合对全市551家经销进口食品单位的商品进行了检查，标签合格率为80.8%；配合市医药管理局、市公安局技防办对涉及人体健康、人身安全的产品实施强制性标准化管理；与市财贸办联合举办化妆品标签宣传贯彻学习班。

1999年以来，认真贯彻“全国农业标准化工作会议”精神，农标工作有了较大突破。选择了富有地方特色的潮阳市的“大闸蟹”、澄海市的“狮头鹅”、南澳县的“太平洋牡蛎”等项目，制定了《中华绒螯蟹养殖苗种》《太平洋牡蛎天然海水室内人工育苗技术规范》《海水养殖太平洋牡蛎技术规范》三项地方农业标准，填补了潮阳市、南澳县地方农业标准的空白。

2000年，全市完成企业产品标准备案590项，执行标准登记220家（其中汕头市区产品标准备案513项，标准登记111家）；帮助企业产品采用国际标准73项，其中10项产品通过省采标认可，10项产品获准使用采标标志。加强对涉及人体健康和人身、财产安全等国家强制性标准的监督管理，帮助企业审核校正食品标签237项。对全市公共信息图形标志严格按国际、国家标准要求进行检查、指导，对设置不规范的单位狠抓督促整改，全市新增设公共信息图形标志牌5224块。市技术监督信息所全年向企业提供标准289个，采集各类标准文本近5000个，发展条码系统新成员126户，推广条码产品3188项，办理代码证书7150户。

（二）计量管理

1994年5月，贯彻实施国家《零售商品称重计量监督规定》，印发宣教资料13000份，通过报纸、电台进行宣传。

1995年，贯彻《关于在公众贸易中限制使用杆秤的通知》，同年6月，市政府批转市技术监督局、市工商局《关于在汕头市公众贸易中限制使用杆秤的请示》。1996年4月8日，两局联合发布了《关于在汕头市区范围内限制使用杆秤的通告》。至1996年10月，市区34个市场原使用杆秤4448支已更换为弹簧度盘秤、案秤、电子秤3963台，基本实现换秤工作目标。

1996年4月，贯彻国家《定量包装商品计量监督规定》，汕头市技术监督局召开了各县（市）、区技术监督局（分局）参加的计量工作会议，要求各单位每年均应组织专项检查，加强定量包装商品的计量监督。至2000年年底止，全市共出动3010人次，检查1551家企业及商店。

1997年，贯彻《中华人民共和国进口计量器具监督管理办法实施细则》，汕头市技术监督局召开会议，发放有关资料1800多份进行广泛宣传，并布置了各有关进口单位进行自查。同年8月份、11月份开展两次进口计量器具专项执法检查，共出动373人次，检查68个经销单位的1942台进口计量器具，对出现问题的单位及时督促整改。

至1988年，全市建立社会公用计量标准114项，汕头市计量检定测试所开展检定42个项目。

1997年7月，汕头市计量科学研究所开始了计量检定工作，共建立了医用诊断、治疗用X射线辐射源和电子衡器等8项社会公用计量标准。

至2000年年底止，全市共建立了社会公用计量标准93项，可开展检定项目174个，其中汕头市区共建立社会公用计量标准74项，开展项目174个。

（三）质量监督执法

1988—1992年，全市共查处标准化、计量和产品质量违法行为1633宗，罚没款19.6万元。1993—2000年间，共查处各类违法案件6945宗，处罚2351.8万元，没收、销毁假冒伪劣商品、包装物、制假设备及原辅材料等一大批。

（四）产品质量监督

一是工业产品生产许可证的监督管理。1990年，成立汕头市查处无生产许可证办公室，在全市开展查处无生产许可证产品工作。共出动了700多人次，检查610个单位，查处生产、流通领域货值210万元的无生产许可证产品，主要有自行车、洗衣机、磷肥等，依法进行了处理。1991年，查处无生产许可证农药67个品种13.9万千克。1992年，对全市酒类生产企业的生产条件进行审查。1998年，开展了燃气热水器执法检查，查获无生产许可证燃气热水器33台，对经销者实施了处罚。2000年，定期监督检验产品2044批次，合格率为85.6%，帮助126家不合格企业进行整改，整改后产品复检合格的企业有61家，完成省局交办的12家定期监督检验和5家国家监督抽查产品不合格企业的整改及复查工作。坚持每季度组织一次市场商品质量监督抽查并定期召开新闻发布会，公布抽查情况，全年共抽查19种商品468批次，抽查合格率为59.1%。

二是监检不合格产品的后处理。自1986年起，汕头市建立并实施《质量监督抽查不合格通知书》制度，对监检不合格产品，向企业发出通知书，限期整改并依期汇报整改情况。整改后的产品再组织复查，复查仍不合格的，按有关规定处理。1986—1993年，市技术监督局实施质量分析会制度，坚持每月听取当月开展产品监督抽查的情况汇报，分析监检产品质量情况及不合格原因，分析全市产品质量形势，研究监检中存在问题，并每月向国家局上报一次监检结果。1994—1998年，质量分析会停开，但对不合格企业发出不合格通知书的后处理方式并没改变。1999年4月起，市质量技术监督局恢复每月召开一次质量分析会制度。会上通报上月不合格产品整改情况，本月不合格产品情况。会后，派有关人员到企业督促整改。对不认真整改，经复查质量仍不合格的企业，依法予以处罚；对1家质量问题严重的企业，提请工商部门吊销其营业执照。1999年4月至2000年年底，市质量技术监督局共向87家企业发出不合格产品限期整改通知书，整改后复查合格的企业54家，停产的28家，受处罚的3家。

八、统计

汕头特区统计工作是随着特区建设的发展壮大、经济管理日趋完善而逐步建立、健全起来的。1984年上半年以前仅有一名兼职统计干部，下半年计划统计组成立时，配备统计人员3人。1985年增至7人。计划委员会成立后，从事专职或兼职统计人员11人，其中已获统计系列职称的有统计师1人，助理统计师2人，统计员4人，设有外经、基建、工业、农业、水产、商业、旅游、物资、劳动工资、进出口、外汇投向及综合等10多个统计专业。1987年年初配备了微机和专职人员，逐步开展电脑总储存的工作。

1984年，计统组成立后，按照统计工作的要求和需要建立完善的工作程序和统计制度，开始编制特区国民经济和社会发展统计年鉴，反映特区建设进程。1986年以后，统计部门在做好业务工作的同时，开展多种统计调查，积累和撰写国民经济情况资料，其中包括多项和专项调查分析资料。至1987年年底，统计部门采用国内的统计指标体系，贯彻实施了国内的统计报表制度，同时编印统计月报、统计年报及一大批调查统计资料，建立起统计网络。

2000年，经过清查，全市基本单位19655个，其中法人单位17957个，并继续完善统计单位登记和年审。全年围绕经济社会的热点、难点撰写统计分析报告66篇，在新闻媒介发表的统计信息报道共221篇（次）。

第四章　国务院批准设立的各类经济开发区

从1984年国务院批准设立广州经济技术开发区和湛江经济技术开发区开始至2000年，广东省经国家批准设立的各种类型开发区共有18个，其中经济技术开发区4个，高新技术产业开发区6个，保税区6个，出口加工区2个。各类开发区在推进广东改革开放和现代化建设中，从不同的功能方面，发挥了重要的作用。

至2000年年底广东省经国家批准设立的各类开发区一览表

表4－1

开发区名称	批准面积（平方公里）	批准时间
经济技术开发区		
广州经济技术开发区	9.60	1984.12.5
湛江经济技术开发区	9.20	1984.11.29
惠州大亚湾经济技术开发区	9.98	1993.5.12
广州南沙经济技术开发区	9.90	1993.5.12
高新技术产业开发区		
深圳高新技术产业开发区	11.50	1991.3.6
广州高新技术产业开发区	23.20	1991.3.6
珠海高新技术产业开发区	9.80	1992.12
中山火炬高技术产业开发区	15.10	1991.3.6
佛山高新技术产业开发区	10.00	1992.12
惠州高新技术产业开发区	7.06	1992.11.9
保税区		
广州保税区	1.4 0	1992.5.13
深圳沙头角保税区	0.20	1991.5.28
深圳福田保税区	1.68	1991.5.28
深圳盐田港保税区	0.85	1996.9.27
珠海保税区	3.00	1996.11.3
汕头保税区	2.34	1993.1.11
出口加工区		
广州出口加工区	3.00	2000.4.27
深圳出口加工区	3.00	2000.4.27

第一节　经济技术开发区

一、概况

1984年3月26日至4月6日，中共中央书记处和国务院联合在北京召开沿海部分城市座谈会。会议确定进一步开放天津、上海、大连、秦皇岛、烟台、青岛、连云港、南通、宁波、温州、福州、广州、湛江和北海14个沿海港口城市，扩大地方权限和给予外商投资者实行若干优惠政策和措施。同时明确这些城市可以划定一个有明确界限的区域，兴办经济技术开发区，作为当地学习经济特区经验、进行经济开发和技术开发的基地。同年11月和12月，国务院先后批准设立湛江、广州两个经济技术开发区，从此揭开了广东开发区建设的序幕。

1992年春天，邓小平南方谈话发表后，全国掀起了新的改革发展的热潮。为了支持广东加快经济发展，实现"二十年赶上亚洲'四小龙'的经济发展水平"，1993年5月，国务院又批准广东设立广州南沙经济技术开发区和惠州大亚湾经济技术开发区，面积分别为9.9平方公里和9.98平方公里。至此，广东省共有4个国家级经济技术开发区。

根据中央批转的《沿海部分城市座谈会纪要》提出的要求，经济技术开发区要大力引进我国急需的先进技术，集中举办中外合资、合作、外商独资企业和中外合作的科研机构，发展合作生产、合作研究设计，开发新技术，研制高档产品，增加出口收汇，向内地提供新型材料和关键零部件，传播新工艺、新技术和科学的管理经验。有的经济技术开发区，还要发展为国际转口贸易的基地。经济技术开发区内，利用外资项目审批权限，可以进一步放宽，大体上比照经济特区的规定执行。在经济技术开发区内，中外合资、合作和外商独资办的生产性企业，其企业所得税减按15%的税率征收（中方税后利润仍按规定上缴）；对外商所得合法利润汇出时免征汇出税。区本身和区内企业自用的建筑材料、生产设备、原材料、零配件、元器件、交通工具、办公用品的进口和产品的出口、内销，也执行经济特区的优惠政策和管理办法（包括内销产品要补税）。经济技术开发区本身的进出口贸易，可以在国家统一政策指导下自主经营，也可以委托外贸公司代理，但应自负盈亏。国家对经济技术开发区实行必要的监管措施，经济技术开发区要在规划和建设中提供必要的监管条件。

至2000年年底，广东省4个国家级经济技术开发区共引进外资项目1488个，外商直接投资实际到位资金44.49亿美元。2000年，4个国家级经济技术开发区共实现工业总产值424.4亿元，外贸进出口总额27.52亿美元。

二、广州经济技术开发区

（一）设立

1984年4月26日，中共广州市委即批准成立广州经济技术开发区筹备组，进行经济技术开发区的选址等筹备工作；5月24—26日，广州经济技术开发区筹备组召开论证会，市有关领导与会，30多名经济、金融、管理、规划、建筑、工程技术等方面的专家学者参加论证，并安排与会人员前往黄埔东缘实地考察。专家们认为黄埔东缘比二沙岛、小谷围和石湖王山等地更为合适，其有利条件是：地理位置独特、交通条件优越，有一定的市政基础设施、有大片土地可供开发，毗邻港澳、便利参与国际市场竞争，此地古代就是海外贸易之地、地处广州东大门，便于与海内外交往。经过6个月的紧张工作，广州经济技术开发区的筹备基本就绪。1984年12月5日，国务院对省政府上报的《关于做好广州市对外开放工作的报告》作出批复：同意广州市在抓好老企业技术改造的同时，有计划有步骤地兴办经济技术开发区。广州经济技术开发区的位置在黄埔区东缘，珠江主流与东江北干流交汇处，北以横滘河为界，东南至东江，西南至珠江，包括大蚝洲岛，总面积为9.6平方公里。首期开发夏港路两侧，面积2.6平方公里。开发区内的建设项目应与全市生产建设规划紧密衔接，不要自成体系，搞小而全。重点是引进和开发新技术，发展新兴产业，对全市工业的发展起先导作用，生产国内某些紧缺的产品，填补国内某些技术空白。技术水平一般的项目不宜放在开发区内。开发区的商业、服务业，主要是为开发区本身服务。1984年12月28日，广州经济技术开发区举行奠基仪式。

1993年后，为了增强发展后劲，广州经济技术开发区不断开拓新的开发地块，形成在地理上互不相连的四大区域，分别为西区、东区、永和区和广州科学城。此四大区总面积为88.77平方公里。其中，西区9.6平方公里，东区7平方公里、永和片区34.7平方公里、科学城37.47平方公里。

（二）投资环境

基础设施方面，至2000年，累计投入基础设施建设资金91.18亿元，交通体系、工业和生活配套设施建设不断完善。一是建成区的交通体系建设日臻完善。累计建成可通车道路142公里，主干路网体系基本形成，实现区域各组团之间的快速连接。其中，1991—2000年新建成道路60条，总长度达56.1公里。1997年12月底建成通车的永和隧道为一级城市道路主干道，全长4.61公里，路基宽28.5米，为双向4车道，投资1亿元。二是工业和生活配套设施建设不断完善。供电、供水、排水、排污、通信、信息网络等设施建设初具规模，能够基本满足企业、居民和各种单位的生产生活需要。至2000年，广州经济技术开发区先后建成恒运热电厂和明珠电厂，总装机容量分别为57万千瓦和15.5万千瓦，开发区供电局辖区内10千伏配电线路总长150公里，架空线路7公里。全区排水管网总长达315.1公里，供水管线总长度为130公里。供气由区管道燃气有限责任公司供应，主要气源来自深圳、珠海从中东进口的液化石油气，管道长度为27.16公里，年供气量1.45万立方米。开发区电信分局市话交换机容量6.04万门，安装用户4.77万户；邮电局先后增设邮政代办所18个，开展速递、函、包、汇款、报刊发行、邮政储蓄、集邮等6大类39项业务；信息网络基础建设先后进行组建内部局域网、接入国际互联网、网络互联和区域网建设等工程，覆盖全区的区域信息网络基本建成；1997年3月，“广州经济技术开发区之窗”信息网正式开通；1999年，政府上网工程在开发区实施，以“广州经济技术开发区信息网”为主网站建成了政府大众网、园区网和政府内部办公网址，共建成信息资源数据系统104个，区内68个机关、企事业单位可上网查询。

软环境建设，以《广州经济技术开发区条例》为基础，至2000年，先后制定各项规范性文件和内部管理规定110多件，其中规范性文件34件，仅科技创新和高新技术产业发展方面就制定颁布了15个政策文件。在招商引资方面先后制定下发《关于进一步加强招商工作的决定》《关于进一步鼓励外商投资的若干办法》《鼓励引荐外资奖励办法》等规范性文件7个。

广州经济技术开发区坚持"以人为本，以服务对象为核心""管理就是服务""一切为了投资者，一切为了企业"等服务理念，机关公务员服务意识不断增强，服务手段不断更新，电子政务建设初步形成，日常文件处理逐步实现了网上运作，部分审批事项实现网上并联审批。2000年，设立"一站式"服务大厅、办证中心，建立驻区单位联席会议、筹建工作联席会议、领导干部联系筹建企业、干部挂职联系筹建企业、驻厂代表等一套组织协调企业筹建的工作机制。

（三）招商引资

广州经济技术开发区建区在大力改善投资环境的同时，从政策、资金、税收、土地和服务等方面逐步增强招商引资的竞争力，至2000年，有33个国家和地区的外商到开发区投资兴业。

1985—2000年广州经济技术开发区外商投资情况表

表4-2　　单位：万美元

年份	项目数（个）	合同利用外资	实际利用外资
1985—1990	168	29913	11894
1991	28	10867	3233
1992	63	20502	3768
1993	66	22027	7264
1994	82	52044	21498
1995	67	60541	48161
1996	89	65700	50401
1997	63	71698	40556
1998	84	75663	43084
1999	48	87613	47038
2000	73	89474	48454
合计	831	586042	325351

项目规模增大。1991年，广州经济技术开发区批准外商投资项目28个，实际利用外资3233万美元，项目平均投资115.46万美元。1994年，批准外商投资项目82个，实际利用外资21498万美元，其中投资1000万美元以上的项目21个。1995年，批准外商投资项目67个，其中生产性项目55个，实际引进外资48161万美元，接近建区以来前10年的总和，其中投资总

额超1000万美元的项目达31个，跨国公司在区的投资项目达24个。1997年，批准外商投资项目63个，实际利用外资40556万美元，其中投资额超1000万美元的项目15个。2000年，批准外商投资项目73个，实际利用外资4.8454亿美元，项目平均投资达663万美元。

地域扩大。1993年以前，广州经济技术开发区的招商引资工作地域局限港、澳、台地区。1994年，开发区管委会提出扩展招商引资地域，要“跳出港、澳、台，走向欧、美、日”，外商投资地域达到16个国家和地区；1995年，招商引资地域扩展到欧洲、北美洲、大洋洲和东南亚的20个国家和地区；1997年，外商直接投资地域扩展到24个国家和地区；1998年，外商直接投资地域达26个国家和地区；1999年，外商直接投资地域达28个国家和地区；2000年，外商直接投资地域达到33个国家和地区。

产业结构调整。1992年以前，广州经济技术开发区引进的外商投资项目大多是日用轻工项目，如制衣、制鞋、家具等。1993年引进机电、食品、医药、包装、房地产和服务性行业等大型外商投资项目，改变了以日用轻工项目为主的产业结构。1996年开发区招商引资实现四个突破：即招商引资规模、引进高新技术项目、引进国际大财团和跨国公司及第三产业的突破，当年引资超千万的项目31个，项目平均投资1288万美元，引进第三产业项目5个，合同利用外资2114万美元。1997年开发区在外商投资导向上实行“六个并举”的方针，即直接引进与间接引进并举、第二产业与第三产业并举、出口导向与进口替代并举、劳动密集型与资金技术密集型并举、吸引内资与吸引外资并举、吸引大型跨国公司与吸引中小型企业并举，当年成功引进一批资金、技术密集型企业，使招商引资呈现结构优、数额大、国别多、效益好的特点。

技术含量高的项目增多。广州绿十字药业有限公司是区内20世纪90年代最早引进的技术含量高的投资项目。从1993年起，开发区调整招商引资的政策，将引进技术含量高的投资项目作为招商引资的重点之一，当年就有依利安达（广州）电子有限公司、松下电工有限公司、万宝电器（广州）有限公司、广州松下空调器有限公司、爱华特（广州）通讯有限公司、广州迪森家用锅炉制造有限公司、夏晖食品（广州）有限公司、广州德发食品工业有限公司、美赞臣（广州）有限公司、家乐氏（中国）有限公司、百事亚洲饮料有限公司、仙妮蕾德（广州）有限公司、广州百特医疗有限公司和广州珠江钢铁有限责任公司等10多家技术含量高的企业在开发区注册成立。1993年，广州市科协将广州开发区高新技术产业园作为“金桥工程”的南方重点，当年有普林电路有限公司等5户外商投资企业被认定为国家高新技术企业；1994年，引进的味可美、高技食品和欧文斯科宁等项目都是投资额超千万美元的先进技术项目；1995年，开发区科技工业园引进一批高新技术项目，总投资1266万美元。为引进技术含量高的项目，当年调整西区9家企业用地，腾出5.6万平方米土地安排高新技术项目。1995年，开发区有宝洁、亚美聚酯、华纳、安利、箭牌、顶益等一批技术含量高、经济效益好的在产大企业先后增资1.34亿美元，增资项目达21个。

1998年，广州经济技术开发区与广州高新技术产业开发区合署办公，加大发展高新技术产业的力度，成功举办第一届中国（广州）留学人员科技交流会，创办留学人员广州创业园，引进了一批技术含量高的高新技术投资项目。1999年，开发区协助教育部、科技部、人事部和广州市政府成功承办了第二届中国（广州）留学人员科技交流会，并引进一批高新技术投资项目，是年认定先进技术企业2家、高新技术企业22家。至1999年，全区累计有先进技术企业52家，高新技术企业225家。2000年广州经济技术开发区、广州高新技术产业开发区加快留学人员创业园的发展，启动企业博士后科研工作站项目，成功协办第三届中国（广州）留学人员科技交流会，加快科技创新服务体系建设，推动了科技产业的发展。当年引进了旭丽电子（广州）、建兴光电科技（广州）、光宝电子（广州）等20多家高新技术投资项目，新认定先进技术企业2家，高新技术企业30家，先进技术企业和高新技术企业的产值占全区工业总产值的78.3%。

（四）外贸进出口

1. 一般贸易出口

1985—1990年，广州经济技术开发区一般贸易出口商品总值累计27149.05万美元。在出口的9大类商品中，主导商品是纺织品和轻工业品，分别为13927.1万美元、9492.82万美元，分别占出口总值的51.30%、34.97%。排在第三位的农副产品为1432.5万美元。1991—2000年，广州经济技术开发区一般贸易出口总值累计达252773.9万美元。在出口的9大类商品中，纺织品、轻工业品仍然为主导商品，出口总值分别为66982.9万美元、51882万美元，分别占出口总值的26.5%、20.5%。光电产品、家电设备、音像设备等高技术含量和高附加值商品在20世纪90年代末期成为大宗出口商品，累计总值达57106.8万美元，占出口总值的22.6%。机械产品的出口从1996年起有较大幅度增长，累计出口总值达21270.9万美元，占出口总值的8.4%。原来为大宗出口商品的农副产品出口总值为6670.1万美元，占出口总值的2.63%。

1985—1990年广州经济技术开发区一般贸易出口商品结构情况表

表4-3　　单位：万美元

商品＼年份	1985	1986	1987	1988	1989	1990
总计	1372.52	1358.06	5701.32	8032.85	5449.04	5235.26
农副产品	222.99	87.95	146.89	509.05	245.43	20.19
纺织品	773.47	1085.49	2272.11	3027.79	3615.18	3153.06
轻工业品	192.45	41.20	3133.37	4095.24	820.91	1209.65
五金矿产品	10.04	19.93	64.67	106.71	148.23	123.23
化工品	28.06	29.01	27.54	93.01	443.22	249.75
橡胶及制品	4.84	—	4.66	1.34	—	2.50
医药	82.90	79.26	43.53	80.22	109.89	63.80
机械产品	0.06	4.60	7.84	112.94	65.94	209.19
其他	57.71	10.62	0.71	6.55	0.24	3.89

1991—2000年广州经济技术开发区历年出口商品结构表

表4-4　　单位：万美元

年度＼项目	农副产品	纺织品	轻工业品	五金产品	化工类	橡胶及制品	医药	机械产品	其他
1991	251.5	3960.7	1257.0	72.5	126.3	0.01	346.46	244.8	77.89

续表4-4

项目 年度	农副产品	纺织品	轻工业品	五金产品	化工类	橡胶及制品	医药	机械产品	其他
1992	71.4	3352.6	2601.8	69.5	74.4	40.00	311.30	92.2	2637.90
1993	182.6	4844.6	3019.3	802.4	50.3	12.20	136.30	135.9	—
1994	361.1	9143.4	2623.7	800.2	238.1	1.80	291.80	402.9	—
1995	222.0	8341.4	4108.8	95.0	174.3	—	215.20	546.3	—
1996	404.7	8126.0	3198.0	218.7	101.9	8.48	184.20	1320.1	571.10
1997	311.0	7602.0	5603.0	909.0	273.0	2.00	138.00	1064.0	316.00
1998	164.0	6550.0	6135.0	233.0	341.0	3.00	78.00	1536.0	198.00
1999	4801.8	8440.9	9630.2	2492.7	4081.8	—	1314.30	8504.6	—
2000	3373.5	6621.3	13705.3	9.7	10901.1	2792.00	—	7424.1	—

开发区外贸出口市场逐步增加。1985年为6个国家和地区，1988—1990年，外贸出口地区分别达到30个、29个、31个国家和地区。1991—2000年，广州经济技术开发区外贸出口市场分布在亚洲、欧洲、非洲、大洋洲和美洲，1991年为38个国家和地区，2000年增加到126个国家和地区。1991年外贸出口商品总值排在前5位的国家和地区是：中国香港、日本、泰国、菲律宾和英国，主要市场是中国香港，占全年出口总值的82.7%。随着发达国家产业结构调整的不断展开和广州开发区外贸出口工作力度的加大，出口商品市场不断发生变化。1995年出口商品总值排在前3名的国家和地区分别是中国香港、日本和美国，3个国家和地区出口商品总值占当年出口商品总值的92.9%，日本和美国所占比重为10.8%。1999年出口商品总值排在前3名的国家和地区仍然是中国香港、美国和日本，其出口商品总值占当年出口商品总值的68.1%，其中美国和日本所占的比重增加较大，达到28.9%。

2. 外商投资企业出口

1986—1990年，广州经济技术开发区外商投资企业生产的出口商品总值为12924.71万美元，占全区外贸出口总值的32.25%。出口商品8大类，以纺织品、轻工业品为主，分别为4860.19万美元、4625.83万美元，各占出口总值的37.6%、35.79%。生产出口商品的外商投资企业分别为5家、7家、16家、39家、45家。外商投资企业出口市场分布在30多个国家和地区，以香港地区为主。1986—1990年，累计出口商品总值为1.29亿美元，其中出口香港1.08亿美元，占83.72%；其次为日本，出口总值702.98万美元，占5.44%。

1991—2000年，外商投资企业逐步成为开发区外贸出口的主力军。10年间，外商投资企业出口的比例，只有1993年、1994年分别为49.48%、49.26%，其余8年都在50%以上，外贸出口商品从初创阶段的8大类，至2000年年底达到21大类，外贸出口市场，从初创阶段的30多个国家和地区至2000年年底达到126个国家和地区。

3. 加工贸易

广州经济技术开发区加工贸易是从建区初期的“三来一补”发展起来的。1986—1990年，加工贸易总值为2306.78万美元。1991—1995年，加工贸易主要从事成衣、鞋帽、家具、收录机和黑白电视机等劳动密集型产品的加工，主要形式是来料加工出口，5年间，加工贸易出口累计达8418万美元。1996—2000年，加工贸易发展较快，出口累计达21516.4 万美元，占出口总额的68.4%。其间，加工贸易有以下主要特点：

一是加工贸易额增长快，外商投资企业加工贸易增长幅度大。1996—2000年，全区加工贸易进入良性发展阶段。加工贸易额从1996年的29729万美元，上升到2000年的67572万美元，增长了2.27倍。加工贸易企业以外商投资企业为主体，占加工贸易出口总额的94%以上。

二是加工贸易出口市场由港澳和日本市场逐步转向欧美市场。1996年，加工贸易出口市场分布为：香港占83.1%，日本占2%，美国占3.4%，欧洲占1.9%。2000年，香港下降为39.3 %，美国上升到16%，欧洲上升到11.3%。

三是出口产品结构发生重大调整。1996—2000年，加工贸易出口产品由传统的纺织、服装、鞋类、玩具和黑白电视机等初级产品，向机电产品和高附加值产品转化。在这期间，机电产品和IT产品中的多层线路板、显示器、导电玻璃、电脑风扇、高级电容器，彩色电视机、汽车线束、微型马达和精细化工产品成为出口的主打产品。其中机电产品占全区出口总额的70%以上。

四是加工贸易企业产业结构逐步优化。1996年以前，从事加工贸易的企业以港、台资企业为主，以劳动密集型企业和来料加工为主。从1997年起，开发区有选择地引进资金和技术密集型的跨国公司和世界500强企业。至1999年，先后引进了依利安达电子系列企业、德尔福派克电器、华纳（广州）食品、高露洁棕榄日用化工、贝尔罗斯工程塑料、三协精机电气机械、松下电器等大型出口项目，项目平均投资额在2500万美元以上。

五是IT产业加工贸易企业初见雏形。1996—2000年，开发区先后引进IT产业项目10个，有：多层线路板及线路板开发，干膜、基板、液晶显示器、散热风扇、微电容器、导电玻璃等项目及通信行业的传真机、程控交换机、网络产品、彩电设备等。这些项目已成为广州经济技术开发区加工贸易出口的骨干企业，并逐步形成向工业族团发展的趋势，开始形成产品上下衔接的产业链条。

4. 进口

1985—1990年，开发区进口总值累计为33522.8万美元，只有1985年进口商品总值超过出口商品总值。进口商品大多为生产资料，其中石油、化工原料占43.19%。1991—2000年，开发区进口总值累计为452491.99万美元，其中1999年、2000年的进口商品总值均超过出口商品总值。1993年起，成套设备技术、机械、仪器的进口成为主导进口商品，石油、化工原料进口仍居第二位。进口商品市场在初创阶段只有18个国家和地区，至1994年发展到31个国家和地区。

1985—2000年广州经济技术开发区进口情况

表4-5　　单位：万美元

年度	1985—1990	1991	1992	1993	1994	1995	1996	1997	1998	1999	2000
进口额	33522	16581	19273	22893	20596	32085	27663	38728	37729	103683	133216

国有外贸企业进口。1991—2000年，广州经济技术开发区外贸进出口公司进口的商品从传统的机械、仪器、五金矿产、石油、化工、医药保健品、轻工业品、工艺品、粮油食品等，向成套设备和先进技术的进口转变。10年累计进口商品总值达71997.5万美元。

外商投资企业进口。1991—2000年，广州开发区外商投资企业进口商品主要是成套设备、零配件以及生产原材料等。

（五）发展成就

1985—2000年，广州经济技术开发区累计实现工业总产值（1990年不变价）1596.22亿元，累计完成固定资产投资总额281.58亿元，建成可通车道路142公里，建成排水、排污管道560公里，竣工厂房面积201万平方米，建成发电厂装电容量67.7万千瓦；建成自来水设施日供水能力15万立方米，日处理污水能力3万吨。电话交换机装机容量8万门。累计实现国内生产总值653.14亿元，合同利用外资累计达58.61亿美元，实际利用外资累计达32.54亿美元；累计完成税收136.15亿元，实现利润118.13亿元；历年累计外贸出口50.15亿美元。逐步形成化学原料及化学制品制造业、电子及通信设备制造业、电气机械及器材制造业、食品饮料制造业、金属冶炼及加工业和交通运输设备制造业等六大主导产业。全区累计认定高新技术企业和先进技术企业77家。经过10多年的发展，广州经济技术开发区商业、服务业、科技、教育、卫生等社会事业得到较大发展。

三、湛江经济技术开发区

（一）设立

湛江经济技术开发区于1984年11月29日经国务院批准成立，1985年4月2日奠基兴建。全区规划面积9.2平方公里，首期开发1.2平方公里。开发区位于湛江市赤坎与霞山两个老城区之间，南起菉塘河，北至文保河，东临湛江内港，沿新建的人民大道向西延伸150米。开发区南距霞山中心区3公里，北距赤坎中心区6公里，到火车站4公里，至民航机场5公里，交通便利，位置适中，地质条件良好，以母城的工业基础与生活服务设施为依托，有利于开发区的快速起步与开发建设。

湛江经济技术开发区管理委员会是湛江市人民政府的派出机构，下设党委、管委办公室、经济发展局、科技与招商局、财政局、规划国土建设局、社会事业管理局、机关事务管理局、市政管理局、国有资产经营公司、纪委机关监察局、法院。

湛江经济技术开发区正式成立后，贯彻执行国家有关改革开放一系列方针政策，一切从实际出发，因地制宜，量力而行，并按照“全面规划、分期开发、开发一片、建设一片、收益一批”及“以工业为主，以利用外资为主，以出口创汇为主，致力于发展高新技术产业”的办区方针，抓紧基础设施建设，致力完善投资环境，积极开展外引内联，以经济开发推动技术开发；引进先进技术与引进适用技术相结合，以引进先进的高新技术为长远的战略目标，以引进适用技术，促进产品出口，增加外汇收入作为近期开发建设的突破口。经过10多年的开发建设，已具有一定的经济规模，成为粤西地区一个布局合理、功能齐全、设施完善、环境优美、政策优惠、最具活力的新兴经济区。

（二）投资环境

1. 环境气候

湛江经济技术开发区虽属丘陵地带，但地势平缓，小有起伏。区内为北热带海洋性季风气候，阳光充足，雨量充沛，空气清新。夏季气温虽较高，但由于海洋风的调节，气候仍然舒适宜人。有天然的深水良港，便利的交通条件，丰富的物产资源，良好的工业基础和广阔的经济腹地，具有发展经济的巨大潜力。开发区还和南海西部石油总公司隔海相望，随着南海石油、天然气的勘探、开采，开发区为南海石油开发服务有着广阔的前景。

2. 区域、人口

湛江经济技术开发区的行政区域，包括原行政隶属赤坎区管辖的龙潮、梧阔村、霞海村，霞山区管辖的平乐、菉塘一部分和海头镇管辖的海滨、海头两个渔业队。2000年，全区常住人口30949人，其中农业人口6436人（渔业人口1085人），非农业人口24513人。归口开发区统计的在岗职工有8334人。开发区内有一批中央、省直属以及驻军系统的企事业单位，如交通部四航三处、驻军4804工厂、422医院等。

3. 基础设施

湛江经济技术开发区的基础设施建设，于1985年4月2日奠基后，即按原定计划分批分期铺开。在土地开发上，贯彻“量力而行，一切从实际出发”和“全面规划、分期开发”的方针，开发一片、建成一片、收益一片。根据湛江市的财政承受能力，确定首期开发1.2平方公里，起步片0.6平方公里。整个基础设施工程，沿人民大道两旁展开，采取组团式建设，以实现“五通一平”为目标，移山筑路，添渠架桥，至1987年基本完成了首期1.2平方公里的开发，初步形成了较为良好的投资环境。至2000年年底，累计完成基础设施建设投资112018万元，区内建成四通八达的交通网络，企业生产、生活用电确保正常供应，通信设施得到进一步完善。

4. 软环境建设

1993年5月14日，经省人大八届二次常委会审议通过的《湛江经济技术开发区条例》及由省人民政府颁布的《湛江经济技术开发区条例实施细则》已正式实施，标志着开发区进入“以法治区，依法行政”的新阶段。

（三）项目建设及招商引资

开发区的项目建设，前3年主要是打基础，重点是抓土地开发，抓“五通一平”等基础设施建设，在此基础上，开展外引内联，抓项目引进。指导方针是量力而行，从实际出发，长短结合，大小结合，引进先进技术与适用技术同时并举，以引进先进的高新技术作为开发区的长远战略目标，但中近期也积极引进一些以开发利用当地资源为主的能出口创汇的中小项目。这些项目的特点是投资少，见效快，周期短，属劳动密集型，能为开发区的建设积累资金，培养人才。类似这样的中型项目，1985年发展了10个，当年建设，当年投产，当年出口创汇163万美元，对解决开发区初创时期的资金困难，起到一定作用。在招商引资方面，开发区在奠基当年，即有2家香港客商申请进入开发区办合资企业，投入资金40万美元。以后每年都有海外客商获批准进入开发区兴办“三资”企业。据统计，1987年前进入开发区的“三资”企业共有13家。1988—1990年，“三资”企业蓬勃发展，获批准进入开发区的企业增加至77家，是1987年前的3.9倍。其中外商独资企业4家，中外合资企业24家，中外合作企业46家，外国政府援助建设的1家，外国政府贷款的2家。至1990年年底已建成投产的企业达24家，在建的有27家，职工人数约2500多人。引入外资的规模亦逐年增长，实际利用外资3823万美元，亦比1987年前增长2.3倍。资金来源，初创阶段外资的构成比较单一，主要是港、澳资金。1988年后逐步有所改变，资金来源除港、澳客商投入外，逐步拓展美、日、奥地利、澳大利亚等国家和中国台湾地区的资金。利用外资方式除外商与我方合资、合作办企业外，外商独资办企业的日见增多，此外还有政府低息贷款、无偿援助等。

1988—1992年，开发区引进项目放在投资规模较大、技术档次较高的骨干项目上。通过外引内联，利用多种渠道，包括动员社会各界力量，穿针引线，铺路搭桥，取得较好的效果。先后上了20多个骨干项目，还有一批出口创汇型的小项目。工业生产已初具规模，全区拥有企业80多家，其中工业企业和工贸结合型企业约占80%，并已拥有一批大中型企业和企业集团雏形。如原农用运输车工贸公司，1988年后通过一系列的整顿和增产挖潜、技改，引进日本大发汽车先进技术，从原来只能生产单一的农用运输车，发展到生产双排座轻型运输车、金融防盗车以及各种农用运输车系列等，生产能力一再提高，工业产值每年均以两位数递增，年产值达2亿多元。公司也已由原来的农用运输车工贸公司扩展为当时在国内外具有较大影响的三星汽车企业集团公司。至1992年，全区已建成投产、试产的51个项目中，有40个属生产型项目。这批项目设备较先进，技术起点较高，主要集中在电子、食品加工、塑料、服装、生物工程等行业。据统计，这些生产企业当年的出口产值约占全区总产值的40%，其中规模较大的有总投资额达5000多万元的2万锭精梳棉纺厂、总投资额达4600万元的1.5万米染整布厂、总投资额达1100多万元的无感电容厂以及总投资3400多万元的湛江包装材料厂等。

上述项目，在当时属技术比较先进，产品档次较高，有些具有20世纪80年代国际先进水平，如三得利橡塑工业公司先后引进美国橡塑工业中的高效水除氧装置及冷喂料挤出微波连续硫化设备的技术软件，经过分解和消化吸收，成为石化部指定进口替代产品。又如利用澳大利亚政府援助1000万澳元（折合750万美元）；林业部出资4200万元兴建的桉树中心，引进澳大利亚居世界领先水平的桉树成套选种、育种、栽培、综合加工利用技术，逐步在雷州半岛以及我国东南各省区试验、示范、推广，大大提高我国桉树栽培和综合利用水平，为国家造纸工业、化纤工业提供了广阔的发展前景。再如中日合资企业湛江佳能复印机材料有限公司，引进具有世界先进水平的日本佳能公司的世界专利——单组分正性跳跃式显影剂的制造技术与自动化生产线，经过消化吸收，年可生产复印机超细显影剂300吨，不仅填补了我国复印机材料的空白，实现进口替代，还被国外专家认为是代表未来干式显影剂工业发展的方向。湛江包装材料工业公司是由原濒临“死火”的湛江火柴厂，与香港湛兴实业公司合作，利用外资250万美元，总投资额达3465万元，转产搞包装材料，引进联邦德国布鲁克纳公司先进的双向拉伸薄膜设备，整个生产流程采用联邦德国西门子公司电脑控制，年可产BOPP包装材料3000吨，年工业产值可达7000万元。由香港喜利得公司独资经营的喜利得公司，总投资2880万美元，主要生产销售建筑钻孔机产品，产品在国内具有良好的市场。

湛江经济技术开发区加大发展高科技、高起点、高效益的“三高”工业项目，先后引进一批科技含量较高的跨国公司和大财团来投资办企业，如列支敦士登的喜利得公司、海峡群岛的金钱饲料有限公司、泰国峥嵘公司、英国基士得耶公司、法国圣戈班公司等，逐步建立起一个相对集中的高科技企业群体；吸引了日本、美国、韩国、英国、法国、瑞士、加拿大、印尼、奥地利、澳大利亚、列支敦士登、泰国、菲律宾等国家及中国香港和台湾地区的广大客商前来办厂置业。基本形成以汽车制造、电子电器、通信器材、生物制品、办公用品、机电产品、包装器材、纺织服装、羽绒制品、首饰加工等工业为支柱的外向型经济格局。1995年，引进外资项目33个，实际利用外资达到8527万美元。2000年全区完成工业总产值62亿元，其中高新科技产业产值达18亿元，占工业总产值的30%；产值超亿元的企业15家；出口创汇1.2亿美元；实际利用外资4501万美元。

至2000年，湛江经济技术开发区有各类企业584家，其中规模以上工业企业60家，被省或国家认定的高新技术企业7家，高新技术产品27个。累计批准利用外资项目369项，其中中外合资项目180项，中外合作项目135项，外商独资项目54项。累计合同利用外资总额227625万美元，实际利用外资56713万美元。

（四）外贸出口

湛江经济技术开发区“三资”企业的产品，绝大部分出口外销。据统计，产品平均外销额达80%。建区前 3 年，“三资”企业的产品数额、种类较少，主要为成衣、塑珠、冰冻海鲜以及少量的电子装配等10多种，附加值低，创汇额较少。1985—1987年，开发区出口创汇额为2499万美元，其中“三资”企业仅占1/8左右。随着外资的不断进入，“三资”企业逐年增加，出口产品和数额不断扩大，产品种类包括家用电器、电话机、高级羽绒制品、石英钟表、复印机材料、包装材料以及运动鞋、牛仔裤等30多种，出口创汇每年都有大幅增长。1988年、1989年全区出口额分别为2504万美元、2039万美元。不少“三资”企业产品质量达到国内外同类产品的先进水平，有些产品还在国际市场上享有盛誉，供不应求，成为热门货，如各种高级羽绒制品、湛江佳能复印机材料以及金辉电子公司生产的二极管、合得利总公司彩印厂的包装材料等。1990年后，开发区出口企业、出口产品品种不断增加，1996年全区出口额达1.4亿美元，是建区以来的最好水平。至2000年，全区实有出口企业23家，其中，生产出口型企业19家，贸易型企业4家。主要的生产型出口企业有：国联水产、喜利得、通用电气、广湛纺织、冠豪特种纸、冠龙纸业等。出口品种共有10大类、43种。2000年全区出口创汇11531万美元。

（五）建设成就

经过10多年的开发建设，湛江经济技术开发区的发展取得了令人瞩目的成就，“九五”期间（1996—2000）全区国内生产总值累计完成102.7亿元，比“八五”期间

（1991—1995）增长218%；工业总产值（不变价）累计完成216.8亿元，同比增长58.1%；外贸出口总值累计完成5.83亿美元，同比增长77%；实际利用外资累计完成2.7亿美元，同比增长29%；地方财政收入（不含税收返还）累计完成2.67亿元；全社会固定资产投资累计完成11.11亿元。开发区保持了经济和社会的平稳发展，在投资环境、体制创新、科技创新等方面较好地发挥了自身优势；党的建设、精神文明、民主法制建设进一步加强，社会稳定，教育、科技、文化、卫生和其他各项社会事业有了较大的发展。截至2000年年底，区内拥有工商企业近1000家，高新技术企业20家，基本形成特种纸业、生物医药、化工材料、机电设备、汽车制造、纺织服装、办公用品、海产品加工等产业为支柱的外向型经济格局。投资者遍及美国、加拿大、法国、芬兰、日本、英国、列支敦士登、新加坡等国家和中国香港、台湾地区。落户的知名企业有可口可乐公司、百事可乐公司、中石油、中石化、喜利得（中国）有限公司、冠豪高新技术股份有限公司、新中美化工公司、圣华玻璃有限公司、金钱饲料公司、国联水产湛江开发有限公司等。其中在上海证券交易所上市的冠豪高新技术股份有限公司是国家级高新技术企业，主要从事无碳复写纸、热敏传真纸等特种纸的生产和经营，是国家金融、税务、邮电等部门的定点特种纸生产企业。至2000年，开发区累计完成工业产值483亿元，实际利用外资5.7亿美元，出口创汇9.8亿美元，实现利税12.6亿元。

——经济规模进一步增大。"九五"期间，全区拥有工商企业累计897家，其中产值超亿元的企业12家，3家企业为国家定点机电产品出口基地，7家企业分别被列为国家级的或省级的高新技术企业。一批投资规模较大、技术含量较高、经济效益较好的骨干企业不断成长壮大，如湛江电厂、通用电气集团公司、圣华玻璃有限公司、冠豪高新技术有限公司、喜利得（中国湛江）有限公司、包装材料有限公司、山河集团、双林药业有限公司、飞越集团、新中美有限公司等企业，在市场竞争中脱颖而出，并以较快得速度继续发展。全区已初步形成了以机械电器、现代化工、特种纸业、纺织服装、信息设备、生物工程、新材料、农林海产品加工等行业为主体的工业产业群，涌现出一批具有较强市场竞争力的产品，诸如高低压电器、建筑机具、聚苯乙烯、BOPP包装材料、热敏纸和无碳复写纸、复印机及复印材料、监视器等。这些产品技术含量高，经受得住市场竞争的考验，深受消费者的欢迎。

——投资环境不断改善。基础设施建设进一步加强，建成了龙潮东路，整治了人民大道、海滨大道、乐山东路，区容区貌明显美化，对外吸引力逐步增强。

——对外经济贸易迅速发展。"九五"期间，全区共引进外资投资项目59个，实际利用外资2.7亿美元。至2000年止，全区已投产和在建的"三资"企业共159家，其中合同投资额在1000万美元以上的有50家。外贸企业努力扩大出口创汇，五年累计外贸出口额达5.83亿美元，其中2000年出口创汇11531万美元。全区年创汇超百万美元的企业有17家，其中喜利得（中国湛江）有限公司、通用电气集团和纺织集团公司等企业年创汇均超千万美元。

——社会事业不断进步。下岗职工得到妥善安置；养老、医疗、失业保险制度逐步建立健全；计划生育工作、"创卫"工作、市政建设和城管工作都走在全市的前面；教育、文化、卫生、体育、武装和工青妇等各项社会事业稳步健康发展。

——精神文明建设和民主法制建设得到长足发展。在大力发展经济的同时，湛江经济技术开发区始终坚持“两手抓，两手都要硬”的方针，通过深入学习邓小平理论和“三个代表”重要思想，积极开展“三讲”教育和“两思”“三想”教育活动，使党的建设和各级领导班子建设得到进一步加强。干部群众政治思想素质不断提高。“九五”期间，湛江经济技术开发区作为全国开发区体制改革的试点单位，率先进行了行政机构改革，也取得较好的效果。全区干部群众坚持依法治区，依法办事，较好地化解了基金会、企业债务等多起金融风险问题，保持了安定团结的社会局面。

四、广州南沙经济技术开发区

（一）设立

南沙过去是番禺县（市）的一个比较落后的边陲小镇。20世纪90年代初，香港著名实业家霍英东率先与番禺县（市）合作开发南沙东部，拉开了南沙开发的序幕。1990年6月，广东省、广州市分别确定南沙为重点对外开放区域，成立南沙经济区管理委员会。1991年9月16日，广州市人民政府赋予南沙开发区15项优惠政策和简政放权的若干规定；1992年6月，为了便于统一规划开发，原南沙镇并入了南沙经济区管理委员会；1993年5月12日，国务院批准设立广州南沙经济技术开发区，面积为9.9平方公里。同年7月8日挂牌成立了中共广州南沙经济技术开发区委员会、广州南沙经济技术开发区管理委员会和广州南沙经济技术开发总公司。开发区管委会行政上为番禺市人民政府的派出机构。

为搞好南沙的开发，根据南沙地处珠江口、三面环海、独立成半岛的特殊环境，有关方面在建区之初便开始将南沙共54平方公里统一编制南沙《总体规划》，经过多次修编后，于1995年10月完成了修编工作，并于1996年7月经番禺市十二届人大常委会第二十三次会议审议通过，上报广州市审批，1997年9月22日广州市人民政府正式批准实施《广州南沙经济技术开发区总体规划》。

南沙的开发建设确立了用3个“五年计划”把南沙建成“以港口码头为中心，交通运输、工业加工和旅游服务齐发展，功能齐全、布局合理、环境优美、文明发达、面向世界的现代海滨新城”，制定了“以现代工业为主导，同步发展第三产业，‘两头在外’促开发建设”的路子；明确了开发建设分完善基础设施、初具海滨新城规模和建成现代化海滨新城“三步走”的发展步骤；确立了“高起点规划、高标准建设、高效能管理”和“边规划、边招商、边建设、边见效”的“三高”“四边”原则；在开发建设进程中加大招商引资工作力度；密切与霍英东的合作，不断把南沙开发建设推向前进。

（二）投资环境

1. 区位和自然条件

南沙经济技术开发区位于广州市番禺县（市）的东南部，地处珠江出海口虎门水道西岸，循水路距香港38海里，距澳门41海里，陆路距广州市区54公里，东与东莞市虎门镇隔海相望，西与中山市、顺德市接壤，处于穗港澳金三角的中心位置。南沙得天独厚的地理位置和优越的自然条件，是开发建设成为珠江三角洲对外交通的重要中转枢纽，成为联结珠江三角洲东西两翼各县市和港澳地区的客、货运中心的理想地方。

南沙半岛陆地面积为54平方公里，地型中间高、四周低，地貌类型有低山、丘陵、台地、平原和滩涂，可供开发用地32平方公里。南沙资源丰富：区内最高点、适宜开发为旅游区的黄山鲁海拔高度295米；位于珠江出海口虎门水道西侧，泥沙回游量少，建深水泊位条件良好，是天然的深水良港；海岸线长25.5公里，其中水深9～15米的天然深水岸线长7公里；有丰富的建筑石料，原有石矿场年产石料150万立方米，大部分出口港澳地区（为了保护南沙的生态环境，已于2000年3月起对南沙所有的石场实行了关停，并着手修复石场口，恢复生态环境）；盛产荔枝、芒果、柚子、柑、橙、香蕉、菠萝、甘蔗等岭南佳果，是番禺较大的水果生产基地；地处江海衔接处，咸淡水产品丰富；受亚热带海洋性气候影响，气候较为温和，年平均气温21.9℃，年平均降雨量1647.5毫米，年平均湿度在80%以上；区内青山绿水，风光旖旎，上下横档岛有国家级重点保护文物——林则徐抗英古炮台遗址，下横档岛有25万平方米的天然海滨浴场，黄山鲁有4000亩林果。上述资源条件，均为南沙发展的优势所在。

2. 交通条件

连接珠江口东西两地的交通捷径——虎门汽车渡轮码头于1992年建成使用。地处建设中的广州—深圳—珠海高速公路交叉点，横跨珠江出海口的虎门大桥于1997年竣工通车。规划在西岸建设一座蕉门大桥，以连接港、珠公路东线；在南岸建一座沙埔大桥和南横大桥，与今后发展的前湾工业区连接；在北岸建设一座蕉门窖二桥以连接市南公路。还要建设南（沙）广（州）轻便铁路。至2000年，南沙经济技术开发区内道路网络形成，新建了进港大道、港前大道和环岛路等主干道和区间道路共25条，全长达60多公里。

南沙经济技术开发区有水深9～15米的深水岸线长达7公里，具备建设深水泊位码头的条件。1994年年底第一个万吨泊位投入使用，1995年又分别建设了一个万吨级、两个2.5万吨级的泊位和一个联合客运码头。

1992年1月8日，国务院批准南沙港为对外开放口岸。同年，南沙直通香港的客运线试航营运，1993年10月8日南沙港正式营运，从南沙经济技术开发区至香港航程只需75分钟。开发区口岸设有检查检验机构，对境内外人员的出入境实行简化手续，给予方便。1996年7月23日，国务院批准南沙港为一类口岸，外国籍船舶可直抵南沙港。

3. 供水、供电设施

铺设市桥至开发区的供水管。日供水25万立方米的南沙蕉门加压站于1994年年底竣工投产，以保证区内用水充足。

区内有装机总量120万千瓦的珠江发电厂，并建有三座分别为110千伏、6万千瓦，35千伏、1.7万千瓦，220千伏、11万伏的变电站，2000年，南沙经济技术开发区西部电厂首期项目6万千瓦已发电。区内用电充足。

（三）发展成就

1. 东部开发建设

番禺市、南沙经济技术开发区与霍英东基金会合作的多个项目已建成投产，南沙虎门汽车渡轮、南沙客运港、万吨级的东发码头和2.5万吨级南伟码头都取得了较好经济效益和社会效益，使南沙成为珠江三角洲重要的进出境通道和货物集散地，交通枢纽作用突出。新技船厂生产的高速双体客船，被列为全国开发区高新项目，该船厂也成为国内重要的铝船生产基地。达到国际标准水平的南沙高尔夫球场、被誉为东南亚最大的妈祖庙南沙天后宫、糅合中西文化特色的蒲洲花园、按姑苏园林特色建设的水乡一条街和具有欧洲风情的德国啤酒屋等先后建成向游人开放。特别是番禺市、开发区与霍英东基金会合作在东部填海造地达7平方公里，把荒芜的滩涂变成了标准的建设用地，并在此建起了占地20万平方米、建筑面积10万平方米、功能齐全、设施先进的南沙蒲洲高新技术开发园，已成为东部新城区的标志性建筑物。据不完全统计，至2000年，霍英东先生在南沙东部的投资已达20多亿港元。

2. 西部工业区建设

至2000年年底，开发区共引进三资项目237个，投资总额14.3亿美元，合同利用外资9.7亿美元，实际利用外资3.7亿美元。在引进的项目中，超千万美元的项目有46个，世界著名的跨国公司美国通用、德国巴斯夫、日本名幸电子等大型项目已落户南沙。由香港建滔集团投资兴建了有3万吨级石化码头的化工区。南沙已形成了塑料、化工、电子、食品加工、船舶制造等工业门类。其中拥有填补国内空白的项目2个，拥有国内领先的项目4个。

南沙经济技术开发区在开发进程中明确科技兴区的发展战略，重点建设了全国高技术产业化中试配套（南沙）基地和与中科院广州分院合作兴办了企业博士后工作站；霍英东集团兴建的南沙科学馆已被列为广东省青少年科普教育基地；2000年年初，香港科技大学与霍英东集团合办的南沙资讯科技园动工兴建。1999年和2000年，通过中试基地和博士后工作站积极开展招商引资和开发高新技术产业。曾率先在南沙取得ISO 14001国际环保体系认证的南沙高奇公司在取得国家科技金奖、广州“民营高科技企业”的认证后，又获得国家级火炬计划项目立项。博士后工作站先后引进了加拿大的“盈威（广州南沙）光电技术有限公司”和澳大利亚的“澳成（广州南沙）软件开发有限公司”等留学生创业企业。2000年，在开发区的外资企业中，高新技术产业已占了15%。

与此同时，开发区还充分利用南沙的历史遗迹，修复了大角山、蒲洲山、横档岛等炮台，作为爱国主义教育基地，使南沙的自然景观、历史遗迹和人文景观有机地联系在一起，成为一个新的旅游景点。南沙天后宫、横档岛已被评为广州番禺八大旅游景观之一。踏足南沙旅游观光的中外人士逐年增多。

3. 经济增长

南沙经过近10年的开发建设，已从过去的单一农业经济发展成为混合型外向型经济，各项经济指标均以较高的速度递增。建区前一年的1992年与2000年对比，国内生产总值由1.8亿元上升到15.1亿元，增长7.4倍；工业生产总值由1.4亿元上升到29.1亿元，增长19.8倍；进出口总值从零上升到2亿美元和2.32亿美元。2000年开发区税收总额、财政收入分别比上年增长21.5%和1.7%（2000年南沙属地征收国税总额为7801万元、地税总额为5600万元、南沙海关口岸关税总额为12.12亿元）。2000年，南沙港客运量达83万人次，港口货运吞吐量达160万吨、集装箱数达119162标准箱（TEU）、轮渡渡运车辆485万车次，分别比上年增长3.8%、2.6%、15.2%和3.2%。在番禺区历年发展经济表彰奖励中，南沙均有10个以上项目和单位入围。2000年度发展经济表彰奖励中，南沙经济技术开发区有11个单位14个项目获得表彰和奖励。南沙逐步成为番禺经济发展的龙头和广州市新的经济增长点。

五、惠州大亚湾经济技术开发区

（一）设立

惠州大亚湾经济技术开发区位于广东省惠州市南部，毗邻深圳、香港，地处经济活跃的珠江三角洲经济区范围内。1991年，省委、省政府提出“加快大亚湾地区的开发”“把大亚湾地区建成大型石化、钢铁和汽车制造工业基地之一”的战略构思；同年6月，省政府批准成立大亚湾规划区，陆地面积265平方公里，规划目标是“惠州中心城市的重要组成部分，以发展临海型大工业为主，逐步发展远洋港口，协调发展旅游业的外向型、现代化的城市化地区”。1993年5月，国务院批准设立大亚湾经济技术开发区，面积9.98平方公里。

（二）投资环境

1. 自然资源

开发区内的惠州港具有“回淤少、水域宽、风浪小、航道短、深水岸线长、港区发展空间大”等突出优点，按规划可建深水泊位76个，中小泊位50个，货物吞吐能力可达1亿吨，客运为60万人次。该港三面环山，一面出海，湾口有89座岛屿组成天然挡风屏障，刮6级大风时，湾内浪高不超过0.5米，12级台风时不超过1.2米；到深海距离仅七八公里，进港主航道10.5米，15万吨级、3万吨级和1万吨级码头前沿水深分别为16.4米、12米和9米，主航道及港池范围内有10～20米的淤泥层。开发区地势平缓，可建设用地约100平方公里，适合连片开发临海型大工业。此外，旅游资源独具特色，拥有海岸线长51公里，海滨沙滩10多处，岛屿、礁岩星罗棋布，海域自然形态和自然生态保存完好，海水污染轻，平均透明度4.5米，海洋生物非常丰富。

2. 交通网络

开发区已初步形成了由港口、航空、铁路和公路组成的立体交通网络，完全能够满足大工业发展的需要。公路方面，连接区内外的高等级公路——惠（州）澳（头）疏港大道可与深汕、惠盐、广汕、广惠、惠河等高速公路联通；惠（州）深（圳）沿海高速公路正在筹建中，建成后将使大亚湾至深圳特区（关内）的距离缩短至36公里。铁路方面，京九铁路支线——惠（州）大（大亚湾）铁路已建成通车。空运方面，大亚湾开发区距惠州机场36公里，距深圳宝安国际机场70公里，距广州国际机场150公里，距香港赤鱲角国际机场120公里，均在两小时车程内。海运方面，区内的惠州港是京九铁路南端最便捷的出海口，可直航世界各大港口。

3. 基础设施

建区以来至2000年，开发区按照总体发展规划，以高起点、高标准的要求，先后投入60多亿元人民币搞基础设施建设（其中惠州港26.2亿元），初步形成了比较完善的港口、主干道路、供水、供电、通信等基础设施网络，基本上可以适应大工业进入和发展的需要。道路方面，区内的城市主干道纵横交错、便捷互通，高质量的城市路网骨架已经基本形成。供水方面，完善已有9万立方米/日水厂的续建工程，完成供水管道的设计工作，编制项目供水工程建议书和可行性研究报告，制订《供水工程工作计划》。供电方面，改造现有的线路、电网，调整电力基建计划，扩大风田220千伏变电站的建设规模，积极做好岩前110千伏变电站的筹建工作。通信方面，已全面开通各种现代通信业务，通信能力达到了国内先进水平。

4. 环境保护

开发区坚持实施可持续发展战略，做到发展经济与环境保护相结合，工业园区建设与生态建设相协调，力促大亚湾成为人与自然和谐共处的石化新城、绿色海湾。通过高起点、高标准制定环保规划，建立健全环保管理机构，不断强化环保监督力度等措施，确保环境保护工作规范化、制度化。开发区的自然生态环境状况良好，大气环境质量总体达到国家一级标准，空气API值在50以下，地表水和饮用水源分别达到国家Ⅱ类水质标准。

5. 产业导向

重点发展现代港口物流业、石油化学工业、电子与信息技术、汽车零部件高新技术产业、滨海特色的现代生态旅游业。

（三）招商引资

惠州大亚湾经济技术开发区良好的投资环境，吸引了海内外众多客商前来投资兴业。至2000年，累计投资项目336个，其中外商投资项目51个；已经投产项目306个，其中外商投资项目37个；累计外商直接投资合同资金30.2亿美元，实际到位资金5.4亿美元。落户的世界500强公司有3家：英荷壳牌、三洋电机、本田汽车。外商在大亚湾的投资有如下特点：一是大型项目增多，大型跨国公司投资增加。二是制造业和高科技项目比重逐年增加。三是外商投资领域进一步扩展。

（四）外贸进出口

1993年，惠州港被批准为对外籍船舶开放的一类口岸后，开发区进出口贸易从无到有，稳步发展，与美国、欧盟、日本、新加坡等国家和中国香港、中国台湾地区建立紧密的贸易往来关系。至2000年，累计外贸出口2.9亿美元，其中“九五”期间达2.8亿美元，2000年当年为1.1亿美元。进出口商品主要包括石油、化工产品、机械设备、钢铁、电子元器件、建筑材料等。外贸进出口具有两个阶段性鲜明特点：一是1993—1995年间，开发区处于大规模的基础设施建设投入阶段，区内企事业单位受惠于国家开发区进口建设物资的优惠政策，贸易方式表现为以一般贸易为主。二是1996—2000年，经济发展处于政策调整期，项目以外商投资企业为主，一般贸易比重下降，进口物资比重上升。

（五）发展成就

惠州大亚湾经济技术开发区建区以来，努力实施“工业立区、以港兴区”的发展战略，取得了较为显著的成效。主要体现在：

1. 大项目投资

2000年年底签订了中海壳牌南海石化项目的全部合同，为当时国内最大的中外合资项目。首期投资43.5亿美元的中海壳牌石化项目，为地区经济发展注入强大的推动力，奠定了惠州未来百年的发展格局。首期投资85亿元、装机容量为100万千瓦的天然气发电项目也选址大亚湾。

2. 经济总量扩大

至2000年，区内累计投产项目306个，工业总产值42.9亿元。全区经济初步走上了良性发展的快车道。

3. 发展中小型工业

实施工业倾斜政策，大力发展中小型工业，工业产值逐年稳步上升，2000年全区工业总产值13.9亿元。以响水河为代表的工业园日益发展壮大，配套设施不断完善，落园项目不断增加。以东风本田、永昶、合正、宝兴为代表的科技含量较高的企业占主导地位。

4. 招商引资

呈现投资主体多元化、投资规模大型化、投资行为长期化的特点，投资领域涉及汽车零配件、电子、能源、纺织等多个行业。至2000年，累计引进外资项目51宗，合同利用外资30.2亿美元，实际利用外资5.4亿美元。

5. 基础设施建设和投资环境改善

惠州港奠定了作为大型液化石油仓储中转基地的地位，已建成油气库容量53.3万立方米，在建19万立方米，即将施工建设120万立方米。其发展思路更加明确，吞吐能力不断增加，累计实现吞吐量2502万吨。其他如道路、供水、供电、邮电、通信建设等也加大了投入，设施日臻完善，基本满足了经济建设的需要。

6. 财政收入增长

1993年建区之初，区财政收入仅86万多元，2000年实现地方财政收入5880万元。

第二节　高新技术产业开发区

一、概况

2000年，前广东省共有国家级高新技术产业开发区6个，分别是广州、深圳、中山、佛山、惠州、珠海国家级高新技术产业开发区。

1988年6月，国家科委、广东省和广州市人民政府批准成立广州天河高新技术产业开发区。1991年3月6日，国务院批准经国家科委审定的广州天河高新技术产业开发区为国家级高新技术产业开发区。

1985年7月，中国科学院与深圳市联合创办了我国第一个高新技术产业开发区——深圳科技工业园，1991年3月，成为国务院认定的首批26个国家级高新技术产业开发区之一。

1996年9月，鉴于开发区“一区多园”、各自为政的局面为后续开发区规划建设、产业配置、优惠政策落实带来诸多难题，经当时的国家科委批准，深圳市政府将深圳开发区内的多家工业园整合为面积为11.5平方公里的“深圳高新技术产业园区”，并成立“深圳市高新技术产业园区领导小组及其办公室”（简称深圳高新办）管理深圳高新技术产业开发区各项行政事务。

1990年10月15日，广东省人民政府办公厅同意成立中山火炬高技术产业开发区管委会及其办公室。1991年3月6日，国务院批准中山火炬高技术产业开发区为国家级高新技术产业开发区。

1992年8月8日，惠州高新技术产业开发区管理委员会办公室正式挂牌成立。1992年11月9日，国务院批准惠州建立国家高新技术产业开发区。

1992年12月，经国务院批准成立佛山国家高新技术产业开发区，是全国53家国家级高新技术产业开发区之一。

1992年12月，经国务院批准珠海高新技术产业开发区为国家级技术产业开发区。1993年3月，珠海高新技术产业开发区正式挂牌运作。

广东省共有6个国家级高新技术产业开发区，是当时全国拥有高新技术产业开发区数量最多的省份，占全国的11.54%。6个高新技术产业开发区全部位于珠三角。

二、深圳高新技术产业开发区

（一）设立

深圳高新技术产业开发区成立于1996年（其前身是1985年成立的深圳科技工业园），总面积11.5平方公里（其中工业用地3.28平方公里）。1996年被重新认定为国家级高新技术产业开发区之后，深圳高新技术产业开发区强化了政府的作用，由市长担任领导小组组长，两位副市长和副秘书长任副组长，副秘书长还兼任高新技术产业开发区领导小组办公室主任，并且明确规定高新技术产业开发区领导小组办公室是市政府的派出机构。

（二）经济发展

科技工业园建设的前五年，技术项目投资达6.9亿元，其中引进外资9500万美元，吸收内资7500万元人民币，作为园区负责开发建设和管理的经济实体的深圳科技工业总公司投资7000万元人民币。至1991年4月，科技工业园已有生产性企业42家，其中23家被认定为高技术企业，总资产11亿元。科技工业园的高新技术产业主要分布在电子和信息工程、新材料和生物工程，另外精细化工、海洋工程等领域也有所涉及。至1995年，科技园的年工业总产值将达15亿元，实现利税达5亿元。2000年，深圳高新技术产业开发区工业总产值456亿元，高新技术产品产值448亿元，分别是1996年建区之初的4.6倍和7.1倍。其中电子信息产品产值占高新技术产值的89.6%。自主知识产权的高新技术产品产值225亿元，占深圳高新技术产业开发区高新技术产品产值的50%。高新技术产业开发区出口创汇20.86亿美元。

在技术创新机制建设方面，1999年，深圳高新技术产业开发区创办“深圳虚拟大学园”，集全国37所名牌大学于区内；同时建立“深圳清华大学研究所”“深港产学研基地”等，把“产、学、研”有机地结合起来，努力将技术、成果向区内外辐射，探索一条技术创新的路子。深圳高新技术产业开发区还建立“留学人员创业园”，吸引留学人员回国创业，还设立了创业服务机构，孵化小型科技企业。

（三）产业情况

深圳科技工业园是我国的第一个具有独立法人地位的、以企业形式进行开发和经营管理的高技术产业开发区。深圳科技工业园依托于深圳特区的综合环境优势，是一个以转化中科院和其他内地科研单位、高等院校的科技成果为主要目的，以国际市场为导向，以开发应用高新技术产品为重点，同时适当发展适用技术产品的科研、生产、经营相结合的高新技术产业开发区。

深圳高新技术产业开发区优势产业的形成，主要是抓住了两点，一是地缘优势，二是国际上发达国家产业结构调整和产业梯度转移的机遇。几年来，深圳高新技术产业开发区的优势产业的轮廓已经凸现，这就是以国内外著名品牌为代表的电脑整机和配件产业群，以程控交换机和移动通信为龙头的通信产业群，以财务管理和网络产品为主的软件产业群。1999年深圳高新技术产业开发区电子信息产品产值达252 亿元，占高新技术产品产值的85%。

三、广州高新技术产业开发区

（一）设立

广州天河高新技术产业开发区是1991年国务院批准的第一批国家级高新技术产业开发区，其前身为1988年6月由国家科委、广东省和广州市人民政府批准成立的广州天河高新技术产业开发区。1996年2月14日，广州市政府将广州天河高新技术产业开发区更名为广州高新技术产业开发区。规划面积23.2平方公里。

1990年12月，广州市机构编制委员会下文，批准广州天河高新技术产业开发区管委会下设办公室，设人事秘书处、计划处、管理处和外经处，为管委会办事机构、市局级事业单位，设事业编制35名。1998年8月，广州市委、市政府决定，并报科技部批准，广州高新技术产业开发区与广州经济技术开发区实行合署办公。

（二）经济发展

高新技术产业开发区经济持续稳定发展，1992—2000年，各类经济指标大幅提高。高新技术产业开发区企业总数从600家增加到1175家，技工贸总收入从8亿元增加到152亿元，增长19倍，利税从6488万元增长到14.17亿元，增长21.8倍。2000年的工业总产值达87.52亿元，出口总值达5015万美元。

（三）产业情况

广州高新技术产业开发区坚持引进与自主创新相结合，积极推进科技体制机制创新，着力加强创业创新体系建设，推动产、学、研紧密合作，鼓励和扶持企业成为技术创新主体，不断加强重点产业领域核心技术创新。致力打造以广州科学城为核心的电子信息产业基地、生物医药产业基地、新材料产业三大国家级高新技术产业基地，天河软件园的国家火炬计划软件产业基地、黄花岗科技园的国家信息服务业示范园以及民营科技园的国家“863计划”产业园，形成重要产业支撑、骨干产业引领、名牌产品带动的自主创新格局。

2000年开发区新认定高新技术企业4家，新批新办高新技术企业27家，高新技术企业和先进技术企业工业产值合计为326.2亿元，占全区当年工业产值的96.25%。截至2000年年底止，开发区已累计认定高新技术企业23家，累计审批先进技术企业54家。当年新认定高新技术企业55家，新增实施火炬计划17项。中望商业机器有限公司、广东燕塘生物化学药业有限公司等6家企业被科技部认定为当年国家火炬重点高新技术企业。至2000年年底，高新技术产业开发区累计认定高新技术企业258家，累计实施火炬计划项目122项。留学人员创业园累计引进留学人员科技项目54个。

四、珠海高新技术产业开发区

（一）设立

珠海高新技术产业开发区是1992年12月经国务院批准成立的国家级高新技术产业开发区，批准面积9.8平方公里。1993年3月，珠海高新技术产业开发区正式挂牌运作，与三灶管理区合署办公。

1999年3月，为加快珠海高新技术产业开发区建设步伐，促进高新技术产业的发展，珠海市政府常务会议通过《珠海国家高新技术产业开发区科技工业园管理办法》，建立三灶科技工业园、白蕉科技工业园、新青科技工业园、南屏科技工业园管理委员会，作为市政府的派出机构，行使市政府部分经济管理职权。1999年12月，科技部根据珠海高新技术产业开发区的需要，对珠海高新技术产业开发区区域范围作适当调整。调整后的珠海高新技术产业开发区由南屏、三灶、白蕉、新青科技工业园及广东珠海高科技成果产业化示范基地组成，总面积保持9.8平方公里不变。

（二）经济发展

三灶时期（1993—1999），1988年全区工业产值仅2300万元，1995年达6.5亿元。至1998年底，高新技术产业开发区企业48家，工业总产值为18亿元。“四园一海岸”时期（1999—2000），珠海高新技术产业开发区经过调整，发展速度明显加快。据统计，高新技术产业开发区1998年工业总产值只有18亿元，1999年即达到38.3亿元，2000年则达到81.3亿元，占珠海市工业总产值的13%。

（三）产业情况

三灶时期（1993—1999），在高新技术产业开发区起步区内，重点发展海洋工程、生物工程、环保工程、新材料、电子信息、光机电一体化等高新技术项目，兼顾第三产业、"三高"农业和旅游业。"四园一海岸"时期（1999—2000），1999年珠海市委、市政府提出了"经济功能区带动"战略。从六个方面重新构建高新技术产业开发区发展体系。调整之后，高新技术产业开发区从集中布局改变为分散布局，形成了"一区四园一海岸"新的发展格局，并在发展中初步形成技术含量在空间上由高到低的梯度产业布局，以适应不同技术档次产业项目进入园区的需要和利于同级同类企业在所对应园区的集聚。

科技部火炬中心与珠海市人民政府共建的科技创新海岸逐渐成为创新和创业的示范和辐射基地。清华大学珠海科技园在此落成，同时还聚集了工商银行总行软件开发中心、国家信息产业部南方软件园、哈工大新经济资源开发港、珠海南方软件检测中心等一批孵化基地、大学园区、高科技园区和服务机构等，初步形成了"产、学、研"一体化产业创新体系和发展格局。

五、中山火炬高技术产业开发区

（一）设立

中山火炬高技术产业开发区位于中山市中山港，1990年3月，由原国家科委、广东省人民政府、中山市人民政府共同创办。次年3月，被国务院批准为首批国家高新技术产业开发区之一，经国家科委审定的面积为15.1平方公里。高新技术产业开发区是在中山市原张家边区的基础上发展建设起来的。1979年后，该区域曾数易其名。1983年，由原张家边公社易名为张家边区公所。1985年，经省政府批准，先后名为张家边镇（区级）和张家边区办事处。1990年3月，一分为三，即分为张家边办事处、中山港区办事处和中山火炬高技术产业开发区。1993年，又三合一，定名为中山港区。1995年1月，改称中山火炬高技术产业开发区。

高新技术产业开发区内设立管理委员会，为市政府派出机构，下辖张家边居委会、中山港区居委会和张家边、濠头、濠四、沙边、泗门、五星、陵岗、窈窕、大岭、宫花、江尾头、西桠、神涌、大环、海傍、义学、小引、二洲、灰炉、黎村、东利、珊洲、茂生、马鞍等24个村委会。

（二）经济发展

1979年，张家边服装厂与香港商人曾金元签订"三来一补"加工业务合同，创办第一家外向型企业。至年底，共有24间企业，总产值526万元，总利润57万元。之后，张家边区利用侨乡优势，发展外向型经济。1985年，创办外向型企业友利玩具厂。1990年3月，创办中山火炬高技术产业开发区。当年，全区创办工业企业47家，从业人员7505人，工业总产值2.72亿元，利润1200万元，创汇1025万美元。1997年全区有各类企业204家，工业总产值

80.03亿元。实施国家“863计划”1项、国家级火炬计划28项、省级火炬计划17项。中炬高新技术实业股份有限公司进入全国上市公司百强企业行列。1998年，开发区的技工贸总收入达96.4亿元，工业总产值达103亿元，高新技术产品产值为90.82亿元，利税总额为4.5亿元，出口创汇为6.64美亿元。2000年，中山火炬高技术产业开发区经济继续保持快速、健康发展，全区完成工业总产值189.2亿元，比上年净增长55.4亿元，增长41%。

（三）产业情况

中山火炬高技术产业开发区已初步形成了以森莱公司、新士达公司、天骄公司、科威公司为主的新能源产业、以格兰特镀膜玻璃公司和华新强水泥制品厂为代表的新材料产业、以数字移控交换机、BP机和各类终端电子产品为代表的电子信息产业、机电一体化、生物工程技术、现代印刷包装六大产业群，其中电子信息产业产值占全区工业总产值的54%；包装印刷产业在全省高新技术产业开发区中独树一帜，集印刷、包装、材料生产、机械制造于一体，2000年实现产值19.8亿元。中山健康科技产业基地共有8个项目，该基地以健康科技产业总公司为龙头，重点发展生物制药、保健食品、医疗器械等。

六、佛山高新技术产业开发区

（一）设立

佛山国家高新技术产业开发区是全国53个国家高新技术产业开发区之一，于1992年12月经国务院批准成立，规划面积10平方公里，其中城南4平方公里。

佛山国家高新技术产业开发区管委会作为市政府的派出机构，负责高新技术产业开发区的日常行政管理工作。按照“精简、统一、高效”的原则，设置办事机构。管委会内设办公室、政策规划部、综合管理部、引进开发部。从1995年5月至2000年年底，一直由副市长兼任高新技术产业开发区管委会主任。

（二）经济发展

佛山国家高新技术产业开发区正式成立后，贯彻执行国家有关改革开放一系列政策，锐意发展，开拓创新，不断完善基础设施建设，致力完善投资环境，经济建设和社会发展取得了长足的进步，经济总量不断扩大。1993—2000年，工业总产值从4.93亿元增长到152.45亿元，增长29.9倍；企业总数由9家增长到42家；出口创汇从0.17亿美元增长到1.71亿美元，增长9.06倍；缴纳税费总额从0.17亿元增长到11.76亿元，增长68.18倍。

（三）产业情况

佛山国家高新技术产业开发区重点发展光机电一体化、电子信息、生物技术、新材料产业。至2000年年底，佛山国家高新技术产业开发区有入园企业42家，其中年产值超亿元人民币的企业有5家，5000万元产值以上企业14家，高新技术企业13家。光机电一体化、电子信息、新材料等三大产业产值占园区总产值的前三位，其中一些项目的技术处于国内外先进水平，如：智能家电、复合包装材料、DMS系列数字程控交换机、电磁四通换向阀气体分析仪和特种医疗导管等。2000年，佛山国家高新技术产业开发区实现工业总产值152.45亿元人民币，其中高新技术企业产值81.97亿元。

七、惠州高新技术产业开发区

（一）设立

惠州高新技术产业开发区是1992年经国务院批准成立的国家级高新技术产业开发区。批准面积8.8平方公里。

惠州高新技术产业开发区管委会是惠州市人民政府的派出机构，受市政府委托对高新技术产业开发区实行统一的领导和管理，行使政府赋予各种管理权限。其主要职责是：贯彻执行国家、省、市的有关法律、法规及政策；制定和实施高新技术产业开发区的总体规划、详细性规划；负责辖区内的基础设施、开发建设、招商引资和项目审批；土地征用及土地使用权出让、土地有偿使用费的收取；国有资产监督管理；区内企业的生产经营管理、监督、协调及服务；区内的社会事务管理。高新技术产业开发区管委会按照“小政府、大服务”的原则，建立精干、高效、统一的管理、服务及监督机构。

（二）经济发展

1992—2000年8年间，惠州高新技术产业开发区靠政策、靠贷款、靠科技，坚持以邓小平“发展高科技，实现产业化”经济发展战略，坚持“精简、廉洁、优质、高效”和“一切工作以项目为中心”的服务宗旨，艰苦创业，拼搏进取，取得了喜人的成就。2000年惠州高新技术产业开发区工业总产值达160亿元，比成立初期的1993年增长了9.84倍，占全市工业产值的1/6；高新技术企业产值136亿元，占全市高新技术企业产值的68%；出口创汇为7.8亿美元，比1993年增长了13.15倍，占全市出口创汇的1/6。

（三）产业情况

至2000年年底，惠州高新技术产业开发区已形成以电子信息、新能源与节能、先进制造为主导的产业体系，区内有国家电子信息产业基地、国家（惠州）视听产品产业园、广东省火炬计划激光头特色产业基地、广东省火炬计划高能环保电池特色产业基地。区内拥有国家级研发中心3家、省级研发中心5家。8年来，高新技术产业开发区工业发展以年平均38%的速度增长，并成为以电子信息、机电一体化、新材料等高新技术产业为主导的产业化基地。

至2000年年底，区内有企业330多家，包括TCL、德赛、华阳集团、金山集团、LG、索尼、可口可乐、西门子等国内外知名企业。主要产品为各种彩电、手机、激光头、光盘驱动器、高级音响、液晶显示屏、汽车导航系统、锂离子电池、电话机、精密模具等，其中彩电、激光头、光盘驱动器、电池等产销量居国内行业排名前列。

第三节 保税区

一、概况

至2000年止，全国经国务院批准设立的保税区共有15个，其中广东省占有6个，除广州保税区外，其余5个保税区设在经济特区。这6个保税区是深圳沙头角、深圳福田、深圳盐田港、广州、汕头和珠海保税区。

深圳沙头角保税区于1991年5月经国务院批准正式成立，1992年9月海关总署通过封关验收；深圳福田保税区成立于1991年5月，1993年2月通过验收；广州保税区成立于1992年5月，1993年5月通过验收；汕头保税区成立于1993年1月，同年12月通过验收；深圳盐田港保税区成立于1996年9月，1999年1月通过验收；珠海保税区成立于1996年11月，1999年5月通过验收。

广东省6个保税区设立的时间不一样，根据各保税区的发展特点，大致可分为三个发展阶段。

起步阶段（1987—1992）

深圳市政府于1987年12月25日批准设立“深圳市沙头角保税工业区”后，筹建者在抓紧组织机构、管理体制、政策框架、法制建设等工作的同时，积极进行土地开发和项目引进工作。1988年，沙头角保税工业区完成了土地的“三通一平”（通路、通水、通电和平整场地）、开发建设总体规划、保税工业区功能初步定位，初步建立了事权统一的管理体制和便捷高效的运作机制。1988—1992年，沙头角保税（工业）区主要引进投产快的中小型出口加工项目。

福田保税工业区通过银行贷款以及利用土地使用权出让收益筹措开发建设资金。福田保税工业区陆域地貌为河口冲积地貌，原为基围鱼塘和海滨沼泽地。从1990年2月8日举行奠基典礼开始，福田保税工业区进行了艰苦的填土造地和“三通一平”土地开发建设。

保税区建设者针对各自的地理环境所进行的筹建工作，为下一步的发展奠定了基础。

探索发挥保税功能阶段（1993—1998）

这一时期，福田、广州、汕头保税区先后通过海关验收，各保税区根据所处的区位条件和经济形势，充分运用国家给予的优惠政策，在实践中探索，在探索中求发展。

只有0.2平方公里的深圳沙头角保税区主要以加工工业、高科技含量工业为主，1997年工业产值就达65亿元；1998年工业产值达85亿元，出口创汇10亿美元，工业企业实现利润2亿元。深圳福田保税区则充分发挥毗邻香港的特殊区位优势，加强与香港的经济技术合作与交流，从保税区修建了专用通道直通香港，通过专用通道，境外货物、交通工具和人员可直接往返于保税区和境外。福田保税区利用这一特殊区位优势，以发展仓储物流为主、大力开展国际转口贸易，1997年出口贸易达15亿美元，比上年增长178%；进出口货物总量达57万多吨，比上年翻了一番。1998年出口贸易200亿港元，比上年增长73.9%；实际利用外资15.5亿港元，比上年增长7.6%；工业产值30亿元，比上年增长3.58倍。

广州保税区于1996年1月原则通过了实行招商顾问和招商代理制的方案，并依靠国家赋予的优惠政策，吸引了一批国内外客商进区投资。

汕头保税区初步探索出一条以出口加工带动保税仓储、促进国际贸易的路子。1998年进出口贸易5.36亿美元，其中出口贸易3.56亿美元，保税仓储值1.8亿美元，工业产值7亿元，财政收入6400万元。深圳盐田港保税区和珠海保税区在进行筹建争取及早封关验收的同时，积极地开展招商引资并取得了效果。

全面发展阶段（1999—2000）

1999年，深圳盐田港保税区和珠海保税区通过验收。至此，广东省6个保税区全部通过封关验收。保税区各项基础设施和生活配套服务设施逐步齐全，投资环境日臻完善，招商引资成绩显著。

盐田港保税区虽然起步较晚，但在进行首期开发工程的同时，依托国内四大深水海港之一的盐田港的优势，大力发展转口贸易、仓储物流业，培育保税生产资料市场。盐田港保税区物流业的发展不仅繁荣了盐田港保税区，更有效地促进盐田港货物吞吐量的增长。

珠海保税区不断加强招商引资的力度，密切注意和研究国家有关政策的变化、全球经济一体化的发展趋势、国际投资市场的动态以及中国加入WTO后对保税区的影响等等，及时对招商引资的策略、方法进行适应性调整。从2000年下半年开始，以“抓住机遇，降低门槛，因势利导，营造保税区特色产业”为招商引资的方针，指导招商引资工作。

广东省6个保税区在基础设施建设、规范管理和招商引资、外贸进出口等方面都取得了显著的成绩。至2000年，6个保税区共引进项目2403个，累计外商直接投资实际到位资金19.19亿美元。2000年，6个保税区共实现工业总产值247.34亿元，出口创汇34.44亿美元。

二、广州保税区

（一）设立

为贯彻中共中央、国务院关于进一步办好沿海城市经济技术开发区的指示精神、更好地发挥广州经济技术开发区对外开放的“窗口”和“基地”作用，1990年12月15日，广州市政府向省政府上报《关于在广州经济技术开发区内建立保税区的请示》，同年12月26日，省政府向国务院转报广州市政府的请示。

1991年3月25日，广州市政府决定成立保税区筹备领导小组，全面启动保税区的各项筹建工作。根据国务院特区办《关于试办保税区有关问题的请示的批复》精神和中共广州市委、市政府的具体部署，从1991年5月起，广州保税区筹备领导小组，会同黄埔海关、市规划局、外汇管理局、财政局、税务局、工商局等有关部门，完成了规划方案编制、征地谈判，以及《广州保税区管理办法》等法规性文件起草等项筹备工作。

1992年5月13日，国务院对《关于广州经济技术开发区内建立保税区的请示》作出批复：同意设立广州保税区。要求广州保税区充分发挥广州黄埔新港优势，积极为开拓转口贸易和加工贸易服务，开展为贸易服务的加工整理、包装、储存、运输、商品展示等业务，确定了保税区范围。保税区四周，按海关要求设立隔离设施，经海关验收合格后使用，保税区内不设生活居住区，除安全保卫人员外，其他人员不在区内居住。批复还对保税区的海关监管、金融、外汇管理的法规及其他管理、现行政策及人员编制作了明确规定。

1992年6月12日，《广州保税区管理办法》（试行）经广州市政府市长办公会议通过。是日，《中华人民共和国黄埔海关对进出广州保税区货物、物品和运输工具的监管实施细则》经海关总署批准公布。同年6月23日，《广州保税区外汇管理施行细则》经国家外汇管理局批准公布施行。筹备领导小组还抓紧完成了办公室的组建、各项管理规章的起草、广保联有限公司的组建、征地费用的筹集、规划模型的制作以及对内对外的宣传等工作。

1992年7月8日，广州保税区在区内举行隆重奠基典礼。

（二）投资环境

广州保税区的基础设施建设分两期进行。第一期，从1993年2月15日开始，至1996年年底基本完成。第二期从1997年12月20日开工，至2000年年底基本完成。截至2000年年底，累计完成基础设施建设投资3.7亿元。先后完成区内道路22条，总长17.8公里，总面积33.8万平方米。建成围网7791.4米，巡逻通道2条共9200米，堤岸5185.8米，人货检查口3个，货验场1个，车检场1个；建成桥梁1座，总长169米；完成总开工建筑面积109.1万平方米建筑物，其中已建成可使用建筑物有：办公楼10.8万平方米，仓储用房40.8万平方米，工业厂房9.7万平方米，住宅7.2万平方米；铺设供水主干管总长5公里，日供水可达2.1万立方米；铺设10千伏电力电缆13.1公里，建公共变电站7座、公共开关房6座，路灯变电房2座，总装机容量171兆伏安，总用电量71兆伏安。区内企业投资建发电厂1座，总装机容量5万千瓦，1999年8月1日投产。截至2000年年底，共发电1.5亿千瓦时。电信与邮政分别纳入广州开发区电信与邮政规划，先后投资328万元，建成与广州开发区2万门程控交换机接驳的1000线程控用户电话交换系统网络。广州开发区邮政局及速递公司在保税区设立服务中心，提供全面邮政服务。保税区建有公共电子数据交换网络中心，支持2000用户。2000年年底实现电子数据交换报关系统的推广营运。

广州保税区距广深公路2公里，距广深高速公路7.8公里，从保税区乘车1小时可抵达广东省的中山、东莞、顺德、珠海、深圳等大中城市；距广深铁路新沙港专线0.5公里，距广深铁路夏园编组站3公里。

保税区拥有广保通码头1座，3000吨泊位2个，可直达港澳和东南亚各地。保税区距黄埔港10公里，距拥有8个3万吨级泊位的黄埔新港2公里，距拥有10个5万吨级泊位的新沙港3公里，距东江客运码头1公里，从这里乘气垫船2小时可直达香港中港城。保税区距广州白云国际机场41公里，1小时车程。

（三）招商引资

1992—1994年，保税区依靠国家赋予的优惠政策，吸引了一批国内外客商进区投资。据1994年年底统计，中外客商投资总额达到5.93亿美元，合同利用外资1.63亿美元。

1995—1997年，国家实行宏观经济调控，区内一批在建工程因无法筹措到所需资金而停建；由于对保税区优惠政策的误解，大规模兴建的贸易展示街无法按原来设想投入使用；加上国内沿海一些地区走私现象严重，国家给予保税区的优惠政策受到严重冲击，致使国内外投资大幅下降。

1998—2000年，随着保税区第二期开发工程的展开，总体投资环境得到了较大改善。以大众电脑系列生产厂等项目的引进为契机，陆续吸引了广昕、佳杰、亚太卫星、天懋电子商务等项目进区，保税区的贸易、仓储物流、出口加工等功能开发取得初步成效，招商引资形势开始有所好转。

保税区在筹建阶段即确定边筹建边招商、以招商促筹建开发的指导思想。1992年6月22日，广州保税区筹备领导小组确定于当年四季度在香港举办项目洽谈会。同年7月8日，在广州保税区举行奠基典礼时，先后有30多批国内外投资者前来保税区筹备小组洽谈项目70多项。保税区内第一家外商独资企业，广保联合发展集团公司于1992年11月23日成立。1992年12月8日，保税区在香港如期举办项目招商洽谈会，签订项目投资协议金额2.3亿美元，其中引进外资1.8亿美元。保税区管委会与广保国际集团公司密切配合，经过3个多月的紧张工作，完成了保税区一期海关隔离设施等6项基础设施建设，如期实现封关运营。至1994年3月底，保税区已批准进区项目263个，协议投资总额4.3亿美元，实际利用外资1.22亿美元。《人民日报》1994年4月29日“海外版”报道：广州保税区在中国13个保税区中首家采用由外商独资企业承担保税区内土地开发、经营和项目招商的建设模式，利用境外企业的资金优势和影响力，加快了保税区的开发建设进度。

1992—2000年，广州保税区共批准项目1640个，项目总投资11.16亿美元，外商投资项目327个，合同利用外资4.57亿美元，实际利用外资2.94亿美元。投资来自日本、美国、新加坡等20个国家和中国香港、台湾地区。其中，投资总额在1000万美元以上的项目19个。

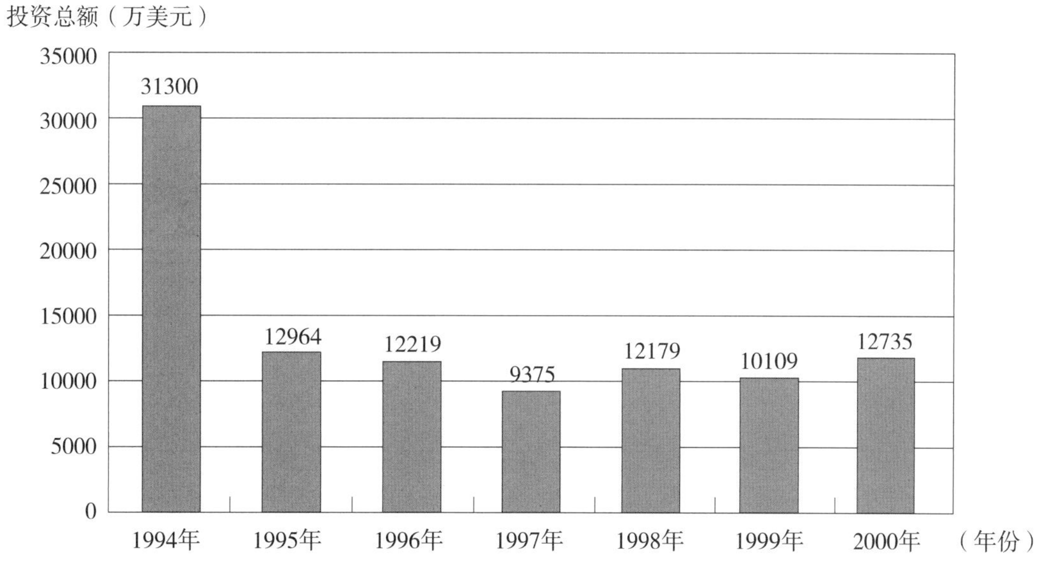

图4-1　1994—2000年广州保税区项目总投资情况示意图

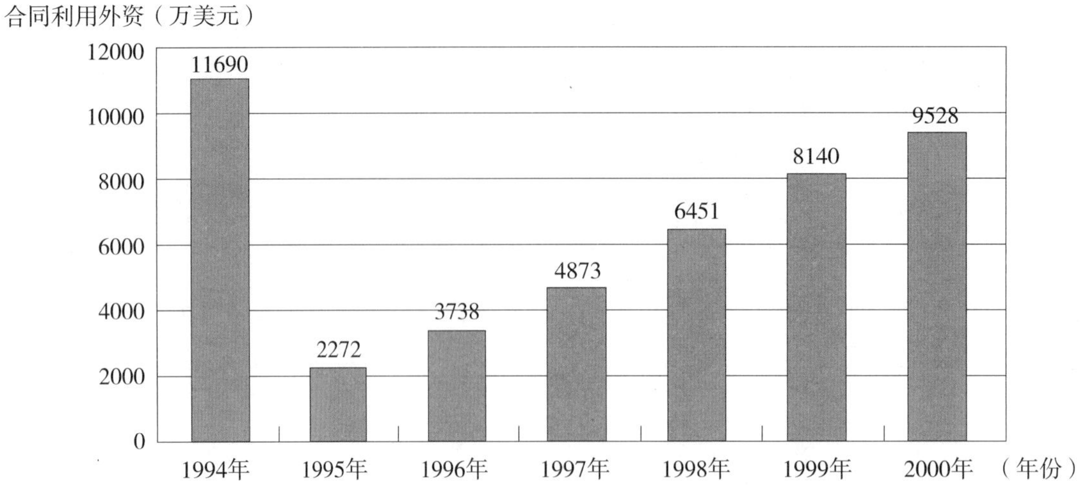

图4-2　1994—2000年广州保税区合同利用外资情况示意图

在保税区注册经营的主要企业厂商有：广保国际集团有限公司，主要从事保税区一期区内受让土地的开发和经营，以及保税仓储、报关服务、转口贸易、工程承包等专项经营项目等；三菱商事（广州）有限公司，保税区引进的第一家大型日资综合商社，随后日本的丸红、住友商事、伊藤忠商事、东棉、日本岩井、岩谷、住银租赁等一批大型跨国公司都在广州保税区注册了法人企业，从事转口贸易等业务；大众电脑项目，占地42万平方米，总投资3亿～5亿美元，计划建设12家电脑生产上下游综合配套厂，第一期投产后年产值为4.8亿美元。

至2000年年底，在广州保税区注册从事贸易的企业1385家，占注册企业总数的84%，投资总额7.01亿美元，占投资总额的63%。其中，世界500强公司先后在保税区注册的有12家。

世界500强公司在广州保税区投资公司一览表

表4-6

公司名称	排名	成立时间	投资总额（万美元）	实际入资（万美元）
三菱商事（广州）有限公司	7	1995.8.16	400	400
广州保税区丰田汽车维修服务有限公司	8	1997.1.16	132.582	132.582
广州伊藤忠商事有限公司	10	1997.1.28	200	200
广州住友商事有限公司	12	1996.3.28	2125	850
丸红（广州）贸易有限公司	14	1996.3.1	700	700
日商岩井（广州）有限公司	25	1997.3.18	100	100
道达尔石油（广州）有限公司	50	1998.6.24	50	35
耐希克（广州）有限公司	51	1998.7.30	80	80
三菱汽车（广州）有限公司	113	1999.2.9	120	120
广州三星物产贸易有限公司	115	2000.9.12	28	20
东棉（广州）有限公司	145	1999.1.12	140	100
阿克苏诺贝尔汽车修补漆（保税区）有限公司	296	1999.4.19	50	50

（四）外贸进出口

1994—2000年保税区进出区货值从11989万美元增长至77534万美元，出口货值从2736万美元增长至16975万美元。

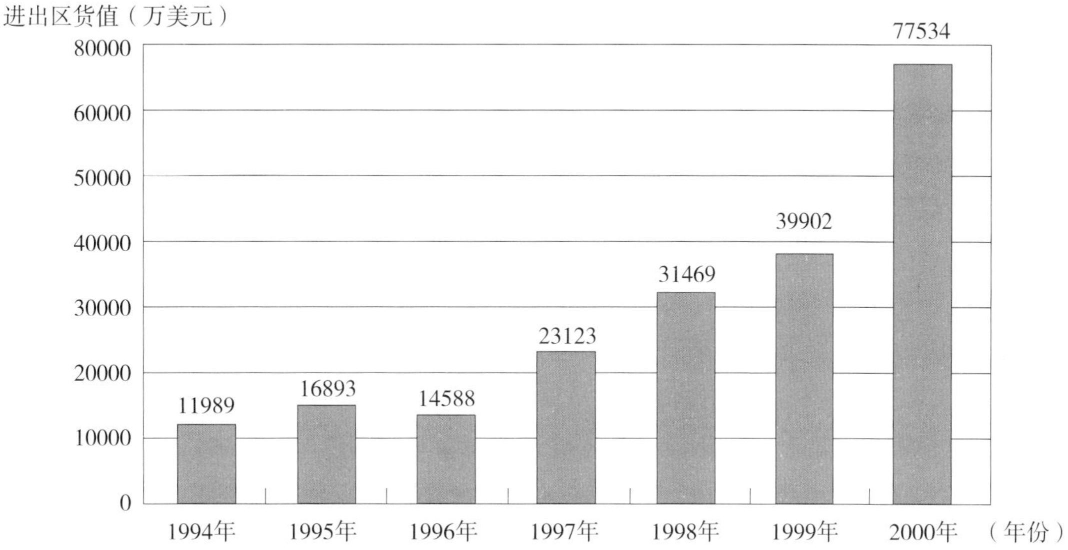

图4-3　1994—2000年广州保税区进出区货值情况示意图

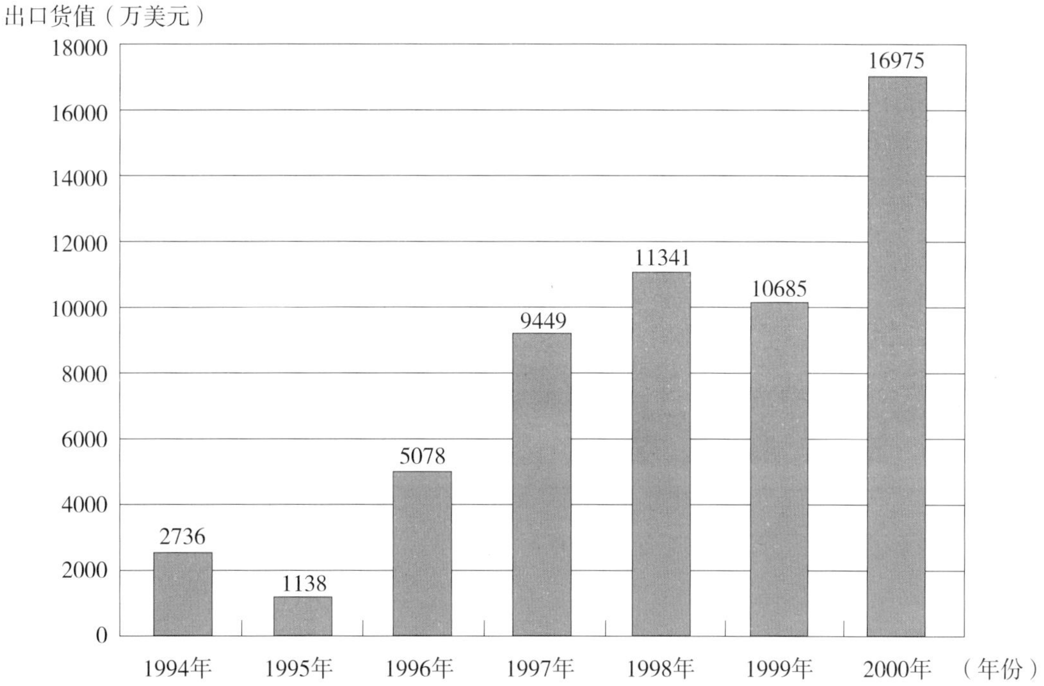

图4-4　1994—2000年广州保税区出口货值情况示意图

1994—2000年广州保税区出口加工情况一览表

表4-7　　　　　　　　　　　　　　　　单位：万美元

项目 年份	出口货值	加工货值	合计
1994年	2736	—	—

续表4-7

年份＼项目	出口货值	加工货值	合计
1995年	1138	—	—
1996年	5078	877	5955
1997年	9449	1352	10801
1998年	11341	1882	13223
1999年	10686	1612	12298
2000年	16975	8055	25030

台湾大众电脑（集团）有限公司是世界上最大的电脑主机板和电脑系统OEM制造商之一。该公司于1997年至2000年先后在保税区投资设立了广大科技、广上科技、广川科技和广昕科技4家公司，累计投资2.44亿美元，是保税区最大的出口加工企业。1999—2000年，大众电脑的产值、出口分别为6.4亿元、11.55亿元和 2937万美元、8791万美元。

广州保税区恒和珠宝有限公司，是保税区最大的珠宝出口加工公司，于1995年9月成立。投资总额和注册资本为830万港元。1997年年底正式投产。1998—2000年，该公司累计出口货值达16825万美元。

（五）发展成就

至2000年，广州保税区已基本建成实行境内关外方式运作、按世界自由贸易区模式建设和管理的经济园区，基础设施和公用设施等硬件建设基本配套。逐步形成保税仓储、代理报关、配送运输等一整套现代物流业的雏形。

至2000年，基础设施建设和房地产总投资16亿元。建成可使用建筑物68.5万平方米。建成3000吨码头2个，年吞吐能力5万吨。完成供水、供电、排水、排污、通信及绿化等基础设施及公用配套设施。

招商引资效果显著，区内经济形成一定规模。IT产品、金银首饰、模具等出口加工业，汽车、钢材、纸张、化工等商品的仓储及分拨业务已具有一定规模，一批国内外物流企业已进区经营。截至2000年年底，在广州保税区投资建库基本竣工的仓储企业（公司）有33家，已建仓库、堆场占地面积226548平方米，占规划用地面积的32%，仓库建筑面积528586平方米，堆场面积37100平方米。已出租仓库面积227216平方米，出租率为43%，进出区货值21.5亿美元。

三、深圳沙头角保税区

（一）设立

为探索按国际惯例运作和深圳经济特区实现管好“二线”（特区与非特区之间的隔离线）、放开“一线”（特区与香港之间的边境分界线），1987年12月25日深圳市政府批准设立沙头角保税工业区，1991年5月28日由国务院批准并更名为沙头角保税区。沙头角保税区位于深圳经济特区的沙头角（现为盐田区），背靠梧桐山，面临大鹏（海）湾，东边界毗邻盐田港西港区，南边界为大鹏（海）湾北岸的边防巡逻公路（现为海景路），西边界为海山路，北边界为沙盐公路，首期隔离设施内的面积为20万平方米，配套生活用地为10万平方米，1997年新增填海地12万平方米，是中国创办最早、实际运作最早的保税区。沙头角保税区与香港山水相连，经盐田港、沙头角口岸海陆两路直通香港，连接国际市场，交通运输特别是国际货运便捷，出入境方便，特有的口岸通关优势较其他地区更为凸现。

（二）投资环境

沙头角保税（工业）区自1987年12月开发建设以来，不断完善市政公用事业和配套设施建设。1997年7月1日建成海关办公大楼1座，1998年2月建成楼高28层的商贸办公楼1座。至2000年年底，沙头角保税区共建设道路6.5万平方米、路灯195盏、园林绿化和道路绿化4.9万平方米、垃圾收集站1个、水塔1座、水泵房4座、开关站1个、IC卡电话亭15个、银行支行（办事处）4个、医疗室1个、供水管道3.75万米、排水管道1.15万米，路网、供水管网、排水管网连成一体，为沙头角保税区创造良好投资环境提供了必要的基础条件。与20万平方米工业区配套的生活区竣工总面积为13.75万平方米，建成宿舍26栋和综合楼3栋，设有饭堂、阅览室、球场、健身房、歌舞厅等学习和生活、娱乐设施。第一生活区于1988年6月开工建设，1990年4月建成；第二生活区于1990年9月开工建设，1993年5月建成；第三生活区于1992年6月开工建设，1998年1月建成；第四生活区于1994年3月开工建设，2000年12月基本建成。

（三）招商引资

沙头角保税（工业）区建区以来，始终把招商引资列为工作的重点。建区伊始，沙头角保税工业区管理委员会就致力于建立完善、高效的投资服务系统，并在改善投资环境的同时，加强项目引进工作，使之保持良好发展势头。

沙头角保税（工业）区紧紧抓住国际产业结构调整和转移的机遇，在招商引资过程中，采取了“引进项目分档次，产业结构多层次，实施过程分步骤”的策略，以经济效益好的中、小项目起步，通过加快外资引进速度，逐步调整、提升产业结构，带动“高、精、尖”项目和大、中型项目发展。至2000年年底，合同投资总额5.05亿美元，实际利用外资5.0亿美元。保税区管理局先后于1999年3月和2000年3月被深圳市政府评为加工贸易出口先进单位、外贸出口先进单位。

沙头角保税（工业）区资金引进方式有两种：一种是中外合资、中外合作、外商独资经营方式，另一种是国内投资经营方式。

至2000年年底，沙头角保税（工业）区共引进项目293个，按合同投资总额5.05亿美元划分：1000万美元及其以上的项目12个，占项目总数的4.1%，占投资总额的32.8%；300万美元至1000万美元以下项目29个，占项目总数的9.9%，占投资总额的27.0%；300万美元以下的项目252个，占项目总数的86.0%，占投资总额的40.2%。随着沙头角保税区投资环境的不断完善及产业结构的调整，区内实际投资不断增加，至2000年年底，先后有32家区内企业进行增资，如威明实业（深圳）有限公司、鑫茂科技（深圳）有限公司、唯冠科技（深圳）有限公司和才众电脑（深圳）有限公司等企业的投资商在区内的实际投资额均超过合同投资额和注册资金。至2000年年底，正常运营的工业企业63家（不含16家来料加工的黄金珠宝首饰企业）。

（四）发展成就

深圳市政府于1987年12月25日批准设立“深圳市沙头角保税工业区”后，沙头角保税工业区靠20万元开办费和70万马克贷款滚动发展，收到了“当年规划、当年建设、当年投产、当年收益”的成果，沙头角保税工业区和投资企业实现了“双赢”。1988年，沙头角保税工业区完成了土地的“三通一平”（通路、通水、通电和平整场地）、开发建设总体规划、保税工业区功能初步定位，初步建立了事权统一的管理体制和便捷高效的运作机制。1988—1992年，沙头角保税（工业）区主要引进投产快的中小型出口加工项目。

1993年开始，沙头角保税区陆续引进以电脑、高档电控玩具和黄金珠宝首饰为主的资金、技术密集型项目。1993—1995年是沙头角保税区“打基础、创新业、上水平、出效益”的阶段。这一阶段，沙头角保税区制定了“团结、高效、创新、求实”的工作方针，提出“一切为了企业发展”的服务理念，突出管理机构服务、协调职能，积极探索按国际惯例运作，着力营造良好的投资环境，着手进行产业结构调整。这一时期，开工和竣工的厂房、宿舍等建筑面积达35.7万平方米，占建区以来总建筑面积的47.6%，引进了唯冠科技（深圳）有限公司和才众电脑（深圳）有限公司等一批大型高新技术项目，为沙头角保税区快速发展和产业结构调整打下坚实基础。

1996年开始，沙头角保税区进行产业结构调整，逐步形成电脑及电子产品、高档电动玩具、黄金珠宝加工三大支柱产业。至2000年，沙头角保税区已发展成为投资环境良好的外向型经济区域，形成了电子信息、珠宝首饰和高档电子电动玩具三大支柱产业，产品89%出口，投资客商来自美国、德国、日本、加拿大等10个国家和中国台湾、香港地区。沙头角保税（工业）区自1988年至2000年的13年间，引进项目的合同总投资为5.05亿美元，企业注册资金3.89亿美元，实际利用外资5.0亿美元；累计实现工业总产值528.4亿元、出口创汇56.3亿美元，其中2000年实现工业总产值161.0亿元、出口创汇17.3亿美元。沙头角保税区在全国15家保税区中土地面积最小，但土地利用率最高，单位面积产生的经济效益最好。2000年该区每平方米土地实现工业产值8万元，实现出口创汇0.86万美元。

1988—2000年沙头角保税（工业）区主要经济指标一览表

表4-8

年份	投产企业（家）	工业总产值（亿元）	工业企业利润（万元）	出口创汇（万美元）
1988	2	0.1	—	77
1989	11	0.8	1075	1490
1990	16	2.3	1807	3204
1991	27	4.1	2212	5263

续表4-8

年份	投产企业（家）	工业总产值（亿元）	工业企业利润（万元）	出口创汇（万美元）
1992	35	6.8	14497	6945
1993	43	12.8	3067	8680
1994	52	16.2	7814	11455
1995	70	20.5	2888	15125
1996	71	41.1	14928	20743
1997	73	55.8	22466	73844
1998	76	81.0	20666	101098
1999	74	125.9	9243	141642
2000	79	161.0	21654	173042
合计	—	528.4	122317	562608

四、深圳福田保税区

（一）设立

1986年年初召开的全国经济特区工作会议后，中共深圳市委、市政府围绕会议提出的要求，作出借鉴国际上自由贸易区的经验划出一小块地方搞出口加工区的设想。1987年3—4月，深圳国际工程有限公司到香港与方显扬集团的夏孝安商讨在深圳投资建设出口工业区的问题，并拟将出口加工区的位置设在皇岗口岸附近的区域。

1987年12月上旬，“福田出口工业区方案”正式上报深圳市政府，深圳市政府很快成立福田出口加工区专题研究组。1988年11月，经福田出口加工区专题研究组提议，深圳市政府决定建设福田国际工业村，同时成立福田国际工业村工作组。1989年2月，经深圳市政府同意，深圳市国土局与香港和记黄埔有限公司全资拥有的和记地产有限公司签订共同开发福田国际工业村甲地段（东半部）的协议书。福田国际工业村乙地段（西半部）仍由香港方显扬集团开发。

在福田国际工业村筹建工作顺利进行之时，由于投资方对建设福田国际工业村犹豫不决，使筹建工作陷于被动。1990年3月深圳市政府下发《关于设置福田保税工业区若干问题的通知》，决定设置深圳福田保税工业区。福田保税工业区的筹建工作由福田保税工业区管理委员会和中国深圳国际经济技术合作公司负责。

在得知国务院已原则批准天津、大连、广州等地各设一个保税区的情况下，1990年12月22日，省政府向国务院报送《转报深圳市人民政府关于请求比照上海外高桥保税区给予深圳福田、沙头角两个保税工业区相应政策的请示》。1991年2月，深圳市政府向国务院特区办公室、国家海关总署上报《关于深圳经济特区设置福田、沙头角两个保税工业区，并给予相应政策的请示》。1991年5月28日，《国务院关于深圳市设立福田和沙头角保税区的批复》同意在深圳设立福田和沙头角保税区。福田保税区正式成立。

1996年，深圳市人大常委会通过并公布实施的《深圳经济特区福田保税区条例》规定：保税区主要发展国际贸易、仓储业、高科技和技术先进工业，相应发展金融、商贸服务、交通运输、通信、信息等第三产业。

（二）投资环境

1. 基础设施建设

1991年，福田保税区开始基础设施建设。1991年2月，开始建设1号专用通道（起点位于保税区东端海关监管场地直通香港的专用通道）；8月，开始建设边防巡逻路。同年，2号通道（进出保税区与深圳特区的专用通道）动工，4座横穿广深珠高速公路地下人行通道的设计通过审定并进行施工招标，进入保税区的临时施工用道路、供水、供电线路完成施工并部分投入使用。1992年1月，1号专用通道完工，全长近1千米；12月，边防巡逻路完工，全长3900米。1992年9月开始建设全长7200米的隔离设施，1993年2月通过海关总署验收。1992年5月，4座地下人行地道完工；9月22日，3号桥（连接福田保税区与深圳市区）通车。截至1992年12月，福田保税区完成基本建设总投资3.87亿元。1994年，福田保税区的建设主要集中在市政道路和东部运作区上，当年基本建设总投资2.3亿元。至1994年年底，福田保税区建设完成从区内接入深圳河的总长近1000米的10条雨水排放管道、2号通道、海关、边防检查等联检单位场地及其配套设施，完成基本建设总投资9.3亿元，保税区硬件设施基本能满足投资者的需求。1998年，福田保税区基础设施建设基本完成。

2. 配套设施建设

至2000年12月，福田保税区（包括配套生活区）建设完成29条道路，道路面积28万平方米；公共绿化面积24万平方米，管理局办公大楼1栋，建筑面积12800平方米；海关办公楼、边防检查办公楼各1栋，建筑面积分别为5950平方米、1300平方米；缉私仓1栋，建筑面积为2800平方米；联检场地1个，建筑面积为2930平方米；转关场1个，建筑面积为450平方米；单身公寓建筑面积约6万平方米；局属员工宿舍3栋，建筑面积5.7万平方米；综合楼1座，建筑面积4.3万平方米；培训中心1栋，建筑面积0.45万平方米；幼儿园、小学各1栋，建筑面积分别为2413平方米和6116平方米。截至2000年12月，福田保税区公用设施投资总额累计16.44亿元。

（三）招商引资

1992年至2000年12月，福田保税区共有注册企业626家，其中包括来自日本、新加坡、美国、荷兰、法国、意大利、德国、以色列、泰国、印度尼西亚、澳大利亚、伊朗、俄罗斯等24个国家和中国香港、澳门、台湾地区的企业559家。

福田保税区的注册企业中，港澳地区企业占大多数，其次是台湾地区企业，再次是日本、欧洲、美加企业及其他地区的企业。1997年以前到福田保税区投资的企业中，中国香港地区企业最多，其次是日本企业。1997年亚洲金融风暴后，欧美企业超过日本企业。

至2000年，福田保税区共引进626个项目。按项目的性质分，工业项目59个，仓储物流项目61个，房地产项目24个，商贸及其他项目482个。调整招商方向后，工业项目比重上升，仓储项目比重下降。

（四）发展成就

福田保税区于1992年开始招商。1994年，随着福田保税区基础设施逐渐完善，全区工作重点逐步转到功能开发和实际运作上来。福田保税区结合实际提出仓储起步，带动物流、国际贸易、转口贸易和出口加工业发展的工作思路，侧重引进大型仓储物流企业入区购地建设。1994年12月，福田保税区管理委员会更名为福田保税区管理局，在全国保税区中率先实行“政、事、企”一体化的管理，实际运作逐步向国际惯例靠拢。1995年，福田保税区从大规模基础设施建设转入试运作，管理者果断作出负债建设、外商投资与自行投资“两个轮子”同时驱动、加快形象工程建设，13项自建工程和23项改善投资环境工程先后上马，扭转了全区基本建设被动局面，改变了福田保税区形象。同年6月26日，福田保税区管理局制定《深圳经济特区福田保税区发展战略与规划（1995—2010年）》，确定福田保税区功能为以国际贸易为龙头、仓储物流为基础、交通通信为保障，大力发展先进工业、高新技术产业，相应发展金融、信息业、商品展示及商贸服务业。至1995年年底，福田保税区累计引进大型国际物流企业21家，建成保税仓储面积65万平方米，基础设施逐渐完善，标志着福田保税区运作进入创效益阶段。1996年下半年，福田保税区提出“调整产业结构，以高新技术工业项目为主导，促进区域经济上档次”的思路，大力发展高新技术产业，把招商主攻方向放在高新技术产业和先进工业项目上，瞄准世界大公司，对附加值高、市场占有率高、技术含量高的出口型大型工业项目，在土地使用权出让价格、税费减免等方面给予政策优惠，吸引它们入区，建立面向国际市场的生产基地。

1992—1995年，福田保税区主要引进仓储和贸易企业，1996—2000年主要引进高新技术工业项目。1992年4月至2000年12月，福田保税区项目投资总额151.92亿港元，合同投资额19.73亿美元，合同外资总额17.40亿美元，实际利用外资9.11亿美元。1990年2月至2000年12月，固定资产投资总额112.88亿元。1991年5月至2000年12月，累计实现进出口总额109.37亿美元，其中出口总额47.51亿美元。1997年1月至2000年12月，累计完成工业总产值147.63亿元。

1995—2000年福田保税区主要经济数据一览表

表4-9

指标	1995年	1996年	1997年	1998年	1999年	2000年
工业总产值（亿元）	—	—	6.55	30.40	48.23	62.45
进出口额（亿美元）	1.65	5.41	15.01	27.17	22.47	36.58
其中：出口额（亿美元）	0.58	2.42	6.62	12.19	10.31	14.83
实际利用外资（亿美元）	0.71	0.94	1.87	1.89	1.21	1.58
固定资产投资（亿元）	9.63	13.51	18.21	19.61	17.20	20.80
纳税情况（亿元）	—	—	0.45	2.65	5.97	8.12

福田保税区作为深圳经济特区改革开放的“先行点”和“试验场”，在管理体制、功能定位、法制建设等方面进行了不断探索，已经成为外资比例高、跨国公司和高新技术企业众多、产业档次高的外向型花园式保税区，具备了向自由贸易区转型的条件，同时也出现规划用地严重不足的问题。与全国其他保税区相比，福田保税区最明显的特点是艰苦的土地开发过程和独一无二的优越交通条件。

五、深圳盐田港保税区

（一）设立

1992年6月1日，中共深圳市委政策研究室向深圳市委、市政府、盐田港建设指挥部提交《关于开展盐田保税自由港规划与政策草拟的请示报告》。报告指出：“盐田港是被国家列为我国沿海重点开发的四大深水港之一，其开发利用的程度，将对我市进一步改革开放，增加与国际经济的联系，起到至关重要的作用。如何将盐田港优越的自然地理条件转化为我市扩大开放度的优势……是目前迫切需要研究的课题。”“深圳特区应该把它建成具有国际意义的自由港或自由贸易区，发挥港口、仓储、对外贸易、转口贸易、出口加工以及金融服务等多种功能与综合作用”。报告提议，尽早开展“盐田港自由港模式”的研讨论证活动，提交中共深圳市委、市政府讨论后报请广东省人民政府和国务院批准。

1996年9月27日，国务院下发《国务院关于设立盐田港保税区的批复》文件，正式批准设立盐田港保税区。首期开发0.85平方公里，分南北两片，南片位于港区25米大道以南、40米大道以西、二期集装箱码头场地以东、集装箱码头岸壁延伸线以北的场地内，面积约0.17平方公里；北片位于盐田港大道以北、明珠大道以西、盐田路以南、南山大道以东的场地内（不含已转让给盐田国际集装箱码头有限公司的0.1平方公里场地），面积约为0.68平方公里。南北两片以全封闭高架专用通道相连。盐田港保税区以发展转口贸易和仓储功能为主，其他功能为辅。二期工程待深圳港口总体规划确定后另行研究。

（二）投资环境

盐田港保税区土地开发管理与基础设施建设由盐田港集团有限公司负责，具体工作由盐田港保税区投资开发有限公司承担完成。保税区基础设施建设计划投资总额12亿元。1998年9月，完成南片区市政基础设施和海关监管设施建设。2000年年底，南片区固定资产投资共18311万元，其中，公用基础设施投资6400万元（含深圳市政府拨付的5000万元启动资金）。同年8月，北片区开始小规模采石取土工程。

盐田港保税区南片区20万平方米土地平整与地基处理工程于1997年12月开工建设，工程投资2278万元，于1998年7月完成。南片区道路工程于1998年5月开工，同年9月建设完成。共铺设道路4条，其中主干道2条、次干道1条、支道1条。路网贯穿保税区南片区，对外直接和盐田港港区22米宽大道相连，外接72米宽沿港大道。至2000年年底，盐田港保税区南片区已完成所有道路工程（含水、电、通信、管道），道路总长2670米，工程投资984.5万元。

供水、供电方面。盐田港保税区用水由盐田港供水公司供给，截至2000年年底，盐田港供水公司日产自来水7000立方米。南片区10千伏变电所工程于1999年1月开始施工，于1999年6月建成，变电所规划装机容量2×630千伏安，装机容量1880千伏安，工程造价379万元。南片区通信设施由盐田港通讯中心引入南片区500对电话中继线，并在区外22米大道盐田港保税区南片区侧人行道设交接箱一座。

海关监管及生活设施建设方面。截至2000年，盐田港保税区南片区建成2000米长的海关监管围网设施，围网设施沿盐田港保税区周边设置，围网结构形式按“海关有效监管、防腐防锈、外形美观”的原则设计，网高3.3米，地面以上砌有0.8米高的砖基台，基台以上建有2.5米高且间隔10厘米的铁栏，围网工程造价320万元。南片区建有EDI电子报关系统、边防摄像机检查监控系统、2000平方米货物查验场、海关监管出入闸口、连接盐田国际2期码头的海关临时闸口、海关办事处办公用房、武警生活用房等监管设施和办公生活用房，工程投资363.92万元。为改善盐田港保税区环境，对南片区进行了区域绿化，投资约40万元。

至2000年12月，根据盐田港港区建设的需要，在北片区采石填海约200万立方米。

（三）招商引资

盐田港保税区招商引资工作，具体由盐田港保税区投资开发有限公司负责，盐田港保税区管理局主要提供投资政策、产业导向等方面的咨询服务，同时负责项目立项、企业设立审批等工作。至2000年年底，区内注册企业共9家，其中主要的有3家仓储物流项目。

力又仓储项目。该项目位于南片区26号地块，是南片区最大的投资项目。1999年3月3日，盐田港集团有限公司与力又实业（深圳）有限公司签订南片区4.6万平方米土地使用权转让合同；同时力又实业（深圳）有限公司投资1500万美元，于1999年12月，建成一栋建筑面积25000平方米的轻钢结构仓库（第5层为办公楼）。

B-1号仓库项目。该项目位于南片区22号地块，于1998年11月15日由盐田港保税区投资开发有限公司投资兴建，1999年4月20日竣工验收。总面积为13550平方米，建筑面积1584平方米，工程投资1596万元。1998年9月，盐平文辉（深圳）有限公司与盐田港保税区投资开发有限公司签订南片区B-1号仓库租赁合同，租赁期5年，1999年6月1日正式投入运作。

通捷利堆场项目。该项目位于21号地块，由深圳市通捷利物流有限公司负责兴建并经营，1998年5月18日开始施工，建筑面积1.7万平方米，总投资480万元。1999年2月正式投入运作。

（四）发展成就

盐田港保税区是国务院批准设立的第14个保税区，也是深圳3个保税区中专门以发展进出口贸易、国际转口贸易和仓储功能的保税区。截至2000年年底，共批准设立9家企业，其中内资企业5家、外商投资企业4家，贸易企业6家、仓储物流企业3家，主要有：深圳市通捷利物流有限公司、力又实业（深圳）有限公司、盐平文辉储运（深圳）有限公司等。合同投资总额20340万元，实际投资总额15220万元，其中合同利用外资2358万美元，实际利用外资1853万美元。

至2000年盐田港保税区主要经济指标一览表

表4-10

指标	2000年	累计至2000年
注册企业（家）	3	9
其中：仓储	0	3
其他	3	6
合同投资总额（万元）	1940	20340
实际投资总额（万元）	1790	15220
合同利用外资金额（万元）	230	2358
实际利用外资（万美元）	225	1853
固定资产投资（万元）	789	18311
集装箱处理量（标准箱）	115742	142557
从业人员（人）	135	—

六、珠海保税区

（一）设立

珠海保税区于1996年11月3日经国务院批准设立，位于珠海洪湾工业区内，面积3平方公里。其海关监管设施于1999年5月通过海关总署验收，同年10月正式封关运作。

珠海保税区管理委员会组建于1997年6月，为珠海市人民政府派出机构，享受市一级经济管理权限，内设四局一室，负责园区的开发建设、招商引资和管理服务工作。

（二）投资环境

1. 区位优势

珠海保税区位于珠海市的南面，与澳门隔水相望，经横琴口岸可直达澳门机场，距珠海机场30公里，距九洲港集装箱码头18公里，距珠海港45公里，距香港36海里，海陆空交通十分便利。在广东的6个保税区中，珠海保税区是珠江口西岸唯一的保税区。

与澳门的地缘优势也促进了保税区与欧盟和拉丁语系国家的联系。缘于澳门与葡萄牙特殊的历史，澳门与欧盟及拉丁语系国家有着密切的经济联系，已经构成澳门特有的区位优势。根据1992年签署的《欧澳贸易合作协定》，澳门与欧盟国家进出口、转口、支付及转账、行政及法律手续等方面，互相给予最惠国待遇，并在共同生产及合作企业、技术转让及金融合作、共同培训高级管理人员等方面提供便利。

2. 基础设施建设

至2000年12月底，基础设施建设投资共16400万元。其中，市政府起步资金630万元，1998年完成的工程投资1000万元，1999年完成的工程投资1400万元，2000年完成的工程投资14000万元。

建区3年来，由管委会负责完成的基础设施建设包括：围墙10公里，所围面积5.89平方公里；区内道路填土80万立方米，45万平方米；项目填土230万立方米，100万平方米；临时沥青路4000平方米，5公里长；海关查验平台和查验仓库2553平方米；东部、北部大门工程1422平方米；道路软基础处理30000平方米；给水管路3公里；排水管路3.5公里；电信3公里；电力线路10.3公里；变压器6台。

随着投资建设的逐步扩大，区内“六通一平”基础设施建设速度不断加快，为外来投资项目提供的配套服务也从逐个项目、临时性单项配套向整体的永久性配套建设过度，保税区的整体投资环境已初具雏形，为今后进入大批量项目、大面积建设用地的产业开发和功能开发创造基础条件。

（三）招商引资

至2000年年底，区内注册登记并购地办项目的企业共38家，其中海关总署验收后落户的22家，占58%；属加工和仓储物流企业28家，占74%；属贸易性企业8家，占21%；属大中型企业11家，其中大中型跨国公司7家（德国西门子、MTU，日本西武下属的良品计划、乐得电子，美国华人科学家回大陆办的科技企业矽峰和光联，由数家台湾公司合办的保税区台商科技开发区和台湾丽莎集团）。28家实业企业合同投资总额32742万美元，其中7家大中型高科技跨国公司合同利用外资22530万美元。至2000年年底，已投产的企业6家，1999年工业总产值2亿元人民币，2000年工业总产值3亿元人民币；在建项目8个，筹建项目11个；较为成熟的跟踪大中型加工或仓储物流项目8个（德国MTU航空发动机零部件生产、美国半导体晶片生产、美国天然咖啡因生产、日本仓储物流公司、澳门贺田集团公司和日本线路板安装生产）。招商引资呈现良好的发展势头。

在海关监管方面，海关办事处于1999年10月28日正式挂牌，于2000年5月进入独立报关打单及运输服务。此项专业服务具体运作，由接收原保税区报关服务公司的九洲集团外代公司负责，实行报关运输一条龙专业服务。

（四）外贸进出口

至2000年年底，保税区已注册的贸易性企业8家。2000年的进出口总额已达到1亿美元，其中进口为5500万美元，出口为4500万美元。随着保税区基础设施的进一步完善以及周边产业链的逐步形成，保税区的国际贸易迅猛发展。

（五）发展成就

从1997年6月保税区开始建设到1999年10月驻区海关正式办公，保税区主要是进行基础建设，基本没有生产加工和进出口贸易。主要经济指标从驻区海关正式办公后才开始产生。

至2000年年底，全区累计注册企业41家，主要是生产加工和仓储企业。累计合同投资总额3.7亿美元。由德国西门子和日本松下公司首期投资710万美元的爱科电子（珠海保税区）有限公司成为第一家落户保税区的加工型外商投资企业。累计外商投资项目28个，实际利用外资5500万美元；累计工业总产值5亿元；累计外贸进出口1亿美元，其中外贸出口4500万美元。

随着保税区基础设施建设日臻完善，前来洽谈的客商络绎不绝。投资商主要来自欧洲、美国、加拿大、澳大利亚、东南亚、日本等国家和中国台湾、香港、澳门和中国内地地区，初步形成了航空发动机维修和航空器材生产、电子元器件及新材料、光纤通信、数码科技、生物制药和医疗器械以及仓储和物流分拨等六大产业。

七、汕头保税区

（一）设立

汕头保税区于1993年1月11日经国务院批准设立，区域面积2.34平方公里，同年12月22日监管设施通过海关总署验收，12月23日正式开关运作。

1992年10月19日，汕头经济特区保税区筹建领导小组经汕头市人民政府批准正式设立，保税区的各项筹建工作正式启动。1993年8月21日，汕头经济特区保税区管理委员会正式成立。管委会代表市政府行使对保税区的经济、行政管理权限。保税区管委会下设办公室、财政局、经济发展局和公共事业局等4个职能部门。

（二）投资环境

1. 基础设施建设

至2000年年底，汕头保税区累计投入建设资金约11亿元人民币，完成了2.34平方公里的“五通一平”和园林绿化，填海造地1平方公里，建成移动电话通信基地站、11万伏变电站、1万伏输变电开关站，以及保税区、广澳深水港连接磊广公路的5公里长、8车道60米宽的广达大道等设施，基础设施建设基本配套完善。

1994年5月8日，保税区2.34平方公里地域全面铺开“五通一平”建设工程。土地平整工程于1994年5月开工，1995年12月竣工，总投资额约3500万元，完成土石方量158万立方米。

保税区内道路交通组织呈环状布置，由4条主干道和20条次干道组成，全长约25.7公里。区外连接磊广公路、广澳深水港的广达大道为5公里长、8车道60米宽的一级公路。

保税区水电、电信依托汕头经济特区并网供应，区内建设配套辅助设施自成体系。1996年，第一座1万伏输变电开关站建成投产。1997年，管委会划出10亩地，由汕头电力工业公司出资在保税区建设一座11万伏变电站。变电站于2000年4月正式开工建设，同年11月建成投入使用。

保税区规划日供水能力为4.42万立方米。区内供水工程敷设水管13.252公里，并铺设800毫米输水干管连接汕头市供水系统，供水从汕头市区至达濠岛东湖片区的输水管引出。排水采用雨污分流排水体系；规划建设污水处理厂，日处理污水为6万吨。

保税区电信纳入汕头市电信网络，可与世界200多个国家和地区及国内1300多个城市直拨通话。区内市话电缆线路采用电缆管道呈枝状埋设。规划电话装机容量6.95万门。

由于广澳深水港疏港公路等市政配套设施建设占用保税区规划用地，使保税区用地面积实际比国务院批准的2.34平方公里减少近1000亩。1994年12月，管委会报请市委、市政府及有关主管部门批准同意，在广澳后江湾实施填海造地工程，以弥补土地资源不足和解决保税区发展的用地需求。填海工程于1995年12月完成，工程总投资1.46亿元。同年，1500亩土地通过汕头海关验收，纳入保税区管理范围。

1992年10月28日，保税区河渡码头破土动工。按照规划设计，河渡码头为3000吨级集装箱、散货两用码头，设计年吞吐量为40万吨。同年11月，鉴于河渡码头工程的建设进度及其他问题，汕头市人民政府第45次工作会议决定暂停建设；同时批准暂时借用华能汕头电厂码头中一个3000吨级泊位作为保税区专用码头，以保证汕头保税区顺利通过监管设施验收。

1997年3月，汕头市人民政府同意将3.5万吨级码头泊位（马山码头）列入保税区专用码头泊位。同年10月，市政府第112次工作会议决定建设广澳港保税区专用码头泊位；马山码头同时停止使用。

1999年5月24日，海关总署批复同意广澳深水港码头作为汕头保税区专用码头。管委会按照监管要求，完善保税区至码头的道路及监管设施配套建设，报请海关总署验收。1999年9月，专用码头通过汕头海关的预验收。2000年10月13日，海关总署派出验收组对码头和隔离设施进行正式验收。

2. 软环境建设

汕头保税区致力建设文明法治环境，完善优质服务制度，逐步建立高速度运作、高效能管理，符合国际惯例的运作机制。保税区党委会、管委会两块牌子一套人马，在汕头市人民政府统一授权下行使市一级管理权限。管委会坚持精简高效的原则，设置5个职能部门，与海关、检验检疫、公安、工商、税务等驻区机构集中办公。工作人员统一着装和佩证上岗，凡客商投资事项24小时内给予明确答复，企业一切投资事宜都能在管委会“一站”办妥，形成简便、快捷、优质、高效的“一站式”管理和“一条龙”服务格局。同时切实加强廉政勤政建设，建立健全50多项工作制度，做到有章可循，依法行政，较好地适应区域经济发展的需要。

（三）招商引资

汕头保税区管委会根据国家赋予保税区的出口加工、保税仓储和国际转口贸易三大功能，结合本地实际，用好政策，逐步推进功能开发，搞活区域经营运作。1994年之前，由于硬件环境尚未形成，经营只能从对外贸易起步运作。1995年，主要是运用政策，以发外加工等形式开展加工贸易，探索一条以出口加工带动保税仓储促进对外贸易发展的路子。至1996年下半年，区域硬件设施基本配套，保税区加工贸易政策与非保税区相比较有优势，管委会研究决定实施“实业兴区”发展战略。四年多来，保税区出口加工业从无到有、从简单加工逐步向规模化、附加值和技术含量较高的生产加工发展。至2000年年底，累计批准外商投资项目258宗，投资总额5.15亿美元，合同利用外资3.14亿美元，实际利用外资1.48亿美元。投资者主要来自美国、英国、法国、瑞士、加拿大、德国等国家和中国香港地区，涉及电子电器、化工、医药、食品、印刷等行业。

（四）发展成就

根据国家赋予保税区出口加工、保税仓储和转口贸易三大功能，以及相应的特殊政策，保税区管委会按照内外联动、滚动发展的工作思路，在实践中摸索出一条以出口加工带动保税仓储和对外贸易的发展路子，确立了“实业兴区”的发展战略。认真贯彻落实《保税区海关监管办法》，努力推进三大功能深化开发。运用保税区内涉证项目由管委会自行审批的政策，吸引科技含量、附加值较高的涉证项目在区内落户发展；运用保税区企业享受经济特区属地政策的优势，积极开拓对外贸易新局面；落实备案制电子账册管理，运用保税区与境外货物进出自由，保税货物无仓储期限和销向限制等政策，引进德国、美国、瑞士等国家的跨国集团公司，开展农药、金属材料、化工产品等生产原辅材料的仓储分拨业务，逐步扩大区域经济总量。至2000年年底，累计实现工业产值27.08亿元；进出区贸易总值21.5亿美元，其中，进出口贸易额13.3亿美元，保税仓储货值8.2亿美元。

第四节　出口加工区

出口加工区是经国务院批准设立的通关快捷、管理简便、设施完善的海关特定监管区域。2000年4月27日，国务院办公厅《关于进行设立出口加工区试点的复函》批复海关总署，同意在全国设立首批15个出口加工区试点，广州、深圳出口加工区列入试点。广州出口加工区规划面积3.05平方公里，至2000年年底已开发0.9平方公里；深圳出口加工区规划面积3平方公里，至2000年年底已开发3平方公里。

一、广州出口加工区

1999年9月21日，广州经济技术开发区、高新技术产业开发区管委会上报广州市人民政府《关于请求批准在广州开发区设立出口加工区问题的请示》，随文同时上报《关于建立广州出口加工区的初步方案》。1999年10月8日，广州市人民政府《关于设立广州出口加工区问题的请示》上报省政府。随后由海关总署报送国务院批复同意。

2000年4月27日，国务院办公厅《关于进行设立出口加工区试点的复函》批复海关总署，同意在全国设立首批15个出口加工区试点，广州出口加工区是试点单位之一。具体由海关总署组织做好出口加工区的试点工作，并进行验收和监管，要求出口加工区面积严格控制在2～3平方公里内。

《广州出口加工区试点方案》提出，广州出口加工区设于广州开发区东区，由三块地块组成。第一块位于罗南大道西侧，宏明路北侧，东鹏大道东侧，广九铁路南侧，面积约为90万平方米；第二块位于宏景路以南，东鹏大道以东，广园路以北，占地面积为40万平方米；第三块位于广园东路以北，广州石化厂以东，东鹏大道以西，占地面积约175万平方米。规划用地总面积为3.05平方公里。在具体实施上，首期启动90万平方米地块，二期使用40万平方米地块。三期175万平方米地块，最终使三个地块形成一个完整的、全封闭的海关卡口管理的监管区域。

2000年12月12日，广州经济技术开发区、高新技术产业开发区、出口加工区管委会向黄埔海关提出对广州出口加工区进行预验收的申请。12月25日，封关围网等工作顺利通过了黄埔海关的预验收（2001年3月30日正式通过国家八部委局联合验收小组验收）。

2000年11月7日，广州市机构编制委员会根据市委常委会议决定，批复广州开发区机构编制委员会，同意成立广州出口加工区管委会，与广州经济技术开发区管委会、广州高新技术产业开发区管委会合署办公，实行一个机构、三块牌子的管理体制，所需人员由管委会内部调整解决。

二、深圳出口加工区

为进一步推动高新技术产业的发展，促进产业结构调整和产品升级，增加出口创汇，1999年深圳市人民政府向国务院提出关于设立深圳市高新技术产品出口加工区的申请。

2000年4月27日，《国务院办公厅关于进行设立出口加工区试点的复函》批准设立广东深圳出口加工区，作为全国首批15个出口加工区之一。

2000年5月至7月，深圳市人民政府对深圳出口加工区的筹备建设工作进行全面的调查研究，深圳出口加工区规划、设计、征地等工作同步展开。

2000年7月14日，深圳市人民政府在出口加工区现场办公，确定深圳出口加工区位置、规划范围和面积。

2000年8月22日，深圳海关与出口加工区管委会联合对深圳出口加工区试点方案进行了审定和现场勘察，双方签订了《深圳出口加工区试点方案现场勘察纪要》。

2000年10月19日，深圳海关在报经海关总署批准后，以《深圳海关关于深圳出口加工区封闭围网及卡口建设事宜的函》通知出口加工区管委会进行封闭围网和卡口及相应的配套设施建设。

2000年12月，深圳出口加工区正式动工，9.1公里围网、巡逻路、海关监管设施、内外交通干道等基础设施建设全面铺开。

深圳出口加工区具有良好的区位优势。距深圳宝安机场60公里，至盐田国际集装箱港口、广深铁路编组站均约25公里，离文锦渡、罗湖、皇岗等陆路口岸约40公里，形成了海、陆、空立体交通网络。

加工区政策优势明显。深圳市委、市政府高度重视加工区的发展，于2000年10月8日审议通过了《深圳出口加工区若干规定》，赋予加工区管委会市一级的经济管理权限。加工区已成为深圳关税最优惠、通关最快捷，管理最简便、经济最开放的海关特殊监管区域之一。

加工区围网内3平方公里面积一次性征用开发，区内水、电、通信等管网工程和燕子岭生活配套小区建设完成。

大工业区管委会按照国务院关于“利用开发区原有土地，不搞重复建设”的指示精神，在深圳市龙岗大工业区已完成“七通一平”的首期开发区西片区内划出3平方公里土地，作为深圳出口加工区的规划用地。管委会坚持先规划、后建设，规划先行，科学、合理、高标准规划的原则，在广泛听取各方面意见和反复论证的基础上，认真制定了《深圳出口加工区控制性详细规划》，并对这一规划进行论证、调整和修改，使该规划顺利通过专家评审，并得到市规划国土局批准实施。

根据海关总署《出口加工区隔离设施及海关有关监管设施标准》及国家有关规定，加工区管委会认真组织建设，具体项目包括：隔离设施的建设，卡口查验场地设施建设，监管设施建设，海关办公楼及查私仓建设。

为加强出口加工区的管理，提高行政运作效率，推动招商引资工作，市政府常务会议通过了《深圳市龙岗大工业区、深圳出口加工区管理体制方案》《深圳市龙岗大工业区若干规定》和《深圳出口加工区若干规定》。根据规定，成立深圳出口加工区领导小组为决策协调机构，深圳出口加工区管委会作为市政府的派出机构，与大工业区管委会实行两块牌子一套人马，统一行使对出口加工区的行政管理权。国土、工商、地税、公安、环保等市各主要职能局设立派驻机构，投资者可在区内便捷、高效的一次办齐全部手续。

至2000年年底，深圳出口加工区共有协议入区投资项目5个，分别是台商工业园区（深圳）有限公司、投资公司鹏驰汽车项目、深圳市医药生产供应总公司、深圳荣步实业有限公司和投资公司启新工业园项目。其中，外资项目1个，投资总额2800万美元，注册资本1120万美元；国内投资项目4个，注册资本8239万元人民币。协议出让出口加工区土地816807平方米。

第五章　省政府批准设立的各类开发区

第一节　经济开发试验区

一、概况

1991年9月23日，省政府批准建立广东省清远扶贫经济开发试验区，标志着广东省省级开发区建设正式启动。1992年春天邓小平南方视察谈话之后，广东许多市、县要求设立经济开发区，加快经济发展的热情高涨。省政府根据各地不同的优势特点，先后批准了一些市县，特别是经济欠发达的东西两翼和北部山区设立经济开发试验区。至2000年，广东省共有55个省级开发区，其中经济开发试验区52个，高新技术产业开发区3个。省级的各类经济开发试验区和高新技术产业开发区，尽管规模不及国家级的开发区，但也都成为当地新的经济增长点。

（一）主要特点

一是产业分布和功能作用方面特色不同。根据相关文件规定，国家批准的经济技术开发区、高新技术产业开发区、保税区和出口加工区，其功能定位和政策措施都各具特色；省批准的55个开发区也具有形式多样的特点，主要类型可分为：综合性的开发试验区30家，高新技术产业开发试验区3家，华侨（台商）投资开发试验区3家，海岛（海港）开发试验区7家，扶贫开发试验区4家，旅游开发试验区5家，高科技外向型农业（含农垦）、林产开发试验区3家。各种类型的开发区对全省经济协调发展起到了积极的作用。

二是明显的区位、资源和人文优势。各地充分利用当地的优势发展经济，把开发区选择在靠近港口、国道、省道和铁路等交通便利的地方或与相邻省份的交界处，缩短其与经济发达地区的距离，便于人员的进出和物资的运输，易于形成商品的集散流通之地。如水东经济开发试验区选择在靠近广湛公路和水东港的南海半岛上；揭阳开发区选择在榕江弯道形成的半岛之内，既便于管理，又可以建港口，还临近汕头特区，临近新建的广梅汕铁路和汕头机场。许多市县充分利用当地的资源优势和人文优势条件设置开发区。如仁化丹霞山、肇庆七星岩、阳江海陵岛、丰顺等开发区利用当地山景、海滩、温泉等旅游资源丰富的优势，以旅游作为主导产业，带动当地工业和贸易的发展；始兴县利用当地木材资源丰富的优势，设置林产工业开发区，引进外资进行木材深加工；台山县利用华侨众多的优势，饶平县利用在台湾人员多的优势，分别设置华侨投资开发区和台商投资开发试验区，吸引华侨和台商到当地投资。这些优势条件的存在，为开发区的发展奠定了一个良好的基础。

三是与市区（老城区）的发展相结合。广东的经济开发区有半数以上是与老城区的扩建与改造结合在一起的，开发区位置选择在老市（县城）区附近，如潮州、梅州、河源、韶关、茂南城郊、肇庆西江走廊、化州鉴江开发区等等。主要原因有三点：一是改革开放以来，各地经济有了较快的发展，原有的市区（县城区）面积远远不能满足建设发展的需要，不仅兴办生产性企业没有地盘，生活和商贸设施也没有地方新建，而老城区狭窄的街道、破旧的建筑需要改造也难以施展。因此，必须冲破原有的范围，另辟新区。二是开发区以原来的市区（县城）为依托，起步时可以借用老城区原有的设施，如水、电、路、通信及其他生活服务设施（包括职工宿舍、学校、医院等），不必一开始就“万事俱兴”，集中财力、物力搞生产项目建设。三是市区（县城）是一个市（县）的政治、经济、文化中心，为开发区发挥当地经济辐射作用提供有利条件。

（二）发展历程

由省政府批准设立的经济开发试验区，其筹建起步时间大多在20世纪90年代初期。其发展大致可划分为两个阶段。

1．起步阶段（1991—1995）。1991年9月，清远扶贫经济开发试验区正式挂牌运作。1992年春天，邓小平视察南方发表重要谈话之后，各地要求兴办开发区的热情很高，各类省级开发区也相继设立，并形成了一定的数量规模和结构层次。这一阶段各省级开发区的首要任务是按照“统一规划，合理布局，分步实施，综合开发，配套建设”的方针，花大力气狠抓基础设施建设。为解决基础设施建设需要的巨额资金，省级开发区普遍采取了“以地生财，滚动发展”的办法，将出让土地的资金投入“五通一平”等基础设施建设，此外，还积极寻找合作伙伴，“借鸡生蛋”，面向市外、省外、境外寻找资金雄厚的投资集团，通过合作开发或包片开发的形式取得建设资金。在短短几年内，基本完成了首期开发面积的通路、供电、供水、通信、排污和土地平整的“五通一平”建设。在抓好投资环境基本建设的同时，积极进行招商引资。至1995年，省批准设立的经济开发区都引进了一定数量的境外和内地资金，新建成投产了一批企业，积聚了一定的经济实力和发展后劲。

省级开发区的起步建设是在艰难条件下进行的。一是在这期间，国家实行宏观调控，收缩银根，控制固定资产投资规模，资金严重短缺；二是省级开发区没有税收方面的优惠政策，各省级开发区所在地区又基本上处于经济欠发达地区甚至是贫困地区，财力甚为有限；三是普遍面临体制不顺，经济管理权限不到位的局面。但在当地党委和政府的领导和支持下，各省级开发区艰苦奋斗，敢闯敢试，终于走过了艰难的起步阶段，并从整体上取得显著的建设成效。

2．稳步发展阶段（1996—2000）。1996年11月，针对全省经济开发试验区管理机构不统一、体制不顺畅等问题，省政府颁布了《广东省经济开发试验区管理暂行规定》。规定明确了省级开发区管委会为市、县人民政府的派出机构，代表市、县人民政府行使市、县一级管理权限，对试验区实行统一领导。同时赋予管委会与经济开发建设相关的经济管理权限。明确了试验区投资、技术引进及其经营管理的方式，并进一步明确了广东省经济特区办公室为试验区的主管部门，对全省试验区工作进行协调管理等。1996—2000年，省级开发区在起步阶段奠定的基础设施和项目的基础上稳步发展。这一阶段省级开发区的主要任务，是进一步改善投资环境，理顺开发区的体制关系，加大招商引资的力度，发挥当地对外开放的“窗口”作用，促进所在地区的经济发展。

（三）发展成就

至2000年年底，广东省省级经济开发试验区（不含省级高新技术产业开发区）累计入区企业8808个，实际利用外资44.59亿美元。2000年，省级经济开发试验区共实现工业总产值319.46亿元，外贸出口17.42亿美元。

广东省省级经济开发试验区一览表

表5-1

试验区名称	批准面积（平方公里）（平方公里）	批准时间
清远扶贫开发试验区	9.6	1991.9.23
粤北工业开发区	18.8	1992.5.12
肇庆七星岩旅游度假区	9.44	1992.5.22
茂名水东经济开发试验区	23	1992.6.18
阳江海陵岛经济开发试验区	107.8	1992.6.18
南澳岛经济开发试验区	106	1992.6
信宜扶贫经济开发试验区	30	1992.7.8
台山川岛旅游开发综合试验区	255	1992.7.17
湛江东海岛经济开发试验区	286	1992.7.17
河源扶贫经济开发试验区	24.1	1992.7.20
仁化丹霞旅游开发试验区	8.8	1992.8.17
翁源官渡经济开发试验区	17	1992.8.17
揭阳经济开发试验区	19	1992.8.25
揭东经济开发试验区	12	1992.10.10
紫金古竹经济开发试验区	10	1992.10.10
云浮六都经济开发试验区	4	1992.10.14
梅州经济开发试验区	20	1992.10.24
潮州经济开发试验区	8	1992.10.24
潮安庵埠经济开发试验区	7.6	1992.10.31
汕尾红海湾经济开发试验区	88	1992.11.4
饶平台商投资开发试验区	3.36	1992.11.7
台山广海湾华侨投资开发试验区	45	1992.12.10
海丰老区经济开发试验区	10	1992.12.16
茂名茂南经济开发试验区	23	1992.12.22
徐闻海安经济开发试验区	25	1992.12.28
花都华侨经济开发试验区	0.5	1992.12.30
化州鉴江经济开发试验区	10	1993.2.4

续表5-1

试验区名称	批准面积（平方公里）（平方公里）	批准时间
肇庆西江走廊经济开发试验区	26	1993.2.5
阳江金朗岛经济开发区	—	1993.5.8
高州金山经济开发试验区	6	1993.6.22
始兴林产工业开发试验区	16	1993.6.22
农垦金海湾经济开发试验区	1	1993.6.22
农垦南山经济开发试验区	0.5	1993.6.22
澄海莱芜经济开发试验区	9	1993.6.26
潮州三百门港经济开发试验区	10	1993.7.20
潮阳经济开发试验区	8.5	1993.7.28
西樵山旅游度假区	10.168	1993.8
阳江港经济开发试验区	10	1993.8.21
惠州盐洲岛经济开发试验区	10	1993.12.30
陆丰星都经济开发试验区	10	1994.1.21
陆丰东海经济开发试验区	10	1994.3.21
丰顺经济开发试验区	6.25	1995.12.28
五华经济开发试验区	8.8	1995.12.28
廉江九洲江经济开发试验区	8.3	1996.1.12
阳东东平沿海经济开发试验区	9.2	1996.2.7
新会今古洲经济开发试验区	7.05	1996.4.24
乐昌经济开发试验区	9	1996.5.9
吴川经济开发试验区	8.6	1997.3.18
惠阳三和经济开发试验区	8	1997.3.28
麻章经济开发试验区	9.8	1997.4.25
曲江经济开发试验区	7.85	1997.12.4
珠海万山海洋开发试验区	90	1998.9.10

二、清远扶贫经济开发试验区

（一）设立

为了发展山区经济，加快贫困地区脱贫致富步伐，清远市委、市政府在总结以往扶贫经验教训、借鉴沿海地区创办经济特区经验的基础上，提出了建立扶贫经济开发试验区的构想。1991年9月23日，省政府批复同意建立广东省清远扶贫经济开发试验区，规划面积为9.6平方公里。1992年11月7日，国务院批准将广东省清远扶贫经济开发试验区列为农村改革试验区。1995年6月，省政府复函批准增挂“广东省清远经济开发试验区”牌子。1997年5月，清远市委、市政府同意将龙腾工业开发区改称清远扶贫经济开发试验区龙腾工业小区，并授权对小区内企业进行统一规划管理，开发区面积从9.6平方公里增至11.2平方公里。

（二）投资环境

建区伊始，清远扶贫经济开发试验区以开放促开发，以开发促发展，按照“异地扶贫、体外造血、配套开发、筑巢引凤”的思想，积极招商引资，全面开发建设。为加快扶贫试验区的建设步伐，清远市成立扶贫试验区党委和管委会，并赋予其市一级的项目审批权，设立“一委二办四处”等办事机构，分别行使市计委、经委、外经委、建设、国土、规划等部门的职能，同时配套成立了工商、公安、环保、邮电分局，组建了工商银行、农业银行、建设银行、发展银行和城市信用社等金融机构。至1994年年底，总共完成3.5平方公里的“四通一平”工程，铺设道路8.9公里。批准注册企业162个，总投资26亿元，建成投产企业59个，涉及纺织、建材、机械、电子、食品、化工、服装等行业。年产值超亿元的项目有4个，超5000万元的项目有3个。有20个石灰岩贫困乡镇在区内挂钩联办企业，吸收山区劳动力3000多人。开发区开始成为清远市经济发展的“龙头”，辐射带动了全市山区全方位的开放开发。

（三）招商引资

1995—1996年，开发区初步形成拥有汽车制造、纺织、印染、化纤、建材、电子、轻工、食品、化工等多行业并举的外向型工业区，出现了一批优秀的“三资”企业，这些企业成为开发区相关产业的代表，在全市工业发展战略中占有重要地位。如：投资2500万港元的南源永芳日用化工有限公司，投资1.2亿元的粤江微型汽车制造有限公司，投资4.8亿元的金泰化纤厂有限公司，投资均接近3000万美元的金鑫纸业有限公司和金钰卫生纸有限公司，投资1.3亿元的华丽玻化砖有限公司，投资1100万美元的乐华电子有限公司等。

1997—1998年，开发区的招商引资工作走入低潮，两年中仅引进3个小项目。究其原因，一是东南亚金融危机使国际经济形势普遍受挫，外商的投资信心不足，处在等待观望时期。二是由于国家税收政策的调整，特别是增值税及其他费用的相继开征，降低了一部分中、小投资者的投资热情。三是开发区自身未能根据国际国内形势的变化而及时推出行之有效的政策，致使开发区的招商引资工作出现了暂时的被动局面。

1999年，我国经济仍然处于调整发展时期，开发区的经济也遭遇了种种困难。但开发区仍然采取积极措施，广泛开拓引资渠道，制定招商引资办法，努力改变招商引资的被动局面。为了进一步引进外资，经清远市政府同意，在开发区设立“清远台湾工业园”（后更名为清远民营科技园），工业园内首创实行“只征税，不收费”的优惠政策，当年开发区共引进项目16个，总投资3.76亿元，招商引资工作出现了新的转机。

2000年，开发区党委、管委会进一步明确招商引资工作是各项工作中的重中之重。为了更加积极有效地开展招商引资工作，加快开发区的建设步伐，增强开发区的发展后劲，开发区党委和管委会狠抓了“软、硬”两个投资环境的整治和建设。在“硬环境”的整治方面，对供水供电系统的改造、区内路网的完善、道路和小区的亮化绿化等工程加大了投入，为投资者提供了优美的生产生活环境。在“软环境”的建设方面，基本形成三个服务体系，即：外商投资审批一条龙服务、项目建设的全方位服务、企业开工投产后的经常性服务。积极为企业解决实际遇到的各种问题，确保项目引得进、留得住。2000年，开发区抓住清远市首个旅游招商节和首届广东省山区经贸洽谈会这两大招商引资盛会同时在该市举行的大好机遇，全力以赴，招商引资工作取得了实质性的突破，全年共引进项目16个，总投资近5亿元。

（四）发展成就

至2000年，开发区共开发建设4.6平方公里，约占规划总面积的一半，建成投产或进入试产阶段的外商投资企业有48家，总投资25亿元人民币。年产值超10亿元的企业有1家；年产值超亿元的企业有3家；年产值超5000万元的企业有8家。建区9年以来，累计实现工业总产值超100亿元，实现税收1.5亿元，出口创汇2亿美元。仅2000年1年就实现产值25亿元，实现税收3049万元，工业总产值约占全市工业总产值的1/4，安排了近1万人就业。

三、新会今古洲经济开发试验区

（一）设立

新会今古洲经济开发试验区于1991年5月挂牌成立。1996年4月，经省政府批准为省级经济开发试验区，并在当年被评为全省10个先进经济开发试验区之一。1997年1月，新会市（现江门市新会区）政府根据《广东省经济开发试验区管理暂行规定》精神，在原开发区管理办公室的基础上成立今古洲经济开发试验区管理委员会，为市政府的派出机构，代表市政府在开发区范围内行使县市一级的管理权限，对开发区实行统一领导。管委会内设一办四局，即党政办公室、经济发展局、财税工商局、建设规划局、市政管理局。开发区管委会根据开发区的实际情况相应制定行政、开发建设、经济管理等一系列的管理政策和招商引资政策。

（二）投资环境

新会今古洲经济开发试验区位于广东省珠江三角洲西南部的全国著名侨乡新会市，开发区北依新会市区，南临银洲湖，东连西江，西枕潭江，是银洲湖产业走廊的中心地带，总体规划面积9.89平方公里。开发区地理条件优越，水陆交通相连，内河外海相通，距广州110公里，距珠海80公里。公路干线三和大道贯通全区南北，南连金门公路接广东省西部沿海高速公路，北经南环公路通佛开高速公路。区内建有港澳客运码头和正在申报国家一类口岸的天马货运港（5000吨级泊位2个）。货运码头货物吞吐量超过300万吨，是珠江三角洲西翼重要的江海联运基地。

经过9年的开发建设，开发区完成了全区土地平整、通水、通电、通路、通电信、通排污等市政基础设施工程，配套建设了完善的公共、市政基础设施，以及行政管理、服务机构和学校、银行、医院等生活配套设施。基础设施建设资金累计投入超过27亿元人民币。来自美国、英国、日本、瑞士、奥地利等国家和中国台湾、香港、澳门地区的客商投资兴办的企业以及国内的民营工商企业共260多家，区内就业人口2万多人。开发区已初步建成一个集工业、商业、金融、行政、文化娱乐于一体的综合型经济区域。

今古洲经济开发试验区坚持以工业为主，以外资为主，走工业立区、综合发展之路。在园区环境建设上，制定并坚持贯彻实施“总体规划、分步实施、开发一片、受益一片、延伸一片、滚动发展”的方针。建区之初，开发区选择了以邻近旧城区的东工业小区2.53平方公里为起步点，以此来辐射四周的开发，实现以点带面的效应。短短的几年时间，东工业小区的土地全部出让并办起了工业项目，为开发区的滚动发展积累了资金。基础设施建设大配套一步到位，小配套围绕项目集中建设，是开发区完善投资硬环境的重要措施。至2000年，开发区对总体规划范围内全部土地进行了总体的规划设计，地块填土完成1719万立方米，铺设18～30米宽水泥道路12公里，完成路坯27公里，建成桥闸4座，建成110千伏变电站2座，配置变压器22台，日供水量10万立方米的鑫源自来水厂的主供水管道从南向北穿越开发区，有力地保证了开发区的工业和生活用水。

（三）招商引资

新会是著名的侨乡，华侨遍布世界各地。开发区在招商引资工作上坚持打好“侨牌”，在“外”字上做文章，每年分别在港澳地区和美加地区开展恳亲和招商宣传活动，广泛结交海外友人，加大对侨资引进的力度和广度。为了拓展招商渠道，开发区管委会主动出击，广泛联系，在京、沪、穗及东莞、深圳等地设立招商办事处，加强对经济发达地区产业转移的承接，加大对国内民营资本的吸收。

至2000年，全区吸引了来自美国、英国、日本、瑞士、奥地利等国家和中国台湾、香港、澳门地区的客商前去投资，已投产、动工和立项的工业项目90个，其中“三资”企业65个，已投入资金35亿元。大型企业包括：宝源（新会）光学有限公司（港商投资3亿港元兴建，日产照相机和望远镜3万台）、德发服装有限公司（香港德士活集团投资3亿港元兴建，生产苹果牌系列高级服装）、新利达薄膜有限公司（中英合作投资1.5亿港元兴建）、福斯特惠勒动力机械有限公司（全球最大的电站用锅炉生产企业之一）、江裕科技园（全国最大的针式打印机生产基地之一）等。

为使客商进得来、留得住、发展好，开发区注意搞好软环境建设，完善对项目的跟踪服务。开发区管委会充分利用好市政府赋予的管理权限，在办理项目审批手续上实行“一个窗口办事，一条龙服务”的制度。国土、规划、建设、税务、工商、财政、公安、劳动等部门相继派出驻区机构。同时，开发区管委会健全和完善有关的工作制度，建立“客商投资审批协办代办服务”“企业建设过程全方位服务”“企业开工投资后经常性服务”三大服务体系。落实服务客商、服务企业的一系列措施。至2000年，开发区累计吸收外商直接投资合同资金3.96亿美元，实际到位资金3.52亿美元。

（四）外贸进出口

今古洲开发区“九五”期间，累计出口总额1.31亿美元，出口总值年均增幅超过15%。2000年出口总值为3250万美元。主要有以下的特点：

一是外贸出口的增长以实际利用外资的增长为基础，实际利用外资的增长带动了外贸出口的增长。二是骨干企业出口业绩稳定，发挥了重要的支柱作用。在开发区的出口企业中，宝源光学有限公司、福斯特惠勒动力机械有限公司、新利达薄膜有限公司等几家企业的出口值占了试验区出口总值的大半，而且出口业绩稳定，使得开发区的外贸出口稳步向前发展。宝源光学有限公司2000年的出口值超过500万美元，福斯特惠勒动力机械有限公司连续两年出口值超过1000万美元，新利达薄膜有限公司连续两年出口值超过800万美元。三是出口商品种类多元化，科技企业的产品所占比重较大，出口产品具有较高的科技含量，科技企业的发展对外贸出口起到了强有力的支持。

开发区10多家出口企业的出口商品既有服装、皮具、不锈钢制品、电器等传统的出口品种，又有电站锅炉成套设备和部件、化工产品、电子产品和光学仪器等多个新的种类。在出口企业中，福斯特惠勒动力机械有限公司、江裕信息产业有限公司、ABB新会低压开关有限公司等都是广东省的高新技术企业，其出口的商品都是科技含量较高的产品。福斯特惠勒动力机械有限公司的电站锅炉是品质一流的产品，被6大洲50多个国家广泛应用；ABB新会低压开关有限公司的塑壳断路器被列入第四批小康住宅推广产品及建设部科技成果重点推广项目，以出口美国、意大利、德国、荷兰及挪威为主；江裕信息产业有限公司生产的多个型号的打印机获国家电子计算机设备监督检测中心颁发的优等级产品证书。还有宝源光学有限公司的照相机及望远镜，均为科技含量较高的产品。这些科技企业每年的出口值均占全区出口总值的70%以上。

（五）发展成就

——1996年，今古洲经济开发试验区被评为全省10个先进开发试验区之一；同年被江门市评为精神文明建设先进单位。多年来被评为江门、新会市的先进集体。

——今古洲经济开发试验区由总体规划面积7.05平方公里扩展到9.89平方公里。

——是新会市税收增幅最大的增长点。财税以每年递增超过15%的速度增长，2000年工业总产值达到23亿元，税收实绩4600多万元。

——形成了结构合理的产业群。全区工商企业共260多家，行业有：机械制造、不锈钢针品、服装、精细化工、光学器材、皮革制品、电子通信、电子产品、食品等，既有一般民族工业，又有高技术含量的电子系列企业。

——由一般的工业开发区，发展到拥有直航香港的客运码头和5000吨级以上直航货轮泊岸的货运码头（被批准为国家级一类货运港）的多功能齐全的开发区。

四、粤北工业开发区

（一）设立

1992年2月19日，韶关市委、市人大、市政府和市政协联席会议，决定在市区南部，兴办“粤北工业开发区”。会议还决定成立开发区指挥部。同年3月3日，指挥部挂牌办公，开始机构组建、开发规划、资金融集等筹建工作。

1992年5月12日，省政府批复原则同意建立粤北扶贫工业开发试验区。在开发区管委会成立时，韶关市委、市政府明确开发区管理委员会为市政府的派出机构，代表市政府对开发区实行统一领导和管理，并协调市直属各部门与开发区之间的关系。1997年韶关市政府《关于进一步明确粤北工业开发区管理委员会管理权限的通知》等文件进一步明确开发区管委会的职能。管委会内设6个部室，统一行使各种管理职责。编制开发区社会、经济发展计划、组织计划实施，宏观管理开发区社会发展和经济建设；负责辖区的土地征用、开发、出让、转让、产权确认、交易、抵押、登记发证工作的管理；对辖区内基建工程项目实行统一管理；管理施工企业资质审查，组织招标投标和施工安全质量监督；开发区财政、税收、工商实行统筹管理；负责辖区内行政、企事业单位工作人员的调配、招工、福利待遇、任免和奖惩的管理。

（二）投资环境

粤北工业开发区设在韶关市区的南部，北江河两岸，距离市区中心3公里，由南郊片、白芒片（后改为百旺片）、西联片和西河草鞋洲片组成，总面积为18.8平方公里。京广铁路、广韶公路、京珠高速公路韶关西出口以及北江在开发区或沿开发区穿过。韶关具有森林、矿产、水力等自然资源丰富，用电用工成本低的优势，而且韶关原是老工业基地，具有较好的工业基础，有一定的经济基础可依托。

根据开发区总体规划的要求，按18年建设期分为三个阶段实施的设想，南郊片和草鞋洲片为第一期开发，西联片、百旺片为第二、三期开发。自1992年起，全面启动了南郊片并带动草鞋洲片的开发步子，重点投入基础设施建设，全面改造投资环境，营造投资平台。至2000年年底，先后建成了以路网为骨干的区内主干道路两条（沿江两侧）和次干道23条，总长10600多米；修建排污排洪沟两条，总长4900多米；构筑沿江、沿岛防洪堤10200多米；铺设自来水供水管道4000多米；开挖土方平整土地造地100万平方米，改造和完善供电设施、通信、电视、路灯设施和绿化等。累计投入基础设施建设资金为3.0673亿元，其中南郊片投资金额为2.673亿元，草鞋洲片投资为4600多万元。建成了乐意、金马、松日标准厂房、进出口查验场、外商投资俱乐部、管委会办公大楼、幼儿园、居委会办公楼、金沙小学等配套设施。1998年4月开始建设光彩民营工业园，历时1年时间，将13万平方米的荒草地山坡地建成了布局合理、设施完善、配套齐全、环境优雅的新型园区。1993—2000年，先后开始了重点基础设施项目“百旺大桥、芙蓉山隧道、西联公路”的建设，并完成工程施工造价4500万元。这些基础设施的投资为后来的招商引资项目提供了良好的条件。

（三）招商引资

招商引资是开发区的主要工作。根据韶关市政府的授权，实行特事特办，新事新办的模式，制定了开发区招商引资的优惠政策。

——用地政策。工业生产性企业用地，按低于成本价提供项目用地；商住项目用地根据实际优惠。

——项目审批。凡符合国家政策，报批材料齐全的项目，7个工作日内完成有关审批手续，并做好跟踪服务。

——税收政策。生产性外商企业免征地方所得税；经营期在10年以上的，从开始获利的年度起，企业所得税实行前两年免征，后三年减半征收。

——办事制度。实行“一个窗口办事，一个口子收费，一条龙服务”。

——企业管理。对区内企业实行“一卡一牌一证”的保护制度。

开发区成立之后，采取外引内联、走出去、请进来等方式积极开展招商引资工作。1992—2000年，全区共引进投资项目153个，总投资额26.15亿元。其中，内资企业109个，投资额15.79亿元；外资及合资项目46个，合同外资1.32亿美元，实际到位资金5890万美元。其中广东松日电器有限公司是开发区生产规模最大的企业，1993年8月成立，总投资额5000万元，生产彩色电视机、WCD和可视电话机，1998年列为韶关市10家重点扶持的优势企业之一。2000年生产彩色电视机60万台，可视电话13.1万台，年产值12.75亿元。

（四）发展成就

1993年实现工业总产值1.61亿元，2000年实现工业总产值23亿元，完成出口180万美元。从1998年起，开发区工业总产值占全市工业产值的比重保持8%以上，成为新的工业经济增长点。2000年税收收入比1993年增加7.3倍，成为新的财政来源。至2000年，开发区累计出口总额1.59亿美元。

五、揭东经济开发试验区

（一）设立

1992年10月10日，省政府发出《关于设立揭东经济开发试验区的批复》，同意揭东县在县城东部的曲溪镇和炮台镇之间设立揭东经济开发试验区。园区规划东至东环城路，南至枫江，西至榕江，北至省道335线，总面积12平方公里；同年12月15日，开发区党委会、管委会挂牌办公。揭东经济开发试验区党委会、管委会分别属县委、县政府派出机构，实行两块牌子、一套人马，全权领导和管理试验区的党政事务和经济工作，行使“招商引资、开发建设、综合服务”三项职能，下设综合办公室、基建办公室、项目办公室、财务金融办公室、法制办公室。

（二）投资环境

揭东开发区地处潮州、汕头、揭阳三市交汇处，国道206线和省道1930线在区内交汇并贯穿全境；广梅汕铁路揭东火车站和揭阳火车站分别为3公里和8公里。距汕头机场和筹建中的潮汕国际机场分别为37公里和5公里。

1993年，开发区完成首期统征土地3104.143亩的“五通一平”（五通是指通水、通电、通信、通排污和通路，一平是指平整土地）。至1995年年底完成了朝阳大道、迎宾路（3号路）、龙港路（5号路）、东美路（301号路）的建设，总长约2500米，投资7000多万元，架设输电外线4.3公里，供水管道约3公里，电讯线路8200米，排污涵15585米。1999年，开发区启动东区建设，共征用土地979.176亩，配套建设金龙路、华安路和七喜路，总长约7公里和相应的供水供电线路。同时，区内建成3000～5000吨级码头2座，有2万平方米堆场和

1.5万平方米仓库，5万平方米通用厂房，年吞吐能力超200万吨。至2000年底，开发区以县城为依托，投入基础设施配套资金5亿多元，完成了5平方公里的“五通一平”基础设施建设，建成水泥道路15条，总长19.05公里，区内供水、供电及通信配套齐全，配有110千伏输电站一座，来自县自来水公司的水资源丰富优质，日供水能力达到20万立方米，水质达到百事可乐公司检验标准，具备了现代化工业发展的基础条件。

（三）招商引资

开发区坚持以工业实业为主，利用外资和外向型经济为主的“三为主”办区方针，走“小机构、大服务”的招商引资路子，开创招商引资新局面。一是调整招商引资方略，努力拓宽招商领域，把招商工作重点放在引进国际500强、国内100强的企业方面；同时将吸引民营企业作为我区招商引资工作的主攻方向和突破口，采取“走出去、请进来”、委托招商、以侨引商、以商引商、网上招商等办法大力吸引外资、民资民力到开发区投资置业；二是实行准入制和不准入制，对易燃易爆、有污染、无效益企业一般不准入园区，对科技型、环保型、效益型实行最大优惠，对普通产业型、劳动密集型实行普通优惠制。至2000年底，全区共引进来自15个国家和地区的129家企业投资落户，合同投资总额超40亿元，合同利用外资25.6亿港元，实际利用外资14亿港元。其中，泰丰侨金属制品有限公司、联发服装洗染有限公局、四川希望集团揭阳国雄饲料有限公司等71家企业建成投产，解决劳力就业6000多人。

1993—2000年揭东经济开发试验区引进项目与投资情况表

表5-2

内容 \ 年份	1993	1994	1995	1996	1997	1998	1999	2000
引进项目数（家）	16	10	13	15	10	18	21	26
合同投资总额（亿元）	3.74	1.90	9.00	1.80	2.43	2.88	5.80	8.35
其中合同利用外资（亿港元）	2.85	1.50	6.22	1.10	0.40	0.53	0.20	1.20

（四）外贸进出口

开发区外贸出口从1994年的510万美元增至2000年的5200万美元，6年增长9倍多；出口市场逐渐扩大，由1994年出口往泰国等国家和中国香港等地区，扩大到2000年的美国、澳大利亚、泰国、越南等20多个国家和中国香港、澳门地区；产品出口由原单一的五金不锈钢向金属制品、纺织服装、电子、食品等四大种类近1000个品种拓展，其中2000年金属制品占出口总额的53.7%、纺织服装占16.2%、电子占21%、食品9.1%。

（五）发展成就

1993—2000年，揭东开发区发挥“拓荒牛”精神，艰苦创业，勇于开拓，不断进取，创造了区域经济发展的新局面，成为揭东县工业发展的龙头和新的经济增长点。全区累计实现工业产值100.3亿元，平均年递增51%；累计完成固定资产投资69.21亿元，共吸引了15

个国家和地区的129家企业投资落户，合同投资总额超40亿元，其中投产企业71家，形成了金属制品、陶瓷化工、医药、机械、电子、食品和饲料等八大支柱行业。开发区于1996年被省政府评为“广东省先进经济开发试验区”，2000年被推荐评选“中国优秀开发区”。

六、潮州经济开发试验区

（一）设立

1991年12月，经国务院批准，潮州市升格为地级市，并将饶平县纳入其管辖范围。为进一步扩大对外开放，加快经济发展，潮州市委、市政府作出“保扩古城区，建设新城区”的战略决策，在原市区西郊划出一块10平方公里的土地，作为潮州经济开发试验区。1992年10月，省政府批准设立潮州经济开发试验区。

潮州经济开发试验区管理委员会是潮州市人民政府的派出机构，负责对开发区实行统一领导、管理和各项协调工作。

（二）投资环境

潮州经济开发试验区周边有潮州港、汕头港、广梅汕铁路、汕汾高速公路、汕头国际机场，为开发区的开发建设提供优良的外部环境。开发区用了不到一年的时间，在原来一片山坡地上，先后建成潮州大道、新洋路等道路，道路总里程近25公里，并全面完成了首期6800亩土地的“五通一平”开发工作和绿化美化工作。根据开发区的定位和城市总体规划，首期开发建设用地设置四个功能区，即：北片工业区、中片行政金融区、南片商业住宅区和东片综合开发区。

开发区的管理机构，按照“通盘考虑、分步实施，精简、高效，小机构、大服务”的原则进行设置，充分体现出“试验区”的管理体制优势，突出了特殊经济区域的特点。为发挥对外开放的窗口作用，管委会着重加强两方面的建设，不断改善开发区的投资环境。一是创新体制，实行“阳光”服务。在不断完善“一个窗口对外，一个印审批，一条龙服务”的一站式管理体制的基础上，扩大到廉洁服务，简化、快捷服务，上门服务，排忧解难服务，一条龙配套服务，协调服务6个方面。先后制定《加强投资软环境建设实施细则》等办事制度6项，规范管委会机关的办事职责、办事程序、办事时限、责任人员，从而有效地提高办事效率和办事的透明度，为投资者创造更为宽松的投资环境。二是加强管理，创造优美、舒适安全的投资环境。结合全市开展“创园”工作，在工业园区开展绿化、美化、亮化、净化的“四化工程”，全面完善辖区绿化；建设文化、卫生、生活等配套设施，不断提升开发区工业园的生产生活环境配套建设水平，使工业园朝着生态工业园区转变。另外，成立物业管理服务中心，组建保安队伍，实行工业园区封闭管理，建立园区网络监控系统，利用现代先进传媒技术，拉近园区与国际的距离，为投资者提供更加安全快捷与外界联系的通道。

（三）招商引资

潮州经济开发试验区通过调整思路，创新机制，积极探索适合自身实际的招商引资方法方式，加快推进产业集聚和产业升级。在招商引资工作上努力实现从小到大、从内到外、从低向高的转变：

一是在招商引资重点上，在注重引新、引高、引特的同时，根据自身的区位和产业特点，有意识地开展针对性强的招商引资活动，逐步拉长产业链，形成特色和优势。如在充分利用陶瓷、婚纱服装基地特点，吸引韩、日、台的陶瓷、服装项目到开发区投资的基础上，瞄准高新技术，引进了基因检测仪器及电子、光盘、光缆、生物、激光包装等一批高新技术项目。

二是在招商引资方向上，从内外资并举向以外为主转变。通过“走出去，请进来”，推介开发区良好的投资环境和产业特点，争取外资进区投资。在开发区引进的项目中，有来自美国、英国、德国、日本、韩国、澳大利亚、俄罗斯、印度尼西亚和中国港澳台项目，也有来自深圳、广州、汕头等地客商投资项目。

三是在招商引资方式上，实现从传统招商向现代招商转变。开发区通过建立网站和信息中心，开展网上招商，为国内外投资者提供最新信息。另外，开展委托招商、代理招商活动，在日本、韩国、澳大利亚、德国、中国台湾、中国香港和广州等地建立代理招商网络点，运用市场机制，拓展招商渠道。通过采取代理招商、委托招商、中介招商、网上招商等新方式，丰富招商手段，优化招商运作机制，降低招商成本。

（四）外贸进出口

面对亚洲金融危机蔓延及全球经济动荡调整带来的负面影响，开发区管委会抓住市场这个关键，着力实施市场多元化战略，大力开拓国际市场；落实出口激励措施，根据市政府《关于鼓励外贸出口和利用外资有关问题的通知》精神提出八项扶持措施，设立出口退税周转资金，出口超计划奖励等，有效地调动了企业扩大出口的积极性；建立扶持出口联合协调机制，与海关、检验检疫、税务、外汇等部门协调、配合，与潮州海关、外贸局建立了联合协调机制，先后共为十多家出口重点企业开通“F”通道，开设绿色柜台服务和重点企业优先报检特别服务窗口等，从而有力地支持和加快外贸出口。开发区在积极巩固和发展陶瓷、服装、鞋业等传统商品出口的基础上，大力发展新兴的机电产品、高新技术产品出口，产品结构有了进一步优化。

（五）发展成就

截至2000年年底，全区共批准立项项目352项，投资总额10.63亿美元，其中，“三资”项目93宗，投资总额5.76亿美元；工业项目173宗，投资总额4.02亿美元。全区投产工业企业97家，累计实现工业总产值55.81亿元，出口创汇234.33万美元，成为潮州市新的经济增长点和经济发展的龙头。

1996年，潮州经济开发试验区被省政府授予“广东省先进开发试验区”称号，开发区连续几年被评为市直先进党组织、市文明建设单位和市改善投资软环境先进单位。

七、潮安庵埠经济开发试验区

（一）设立

1992年10月31日，省政府批准设立潮安庵埠经济开发试验区，总面积为7.6平方公里，位于县城规划区内。开发区地处粤东“大潮汕”中心，占据汕头、潮州、揭阳三市交界的“金三角”。东临韩江清流，南连汕头特区，北望潮州古城，西靠桑浦山脉。开发区总面积7.6平方公里，分东西两区。

开发区东区占地面积3.6平方公里，初步建成一个以工业为主体，集娱乐、商住、仓储配套于一体的现代化经济区域。至2000年年底，东区引进项目82宗。其中，“三资”企业22家，合同投资总额2.29亿美元。东区形成以电子、食品、印刷、日用工艺品等为支柱，五金、机械、娱乐等相配套的多行业、多门类、多层次协调发展的产业体系。成为潮安县重要的经济增长点，区域辐射和示范带动作用日益凸显。

开发区西区梅林湖民营科技工业园，占地面积4平方公里。规划科学、功能齐全，规划建成旅游、娱乐、工业和别墅区。西区资源丰富、发展前景广阔，区内有甘露寺、梅林湖、古海蚀石等名胜古迹。

（二）投资环境

区位优势：潮安县庵埠经济开发试验区距汕头港、汕头机场、潮汕天鹅机场十余公里；距县城中心区1公里；广梅汕铁路在东区设立客、货站场；汕揭高速公路、改道潮汕公路、焦山公路、潮安大道与区间道路纵横交错。形成空运、海运、陆运立体交叉网络。

基础设施：全面完成区间道路硬底化水泥路面铺设；用水由县自来水公司供给，水厂设计的日供水能力为20万立方米，水源充沛，水质优良；用电由县电力公司供给，至2000年已有110千伏变电站3座；至2000年，区内已全面开通程控电话、移动通信、图文传真、邮政特快专递。

管理服务体系：潮安县庵埠经济开发试验区管委会负责园区的规划、建设、管理。管委会根据其职能为国内外投资者提供方便、快捷、“一站式”“一口对外”“一口收费”高效率优质配套服务，从项目咨询、立项审批、税务登记、海关备案、商检备案、验资验证、规划建设、劳动用工由管委会代办的“一条龙”运作机制。

（三）招商引资

开发区坚持“外引资金，内联企业”，加强招商工作。利用潮安华侨众多，庵埠镇百载商埠诸多条件，加强与海内外知名人士，华侨、客商等的联系，创造更多的合作机会。

加大宣传力度。通过互联网，新闻报刊等媒介宣传开发区的发展动态、投资环境、优惠政策及招商引资动态。1993年9月第一次编印《潮安县庵埠经济开发试验区》投资指南，1997年4月第二次编印《潮安县庵埠经济开发试验区》投资指南，方便投资者了解认识工业园区的投资软硬环境等，增强人们对开发区的了解和信心。

坚持“走出去，请进来”的办法，多元化，多渠道开展招商活动。每年参加国内外各类型招商会，扩大合作范围，提高招商成效。坚持“内外并重，借力发展”的方针。外资引进方面：实施“以侨为主，多元化引资”的战略，发展高、新、大项目，内联方面：走“以工养贸，工贸并举，综合发展”的路子，招引国内的财团，周边地区的企业转移到开发区落户。

1994年7月，组团参加香港招商会，签约项目5宗，投资总额4200万美元，合同利用外资2380万美元；1995年6月，组团参加香港经贸洽谈会，签约项目3宗，投资总额2700万美元，合同利用外资1800万美元；1996年8月，组团参加香港招商会，签约项目4宗，投资总额3500万美元，合同利用外资1600万美元；1997年8月，组团参加’97香港高新技术洽谈会，签约项目5宗，投资总额7908万美元，合同利用外资2091万美元；1998年5月，组团参加香港招商会、广东省赴美招商会，在香港招商会签订协议书和项目意向书5宗，投资总额2998万美元；1999年4月，组团参加在深圳举办的粤台招商会，5月，组团参加粤港招商会，签订协议书和项目意向书2宗，投资总额5200万港元。签订潮州市皇峰铝箔制品有限公司投资项目1宗，合同投资总额3005万美元，合同利用外资763万美元。组织10个优势项目参加广东省赴欧洲经济技术洽谈会；2000年5月，组团参加香港招商会。招商会上，潮州市皇峰铝箔制品有限公司签订了增资5000万美元的投资合同，使该项目的投资总额达到7980万美元，是当年度潮州市投资规模最大的高科技项目。组织10个优势项目参加粤台经济技术贸易会、厦门第四届中国投资贸易洽谈会、珠江三角洲与山区经济技术洽谈会。组织3个项目参加广东省赴欧洲“广东投资环境、政策推介会”。

截至2000年年底，到开发区落户的客商除潮安周边地区外，来自新加坡、泰国、韩国、马来西亚、美国等十多个国家和中国香港地区。全区累计已办企业82家，其中“三资”企业22家，合同投资总额2.29亿美元，合同利用外资1.11亿美元，累计全区实际利用外资8551万美元。

（四）外贸出口

至2000年，开发区累计实现外贸出口1.29亿美元。

1993—2000年庵埠经济开发试验区工业产值、外贸出口情况表

表5-3

年份	工业总产值（亿元）	外贸出口（万美元）
1993	0.04	48
1994	0.28	1969
1995	1.01	1519
1996	1.69	1710
1997	3.84	2046
1998	5.56	2312
1999	7.78	1792
2000	8.62	1500

（五）发展成就

经过8年的努力，潮安庵埠经济开发试验区形成了以电子、食品、印刷、日用工艺品等为支柱，五金、机械、娱乐等相配套的多行业、多门类、多层次协调发展的产业体系，经济得到了较大发展。1993—2000年，开发区累计实现工业总产值28.82亿元，累计完成固定资产投资总额12亿元，合同利用外资累计达1.11亿美元，实际利用外资累计达8551万美元，历年累计外贸出口1.29亿美元。

八、台山广海湾华侨投资开发试验区

（一）设立

1992年5月29日，台山市委、市政府决定设立台山市广海湾华侨投资开发试验区。以发挥台山市地理上濒临南海及海外华侨众多的优势，加快台山市经济和社会的发展。该区的发展战略是以大电厂为龙头，以大港口为依托，以原材料工业为基础，以国际贸易为渠道，发展对外贸易，发展中外合资企业，把开发区建成一个新兴的滨海工业城市。1992年12月10日，省人民政府批准设立台山广海湾华侨投资开发试验区。

（二）投资环境

1992年12月，台山市广海湾华侨投资开发试验区管委会委托珠海市规划设计研究院对试验区进行总体规划，对总体规划的性质和指导思想作了设计，主要利用试验区地处侨乡，面临南海的优势，把台山市广海湾华侨投资开发试验区建设成为高科技产业、大型原材料工业为主导的现代化的花园式港口城市，规划用地规模近期（1992—2000）20平方公里，远期（2000—2020）45.6平方公里，用地边界为北以广东西部沿海高速公路为界，东至赤溪（田头）镇，西至广海镇两侧，面海直至鱼塘港和铜鼓湾。

广海湾试验区水路距澳门48海里，距香港87海里，南濒南海，有着丰富的土地和淡水资源。试验区地理位置优越，水陆路交通发达，试验区的中心城区位于新台高速公路，广东省西部沿海高速公路和鱼塘港的交汇点，是珠三角西侧区域联系珠三角的主要通道之一，区位优势较为明显。20世纪80年代末，国家就已经定位在试验区内的铜鼓湾兴建亚洲最大的燃煤发电厂，规划建设的广东西部沿海高速公路和新台高速公路于试验区内交汇。

（三）招商引资

台山市广海湾华侨投资开发试验区成立以后，先后编印了多版《广东省台山市广海湾华侨投资开发试验区投资指南》，在各种媒体上大力宣传投资环境。充分利用台山华侨众多，遍布世界的优势，采用走出去、请进来的办法，大力开展招商引资。先后与国内外10多个财团洽谈过，所洽谈的大型工业项目也有10多宗。至2000年，开发区累计吸收外商投资合同金额4800万美元，实际到位资金4300万美元。

（四）发展成就

台山市广海湾华侨投资开发试验区地处台山市经济最不发达地区，试验区成立后，经济开发建设有了较大的进步，初步形成了纺织、制衣、五金、家用电器、石材加工等工业行业。至2000年，开发区累计实现进出口总额1.21亿美元，其中出口7000万美元。

九、梅州经济开发试验区

（一）设立

为贯彻落实邓小平1992年视察南方重要谈话精神，更好地发挥梅州侨乡优势，吸引更多的外资，进一步发展外向型经济，加快梅州经济发展，梅州市委、市政府决定兴办梅州经济开发试验区。

1992年10月14日，省政府批准设立梅州经济开发试验区。1993年1月9日，梅州经济开发试验区管理委员会挂牌成立。

（二）投资环境

梅州经济开发试验区位于梅州市区东南芹黄、马鞍山一带，面积20平方公里。靠山、连城、接铁路是试验区的三个显著特点。全区可利用的土地约有1.5万亩，绝大部分是未经开垦的山坡地，是较为理想的工业用地。试验区与市区连在一起，可以充分利用老城区的功能作用，试验区既是相对独立的经济区域，又是城区的延伸和扩大。从1992年年底至2000年，市政府投入近1亿元资金，用于试验区内的道路、供水、供电、通信等基础设施建设。在试验区东升工业小区内开通了5公里长的工业大道，新建了专为工业区配套的110千伏安变电站，自来水管道、煤气管道、供电线路铺设至城区与工业区连接处。这里是广梅汕铁路梅州站所在地，也是即将通车的梅（州）龙（岩）铁路始发点，距梅县机场3公里，206国道穿越而过，水上航运可直达潮汕，是梅州的交通中心。

（三）招商引资

至2000年，试验区范围内（包括试验区设立前）共立项103个，投资总规模45亿元人民币，经批准的三资企业85家，总投资2.3亿美元，投资规模超过千万美元的有8家。规模较大的企业有：梅县涤轮集团公司、港龙工业村、管道煤气有限公司、嘉宝陶瓷工业有限公司、绿丹兰生产基地、西阳水电站、威华中纤板厂、金利来生产基地、东升110千伏安输变电站、火车站批发市场、邮件处理中心、梅州电讯枢纽等。

至2000年年底，试验区共签订外商直接投资合同资金2.3亿美元，外商直接投资实际到位资金8700万美元。

（四）外贸进出口

至2000年年底，试验区共落户并投产的出口生产企业主要有梅县涤纶集团公司、金利来生产基地、港龙工业村、嘉宝陶瓷有限公司、绿丹兰生产基地等。出口产品主要有涤纶丝、服装服饰、陶瓷、化妆品等。各出口生产企业依据市场需求和变化，充分利用每年春秋两季广交会，大力扩大出口。据统计，“九五”期间，试验区共实现外贸出口9000万美元，其中2000年实现1600万美元。进口方面，1999年进口额为76.69万美元，2000年进口额为29.56万美元。

（五）发展成就

经过8年的开发建设，梅州经济开发试验区发展取得可喜的成绩。以梅县涤纶厂、金利来生产基地、绿丹兰生产基地、南方工业城为代表的江南工业区已经形成；以彬芳大道为主轴，四横道为副轴的金融、住宅区已基本建成，并已成为梅州市区的重要组成部分；剑英公园和泮坑旅游区进一步完善了基础设施，成为市区重要的旅游景区；梅州火车站设施不断扩大，交通中心区初步形成；东升工业区规划面积约8平方公里，建成投产的企业有港龙工业村、管道煤气有限公司、嘉宝陶瓷工业有限公司、南洋工业城、110千伏安输变电站、市肉联厂、威华中纤板厂、西阳水电站等。至2000年，试验区累计实现工业总产值34.8亿元，其中2000年实现工业产值7.7亿元。

第二节　高新技术产业开发区

一、概况

为响应国家建设高新技术产业开发区，发展高新技术产业的号召，广东于20世纪90年代初期开始启动省级高新技术产业开发区的认定。

1993年2月，广东省人民政府批准江门市高新技术产业开发区为省级高新技术产业开发区。

1993年7月20日，经广东省人民政府批准设立汕头高新技术产业开发试验区。

1998年4月17日，广东省人民政府批准肇庆设立高新技术产业开发区。

至2000年年底，广东省共设有3个省级高新技术产业开发区。这些省级高新技术产业开发区充分发挥资源集聚的优势，大力发展高新技术产业，成了当地经济发展和科技进步的辐射源。由于发展基础和条件不一，各高新技术产业开发区在体制机制上也各不相同。如江门高新技术产业开发区在2000年前与所在行政区江海区合署办公。肇庆高新技术产业开发区、汕头高新技术产业开发区的一级园区采取了市政府派出机构的管委会体制，享有市一级的权力。肇庆高新技术产业开发区还采用大旺综合经济开发区和大旺华侨农场三块牌子一套人马的管理体制，既发展园区经济，又负责社会事务。

省级高新技术产业开发区和国家级高新技术产业开发区一样，在“一区多园”的高新技术产业开发区二级园区中，二级园区仅是所在行政区的一部分，二级园区管理采取由

“园区所在行政区域政府为主，高新技术产业开发区管委会为辅”的管理体制，园区所在行政区对园区的领导主要是确定园区管理机构的形式并负责机构设置、人员配备，园区的财政、税收管理，园区的配套服务等，并保证园区的相对独立运作。而高新技术产业开发区管委会对园区的管理主要从政策法规、业务指导、监督协调、发展规划、年度计划等方面实施宏观管理。

二、肇庆高新技术产业开发区

（一）设立

肇庆高新技术产业开发区位于肇庆市区西部，总面积9平方公里。高新技术产业开发区于1993年开始筹建，1998年4月经省政府批准为省级高新技术产业开发区，规划面积为9平方公里。1999年2月9日，肇庆市高新技术产业开发区管理委员会成立。

（二）经济发展

截至1998年年底，肇庆高新技术产业开发区累计实现技工贸总收入49.4亿元，工业总产值44.5亿元，其中高新技术产品产值达24.5亿元，利税总额达6.8亿元，出口创汇为0.68亿美元。至2000年年底，已累计投入资金28亿元。全区职工人数1.3万人，其中大专以上专业人员2700人。区内已承担国家“863”计划项目2项，国家级“火炬计划”项目12项，省级“火炬计划”项目12项，省级科研攻关项目12项。2000年，全区工贸收入55.61亿元，工业产值53.82亿元，其中高新技术产品产值28.7亿元，占工业总产值53%。

（三）产业情况

肇庆高新技术产业开发区以电子信息、生物工程、新材料、光机电一体化、轻纺高技术五大领域为重点，已经开发的产品有：片式电子陶瓷粉料、金属浆料、智能仪表、计算机集散控制系统、电脑控制多层瓦楞纸板生产线、肌苷、L-脯氨酸等苷酸、氨基酸类产品、钕铁硼稀土永磁材料、粉末涂料、复合超细长丝等。高新技术产业初具规模。

三、江门高新技术产业开发区

（一）设立

1992年，江门市高新技术产业开发区成立，规划面积5平方公里。1993年2月经省政府批准为广东省第一个省级高新技术产业开发区。

1992年7月，成立以市领导为成员的江门市高新技术产业开发区领导小组和江门市高新技术产业开发区管理委员会，下设管委会办公室。1993年2月，省政府同意江门市政府的申请，批准江门市高新技术产业开发区为省级高新技术产业开发区。1996年机构改革，江门市政府将高新技术产业开发区管理委员会设定为政府派出机构。1998年3月，江门市委、市政府根据高新技术产业开发区的状况，决定将高新技术产业开发区与江海区合署办公，实行“两个牌子、一套人马”的体制，由江海区的区委书记和区长兼任高新技术产业开发区管理委员会的正副主任，将原有五个部门并入江海区相关职能部门中，继续负责高新技术产业开发区的开发建设和招商引资等工作。

（二）经济发展

江门高新技术产业开发区通过总结经验，及时调整发展思路，稳扎稳打，滚动发展，把有限资金集中投入重点建设项目，经济取得了较好发展。高新技术产业开发区1994年已开发土地2.7平方公里，入区企业92家，经认定的高新技术企业7家；项目数达20项，产品达10种，技工贸总收入（含扩建费）11.1亿元，实现工业总产值11.1亿元。高新技术产品产值4.9亿元，利税总额2.6亿元，出口创汇500万美元。截至1998年年底，江门高新技术产业开发区的各项指标有了迅猛发展，区内技工贸总收入28.5亿元，工业总产值达28.22亿元，高新技术产品产值达19.38亿元，利税总额为0.21亿元，出口创汇0.40亿美元。至2000年底，园区内的企业已达100多家。

（三）主要企业

健威集团以KINWAI健威人性家具为品牌，生产、销售以樱桃木、柚木、橡木为主的美国现代高档家具，产品包括家居、商务和沙发系列，并荣获“中国名牌产品”荣誉称号。

建滔化工集团成立于1988年，下属四间上市公司，拥有工厂超过50间，工厂遍布于全国17个市，员工47000余人，市值700多亿元。经营范围已由覆铜面板发展为印刷线路板、化工产品、铜箔、绝缘纸等多个领域。现时覆铜面板产量世界排名第一；线路板产量世界排名第八。

赫克力士化工（江门）有限公司成立于1997年，位于江门市高新技术开发区内，占地面积200余亩，1998年7月正式投产。赫克力士化工（江门）有限公司主要从事精细化工行业中水溶性纤维素醚类产品的研究、生产和经营，主要产品是“邦维”牌羧甲基纤维素钠（简称CMC）。

四、汕头高新技术产业开发区

（一）设立

汕头高新技术产业开发区筹建于1992年4月，1993年7月经广东省人民政府批准为省级高新技术产业开发区。1996年5月，汕头高新技术产业开发区管理委员会经省编委批准为副厅级单位，是汕头市人民政府派出机构，行使市一级管理权限。汕头高新技术产业开发区总规划面积3平方公里，分为东西二个片区。其中东片区0.85平方公里，西片区2.15平方公里。

（二）经济发展

截至2000年年底，汕头高新技术产业开发区入区企业217家，经认定的高新技术企业8

家，高新技术项目246项，协议（合同）投资总额94.6亿元，其中外商投资项目101个，合同利用外资4.64亿美元，占总投资额的4.90%，其中，电子信息产业、光机电一体化项目、生物工程及制药项目和新材料、新能源项目的投资额分别占协议（合同）投资总额的38%、20%、19%和13%。

8年间，汕头高新技术产业开发区投入大量资金用于园区基础设施建设，截至2000年年底，全区已累计投入资金25.5亿元，开发土地面积1.7平方公里，完成“五通一平”等基础设施建设。

（三）产业情况

至2000年年底，汕头高新技术产业开发区全区累计实现工业总产值53亿元，技工贸总收入60亿元，出口贸易额2.8亿美元。其中，电子信息产业产值21亿元，约占全区总产值的40%，涌现了高新技术产业开发区星翡电讯有限公司、高新技术产业开发区山特电源设备有限公司、高新技术产业开发区迅达电缆有限公司（后合并为高新技术产业开发区奥星光通讯设备有限公司），以及高新技术产业开发区领域电脑有限公司等一批企业。光机电一体化产业产值8亿元，约占全区总产值的15%，主要有：汕头高新技术产业开发区新世界电气有限公司和汕头高新技术产业开发区利侨电子设备有限公司等企业。生物工程及制药产业产值5.3亿元，约占全区产值的10%，主要有汕头高新技术产业开发区华菌生物工程有限公司、高新技术产业开发区华泰医药有限公司、高新技术产业开发区华科有限公司以及高新技术产业开发区红林生物工程有限公司等企业。新材料、新能源产业产值5.8亿元，约占全区产值的11%，主要有高新技术产业开发区绿恒实业有限公司、高新技术产业开发区利侨电子设备有限公司以及高新技术产业开发区宏业金刚石工业公司等企业。化工塑料产业产值4.8亿元，约占全区总产值的9%，主要企业有柯达（中国）股份有限公司汕头分公司、高新技术产业开发区洁宇化工实业公司和高新技术产业开发区榕泰高级瓷具厂等。其他产业产值共计8.1亿元，约占全区总产值的15%，主要有高新技术产业开发区露露南方有限公司、高新技术产业开发区来德实业有限公司和高新技术产业开发区金霖织绣有限公司等。

经过8年的努力，汕头高新技术产业开发区已初步形成以市场和高新技术产业政策为导向，以民营经济为主体，以电子信息产业、光机电一体化、生物制药、新材料新能源等新型产业为主导的发展格局。

附录

一、广东省经济特区主管部门、办事机构和深圳、珠海、汕头市委、市政府负责人任职表

（一）广东省经济特区、开发区主管部门和办事机构负责人任职表

广东省经济特区管理委员会负责人任职表

表1-1

职务	姓名	任职时间
主任	吴南生	1980.5—1983.6
第一副主任	梁　湘	1981.5—1983.6
副主任	王　宁	1980.5—1983.6
副主任	曾定石	1980.5—1983.6
副主任	秦文俊	1980.5—1983.6
副主任	黄施民	1982.1—1983.6
秘书长	丁励松	1980.5—1983.6

广东省经济特区办公室负责人任职表

表1-2

职务	姓名	任职时间
主任	叶澄海	1983.6—1984.9
主任	丁励松	1984.9—1988.4
主任	张富堂	1988.4—1989.9
主任	黎子流	1989.12—1990.4
主任	马　凌	1992.12—1993.1
副主任	李世平	1983.6—1985.9
副主任	李珠镜	1983.6—1992.3
副主任	王志义	1985.4—1988.1
副主任	蔡常今	1986.8—1992.7
副主任	张富堂	1990.5—1994.2

注：深圳、珠海、汕头市党政负责人任职表分别来源于《深圳市志》《珠海市志》《汕头市志》。

1994年，省政府机构改革，改革方案中明确："将省经济特区办公室并入省经济体制改革委员会，作为省体改委的内设处，对外仍保留省特区办公室的牌子。"具体实施从1995年1月初开始。省经济体制改革委员会在2000年年初的省政府机构改革时撤销。

广东省经济体制改革委员会负责人任职表

表1-3

职务	姓名	任职时间
主任	易振球	1988.1—1997.1
主任	张思平	1998.2—2000.2
副主任	吴晓峰（女）	1992.4—1998.10
副主任	李炳辉	1988.7—1998.2
副主任	黄　挺	1992.1—1998.2
副主任	刘兴强	—1996.7
副主任	罗木生	1995.1—2000.2
副主任	张　军	1997.1—2000.2
副主任	马壮昌	1997.8—2000.2

（二）中共深圳市委、市政府负责人任职表

中共深圳市委负责人任职表（1979.1—1980.6）

表2-1

职务	姓名	任职时间
书记	张勋甫	1979.1—1980.6
副书记	方　苞	1979.1—1980.6
副书记	贾　华	1979.4—1980.6
副书记	曹喜之	1979.4—1980.6
常委	李馨亭	1979.4—1981.10
常委	刘正义	1979.4—1981.8
常委	叶明华	1979.4—1981.10
常委	李　定	1979.4—1981.10
常委	陈　仁	1979.4—1981.10
常委	郝　敏	1979.4—1981.10
常委	叶澄海	1979.4—1981.6

说明：1980年6月，广东省委对深圳市委班子进行调整，未在新班子任职的于1981年下文免职或离职休养

中共深圳市委负责人任职表（1980.6—1981.10）

表2-2

职务	姓名	任职时间
第一书记	吴南生	1980.6—1981.2
第一书记	梁　湘	1981.2—1981.10

续表2-2

职务	姓名	任职时间
常务书记	张勋甫	1980.6—1981.10
书记	秦文俊	1980.6—1981.10
书记	黄施民	1980.6—1981.10
书记	方　苞	1980.6—1981.10
书记	罗昌仁	1980.6—1981.10
书记	贾　华	1980.6—1981.10
常委	司马鲁	1980.6—1981.10
常委	丁励松	1980.6—1981.10

中共深圳市委负责人任职简表（1981.10—2000.12）

表2-3

职务	姓名	任职时间
书记	梁　湘	1981.10—1986.5
副书记	周　鼎	1981.10—1986.7
副书记	李　灏	1985.8—1986.5
常委	周溪舞	1981.10—1986.7
常委	方　苞	1981.10—1983.12
常委	罗昌仁	1981.10—1986.7
常委	刘　波	1981.10—1986.7
常委	林　江	1981.10—1983.8
常委	叶澄海	1982.9—1983.3
常委	邹尔康	1983.7—1988.8
常委	沈士义	1983.10—1984.9
常委	闻贵清	1984.9—1990.12
常委	乔胜利	1984.9—1986.7
常委	张政锦	1984.9—1986.6
书记	李　灏	1986.5—1993.5
副书记	秦文俊	1986.7—1990.12
副书记	周溪舞	1986.7—1990.11
副书记	郑良玉	1990.3—1990.11
副书记	厉有为	1990.12—1993.5
副书记	王众孚	1992.11—1994.11
副书记	林祖基	1992.11—1995.4
常委	黄继友	1986.6—1990.12
常委	李海东	1986.7—1992.11
常委	虞德海	1986.7—1990.12

续表2-3

职务	姓名	任职时间
常委	林祖基	1989.1—1995.4
常委	古志德	1989.9—1990.12
常委	梁达均	1990.12—1993.12
常委	杨广慧	1990.12—1994.4
常委	张中林	1990.12—1994.4
常委	陈德贻	1990.12—1993.7
常委	李容根	1990.12—1995.4
常委	莫华枢	1992.11—1997.7
书记	厉有为	1993.5—1998.1
副书记	李子彬	1994.11—2000.4
副书记	李容根	1995.4—2000.5
副书记	黄丽满（女）	1995.4—1998.4
常委	黄志忠	1993.7—1994.7
常委	王　炬	1993.9—1995.4
常委	李德成	1993.9—2000.5
常委	何景涣	1993.11—1999.12
常委	黄丽满（女）	1994.1—1995.4
常委	周润生	1994.4—1997.7
常委	邵汉青（女）	1994.4—1997.7
常委	李友烈	1994.4—1997.3
常委	王顺生	1995.4—
常委	李统书	1996.9—2000.5
常委	刘　涛	1997.7—2000.5
常委	白　天	1997.7—
书记	张高丽	1998.1—
副书记	于幼军	2000.4—
副书记	李德成	2000.5—
副书记	李统书	2000.5—
副书记	刘　涛	2000.5—
常委	曹绍业	1999.3—
常委	王穗明（女）	1999.12—
常委	谭国箱	2000.5—
常委	李意珍	2000.5—
常委	许宗衡	2000.5—

深圳市人民政府负责人任职表（1979—2000）

表2-4

机构名称	职务	姓名	任职时间
深圳市革命委员会	主　任	贾　华	1979.4—1980.6
	副主任	李馨亭	1979.4—1981.11
	副主任	刘正义	1979.4—1981.8
	副主任	叶明华	1979.4—1981.11
	副主任	李　定	1979.4—1981.11
	副主任	陈　仁	1979.4—1981.11
	副主任	杨　克	1979.6—1981.8
	主　任	吴南生	1980.6—1981.10
	副主任	黄施民	1980.6—1981.11
	副主任	舒成友	1980.6—1981.11
深圳市人民政府（1981.10—12为深圳经济特区人民政府）	市　长	梁　湘	1981.10—1985.8
	副市长	周　鼎	1981.10—1986.7
	副市长	周溪舞	1981.10—1990.12
	副市长	罗昌仁	1982.1—1986.7
	副市长	叶澄海	1983.1—1983.3
	副市长	甄锡培	1983.7—1986.7
	副市长	李广镇	1984.4—1995.4
	副市长	李传芳（女）	1984.6—1995.4
	副市长	吴小兰（女）	1985.6—1986.7
	秘书长	甄锡培	1981.10—1987.8
	市　长	李　灏	1985.8—1990.4
	副市长	邹尔康	1986.7—1988.8
	副市长	朱悦宁	1986.7—1994.12
	副市长	张鸿义	1986.7—1995.4
	秘书长	李　定	1987.8—1991.2
	市　长	郑良玉	1990.4—1992.11
	副市长	王众孚	1990.12—1994.12
	副市长	林祖基	1990.12—1992.12
	副市长	李容根	1992.11—1995.4
	市　长	厉有为	1992.11—1995.5
	副市长	李子彬	1994.12—1995.5
	副市长	李德成	1994.12—
	市　长	李子彬	1995.5—2000.4
	副市长	何景涣	1995.5—1999.12
	副市长	王　炬	1995.5—2000.6

续表2-4

机构名称	职务	姓名	任职时间
深圳市人民政府（1981.10—12为深圳经济特区人民政府）	副市长	袁汝稳	1995.5—1999.4
	副市长	郭荣俊	1995.5—
	秘书长		1993.7—1995.5
	副市长	武捷思	1995.7—1998.8
	副市长	郑通扬	1996.10—2000.3
	副市长	庄心一	1998.11—
	副市长	卓钦锐	1999.4—
	副市长	宋　海	1999.9—
	秘书长	宋枝旺	1995.7—2000.4
	市　长	于幼军	2000.4—
	副市长	王穗明（女）	2000.6—
	副市长	王顺生	2000.6—
	秘书长	胡爱民	2000.4—

（三）中共珠海市委、市政府负责人任职表

1979—2000年中共珠海市委负责人任职表

表3-1

届次	职务	姓名	任职时间
中共珠海市委员会（1979.1—1980.9）	书记	吴健民	1979.1—1980.9
	副书记	麦庚安	1979.1—1980.9
	副书记	甘伟光	1979.2—1980.9
	常委	欧　培	1979.2—1980.9
	常委	罗　知	1979.2—1980.9
	常委	何　海	1979.2—1980.9
	常委	李长青	1979.2—1980.9
	常委	杨其汉	1979.2—1980.9
	常委	李　洲	1979.2—1980.9
中共珠海市第一届委员会（1980.9—1987.8）	书记	吴健民	1980.9—1984.2
	书记	方　苞	1984.2—1987.1
	书记	梁广大	1987.1—1987.8
	副书记	麦庚安	1980.9—1986.10
	副书记	甘伟光	1980.9—1983.5
	副书记	关守义	1980.9—1984.2
	副书记	孙　仁	1980.9—1985.9
	副书记	凌伯棠	1982.7—1983.3

续表3-1

届次	职务	姓名	任职时间
中共珠海市第一届委员会（1980.9—1987.8）	副书记	何仲云	1983.5—1987.8
	副书记	梁广大	1983.10—1986.12
	副书记	黄　静	1986.10—1987.8
	常委	欧　培	1980.9—1984.2
	常委	李　洲	1980.9—1984.2
	常委	高　勋	1980.9—1984.2
	常委	李根深	1980.9—1984.2
	常委	牛清臣	1980.9—1987.8
	常委	曾德锋	1980.9—1986.9
	常委	刘文耀	1984.2—1986.4
	常委	李焕池	1986.4—1987.8
	常委	张耀中	1986.4—1987.8
	常委	肖时照	1986.3—1987.8
	常委	余炳林	1986.10—1987.8
	常委	黄　键	1986.10—1987.8
中共珠海市第二届委员会（1987.8—1993.12）	书记	梁广大	1987.8—1993.12
	副书记	何仲云	1987.8—1993.12
	副书记	黄　静	1987.8—1993.12
	副书记	卢炳雄	1991.5—1992.7
	副书记	李焕池	1992.8—1993.12
	副书记	张耀中	1992.9—1993.12
	常委	牛清臣	1987.8—1989.4
	常委	李焕池	1987.8—1993.12
	常委	张耀中	1987.8—1993.12
	常委	肖时照	1987.8—1989.3
	常委	黄　键	1987.8—1993.12
	常委	余炳林	1987.8—1989.4
	常委	谢金雄	1989.4—1993.12
	常委	赵资贤	1989.4—1991.1
	常委	卢炳雄	1989.6—1992.7
	常委	李南华	1990.8—1993.12
	常委	高存亮	1990.12—1993.12
	常委	苏泽群	1991.5—1993.12
	常委	关玉嘉	1991.6—1993.12
	常委	曾德锋	1992.9—1993.12
	常委	钟华生	1993.5—1993.12
	常委	王启刚	1993.5—1993.12

续表3-1

届次	职务	姓名	任职时间
中共珠海市第三届委员会（1993.12—1998.12）	书记	梁广大	1993.12—1998.10
	书记	黄龙云	1998.10—1998.12
	副书记	李南华	1993.12—1996.3
	副书记	张耀中	1993.12—1998.12
	副书记	雷于蓝（女）	1993.12—1998.12
	副书记	黄龙云	1995.10—1998.10
	副书记	关玉嘉	1997.8—1998.12
	常委	梁广大	1993.12—1998.12
	常委	曾德锋	1993.12—1996.5
	常委	关玉嘉	1993.12—1998.12
	常委	苏泽群	1993.12—1997.1
	常委	钟华生	1993.12—1998.12
	常委	王启刚	1993.12—1996.3
	常委	方福祥	1994.6—1998.8
	常委	李素芝（女）	1995.9—1998.12
	常委	黄龙云	1995.10—1998.12
	常委	余荣伟	1996.4—1998.12
	常委	冼　文	1996.5—1998.12
	常委	杨水生	1996.5—1998.12
	常委	罗春柏	1997.4—1998.12
	常委	覃佐堂	1998.8—1998.12
中共珠海市第四届委员会（1998.12—）	书记	黄龙云	1998.12—
	副书记	雷于蓝（女）	1998.12—
	副书记	关玉嘉	1998.12—
	副书记	余荣伟	1998.12—
	副书记	余炳林	1998.12—
	副书记	魏宏广	2000.2—
	常委	李素芝（女）	1998.12—
	常委	冼　文	1998.12—
	常委	杨水生	1998.12—
	常委	罗春柏	1998.12—
	常委	覃佐堂	1998.12—
	常委	钟世坚	1998.12—

1979—2000年珠海市人民政府负责人任职表

表3-2

	时间	职务	姓名	任职时间
市革命委员会	1979.1—1980.11	主　任	甘伟光	任命
		副主任	欧　培 罗　知 何　海 李长青 苏　标 孙　仁 向　真	任命 任命 任命 任命 1979年3月任命 1979年9月任命 1980年9月任命
市人民政府	1980.11—1984.6	市　长	吴健民 凌伯棠 梁广大	市第一届人代会选举产生（至1982年7月） 1982年7月任命为代市长（1983年7月调离） 1983年10月任命为代市长
		副市长	孙　仁 欧　培 向　真 罗　知 苏　标 朱创和 黄　健 黎元泰	市第一届人代会选举产生 市第一届人代会选举产生 市第一届人代会选举产生 市第一届人代会选举产生 市第一届人代会选举产生 市第一届人代会选举产生 1984年2月任命 1984年2月任命
市人民政府	1984.6—1989.5	市　长	梁广大	市第二届人代会选举产生
		副市长	孙　仁 何仲云 黄　健 黎元泰 陈焕礼 林保万 曾德锋 陈景棠 谢金雄 雷于蓝（女）	市第二届人代会选举产生（1985年9月调离） 市第二届人代会选举产生 市第二届人代会选举产生（1986年11月调离） 市第二届人代会选举产生（1986年11月调离） 市第二届人代会选举产生 1986年3月任命 1986年11月（市二届人大四次会议选举产生） 1986年11月（市二届人大四次会议选举产生） 1986年11月（市二届人大四次会议选举产生） 1986年11月（市二届人大四次会议选举产生）
市人民政府	1989.5—1994.3	市　长	梁广大	市第三届人代会选举产生
		副市长	何仲云 曾德锋 林保万 陈焕礼 雷于蓝（女） 陈景棠 余炳林 蔡光成 李南华 梁耀明	市第三届人代会选举产生（1991年5月辞职） 市第三届人代会选举产生 市第三届人代会选举产生 市第三届人代会选举产生 市第三届人代会选举产生 市第三届人代会选举产生（1991年5月辞职） 市第三届人代会选举产生 1990年11月市三届人大常委会十次会议任命 1991年5月市三届人大第三次会议补选 1991年5月市三届人大第三次会议补选
	1994.3—1999.2	市　长	梁广大 黄龙云	市四届人大一次会议选举产生（至1995年11月） 1995.11—1996.3为代市长，1996年3月市四届人大三次会议补选为市长

续表3-2

	时间	职务	姓名	任职时间
市人民政府	1994.3—1999.2	副市长	李南华 曾德锋 雷于蓝（女） 陈焕礼 余炳林 蔡光成 梁耀明 周本辉 冼　文 刘澎湃 余荣霭	市四届人大一次会议选举产生（至1996年3月） 市四届人大一次会议选举产生（至1996年2月） 市四届人人一次会议选举产生 市四届人大一次会议选举产生 市四届人大一次会议选举产生 市四届人大一次会议选举产生 市四届人人一次会议选举产生 市四届人人一次会议选举产生 1995年5月市四届人大常委会第九次会议选举产生 1996年4月市四届人大常委会第十六次会议任命 1996年6月市四届人大常委会第十七次会议任命
市人民政府	1999.2—	市　长	黄龙云 方　旋	1999年2月五届人大一次会议选举产生（至2000年10月） 2000年10月市五届人大常委会第十四次会议任命为代市长
		副市长	冼　文 周本辉 余荣霭 林行道 何宁卡 郭开华	1999年2月市五届人大一次会议选举产生 1999年2月市五届人大一次会议选举产生 1999年2月市五届人人一次会议选举产生 1999年2月市五届人大一次会议选举产生 1999年2月市五届人人一次会议选举产生 2000年3月市五届人大常委会第八次会议任命

（四）中共汕头经济特区党委、政府负责人任职表

中共汕头经济特区委员会负责人任职表

表4-1

职务	姓名	任职时间
书记	刘　峰	1983.10—1990.4
委员	杨　峰	1983.10—1986.8
委员	陈序藩	1983.10—1986.8
委员	方克森	1984.8—1992.5
副书记	陈序藩	1986.8—1992.5
副书记	李焕然	1986.8—1992.5
委员	麦友直	1986.8—1992.5
委员	李景熙	1986.8—1992.5
委员	郑茂生	1987.8—1992.5
副书记	吴　波	1988.6—1990.4
委员	杨辟明	1988.11—1992.3
委员	林启东	1989.3—1992.5
委员	陈书燕	1989.3—1992.3
书记	吴　波	1990.4—1992.5

汕头经济特区管委会负责人任职表

表4-2

职务	姓名	任职时间
主任	刘　峰	1981.11—1988.6
副主任	杨　峰	1982.1—1986.8
副主任	郑旭初	1982.1—1983.10
副主任	陈序藩	1983.10—1986.8
副主任	陈作民	1983.11—1986.8
副主任	方克森	1984.7—1992.6
副主任	李焕然	1986.8—1992.6
副主任	麦友直	1986.8—1992.6
副主任	郑茂生	1987.8—1992.6
主任	吴　波	1988.6—1992.6

1991年4月6日，国务院批准汕头经济特区范围扩大到汕头市区，面积234平方公里，1991年11月1日起实施。汕头市人民政府加挂汕头经济特区管理委员会牌。

中共汕头市第五至七届委员会书记、副书记、常委任职表

表4-3

届次	职务	姓名	任职时间
市委五届	书记	林兴胜	连任—1993.2
		许德立	1993.2—连任
	副书记	陈燕发	连任—1991.12
		徐国良	连任—1988.6
		陈厚实	连任—连任
		吴　波	1990.3—连任
		卢桂兰	1992.5—连任
		周日方	1993.4—连任
	常委	刘　峰	连任—1988.6
		郑旭初	连任—1988.6
		马光辉	连任—连任
		卢桂兰	连任—1992.5
		黄福永	1986.9—1991.12
		彭启安	1989.4—1993.5
		蔡名池	1989.4—1992.7
		卓圣泰	1989.4—1991.1
		林良孝	1989.4—1990.4
		杨贻英	1990.4—1993.5

续表4-3

届次	职务	姓名	任职时间
市委五届	常委	吴勤生	1991.1—1993.5
		郑睦鑫	1992.2—连任
		李焕然	1992.6—连任
		张第高	1992.6—连任
市委六届	书记	许德立	连任—1998.2
		庄礼祥	1998.2—连任
	副书记	陈厚实	连任—1994.3
		周日方	连任—连任
		吴　波	连任—1996.2
		卢桂兰	连任—连任
		林木声	1995.7—1998.7
		江　泓	1995.12—连任
	常委	马光辉	连任—1995.9
		郑睦鑫	连任—1994.11
		李焕然	连任—连任
		张第高	连任—1996
		黄赞发	1993.6—1997.5
		黄荣汉	1993.6—连任
		吴立华	1993.6—1998.8
		杨辟明	1994.2—1996.3
		赖益成	1986.6—1998.8
		黄奕锋	1994.11—1998.8
		余万宁	1994.12—1996
		王旭川	1995.9—1998.7
		徐尚武	1996.2—1998.7
		林静辉	1997.10—连任
		林荣城	1998.7—连任
		陈友烈	1998年初—1998.8
市委七届	书记	庄礼祥	连任—2001.3
	副书记	周日方	连任—2000.2
	副书记	卢桂兰	连任—2003.5
		江　泓	连任—1999.3
		赖益成	1998.8—2003.5
		李春洪	2000.2—2003.5

续表4-3

届次	职务	姓名	任职时间
市委七届	常委	李焕然	连任—2003.5
		黄荣汉	连任—2003.5
		林静辉	连任—2003.5
		林荣城	连任—2001.5
		黄俊潮	1998.8—2002.5
		于云臣	1998.8—2003.5
		陈奕威	2000.9—2003.5

汕头市人民政府第八至第十届市长、副市长任职表

表4-4

届次	职务	姓名	任职时间
第八届市政府	市长	陈燕发	连任—1991.12
	代市长、市长	吴　波	1991.12—1992.6（代市长） 1992.6—1993.5（市长）
	副市长	彭启安	连任—1993.5
		陈作民	连任—1993.5
		郭斯锟	连任—连任
		陈远睦	连任—1991.12
		吴　波	连任—1990.4
		李练深	连任—连任
		秦　鹏	连任—1990.4
		陈喜臣	1988.6—1991.12
		林良孝	1990.4—1990.12
		卓圣泰	1991.1—1991.12
		杨辟明	1992.4—1993.5
第九届市政府	市长	周日方	1993.5—连任
	副市长	郭斯锟	连任—1998.8
		李练深	连任—1996.3
		郑睦鑫	1993.5—1995.1
		陈友烈	1993.5—1998.8
		黄遵忠	1993.5—1998.8
		黄世忠	1993.5—连任
		洪庆耀	1994.4—1998.8
		徐尚武	1995.4—1998.7
		王　芸	1995.6—连任
		李　雄	1995.6—连任
		黄荣汉	1996.3—连任

续表4-4

届次	职务	姓名	任职时间
第十届市政府	市长	周日方	连任—2000.3
	副市长、代市长	李春洪	2000.3—2003.5
	副市长	黄世忠	连任—2003.6
		王　芸	连任—2003.6
		李　雄	连任—2002.6
		黄荣汉	连任—2003.6
		黄奕锋	1998.8—2003.6
		丘　进	2000.8—2002.6

二、国家和省颁发的相关法律法规

广东省经济特区条例

（1980年8月26日第五届全国人民代表大会常务委员会第十五次会议批准施行）

第一章　总则

第一条　为发展对外经济合作和技术交流，促进社会主义现代化建设，在广东省深圳、珠海、汕头三市分别划出一定区域，设置经济特区（以下简称特区）。特区鼓励外国公民、华侨、港澳同胞及其公司、企业（以下简称客商），投资设厂或者与我方合资设厂，兴办企业和其他事业，并依法保护其资产、应得利润和其他合法权益。

第二条　特区内的企业和个人，必须遵守中华人民共和国的法律、法令和有关规定。本条例有特别规定的，按照本条例的规定执行。

第三条　设立广东省经济特区管理委员会，代表广东省人民政府对各特区实行统一管理。

第四条　特区为客商提供广阔的经营范围，创造良好的经营条件，保证稳定的经营场所。一切在国际经济合作和技术交流中具有积极意义的工业、农业、畜牧业、养殖业、旅游业、住宅和建筑业、高级技术研究制造业，以及客商与我方共同感兴趣的其他行业，都可以投资兴办或者与我方合资兴办。

第五条　特区的土地平整工程和供水、排水、供电、道路、码头、通信、仓储等各项公共设施，由广东省经济特区管理委员会负责兴建，必要时也可以吸收外资参与兴建。

第六条　各特区分别聘请国内外专家和热心我国现代化建设的有关人士组成顾问委员会，作为该特区的咨询机构。

第二章　注册和经营

第七条　客商在特区投资设厂，兴办各项经济事业，应向广东省经济特区管理委员会提出申请，经审核、批准后，发给注册证书和土地使用证书。

第八条　客商可在特区内设立的中国银行或者其他经我方批准设立的银行开户，并办理有关外汇事宜。

客商的各项保险，可向特区内设立的中国人民保险公司或者其他经我方批准设立的保险公司投保。

第九条　特区企业的产品供国际市场销售；其产品如向我国内地销售，须经广东省经济特区管理委员会核准，并办理海关补税手续。

第十条　客商在特区内可以独立经营自己的企业，雇用外籍人员担任技术和管理工作。

第十一条　客商在特区所办的企业中途停业，应向广东省经济特区管理委员会申报理由，办理停业手续，清理债权债务；停业后，其资产可转让，资金可汇出。

第三章　优惠办法

第十二条　特区的土地为中华人民共和国所有。客商用地，按实际需要提供，其使用年限、使用费数额和缴纳办法，根据不同行业和用途，给予优惠，具体办法另行规定。

第十三条　特区企业进口生产所必需的机器设备、零配件、原材料、运输工具和其他生产资料，免征进口税；对必需的生活用品、可以根据具体情况、分别征税或者减免进口税。上述物品进口和特区产品出口时，均应向海关办理申报手续。

第十四条　特区企业所得税税率为百分之十五。对在本条例公布后两年内投资兴办的企业，或者投资额达五百万美元以上的企业，或者技术性较高、资金周转期较长的企业，给予特别优惠待遇。

第十五条　客商在缴纳企业所得税后所得的合法利润，特区企业的外籍职工、华侨职工、港澳职工在缴纳个人所得税后的工资和其他正当收入，可以按照特区外汇管理办法的规定，通过特区内的中国银行或者其他银行汇出。

第十六条　客商将所得利润用于在特区内进行再投资为期五年以上者，可申请减免用于再投资部分的所得税。

第十七条　鼓励特区企业采用我国生产的机器设备、原材料和其他物资，其价格可按我国当时同类商品的出口价格给予优惠，以外汇结算。这些产品和物资，可凭售货单位的销售凭证直接运往特区。

第十八条　凡来往特区的外籍人员、华侨和港澳同胞，出入境均简化手续，给予方便。

第四章　劳动管理

第十九条　各特区设立劳动服务公司。特区企业雇用中国职员和工人，或者由当地劳动服务公司介绍，或者经广东省经济特区管理委员会同意由客商自行招聘，都由企业考核录用，同职工签订劳动合同。

第二十条 特区企业雇用的职工，由该企业按其经营的要求进行管理，必要时可以解雇，其手续按照劳动合同的规定办理。

特区企业职工可按照劳动合同规定，向企业提请辞职。

第二十一条 特区企业中的中国职工工资水平、工资形式、奖励办法，以及劳动保险、国家对职工的各项补贴，按照广东省经济特区管理委员会的规定，由企业同职工签订合同。

第二十二条 特区企业应有必要的劳动保护措施，保证职工在安全、卫生的条件下进行工作。

第五章 组织管理

第二十三条 广东省经济特区管理委员会行使以下职权：

1. 制订特区发展计划并组织实施；
2. 审核、批准客商在特区的投资项目；
3. 办理特区工商登记和土地核配；
4. 协调设在特区内的银行、保险、税务、海关、边检、邮电等机构的工作关系；
5. 为特区企业所需的职工提供来源，并保护职工的正当权益；
6. 举办特区教育、文化、卫生和各项公益事业；
7. 维护特区治安，依法保护特区内人身和财产不受侵犯。

第二十四条 深圳特区由广东省经济特区管理委员会直接经营管理；珠海、汕头特区设立必要的办事机构。

第二十五条 为适应特区经济活动的开展，设立广东省经济特区发展公司。公司业务范围：承办资金筹集和信托投资业务；经营或者与客商合资经营特区的有关企业；代理特区客商与内地贸易往来的购销事宜，并提供洽商服务。

第六章 附则

第二十六条 本条例由广东省人民代表大会通过，并报中华人民共和国全国人民代表大会常务委员会批准后施行。

中华人民共和国国务院关于经济特区和沿海十四个港口城市减征、免征企业所得税和工商统一税的暂行规定

（1984年11月15日国务院以国发〔1984〕161号文发布）

为了有利于深圳、珠海、厦门、汕头四个经济特区和大连、秦皇岛、天津、烟台、青岛、连云港、南通、上海、宁波、温州、福州、广州、湛江、北海等沿海十四个港口城市扩大对外经济合作和技术交流，吸收外资、引进先进技术，加速社会主义现代化建设，特对外国和港澳等地区的公司、企业以及个人（以下统称客商），在上述特区和城市投资兴办中外合资经营企业、中外合作经营企业、客商独立经营企业，给予减征、免征企业所得税和工商统一税的优惠。

一、经济特区

（一）在经济特区（以下简称特区）内开办的中外合资经营、中外合作经营、客商独立经营企业（以下统称特区企业），从事生产、经营所得和其他所得，减按15%的税率征收企业所得税。其中：

1．从事工业、交通运输业、农业、林业、牧业等生产性行业，经营期在十年以上的，经企业申请，特区税务机关批准，从开始获利的年度起，第一年和第二年免征所得税，第三年至第五年减半征收所得税。

2．从事服务性行业，客商投资超过五百万美元，经营期在十年以上的，经企业申请，特区税务机关批准，从开始获利的年度起，第一年免征所得税，第二年和第三年减半征收所得税。

（二）对特区企业征收的地方所得税，需要给予减征、免征优惠的，由特区人民政府决定。

（三）特区中外合资经营企业的客商将从企业分得的利润汇出境外，免征所得税。

（四）客商在中国境内没有设立机构而有来源于特区的股息、利息、租金、特许权使用费和其他所得，除依法免征所得税的以外，都减按10%的税率征收所得税。其中提供资金、设备的条件优惠，或者转让的技术先进，需要给予更多减征、免征优惠的，由特区人民政府决定。

（五）特区企业进口的货物，应当征收工商统一税的，在特区管理线建成以前，属于生产必需的机器设备、原材料、零配件、交通工具和其他生产资料，免征工商统一税；属于国家限制进口的交通工具、耐用消费品，照章征收工商统一税；进口各种矿物油、烟、酒和其他各种生活用品，按照税法规定的税率减半征收工商统一税。在特区管理线建成以后，进口各种矿物油、烟、酒，仍然按照税法规定的工商统一税税率减半征收；其余的进口货物，都免征工商统一税。客商个人携带进口自用的烟、酒、行李物品、安家用品，在合理数量内免征工商统一税。

（六）特区企业生产的出口产品，除国家限制出口或者另有规定的少数产品以外，都

免征工商统一税。

（七）特区企业生产的产品，在本特区内销售的，各种矿物油、烟、酒等按照税法规定的税率减半征收工商统一税；特区人民政府也可以自行确定对少数产品照征或者减征工商统一税；其他产品都不再征收工商统一税。

（八）特区企业将减征、免征工商统一税的进口货物或者在特区生产的产品运往内地，应当在进入内地时，依照税法规定补征工商统一税；客商个人从特区进入内地携带自用的行李物品，在合理数量内免征工商统一税。

（九）特区企业从事商业、交通运输业、服务性业务取得的收入，应当按照税法规定的税率征收工商统一税；从事银行、保险业取得的收入，按照3%的税率征收工商统一税。上述企业在开办初期需要给予定期减征、免征工商统一税照顾的，由特区人民政府决定。

（十）在广东省海南行政区内开办的中外合资经营、中外合作经营、客商独立经营企业，其企业所得税和工商统一税的减征、免征，比照特区的有关规定办理。

二、沿海十四个港口城市的经济技术开发区

（一）在经济技术开发区（以下简称开发区）内开办中外合资经营、中外合作经营、客商独立经营的生产性企业（以下统称开发区企业），从事生产、经营所得和其他所得，减按15%的税率征收企业所得税。其中，经营期在十年以上的，经企业申请，市税务机关批准，从开始获利的年度起，第一年和第二年免征所得税，第三年至第五年减半征收所得税。

（二）对开发区企业征收的地方所得税，需要给予减征、免征优惠的，由开发区所在地的市人民政府决定。

（三）开发区中外合资经营企业的客商将从企业分得的利润汇出境外，免征所得税。

（四）客商在中国境内没有设立机构而有来源于开发区的股息、利息、租金、特许权使用费和其他所得，除依法免征所得税的以外，都减按10%的税率征收所得税。其中提供资金、设备的条件优惠，或者转让的技术先进，需要给予更多减征、免征优惠的，由开发区所属的市人民政府决定。

（五）开发区企业进口自用的建筑材料、生产设备、原材料、零配件、元器件、交通工具、办公用品，免征工商统一税。开发区企业用进口的免税原材料、零配件、元器件加工的产品转为内销的，对其所用的进口料、件，照章补征工商统一税。

（六）开发区企业生产的出口产品，除国家限制出口的产品以外，免征工商统一税；内销产品，照章征税。

（七）在开发区企业中工作或者在开发区内居住的客商人员，携带进口自用的安家物品和交通工具，凭市开发区管理委员会的证明文件，在合理数量内免征工商统一税。

三、沿海十四个港口城市的老市区和汕头、珠海、厦门市市区

（一）在沿海十四个港口城市的老市区和汕头、珠海、厦门市市区（以下统称老市区）内开办中外合资经营、中外合作经营、客商独立经营的生产性企业（以下统称老市区企业），凡属技术密集、知识密集型的项目，或者客商投资额在三千万美元以上、回收投资时间长的项目，或者属于能源、交通、港口建设的项目，经财政部批准，减按15%的税率征收企业所得税。

对于不具备前款减征条件，但是属于下列行业的老市区企业，经财政部批准，可以按照税法规定的企业所得税税率打八折计算征税：

1. 机械制造、电子工业；
2. 冶金、化学、建材工业；
3. 轻工、纺织、包装工业；
4. 医疗器械、制药工业；
5. 农业、林业、牧业、养殖业以及这些行业的加工工业；
6. 建筑业。

对老市区企业减征、免征企业所得税，应当按照上述优惠税率，根据中外合资经营企业所得税法、外国企业所得税法规定的期限和范围执行。

（二）对老市区企业征收的地方所得税，需要给予减征、免征优惠的，由市人民政府决定。

（三）客商在中国境内没有设立机构而有来源于老市区的股息、利息、租金、特许权使用费和其他所得，除依法免征所得税的以外，都减按10%的税率征收所得税。其中提供资金、设备的条件优惠，或者转让的技术先进，需要给予更多减征、免征优惠的，由市人民政府决定。

（四）老市区企业作为投资进口、追加投资进口的本企业生产用设备、营业用设备、建筑用材料，以及企业自用的交通工具和办公用品，免征工商统一税。

（五）老市区企业生产的出口产品，除国家限制出口的产品以外，免征工商统一税；内销产品，照章征税。

（六）老市区企业进口的原材料、零配件、元器件、包装物料等，用于生产出口产品部分，免征工商统一税；用于生产内销产品部分，照章征税。

（七）在老市区企业中工作或者居住的客商人员，携带进口自用的安家物品和交通工具，凭市人民政府主管部门的证明文件，在合理数量内免征工商统一税。

四、施行日期

本规定有关所得税的减征、免征，自一九八四年度起施行；有关工商统一税的减征、免征，自一九八四年十二月一日起施行。

国务院关于批准国家高新技术产业开发区和有关政策规定的通知

（1991年3月6日国务院以国发〔1991〕12号文发布）

各省、自治区、直辖市人民政府，国务院各部委、各直属机构：

根据《中共中央关于科学技术体制改革的决定》，近几年，许多地方在一些知识、技术密集的大中城市和沿海地区相继建立起一些高新技术产业开发区，促进了我国高新技术产业的发展。为了贯彻《中共中央关于制定国民经济和社会发展十年规划和“八五”计划的建议》中关于“继续推进‘火炬’计划的实施，办好高新技术开发区”的精神，加快高新技术产业的发展，国务院决定，继1988年批准北京市新技术产业开发试验区之后，在各地已建立的高新技术产业开发区中，再选定一批开发区作为国家高新技术产业开发区，并给予相应的优惠政策。现通知如下：

一、国务院批准经国家科委审定的下列21个高新技术产业开发区为国家高新技术产业开发区：

武汉东湖新技术开发区、南京浦口高新技术外向型开发区、沈阳市南湖科技开发区、天津新技术产业园区、西安市新技术产业开发区、成都高新技术产业开发区、威海火炬高技术产业开发区、中山火炬高技术产业开发区、长春南湖南岭新技术工业园区、哈尔滨高技术开发区、长沙科技开发试验区、福州市科技园区、广州天河高新技术产业开发区、合肥科技工业园、重庆高新技术产业开发区、杭州高新技术产业开发区、桂林新技术产业开发区、郑州高技术开发区、兰州宁卧庄新技术产业开发试验区、石家庄高新技术产业开发区、济南市高技术产业开发区。

二、上海漕河泾新兴技术开发区、大连市高新技术产业园区、深圳科技工业园区、厦门火炬高技术产业开发区、海南国际科技工业园分别设在经济技术开发区、经济特区内，也确定为国家高新技术产业开发区。

三、国务院授权国家科委负责审定各国家高新技术产业开发区的区域范围、面积，并进行归口管理和具体指导。

四、国务院批准国家科委制定的《国家高新技术产业开发区高新技术企业认定条件和办法》（附件一）、《国家高新技术产业开发区若干政策的暂行规定》（附件二）和国家税务局制定的《国家高新技术产业开发区税收政策的规定》（附件三），请遵照执行。

五、北京市新技术产业开发实验区，除固定资产投资规模管理、出口创汇留成按现行规定执行外，其余仍按《北京市新技术产业开发试验区暂行条例》执行。

依靠我国自己的科技力量，促进高技术成果的商品化、产业化，对于调整产业结构，推动传统产业的改造，提高劳动生产率，增强国际竞争能力，具有重要意义。各地区，各有关部门对高新技术产业开发区要加强领导，大力扶持，按照国家的有关政策规定，促进我国高新技术产业健康发展。

附件：

一、《国家高新技术产业开发区高新技术企业认定条件和办法》

二、《国家高新技术产业开发区若干政策的暂行规定》

三、《国家高新技术产业开发区税收政策的规定》

中华人民共和国国务院

一九九一年三月六日

附件一：

国家高新技术产业开发区高新技术企业认定条件和办法

第一条 为实施国务院批准的国家高新技术产业开发区有关政策规定，推动我国高新技术产业的发展，制定本办法。

第二条 国家高新技术产业开发区（以下简称开发区）内的高新技术企业，按照本办法认定。

第三条 省、自治区、直辖市、计划单列市科学技术委员会（以下简称省、市科委）是省、自治区、直辖市、计划单列市人民政府管理开发区内高新技术企业认定工作的主管机关，负责监督本办法的实施。开发区办公室在人民政府领导和省、市科委指导监督下，具体办理高新技术企业的审批认定事宜。

第四条 根据世界科学技术现状，划定高新技术范围如下：

（一）微电子科学和电子信息技术

（二）空间科学和航空航天技术

（三）光电子科学和光机电一体化技术

（四）生命科学和生物工程技术

（五）材料科学和新材料技术

（六）能源科学和新能源、高效节能技术

（七）生态科学和环境保护技术

（八）地球科学和海洋工程技术

（九）基本物质科学和辐射技术

（十）医药科学和生物医学工程

（十一）其他在传统产业基础上应用的新工艺、新技术。

本高新技术范围将根据国内外高新技术的不断发展而进行补充和修订，由国家税委发布。

第五条 高新技术企业是知识密集、技术密集的经济实体。开发区内的高新技术企业，必须具备下列各项条件：

（一）从事本办法第四条规定范围内一种或多种高新技术及其产品的研究、开发、生产和经营业务。单纯的商业经营除外。

（二）实行独立核算、自主经营、自负盈亏。

（三）企业的负责人是熟悉本企业产品研究、开发、生产和经营的科技人员，并且是本企业的专职人员。

（四）具有大专以上学历的科技人员占企业职工总数的30%以上；从事高新技术产品研究、开发的科技人员应占企业职工总数的10%以上。

从事高新技术产品生产或服务的劳动密集型高新技术企业，具有大专以上学历的科技人员占企业职工总数20%以上。

（五）有十万元以上资金，并有与其业务规模相适应的经营场所和设施。

（六）用于高新技术及其产品研究、开发的经费应占本企业每年总收入的3%以上。

（七）高新技术企业的总收入，一般由技术性收入、高新技术产品产值、一般技术产品产值和技术性相关贸易组成。高新技术企业的技术性收入与高新技术产品产值的总和应占本企业当年总收入的50%以上。

技术性收入是指由高新技术企业进行的技术咨询、技术转让、技术入股、技术服务、技术培训、技术工程设计和承包、技术出口、引进技术消化吸收以及中试产品的收入。

（八）有明确的企业章程和严格的技术、财务管理制度。

（九）企业的经营期在十年以上。

第六条　兴办高新技术企业，须向开发区办公室提出申请，经开发区办公室核定后，由省、市科委批准并发给高新技术企业证书。

第七条　开发区办公室应定期按本办法第五条规定的条件，对高新技术企业进行考核，不符合上述条件的高新技术企业，不得享受国家高新技术产业开发区的各项政策规定。

第八条　列为高新技术产品的期限一般为五年以内，技术周期较长的高新技术产品经批准可延长至七年。

第九条　高新技术企业变更经营范围、合并、分立、转业、迁移或歇业的，须经开发区办公室审批，并向工商、税务等部门办理相应的登记。

第十条　开发区内，按国家规定全部核减行政事业费实行经济自立的全民所有制科研单位，符合本办法第五条规定条件的，经开发区办公室核定，可转成高新技术企业。

第十一条　本办法替代原由国家科委颁布的《关于高技术、新技术企业认定条件和标准的暂行规定》。

第十二条　各省、市科委应就本办法制定实施细则。原有实施细则凡与本办法不符的，应依据本办法修正。

第十三条　本办法由国家科学技术委员会负责解释和修改。

第十四条　本办法自国务院批准之日起实施。

附件二：

国家高新技术产业开发区若干政策的暂行规定

第一条 为进一步扶植我国高新技术产业开发区的建设，推动高新技术产业的发展，制定本规定。

第二条 本规定适用于国家高新技术产业开发区中按照国家科委制定的《国家高新技术产业开发区高新技术企业认定条件和办法》认定的高新技术企业。

第三条 本规定包括除税收政策之外的各项优惠性政策。

第四条 有关进出口货物的关税优惠问题按以下规定办理：

（一）在高新技术产业开发区内开办的高新技术企业为生产出口产品而进口的原材料和零部件，免领进口许可证，海关凭出口合同以及高新技术产业开发区的批准文件验收。

（二）经海关批准，高新技术企业可以在高新技术产业开发区内设立保税仓库、保税工厂。海关按照进料加工的有关规定，以实际加工出口数量，免征进口关税和进口环节产品税、增值税。

（三）高新技术企业生产的出口产品，除国家限制出口或者另有规定的产品以外，都免征出口关税。

（四）保税货物转为内销，必须经原审批部门批准和海关许可，并照章纳税。其中属于国家实行配额和进口许可证管理的产品，需按国家有关规定报批补办进口手续和申领进口许可证。

（五）高新技术企业用于高新技术开发而国内不能生产的仪器和设备，凭审批部门的批准文件，经海关审核后，免征进口关税。海关认为必要时可在高新技术产业开发区内设置机构或派驻监管小组，对进出口货物进行管理。

第五条 有关进出口业务的规定。

（一）经经贸部批准可在高新技术产业开发区内设立技术进出口公司，以推动高新技术产品进入国际市场。

（二）按国家有关规定，对出口业务开展较好的高新技术企业可授予外贸经营权。根据业务需要，经有关部门批准，高新技术企业可以在国外设立分支机构。

第六条 有关资金信贷的规定。

（一）银行对高新技术企业，给予积极支持，尽力安排其开发和生产建设所需资金。

（二）银行可给高新技术产业开发区安排发行一定额度的长期债券，向社会筹集资金，支持高新技术产业的开发。

（三）有关部门可在高新技术产业开发区建立风险投资基金，用于风险较大的高新技术产品开发。条件比较成熟的高新技术产业开发区，可创办风险投资公司。

第七条 高新技术企业的生产、经营性基本建设项目，按照统一规划安排建设，优先纳入当地固定资产投资规模。

第八条 经当地人民政府批准，高新技术企业可以免购国家重点建设债券。

第九条 高新技术企业所开发的高新技术产品，凡是各项指标达到同种进口产品的水平，并具备一定的生产规模，经国家科委会同有关部门审定后，列入国家限制进口商品目录，并按现行进口管理办法控制进口。

第十条 高新技术企业开发的属于国家控制价格（包括国家定价和国家指导）的新产品，除特定品种须报物价部门定价外，在规定的试销期内，企业可自行制定试销价格，并报物价部门和业务主管部门备案。经营不属于国家控制价格的高新技术产品，企业可以自行定价。

第十一条 高新技术企业用于高新技术开发和高新技术产品生产的仪器、设备，可实行快速折旧。

第十二条 在不影响上交中央财政部分，经当地人民政府批准，高新技术产业开发区中高新技术企业所缴各项税款，以一九九〇年为基数，新增部分五年内全部返还高新技术产业开发区，用于开发区的建设。

第十三条 高新技术企业的商务、技术人员一年内多次出国的，按国办发〔1990〕9号文件执行。

第十四条 各地区、各部门在安排劳动就业和招收职工时，要优先考虑高新技术企业对大学生、研究生、留学生和归国专家的需求。

第十五条 经国家批准的高新技术产业开发区所在地的省、自治区、直辖市或计划单列市人民政府可根据本规定制定具体实施办法。

第十六条 国家科委会同有关部门将定期对高新技术产业开发区进行检查。对于其中管理不善或进展缓慢的国家高新技术产业开发区，将中止其优惠政策的实行，直至取消其国家高新技术产业开发区的资格。

第十七条 本规定由国家科委和有关部门负责解释。

第十八条 本规定自国务院批准之日起执行。

附件三：

国家高新技术产业开发区税收政策的规定

第一条 为促进我国高新技术产业的健康发展，进一步推动高新技术产业开发区建设，制定本规定。

第二条 本规定的适用范围，限于经国务院批准设立的高新技术产业开发区（以下简称开发区）内被认定的高新技术企业（以下简称开发区企业）。

第三条 开发区和开发区企业的认定条件和标准，高新技术及其产品的范围，按国家科委制定的统一规定执行。

第四条 开发区企业从被认定之日起，减按15%的税率征收所得税。

第五条 开发区企业出口产品的产值达到当年总产值70%以上的，经税务机关核定，减按10%的税率征收所得税。

第六条 新办的开发区企业，经企业申请，税务机关批准，从投产年度起，二年内免征所得税。

对新办的中外合资经营的开发区企业，合营期在10年以上的，经企业申请税务机关批准，可从开始获利年度起，头二年免征所得税。

在经济特区和经济技术开发区地域范围内的开发区企业，是外商投资企业的，仍执行特区或经济技术开发区的各项税收政策，不受前两项规定的限制。

免税期满后，纳税确有困难的，经批准在一定期限内给予适当减免税照顾。

第七条 对内资办的开发区企业，其进行技术转让以及在技术转让过程中发生的与技术转让有关的技术咨询、技术服务、技术培训的所得，年净收入在30万元以下的，可暂免征收所得税；超过30万元的部分，按适用税率征收所得税。对其属于“火炬”计划开发范围的高新技术产品，凡符合新产品减免税条件并按规定减免产品税、增值税的税款，可专项用于技术开发，不计征所得税。

第八条 对内资办的开发区企业减征或免征的税款统一作为国家扶持基金，单独核算，由有关部门监督专项用于高新技术及产品的开发。

第九条 开发区企业属联营企业的，其分给投资方的利润，应按投资方企业的财务体制，扣除开发区缴纳的税款后，补缴所得税或上缴利润。

第十条 内资办的开发区企业，一律按照国家现行规定缴纳奖金税。但属下列单项奖金，可不征收奖金税：

（一）从其留用的技术转让、技术咨询、技术服务、技术培训净收入中提取的奖金，不超过15%的部分；

（二）高新技术产品出口企业，按国家规定从出口奖励金中发放给职工的奖金，不超过1.5个月标准工资的部分；

（三）符合国家规定的其他免税单项奖。

上述（一）、（二）两项合并计算的全年人均免税奖金额，不足2.5个月标准工资的，按2.5个月标准工资扣除计税；超出2.5个月标准工资的，按实际免税奖金扣除计税。

第十一条 内资办的开发区企业，以自筹资金新建技术开发和生产经营用房，按国家产业政策确定征免建筑税（或投资方向调节税）。

第十二条 开发区企业的贷款，一律在征收所得税后归还。

第十三条 开发区内的非开发区企业，按国家现行税收政策规定执行，不执行本规定。原认定的开发区企业情况发生变化，已不符合开发区企业条件和标准的，也不再执行本规定。

第十四条 过去凡与本规定有抵触的税收政策，一律废止，改按本规定执行。

第十五条 本规定由国家税务局负责解释。

第十六条 本规定自国务院批准之日起执行。

保税区海关监管办法

（1997年6月10日国务院批准，1997年8月1日海关总署令第65号发布）

第一章　总则

第一条　为了加强与完善海关对保税区的监管，促进保税区的健康发展，根据海关法和其他关法律的规定，制定本办法。

第二条　在中华人民共和国境内设立保税区，必须经国务院批准。

第三条　保税区是海关监管的特定区域。海关依照本办法对进出保税区的货物、运输工具、个人携带物品实施监管。

保税区与中华人民共和国境内的其他地区（以下简称非保税区）之间，应当设置符合海关监管要求的隔离设施。

第四条　保税区内仅设置保税区行政管理机构和企业。除安全保卫人员外，其他人员不得在保税区内居住。

第五条　在保税区内设立的企业（以下简称区内企业），应当向海关办理注册手续。

区内企业应当依照国家有关法律、行政法规的规定设置账簿、编制报表，凭合法、有效凭证记账并进行核算，记录有关进出保税区货物和物品的库存、转让、转移、销售、加工、使用和损耗等情况。

第六条　保税区实行海关稽查制度。区内企业应当与海关实行电子计算机联网，进行电子数据交换。

第七条　海关对进出保税区的货物、物品、运输工具、人员及区内有关场所，有权依照海关法的规定进行检查、查验。

第八条　国家禁止进出口的货物、物品，不得进出保税区。

第二章　对保税区与境外之间进出货物的监管

第九条　海关对保税区与境外之间进出的货物，实施简便、有效的监管。

第十条　保税区与境外之间进出的货物，由货物的收货人、发货人或其代理人向海关备案。

第十一条　对保税区与境外之间进出的货物，除实行出口被动配额管理的外，不实行进出口配额、许可证管理。

第十二条　从境外进入保税区的货物，其进口关税和进口环节税收，除法律、行政法规另有规定外，按照下列规定办理：

（一）区内生产性的基础设施建设项目所需的机器、设备和其他基建物资，予以免税；

（二）区内企业自用的生产、管理设备和自用合理数量的办公用品及其所需的维修零配件，生产用燃料，建设生产厂房、仓储设施所需的物资、设备，予以免税；

（三）保税区行政管理机构自用合理数量的管理设备和办公用品及其所需的维修零配件，予以免税；

（四）区内企业为加工出口产品所需的原材料、零部件、元器件、包装物件，予以保税。

前款第（一）项至第（四）项规定范围以外的货物或者物品从境外进入保税区，应当依法纳税。转口货物和在保税区内储存的货物按照保税货物管理。

第三章 对保税区与非保税区之间进出货物的监管

第十三条 从保税区进入非保税区的货物，按照进口货物办理手续；从非保税区进入保税区的货物，按照出口货物办理手续，出口退税按照国家有关规定办理。

海关对保税区与非保税区之间进出的货物，按照国家有关进出口管理的规定实施监管。

第十四条 从非保税区进入保税区供区内使用的机器、设备、基建物资和物品，使用单位应当向海关提供上述货物或者物品的清单，经海关查验后放行。前款货物或者物品，已经缴纳进口关税和进口环节税收的，已纳税款不予退还。

第十五条 保税区的货物需从非保税区口岸进出口或者保税区内的货物运往另一保税区的，应当事先向海关提出书面申请，经海关批准后，按照海关转关运输及有关规定办理。

第四章 对保税区内货物的监管

第十六条 保税区内的货物可以在区内企业之间转让、转移；双方当事人应当就转让、转移事项向海关备案。

第十七条 保税区内的转口货物可以在区内仓库或者区内其他场所进行分级、挑选、刷贴标志、改换包装形式等简单加工。

第十八条 区内企业在保税区内举办境外商品和非保税区商品的展示活动，展示的商品应当接受海关监管。

第五章 对保税区加工贸易货物的管理

第十九条 区内加工企业应当向海关办理所需料、件进出保税区备案手续。

第二十条 区内加工企业生产属于被动配额管理的出口产品，应当事先经国务院有关主管部门批准。

第二十一条 区内加工企业加工的制成品及其在加工过程中产生的边角余料运往境外时，应当按照国家有关规定向海关办理手续；除法律、行政法规另有规定外，免征出口关税。区内加工企业将区内加工的制成品、副次品或者在加工过程中产生的边角余料运往非保税区时，应当按照国家有关规定向海关办理进口报关手续，并依法纳税。

第二十二条 区内加工企业全部用境外运入料、件加工的制成品销往非保税区时，海关按照进口制成品征税。

用含有境外运入料、件加工的制成品销往非保税区时，海关对其制成品按照所含境外运入料、件征税；对所含境外运入料、件的品名、数量、价值申报不实的，海关按照进口制成品征税。

第二十三条 区内加工企业委托非保税区企业或者接受非保税区企业委托进行加工业务，应当事先经海关批准，并符合上列条件：

（一）在区内拥有生产场所，并已经正式开展加工业务；

（二）委托非保税区企业的加工业务，主要工序应当在区内进行；

（三）委托非保税区企业加工业务的期限为6个月；有特殊情况需要延长期限的，应当向海关申请展期，展期期限为6个月。在非保税区加工完毕的产品应当运回保税区；需要从非保税区直接出口的，应当向海关办理核销手续；

（四）接受非保税区企业委托加工的，由区内加工企业向海关办理委托加工料、件的备案手续，委托加工的料、件及产品应当与区内企业的料、件及产品分别建立账册并分别使用。加工完毕的产品应当运回非保税区企业，并由区内加工企业向海关销案。

第二十四条 海关对区内加工企业进料加工、来料加工业务，不实行加工贸易银行保证金台账制度。

委托非保税区企业进行加工业务的，由非保税区企业向当地海关办理合同登记备案手续，并实行加工贸易银行保证金台账制度。

第六章 对进出保税区运输工具和个人携带物品的监管

第二十五条 运输工具和人员进出保税区，应当经内海关指定的专用通道，并接受海关检查。

第二十六条 进出保税区的运输工具的负责人，应当持保税区主管机关批准的证件连同运输工具的名称、数量、牌照号码及驾驶员姓名等清单，向海关办理登记备案手续。

第二十七条 未经海关批准，从保税区到非保税区的运输工具和人员不得运输、携带保税区内的免税货物、物品，保税货物，以及用保税料、件生产的产品。

第七章 附则

第二十八条 违反本办法规定的，由海关依照《中华人民共和国海关法》及《中华人民共和国海关法行政处罚实施细则》的规定处理；情节严重的，海关可以取消区内企业在海关的注册资格。

第二十九条 本办法规定的有关备案的具体办法，由海关总署制定。

第三十条 本办法自发布之日起施行。《中华人民共和国海关对进出上海外高桥保税区货物、运输工具和个人携带物品的管理办法》同时废止。

中华人民共和国海关对出口加工区监管的暂行办法

（2000年4月27日国务院批准，2000年5月24日海关总署令第81号公布；2002年6月21日国务院批准修订；根据2003年9月2日《国务院关于修改〈中华人民共和国海关对出口加工区监管的暂行办法〉的决定》修订）

第一章　总则

第一条　为加强与完善加工贸易管理，规范海关对出口加工区的监管，促进出口加工区的健康发展，鼓励扩大外贸出口，根据《中华人民共和国海关法》和国家有关法律、法规，制定本办法。

第二条　为防止重复建设，在中华人民共和国境内设立出口加工区（以下简称加工区），只能设在已经国务院批准的现有经济技术开发区内，并由省（自治区、直辖市）人民政府报国务院批准。

第三条　加工区是海关监管的特定区域。海关在加工区内设立机构，并依照本办法，对进、出加工区的货物及区内相关场所实行24小时监管。

第四条　加工区与中华人民共和国境内的其他地区（以下简称区外）之间，须设置符合海关监管要求的隔离设施及闭路电视监控系统。经海关总署对加工区的隔离设施验收合格后，方可开展加工区有关业务。

第五条　区内设置加工区管理委员会和出口加工企业、专为出口加工企业生产提供服务的仓储企业以及经海关核准专门从事加工区内货物进、出的运输企业。

除安全保卫人员和企业值班人员外，其他人员不得在加工区内居住。不得建立营业性的生活消费设施。

第六条　区内不得经营商业零售、一般贸易、转口贸易及其他与加工区无关的业务。

第七条　在加工区内设立的企业（以下简称区内企业），应向海关办理注册手续。

第八条　区内企业应当依据《中华人民共和国会计法》及国家有关法律、法规的规定，设置符合海关监管要求的账簿、报表。凭合法、有效凭证记账并进行核算，记录本企业有关进、出加工区货物和物品的库存、转让、转移、销售、加工、使用和损耗等情况。

第九条　加工区实行计算机联网管理和海关稽查制度。

区内企业应建立符合海关监管要求的电子计算机管理数据库，并与海关实行电子计算机联网，进行电子数据交换。

第十条　区内企业开展加工贸易业务不实行加工贸易银行保证金台账制度，海关不实行《加工贸易登记手册》管理。

第十一条　海关对进、出加工区的货物、物品、运输工具、人员及区内有关场所，有权依照《中华人民共和国海关法》的规定进行检查、查验。

第十二条　国家对区内加工产品不征收增值税。

第十三条　国家禁止进、出口的货物、物品，不得进、出加工区。

第二章　对加工区与境外之间进出货物的监管

第十四条　加工区与境外之间进、出的货物，由货主或其代理人根据加工区管理委员会的批件，填写进、出境货物备案清单，向主管海关备案。备案清单由海关总署统一制发。

第十五条　海关对加工区与境外之间进、出的货物，按照直通式或转关运输的办法进行监管。

第十六条　加工区与境外之间进、出的货物，除实行出口被动配额管理的外，不实行进出口配额、许可证件管理。

第十七条　从境外进入加工区的货物，其进口关税和进口环节税，除法律、法规另有规定外，按照下列规定办理：

（一）区内生产性的基础设施建设项目所需的机器、设备和建设生产厂房、仓储设施所需的基建物资，予以免税；

（二）区内企业生产所需的机器、设备、模具及其维修用零配件，予以免税；

（三）区内企业为加工出口产品所需的原材料、零部件、元器件、包装物料及消耗性材料，予以保税；

（四）区内企业和行政管理机构自用合理数量的办公用品，予以免税；

（五）区内企业和行政管理机构自用的交通运输工具、生活消费用品，按进口货物的有关规定办理报关手续，海关予以照章征税。

第十八条　除法律、法规另有规定外，区内企业加工的制成品及其在加工生产过程中产生的边角料、余料、残次品、废品等销往境外的，免征出口关税。

第三章　对加工区与区外之间进出货物的监管

第十九条　对加工区运往区外的货物，海关按照对进口货物的有关规定办理报关手续，并按照制成品征税。如属许可证件管理商品，还应向海关出具有效的进口许可证件。

第二十条　区内企业的加工产品和在加工生产过程中产生的边角料、残次品、废品等应复运出境。因特殊情况需要运往区外时，由企业申请，经主管海关核准后，按内销时的状态确定归类并征税。如属进口许可证件管理商品，免领进口许可证件。如属《限制进口类可用作原料的废物目录》所列商品，应按现行规定向环保部门申领进口许可证件。对无商业价值的边角料和废品，需运往区外销毁的，应凭加工区管理委员会和环保部门的批件，向主管海关办理出区手续，海关予以免进口许可证件、免税。

第二十一条　区内企业在确有需要时，可将有关模具、半成品等运往区外进行加工。经加工区主管海关关长批准，由接受委托的区外企业向加工区主管海关缴纳货物应征关税和进口环节增值税等值保证金或保函后办理出区手续。

委托区外企业加工的期限由加工区主管海关参照合同期限核定。货物加工完毕后应按期运回区内。区内企业凭出区时填写的委托区外加工申请书及有关单证，向加工区主管海关办理验放核销手续。加工区主管海关在办理验放核销手续后，应及时退还保证金或保函。

第二十二条 区内企业销往区外的机器、设备、模具等，按照国家现行进口政策及有关规定办理。

第二十三条 区内企业经主管海关批准，可在区外进行产品的测试、检验和展示活动。测试、检验和展示的产品，应比照海关对暂时进口货物的管理规定办理出区手续。

第二十四条 区内使用的机器、设备、模具和办公用品等，须运往区外进行维修、测试或检验时，区内企业或管理机构应填写《出口加工区货物运往区外维修查验联系单》，向主管海关提出申请，并经主管海关核准、登记、查验后，方可将机器、设备、模具和办公用品等运往区外维修、测试或检验。

区内企业将模具运往区外维修、测试或检验时，应留存模具所生产产品的样品，以备海关对运回区内的模具进行核查。

运往区外维修、测试或检验的机器、设备、模具和办公用品等，不得用于区外加工生产和使用。

第二十五条 运往区外维修、测试或检验的机器、设备、模具和办公用品等，应自运出之日起2个月内运回加工区。因特殊情况不能如期运回的，区内企业应于期限届满前7天内，向主管海关说明情况，并申请延期。申请延期以1次为限，延长期限不得超过1个月。

第二十六条 运往区外维修的机器、设备、模具和办公用品等，运回区内时，要以海关能辨认其为原物或同一规格的新零件、配件或附件为限，但更换新零件、配件或附件的，原零件、配件或附件应一并运回区内。

第二十七条 从区外进入加工区的货物视同出口，办理出口报关手续。其出口退税，除法律、法规另有规定外，按照以下规定办理：

（一）从区外进入加工区供区内企业使用的国产机器、设备、原材料、零部件、元器件、包装物料以及建造基础设施、加工企业和行政管理部门生产、办公用房所需合理数量的基建物资等，海关按照对出口货物的有关规定办理报关手续，并签发出口退税报关单。区外企业凭报关单出口退税联向税务部门申请办理出口退（免）税手续，具体退（免）税管理办法由国家税务总局另行下达。

（二）从区外进入加工区供区内企业和行政管理机构使用的生活消费用品、交通运输工具等，海关不予签发出口退税报关单。

（三）从区外进入加工区的进口机器、设备、原材料、零部件、元器件、包装物料、基建物资等，区外企业应当向海关提供上述货物或物品的清单，并办理出口报关手续，经海关查验后放行。上述货物或物品，已经缴纳的进口环节税，不予退还。

（四）因国内技术无法达到产品要求、须将国家禁止出口或统一经营商品运至加工区内进行某项工序加工的，应报经商务部批准，海关比照出料加工管理办法进行监管，其运入加工区的货物，不予签发出口退税报关单。

第二十八条 从区外进入加工区的货物、物品，应运入加工区内海关指定仓库或地点，区外企业填写出口报关单，并持境内购货发票、装箱单，向加工区的主管海关办理报关手续。

第二十九条 从区外进入加工区的货物，须经区内企业进行实质性加工后，方可运出境外。

第四章 对加工区内货物的监管

第三十条 区内企业进、出加工区的货物须向其主管海关如实申报，海关依据备案清单及有关单证，对区内企业进、出加工区的货物进行查验、放行和核销。

海关对进、出加工区货物的备案、报关、查验、放行、核销手续应在区内办理。

第三十一条 加工区内的货物可在区内企业之间转让、转移，双方当事人须事先将转让、转移货物的具体品名、数量、金额等有关事项向海关备案。

第三十二条 区内加工企业，不得将未经实质性加工的进口原材料、零部件销往区外。区内从事仓储服务的企业，不得将仓储的原材料、零部件提供给区外企业。

第三十三条 区内企业自开展出口加工业务或仓储业务之日起，每半年持本企业账册和有关单据，向其主管海关办理一次核销手续。

第三十四条 进入加工区的货物，在加工、储存期间，因不可抗力造成短少、损毁的，区内加工企业或仓储企业应自发现之日起10日内报告主管海关，并说明理由。经海关核实确认后，准其在账册内减除。

第五章 对加工区之间往来货物的监管

第三十五条 加工区之间货物的往来，应由收、发货物双方联名向转出区主管海关提出申请。经海关核准后，按照转关运输的有关规定办理。

第三十六条 货物转关至其他加工区时，转入区主管海关在核对封志完整及单货相符后，即予放行入厂或入库。

第三十七条 加工区之间往来的货物不能按照转关运输办理的，转入区主管海关应向收货企业收取货物等值的担保金。货物运抵转入区并经海关核对无误后，主管海关应在10个工作日内，将担保金退还企业。

第六章 对进、出加工区运输工具和个人携带物品的监管

第三十八条 运输工具和人员应经海关指定的专用通道进、出加工区。

第三十九条 从加工区运往境外的加工产品及由加工区运往区外的货物，经海关查验放行后，应交由经海关核准、并由设立于区内的专营运输企业承运。下列货物经主管海关查验后，可由企业指派专人携带或自行运输：

（一）价值1万美元及以下的小额物品；

（二）因品质不合格复运区外退换的物品；

（三）已办理进口纳税手续的物品；

（四）其他经海关核准的物品。

第四十条 进、出加工区货物的运输工具的负责人，应持企业法人营业执照和运输工具的名称、数量、牌照号码及驾驶员姓名等清单，向海关办理登记备案手续。

承运加工区货物进、出加工区或转关运输的所有运输企业的经营人，应遵守海关有关运输工具及其所载货物的管理规定，并承担相关的法律责任。

第四十一条 未经海关批准，从加工区到区外的运输工具和人员不得运输、携带加工区内货物出区。

第七章 附则

第四十二条 从境外运入加工区的货物和从加工区运出境外的货物列入进、出口统计。从区外运入加工区和从加工区运往区外的货物，实施单项统计。统计办法由海关总署另行制定。

第四十三条 违反本办法规定的，由海关依照《中华人民共和国海关法》及《中华人民共和国海关法行政处罚实施细则》的有关规定进行处理。

第四十四条 本办法自2000年5月24日起施行。

广东省经济开发试验区管理暂行规定

（1996年11月21日广东省人民政府令第7号发布）

第一章　总则

第一条　为促进我省经济开发试验区健康持续发展，根据国家有关法律、法规，制定本规定。

第二条　经济开发试验区（以下简称试验区）是经省人民政府批准，在一些市、县（含县级市、区，下同）设立的经济性区域。试验区在市、县人民政府领导下，为当地经济发展和改革开放试验服务。

第三条　设立试验区应具备以下条件：

（一）有良好的发展前景和较明显的区位、资源、人文等方面的优势；

（二）有规划设计图和可行性论证报告；

（三）有合法的用地规划，规划面积不超过10平方公里，其中耕地面积严格控制在规划面积的10%以内。

第四条　省人民政府经济特区主管部门为试验区的主管部门，对全省试验区工作进行协调管理。

第五条　试验区设立管理委员会（以下简称管委会），属市、县人民政府的派出机构，代表市、县人民政府行使市、县一级管理权限，对试验区实行统一领导。

第六条　试验区应根据各自的产业发展方向、区位优势和特点，按照社会主义市场经济体制要求，创造市场经济运行的良好环境，促进整体经济的健康持续发展。

第七条　投资者在试验区内的合法权益，受国家法律、法规和本规定的保护。

试验区内的任何单位和个人必须遵守国家法律、法规和本规定，不得损害国家和社会公共利益。

第二章　管委会职权

第八条　试验区管委会行使以下职权：

（一）依法制定和公布试验区行政管理规定；

（二）制定试验区经济和社会发展规划，并组织实施；

（三）依法组织编制试验区建设总体规划、分区规划和详细规划；

（四）根据管理权限审批投资者在试验区的投资项目；

（五）根据管理权限审批和管理试验区的进出口计划和业务；

（六）负责试验区土地的统一规划、征用、开发，办理土地使用权出让、发证和管理的具体工作；负责试验区内基建工程的报建审核、招标投标、发证、施工监督及房地产登记、发证、交易等方面的管理事项；土地出让收入除按国家规定上缴外，由管委会统筹安排；

（七）负责试验区内环境保护执法与收费等管理事项；

（八）依法统筹管理试验区的财政、税收、工商等事务；

（九）管理试验区内供水、供电、供气及交通、文化、教育等公共事业；

（十）按有关规定决定试验区内行政、事业单位工作人员的调配、管理、福利待遇、任免和奖惩；

（十一）领导试验区内的治安管理工作与户籍管理工作，实施符合试验区实际的户籍管理；

（十二）其他应由管委会行使的职权。

第九条 试验区管委会按照精简、高效的原则，可根据需要经市、县人民政府批准设立必要的职能机构。

第三章 投资与经营

第十条 鼓励国内外的公司、企业和其他经济组织或个人在试验区内按照产业发展方向投资兴办、经营以下实业或业务：

（一）技术先进企业；

（二）生产性外向型企业；

（三）出口创汇型企业；

（四）能源、交通、通信和环保等项目；

（五）信息、房地产开发、商业、旅游、服务业；

（六）经批准的金融业务。

第十一条 在试验区投资，可采取以下经营方式：

（一）中外合资经营；

（二）中外合作经营；

（三）外商独资经营；

（四）国内企业、单位、个人独资经营或联合经营；

（五）对外加工装配、补偿贸易；

（六）租赁或受让试验区企业；

（七）兴办股份制企业；

（八）中华人民共和国法律允许的其他方式。

第十二条 鼓励国内外企业、科研机构、高等院校和工程技术人员以及其他个人在试验区进行各种方式的技术合作或建立科工贸联合体。

第四章 土地开发与管理

第十三条 试验区内土地开发及各项基础设施和公共设施的兴建采取以下方式：

（一）由试验区兴建或与当地有关部门共同兴建；

（二）投资者与试验区及其所属企业合资或合作兴建；

（三）投资者成片开发。

第十四条 经试验区管委会征用的土地，其使用权应实行有偿出让。国家法律法规另有规定的，从其规定。

试验区出让土地使用权，应经管委会办公会议审定。任何个人不得擅自批准出让试验区土地使用权。

第十五条 试验区内土地使用权出让人是管委会，土地使用权受让人、转让人以及转让的受让人，可以是外国、港澳台地区以及国内的公司、企业、其他经济组织或个人。国家法律法规另有规定的，从其规定。

第十六条 土地使用年限由管委会根据项目的实际需要，依据国家有关规定核定。

第十七条 受让人在获得土地使用权的土地上开办各类企业或从事各种项目建设，依据规定程序报批；符合试验区产业政策的建设项目，可享有受让土地的优先权。

第十八条 土地使用权受让人转让其受让的试验区土地使用权，依照有关法律法规规定办理。

第十九条 土地使用权出让或转让的受让人，可以按规定程序，将其受让的土地使用权用于抵押担保。

第五章 附则

第二十条 本规定自1996年12月1日起施行。

编后记

《广东省志（1979—2000）·经济特区与开发区卷》的编撰是在广东省发展和改革委员会的领导下由区域经济处具体组织。编撰工作于2002年启动。在广东省发展和改革委员会区域经济处的精心组织和安排下，各撰稿单位和负责撰稿人员认真负责，不辞劳苦，反复修改，数易其稿，终告审定。广东省发展和改革委员会对本卷的编撰非常重视，副主任余云州多次主持会议讨论修改，区域经济处负责人魏济章、饶纲建、李敏凝精心组织。本卷内容分别由相关单位负责撰写：其中深圳经济特区内容由深圳市发展和改革委员会撰写；珠海经济特区内容先后由珠海市地方志编纂委员会办公室、珠海市发展和改革局撰写；汕头经济特区内容先后由汕头市政府办公室、汕头市发展和改革局撰写；经济技术开发区、保税区、出口加工区和省级各类经济开发试验区内容由广东省对外贸易经济合作厅撰写；高新技术产业开发区内容由广东省科学技术厅撰写。概述由罗木生撰写，大事记由罗木生根据各部分提供的大事记选录整理。全卷由罗木生负责统编、修改和总纂。本卷初稿完成后，广东省发展和改革委员会于2012年2月24日组织专家进行初审。经修改之后，又于2012年12月4日通过广东省人民政府地方志办公室组织的复审。之后，根据复审意见，进行了较大的补充修改，并于2013年9月13日通过广东省地方志书审查委员会组织的终审。在《广东省志（1979—2000）·经济特区与开发区卷》出版之际，特向组织、指导、撰写以及所有关心、支持本书编撰出版工作的人员表示衷心的感谢！

由于水平所限，本卷难免有不妥之处，望读者批评指正。

《广东省志·经济特区与开发区卷》编辑室

2013年9月